中華大藏經

續編 18

漢傳注疏部（一）第一二册

中華書局

第一八册目録

〇二九九

般若心經幽贊崆峒記[一]

般若心經幽贊崆峒記卷上

大宋真定府龍興寺比丘守千集

《贊》曰：今爲有情結習所蔽。

注 唯上二句，是迷執之因由。已下之文，並是迷執，有總有別。言今爲者，即指《贊[二]》時一期之益，如《識論序》云今造等，大意正同。言有情者，此是所爲。情識愛情名情，是情之有，名爲有情。言結習者，結謂繫也，又其結[三]縛也。習謂種子，又其現習。此有九種，謂根本六[四]見中開取，并嫉、慳二，此三繫縛有情偏增，所以別立。或非唯九，汎云結習，一切結使。蔽者，障也。

疏 信受耶教，誹謗大乘。

注 此是總彰信邪毀正，以下別彰迷執競與。舊科云何惑真起妄，隨分獲益。

疏 於空有經至互生厭怖。

注 不了本經密意説之，隨言總執三性空有，既爲矛盾，互生厭怖。若知説有，雖總説有，但有依圓，説空，但是空其遍計，即成一味，無乖諍也。

疏 設希出要至邪亂授學。

注 其迷執者，時疑未了，或樂解脱，希其訪求，然而師資俱未得中。師既邪授，資寧正學，方取邊義。已上所顯總迷空有，此下別彰於此迷謬。詳希悕[五]字。

疏 懼文誨[六]至而不能了。

注 怖《大般若》，始不受學。雖樂此《經》，而不能了。下辨不了。

疏 於真俗諦至近[七]生取捨。

注 此下辨上所不了也。有其兩門。一、二諦。二、心境。俗有真空，清辨一門。真有俗空，小乘之部。捨心取境，亦是清辨。捨境取心，安慧唯心，又非中道。是今空宗説，但由心，不假外求，餘隨宗配。已上並是所爲根病。或此一段，不屬前文，前言不了，唯此一文。此下辨益。

疏　令正法義真謬具分。

注　初令爲字，貫至此也。爲令有情了知真謬，謂真爲真，謂謬爲謬，並名正法。分謂分別，或知或解。

疏　信學有情皆獲利益。

注　依上所令真謬具分，信而學之，皆獲利樂。云何舊師説，依二邊隨分獲益。次前文上，寧彰益耶。

疏　依先所受，略贊中道。

注　與上長貫，是大意。爲令迷執，分其真謬，信學獲益，依前所受，贊中道也。顯非自意，故云先受。此之二句，正是贊者能爲之法，云何或者判屬於後。若爾，贊者將何法爲。已上所辨，依義略舉，明正所贊，下至智者當了已來，叙教廣明，標述兩意。

疏　如《解深密經》中至三無性也[八]。

注　本三時中，引《解深密》，先舉次序，説無性已。初一行餘，總會般若。次相生下，別説三無。一、相無自性性。二、生無自性性。三、勝義無自性。性即是偏計、依他、圓成性也。重言性等，如餘廣辨。

疏　時勝義生至安足處所。

注　約正所被，唯爲聲聞，顯兼諸乘皆獲利益。對説常我，雖是希奇，不顯法空，由隱實性，教義未足，故猶諍論。諦輪[九]等義，如餘處説。何以設此三時等義，如餘處辨。

疏　次復唯爲至安足處所。

注　亦依正被，唯爲趣大，實具三乘，總相密説。一切諸法，體義俱無，以顯本常涅槃自性，雖過有教，名更希奇，不現依圓，理亦未明，猶招諍論，是安足處。問：其趣大人，爲是誰耶。答：須菩提等。問：既未回心，如何名趣。答：今爲令趣，名爲爲趣。有教雖然，未顯大行，由遠不説。頓人雖趣，非正爲彼[一〇]設三時故。具撿《般若》，並無漸悟發大心處，思之詳之。

疏　今爲發趣至安足處所。

注　指《解深密》，正明名今，通被諸乘，一正餘兼。雖與前同，談教顯説，唯依正被，亦須具明諸乘境等，故名普爲，不同初二被。雖諸乘皆得利益，教非顯説，談由餘機智慧之力，依略悟廣，非教之力，故被不同，不名普爲。有空俱顯，故無上容，過前勝義，名真了義。既無徵詰，故無諍論安處也。

疏　《金光明經》至名轉照持。

注　上依《深密》具説三時，下至未生乖競已來，復引餘教，釋於上義。此引《金光》，釋三別輪。或引二[一一]經，屬辨三時。後由諸下，顯爲一味，隨機設別。舊師云何長科大分。此《經》所立轉、照、持名，隨增而立，轉有照空，俱任爲持，或初得總名。

疏　摧破有空，具遮表故。

注　《經》有輪字，此初句釋。或此二句，俱釋輪義，遮摧表轉故。初即摧故，表有遮空。次即破有，表空遮有。第三雙破，雙表可思。或此唯釋第三名持，前二偏明不得名故，初顯人空不言破空，第二不曾顯表故也。

疏　由諸有情至中道實相。

注　此顯一味。先舉根病，迷而招苦，大聖法王强授法藥，隨應令彼三乘斷障，各證中道一味實相，此即將教就理。理無別也，不證中道，如何獲益。但淺深有異，偏圓有別，故云隨獲。《科鈔》云何名爲釋妨。

疏　故有頌言至無我無非我。

注　此之一頌，證成一味。所説千差，咸歸實相，實相即是中道所證。有將此頌以證三時也，初時之中不説戒[一二]故，此言説我，是談真常，或説假我，無我如常。此且言二，例餘一切。上顯一味，下兼隨機。

疏　餘經復説至各得解等。

注　此即法説，雖本一味，隨機顯別。一味等義，如常分別。

疏　既猶天鼓至如求雨寶。

注　兩喻重釋一味、隨機，義亦如常。

疏　應物雖説至未生乖競。

注　前由諸下，顯法一味。此下是顯人無乖競。云何科者大文判之。此初結前，兼生於下，亦可大分。然文近起，又如添改既字相乘。既者，已也，是解〔一三〕已了，起下縱奪。

疏　佛涅槃後至初封著有。

注　先唯彰病，下縱〔一四〕兼益。糺亂、紛諍、封執、堅著，四義標也。

疏　如有頌曰至擇取其真實。

注　此是教言，説四諦理爲真實也。《宗輪疏》云，餘謗義理，諸部互執，是非不定，四聖諦理，猶似真金，不可以其互有乖競，便排諸部，並各非其。此彰取也。采字同採。

疏　聖龍猛等至究暢真宗。

注　此先彰德，下不同大天。後有情下，兩句病生，非菩薩也。

疏　如有頌曰至不起似空華。

注　此亦教言，有爲、無爲各有一量，各以上句爲宗，次句因喻。前有爲量，先喻後因，如餘廣辨。

疏　彼言世俗至一切皆空。

注　此但二門，以似清辨。今恐亦別，勝義説空，亦隱密故。可思。

疏　雖此真空至理皆空性。

注　此縱〔一五〕俱非談離言性，或通清辨，故《樞要》中，喻出兩俱，俱不成失。下奪寄詮〔一六〕即前勝義。

疏　有情由是次生空見。

注　菩薩雖悲，除有談空，熱愈冷增，如之何奈。

疏　無著菩薩至雙除二執。

注　此下中道，唯得非失。雖根有別，教〔一七〕未明。

疏　而說頌言至是則契中道。

注　初句依他，次句偏計。又次二句，顯圓成實并與依他互相依有。復次二句，引經證成。後之二句，結歎所明。言有無及有故者，故字三用，尋義用之。言中道者，無漏智也，理會正智，名爲契〔一八〕道。餘如《識疏》，不能繁引。

疏　彼言世俗至唯此二空。

注　假有實無，爲俗名勝，此唯現〔一九〕空，故與空宗，唯增望我。又唯字中見差別也。唯具揀持，唯二執空，依圓尚有。下四行文，並述《中邊》。科者云何排安上下。應云，此是密顯二空，當二都無，或便兼有。次下之文，總申會通。子判如下。

疏　雖佛爲破至有空有有。

注　此有四句。一、總相說有，有依圓也。二、總相說空，空遍計也。三、說二俱非，約廢詮也。四、說有說空，約寄詮也。以解前三會歸第四，何故爾耶。前《中邊論》俱談有空以爲文故，雖言俱非，在引證故，爲翻證也。

疏　故慈氏說至稱之爲無。

注　下但證成，有有有空，正合中道二有二空。

疏　非說有空，法皆空有。

注　上成雙表，以顯自文。下歸雙非，彰符引證。此言空有，文言不次。說有非定有，空非定空，故或文正次，非字長貫。非說有而法皆空，非說空而法皆有，既有有空，故非空有。

疏　觀斯聖意至假說有空。

注　已上之文，並述昔典。此下贊者，釋歸贊意。對前本末，大文科出，先釋後歸。此釋三時聖意無違，法一味故。

疏 後諸學徒至將爲謬説。

注 此釋後學乖真守執。

疏 今贊經義至智者當了。

注 此上廣顯三時教意，正爲贊者贊之緣由。爲顯兩宗釋此《經》故，不爾廣叙三時何爲。科者云何裁之於後。如繩斷而引波[二〇]，類冠折而嚴首。哀哉，哀哉。問：三宗何但叙二釋經。答：《經》説空故。有餘處言《幽贊》無序者，非也。述作之家，一時爲文，非一凖定。

疏 般若波羅蜜者至屬主爲目。

注 觀此題名，有其四對。一、總別中表對。二、王臣局通對。三、行果筏岸對。今此總別中表對也。《大經》總而如身，此《經》最要，名之爲心。此雖言經，正判心字，文加經字，對已上文，即成第四能詮所詮對。或無此對，上名有財，目《大經》故，贊意如此，故《心經》應云第四揀大別藏對。也字之上，離合已説。次下之文，料揀所歸。六唯[二一]八轉，如常可知。

疏 雖此《心經》至故但名心。

注 具云亦名般若波羅蜜多，彰契[二二]別殊，不得彼名，非持業也。

疏 般若，慧義。

注 此句翻對，合下筏岸，當第二對。

疏 古釋有三至謂真教。

注 藏疏之中，有此三體。今指古釋，未知無出在於何典。

疏 今釋有五至謂諸法。

注 今解境界，取親非疎，不爾應通諸雜染故。問：何故下言攝一切法。答：攝無漏者，少分一切。問：無漏豈無疎所緣耶。答：四分相緣，無親不攝，故攝法盡。問：實相文字，寧非境界。答：除彼取餘，故無相濫，或後但是諸法之上二空之理，非真別法。

疏　福智俱修至究理解生。

注　釋成須五，眷屬、境界、文字、實相、觀照次配，此顯般若無離爾[二三]故，故須五也。修照尋究，並是智用，如《唯識》云，自[二四]性故，識相應故，識所變故，識分位故，識實性故。問：何故與前所引不次。答：前約從本向於末故，此依以兼歸於正故，觀照是此正所立也。餘若四真從遠向近，次第如是。或後二句，文字實相，四句但釋，須餘四也。解生之言，連上而用，觀照正體，不假釋成。

疏　慧性、慧資皆名般若。

注　此上別釋須具此五，此下總顯並名般若。此智爲正，立以性名。餘爲兼助，遂彰資號。或釋餘四得名所以，理爲慧性，餘三慧資，俱從於慧，名般若也。如《唯識》云，識性識相，皆不離心。後解爲勝。下言以慧爲首，餘性或資皆般若故。

疏　能除習障至攝一切法。

注　已下之文，彰獨立此。具四義勝，猶[二五]慧攝餘，如《唯識》云顯勝義也。

疏　波羅者，彼岸義。

注　此合蜜多，是第三對。

疏　古説有二，謂菩提、涅槃。

注　常多説此，果岸顯故。又菩提中，豈不攝餘。

疏　今釋有五至五果。

注　於菩提果，開出前四。若依二轉，實攝之盡。問：所知與前境界何異。答：彼因此果，果中可攝自法體也。問：此理與前實相何殊。答：彼當果中，此唯道理，或此亦通。問：如是與前般若何殊。答：通因唯果，故不同也。此言行者，果中利他之施等也。問：下蜜多中亦有此行，能所何殊。答：對因名所，望餘爲能，已到名到，亦不相違，更如下釋。

疏　蜜多者，離義，到義。

注　常但到義，向前至也。今并離義，皆所越也。

疏　由行般若至故立此名。

注　初之一句，總舉由行。次之一句，總釋離義。下之五句，次配上五彼岸之體，別釋到義。初句貫用，並由行於般若故也。上爲所由，昇字正釋，離義舉前，到義望後，是二別文。此解能到，舉所到岸以明。下言體用，對般若體而立，能到、能離即是其用。有説波羅即蜜多者，是不了知舉岸顯到，有於果中分體用者，非也。

疏　然所修行至波羅蜜多。

注　此雖雙言，在義蜜多。七義不在彼岸上，故於蜜多，子文科出，其理亦好。

疏　一安住菩薩種姓至七不爲二障間雜。

注　性宜從女，上下詳用。四約隨應，助度事業。五是三輪。《大經》列四，助〔二六〕是兩三，所施及果，各合施受，故兩三也。或初果合，不爾相違。七言二障，即三時悔、俱時障也。

疏　若行慧等至非到彼岸。

注　地階所覆，壁席虛向，始終無變，方成大房，不爾不成。

疏　此在初劫至大波羅蜜多。

注　近果名近，已到名大，鄰亦名到，故此三各本依因立。

疏　佛果位中更無異稱。

注　在第三名，是已到也。其十千劫，准在初名。

疏　今色因果，故舉通名。

注　佛名已到，如前已解，然體相濫。或可今此雖舉通名，意但取因，如增上緣，有不雜故。仍通爲妙。色〔二七〕宜從包。

疏　心者，堅實妙最之稱。

注　今敘心義，總有三種。一、緣慮名心。二、積集集起名心。三、堅實妙最名心。

初緣慮心，心義易見。後二云何見其心義，字義訓釋，皆不見故。應解後二非訓字義，但是從喻以得名也。解釋之家，將法就喻，以義釋之。且積習義，如世聚物所依之處，地必〔二八〕有心集起之處，亦復如是。又所集起，炎〔二九〕必是心，故得此名，是中心名心。今堅實義，如世擇木，要堅用心，亦爲最妙。又如人心五藏之統，最爲要妙，諸表所衛，先托後捨，是堅貞也。不作此解，寧不難云何不積集名爲意等，故須此解。上雖多義，亦附中心之訓爲訓。今此但用第三義也。

疏　《大經》隨機至別出此《經》。

注　此釋別說此《經》之意，准此，但是結集之意。

疏　三分二序，故皆遺闕。

注　三分闕二，二序俱遺。言二序者，證信、發起，通、別序也。此言遺闕，《大經》有也。

疏　甄綜精微至標真心以爲稱。

注　此正釋成堅妙二義。初二句標，見最妙義。末二句結，見堅實義。餘文通用，釋二義也。不過境智，故攝之盡。微，猶妙也。貞，猶堅也。甄，揀。綜，糅。統，攝也。

疏　經者至極迷生之常範。

注　上句契理，下句契根。上句攝也，攝則集斯妙義。下句三義，常則道軌百王。範者，法也。極，亦貫義。千葉庸生，並迷生故。

疏　欲令修證至故以心目。

注　此辨立意，具有三意。所證、依、說，並堅妙故。佛亦依先，方申說故。修，即修作。脩者，長也，亦通作修，故俱得用。

疏　如《瑜伽論》至《十地》等經。

注　二教一喻，次證三意。彼意有多，如《樞要》辨。此且別證，亦不相違。

疏　《贊》曰勝空者言至得二利。

注　勝義皆空，名爲勝空。問：勝空、如應，宗雖釋别，科判云何二三有異。答：勝空由恐乖宗，不現勸示所以，俱作顯空，故但略廣。如應解云，經雖説空，不無修作。先示後拂，於理何違。故爲三段。問：其第三段，兩宗何異。答：至下當釋。

疏　《大經》言至不見有菩薩。

注　此即引《經》。實有即執，是世俗諦。不見即空，是勝義諦。

疏　令彼不見至而説生空。

注　一句釋語，二句結顯。科者似暗，《經》雖舉人，云何見破。答：不見名觀，故是破也。

疏　如應者言至後離苦圓證。

注　如理相應，名爲如應。又或如應是不定義，通四句故，不定空也。修行勸示，文段無别。陳機述理，文段有殊。學德及歎，文亦前後。又解，勸示實是總名，標人、修行是爲二種。修行之中，有得有離，故子爲二。於此上三，並爲勸示，是大意也。問：練磨除障經文甚隱，何用此科。答：經意深遠，義意如下。

疏　練磨有三至初練磨也。

注　問：勸示發心，後文不言，應唯此句。答：能修示勸，發心學顯，非不遍後。有將今標已下三句當初番科，末之一句當第二番。今將練磨有三一句，連下讀之，都顯初練。或練磨上，影取一句，勸示發心。練磨有三，此下别指。三句一句，各三之初，此是標人勸練磨也。菩提深廣屈，引他況己練，故舉菩薩而況己經上無退。

疏　謂聞菩提至而生退屈。

注　初四句舉退標練，次九句引他，後四句況己。頌云：十方無量諸有情，念念已證善逝果。彼既丈夫我亦爾，不應自輕而退屈。

疏　觀者察義至拔濟妙用。

注　上依練磨，總釋略之。下依勸示，別廣明之。觀即自在，慧悲爲體。此下之文，便是西方來遊此者。

疏　諸有至名觀自在。

注　上標，下釋。初之四句，應祈現化。次下之文，不請飛輪，無暇危苦，是所拔處，或八難處無暇修善，或指惡趣無暇受苦。飛四輪等，後廣具明。

疏　又觀者至成十自在。

注　前解利他體用彰名，此解自利因果受稱。觀之自在，或相違釋，望下菩薩，方依主釋。四句爲標，二句爲釋。既行六度，何但言慧。後二句通，兼標其果。或後四句，連前標後，如科。

疏　一壽自在至由慧所得。

注　初三由施，無異法財。次二由戒，作止如次。生自在，即王等故。勝解自在者，諦察如幻，決而能變。後二如次，辭法無礙。餘者如文。

疏　位皆補處至詞義俱失。

注　科者長斷，不知來意。應云，此文舉位，意要觀用無幽不燭。云何古譯但觀音耶。或科名云，正、別解，後結破古。

疏　菩薩者至略言菩薩。

注　隨方生善，故略梵也。

疏　菩提即般若至利益安樂。

注　有云，本、後別目菩薩，寧引慈恩同依持業。若依本、後，應作相違，今只後得，但是持業。下言此二作利樂故，由能決擇有權巧故，依利他也。《章》作依主，如言明得。或如第六第七度名，本智遠亦能安樂故。若依《法華玄贊疏》說，即二利用同依一慧，此離合已，更作有財，此要人故。

疏　又菩提者至故言菩薩。

注　前言般若，即目因智。此目果智，故不同也，此作相違。更有財釋，如常易知。

疏　又薩埵者至故名菩薩。

注　菩提同前第二解故，更不言之，作依主也。但是精進，故更有財。或人得名，更不須作。

疏　又修行者至故名菩薩。

注　此解易知。

疏　有具悲智至故唯標此。

注　上總解已，下通唯此。慈悲雖遍，住西救此，偏有緣也。

疏　或處上位至皆觀自在。

注　或通十地，或唯八地。妙慧釋其觀，成就釋自在。具釋不越前來二解，但寬故也。

疏　或指示此令矚曰觀。

注　此解觀字，以目當機，正令觀上而發心也。所觀即是自在菩薩，與前解同，指示一切自在菩薩，令機觀見。科者似昧。

疏　非住西方至不別顯故。

注　遮前二解，似斷爲斷[三〇]爲非。然而《大經》雖不別顯，既亦在會，傳法聖者，隨機生善，標之何失。

疏　《贊》曰勝空者言至般若名空故。

注　舉般若處便是空故，故破法也。次名般若，下宜影波羅蜜多四字。自性空下，宜貫故字。此理下事，或體義別，或體及名，或是結文。

疏　如應者言至第二練磨心也。

注　所修法上，是初番科。已下五字，是第二番。萬行難修屈，省己增修練，亦先所修，令省己也。

疏　謂菩薩至不應退屈。

注　初之四句，舉退標練。次八句自責。次五句省己，仍亦舉他，已修方省。頌言：汝於惡道經多劫，無利勤苦尚能超。少行苦行得菩提，大利不應生退屈。

疏　彼舍利子至勸示練磨。

注　偏舉曾發大心之人，退練義顯。問：須菩提等未發大心，舍利子同云何不爾。答：

此言先發，彼時退已，此未再發，何所相違。問：若爾，何言恐今更退觀[三一]示練磨。答：此是預彼，非即今練。呼舍利子，勸示菩薩，令舍利子後發心時，憶念現前，省已練磨，非即今也。問：如此不應説言恐今，今即今時，何言後耶。答：對過[三二]先佛，指此佛時名之爲今，非指教時今後時也。是指今佛，當第三時説教了已，亦名爲今。或指今身恐後再退，預密示也。多憑此文，説漸悟人此已發心，違《大般若》及《法華經》，不可依也。

疏 所言行者至即名爲行。

注 雖行空行，亦是世俗，唯世俗中有斷證故。

疏 若依勝義至是名爲行。

注 此説定無，故邊執。何名爲行。彼意亦是令得都無，故名行也。

疏 《無垢稱》説至無憶念故。

注 若依正釋，是無想念。此師無體，故成偏執。

疏 《大經》亦言至無有[三三]性故。

注 若依正釋，無分別心，不自分別，名爲不見。或是返顯有彼行義，下句遮無所執性行，故名爲無。此師直遮，不唯無行。不行之體，亦是無也。或可雙遮見之與行，見即是觀。

疏 今言行者至非有行義。

注 空宗自解，實無體也。如前已解。

疏 或有密取至非爲行也。

注 已前所解，猶分二諦，尚有所遺[三四]之所不行。於勝義諦，不行世俗修斷等故，名此不行而爲行也。今此所解，亦無所遺，但無所行名之爲行，所不行者亦無所有，不唯有行不名爲行，所不行有[三五]亦非行也。問：何名密取餘義釋耶。答：密取中宗雙遣之言，以歸空釋。或可下句是頌[三六]都行無所遺也。意云，若無所行於諸行中，無有一行所不行也，若有所行、有所不足[三七]，若只重遣，何異勝空。前引《大經》，亦言不見不行者故。

疏　復有異釋至是名爲行。

注　唯《瑜伽論》不念作意，彼《論》且先令其斂念，既息念已，漸次進修。此師只令絶其念慮，既無進趣，故爲非也。

疏　如應者言至曾無暫捨。

注　三輪體空，但無執實，如幻待緣，修證無虧。

疏　然無分別至非除法故。

注　欲破空宗，先申正解。未是會經，下引證處，便當會也。三句舉正，具無二取，當無智得，是此行義。次一句責，後二句結。

疏　若本無法至深自毁傷。

注　兩句一難，得[三八]前起後，難之常則。上依凡聖，下依法喻。

疏　翳華體空至照華體空。

注　二句牒華，返爲道理。二句正破，翳不假除。次下進難，令無能照。問：彼勝義諦有能照不。答：説無違理，故此難成。或却歸前，凡聖無别，得成難也。

疏　若無所行至何成覺慧。

注　難初異師，若并[三九]所遣，亦爲無者。如言無明所[四〇]無明，其明既無，説後明者，明體亦無，應從無始一切皆明。應續難云，應盡未來一切不明，無始與今無差别故。又返對之，教説凡暗，後聖方明。若後有明，前可不有，後明既無，前位應有。若先未明，爲體未有，今時明者，明體是誰。若有所屬，即有所遣。上言不明，不猶無也。下難同外，外無所遣，不同佛法有遮止故。言不爲者，即所遮也。又解，前言無所不行，即翻皆行[四一]。今難，無明應皆是明、無所不明，若爾，無始一切皆明。若先無明，今言皆明、無所不明，是指誰耶。或先未明，今時始明，是誰人耶。無始無明，無差别故。無明而明，須指無始。如是明暗既無別相，即同瓶沙國之外道，爲暗即明，爲明即暗，爲此即彼，故名無所不爲者也。

疏　若絶攀慮至疾除邪謬。

注　難後異師，應只修習無想之定，餘之修作皆虚設也。後二句勸。

疏　今言行者至非無行義。

注　依中道解，但無分別，名不見也。不見實行，非無幻行。

疏　由此《經》説至是名爲行。

注　會已爲證，或只爲會相違來也。不見實行，是有假行。不見不行，非常無行。是名爲行，故契中道。

疏　不爾至有何詮理。

注　勝空前來，只引後句，轉遮不行，寧難無詮。答：彼既是無，何須遮也。

疏　是故定應如後所説。

注　質已結勸，不應三段。

疏　此所行法云何名深。

注　隨空非空，亦名行法。

疏　勝空者言至故名爲深。

注　空爲妙理，故與後別。

疏　如應者言至應勤趣證。

注　此常途智境難知，名之爲深。或境離言，名之爲深。作依士釋。

疏　或此一切至故並名深。

注　此依般若五體各難，名之爲深。先現五種各有深義，後歸般若，方入《經》中般若深也。

疏　云何名時。

注　時即時分，三劫時也，於此時分而行之故。下並叙此時中所行，以顯其時勝空可思。

疏　勝空者言至總名爲時。

注　世俗之時，即在求位。勝義之時，自悟至竟，總名行時。科結注錯，應從事字。

疏　如應者言至無由證得。

注　此立三劫五位理也。

疏　故依此義至漸次修行。

注　依前立理，此標舉也。應科此云，初立理總標，後次第别明。此中雖標人位及修，但要於此之時位也。前言廣大，正要時大，三大劫故。此當五位，不同《唯識》三門俱正。准《菩薩地》，有四瑜伽，二十八品。初三瑜伽，二十七品。嗢陀南曰：初持次相分，增上意樂住，生攝授地行，建立最爲後。初持瑜伽，有十八品，復分三持，種姓、發心各有一品，在三十五，行方便持有十六品，自他利、真實義、威力、成熟〔四二〕、菩提、力種性、六度、攝事、供養等、菩提分、功德。第二隨法瑜伽，有其四品，相、分、意樂及住爲四。第三究竟瑜伽，有其五品，生、攝受、地、行、建立爲五。第四次第瑜伽，一品，名發無上正等菩提心品。已下隨應，用之應撿。

疏　二種姓者至熏習所起。

注　初《種姓品》，當此初一。《力種性品》，當此第二。第二性字，宜從於女，標中亦爾。上下詳之，性姓傳差，其數頗多。《唯識疏》第九卷解本性住種姓云，謂本性來住此菩薩種子，姓類差别，不由今有，名本性住種姓。若准此文，即本性來住在本識，是此菩薩種姓類中本性住之種姓。習種准此。此辨體也。

疏　云何應知至大菩提因。

注　此問相狀，令人驗知即發心修，故問應知。准《瑜伽論》第三十五《菩薩地初持瑜伽處初種姓品》，先歎勝已，後辨此相，彼有别問六度之相，無此總問，撿之可知。

疏　若性樂施至心無躭著。

注　《倫》判初句爲其性樂，下對境行。於三施中，《論》文具三，此但財法。財中，《論》有多財、無財、少財，讚勸在於無財之中。次二句法，他債不扛已下之文，《倫》

判以爲六句分別。此但三句，有義、有信、無著都是無貪。初之二句，與《論》不次。第三不欺共[四三]財，第四解他翫好，第五受用大業。

疏 若性成就軟品惡業。

注 此下是戒，《倫》亦判此本性惡叓，今宜判爲律儀之相。總具十支。

疏 不極損他至常行慈愛。

注 《倫》爲不煞。二句果離，一句治離。

疏 知恩報恩至不以非法。

注 《倫》爲無貪，意業道也。

疏 樂修福業至過於自身。

注 《倫》爲正見，由知因果輕罪重悔，由深了智苦過自身，或由悲深亦入正見。《論》有無嗔，今此不引。身三語四，亦略不引。

疏 善事好同至常生讚仰。

注 饒益有情，具四攝事。《論》無布施，此中復無利行攝事。《纂疏》但云三聚四攝，宜尋取之。兩句同事，四句愛語，恤下敬上。此言善者，善正如法，通婚姻事[四四]。或於惡法樂遠之中兼有利行，樂令他遠即利行故。

疏 若被他害至不久懷怨。

注 此是忍辱，中有四義。初之二義，約忍身、語，自辱藉緣。後之二義，約其意忍，都無不久。並是初忍。

疏 若性翹勤至不自輕蔑。

注 此是精進，中有六義，或是七義。於三於五，如何配釋。《倫》配加行、被甲、無下，易知。今解樂爲究竟，即是無退，及以無足。此言勇決，故是加行。不言勇猛，故非第三。此無利樂，或總利他，名利樂也。

疏 若於法義至於怨慈愍。

注 此是禪定，中有五義。初是思慧，修定近因。次二是處，即練若處，寂靜、離惡，故爲二義。上是安住，後二不次。宿住隨念，引發靜慮之因性也。《論》云，其性聰慜[四五]云云。

故也。於怨慈愍，是饒益也。

疏　若性聰慧至有力思擇。

注　此是慧度。上之三義，與《論》具次。初之一句，成俱生慧。次句當《論》入五明處。後之二句，即當次下，由不頑鈍等，能離放逸等。

疏　性不能起至斷善根等。

注　此下總文，在四十七《住品》之中，《種姓品》無。然前戒中言，性成就軟品不善，今應翻彼立爲義也。又下《住品》亦是驗相，故此亦引所言等者，《論》下却指如《種姓品》。

疏　設生惡趣至深生悲愍。

注　下有四義，雖《種姓品》亦不在於慧度相中，是結前已。復總辨中，科文似昧，應將姓不能起之下科爲總文，總中方分住品、性品，或《論》文中有其等字。性不起上，煩惱纏至斷善根，當《論》等中，是由慧然，故爲慧相。下方爲總，或已下文雖在於後，亦是由慧，故叙於前，都爲慧相。

疏　若見有此至菩薩本性。

注　與《論》有別。《論》云，應知是名能化菩薩種姓麤相，決定實義，唯佛世尊究竟現見。加中二義，偏[四六]再覆前。靜慮中云，性薄煩惱，諸蓋輕微，麤[四七]重羸弱。或亦兼前性不能起，上纏之下加纏字故。《疏》何故爾，欲現染淨二相別故。

疏　然由未過至故處生死。

注　此有四義，釋未速證。《論》文次前更説，由四隨煩惱故，如是白法皆不顯現。一、由放逸猛長煩惱。二、由愚拙依附惡友。三、由拘逼不得自在。四、由匱乏顧戀身命。

疏　若入五住[四八]至名習所成種姓。

注　此雖言五，然但取初。初位亦名入五位，故前十千劫亦是此性。今且約位，或通初二，宜通四位。性宜從女。

疏　五位者何。

注　今正用此。

疏　一資粮位至皆此位攝。

注　此文太總。應云，從發深固大菩提心，除十千劫，此至鄰至，遠趣菩提，修集福慧二種資粮，勤求解脱，亦名順解脱分。

疏　一信等十心至十迴向。

注　並是初住，常言十信，從初彰名。此有等字，或別得總名。准《菩薩戒》第十，名頂。准《首楞嚴》第七，名迴向。如雙鏡光明相相[四九]對，妙影重重，名爲迴向。與下者別。

疏　二十住至十灌頂。

注　前十發心，淨治自業，修勝理觀，入如來種，爲救衆生，毀讚不動，聞邪不退，少而行實，是佛法子，如王太子，是十略義。

疏　三十行至十真實。

注　行施歡喜，戒不損他，無恚是忍，精進無盡，正念無癡，現善三業，佛法無著，具勝善根，教化自窮，成真實語，是十答[五〇]義。後之六種，是後六度。

疏　四十迴向至十法界無盡迴向。

注　迴向衆生，得不壞信，學佛施佛，施一切處，無盡善根，隨善皆施，等施衆生，心如真相，自在解脱，行廣無息，是十略義。

疏　二加行位至四無間定。

注　加功用行，順入見道，亦名順決擇分。依明得定，發下尋思，觀無所取，立名煖位。謂此位中，創觀所取名等四法，皆自心變，假施設有，實不可得。初獲慧日前行立[五一]相，故立明得名。即此所獲道火前相，故亦名煖。依明增定，發上尋思，觀無所取，立爲頂位。謂此位中，重觀所取名等四法，皆自心變，假施設有，實不可得。明相轉盛，故名明增。尋思位極，故復名頂。依印順定，發下如實智，觀無所取，決定印持，無能取中，亦順樂忍。印順忍時，總立爲忍。印前順後，立印順名，忍境識空，故亦名忍。依無間定，發上如實智，印二取空，立世第一。謂前上忍，唯印能取空，今世第一法，二空雙印，從此無間必入見道，故立無間名。異生法中此最勝故，名世第一法。

疏　三通達位至真相見道。

注　通者，體也。達者，會也。體會真如，名通達位，其相見道似於此故，亦得其名。此言初心，非必[五二]一地二停之初，但是汎舉初時分也。

疏　四修習位至十法雲。

注　修謂修行，習謂熏習位[五三]。於此位中，廣修衆行，偏得其名，非已前位不修習也。《瑜伽論》云，能爲受用居處義，故名住。建立依持生長義，故名地。住在隨法瑜伽，即是因稱。地在究竟瑜伽，即是果稱。望後名因名行，望前名果名德。通《論》上下，言行之處即是因名，云功德處即是其果。佛位之行，示行利他。因位功德，並因前修。其種姓地，亦是無始無功之德。今既言地，七、十雖異，名義大同。問：何爲不同。答：十地約於斷障，故除如來，七地直依功行，故并初後。問：既説斷障，何言果稱。答：亦由前修，獲此能故，或於此中不分因果，地言之中亦通其住，此依五位，故廣狹別。問：受用居處，寧非盛[五四]獲。依持生長，豈非進行。如是因果，名義似倒。答：以説菩薩不受福德，唯用行法，依居亦爾。其所進行，是由前修，如是即見[五五]菩薩輪轉無停之義。言極喜地者，初地位長，不唯見道，更有修道。至出見後，方知懽喜，從此立名。非見道中有此分別。《論》云，一、極喜地，初獲聖性，具證二空，能益自他，大[五六]喜故；二、離垢地，具淨尸羅，遠離能起微細毀犯煩惱垢故；三、發光地，成就勝定、大法、總持，能發無邊妙慧光故；四、焰慧地，安住最勝菩提分法，燒煩惱薪，慧焰增故；五、極難勝地，真俗兩智，行相互違，合令相應，極難勝故；六、現前地，住緣起智，引無分別最勝般若，令現前故；七、遠行地，至無相住功用後邊，出過世間、二乘道故；八、不動地，無分別智任運相續，相用煩惱不能動故；九、善慧地，成就微妙四無礙解，能遍十方善説法故；十、法雲地，大法智雲含衆德水，蔽如空麤重，充滿法身故。

疏　究竟住〔五七〕至圓滿佛果。

注　解脱道中，且舉初獲，以顯於後三身四智，以其四智總爲微妙，而總相云證於圓寂，或通上云名爲圓寂。

疏　雖知五位，云何修行。

注　此問既總，故答有二。以其發〔五八〕，亦名修行。

疏　諸修行者至方興正行。

注　科文有失，下隨指示，此應總標。

疏　譬如大海至荷負依止。

注　初一法因，次一人依，又乘趣別。

疏　又如空界至皆深念故。

注　附三妙觀。三箇故字，配之易知。

疏　此初發心至利樂功德。

注　上歎初發心，此類歎已後心。舉初類後，即當歎勝於多劫下有發心言。已前並是説發心也。發心亦得，名修行也。下文亦言最初修行，忻果趣〔五九〕行，亦是但要發心者故。

疏　因何發心至大菩提心。

注　此之四緣，全同《瑜伽》第三十五《發心品》也。更有四因，及以四力。

疏　將欲發心至起三妙觀。

注　既具此相，寧未發心。答：是種姓力，近發心也。問：求菩提心，與發何異。答：雖有求心，未敢決趣，怖大行故。雖念衆生，懼苦未度。或通久發，隨應再發，亦名將也。

疏　十德者至求佛智慧。

注　十德在於《瓔珞經》中，三觀在《發菩提心論》。瑜伽四因，後三同此一七六也。

《論》云，一、種姓具足，二、賴佛菩薩善友攝受，三、多起悲心，四、苦行無怯。故今判此爲發心因。其四力者，一、自力，二、他力，三、因力，四、加行力。廣如彼説。

疏　三妙觀者至深心厭捨。

注　除標三句，别觀惡趣。次下之文，别觀自身。《發菩提心論》生死〔六〇〕苦，尚是總文。自身之下，尚有五義。此初三句，次有四句，後各有二句。如文。雖觀如此，未求方便，或通久發。三十六物，外有十二，髮、毛、爪、齒、淚、涕、唾、涎、垢、汗、便、利；身亦十二，皮、膚、血、肉、筋、脉、骨、髓、肪、膏、腦、膜，胃上曰肪，胃下曰膏；中含十二，脾、腎、心、肺、肝、膽、腸、胃、赤痰、白痰、生臟、熟臟。

疏　二求菩提至修集希求。

注　此亦五義。除標二句是第一義，次下二句是次二義，又次二句是第四義，成字之下是第五義。所觀自利利他二德，於自利中，三身可詳。雖然修集，未決趣求，或亦通久。

疏　三念衆生至七漏所漏。

注　下亦五義。於五義中，各有四義。此五中，初無明所縛，除標三句爲第一義，次各二句一義。如文。

疏　雖畏衆苦至覺已彌怨。

注　第二衆苦所縛，亦有四義，各二句文。如文可知。

疏　爲欲起業至求樂犯戒。

注　此是第三集不善業，一句一義。《疏》中略無第四義，云見諸衆生，雖不樂苦，造惡不息。

疏　懷憂縱逸至常無改悔。

注　此是第四造極重惡，於中一句二句二句〔六一〕四句爲後。

疏　生八無暇至深心悲愍。

注　此是第五不修正法，於中一句〔六二〕四句如次。彼《論》文廣，不能具云。《疏》乃簡略，今亦略之。

疏 次應發心至一切義利。

注 此正發心。科者云何子文分出。《發心品》文，有其五門。第一體性。《論》云，復次，菩薩最初發心於諸菩薩所有正願，是初正願，普能攝受其餘正願，是故發心以初正願爲其自性。《纂》云，信欲勝解爲體。今當第二行相門也。《論》云，又諸菩薩，起正願心求菩提時，發如是心，説如是言，願我決定當證無上正等菩提，能作有情一切義利，畢竟安處究竟涅槃及以如來廣大智中。如是發心，定自希求無上菩提及求能作有情義利，是故發心以定希求爲其行相。釋曰，此文仍四，標、舉、正陳及以釋結。於正陳中，仍有總別。今唯總文，不引別文。不離總故，大義只要智悲二心、自他二利。此言已具，故略無失。問：以何爲體。《瑜伽》直言以初正願爲其自性，《纂》云信欲勝解爲體，《識疏》《玄贊》信等五根以爲自性。答：諸師多作矛盾之解，今解不然。發菩提心，初、久有異。《瑜伽》明云最初發心，故説初發願爲自性。《論》文自結，以定希求爲其行相，初忻未有别行相故，故定是願。《識疏》《玄贊》即説久發，三無數劫及以十千，並是此心，無過智悲，智攝法盡，具三十七，據勝且言信等五根。《論》第四門亦作是言，最初發心能攝一切菩提分法，殊勝善根爲上首故。雖此初發，未具諸品。能起諸品，如因攝果，名之爲攝。非初攝體，故立此門，名爲功德。正當久發大菩提心，故以信等爲其自性，不且初發，彼是深固菩提心故。大菩提心，大菩提之心，從所求也。大字隨屬，心曰〔六三〕善根，或體是作願，隣近釋，上加發字，菩提心之發，體是菩薩，智者當審。次下亦言初發希願。

疏 隨意愛樂至初發希願。

注　《論》無此文，是准古佛，亦自願名，用者回换。

疏　如有頌言至初釋迦牟尼佛。

注　第三劫滿，逢勝觀佛。第三劫初，逢燃燈佛。第二劫初，逢寶髻佛。初劫釋迦，彼時樂名釋迦牟尼。今隨意願樂何佛也。

疏　無差〔六四〕菩薩至無數三大劫。

注　三劫之初，名爲初修，非唯初修名菩提心。

疏　先起信至最初修行。

注　《識疏》直解，《論》中深固大菩提心，有餘修作，故非是願。此清淨力，言除染障，故非《瑜伽》最初發心。願爲增上，非初正願。彼希菩提，此求善友，故不同也。堅固不捨，勝進不退，如文可知。此言不捨大菩提心，須是已起，故異《瑜伽》。問：何言初修。答：已起之初，然亦同時，義分前後。問：《識疏》云何配爲深固。答：初劫名初，正符此頌。問：寧同此位。答：初有二義，初到名初，鄰亦從之。頌應通二，或非引證，但當久發，劑宜從齊。准此結文，眷屬並取，信等五根，即是據勝。問：餘十千劫未名爲根，至資粮位方名根故，加行名內。答：相從類之。

疏　依如上説至速登彼岸。

注　此結有二，位及功力。六句位也，四句功力。初劫亦得名爲初發。

疏　次應修行至一略二廣。

注　既發心已，鄰次便行。

疏　略有三種至應依此學。

注　《瑜伽》《唯識》皆有此門，故依辨之。

疏　云何名爲至非顛倒故。

注　已上略解廢立因由，此下略明體性行相。三性兩門，如文易知。

疏　知境界已，應修正行。

注　依境起行，故是次第。

疏　一因聞所成至因修所成。

注　先舉觀智以爲所依，然後入位。此先舉智，後舉其觀，當學、所學法不應子分。此無慧字，故通福也。此相望三，並之所成。修即是定。此無慧字，攝諸眷屬。

疏　此雖三〔六五〕通至唯識爲最。

注　此之三種，攝其萬行。未知今此依於何觀，故有此文。於此文中，先明所要，後釋名義。初中此段連前對餘，爲標舉也。科者云何如是子分。

疏　漸悟頓悟至此理深故。

注　此亦釋成偏取所以，復顯寬遍，亦遣殘疑。問：如何通小。答：約大談之。

疏　《智度論》説至諸法實相。

注　此説菩薩念願〔六六〕於此，故以爲證。三界所有皆心所作者，由心有也。下二句了，並通三界。下唯望佛，二句逆次，同前二義，由心作者，由心修成。次下二句，彰佛及身，並不離心，名之爲即。心不自知已下之文，顯如是見無有分別，離妄念也。言皆從無明出者，指上取相皆由無明。次下二句，非連次上句，非連次上，通結了此，取不取相，是非明顯，即入實相。

疏　故唯識觀最爲第一。

注　此爲結也。昔科云何不齊前標。

疏　識者心也至攝所餘法。

注　此文標也，已見攝法。

疏　唯言爲遮至名爲唯識。

注　此略總釋，下別廣釋。因緣法性，略言有爲，或可及性。

疏　非謂一切至皆不無故。

注　此下別釋攝一切法，順返可知。昔科有悞。

疏　計所執性至皆不離心。

注　上成須有，下釋歸心，三性不離，該一切故。昔科有悞。

疏　如有頌言至而境相成就。

注　初四句彰境非實，後四句明隨心現。四類有情，一處見別，故是非實。言等事者，同一處也。本質雖別，若是實有，同處寧現。《二十論》云，一處解成差，證知唯有識。後之四句，舉喻釋成，但由心變。

疏　此等處處至故略應止。

注　此指餘教。

疏　今詳聖教至不過五種。

注　此對能觀所觀五種。

疏　一遣虚存實至理有情無故。

注　約三性解，有無別故。依圓合解，情即是執，理即稱正。

疏　無著菩薩頌言至是則入三性。

注　昔科注錯。故字屬上，應注無字。初一頌四尋思，二句煖位，下品尋思觀〔六七〕所取互無繫屬，名之爲客。當遍計性，菩薩於定位，觀影唯是心也。一句頂位，上品尋思再觀所取，亦觀遍計，義相既滅除，審觀自〔六八〕想也。此言二者，即上名義自性差別，不離名義，故不別言。有指此爲自性差別，量即心也，想也，唯心唯想，並明實無。下明假有，通上二位。後頌三句，四如實智，二句下忍，先印所取，如是住内心知所取非有也。言唯有分別三者，名觀總別，各有三種，即兩三也。彼爲六故，唯分別有，即是體無，或兼依他。次中上忍，觀印能取，彼所取無，能取亦無，此即當次能取亦無。後一句結，印處觀真，或觀無處，即見圓成，故入三性。此無後觸無所得句。

疏　遣者空觀至而遣空有。

注　依空有解，此歸雙表。

疏　有空若無，亦無空有。

注　此入雙非。上標，下成。

疏　以彼空有至皆即決定。

注　此成雙表。

疏　證真觀位至難思議故。

注 此雙非。或并前節，並成俱非。前幻遮純，此依已詮。

疏 説要觀空至真體非空。

注 此釋違妨，隣次前起，但言觀空，故相違也。釋意遍計空門顯真，説言觀空，從門説也。

疏 此唯識言至亦應除遣。

注 恐外問云，有執中道應是正觀，故此通之。

疏 諸處可言至皆此觀攝。

注 下十一門，並説存遣，境具有無，故此門攝，等取一切有無存遣。初説唯識，豈不通餘。故隨所應，不唯一重。三無生忍者，本性無生，自然無生，惑苦無生。四悉檀者，此云所宗。所宗有四，一、世界，二、爲人，三、對治，四、第一義。四嗢陀南，有其兩聲。輕翻集施，以少言辭，集多法義，施諸有情，纂解初頌，是此聲也。重翻要略，是今所言，有漏皆苦、諸行無常、諸法無我、涅槃寂靜，是四要略。餘處不必，但是四也。五忍即是伏忍、信忍、順忍、無生忍、寂滅忍。如次地前，初三次三次三後一，及佛配之。

疏 二捨濫留純識至不言唯境。

注 遍計已遣，此但捨名。已上始牒，未現捨留。

疏 《成唯》言至但言唯識。

注 所濫通質，及以遍計。

疏 又諸愚夫至留説唯識。

注 唯遍計性是所濫也。

疏 《厚嚴經》言至三界唯心。

注 上爲引證。既言心境，故證此門。

疏 《遺教經》言至皆此觀攝。

注 此是攝餘，文非引證。但現心境，不現存遣，故在此門。前之二經，亦通存遣。

疏 三攝末歸本識至末法無故。

注 攝相見末，歸自證本。

疏　故《唯識三十頌》言至此能變唯三。

注　初一頌半，略釋外難，略標識相。今但一頌，下更兩句，謂異熟思量，及了別境識。今此正用第三句義，餘文因來，故不全引。外人難云，若有唯識，云何世間及諸聖教説有我法。今上二句，答難破執，但由假説，非別實有。其第三句，略標論宗，彼假我法，但依[六九]識變，二分而立。其第四句，屬標辭故，所引長行，但解變字。

疏　《成唯識》説至自證起故。

注　此中依正，但引一解，護法宗中，依自證體變起依他相見二分，故攝末用以歸本體自證分也。

疏　《解深密》説至唯識所現。

注[七〇]即是所變。現者，變也。此言所緣，正取見分，自證分緣，以其相分展轉而説，更可是末歸本體也。非自證分直緣二末方攝歸也，不同變義，可直變二。變言名寬，説轉變故。

疏　攝相見末歸識本故。

注　此之二句，通前所引《唯識》文用。

疏　所説事理至皆此門攝。

注　此是攝餘，不現存遺，但説觀緣，故是相見在於此門。現存遺者，在第一門，通二無失。

疏　四隱劣顯勝識至唯顯勝法。

注　從淺入深，初除遍計，二捨境名，三攝相見，以皈自證，猶現王、所各別，自證立故。此門攝劣歸勝，隱心所名，非除其體。

疏　故慈氏説至無別染善法。

注　初句已許心變二分。二分非實，名之爲似，變彼似故，名心變似。次之二句，心所依心，類同二分，亦名變似，亦非實故，依心生故。

疏　《無垢稱》言至皆此觀攝。

注　此是攝餘。諸心對所，皆此門攝。

疏　五遣相證性識至應求作證。

注　上依事觀，此依理觀。此却遣體，然不同初，彼爲無體故遣，此但不見故遣。

疏　《攝論頌》言至知如蛇智亂。

注　蛇喻遍計，繩喻依他，蘇喻圓成，分即蘇分。初句彰依，依他起執。次見依他，即了遍計。後見蘇分，喻證圓成，不見依他如遍計也。此依真觀。此與唯識證見先後，頌意少別。

疏　餘經説心至皆此觀攝。

注　此並攝餘。但現[七一]真處，皆此門攝。有非違[七二]者，其第二文有其十門。如來藏空，即空如來藏。空如來藏，有兩門解。今取觀空所顯之藏，無諸分別已下總解。

疏　如是所説至總攝一切。

注　虚唯是無，外中有質，用有見相，臣隱自證，相并遣王，故是漸細。上依所遮，或依所來[七三]，亦有漸細。實通五蘊，純唯内分，本但自證。後二可知，故是漸細。

疏　以聞思修至義通前二。

注　前雖設三，未辨體用，故今重辨。又前是對入位舉之，故文不重。於中二文，初體，後義。後中有漏及以無漏。於有漏中，生得加行及以三界。於無漏中，尅體義説。約義説之，亦通聞思，又如添改。

疏　此諸唯識至猶非正勝。

注　下視[七四]種等，應[七五]從此分。前唯識觀當所學法，此下入位當能學也，隨其所應爲所學處。更思言未能修位者，未是能修之位，但是信解之位，遮加行也。

疏　於加行位至徧知非有。

注　其四等持，即四加行各一等持，明增定等，餘如常釋。此中上節煗、頂合解，名尋思故，後如實智，合解後二。

疏　故聖慈尊至後觸無所得。

注　二句煗位，二句頂位，共觀所取，上字想[七六]差，《論》是相字。或字不差，有義之想，名爲義想[七七]，亦無有失。二句下忍，印所取無。次中上忍，觀印能取。世第一位，合印二取。末句舉鄰，即入見道。

疏　此位菩薩至未能證實。

注　顯異見道，結前生下。

疏　通達位中至方得證名。

注　此下見道。四句當下頌初二句，餘當爾時住唯識句。或初六句，已當頌文前三句，不解結句，兼釋名義。通者，體也。達者，會也。體會真如，故名通達。後之四句，形前加行，而再釋成。

疏　故本頌言至離二取相故。

注　先證真觀，乘加行位由有二相，説言非實住唯識，故遂言若時。若有一時於所緣中，無分別智，於有及空二相都無，彼時乃名實住唯識，即通達位。後句結釋，却目能所。

疏　證真識已至雖有而非真。

注　此證相見，長行易見，頌文之中，知本了末，如云證見彼分時等，與前用別。後三句連。

疏　至此位中至成無上覺。

注　此有四門，更有十百，不能具録。科云釋名，非也。應云功德，可攝之盡。

疏　於修習位至起有勝行。

注　此辨修道，別合觀察。有無功用，自在未自在，四節明之。言有勝行者，有即事觀，有中之行，利他爲勝，即真觀中便能起也。空即真觀。

疏　至究竟位至緣真俗識。

注　此如來位，諸位悉歸唯識觀也。此中時位，不該果位，因便明也。

疏　所修有二至然具種現。

注　應以下文，子文分之，舊科大分，不得意也。

疏　所言修者至生長圓滿。

注　此文是辨修習之儀及以相用，令其增長，是修義也。生起下文。

疏　有自在者至不能上修。

注　令增不增，是能不能，有勝見道，傍修得故，故更子文，科者大文，是爲失也。

疏　此唯識修至唯識修故。

注　約不離義，説言總攝，非依修相，不爾相違。

疏　此略修行果相云何。

注　此問既總，故下二門。

疏　有漏修者至容得一切。

注　應云，初依別用，後依相資。科爲三段，亦無妨難。此言有漏，非取一切，是資、加位并七地前。

疏　説略修已，云何廣修。

注　上明略修，《唯識》爲宗。下辨廣修，《瑜伽》爲本。文義俱廣，名爲廣修。非廣釋略，名略廣也。

疏　亦此有三至三能學人。

注　《菩薩地》文，二十八品，分爲四門。初十八品，持瑜伽處。次之四品，隨法瑜伽。又次五品，究竟瑜伽。後之一品，次第瑜伽。初有三持，種姓、發心各有一品，行方便持有十六品。五品學處，一品學法在三十八，十品能學人。所學處者，所應知境，如應了知，如下所辨。所學法者，學之法則，如往受戒，如何往彼，到彼如何，威儀軌則等。能學即人。下舉行顯，如下所辨。

疏　最初應知至能修學者。

注　欲知何處，以何法知。言依彼者，依彼法則，或依學處。如是法則而學之也，方成能學。即目學人，於辨人中必兼學法。

疏　故三皆是菩薩行攝。

注　初二依學，便是行也。

疏　初所學處，略有五種。

注　菩薩既以大悲爲首，先知所化種姓差別即當成熟，但説成他。次知利行，亦且説他。方了自境斷修差別。知境界已，自知所得威力及果。故有五種，次第如是，不增不減。准《瑜伽論》，於所學處，七法、五品。初，二法一品，謂《自他利》。第二，《真實義品》。第三，《威力品》。第四，二法《成熟》一品，成熟自他。第五，《菩提品》。如何不同。答：《論》依成熟，成熟自義，近於菩提。今依利他，成他所化，利他之先，故移於前，不相違也。

疏　一所化處至如應成熟。

注　准三十七，《成熟[七八]品》中，二法六門。言二法者，一、成熟自佛法，二、成熟他有情。今但後一，何所以故。正利他故。又威力門，即自成熟，故此略之。故威力末，《疏》略指云，成自佛法。言六門者，一、成熟自他，二、所成熟人，三、成熟差別，四、成熟方便，五、能成就人，六、已成熟。今此但當所成就也。彼列四姓，三乘、無姓，此言不定，准餘處也。如其可度不可度者，須先了知如應度之。言成熟者，令善增長，通其自他，今但取令他成熟也。

疏　二利他處至應善勤修。

注　言利他行處者，實通二利。且舉利他，准前成就[七九]他有情也，非《自他利品》。依《瑜伽論》第三十五，《自他利品》有其十利，此但初二，一純自利、純利他，二自利兼他、利他兼自。於純自利，一向應斷，利他通二，應修、應斷，共利唯修。今文所叙，二純唯斷。於純自利，有其七義，兩句一義。有雖學行，唯爲自爾，名爲慳法。富貴、妻奴、財産等類，名爲染果。見爲拘執，方便令免，還爲自奴，如是等類，菩薩唯斷。純利他中有其二義，如文可知。二利應修，該其兩門，不能具録。

疏　三真實義處至隨應修斷。

注　如理稱實，名爲真實。依其二性，立四真實，一切真實皆不越此。如所有性，盡所有性，三十六云，諸法真實性，諸法一切性。《纂》有二解，一依本、後，所緣境別，二依理、事，理通後得。《倫》有二解，一約諸法體義，二依如體攝盡。更有七門，不能具録。四真實者，一、世間所成真實，即諸世俗展轉相傳，地是〔八〇〕之類亦是稱實，名爲真實；二、道理真實，居異生位，有以三量四種之道理所建立，不違理故，名爲真實；三、煩惱障淨智所行真實，即是四諦，由二乘者斷惑所得所行境界，唯識説取理智爲體；四、所知障淨智所行真實，唯菩薩等取法空理。二不同者，諦有道故，不通有漏。

疏　四威力處，謂神通威力。

注　其《威力品》在三十七，前三後五。其前三者，一、聖，二、法，三、俱生威力。今引後五，一、神通，二、法，三、俱生，四、共，五、不共。言神通威力者，此爲一也，即六神通。

疏　六到彼岸至名法威力。

注　善字傳差，合是名字。此説六度，各有四相，名法威力。一、斷所對治相，二、資粮成就相，三〔八一〕、饒益有情相，四、與當來果相。文於施中，但舉初後。其第二相，菩提資粮成就有情。其第三相，亦有三種，施先悦意，施時清淨，施已無悔，即三時無悔，名自饒益。除他衆苦，即饒益他。其第四相，於當來世得大財寶、朋黨眷屬。餘五准思。六度成就，皈於四攝。初一成就有情之相，即布施攝。次四同事。慧通四攝，餘者准思。

疏　爲利有情至俱生威力。

注　此有四義，並約不由作意而成，名爲俱生。其第一者，生便能忍，不由思擇。四生信委，在八相後。《論》云，爲菩薩時，一切禽獸蠕動之類，皆極付信。言八相者，一、住天，二、入胎，三、住胎，四、出胎，五、出家，六、成道，七、轉法輪，八、般涅槃。有加中有，或加降魔，却除住天，非在下故。

疏　法界有情至成自佛法。

注　此(八二)後二有三種相，不共二乘。一、微細相，了知無量方便利益。二、品類相，前三威力悉皆成就。三、世界相，一切有情、無情世界以爲境界。除上三相，麤相名共。此文但有不共三相。三句爲初，處、時、法器三義可知。神通第二，略不言法及以俱生。化境已下，爲第三相。於結勸中，兼自成就。生起如是，依《論》文也。

疏　五菩提處至果希當證。

注　在中十八，二斷二智，即二轉依果之體也。此中約爲所了知境，下菩提分，即取爲因。

疏　如是五處至精勤修證。

注　此說次第，兼見癈立，與《論》不同，如前和會。准此自成及以自利，附在威力，有六度故。

疏　知學處已至所學法者。

注　第三十八《力種姓品》，有其七門。初於八處須先決信，然後求法。得已正說，然後自行。行已教他修善斷惡，然後四攝，利他三業。問：此所學法何名力種。答：《纂》《倫》同云，力謂十力，此即十力之種姓也。前《種姓品》通明一切，未明習成十力種姓。今偏明此，故云《力種姓品》。問：何唯力種。答：十力多知，此求悟故，更思。又下《論》文正所求中，內明三(八三)相。初正因果，處、非處智力種姓。已作未作，自業智力種姓。於教授中餘八力種，須思所以。

疏　初於三寶至決定喜樂。

注　此有八度，一三寶，二威力，三真實，四因處，五果處，六應得義利處，菩提應得，七於此方便，八善言善說。於此八處，淨信勝解。

疏　次應求法至應正勤求。

注　所應求者，即是五明。五中初三各有二相，醫論四相，業明無數，如《樞要》敘。

疏　應云何求至愛德愛法。

注　求之行相，已下但叙内明中求。准《倫》，此是愛重求聞。四句爲標，二喻示相。《倫》云，二喻校量顯處。二喻可知。無足之下，文連次喻，當法結文。古説此爲七義往聽，下説七義見師。《倫》云，重明殷重。有判，已上重法求聞，已下敬師。此判爲妙。於重法中，初正明敬重，已前文是。後具正意樂，即此文是。今或由愛重，故無足等也。故餘非喻，兩字一義。

疏　往法師所至悦意之想。

注　有判，已下近五行文都爲敬師，於中分二。初具功德心，近三行也。應時之下，無雜染心。今勘《論》文，五種悦意想，五種異意想，在《親近品》，此《品》但有無詰難心、無高慢心及唯爲善。若依前判，但是判彼《親近品》文，不曾判著當《品》文也。今自此門，直判爲三。初依重法，如前可知。第二敬師。第三聽時。於敬師中，初明離過，後明爲善。初中分二。初無詰難心，順悦意想。後無高慢心，翻異意想。故今疏主如是引也。不爾，何縁如是間錯。唯作妙寶已下之文，五悦意想。四十四云。一者寶，難[八四]義故。二者眼，得俱生慧因性義故。三者明，已得慧眼等照義故。四者果，能得妙果因性義故。五者無罪，於未得中，正説無罪因性義故。

疏　深生敬重至異意之想。

注　初二句文在當《品》中，無高慢過，不卑他故，翻下異意。不作壞戒已下之文，五異意想，在四十四。中間十字，兩字一義。

疏　唯爲求善至而求正法。

注　今恐而求正法一句屬上，此唯爲善，亦遠乘前。

疏　應殷重至順求過心。

注　此下二義，離染、無亂，約其聽時離如此過。依《論》復轉，從前生起，此離雜染，依前二生。雜亂依前，唯爲善生，不自輕蔑。由敬佛故，自亦不輕，更思配之。於離染中，《論》有三種，今無第二遠離輕慢。此中第一離貴高也。於中六義，今皆具有。初之兩句，是其三義，兩字一義，聽聞貫三。下之二句，亦是三義。勿起二字貫下損害，是第四義。又貫順字是第五義，不爲隨順，不曲順人情也。又以勿起貫下三字，是第六義。

疏　於其自身亦不輕蔑。

注　此是第三遠離怯弱。

疏　唯爲求法至掃滌攝持。

注　此是離亂，有其五義，初句一義，餘各兩字，後二對心。

疏　何義故求。

注　義，猶利也。爲何利益而求正法。

疏　於内明處至資粮速滿。

注　菩薩求此五明處論，並爲利益安樂有情，以此爲義，仍須次學。《論》云，菩薩如是於内明處論，所顯正因果相，已作不失，未作不得相，精勤修學，令處非處自業智力種姓，漸得清淨，漸得增長。

疏　次應爲他至隨應利樂。

注　兩句爲標，兩句答。撿《瑜伽論》，有其三問，及以三答。此當答於初、後二問，《論》文亦先答初、後故。《論》云，菩薩爲他説正法時，當何所説，云何而説，何義故説。初問所説，次問軌儀，後問義利。今此所言説五明處，答第一問所説法也。隨應利樂，答第三問説義利。《論》云，謂諸菩薩正所應求即是所説，爲此義求即爲此義而爲他説。配問可知，二並依前求説法也。故説五明，五明之利，前説各故，言隨應也。

昔科有失。問：此等云何名所學法。答：説亦學故，乃至三業，學者正要，又並所須悉法。

疏　云何而説。

注　此是中間，問説法則。

疏　謂應安住至名隨順説。

注　此答中間。《論》有總、别二問，一、依隨順應爲他説，二、應清淨應爲他説。此第一門，《論》文之中有十五相，一者以時，二者重法，三者次第，四者相續，五者隨順，六者歡喜，七者愛樂，八者悦豫，九者忻勇，十者不擯，十一應理，十二稱順，十三無亂，十四如法，十五隨衆。今引五相。如法威儀是第一時，道理義故，不具威儀是無道理。不爲高坐，第二重法，《論》更有三。不爲坐者，自立而説，不爲前行，不爲覆頭，諸如是等，如《四分律》有二十條説法戒也。今文直至極珍敬故，並是釋成此相之文。應無間説，第三次第，爲他次第無隔間説也。勿作師奉[八五]，無慳悋相，第四相續，今文不次。《論》云，又於正法不生慳悋、不作師奉。故今不次。此相意云，慳法之人有斷説故。言師奉者，《倫》云，拳者，執捉不捨之義，即是慳相。亦説不執作師長意。又《切韻》云，拳拳，憂也。隨衆所忻次第標釋，第五隨衆，《論》次順標，然是順衆樂聞，標釋次第而説。下更有義利等文，末後並云，隨衆所應而爲宣説。名隨順説，是總結句。有云七義未審詳也。又解，無慳悋相，連上兩義，隨衆、次第。亦無慳故，遂如是引，文非無意。

疏　於有怨者至而爲説法。

注　此是第二依清淨説。《論》有五相，一者慈心，二利益心，三哀愍心，四不讚毀，五非名利。配此易見，合前十五，共有二十，如《論》所列。

疏　次應修行至無倒修行。

注　《論》有五相，三業爲三，第四正思，第五無亂。當初三。聞字傳差，合是問字。即是常〔八六〕言開遮二門，作不作故。《論》言無倒隨轉，即是隨佛開遮轉也，轉三業也。轉即起故，更其滅也，故通止、作。

疏　獨居閑靜至異説無動。

注　此當第四正思相也。《論》有八義，此但略六，無其兩義。獨居閑靜思所聞法，是第一義，總説思惟離不思議。無間之下，是第二義，由二加行而無慢緩。下無第三，但依於義，不依於文。又無第四，其心不墜迷悶錯亂。未知之下，是第五義。未達之下，是第六義，由於少分但言〔八七〕解故，於極甚深自少覺慧不能達法，仰推如來，言如是法是佛所行，非我境界，不生誹謗，無諸過罪。文中恐無慧目一句，即是過罪，質正其心而强信也。善知密意，是第七義，但依其義，不依文故。善知密意異説無動，是第八義，由於墨説大説得善巧故，於真實義，無物無法，能傾能動，物晴〔八八〕，異説該之。若依《倫》判，未知已下，是重成〔八九〕。已前有八，初二如文，無次六義，以理觀察而隨悟入，於其少分但隨信解，但依其義不依其文，如實了知墨説大説，正能悟入最初思惟，數數作意令得堅固。如次後六，二句一義。

疏　於離言境至毗鉢舍那。

注　此當第五無亂相也。無亂修習，故明止觀。

疏　次應教授至增上慢等。

注　八種教授，《論》具有文。前四所觀之機，一、心，二、根，三、意樂，四、隨眠。此無隨眠，有説隨字之中該之。後四正明所教授行。一、五停心觀。此中亦無，或於隨宜爲説中該。二、離常邊。三、離斷邊。此言處中，攝此二也。四、捨增上慢。《倫》解，心者，目定根，即信等，除定，餘四或并取定。意樂即是所樂何行。隨眠即貪等何病。《論》云，如是菩薩，或由從他得正教授，或由施他無倒教授，能令所餘八力種姓漸得清淨、漸得增長，謂靜慮解脱等持等至智力、諸根勝劣智力、種種界智力、遍趣行智力、宿住隨念智力、死生智力、漏盡智力種姓。

疏　次應教誡至令喜增修。

注　五種教誡，一者遮止有罪，二者開許無，三者暫犯諫悔，四者數犯可擯，五稱歎正行。悔字，《論》是悔字，宜從誨字。或諫令悔，可用悔字。起無染異者，起無染濁，無變異義。下犯權時者，汚他家等，改已却攝。上犯即是四不共住。

疏　次安三業至無他説故。

注　此有四種，一、隨攝方便，二、能攝方便，三、令入方便，四、隨轉方便，即四攝事。拔出不善，勸安善處，即是利行。下是同事。無他説者，不令他責，云但勸他，不自行也。

疏　次修波羅蜜多。

注　辨能修學，舉行顯人，有其十品，此但前九。其《功德品》以是果故，附在前九。又下《菩提分品》之中，附五無量。三十九末，六度四攝各有九相。嗢陁南曰，自性一切難，一切門善士，一切種遂求，二世樂清淨，如是九種相，是名略説施。戒等諸行，但換末句。問：云何六度名爲自利。雖云隨增，亦未見相。答：於六皆説自己果故，説到彼岸及有異熟。問：云何二品名爲勝進。答：亦隨增也。名中直見，望上行故。供養親近，是上位故。無量亦是虗學上位，其《菩提分》勝進易知。

疏　施即捨位無貪三業。

注　此當九門之第一也。昔科有失。實體二法，無貪及思，假通聲色。

疏　凡行布施至皆應施與。

注　此當第二。一切施中，《論》依增義。前門唯一，此中有二，謂内、外物。今此文略，但叙兩門，應不應施，巧慧行施。此應不應，初略，後廣。略即凡説應不應義，廣即指示誰應不應。昔科有失。今此略辨應不應義，不過四句，大義行施，爲利益故，不爲世樂，故雖四句，二句應施，二句不應。

疏　若希財物至隨應自在。

注　即前《論》文内外中云，又諸菩薩亦由二相，以外施物施諸衆生。一求受用者，恣彼所須。二求自在者，一切斷心並皆施與。此文在前，移之在後，與後二句正相應故。但唯外別，又與四句後之二句，應施合故。不爾，何故如是不次。此二別者，初未捨與，只令受用，後即與彼，自更不繫。

疏　若求刀等爲自他害。

注　所不應中，有其二種，初外物不應，後内闕方便，怨親等所下是。初中《論》文有十五義，今但十二，今無第七不施尊長，亦無第九抑施眷屬，及第十二非法之物。至下更指，此即第一，刀等爲害，不應施也。

疏　非己財物。

注　此即第二。

疏　媒媾他人。

注　此即第三，媒媾他妻。

疏　食等有虫。

注　此即第四。

疏　無義樂具至怨希仇隙。

注　此即第五，無義樂具。初句是總，次下别文，略舉五種。捕獵等法名煞害法，法即法則。順情生樂，亦名樂具。下准此知。邪化、天祀，是其二種。除天祀外，餘鬼神祠名爲邪化。水陸衆生，損殺處所，以爲一種，約處所也。怨希仇隙，不與其欲，或即怨家，便名樂具，如前已解。或取仇彼怨家之器，此若開五，即成十九。

疏　病冀非宜至愁憂規損。

注　此是第六，所求非宜。初句可知。

次句飽已，由饞數求。後句愁憂，求自煞等。此若開三，即成十四。次下第七，父母師長，今此文無。

疏　抑奪卑物。

注　此即第八，依《論》排也。依《疏》第七。如在王位，奪臣庶妻以爲施物。次下第九，抑施眷屬乃至奴婢，亦勿抑施，此中亦無。

疏　樂惡求位。

注　此爲第十，有暴惡者來求王位，不應與也。

疏　奪施施他。

注　第十一，奪逼眷財，奪逼父母，乃至奴婢財物施也。下第十二，非法之物，此中亦無。

疏　卒暴損餘，自違學處。

注　此即後三。《論》文暴損與前非法是其一段，《論》云，諸菩薩以其正法，以無卒暴，積集財物，而行惠施，不以非法，不以卒暴，亦不逼迫損惱於他，而行惠施。乍似一義，亦復在人。《倫》科之意，外物、非法物、來卒暴物、損於他一切財物，違律典禁，名違學處。此後一義，《論》依出家。

疏　怨親等所，生分別心。

注　已上但談外物不應，已下更談心不合理，不關物體。《倫》判，已下乃至巧慧，並爲方便，有二十九。今除巧慧，有二十八。今此但引二十四也。至下當指，此是第一怨親不等，闕平等心，不應爲也。

疏　許勝與劣，許多與少。

注　此第二、三，與《論》不次。

疏　或懷異意，生憤濁心。

注　此第四義，異意憤濁。

疏　施已稱揚，說恩向彼。

注　此第五義，自贊說恩。

疏　撩擲所捨。

注　此即第六，不敬撩擲。掩[九〇]字傳差，合作撩字，力牒切。《説文》手取物也，又撩理也。今取初訓。

疏　邪厭惡求。

注　此即第七，求者麤惡，應憐愍故，勿起邪行及以厭心。又或邪行是其求者。《論》云，終不於彼暫邪起行，帶厭倦心而行惠施。又彼求者行嗔忿等，而亦不倦。連上下用。

疏　意興邪施。

注　此第八，是邪見者施生煞等。

疏　執爲善淨。

注　此即第九，淨則離，通世、出世。次下第十，迴向世果，此中所無。

疏　他之所引。

注　此第十一，他緣所引。不知因果，待他引也。

疏　師怖自貧窮。

注　此第十二，不爲悲也。

疏　餘殘及穢至持以惠施。

注　此第十三，不合儀施。儀謂儀則，非干情宜。此中有二。一、明施殘穢，與出家者。二、竊施葱等，與不食者。此即却是外物非儀，以少從多，在此門也。與前非法有差別者，前約邪正，如施出家鬼神像等，應更與違辨別，前總，此別。又解，此約欲令違則，故在此門亦不相濫。

疏　數求往還，親附攝屬。

注　此第十四，數求親附。是令求者數數往還、親附攝受，方施與也。菩薩不爲。

疏　依世名譽至規餘敬歎。

注　此第十五，有望求。三句三義，或爲四義。規宜爲窺，須更撿詳。規矩於他，字義無失。

疏　意劣限量。

注　此第十六，設財不多，心亦廣運。二十一別。

疏　初少誑與，後便傾敗。

注　此第十七，少誑便傾。元非施意，名爲誑也。初少誑與，令愛附己，便傾滅也。

疏　乖離屬己。

注　此第十八，令離他拘，返爲自執。有以依世名舉之下，以爲七義，合爲一句。《論》文之中，頭頂[九一]如此。

疏　自怠策他。

注　此第十九。有以此下二爲一種，《論》是如此。

疏　不依來者，次第均給。

注　此第二十，不依次第。第二十一，物廣行狹。第二十二，損來求者。今無此二，或前意劣限量之中，攝此行狹。

疏　心不清淨，後生悔惱。

注　第二十三，是翻三時清淨施也。《論》云，施前悅意，施時心淨，施後無悔。此無初句。

疏　求真與假。

注　第二十四，以假爲真。

疏　先未運心。

注　第二十五，非如還物，心卒施也。

疏　不應其時，乖儀散亂。

注　第二十六，下句釋上。時即道理。《論》更一句，自他施染。此若開之，可爲三義。

疏　嗤笑輕弄至研求不與。

注　第二十七，心不殷重。亦可開四，有爲五義。研求即是推問之義，故意推問不欲施。第二十八，不令恣取，今此文無。

疏　外道覔過至皆不應爲。

注　此下四義，是法施中初之二句，不爲求過外道説法及施經卷，第二，不施與衒賣者，第三，不施與秘藏者，第四，自業未成，亦不應施諸經卷等，結句可知。

疏　與上相違，一切應施。

注　《論》文具有應不應文，對而説也。

疏　財寶財[九二]若之至安樂來求。

注　雖上談心，不由巧慧。此下巧慧，但説所行。乏字准《論》，宜爲足字。《論》云，現有種種可施財物。或此義標，少應善遣，後解爲正。此一巧慧，正在少財。中間兩句財足之文，相形而來，起下巧慧，揆猶量也。

疏　知有懷慳至施種漸生。

注　懷慳有二，一者在俗，一是師長及軌範等。其先貧乏，文在第二，義通第一，寄之樹福，通慳及貪，與之令作，且自不爲。寄，猶權[九三]也，或猶托也，倚也。樹者，立也。已下三句，唯在第一。言無損費仍爲饒益者，以言慰喻不損汝財，令汝得益及隨喜文，連第一義。今如是引，意顯下顯。

疏　見示相求，知樂應與。

注　《論》云，若諸來者有希求相，知其心已，隨彼所樂悉皆施與。今此相字，去聲呼之，宜云求相。示字恐是希字，示現甚好，此即不須他言便施與也。

疏　若有矯詐至令彼無罪。

注　此中有二。有一來誑，初便覺知。有一來誑，初昧後覺。二既意同，故合爲文，此即求者望托事也。《論》云，商人應是買賣，或更思之。

疏　若無財寶至令施無闕。

注　隨應巧求財來施，並許之也。

疏　於佛正法至隨應習施。

注　説財布施令他習行，故非法施。

疏　常見惠捨至不敬忘念。

注　於悋施家，此中有二。令其求者數往乞求，欲令施者施度速滿。二策施者，勿令五失。尠字之下，兩字爲一。《論》云，事力尠闕，或惡供瞻[九四]，或隨朋黨，或不恭敬，或念忘失。

疏　知餘有法至或書寫與。

注　《論》此文接前外道覓過求法，正法之下，前言業未成法，是不應施，今説轉求，即是一連。未知疏主別引何意，應爲前是直不施也。

疏 若見餘無至別礙勝須耶。

注 設餘無求，亦無力寫，自業未成，不應便止，當審自心。尚有三心，三中是何。勿我於法慳垢纏心，不能施耶。勿我於法別意所礙，不欲施耶。別意所礙，即嫌恨等。爲我於法有勝所須，不應施耶。

疏 若有慳礙至妙智資粮。

注 慳是第一，礙即是第二。應須施與，設由施已，現世癡痖，亦應施與。況不施與，慳礙恒在，闕智資粮。

疏 若無慳礙至爲滿智因。

注 觀無慳礙，但爲勝須。復設三思，施時爲何。爲滅染耶，爲利他耶，爲自利耶。

疏 觀無煩惱至非違淨戒。

注 初句初意，既無慳礙，即無所滅，不施無失。次下三句，成第三意，今若施時，不能如此，故不應施。亦爲[九五]下，成第二意，不施兼利自餘有情，施時只爲此一人也。既知不施，三義皆勝，故無過失。問：此三行文是説不施，云何科在行施之中。答：是相形文，《論》文甚明，下文方問不施者故，《疏》中文有相翻之勢。

疏 善設軌儀至所守護持。

注 二句總標，作淨施佛，釋上軌儀。言作淨者，離慳染也。假言施他，而必不與，還白[九六]用，雖作假施，亦離重慳，世極慳者不令人知。科在法施，甚爲不當，《論》云財故。雖結言法，前中言財，故是通二。有科，此下爲應施中，甚失《論》意，《論》文明作二問答故。

疏 若觀施時至或非己物。

注 此釋上言，曉喻發遣。

疏 於有怨苦至喜捨而施。

注 此四無量，名勝意樂，次第配上怨、苦、德、恩。於此文前，有四無礙施，今略不引。

疏　若有四障至生不慳智。

注　四障者，一、先未串習障，二、尠闕匱乏之障，三、躭著悦意障，四、忻樂世果障。四智者，一、覺悟智，二、忍苦智，三、知倒智，四、不慳智。

疏　應有閑靜至生無量福。

注　此但運心，名勝解施。無來求者，亦運心也。

疏　於所愛寶至亦勿慳悋。

注　《論》依增義，此難行施，遂立三種。今文既略，但有二名。此無第一財物尠少，自忍貧苦。由當前來，第二障治。於第二中，更有長時串習資具，有上品恩，最上妙物。由當前來，一、三障治。

疏　信心恭敬至而行惠施。

注　此第五門，善士施也。《論》有五相，一、信心，二、恭敬，三、自手，四、應時，五、不損。前第四門，一切門施，有其四相。約物有二，自物、化他。施境有二，一、非來求，父母妻奴乃至大臣；二、是來求，行相既略，故今不引。次下更有一切種施，有十一相，及遂求施，有其八相，義不過前，故此不引。其十一相，分爲六七，遂求爲八，故成增義。

疏　此有三種至而行法施。

注　二世樂施，《論》有九相，財、法、無畏，各三相故。財施三者，物妙如法，調伏慳垢，調伏積藏。今但引初，或廣修言，頗該後二。後二別者，慳即執財，藏即自用。無畏三者，除怖鬼傍，除怖王賊，除怖水等。此總具三。法施三者，無倒説法，稱理説法，勸修學處。此有勸修，餘並略之。或勸字中，可攝初二。初二別者，初離相翻，即四倒等，彼離汎謬。

疏　速疾而與至無競無慢。

注　《論》有十相，一、不留滯，二、不執取，三、不積集，四、不高舉，五〔九七〕、所依，六、不退弱，七、不下劣，八、不向背，九、不望報恩，十、不悕異熟。此中有三，如文可知。《疏》中如速捨者一句，宜爲上段。科注脚錯，宜注隨字。逐難釋者。不留滯者，施心疾與過求者心。不執取者，不邪執爲空無有果，乃至唯施極淨。不積集者，非廣積已，然後頓施。不高者，於來求者，心生嫌下，亦不與他競勝而施。無依者，不依名譽。無退弱者，三時清淨。不下劣者，擇其好物。無向背者，平等心。

般若心經幽贊崆峒記卷上

校勘記

〔一〕底本據《卍續藏》。

〔二〕「贊」，底本原校云一本前有「幽」字。

〔三〕「結」，底本原校云一本無。

〔四〕「六」，底本原校云一本無。

〔五〕「悕」，底本原校云一本無。

〔六〕「文誨」，底本原校云一本作「廣文海」。

〔七〕「近」，底本原校云一本作「遞」。

〔八〕「也」，底本原校云一本作「已」。

〔九〕「諦輪」，底本原校云一本作「諍論」。

〔一〇〕「彼」，底本原校疑爲「被」。

〔一一〕「二」，底本原校云一本作「三」。

〔一二〕「戒」，底本原校云一本作「我」。

〔一三〕「解」，底本原校云一本作「牒」，下一「解」字同。

〔一四〕「縱」，底本原校云一本作「頌」。

〔一五〕「縱」，底本原校云一本作「假」。

〔一六〕「詮」，底本原校云一本後有「談」字。

〔一七〕「教」，底本原校云一本前有「非」字。

〔一八〕「契」，底本原校云一本後有「中」字。

〔一九〕「現」，底本原校云一本作「顯」。

〔二〇〕「波」，底本原校云一本作「汲」。

〔二一〕「唯」，底本原校云一本作「離」。

〔二三〕「契」，底本原校云一本作「總」。
〔二三〕「爾」，底本原校云一本作「合」。
〔二四〕「自」，底本原校云一本前有「識」字。
〔二五〕「猶」，底本原校云一本作「獨」。
〔二六〕「助」，底本原校云一本作「即」。
〔二七〕「色」，底本原校云一本作「苞」。
〔二八〕「必」，底本原校云一本作「如」，下一「必」字同。
〔二九〕「炎」，底本原校云一本作「火」。
〔三〇〕「爲斷」，底本原校云一本無。
〔三一〕「觀」，底本原校云一本作「勸」。
〔三二〕「過」，底本原校云一本作「遇」。
〔三三〕「有」，底本原校云一本作「自」。
〔三四〕「遺」，底本原校云一本作「遣」，下五「遺」字同。
〔三五〕「所不行有」，疑爲「有所不行」。
〔三六〕「頌」，底本原校云一本作「顯」。
〔三七〕「足」，底本原校云一本作「行」。
〔三八〕「得」，底本原校云一本作「符」。
〔三九〕「并」，底本原校云一本作「辨」。
〔四〇〕「所」，底本原校云前有「無」字。
〔四一〕「行」，底本原校云一本作「作」。
〔四二〕「熟」，底本原校云一本作「就」。
〔四三〕「共」，底本原校云一本作「其」。
〔四四〕「事」，底本原校云一本作「等」。
〔四五〕「愍」，底本原校云一本作「敏」。
〔四六〕「偏」，底本原校云一本作「徧」。
〔四七〕「麤」，底本作「麈」，據文意改。
〔四八〕「住」，底本原校云一本作「位」。
〔四九〕「相」，疑衍。
〔五〇〕「答」，底本原校云一本作「界」，疑爲「略」。
〔五一〕「立」，底本原校疑爲「之」。
〔五二〕「必」，底本原校云一本作「如」。
〔五三〕「位」，疑衍。
〔五四〕「盛」，底本原校云一本作「感」。
〔五五〕「見」，底本原校云一本作「是」。

〔五六〕「大」，底本原校云一本前有「生」字。

〔五七〕「住」，疑爲「位」。

〔五八〕「發」，疑後脱「心」字。

〔五九〕「趣」，底本原校云一本作「修」。

〔六〇〕「死」，底本原校云一本後有「衆」字。

〔六一〕「二句」，底本原校云一本無。

〔六二〕「句」，底本原校云一本後有「二句一句」四字。

〔六三〕「曰」，底本原校云一本作「目」。

〔六四〕「差」，底本原校云一本作「著」。

〔六五〕「雖三」，底本原校云一本作「三雖」。

〔六六〕「願」，底本原校云一本作「觀」。

〔六七〕「觀」，底本原校云一本後有「其」字。

〔六八〕「自」，底本原校云一本前有「唯」字。

〔六九〕「依」，底本原校云一本作「由」。

〔七〇〕「注」，底本脱，據文意補。

〔七一〕「現」，底本原校云一本作「觀」。

〔七二〕「違」，底本原校云作「遣」。

〔七三〕「來」，底本原校云一本作「表」。

〔七四〕「視」，底本原校云一本作「觀」。

〔七五〕「應」，底本原校云作「隱」。

〔七六〕「字想」，底本原校云一本作「相」。

〔七七〕「想」，底本原校云一本作「相」。

〔七八〕「熟」，底本原校云一本作「就」，下十「熟」字同。

〔七九〕「就」，底本原校云一本後有「即當成就」四字。

〔八〇〕「是」，底本原校云一本後有「地等如是」四字。

〔八一〕「三」，底本作「二」，據文意改。

〔八二〕「此」，底本原校云一本後有「合」字。

〔八三〕「三」，底本原校云一本作「二」。

〔八四〕「難」，底本原校云一本後有「得」字。

〔八五〕「奉」，底本原校云一本作「拳」，下二「奉」字同。

〔八六〕「常」，底本原校云一本作「當」。

〔八七〕「言」，疑爲「信」。

〔八八〕「物情」，底本原校云一本作「物者物情」。

〔八九〕「成」，底本原校云一本後有「文」字。

〔九〇〕「掩」，底本原校云一本作「捺」。
〔九一〕「頂」，底本原校云一本作「須」。
〔九二〕「財」，底本原校云《般若波羅蜜多心經幽贊》無。
〔九三〕「權」，底本原校云一本作「推」。
〔九四〕「瞻」，底本原校云一本作「贍」。
〔九五〕「爲」，底本原校云一本後有「之」字。
〔九六〕「自」，底本原校云一本後有「自」字。
〔九七〕「五」，底本原校云一本後有「無」字。

般若心經幽贊崆峒記卷中

大宋真定府龍興寺比丘守千集

疏　戒即受學淨戒三業。

注　依《瑜伽論》第四十中，戒亦九門，此即第一自性門也。通受及學，三業爲性。

疏　凡修淨戒至敬念無犯。

注　此標，四義。一、從他正受，二、自淨意受，三、犯已還淨，四、敬念無犯。初二是受，後二約持。

疏　正受有犯至能還速出。

注　此下料揀，有其二門。一、自他恥門，或云離惡作門。二、犯不犯門。初中有二。初二別顧自他，後二由前離惡。五句初段，三句後段，四句後門，易爲尋之。

疏　即妙無量至勝利淨戒。

注　此即結歎，文有四義。一、妙善淨戒，二、無量淨戒，三、饒益淨戒，四、能獲大果勝利淨戒。

疏　在家出家，俱修三種。

注　此一切戒，標通二部律儀，七衆隨應受故。

疏　一律儀戒至所受律儀。

注　除此七衆，名爲處中，不入法律儀戒中故。其不律儀，約爲活命。不爲活命，即入處中。合此七衆，隨其所受，期願何時，至盡未來，命終不捨。

疏　住出家者至如棄草穢。

注　前略明體，下辨持相。《論》有十義，此第一也。《論》云，不顧過直[一]。約出家已，望前所捨。

疏　不希天欲，況餘財位。

注　此第二義，不求未來。其餘財位，亦目未來。

疏[二]尚厭勝果，況卑賤事。

注　此第三義，不著現在。言勝果者，即尊貴人，利養恭敬。

疏　勤更修餘，非戒爲足。

注　此第四義，寂靜無足，此中不引寂靜之文。《論》云，常樂遠離，若猶靜處，若在衆中，於一切時心專遠離寂靜而住，不唯於是尸羅而生喜足云云。

疏　離惡言念至正理言念。

注　此第五義，滌邪言思，漸令皈正。

疏　聞難行事至念已勤修。

注　此第六義，不自輕蔑。警字傳差。《論》云，心無驚懼，亦不怯劣。恕字亦差，宜爲念字。《論》云，唯作是念，彼既是人云云。

疏　不伺他非至悲心攝受。

注　此第七義，性能柔和。由柔和故，自察忍他。

疏　害觸無恚，勿行訶擯。

注　此第八義，堪能忍苦，無返訶責。

疏　有過悔除，誓更勿犯。

注　此第九義，五不放逸。一、前際俱行，二、後際俱行，三、中際俱行，四、先時所作，五、俱時隨行。前三於彼已犯中悔，後二預防令無所犯，前三後二配此二句。如何後際説言已犯。答：如欲來日作煞生[三]，雖加行心，亦名爲犯。後二如何。答：具如《論》釋，今略其意，先令已後所作無犯，名先時所作，此是初發，如是之心俱時隨行，即隨此後如是而行。

疏　少欲喜足至諸邪命法。

注　此第十義，軌則淨命。文有四節。由少欲故，忍苦、寂靜，並是軌則淨命，如文。《論》前更有覆善露惡。

疏　二攝善法戒至所集善法。

注　此且約持及以別體，故唯説言受律儀後。此略辨體，有總有別，此是總也。上箇爲字，宜從謂字。《論》云，謂諸菩薩受律儀戒後。云云。

疏　依戒獨處，起聞、思、修。

注　此下別解，有其三門，此文是依三慧解也。

疏　尊所敬事至精勤護戒。

注　此第二門，依三業解，八句九義。發願、供養是二義故，餘各一句。初之二義，敬田、悲田，《倫》判唯身，今撿《論》文，初有問訊，可通身語，或正要身。次二説讚，唯是語業。隨喜是意。迴向、發願，通語與意，《倫》判通三，是約所施通三業也。供養、情進，二通三業。

疏　飲食知量至親依善友。

注　此第三門，依九善解。此但有四，無有前三，正念、正知、正行，及無後二，不犯、能悔。寤寐傳差，《論》云悎寤。

疏　勿顧身財至住十度中。

注　上文是引，畏辨體中。此是後文，廣辨持相。撿《論》具有十度漸次，此中亦具。初句施度。次之二句合明次四，於犯戒中，於恚害中，於懈怠中，於定味中，皆不忍受。次下二句是後五度，開慧爲也，乃至超二。《論》云，又於五處如實了知，一、因，二、果，三、因果倒，四、因果無倒，五、捨善法障。配後五度，隨增可悉。舊科云何折爲兩下。

疏　三饒益有情戒。

注　前文略中，有十一相。《論》云，當知此戒略有十一，一、作善助伴，二、説諸義利，三、知恩報恩，四、救諸怖畏，五、開解愁憂，六、救諸匱乏，七、如法御衆，八、善隨他轉，九、示善令學，十、悲心訶擯，十一、示現惡趣。廣亦十一，下共是引，廣辨持中。

疏　於諸有情至解他勝蔑。

注　後文廣持，具廣十一。今此第一，作[四]助伴也。助伴有二，一者事業助伴，二者救苦助伴。病者，下是也。於中有三，一、救疾病苦，二、救根缺苦，三、救煩惱苦。於根缺中，有其五種。一、眼。二、耳。搗字，呼及切，《説文》裂也，又手指也，今取指義。三、舌。《論》云，手代言者，曉以想像。是曉諭彼，只令想像，不須言也。四、意。《論》云，迷方路者，示以隅途。五、身。身中有二，一、闕力，二、闕支。此文不次。其愚之下，煩惱有三，《論》更有多。解他勝蔑者，他勝所陵，解令不憂，或爲意根。有科，此下都爲四攝，上爲同事，下爲愛語，守恩之下至教誡教授，是其布施，後爲利行。

疏　勸斷慳惡至盡結離苦。

注　此是第二，説於義利。此中有六，慳、惡爲二，盡結、離苦，亦二義故。

疏　守恩思報至等增非劣。

注　此第三義，知恩報恩。初句知恩欲報，餘文正報，於中六相。一、見讚，二、歡[五]慰，三、説實，四、言笑，五、令坐，六、非劣，隨先蒙恩，今翻答彼，或過或等，無有劣先。有以此下五爲布施，此即報恩，次二無畏，一財二法如次可思。

疏　怖者救護。

注　此第四義，救諸怖畏。

疏　憂者開解。

注　此第五義，開解愁憂。

疏　常備資財，隨求即與。

注　此第六義，救諸匱乏。

疏　初爲依御至教授教誡。

注　此第七義，如法御衆。先依，後濟。後中有二，初攝受，後教之。初中有二。初，依舊有無，有即便給，無即轉求。後，約現所得，現得同用，自無隱貴〔六〕，藏隱枉費。

疏　除無利行，餘隨他轉。

注　此第八義，善隨他轉。昔科注錯。《論》中有二。初總明二種，共住、同行，此二句是。有以此下爲其利行。

疏　非訶違犯，終不惱他。

注　《論》別有七。一、生苦樂，二、知忿心，三、依談論。此無上三。四、無觸惱，即此文是。除爲治罰，終不觸惱。

疏　亦不輕誚至不自貢高。

注　此第五義，順護他短。此中有二，初不輕侮，後不現勝。下亦輕上，故二義別。

疏　不極親近至親近於彼。

注　此第六義，親不親近。於中三義，如文可知。

疏　不毁他愛至不乖先諾。

注　此第七義，順他愛憎。於中有二，先人，後物。人中又二。初，順他望他，如文可知。後，順他望自，彼人與我雖非情契，亦不成實，説與令知，是恐遠離，欲漸化也。後二〔七〕句物，先他未許，不數往求，後自許他，必應先期。後二順他之所愛也。十一義中，上辨八義，九讚歎相，十調伏相，十一神通相。文廣如《論》。

疏　是名無量大功德藏。

注　此結三聚。上明所學三種戒藏，有略有廣。已下是辨依戒受持。昔科寧五。

疏　若諸菩薩至發弘願已。

注　下解菩薩依戒受學，初從他正受，後自淨意受。初從〔八〕正受，資方便中，《素疏》

科文，以爲七段。一、標舉起願，二、禮足請師，三、供佛及僧，四、起殷淨意，五、謙下致敬，六、蹲跪請師，七、專念默然。此當第一標舉起願。《倫疏》科爲兩段，方便正受。方便有三，資遠方便，資近方便[九]。今無第三，只有二文。初遠方便發願，次乞戒，後供養念德。此當發願。《論》云，若諸菩薩，欲於如是菩薩所學三種戒藏勤修學者，或是在家，或是出家，先於無上正等菩提發弘願已。釋曰，上節標舉受戒之人不過二分，當此《疏》之初句。下節發願，當此《疏》之二句。問：菩薩戒等，説通諸天，唯無地獄及無色天，何唯爾耶。答：此且約人，或隨所應，在家品攝。問：十八梵天豈皆受戒。有五淨居不發大心，定姓者故。答：《倫》引《般若》，非五淨居，更有十八。初禪有四，一、梵天，二、大梵天，三、梵輔天，四、梵接天。二禪亦四，一、少光天，二、無量光天，三、光音天，四、光天。三禪亦四，一、少淨天，二、無量淨天，三、遍淨天，四、淨天。四禪六天，一、福生天，二、福壽天，三、廣果天，四、清淨天，五、自在天，六、大自在天。問：何故不同。答：常説十八，隨小乘也。問：禪各三品，何有四天。答：有菩薩人非隨舊業，故別爲一，總天是也。其第四禪，凡三如前，其菩薩有定姓人，後之三地，決定生彼，復爲三天，故有六天。更檢問之。問：其發願文何不具陳，復是何相。答：於《發心品》已具説之，故此不言。於受戒人到來受戒，決已發心，故云已也。非指文已，是指其人已發心也。即菩提心，亦名爲願，但寬於願，勿更異尋，出體會違，如前已説。

疏　欲勤修學至如法請受。

注　此當第二禮足請師。次[一〇]乞戒，《論》云，當審訪求同發[一一]菩薩，已發大願，有智有力，於語表義能授能開，於如是等功德具足勝菩薩所，先禮雙足〔三〕，如是請言，我今欲於善男子所或長老所或大德所，乞受一切菩薩淨戒，願須臾頃不辭勞倦哀愍聽授。釋曰，上節擇師，當此初二句。下節陳請，當此後句。言同法者，同其軌也。同見同行等，並名爲同。今取戒同。問：既言菩薩，何用此言。答：有十善等亦名菩薩，非三聚故，此釋三聚同法師也。智即聰慧，力即具信，瑜伽擇師，慧、信二故。又彼亦擇六度無蔽，依行六度，亦是有力。又即下文能開授等，便是有力，下文只言智、力二故。宜取後解。度無蔽等，在下等中。言語表義者，語所詮表，名語表義，不唯受人語表業也。乃至十發趣等，要能開故。問：誰堪爲師。答：隨受戒人，語所詮表，量其淺深，能者得也。《倫》叙景師，合云身語二作者，非也。授者，與也，付之令行。開即開示，説之令知。亦非唯戒，羯磨之中有學處故，學法、能學並要知故。已上擇師。

於如是下，正陳請儀。言先禮者，請之前也，仍是人事之常儀故，纔見須禮。今之作法唯爲立儀，非也。《别行羯磨》亦有膝輪具地之語。在此之下，方爲動發。或此文中，先禮之下亦是動發。前解理勝，此處熏依，有俱時故。其此辭句，大同比丘之者，必須上品，發無表故，但要初念正因等起，熏戒依故。有説，三番各説正因，非也。但説動發之初念故，雖有三番，但爲圓滿助成初念，非後二番纔發動故。有説，《論》無三番之言。今謂，《别行羯磨》有文，須要三番。彼文少别。大德憶念，我如是名，於大德所乞受一切菩薩淨戒，唯願須臾不辭勞倦哀愍聽授。第二第三，亦如是説。問：初唯身業，或〔三〕語者，寧立十支。答：互立無失，不爾，病者應不得戒。又立分限，在於祈願，非熏時故。又非缺支，受時〔一四〕亦缺，不應缺支，具三業故。次下請辭。一句告師，師有三名，隨體言之。

善男子名，甚寬須思。次句正乞，次二句禱，後一句勸。乞下受字，只是受字。末後受字，合此授字，云聽我請，授我戒故。此請或在山林樹下，非佛像前，未正授故。有准此理，未爲戒依，非也。授時要憑，非薰依故。不同再請，要付授故。何以憑此。又准此文，此中正是動發之初，熏戒所依。不爾，何緣不列後文蹲跪請師。問：設爾何違。答：明知彼是再覆前請，意不殊前，故不別列，或合前舉。問：何須再覆。答：前請未在戒壇之所供佛等已，至佛像前臨受再請，方令正授。不同聲聞，一壇集衆，隨乞便授，不須再請。思之，思之。

疏　時彼菩薩至專念長養。

注　准乞戒已，其羯磨師或教授師，略教示也。《別行羯磨》生殷淨心。次下有此文云，若諸菩薩，欲授菩薩[一五]一[一六]菩薩戒時，先應爲説菩薩法藏摩怛理迦、菩薩學處及犯處相，令其聽受，以慧觀察自所意樂，堪能思擇受菩薩戒，非唯他勸，非爲勝他，當知是名堅固菩薩，堪受菩薩堪受菩薩[一七]淨戒律儀，以受戒法如應正授。若依《素疏》，此當七中第四、第七。若依《倫》判，當近方便。《倫》判，隨其所有已下，爲資近方便故。前有供養，《倫》不爲段，殷淨謙下，勢連於後，故只四文，資方便也。今准《贊》意，自彼供養至殷重心，相連一意，於供養處生淨心也。別行文段是爾，恐義不明，今具引之。《論》云，既作如是無倒請已，偏袒右肩，恭敬供養十方三世諸佛世尊，已入大地、得大智慧、得大神力諸菩薩衆，現前專念彼諸功德，隨其所有功德因力，生殷淨心或少淨心。釋曰，現前已上，是《素》第三供佛及僧；現前已下，是《素》第四生殷淨心。此准文勢，是連於上，上言功德，次言隨故。又於《別行羯磨》之中，無此隨其所有[一八]、因力兩句，如何别段，故是相連一段之文。所言少者，非爲戒依，通下品故。又境有二，可生二心，《别行羯磨》無此一句。次下《論》云，有智有力勝菩薩所，謙下恭敬，膝輪據地或蹲跪坐，對佛像前作如是請，唯願大德或言長老或善男子，哀愍授我菩薩淨戒。釋曰，此當《素疏》第五、第六。今觀文理，勿爲四[一九]段。前節但是標威儀故，令如是請，何别爲段。謙下即是自卑之理，身謙屈躬，語謙藏德，意謙離慢，如是恭敬再陳請也。昔來相傳，前請在初，未見曾許，立而爲法。此既見許，恐將不成，遂更謙下，或雙輪據地，或一蹲一跪，非立請也。此[二〇]二義，量人臨時，便宜即設。今觀文意，但云先禮雙足如是請言，不言立等。《别行羯磨》更有三句，偏袒右肩、膝輪據地、合掌恭敬，如是請言。《别行羯磨》前後同無蹲跪坐言。詳此前後，儀可同矣。或後無立，三名逆次，思之何爲。此箇受字授字用何，可以思之。今此《贊》文無此一段，或亦在前如法請攝，説[二一]其二請，只無供養。又或供養[二二]本要淨心無雜染間，既爲一段供養淨心，故不具言。何須如此。答：外求加護，内無悔故，無染間故。又次《論》云，如是請已，專念一境長養淨心，我今不久當得無盡無量無上大功德藏，即隨思惟如是事義，默然而住。釋曰，《素》爲第七，專念默然。《倫[二三]》只都爲資[二四]方便，當《贊》專念長養一句，别爲一段。准《贊》判《論》，以爲五段，多《倫》一段，仍更少别。《倫》以供養、念德爲一，殷淨屬後近方便中。《贊》合供養乃至殷淨，都爲一故。恐義不明，更列《幽贊》所爲五段，一、標機發願，二、擇師請乞，三、供養淨心，四、謙下請付，五、專念待授，配《論》可知。《贊》前一節談[二五]其兩段，或談三段，後之一節但説[二六]二段，如前已解。

疏　爲正開授。

注　此之一句，略舉師法。開即隨機解說，授即正付其戒，亦有方便及以正授。《論》云，爾時有智有力菩薩，於彼能行正行菩薩，以無亂心若坐若立。釋曰，坐立二儀隨像，如何不得像立而自坐也。又量師體如何爲便，受者准此。《論》云，而作是言，汝如是名善男子聽，或法弟聽。釋曰，此驚策也。不言女衆，或義得名，或略故也。《論》云，汝是菩薩不，應答言是，發菩提願未，應答言已發。釋曰，已上並是師方便也。此之二問，初問種姓，便名菩薩，未受戒者必自知故，不知者非，或先驗訖，故令答是。後問發願，未發不堪，若答未發，便須令發，或不與授，故須答是，不爾即非。准此發願不唯受時，若只受時不須問故。《論》云，自此已後應作是言，汝如是名善男子或法弟，欲於我所受諸菩薩一切學處、受諸菩薩一切淨戒，謂律儀戒、攝善法戒、饒益有情戒。如是學處，如是淨戒，過去一切菩薩已具，未來一切菩薩當具，普於十方現在一切菩薩今具。於是學處，於是淨戒，過去一切菩薩已學，未來一切菩薩當學，現在一切菩薩今學。汝能受不，答言能受。釋曰，此爲正授根本得戒，羯磨難思，相傳辨事，以得其名。文多不解，今略指陳。初呼其受名，次牒欲正授，後指例問答。示與三世諸菩薩者，令如是受其具及學，有差別者，受而具已，方學之也。如《瑜伽》文，學處境寬，具即戒體。如是、於是，名別義同。又學約境，故置於字。具直指體，故云如是。具中，現在置普於十方之言，餘句無者，餘方不現，故偏言處，以過、未二世同不現故。學處既次，故更不言，於自受中，具學皆言普於十方，是相均也。或相影照，更思。問能，上第一番，仍未增長。《論》云，能授菩薩第二第三亦如是說，能受菩薩第二第三亦如是答。釋曰，此後二番，至第三番境〔二七〕，戒用備增，方成無表，有所增長，無所知故，非沈〔二八〕種子此名也。前乞戒中，已後滿前，但取初念。今此羯磨，已前成後，直至後增。次下藏本，及鎮府本，更有六句。《論》云，能受菩薩作如是問，乃至第三授淨戒已，能授菩薩作如是答。釋曰，此文疑剩，檢檢餘本，或問能者，又或已前別答了，第三番後更三問答。已前並是根本正授，授前方便。已下《論》文，授後請證，供養而退。《論》云，乃至第三授淨戒已，能授〔二九〕菩薩不起於坐，能授菩薩對佛像前，普於十方現住諸佛及諸菩薩，恭敬供養，頂禮雙足，作如是白，某名菩薩，今已於我某菩薩所，乃至三説受菩薩戒，我某菩薩已爲某名菩薩作證，唯願十方無邊無際諸世界中，諸佛菩薩第一真聖，於現不現一切時處，一切有情皆現覺者，於此某名受戒菩薩，亦爲作證，第二第三亦如是説。釋曰，已上即是啓白請證，次下更有顯德述意。今亦具敍。《論》云，如是受戒羯磨畢竟，從此無間普於十方無邊無際諸世界中現住諸佛已入大地諸菩薩前，法爾相現，由此表示，如是菩薩已受菩薩所受淨戒。爾時十方諸佛菩薩，於是菩薩法爾之相，生起憶念，故正智見轉，由正智見如實覺知，某世界中某名菩薩，某菩薩所正受菩薩所授淨戒，一切於此受戒菩薩，如子如弟生親善意眷念憐愍。由佛菩薩眷念憐愍，令是菩薩希求善法倍復增長無有退減，當知是名受戒菩薩啓白請證。次下供養而退。《論》云，如是已作受菩薩戒羯磨等事，授受菩薩俱起供養，普於十方無邊無際諸世界中諸佛菩薩，頂禮雙足，恭敬而退。次下更有歎勝之文，既非受法，故不繁引。上來隨應，略有所釋，教意深遠，是非勿責。

疏　若無授者至如法自受。

注 四門之中，自淨意受。此文在於四十一末，説從他受持犯皆訖，方始説之。《疏》移於此，意顯持犯並同前也。《論》云，又諸菩薩，欲受菩薩淨戒律儀，若不會遇具足功德補特伽羅，爾時應對如來像前自受菩薩淨戒律儀，應如是受，偏袒右肩，右膝著地，或蹲跪坐，作如是言，我如是名，仰啓十方一切如來已入大地諸菩薩衆，我今欲於十方世界佛菩薩所，誓受一切菩薩學處，誓受一切菩薩淨戒，謂律儀戒、攝善法戒、饒益有情戒。如是學處，如是淨戒，過去一切菩薩已具，未來一切菩薩當具，普於十方現在一切菩薩當具[二〇]，普於十方現在一切菩薩今具。於是學處，於是淨戒，過去一切菩薩已學，未來一切菩薩當學，普於十方現在一切菩薩今學。第二第三如[二一]是説，説已應起，所餘一切如前應知。釋曰，啓白請證等，并受前方便、發願、乞戒等，并如前説。但對佛像，與前别也。或可乞戒在羯磨内，不須准之，餘辭易之。啓白請證，師陳自説，形對不同。今義准爲，乃至第三，説已應起，頂禮雙足，作如是言，我某名菩薩，今已於十方世界佛菩薩所，乃至三説受菩薩戒，唯願十方無邊無際諸世界中諸佛菩薩第一真聖，於現不現一切時處，一切有情皆現覺者，與我某名受戒菩薩而爲作證。第二第三亦如是説。又《纓絡經》自受戒文，辭句甚少，大意無别，蓋爲隨機，法無定也。《經》云，佛滅度後，千里内無法師時，應於佛菩薩形像前，踞跪[二二]合掌，自誓[二三]戒，應如是受，我某甲，白十方佛大地菩薩等，我受一切菩薩戒。三説。問：自受戒儀，廣略明矣，爲當亦有自懺儀不。下文雖指，不見儀軌，懺何篇故。答：准《寶積經》皇字號第九十卷，有自懺法，至五無間亦許自懺。今[二四]具録，恐有學者[二五]免更撿也。《經》文，復次舍利弗，若有菩薩犯波羅夷者，應對清淨十比丘前，以質直心殷重懺悔。犯僧殘者，對五淨僧殷重懺悔。若爲女人染心所觸，及因相顧而生愛著，應對一二清淨僧前殷重懺悔。舍利弗，若諸菩薩成就五無間罪，犯波羅夷，或犯僧殘、犯僧〔三六〕及犯餘罪，菩薩應當於三十五佛前，晝夜獨處，殷重懺悔。應自稱云：

我某甲　皈依佛　皈依法　皈依僧

南無釋迦牟尼佛

南無金剛不壞智〔三七〕佛

南無寶光佛

南無龍尊王佛

南無精進軍佛

南無精進喜佛

南無寶炎佛

南無寶月光佛

南無不空見佛

南無寶月佛

南無無垢佛

南無離垢佛

南無勇施佛

南無清淨佛

南無清淨施佛

南無婆留那佛

南無水天佛

南無堅德佛

南無旃檀功德佛〔三八〕

南無光明吉祥佛

南無光德佛

南無無憂德佛

南無那羅延佛

南無功德華佛

南無蓮華光遊戲神通佛

南無財功德佛

南無念德佛

南無善名稱功德佛

南無帝幢王佛
南無善遊步功德佛
南無鬪戰勝佛
南無遊步佛
南無周匝莊嚴功德佛
南無寶蓮華遊步佛
南無寶蓮華善住娑羅王佛

如是等一切世界諸佛世尊常住在世，是諸世尊當慈念我。若我此生，若我前生，從無始生死以來所作衆罪，若自作，若教他作，見[三九]隨喜。若塔，若四方僧物，若自取，若教他取，見取隨喜。五無間罪，若自作，若教他作，見作隨喜。十不善道，若自作，若教他作，見作隨喜。所作罪障，或有覆藏，或不覆藏，應墮地獄、餓鬼、畜生、諸餘惡趣、邊地下賤，及蔑戾車。如是等處所作罪障，今皆懺悔。今諸佛世尊，當證知我，當憶念我。我復於諸佛世尊前，作如是言，若我此生，若於餘生，曾行布施，或守淨戒，乃至諸[四〇]衆生一摶之食，或修淨行所有善根，成就衆生所有善根，及無上智所有善根，一切合集校計算而[四一]，皆悉迴向阿耨多羅三藐三菩提。如過去未來現在諸佛所作迴向，我亦如是迴向。

衆罪皆懺悔　諸福盡隨喜
及諸佛功德　願成無上道
未來現在佛　於衆生最勝
無量功德海　我今皈命禮

如是舍利弗，菩薩應當一心觀此三十五佛而爲上首，復應頂禮一切如來，應作如是清淨懺悔。菩薩若能除滅此罪，爾時諸佛即現其身，謂度一切諸衆生故，示現如是種種之相，而於法界亦無所動，隨諸衆生種種樂欲，悉令圓滿，皆得解脱。上並《經》文，諸有後學，若覽此本，隨學隨喜，願勿謙繁。

問：《瑜伽》雖有菩薩三聚自受之文，未知

得通七衆以不。答：准墨字號《占察善惡業報經》上卷，具通七衆，乃至式叉摩那，亦自受故。《經》云，復次，未來之世，若在家、出家諸衆生等，欲求受清淨妙戒，而先已作增上重罪不得受者，亦當如上修懺悔法，令其至心得身口意善相已，即應可受。若彼衆生欲習摩訶衍道，求受菩薩根本重戒，及願總受在家、出家一切禁戒，所謂攝律儀戒、攝善法戒、攝化衆生戒，而不能得善好戒師，廣解菩薩法藏。先修行者，應當至心於道場内，恭敬供養，仰告十方諸佛菩薩，請爲師證。一心立願，稱辨戒相，先説十根本重戒，次當總舉三種戒聚，自誓而受，此亦得戒。復次，未來世諸衆生等，欲求出家及出家已，若不能得善好戒師及清淨僧衆，其心疑惑，不得如法受於禁戒者，但能學發無上道心，亦令身口意得清淨已。其未出家者，應當剃髮，被服法衣，如上立願，自誓而受菩薩律儀三種戒聚，則名具獲波羅提木叉出家之戒，名爲比丘、比丘尼，即應推求聲聞律藏[四三]，及菩薩所習摩德勒伽藏，受持讀誦，觀察修行。若雖出家，而其年未滿二十者，應當先誓願受十根本戒，及受沙彌、沙彌尼所有别戒，亦名沙彌、沙彌尼，即應親近、供養、給侍先舊出家學大乘心具受戒者，求爲依止之師，請問教誡、修行威儀，如沙彌、沙彌尼法。若不能值如是之人，唯當親近菩薩所修摩德勒伽藏，讀誦思惟，觀察修行，殷勤供養佛、法、僧寶。若沙彌尼已十八者，亦當自誓受毗尼藏中式叉摩那六法之戒，及遍學比丘尼一切戒聚。其年若滿二十時，乃可如上總受菩薩三種戒聚，然後名比丘尼。若彼衆生，雖學懺悔，不能至心，不獲善相者，設作受相，不名得戒。准此《經》意，總許自受，十種得戒中有持律得故。問：如何《樞要》及《章》之中，並説出家定從他受。答：彼約不發大心者故，非三聚故。此文明約發菩提心，故不同也。又此明説三聚戒前先受十戒，及律儀上亦有攝字。可思。

疏 此後數思至契經本母。

注 此上辨受，此辨思修。於中有二，初令諦思，後令聞法。

疏 若離聽慧至不應從受。

注 此是受前擇師之文，《論》中有二，初依慧、信，後依六度。初中離字，《論》是雖字。《倫〔四三〕》解《論》意，有慧無信，不應從受。此牒離字，即爲兩義，無慧、無信，從〔四四〕受，六度擇中。《論》云，有慳貪者、毀淨戒者、多不忍者、懶墮者、多散亂者、愚癡類者謗菩薩藏。文在愚癡而無慧也。

疏 不信毀謗至終不勉離。

注 此文即是受已傳法，然亦是屬師擇弟子，故與後段相次而説。應如是判，初弟子擇師，後師擇弟子。後中有二。初依説法擇，即此文是。後依授戒擇，後一段是。言如住淨戒等者，舉德況罪。言言見者，惡言、惡見，《論》中更有惡思惟也。具此言見，終不勉離。如是大罪，説之無益，故勿爲説。

疏 非唯他勸至起堅固受。

注 前説法擇，説不堪者。此受戒擇，説其堪者。先説持犯。觀其意樂堪受淨戒，非唯他勸，兼内有心，唯隨他意即不堪也。餘文易知。

疏 有四種他勝處法。

注 上辨受相，下明持犯。先重，後輕。

疏 一爲名利至自信隨他。

注 問：聲〔四五〕如何前四爲重。答：菩薩防意，讚毀心勝，故立後四。彼防身語，身重易知，語之後三，罪相輕也。問：下文復有自讚毀他，何分輕重。答：但懷嫌恨及恚惱心，在輕中也。此爲名利，故入重科。

疏 犯此不堪至非真菩薩。

注　此説犯重，猶通三品。有捨不捨，並非真行。

疏　略由二緣至即名爲捨。

注　問：斷善云何不捨此戒。答：斷善必捨菩薩心也。問：其上品纏，如何相狀。答：如文自辨，有其三義。一者，毀犯四種他勝處法；二者，數數現行都無慚愧；三者，深生愛樂見是功德。具此三義，名爲上品。若具一二，即爲中品。下品可知，非一暫行。翻上三義，非一翻初，暫行翻二。暫即不數，但行不愛。

疏　若無二緣至非新受得。

注　斯願廣故，盡形不捨，再受只令舊種增也。并比丘戒，亦令不捨，《表無表章》第十九葉。

疏　住此戒者至恭敬策勤。

注　下辨輕戒。四十一卷，四十三條，今文不具，下隨指示於四十三。《倫》判爲二，攝善法戒有三十二，饒益有情有十一種。於攝善中，分爲六度。於戒度中見律儀戒，故不別立。且於施度，除其七種障，即爲七戒。此即第一供養三寶，唯説不犯。《論》中翻此，仍有三相，染、非染犯，及無違犯。懶墮懈怠，是染違犯。若由失念，非染違犯。心狂亂等，而無違犯。今述無犯。讚禮信念，但無空度，即無違犯。恭敬策勤，翻染違犯。有抄云何牒之於下，自餘悮處，更不言之。

疏　勿生大欲，厭捨名利。

注　此第二戒，無貪故施，少欲喜足。翻《論》但二，無非染犯，犯必是染。問：有起大欲無犯者不。答：有。《論》云，謂爲斷彼生起樂欲，發勤精進，攝彼對治，雖勤遮遏，而爲猛利性惑所蔽，數起現行，即無違犯。

疏　敬侍耆德，依理酬對。

注　此第三戒，施身敬侍，迎對尊德。

對即對答。《論〔四六〕》翻三相。憍慢恨恚，是染違犯。墮〔四七〕怠忘念，非染違犯。病狂亂等，是無違犯。問：前三寶中懈怠是染，云何此中名非染犯。答：三寶境勝，故有別也。

疏　起〔四八〕如法請。

注　此第四戒。《論》翻三相，大分同前。憍慢恨恚，惰怠忘念，病犯〔四九〕亂等。

疏　受無染施。

注　此第五戒。《論》翻有三，亦大同。前請居家，此來就院。

疏　捨無染法。

注　此第六戒，自行法施。翻之亦三，前二大同，其第三中，更加外道來求不施無犯。下第七義，攝受暴惡是無畏施，不令怖他故是〔五〇〕施。今此不引。

疏　於性遮罪至隨應現起。

注　下是戒度，亦有其七。今合初二，性、遮同別。遮與聲聞，有共、不共。性罪一向，只說不共。其遮戒中，隨護他心、掉臂、覆頭等，與聲聞共。擿衣鉢等，即是不共。其性戒中，唯除出家犯於婬戒，餘皆許犯，七支不共。此言等者，即是共義。後之二句，是說不共，亦通性、遮。若爾，性罪亦有其共，何唯不共。答：不爲利他即是共也。若爾，性〔五一〕遮罪亦然。答：於護他心、掉臂等中，無利他相，故有定共。約其條說，全共名共。此中《論》文，遮戒不共，翻只二犯。共及性戒，只說無犯。若於遮戒開共、不共，即四十四，排之自見。

疏　應住正命。

注　此第三戒，無非染犯。

疏　三業寂靜。

注　此第四戒。除掉所動乃至望他歡笑，所餘爲善。動身發語，心非不寂，故通三業，翻亦三相。

疏　毀厭生死，歎欣涅槃。

注　此第五戒，無非染犯。

疏　惡聲稱譽，自護清雪。

注　此第六戒。護惡聲等勿令有實，設有虚加，須當清雪。雪者，拭也，除也，即雪訴也。雖雪其虚，然勿嗔恨。翻亦三相。下第七戒，辛楚加行，護他憂苦，若不現行，是非染犯，無有染犯。此中不引。

疏　諫謝侵犯，不酬嗔拚。

注　下是忍度，有其四種，仍文逆次。一、不酬嗔拚，二、自犯往謝，三、他謝便受。言陳謝侵犯者，自他相望，並得此名。此中攝二，第一、第三，無非染犯，第二通三。更有第四，不堅忿績，無非染犯。此中不引。

疏　無染管御。

注　下是精進，有其三種，此即第一，無非染犯。

疏　時量倚眠。

注　此是第二，無非染犯。

疏　離愛談説〔五二〕。

注　此是第三，不談世事，翻通三相。此言愛者，《論》云懷愛染心。

疏　卑下求法。

注　此下是定，亦有三種，此爲第一，以卑下心求得定法。《論》翻三相。

疏　斷除五蓋。

注　此是第二，無非染犯。更有第三，不味静慮，無非染犯。此中不引。

疏　不毁二乘。

注　下是慧度，有其八種，此第一也，無非染犯。

疏　善究菩薩藏，方學聲聞藏。

注　此是第二，不唯學小，無有染犯。准此犯戒，不必染心。問：若爾，如何名罪。答：摧懷〔五三〕勝善，亦名爲罪，不能得大慧也。餘有准思。

疏　精閑佛法至一分學外。

注　此是第三，業精習外，無非染犯。

疏　猶如辛味而習近之。

注　此是第四，不竇外論，無非染犯。

有判，慧中已上爲五約法，下三約人。

疏　法可信受，方以利樂。

注　此是第五，推佛强信。《論》有兩節，合爲一戒，無非染犯。下有第六，自讚毁他，無非染犯。此中不引。問：與重何别。答：已言，不爲名利恭敬。

疏　聞如理法，勵意往聽。

注　此是第七，翻亦三相。

疏　巧依文義，敬歎法師。

注　此是第八，無非染犯。言但依文，即是有犯。

疏　乃至現通，能正引攝。

注　此是饒益有情戒相，有十一種，即前十一。但明持犯，相不異前。於中開合，有少不同，故不具引。但指後一，無有染犯。餘在乃至，翻各三相。其不同者，於助伴中開出救病，却令怖畏入愁憂中。

疏　如是一切至皆無違犯。

注　四義不犯，通上用之。問：二地離垢，何言十地。答：此依故犯。

疏　上與[五四]相違，當知有犯。

注　染、不染犯，如上已指，實有不犯。且依多分，言有犯也。已上科名有犯不犯，隨應思之。問：《論》説，菩薩犯戒道中，無無餘犯，其義云何。答：《纂》曰，《論》云無餘犯者，謂波羅夷，無有餘故，罪是極故，此聲聞戒，菩薩無此無餘犯罪。賢曰，《纂》云無餘犯者，聲聞重也。《倫》云，其菩薩戒，捨而還受，故云無無[五五]餘犯。今詳《纂》意，約不共住治罸之罪，菩薩犯重，不同聲聞定永擯也。

疏　若上纏犯至還出還淨。

注　應受學中，大文科出。問：准《寶

積經》第九十卷，乃至五逆，亦許自淨，云何不同。答：此言現前，若無之下，貫前用之。問：如何作法。答：前已引之。

疏　此依修習至衰損危苦。

注　此歎勝利，亦應大文。

疏　爲持淨戒至亦不悞犯。

注　此難行戒，在四十二。《論》有三相，其中一者受淨戒已，若遭違難，乃至失命，亦無少犯。又言命終，當其失命難，亦不犯也。此三難行，初依受難，第二持難，第三恒難。於九門中，上引三門，自餘六門。此不具引。

疏　由此生生至戒成其性。

注　前三滿樂〔五六〕，雖是勝利，在一切戒。今此五利，遍通九門，與菩薩戒五利無別。《論》判，初二現在利益，三、四後後世，後一通二。問：第三之中，《論》中明言身懷〔五七〕已後，第五亦言現法後法，可如所判。第四之中無死後言，何唯後世。答：言成就故，言圓滿故，又乘前故。

疏　爲住其心至專精勿犯。

注　此明所作。《論》有三種，即三聚戒。各有一種，三句次〔五八〕配。謂律儀戒，令現法樂安住其心。云云。

疏　忍即於境至精進審慧。

注　第四十二，忍亦九門，此第一門自性忍也。舊科此下何不長分。三忍體性，次配三法。

疏　此有三種至攝無量果。

注　此一切忍，亦先二門，在家、出家，方分三種。此第一中，《論》有兩門，三觀、五想。此是三觀，一、思由前業觀，二、思性是苦觀，三、思劣況勝觀。

疏　憎背有情至住攝受想。

注　修此五想，除恚惱也。如文易知，何無空想。

疏　自無憤勃至流注相續。

注　三義釋名，初二身、語，自不惱，他惱不報，後一在意。言隨眠者，即種子也，在意結恨相續不斷，熏習種子。今不爾故，名之爲忍。

疏　故於怨害，皆能忍受。

注　《論》中結句，五想各有。釋名之後，却無文結。

疏　二安受苦忍至況小苦哉。

注　此爲略釋，舉爲諸欲忍苦無量，況爲菩提不忍苦耶。

疏　若於一切至不生憂悒。

注　所忍苦事，有其八種。一、依止處苦，二、世法處苦，三、威儀處苦，四、攝法處苦，五、乞行處苦，六、勤勞處苦，七、利他處苦，八、所作處苦。此即第一，依止四事，《論》名四[五九]，依此出家受具戒故。衣服、飲食、臥具、醫藥。什物在於第四依中。什者，雜也。得[六〇]蔽，並不生憂，不敬稽留，或以輕侮，亦不悒快。或通配之。

疏　世法衰毀，乃至病死。

注　此爲第二，世法有九。一、衰，二、毀，三、譏，四、苦，五、壞法壞，六、盡法盡，七、老法老，八、病法病，九、死法死。此中前四，是世八法之四法也，即違緣苦。後五愛法，離故生苦。世八法者，初二身法，法財榮潤名利，遣打縛等名衰。次四口法，當善論之曰稱，當惡而論曰譏，過善讚之曰譽，過惡而説曰毀。後二意法，即苦樂二。壞法壞者，謂諸色法，性是壞法，而至壞時，名壞法壞。此依有質，盡依無質。上二依外，後三依内，如常易知。此中不説利等四者，是可欣故。

疏　住四威儀。

注　此爲第三，行住坐臥。

疏　爲攝受法。

注　此爲第四。此有七種。一、供養[六一]三寶。二、供養尊長。三、諮受正法。四、廣爲他説。五、以大音聲，吟詠讀誦。六、獨處空閑，思惟觀察。七、修習瑜伽，作意所攝。若止若觀於此七處，勤勞衆苦皆能忍受。

疏　毁改形皃至絶婬欲樂。

注　此第五也。此亦有七。一、改形皃。二、著壞色。三、自兢自攝。兢即是不縱任義，攝即攝斂。《論》云，進止云爲，於此四中自兢攝也。進即行也，止即住也[六二]，云即言也，爲即作也。四、捨世務。此中所無。五、棄非法財。久所貯積，名非法財。六、絶婬欲。七、止嬉戲。此無第七，或樂字是。絶字兩用。

疏　修善利益，如法勤的。

注　此是第六，略無七、八，如前已列。

疏　皆能忍受，精進匪懈。

注　此文通上，八處用之。

疏　求大菩提至勿生退轉。

注　《倫》科歎勝。異即變異，染即惱等。

疏　三諦察法忍至善安勝解故。

注　《論》有八處二種因緣。一、三寶功德處，二、真實義處，三、諸佛菩薩大神力處，四、因處，五、果處，六、應得義處，七、自於彼義得方便處，八、一切所知應行處。隨其所應，由爲敬故，知故，得故，故須忍苦。由因故苦，是苦果故，故須忍受。爲義利故，須知行故，故須忍苦。此有初一，等取餘七。二因緣者，一、長時串習故，二、證善淨智故。此中串習，即初因緣，淨智第二。

疏　於羸劣至臣隸等所。

注　此難行忍，《論》有三種，此中具云，然不次第。羸劣是初，卑賤是後，臣隸第二。《論》第三云，於其種姓卑賤有情，所作增上不饒益事，堪能忍受。問：與初何別。初依身弱，後依姓下。

疏　怨親中等，皆能忍受。

注　一切門忍，有其四種，怨、親、中三，等即第四。通上三人，各有三品不饒益事，皆能忍受。《論》文如此。

疏 衆前屏處至三業修習。

注 此文不次，是當第六一切種忍，有十三種，既爲增義，前六後七，此無，前六者何。一、爲怖非愛忍，二、非愍有情忍，三、圓滿忍度忍，四、出家受法忍，五、先習今安忍，六、知法遠情忍。其七種者，一、不饒益忍，二、從一切忍，三、一切處忍，四、一切時忍，五、身忍，六、語忍，七、意忍。此無初二，第二即是安受苦忍。初二是總，後五别故。衆前屏處，是第三忍。下是時忍，四門辨時，乃至疾、不疾時，若臥起時。三業即爲七中後三。

疏 於有損惱至由忍故與。

注 此是第七遂求忍也。《論》有八種，前三耐他怨害忍。一、要逼忍。《論》云，謂諸菩薩，於諸有苦來求索者要逼能忍。第四十五《菩提分品》有六善巧。要字平聲，即要契也，即是六種方便之一。逼謂逼迫，亦是六種方便之一。彼若有情來求索時，菩薩與彼共立要契，不得造惡，唯孝順等，方乃施與。又行楚利逼迫於彼，令不造惡，唯修善等，方乃施與。如是施時，忍彼數求，名惡逼忍。或苦有情返立要契，何時、何物須當與我，及以逼迫，菩薩能忍，名要逼忍。二、暴惡忍。三、犯戒忍。後五安受苦忍，即是能忍五種勤苦。一、度苦有情，二、求法，三、行法，四、説法，五、助伴。今並不引。今文是後，總爲二中。有情有苦，菩薩忍苦而令彼離。有情有求，菩薩忍苦而與之故，並遂所求，名遂求忍。

疏 常作饒益至起上慚愧。

注 此文不次，是第九門清淨忍也。《論》有十相，此但中四。一、終不返報忍，二、意亦不憤忍，三、無現恒怨忍。此無上三。四、常作饒益忍。初四句是。五、怨所速謝忍。六、怨謝速受忍。不堪忍下，是其第七羞遇不堪忍。八、敬愛堪忍忍。九、哀愍衆生忍。十、斷除忍障忍。此無後三。

疏　審察由忍至引安樂忍。

注　此是第八二世樂也。兩句一世，在《論》後文。通自他利，前有九種。《纂》云，一、於善能忍，二、寒熱，三、飢渴，四、蚊虻，五、風日，六、蛇蝎，七、身勞，八、心勞，九、生老病死。前八自忍，第九愍他。

疏　臨終不悔至讚勵慶慰。

注　此即第五十[六三]忍也。《論》有五相，一、當無怨敵，二、當無乖離，三、有多喜樂，四、臨終無悔，五、後生善趣。今此不次，配之易見。證無上覺，當《論》喜樂。下屬總文。亦見不[六四]忍所有苦果者，翻利見損，此處《論》文之上不見。下之四法，《論》總中有，見勝利故自作等也。又解，此言證無上覺，當《論》標結。《論》云，謂諸菩薩，先於其忍見諸勝利。云云。見勝利已，自堪能忍。其見苦果，翻此標結。及多喜樂，故置亦字。

疏　精進即是至勇悍三業。

注　仍四十二，此第一門。此并眷屬，故三業也。

疏　此略有三至無少怯劣。

注　此一切門，亦先分二，在家、出家。文中有三。初標舉喻爲標。次釋舉難況易，我今之下至苦薄來是。後歎舉劣況勝，於此下是。

疏　攝善精進至疾證菩提。

注　初三句標，次釋，後歎。世尊下歎。釋中有七，一、無動，二、堅固，三、無量，四、方便相應，五、無倒，六、恒常，七、離慢。此中有三，初二、後一。《論》云，堅固是殷重故。餘在乃至。

疏　三饒益精進至種種策勵。

注　即是饒益有情戒中之十一種。

疏 如是遠離至無倒修習。

注 難行精進，亦有三種。初二句爲一，次二句爲一，已後文爲一。

疏 能令染法至三慧增長。

注 此一切門，亦有四種，離染、引白、三業、三慧。

疏 無捨無退至勤勇而行。

注 善士有五，兩字一義，而行兩字通上用之。

疏 有勢有勤至護己利他。

注 此一切種，前六後七。且前六者，一、無間，二、殷重，三、等流，四、加行，五、無動，六、無足。此列五種，當《論》前六引證之文。如何引五而證六耶。答：大文相似，不一一同。或非引證，准《論》由六成此五也。《論》云，菩薩成就如是六種一切種精進，發勤精進故，所以説言有勢有勤云云。此即《唯識》被甲、加行、無下、無退、無足。彼四番解，應具撿配。後七種者，一、欲俱，二、平等，三、勝進，四、勤求，五、修學〔六五〕，六、利他，七、善護。此文具有，猛利下是。初二可知，三、四不次。無倦爲第四，次二句爲第三，護己爲六，利他爲七，後二不次。其遂求等，義少不引。

疏 靜慮即是至心一境性。

注 在四十三，此自性門，舉慧要定。

疏 此有三種至所有等持。

注 此第二門，亦先分二，世出世間。再分爲三，於第三中有十一相，同前精進。

疏 由依靜慮至造應作事。

注 遂求靜慮，亦有八種。無〔六六〕術爲總，通其二、三，或通前六。《論》只在初第一息災，乃至第八造所應作。初六各二字，後二各四字。施財與食，與《論》不次。

疏 神通記説至息除衆苦。

注 二世樂中，亦有九相。初三，三輪。

四、示現惡趣，今言變現。五、能施辨才。六、能施正念。七、製無倒論。八、造諸工巧。此上四種在乃至中。九、放光息苦。藏，《論》制字。傳差。

疏　亦能永除一切重障。

注　清淨有十，此總言之。世間淨，出世淨，加行淨，根本淨，勝進淨。三心自在，捨已還證。神變自在，離見離障。文具如《論》。

疏　慧即於境，如理簡擇。

注　亦四十三，此是慧度之第一門。

疏　此有三種至平等將〔六七〕覺。

注　一切慧中，亦先分二，世、出世間。然後分三。次爲第一緣勝義慧。《論》於無我及真諦中，將正已覺。問：今但將覺，何以不同。釋曰，此説初修，但舉將覺，其正及已，在後《菩提分品》之中，方引撿思。

疏　二於五明至智資粮覺。

注　此是緣事。言三聚者，一能引義利法聚，二能引非義利法聚，三能引非義利、非非義利法聚。所言如者，如實知也。攝受上八，圓滿資粮，《論》有成佛，及度有情。

疏　三作有情至俱行妙慧。

注　此有十一，即是饒益有情戒者，舉一等餘。

疏　學內明處至慶慰勤修。

注　二世樂慧，亦有九種，五明爲五，依內明慧生起後四，示愚、導逸、讚怯、慶修。《論》文總由五明爲依。

疏　次修四攝事。

注　仍四十三，准前施等。亦有九門，同事中無。

疏　一者布施，如上已説。

注　《論》文同前，故無九也。

疏　二者愛語至引義之語。

注　自性愛語，具四義者，以爲自性。假即取聲，即〔六八〕思也。

疏　遠離嚬蹙至常爲勝益。

注　一切愛語，先開爲三，後略爲二，與度不同。略爲二者，一、隨世儀語，二、順[六九]正教語。前爲三者，一、慰喻，二、慶悦，三、勝益。前慰隨世，後一隨教。此無略二，但有廣三。慰喻即是問訊之語，慶悦即是覺彼所悦。《論》中有二，昌盛、善法。今文影顯，上言昌盛，下言善法。文具應云，見有昌盛及善法增尚不自知，覺有昌盛及善法增而申慶悦。覺即警覺。昌盛財等。善法戒等。勝益即是説佛法教。

疏　於己怨仇至修難愛語。

注　難行有三，一者於怨，二者於癡，三者諂誑。初、後二種，具起三語，慰喻、慶悦、勝益。愚但勝益。言於真福田者，舉所諂誑，於此如是，惡行有情，亦修愛語，故是難行。

疏　欲除障蓋至談説決擇。

注　此一切門，有其四種，兩句爲一，尋之易知。言先作者，先時應作，即前方便。下有善士及一切種。

疏　依四淨語，起八聖語。

注　此遂求語。依離妄語，及離離間、麤惡、綺語，此名四淨。起見言見，及聞、覺、知，翻四可知，是八聖語。問：何名遂求。答：彼有所問，非望虚答，故八聖語，遂問所求。

疏　三者利行至安處建立。

注　自性利行，非先愛語不能勸導，諸有勸導行利益者，悉爲自性。

疏　能令獲得至輕安解脱。

注　一切利行，亦先開二。一、未成熟有情，能成熟利行。二、已成熟有情，令解脱利行。後文開三，今此文是。初是如法商農等業，次即捨家行乞食等，俱即離欲，現得輕安，後生天等利。於後利中，藏本《論》脱。問：《纂》説現利有具德者獲名譽等，豈無後利。於後利中説捨家等，豈不現在人天讚等。不爾，不成二世順益，寧殊二趣苦樂異熟。答：此隨麤顯。

疏　習近惡友至邪見誹謗。

注　難行利行，二句爲一。此三種人難勸導故，下開解言，貫此用之。植宜從植。

疏　常起八纏。

注　遂求利行，令離八纏。下言皆能開解，貫此用之。言八纏者，無慚、無愧、昏沈、睡眠、掉舉、惡作，及以慳、嫉。問：何名遂求。答：求離纏者，教令離之。

疏　十惡業者至皆能開解。

注　常起二字，却貫此上二世利行。《論》中有九，此言十惡，有開合也。身三、語四、合其意三，以爲一種，却添飲酒，故成九種，不離本數，故此言十。

疏　起大悲心至永不退轉。

注　清淨利行，《論》亦有十。此但後五，依内清淨利行。初句第一，大悲利行。三句第二，無倦利行。六句第三，謙下利行。式[七〇]句第四，淨實利行。末之二句，即是第五，不退利行。此名依内清淨利行。其前五者，名爲依外清淨利行。一、無罪利行，二、不轉利行，三、漸次利行，四、遍行利行，五、如應利行。如是五種，令他無罪，不於邪轉，從淺至深遍利一切，如可應利，名爲五也。

疏　四者同事至諮受此事。

注　此同事中，無有九門，即以前行同事行故。此文有二，初彰自同行而他隨，後明自不行而返責。初中有二，初明他順行，後辨無異辭。

疏　次供養三寶。

注　四十四云，一、設利羅供養，二、制多供養，三、現前供養，四、不現前供養，五、自作供供[七一]養，六、教他供養，七、財供養，八、廣大供養，九、無染供養，十、正行供養。

與此不同，其義何耶。答：《論》後釋中却明二俱，若開初二，即爲十二。此意前二即是就境，既不離後，遂廢之也。《論》依總、別，先依二境列其二總，後別分八，其二俱供，即別合〔七二〕故，却不列也。釋中文具，遂別釋之。

疏 一於對現前至親面供養。

注 設利羅者，訛云舍利，即是佛體。《論》云，色身并牙等並是舍利。制多云塔。窣堵波者，云高顯也。

疏 二於餘三世至修不現前供養。

注 此依但想餘界等也。

疏 三對現前時至修現不現前供養。

注 現、對字倒，此約對現作餘佛想，故是俱供。

疏 若佛滅後至菩提資粮。

注 昔意因辨供養功德，便明造像福果亦多。問：《論》意是説不現前供，其義云何。答：所對異故，對已滅佛故作是言，約現所對制多等者，亦名現前。《倫》只直科，爲明得果。

疏 四、於如是所唯自供養。

注 指制多等，名爲如是，乃至不使奴婢等也。

疏 五若起悲心至令他供養。

注 自物不廣，施與他已。既更無有，故唯他供。

疏 六或俱供至作此供養。

注 自施勸他，乃至勸奴婢等，亦爲俱作。

疏 七以香華等至修財敬供養。

注 問：《論》文中無盡財言，其義云何。寧殊第八。答：即下多義，然非時長，下具三義，名爲廣故。此言敬者，即問訊等。

疏 八即以財敬至修廣大供養。

注 事廣、心廣。長時中，具有七義。一、多，二、妙，三、現前，四、不現〔七三〕，五、自作，六、教他，七、淨心。上依《倫》《纂》

敘異釋，長時爲一，淨心並屬釋成之文。依此廣義，有其二種，一、造作廣，二、迴向廣。若依前解，今文具三，乃至超四。又解，《論》文現、不現前，一箇若字，合爲一義。自作教他，亦復如是。却開長時淨心迴向，以爲七種。此文具五，乃至超二。

疏　九不以輕慢至修無染供養。

注　此中有三，此爲第一六淨供養。六不越二，心淨、物淨如文可知。《論》具六種，一、不輕慢供養，二、不逸懈不敬供養，三、不輕賤棄擲供養，四、不散慢雜染供養，五、不矯詐虛設供養，六、非不淨物以爲供養。今文具四，等取餘者，復不次第。或輕慢中別攝三、四，具有六種。

疏　自力集財至而爲供養。

注　此無染中之第二門，集財無染。此中有三，自集、求得、想化爲三。化中有四，身、手、聲、具，如文可知。又於化中，《疏》加想字，即假想也。《論》文附在隨喜之中，言勝解故。

疏　想瞻部州至普生隨喜。

注　第三門中，正辨隨喜。《論》舉無財，且依純爾。意癡[七四]有財，但隨喜也。自施喜他，此行不無。

疏　雖少用功至精勤脩學。

注　恐有疑而不肯修此，故有此文。若言顯勝，是望誰耶。

疏　十若有須臾至正行供養。

注　初明想念修，後明造作修，後三句是。初中有二，初明心念，後辨守戒，即爲下是。初中，《論》文有其五門。一、四無量，二、苦四理，三、涅槃勝利，四、六念，五、忍信無相[七五]。修此五觀，便住律儀。不言餘者，要作持故。下修作中，亦有四門。一、止觀，二、菩提分，三、六度，四、勝事。今唯後一，餘在乃至。

疏　應念此爲至不可比喻。

注　此爲歎勝。

疏　修供養時至衆義依止。

注　《論》有六種增上意樂，一是大福田，二、具大恩德，三、有情中尊，四、極難值遇，五、獨一出現，六、衆義依止。義者，義利。此無第三。

疏　於法於僧至隨應亦爾。

注　昔作上排，合《疏》引意，非依《論》文，是在六意樂中。六意樂前，十相之後，更有例供法僧之文。《論》云，由此十相，應知是名具一切種供養如來，如供養佛，如是供養若法若僧，隨其所應，當知亦爾。科意合《疏》。

疏　當獲大果，說不能盡。

注　此文亦是與六意樂相連相接。《論》云，由是六種增上意樂，於如來所，若於如來法所、僧所，少分思惟而興供養，尚獲無量大功德果，何況其多。

疏　次應親近善友。

注　亦四十四，供養在内，親近是外，故是次第。

疏　戒無穿缺至名善友相。

注　《論》有七問[七六]，四問善友，三問親近，此答第一善友相也。《論》有八相，一、住戒，二、多聞，三、修證，四、哀愍，五、無畏，六、能忍，七、無倦，八、辨了。今並具之。

疏　求施利樂至所作不虛。

注　此答第二所作不虛。一、先欲爲利，二、於此正欲[七七]，三、有力善權，四、饒益無倦，五、大悲平等。

疏　威儀圓滿至儉稽隨捨。

注　此[七八]第三作信依處，《論》有五義。一、勝妙，威儀圓滿寂靜威儀。二、敦肅，三業無掉。三、無矯，不爲誑他。四、無嫉，忍勝隨喜。五、儉約，捨[七九]此儉。畜字，對《論》

似差。儉字，力瞻切，又虛撿切，並難用故。畜積成慳，亦難用也，宜云儉約。或畜字無差，儉復連畜，以兼釋文，尠儲器物，宜此稱字。

疏　諫舉令憶至可爲依信。

注　此答第四爲善友事，《論》亦五義。一、能諫舉，二、能令憶，三、能教授，四、能教誡，五、能説法。今言依信却是第三，不知何爲。應云，由有此事，可爲依信轉成之也。

疏　有病無病至名爲親近。

注　此答親近之第一也。《論》有四相，方得親近。一、疾安敬信〔八〇〕，二、問迎修敬，三、什物隨時，四、隨轉自往。今此具有，兩句一相，末句爲結。其第四相，《論》云，於如法義〔八一〕若離，隨自在轉。此是隨轉。今引次下自往之文，自往問訊，自往聽息。前有七問，已答前五，更有二答。六、於法師，作五種悦意相，一、寶，二、眼，三、明，四、功德，五、無罪。七、由五五〔八二〕處，不作五種異意想，一、於壞戒，二、於壞族，三、於壞色謂醜陋等，四、於壞文，五、於壞美。此第六、七，前已曾引，故此無也。

疏　次修無量至慈悲喜捨。

注　亦四十四，三鏡〔八三〕、四行，如文可知。

疏　於其十方至名無緣慈。

注　見假有情，名有情緣。但唯見法，名爲法緣。都無分別，名無緣慈。緣如爲境，名無緣慈，談根本也。

疏　於有苦者至餘並同前。

注　捨若隨增，但説處中。今依盡理，於三起也。末句是指法緣無緣。

疏　三無量中至後一利益。

注　此有兩門，無緣等三，慈悲等四。假、實雖殊，見有情同，其法亦爾。無分別智，二乘寧無。釋曰，菩薩本爲利他修故，便立本慈。二乘不爾，起想方是。

疏　次修慚愧。

注　《菩提分品》有十五相。一、修慚愧，二、堅力持，三、無厭倦，四、知諸論，五、知世間，六、修四依，七、無礙[八四]，八、修資粮，九、菩提分，十、修止觀，十一、善巧，十二、總持，十三、正觀，十四、三等持，十五、嗢柁南。四十四中有前五門，此爲第一修慚愧也。

疏　若有應作至隨逐不捨。

注　《論》有二門，自性、依處。今此具有，然不次第。先辨依處，有其四種是所羞處。一、應作不隨，二、隨不應作，三、於覆已惡，四、可悔不捨。

疏　應顧内身至修起於愧。

注　此明自性，内外分二。崇善拒惡，名爲慚愧，由此於前四事羞耻。悔雖訓慢，不是高舉，但取無崇。

疏　次修堅力至堅持自性。

注　亦有二門，自性、依處。此但自性。此有三義，制染、忍苦、勇猛爲三。

疏　次觀世間。

注　前越二門，心無厭倦、善知諸論。今當第五，善知世間。

疏　命濁有情濁至厭離憐愍。

注　昔科有悞，由不見文。有科爲十，亦有似悞。今依《倫》科，《論》有二門，一、了知世間，二、隨順世間。於初門中，《論》有四門，一、有情世間，二、器世間，三、作八觀，四、勝義觀。今但有三，此第一也。濁爲濁穢，不如先迹。下惡可厭，名之爲濁。初即命根，爲命濁體。不信、憍、慢、無明、懈怠五法，爲有情濁體。若依同時，五蘊爲體。除見及前五，餘煩惱爲煩惱濁體。五見兼不正知，爲見濁體。四塵、五蘊，爲劫濁體。

疏　見器成壞，修無常想。

注　此第二也。下有八觀，爲苦、集、滅、道、趣[八五]集、愛味、過患及與出離爲八。此爲第三，此略不引。

疏　觀自内身至而不堅執。

注　此第四也。作人無我，唯法假名，故是無我。法中《論》文是依蘊處，今依六界〔八六〕。

疏　年德耆尊至如男女想。

注　下隨順世間。若依《倫》科者〔八七〕，《論》有四行。一、化順物情愛語行。二、若識不識下，化稱物機利益行。三、化遂物心布施行。四、化合時宜同事行。初中有二，初別明，後總明。此是别明，於中三明〔八八〕對三品人，如文可知。所言俱者，年、德二也。

疏　處尊見卑至攝受隨順。

注　此是總中，偏明居上，前有總明三品文也。

疏　若識不識至住不安樂。

注　此下利行，等爲朋友唯作利益及安樂也。今撿《論》文，有病無病是在若識不識之前。

疏　離十四垢業至攝四善友。

注　亦是利行，離染攝善。言十四者，《長阿含經》，《纂》云，身口有四，煞、盜、婬、妄。惡因有四，貪、嗔、癡、怖。六損財法，躭酒、慱戲、放蕩、迷著、伎樂、惡友。言藏隱六方者，父母爲東，師長爲南，妻子爲西，親友爲北，僕使爲下，高德爲上。心不憍舉，住彼名藏。四惡友者，一、如親惡友，外伏内惡；二、美言惡友，言順意違；三、敬順惡友，心順無諫；四、爲惡惡友，爲諸惡友〔八九〕事。四善友者，一、止非，二、慈愍，三、利人，四、同事。中二但愍，與樂別也。

疏　分財平等至無枉毫釐。

注　此是布施，此有三義。審觀已下，是第三義，不虧賣價。《論》有第四同事之文，今此不引。

疏　次修四依至證決定故。

注 此當《論》中之第六門，在四十四[九〇]。

疏 以要言之至正所應學。

注 四無礙下，要有九門。今但指一，餘在乃至。此下大意，辨《菩提分》有十五門，《論》且指爾。准《論》上下，一切所修爲菩提因，並《菩提分》，遂言乃至，便宜猶[九一]至三十二相業、一切種妙智，在第五十《究竟瑜伽建立品》中。《論》云，云何一切種妙智。乃至當知此中若諸如來，或於能引無義聚法，或於非能引有義聚法，或於能引有義聚法，非能引無義聚法，總於如是一切法中，無顛倒智，是名如來一切種智。若諸如來，於其能引有義聚法一切法中，無顛倒智，當如是名如來妙智。即於此中，若一切種智，若妙智，總合爲一，名一切種妙智。有科，此節在《菩提分》，此下在於大文總辨，恐非《疏》意。若以此文定屬此《品》，此《品[九二]》何有三十二相業等之文。可思。

疏 以身語意至皆令現行。

注 此下之文，在四十三《四攝品》末。通《論》七品，亦有九門。此在第一，當自性門，《論》有三義，一、現行，二、最勝，三、清淨。此有前二，三業現行是其第一。於最勝中，復有二義，一、廣大，二、無染。廣大復三，一、有情無別，二、事無別，三、時無別。普是[九三]有情，是第一也。於一切時，是第三也。修一切種，是第二也。無染復四，第一、歡喜，二、不損他，三、見功德，四、無悕望。文中悕字，《論》是希字。等字，等取不望報等。已前標文，從此文勢，向後而標。此之釋文，却從布施，相影顯也。大意但[九四]是菩薩所學之法，除初二時，皆是菩薩正所應學菩提分也。者[九五]三持文，可知此意。第三說名菩提分持，辨能學十[九六]兼學行故。有將此下，於能學中，大文科出。初別辨諸行，後總科揀。可詳次前。以要言之，至王〔九七〕所應學及向下文七意樂了，如是一切名所學法，及此一段舉此六度，必是一段通說一切菩薩所學並得名爲菩提分也。下七意樂是《意樂品》，連下《住品》。下《住品》初有通條〔九八〕，已前之文可以尋之。

疏　不淨觀等至皆如經説。

注　共二乘行，不〔九九〕觀等修意皆別。昔科似悮。此文却是在四十五，當第九門，菩提分中。別宜作同。《論》云，於三十七菩提分法，如實了知，而不作證。或字無差。《論》次下文，具説二修，於與字中見其共義。《論》云，普於聲聞三十七種，如實了知。及於大乘三十七種，皆如實知。能於其身住修〔一〇〇〕身觀，不於其身分別有性。云云。如彼，故是別也。雖同別修，必不作證。

疏　次應修願至謂攝受正法。

注　自此已後，約五位明。於此《品》中但有三門，自餘隨應在於諸品，既是總論，非局此《品》。仍先願者，五位之初，初發心故。仍言次者，次前文也。又《論》是當第三十故。問：此資粮位何無此門。答：彼依三劫以爲三品之福智故，故此非也。

疏　復有三願至護持正法。

注　初一自利，後一利他，後一爲法。

疏　復有四願至早得成就。

注　願自願他，隨應通四。或唯利他。

疏　復有五願至所有正願。

注　此願方是《菩提分品》第十三門，四十五末。初通二利，次一利他，三、四自利，二、三准四。願字宜重。

疏　五者大願至皆發此願。

注　十个願字，即爲十也。如文可知。第十願速，與初故利〔一〇一〕。

疏　如上所説至通所修法。

注　結上修願。云何與下修十法合。

疏　位別修者至亦修十力。

注　下有二十。初十法者，供養佛下，一句爲一，十力當撿。

疏　如是餘位至廣説如經

注　此文應與次前段合。

疏　然此位中至未已制伏。

注　分伏分別，俱生全未，故多散修。

疏　將入加行至先修三三摩地。

注　在四十五，十五門中第十四也。有科，下文並屬加行之方便修。宜應詳之，不知將作何位收攝。應説，此爲資粮位後，趣後之修，當勝進行，應准千劫學威儀等，而以攝之。

疏　諸法有二至修空三三摩地。

注　且依一門，依三性辨理，更多門如《了義燈》。

疏　此若但言至亦修非散。

注　言三摩地，此云等持，雖亦通散，此中約定。初後二門，如文可知。

疏　此位所修，准義應悉。

注　前有三文，但通前三[一〇二]。

疏　次修四種至無主宰故。

注　四十六初。嗢柁南者，此中《纂》《倫》解云，説也。《倫》又解云，或云總略義，或標相義，亦得名印。言二觀無常者，《論》言諸行，《疏》約乘前諸行無常，轉條無常。應思。何故不云有漏。答：顯多苦也。

疏　修方便已至印修空相。

注　此言方便，或即資粮。若於加行四位之前更有方便，應前標中合云，將入加行四善根位。前方便中既直説云，將入加行。故須思之。

疏　修自利已至利他善巧。

注　第四十六《功德品》中，修五無量。修成功德，准是上位，如何此修。答：彼實是通，於此[一〇三]舉之，資粮修習，得此功德。問：只説此四善，何處修此。答：且説觀空，實亦觀有，於所、能取相當處觀。此言已者，義勢而以，位位而以，非四位了，更別有位。説世第一，唯有一念，入見道故。

疏　爲饒益故至四種有情。

注　問：云何《樞要》六十二。答：此開共住、近住爲二，利養、恭敬亦爲二故。

疏　依處受化至世界差別。

注　十方無量，非取有情。

疏　有情在彼至諸法類異。

注　等，惡、無記，三性差別。

疏　即此有情至所調伏差別。

注　《論》依增數，自一至十，即五十五。一者，應調伏。二者，具、不具縛。三者，鈍、中、利根。四者，四姓。五者，貪、嗔[一〇四]、慢、尋思行。六者，在家、出家、未熟、已熟、未解脱、已解脱。七者，輕毀、中庸、廣顯智、略開智、現所調伏、當所調伏、緣所引發。八者，八部。九者，如來、二乘、菩薩所化，難、易調伏，軟語、呵擯調伏，遠、近調伏。十者，地獄、傍生、琰摩王、欲界天人、中有、有色、無色、有想、無想、非有想非無想。如是悉爲菩薩所化。

疏　要由善巧至調伏方便。

注　依所調伏，隨應方便。

疏　於加行位至已略解相。

注　初心少分，真、相二位。

疏　從此位後至證十真如。

注　從見道後，此標四門，下但釋三。

疏　十勝行者至皆此十勝。

注　福、智料揀，如《唯識論》。

疏　方便善巧有十二種。

注　二種六也。

疏　悲心顧戀至此六爲内。

注　一句爲一，末句是結。前之三義，成後三義。

疏　令以少善至此六爲外。

注　二句爲一，末句是結。

疏　如是十二至二拔濟。

注　前六後六，二利次配。迴向菩提，故是自利。問：既是慈[一〇五]心顧戀有情，云何自利。答：但説不捨，不見利相，故是自利。後六言令，皆是利他。又其前六，前三成後三，故是自利。

疏　願有五種至二行利樂。

注　自利利他，如次配之。發心大願，通其二利。受生利他。所行正願，是自利也。《唯識疏》判，即菩提願，後四通利他。

疏　力有十種至二修習。

注　一、處非處智力，二、自業智力，三、靜慮解脱等持等至智力，四、根勝劣智力，五、種種勝解智力，六、種種界智力，七、遍趣行智力，八、宿住隨念智力，九、生死智力，十、漏盡智力。思擇諸法而修習之，並通二利。第三，後三是修習力，餘之六種是思擇力。

疏　智證諸法至二成熟有情。

注　證已引[一〇六]安，亦即二利。

疏　於前所説至過前增勝。

注　過地前也。或地地過也。

疏　謂總求身至而隨彼欲。

注　此却是前《布施品》文，別引上品所修之者，下戒等准無愛染心而施與也。

疏　若求爲過至終不遂彼。

注　寧施百千與餘衆生，此爲生過。下爲無益而不施與。

疏　施意若淨至皆不應與。

注　自無慳心，名爲淨意。此中有三，一、別有大利，二、魔等來求，三、癡狂來求。皆不應與，無並益故。

疏　若慼食吐至而行布施。

注　如得棄鬼。《瑜伽》此名通內外施。等取其餘。通內外者，名爲雜財。

疏　一切有恩至應行惠捨。

注　此中二事。一切有恩者，即父母等。下爲第二。言未喻者，未曉喻也。雖已曉喻，令其歡喜。求者兇惡，爲殘害也。或是賤字。《論》中並無殘字。賤字，即云怨家、惡友、藥叉、羅刹凶暴業者。言軟等妻孥者，《論》云，不以妻子形容軟弱族姓男女，施來求者，令作奴婢。此中有二，一、不爲自厭軟品施他，二、不以上姓爲下賤。此上布施，在三十九一切施中。

疏　寧犯性罪至憐愍煞之。

注　見一有情，若且存活，必造重罪。菩薩悲愍，不避自墮，遂乃煞之，此即無罪。

疏　暴惡宰官至奪癈隨還。

注　點字傳差，合作黜[一〇七]字。此是菩薩，見有宰官，增上暴惡，逼惱有情，遂黜或癈。黜即貶，癈即除。貶即暫，除即永。此上一句。下二句中復有二事，合而爲文。劫即盜賊。守即守護，監臨主首，私取彼物自受用者。於初劫盜，菩薩奪之，却還舊主。於後監主，菩薩與癈，不令[一〇八]管守，亦無有罪，生無量福。

疏　無屬繫心至皆不應爾。

注　言無屬者，是女人[一〇九]習婬者，求之即隨，不爾，不應縱[一一〇]其上義。出家菩薩，亦不應爲。繼字恐差，《論》是繫字。問：言母色名義云何。答：少年之女，後當爲母，從喻爲名，猶如村邑有出産也。問：出家豈無悲愍之心。答：形相別故，就利多故。

疏　爲拔他難至無量功德。

注　妄語即是八邪之語，用奪他難，然[一一一]非爲自離。問兩舌令不相和，麤惡惡口毀罵令迴，雜穢綺語即歌唱等，隨宜引攝。

疏　或現神通至令得利益。

注　此當饒益有情戒也。於中有二，且先一事。有造惡者，示現地獄，令彼見之，云與汝同，希離惡也。爲彼無信，菩薩故問，彼拒不答，現通令怖，由是遂信。今撿《論》文，上是不信令怖，下有未信，但現善通，不須怖之，故置等字。此上戒文，在第四十，及四十一，一切戒中。

疏 若遭苦逼至勇悍無倦。

注 忍、進合明。上二句通，下二句別。無異想者，無變異意，在四十二，一切門中。

疏 能住殊勝至還生欲界。

注 此是定也，在四十三。初之四句，是一切中第二引發。方性二字，傳者差也，《論》云十力種姓。後之二句，第三難行，勢相乘故，如是引也。意云，由得十力種姓等持，不捨上定，再生欲界。

疏 能起勝義至境界無礙。

注 此是慧也，亦四十三。初之三句，當一切慧之第一也。《論》云，於無我性，或於真諦將覺、正覺、已覺。今說地上，略初將覺，在前排度之中已引。《論》次下云，悟平等性，入大總相，究達一切所知邊際。當此平等遍滿總也。後之四句，即三難行，勢有相乘，故如是引。於勝義覺知法無我，平等性覺即善調伏，遍滿總覺，境界無礙，并通正已。

疏 於攝事中至二種俱非。

注 此有四句。有諸菩薩是他同事，而不自現與他同事。有諸菩薩非他同事，而自顯現與他同事。俱同俱非，准此思作。上言是非，談本實事同與不同。下言顯現，即約隨機同不同作。故成四句。第一句者，事相雖等，謙下自隱，示居下位。第二句者，事實位高，現同下類。第三句者，事實相等，現與同作。第四句者，事實位高，不度下位。初之五句，是當第一。次下四句，是其第二。言怖畏者，下怖上也。狗見人怖，不可化之，遂現爲狗而化之也。《論》文極寬。《論》云，於甚深處，心生怖畏。人法俱深，下至狗也。

所作之下四句之文，是其第三，是化菩薩同位退者。後之二句，是其第四，捨利下位。

疏　於供養中至真行供養。

注　此四十四供養無量，唯無親近供養十種，今可具足。佛即設利，等取制多。不言自他，即可通二。十方之中，通現不現，具足珍財〔一一三〕敬，及以廣大。或現通等，即是無染，真行可知。問：得平等字，要何所用。《論》上無故。答：義加顯供設利羅等，至於十方是上位也。

疏　修無量中至亦名大悲。

注　此依初地，得十平等。舉一正用，舉證真俗，顯作證修，結成無量，亦名大悲。言證真時，非要同時。

疏　緣微細苦至極清淨故。

注　具四義故，名爲大也。故并無癡，以之爲體。

疏　修此心時至有堪能心。

注　下有八義。初義辨攝一切悲心。第二證悲意樂淨故，是入初地。下有六義，望諸有情。一、極親厚心。二、極愛念心。三、欲作恩心。四、無厭倦心。五、代受苦心。六、調柔自在，有堪能心。

疏　聲聞已得至悲前行心。

注　此下翻前，不名大也。言前行者，有悲俱心，正拔苦也。有前行心，悲前方便，觀其衆生〔一一三〕，《大論》說觀百一十苦。聲聞正悲，不如菩薩之前方便。

疏　由此熏修至堪忍衆苦。

注　由大悲故，具攝六度，故說菩提由悲建立。

疏　又於十地至皆十行攝。

注　隨增各一，如常易知。神通作業，偏入第十。

疏　唯說十度至受用法成就。

注　准障立也。初一障字，六通〔一一四〕用之。

令字兩用，趣入、解脱是其二故。後一障字，四遍用之。施等諸善，四字兩用。施感富貴，戒感善趣，忍不捨生，進能增德，定令趣入，慧令解脱。方便無盡，願即無間，力即決定，智受法樂，故[二五]及熟有情。又解，趣入解脱，即目其慧，令者是定。或定爲依趣，慧能證入，解脱字通。問：常説持戒感其尊貴，今何説施。答：應通有能，又貴通二，富貴、尊貴，尊貴是戒。

疏　十種障者至未自在障。

注　前十唯修，正當此用。後十兼見，便明無失。後十障者，便明十一二十二愚。一、異生性障，一執著我法愚，二惡趣雜染愚。二、邪行障，一微細悞犯愚，二種種業趣愚。三、暗鈍障，一欲貪愚，二圓滿聞持陀羅尼愚。四、微細煩惱現行障，一等至愛愚，二法愛愚。五、於下乘般涅槃障，一純作意背生死愚，二純作意向涅槃愚。六、麤相現行障，一現觀察行流轉愚，二相多現行愚。七、細相現行障，一微細現行愚，二純作意求無相愚。八、無相中作加行障，一於無相作功用愚，二於相不自在愚。九、利他中不欲行障，一於無量所説法、無量名句字、後後慧辨陀羅尼自在愚，二辨才自在愚。十、於諸法中未得自在障，一大神通愚，二悟入微細秘密愚。十一、佛地障，一於一切所知境極微細著愚，二極微細礙愚。廣如《唯識》。

疏　十真如者至利樂事故。

注　地地證一，隨詮顯示，亦約初滿。

疏　一切菩薩至修前諸行。

注　四十七卷《分品》之中，説修此四。一切在家、出家二分修習，故是諸位總修相也。有將此下四相七意，自廣修下，對《持瑜伽》大文分之。依《論》排次，事實如此。然詳來意，因菩提分而生之也。如五無量是《功德品》，不可依《論》排次科之。然應思思。問：

與七最勝爲同爲異。答：彼依相狀，此約修心。

疏　一者善修至無罪修作。

注　此中四義，如文可知。

疏　二者善巧至應機説法。

注　除初標句，次有四句，攝九方便。一者背教除惱，二、處中令趣，三、已趣令成，四、已熟令得。初句攝四，次句是一持犯觀察。又次一句，是其正願。後句攝三，爲三乘故。此無第五，知於異《論》，或獲利攝。

疏　三饒益者至別總隨與。

注　依四攝事，或別，或總。

疏　四者迴向至不希餘果。

注　以前三門所集三世一切善根，並向菩提，更無餘心，名爲淳一微妙清淨正信無〔一六〕心。云云。

疏　應以七相，憐愍有情。

注　亦四十七《隨法瑜伽》，在其《增上意樂品》初，説此七相。一、無畏，二、如理，三、無倦，四、無求，五、無染，六、廣大，七、平等。

疏　非怖畏彼至平等無限。

注　一句一義，如文可知。其第一義，非怖彼故，而與財等。希望即是愛染心也，至愛異熟，並此所遮。遭苦不捨，其心廣大。

疏　如是一切名所學法。

注　此是大文，總結所歸。如何子科，結上五位所修學法皆是所學之行法也。非前法則，或是近結，雖文頗在四相修中，《意樂品》中更全無此，詳《疏》頭尾，如是科也。

疏　三世菩薩至更無增減。

注　此下文更應大分，雖《論》是在四相之中，然此引意，明一切行皆如此也。

疏　諸出家者至真勝殊勝。

注　偏讚出家勝在家也。文亦分品。

般若心經幽贊崆峒記卷中

校勘記

〔一〕「直」，底本原校云一本作「去」。
〔二〕「疏」，底本脱，據文意補。
〔三〕「生」，底本原校云一本後有「等」字。
〔四〕「作」，底本原校云一本後有「善」字。
〔五〕「歡」，底本原校云一本作「勸」。
〔六〕「貴」，底本原校云一本作「費」。
〔七〕「二」，底本原校云一本作「一」。
〔八〕「從」，底本原校云一本後有「他」字。
〔九〕「便」，底本原校云一本後有「師近方便」四字。
〔一〇〕「次」，底本原校云一本前有「倫」字。
〔一一〕「同發」，底本原校云作「問法」。
〔一二〕「足」，底本作「是」，據文意改。
〔一三〕「或」，底本原校云一本後有「唯」字。
〔一四〕「時」，底本原校云一本作「持」。
〔一五〕「菩薩」，疑衍。
〔一六〕「二」，底本原校云一本無。
〔一七〕「堪受菩薩」，底本原校云一本無。
〔一八〕「有」，底本原校云一本後有「功德」二字。
〔一九〕「四」，底本原校云一本作「兩」。
〔二〇〕「此」，底本原校云一本後有「之」字。
〔二一〕「説」，底本原校云一本作「該」。
〔二二〕「養」，底本後衍「又或供養」四字，據底本原校删。
〔二三〕「倫」，底本原校云一本作「論」。
〔二四〕「資」，底本原校云一本後有「近」字。
〔二五〕「談」，底本原校云一本作「該」，下一「談」字同。
〔二六〕「説」，底本原校云一本作「該」。
〔二七〕「境」，底本原校云一本作「竟」。
〔二八〕「沈」，底本原校云一本作「汎」。
〔二九〕「授」，底本原校云一本作「受」，下一「授」字同。
〔三〇〕「普於十方現在一切菩薩當具」，底本原校疑衍。
〔三一〕「如」，底本原校云一本前有「亦」字。
〔三二〕「踞跪」，底本原校云一本作「蹲踞」。

〔三三〕「誓」，底本原校云後有「受」字。
〔三四〕「今」，底本原校云一本後有「亦」字。
〔三五〕「者」，底本後衍「學者」二字，據底本原校删。
〔三六〕「僧」，底本原校云一本後有「犯塔」二字。
〔三七〕「智」，底本原校云一本無。
〔三八〕「南無栴檀功德佛」，底本原校云一本在「南無光明吉祥佛」後。
〔三九〕「見」，底本原校云一本後有「作」字。
〔四〇〕「諸」，底本原校云一本作「施與」。
〔四一〕「算而」，底本原校云一本作「籌量」。
〔四二〕「藏」，底本原校云一本作「儀」。
〔四三〕「倫」，底本作「偷」，據文意改。
〔四四〕「從」，底本原校云一本前有「不應」二字。
〔四五〕「聲」，底本原校云一本後有「聞」字。
〔四六〕「論」，底本作「倫」，據底本原校改。
〔四七〕「墮」，底本原校云一本作「懈」。
〔四八〕「起」，底本原校云一本作「赴」。
〔四九〕「犯」，底本原校疑爲「狂」。
〔五〇〕「是」，底本原校云一本後有「此」字。
〔五一〕「性」，底本原校云一本無。
〔五二〕「說」，底本原校云一本作「謔」。
〔五三〕「懷」，底本原校疑爲「壞」。
〔五四〕「上與」，底本原校疑倒。
〔五五〕「無」，底本原校云一本無。
〔五六〕「樂」，疑爲「業」。
〔五七〕「懷」，底本原校云一本作「壞」。
〔五八〕「次」，底本原校云一本前有「如」字。
〔五九〕「四」，底本原校云一本後有「依」字。
〔六〇〕「得」，底本原校云一本前有「得尠」二字。
〔六一〕「養」，底本原校云一本作「事」，下一「養」字同。
〔六二〕「也」，底本後衍「云即住也」四字，據底本原校删。
〔六三〕「士」，底本原校云一本前有「善」字。
〔六四〕「不」，底本原校云一本作「下」。
〔六五〕「學」，底本原校云一本作「行」。

〔六六〕「無」，底本原校云一本作「呪」。

〔六七〕「將」，底本原校云一本作「明」。

〔六八〕「即」，底本原校云一本前有「實」字。

〔六九〕「順」，底本原校云一本作「隨」。

〔七〇〕「式」，底本原校云一本作「或」。

〔七一〕「供」，底本原校云一本無。

〔七二〕「別合」，底本原校云一本作「合別」。

〔七三〕「現」，底本原校云一本後有「前」字。

〔七四〕「癡」，底本原校云一本作「癈」。

〔七五〕「相」，底本原校云一本作「想」。

〔七六〕「問」，底本原校云一本作「門」。

〔七七〕「欲」，底本原校云一本作「知」。

〔七八〕「此」，底本原校云一本後有「荅」字。

〔七九〕「捨」，底本原校云一本前有「隨」字。

〔八〇〕「信」，底本原校云一本作「侍」。

〔八一〕「義」，底本原校云一本後有「若合」二字。

〔八二〕「五」，底本原校云一本無。

〔八三〕「鏡」，底本原校云一本作「境」。

〔八四〕「礙」，底本原校云一本後有「解」字。

〔八五〕「趣」，底本脱，據底本原校補。

〔八六〕「界」，底本原校云一本作「處」。

〔八七〕「者」，底本原校云一本無。

〔八八〕「明」，底本原校云一本作「想」。

〔八九〕「友」，底本原校云一本無。

〔九〇〕「四」，底本原校云一本作「五」。

〔九一〕「宜猶」，底本原校云一本作「直指」。

〔九二〕「此品」，底本脱，據底本原校補。

〔九三〕「是」，底本原校云一本作「爲」。

〔九四〕「但」，底本原校云一本作「俱」。

〔九五〕「者」，底本原校云一本作「看」。

〔九六〕「十」，底本原校云一本作「中」。

〔九七〕「王」，底本原校云一本作「正」。

〔九八〕「條」，底本原校云一本作「牒」，下一「條」字同。

〔九九〕「不」，底本原校云一本後有「淨」字。

〔一〇〇〕「修」，底本原校疑爲「循」。

〔一〇一〕「利」，底本原校云一本作「別」。
〔一〇二〕「三」，底本原校云一本作「二」。
〔一〇三〕「此」，底本原校云一本無。
〔一〇四〕「嗔」，疑後脱「痴」字。
〔一〇五〕「慈」，底本原校云一本作「悲」。
〔一〇六〕「引」，底本原校云一本作「方」。
〔一〇七〕「點」，底本原校疑爲「黜」。
〔一〇八〕「令」，底本原校云一本作「合」。
〔一〇九〕「人」，底本原校云一本後有「無繫屬者言繫心者彼女繫心於菩薩也此人須是先」二十一字。
〔一一〇〕「縱」，底本原校云作「維」。
〔一一一〕「然」，底本原校云一本無。
〔一一二〕「財」，底本原校云一本後有「即是財」三字。
〔一一三〕「生」，底本原校云一本作「苦」。
〔一一四〕「通」，底本原校云一本作「遍」。
〔一一五〕「故」，底本原校云一本無。
〔一一六〕「無」，底本原校云一本無。

般若心經幽贊崆峒記卷下

大宋真定府龍興寺比丘守千集

疏〔一〕《經》曰照見五蘊皆空。

注 諸師消《經》，皆依本智證真空性，未盡理也。今依《贊》意，具三無性，通本後照，皆名照空。

疏 《贊》曰此顯由行至達空名照。

注 此文消《經》，言亦總相，可通兩師、三性、本後。雖云慧眼，非必五眼之慧眼也。或即彼眼，後更別解。

疏 謂色等變至積聚名蘊。

注 變者變礙，即唯色蘊。遷變名變，即通五蘊。此且五門，積聚名蘊，實亦色等法體更多。又此約事，不依蘊性。若説蘊性，從此得名。

疏　此五謂色至受等諸法。

注　《經》總言五，《贊》前釋義，别言色等，恐濫色中别有五法。內等名等，此言受等，前後不同，故須却解。前言色等，等取受等。

疏　勝空者言至顯所觀空。

注　問：如應之者，那無此判。答：前段不顯，能觀空故。

疏　若癡所迷至見境前。

注　如護法宗説遍計性。問：此宗世俗亦有斷修，何皆言癡。答：實皆爲迷。言斷修者，約愚輕也，如安慧説有漏善性。

疏　若正了知至遍照空性。

注　蘊如夢境囗，見空實無。後二句疏，結入經文。性者，體性，故通一切，或唯真性。

疏　如應者言至故此偏説。

注　或以有空相對爲妨。問：前説萬行，何唯名空。或慧對餘五度爲妨。問：施等如何。亦名前照。

疏　此中空言即三無性。

注　問：三無性教，爲空，爲有。答：三無性教，是第三時會空之言，教屬顯了，會不顯了。今言般若説五蘊空，不過約此三門也。或説遍計本性是空，或説緣生非自然空，或説圓成無我法空。除此無有，若過增也。

疏　謂計所執至所以稱空。

注　相無自性。此當解上相無自性，本相無故。不解下言，教安立性，爲現空故。下性雖無，立爲性故。問：何須重言。答：欲顯無性即三性故。意云，遍計之性即是相無自性之性，説遍計性爲相無也。上箇性字，三皆顯無。後箇性字，目三性也。然其後二，不得亦言教安立性，性非無故。第二應言是緣生性，第三應言是真實性。《義燈》後二唯前知者，同是三性之性字也。

疏　説諸依他至教亦名空。

注　此亦不解。後箇性字，但顯幻法非自然性，約此假説依他爲空。

疏　圓成實性至亦名爲空。

注　前解位狹，所從空寬。後解位寬，所從空狹。何以故。觀空爲門，鄰見道故。後解約談不須觀故。前解通觀一切所執，後解唯從如上者故。然雖解別，並是約無我法説也。

疏　據實三性至總説爲空。

注　此是結會，非別有妨。

疏　如世尊説至失壞正道不能往。

注　二句順顯，二句返責。不知密意，迷空爲定。既失中道，寧往涅槃。

疏　又此空者至故假名空。

注　前通三性，皆説爲真。此解唯依真如説也。若依前解，須説五蘊便通三性，各自是空。若依此解，蘊唯蘊性，説此五蘊便是真空，故二別解。又下亦有作三性蘊，不離真空，説蘊皆空。此中且約蘊真性説。

疏　愚夫不知至無別性故。

注　前段先説真如名空，解《經》空字，是目真空。此段方解蘊皆是空，於中仍先述迷有異，後方申正。蘊體是空，此但依他以言事故，實通三性。

疏　由此經言至斷諸相縛。

注　上節人、法並即真如。如來藏者，亦真如故。藏者，界義，界是因故，是在縛故，或含藏義，亦即在纏，含藏當果之如來也。下節説有相事之下，總述大意，相事通前人、法二也，然並依他。

疏　眼類有五至總得佛名。

注　問：諸解第三唯根本智，云何前説通三無性。答：應説空理，或唯真空，或説三無，言根本智，依前真空，若約三無，亦通後得。然唯觀空，勿兼觀有，約空有分，非依本、後，此解爲本。又依理教，理中談空。

問：既依理教，理寧定空。答：病多執有，且言理真，實理俱非。設有所言，慧眼本智，且依勝顯，達教爲有，亦隨增説。

疏　今在因位至故名照見。

注　照三性空，寧唯本智。

疏　然此空性至假名爲空。

注　問：觀此空性五位何殊。故此通之。文上從初，唯依根本。不遮出觀，後得達空。又相見道，八觀尊如，寧非後得。

疏　雖此言至我隨空故。

注　問：我、法俱無，何唯言法。二解答云：初依隨機，後約舉本。如言王來，必有臣從，舉勝者故。

疏　此所説空至十六空等。

注　問：既非實，寧分三二。由如是等，故此通之。言十六空者，一、内空，即内身；二、外空，即外塵；三、内外空，合二；四、大空，身所住處；五、空空，能見；六、勝義空，如理；七、有爲空；八、無爲空，所求二諦；九、畢竟空，常益有情；十、無際空，不捨生死；十一、無散空，善法無盡；十二、本性空，種性清淨；十三、相空，爲得相好；十四、一切法空，淨諸佛法；十五、自性空，補特伽羅；十六、無性空，實性俱非有所言。等者，或説十七，加無所得空。或説十八，加無性自性空。或説十九，加所緣空。或説二十，加有散空。或説二十一，加無變易空。或説二十二，前相空中離自、共相。或説二十三空等。廣如《大經》。

疏　《經》曰，度一切苦厄。

注　有漏皆苦，或分、全隨應越度。二宗皆同。

疏　《贊》曰勝空者言至能度衆苦。

注　言此上者，指及上，或但指已上，由彼故度。《疏》文略無此下二字，或顯相乘，不別標指，恐有隔也。

疏　既照空性至疾證涅槃。

注　此依世俗，說《經》度義。

疏　雖依勝義至有度有有。

注　依此縱奪，猶是解《經》，依世俗也。問：何不如前，解觀自在亦依勝義，便說爲空。答：文略故也。又准前也。問：其照空性，亦可依彼世俗解不。答：亦可依之。有能照體，及所照性，是世俗故。前文亦略，或各就顯。又解，此但言苦故世俗，苦依勝義，非搖亦無。

疏　如應者言至第三練磨心也。

注　兩番科判，文上具有。轉依難證屈，引麤況妙練。

疏　謂觀轉依至而生退屈。

注　依練磨解。初四句舉退標練，次四句引麤，次四句況妙。如彼之下，入此《經》文，復引同法，即觀自在，勵己增修。頌曰〔三〕：博地凡夫初發心，尚擬趣向善逝果。汝已修行經多劫，不應退墮却沉淪。

疏　度者，越也，脱也。

注　勝空如何釋此度字。前來行字，有別解故。答：若依世俗，與此無異。若依勝義，都無所度，是名爲度。應准行之字，及敘異等，並可思之。

疏　苦謂三界至所生所起。

注　此解唯取非業感者，内身、外器，唯苦非集。

疏　理實有漏，無非是苦。

注　前解別體，此解盡理。

疏　此略有三。

注　體通惑、業，名苦有三。或文不連，思之可知。

疏　諸有漏法至皆名行苦。

注　依細四相，有漏皆苦。雖四智品亦有遷滅，然非是法，亦非逼迫，故非此苦。此言行者，遷流義故。

疏　世間諸樂至但名壞苦。

注 約後談之，樂亦是苦，生憂苦故。至後壞時，其樂雖無，亦是由樂，並名依〔三〕樂立壞苦也。

疏 性已逼迫至皆名苦苦。

注 上苦即行，下苦憂苦。及以相應眷屬諸法，是苦之苦，名爲苦苦。難思者，顯其極也。或是忍字。

疏 此苦即厄，灾難義故。

注 先合釋已，然後訓字以釋成也。苦上有此灾難義故。

疏 苦或八苦。

注 何以三、八，即、不即别。答：此㸦相影。

疏 住胎出胎至名生苦。

注 苦體、苦境，並名爲苦。

疏 時分朽壞，名老苦。

注 不由横緣，但時至也。

疏 大種衰異，名病苦。

注 四大不調所生起也。與時至異。

疏 壽命衰没，名死苦。

注 將死正死，若覺不覺，皆名爲苦。

疏 不愛現前至名愛别離苦。

注 此依二人離、合生苦。言乖合者，即是離也。

疏 所希不遂，名求不得苦。

注 此通人、法，不遂求心所生之苦。

疏 諸有漏行名至五取藴苦。

注 除前諸相，皆此苦攝。此八之中，無有苦苦、壞苦之名，開彼二苦爲七苦也。隨其所應，樂受壞故，生苦相故。問：世間樂壞亦生苦相，何不爲二。答：稍輕餘故，樂時來故。《疏》中趣字，當是取字。

疏 厄謂八難至小三灾等。

注 三塗、邊地、佛前佛後、北洲、長壽天、世智辨聰爲八，王、賊、難等，名諸危怖。飢饉、疾疫、刀兵，名爲小三灾。等取自餘水火等難。

何故不言大三災耶。答：無有情故。唯此厄字，與苦少異。義門復別，前解即苦，灾難義也。

疏　由未照空至五趣苦生。

注　將解度苦，先辨苦生。苦生由何。正翻迷空而生苦故，悟而度也。

疏　既見三種至皆能越度。

注　依前兩解，説慧照空，並離苦也。准此見道，便能照空。不生名度，《疏》言伏故。又通依分，《疏》言隨故。或通地前。

疏　如有頌言至方乃具解脱。

注　應將此三段之文，於前總釋經意之中子文分出。於此頌中，二縛二治，修因證果，如文可知。《顯揚》頌也。

疏　據實照空至唯説度苦。

注　此却依前但苦果解，爲通妨也。理實之下，更無妨難。或體寬字，當理實下，不别言三，亦成妨難。

疏　此即空相至極重苦厄。

注　舉最初位伏而尚分，况後位耶。故通二斷及以斷伏，分之與全。言極重者，目惡道也。

疏　《經》曰，舍利子。

注　若如依應，是呼其名。若依勝空，指如此也，例觀自在。問：經首何以不呼當機，至此妨方呼。答：初舉菩薩，舉之令見。舉已方呼，故正是時。

疏　《贊》曰勝空者言至法空後顯。

注　問：言舍利子，如何見空。又對於前，文義俱窄，如何名廣。答：其舍利子自了人空，彼了自而爲空故。舉此成前，名之爲廣，何必文多名爲廣也。

疏　如應者言至除四處也。

注　兩番科判，文上亦具。除四處障，非配三退。

疏　義有三至釋成空相。

注　此依初番，子科之也。或子判同。

疏　云舍利至少聞多解。

注　此下五段，舊科甚悮。應如是科，初直解名德，後釋經偏舉。初中分二，初釋名義，後歎德能。初中又二，初別釋名，後總釋意。初中又二，初解舍利，後解子名。初中方云，初唐梵對翻，後依翻正，各有二句，配之易知。母因能論子假爲名者，此總釋意。何因從母而爲名耶。母懷子後，便能論辨，故後生子，從母爲名。後二句歎。

疏　昔揚智見至即時衆咸告。

注　此是釋經偏呼之意。於中有二，初釋經獨舉，後却辨咸告。唯説勝教已下文是。於二文中，各有舉例之文。初舉，昔於有教之下宣揚智見，於自眷從，其舍利子最初悟入，今空教中故獨呼喻。後舉，此中唯説要妙以攝萬法，無理不空，例呼當機，必兼告餘。七五之句，文甚住[四]矣。昔科魚日[五]，今以改之。或言揚者，取佛稱讚。或言初者，約入無學。言勝教者，此心要妙，殊勝教也。

疏　彼雖承告至方除四處。

注　上依初翻，科判解已。下依後翻，科判解之。或兼生下。云何昔科長分五段。

疏　《經》曰色不異至空即是色。

注　若依《藏疏》，舍利子前，略標綱要。舍利子下，廣陳實義。後中分五，一、拂外疑，二、顯法體，三、明所離，四、辨所得，五、歎勝能。舍利子至亦復如是，是初段也。中有四門，一、正去小乘疑，二、兼釋菩薩疑，三、便正義，四、就觀行釋。依《贊》所解，兩宗有異，勝空只爲廣前法真，如應所解，爲破執實，説空遍計，或即真空，或除四障。具如下釋。

疏　《贊》曰謂四大種至總立色名。

注　釋體及名，且以變、礙二義釋名，可通二宗。現宜爲礙，變即變異，礙即形礙。

疏　勝空者言至破二執種。

注　法執之中復有二也，即《經》兩節。

疏　色不異空空不異色者。

注　牒經第一異不異門。丆不相異。文上不現非不異故，是其密意，此依如應。若依勝空，實是都無。

疏　破執世俗至輪轉生死。

注　此明所破，丆異有失〔六〕。

疏　今顯由醫〔七〕至色不異空。

注　下都是破。先舉病因，顯是空無。上箇空字，元是實字。或是俱非，約廢詮門，言非空有。問：勝空勝義，寧是俱非。答：前已曾解，今此復云，此依體無，不可言故，是廢詮門。若依寄詮，一向空也。次下二句，便是寄詮。如勝教下，品證寄詮，此爲《藏疏》。有何差別。答：彼望真空，此直談體。

疏　如聖教説至我説空故。

注　依如應會，空其自然，今此所憑全體無也。

疏　色即是空空即是色者。

注　牒經第二即不即門。依如應解，不現非即，是其密意。勝空寄詮，一向即空。若依廢詮，亦入俱非。下文只依寄詮中解。

疏　破愚夫執此至種種分別。

注　前執體殊，此執位異，故是兩門。《經》破准此。

疏　今依勝義至義彰空色。

注　言色即迷，云空即悟，既無別性，故云義彰。

疏　如何色伏〔八〕方乃見空。

注　伏者，讚〔九〕也。責依世間。

疏　如醫見華至究竟涅槃。

注　此舉喻成。執〔一〇〕似兩位，論性本然，勸〔一一〕除此見，方證涅槃。此非問答，連上爲破。

疏　由此二句至非色伏空。

注　由此經句，有彼〔一二〕經句，似成彼《經》，然其證意，由有此理。彼《經》爾説，故爲此證。

疏 如應者言至色體空也。

注 一、全空不可孤立難。初，由乍也。縱意可知，下奪大意。孤不可立，有一無非相依故。

疏 勝空者言至空亦空故。

注 二、亦是非空非有。答：此救大意，亦非孤立。且對迷執色是有者，説色爲空，理實此空亦非是空。雖有此言，終無所表，故有下破。言空亦空者，下空無也。無此空故，名空亦空，是非空也。

疏 如應者言至實爲經道〔一三〕。

注 三、本空愚夫成聖難。道〔一四〕者，達也。雖立雙非，終無所表。法既本空，不假斷修，故凡成聖，無所少故，本性同故。下舉現事以破相符，現師資故。

疏 勝空者言至先即智者。

注 四、本寂非凡爲聖。答：分之與種，皆是因義。由是彼因，故説本來即是彼也。既本無別，非凡即聖。兩節別者，上節依法，下節約人。或爲立理，末二句遮，本無別故，非別先即。或一句遮，一句爲表，本來聖故，非凡爲聖。

疏 如應者言至豈非顛倒。

注 此即第五，本空取捨成倒難。此中有二。一、本同何〔一五〕用求捨難。意云，雖説愚、智本來無別，不見二境，斷修有殊，體既無異，求捨成倒。後二句難，已上文牒。

疏 且厭生死至極成邪妄。

注 二、本同何用厭趣難。前難所救，愚夫智無別。此難所舉，本來寂靜，由前對舉，顯不相符，故今別難。

疏 勝空者言至何成取捨。

注 六、勝義都無取捨。答：其意勝義，隨難皆許，言其取捨皆俗妄也。

疏 如應者言至可忻可樂。

注 七、真無斷修成倒難。俗事有別，仍説即空。空是勝義，終是無别，故成相違。既本無别，返難悟迷，真無修斷，精進虚從，愚怠當宜，故是可忻。彼若救云，不修不悟，云何破邪。令應門彼何修何悟。可思。

疏　如世尊言至波羅蜜多。

注　有將此下，於前破中大文分出。問意有二，一意，二相，意爲於何如會耶。

疏　若諸有情至密意義趣。

注　下至如理會通已來，答第一意。爲此故會，先舉所爲。此總標也。昔科不當，此顯不了，未是會經。應告之下，方顯密意。

疏　於此經中至皆如幻夢。

注　此是舉《經》但有四門。更有一門，皆等虚空。下彰不了。

疏　於是等法至言非佛説。

注　於是之言，指上空經。等字更等。一切密意，愚夫不了，生誹謗也。

疏　菩薩彼爲如理會通。

注　上舉所爲，此正結答，或問無二。上述所爲，此下正會，亦句與前問文合科。

疏　應告彼言至皆無自性。

注　此第一門，此依在言，離言爲會。亦約在言者，説〔六〕諸法無，非離言性皆無所有。或所言性，便指遍計。

疏　雖有一切至皆無有事。

注　此第二門，説得共相。故縱依轉談無自體，奪爲無事。或指遍計。

疏　一切諸法至無生無滅。

注　此第三門，亦牒可言，或直遍計。既本無體，誰生誰滅，故説言無。

疏　又如幻夢至都無所有。

注　此委解喻，便爲俱非。直似説無，故爲密意。

疏　如是諸法至都無所有。

注　亦在離言，或言即執，説入俱非，正合中道。

疏 由此悟入至皆如幻夢。

注 此爲合結。言無二者，法喻同也。

疏 如是菩薩至如是開示。

注 於中有二，初結前三門，後知説如實。初三門者，一、無所無捨，二、無增無減，三、無所失壞。若[一七]法之下，知説如實，先[一八]知後説。如有知有，即是不捨少分、不作損減、不失壞有。如無知無，即是不取少分、不作增益、不失壞無。或唯釋成，無所失壞，如其所知。下是説也。

疏 當知是名至方便善巧。

注 此是《論》文，後方《疏》語。

疏 此經意説至名無性等。

注 下是《疏》語，附前《論》文，却對勝空會本《經》也。先將所執，皈前四門。無性等字，具等四門。後遮非執，亦如於彼。先[一九]遣後存，如文可知。

疏 達所執無至有知爲有。

注 下辨其了知，仍指結文，以[二〇]爲成證，或爲釋彼。略言一門，餘二准知。准此前説，在言約執。智字傳差，合爲知字。

疏 若依勝義至失壞正理。

注 下責勝空，先牒定也。少即分，空無少有，顯全無也。或者是有字。次下正責。二句依前，正會中責，四門並説，有離言故。稱悟之下，依結文責，亦有四門。説其非無，配之可知，稱即會通，文稱説也。上並破他。

疏 由此故知至非法性空。

注 乘前總舉本《經》大意，約遍計性名之爲空，亦通三無，並准前解。

疏 愚夫所執至故應雙遣。

注 依所執性爲《經》所遣，所遣二門，即成二倒。義頗同前勝空所解，但非遣體，與勝空異。色言若執非空者，色不異空，非異執所遣。及色滅無方成空體者，色即是空，即空所除。

疏　顯色事理至顛倒見。

注　顯色之下，附經結勸。

疏　妄情既斷至不見空華。

注　乘前明斷，喻顯可知。

疏　二乘外道至都性非有。

注　再標性無，立理會違。

疏　故聖説言至亦皆空也。

注　據此文義，似近證前。二乘、外道執實之下，然應別科，作會違來，文甚顯矣。

疏　故有頌言至許滅解脱故。

注　初二句依他。第三句遍計，顯本無色，非先實有今始無也。第四句圓成。或中二句遍計。

疏　聖教又説至非不從二生。

注　上三句遮實，第四句從幻。

疏　雖無處説至緣可得故。

注　此是結成，更別無妨。

疏　此若無者至而得解脱。

注　依他爲俗，圓成爲真。依誰所證，由誰能證，然並從前聖教下來。此上釋文，或從引證。引文疏釋，道[三]迴成之，如文可知。

疏　或空者，即法性空。

注　前擬遍計，三性名空，而非異等。此第二解，先以空字目其真空，後方釋意。色中有三，並不異等，下文自悉。

疏　若執遍計至極成迷亂。

注　此牒所遮，舉執顯迷，並是當《經》上二句遣。

疏　今顯二色至雙除妄見。

注　當《經》後門，影牒計文。或前之異，言中亦遍，非即便是空異義故。或文影顯。若依如是，已前爲遮，此下顯正。應捨之下，爲責勸辭，釋皈真意。言二執者，定異及離，雙除亦只是除此二。

疏　法性之色至此復何惑。

注　名真爲色，空已目真，故云何惑。

言不異即空者，入《經》兩門。

疏　聖說二諦^至^皆有真俗。

注　此下大意，爲前解經不異及即，恐唯爾故，引此文也。昔科引證，甚失文意。此一節文，標二諦中各有真俗。

疏　有俗俗俗^至^有真真俗。

注　此釋真俗各有二也。有俗諦是俗中俗，有俗諦是俗中真。前三後三，如應配之。真中准此，即當四句，然非約唯。

疏　即俗有真俗，真亦俗真。

注　此結文。有本之中，置重真字。上是有字，即俗中有真俗，真中亦有俗真也。

疏　有俗有真，俗無真滅。

注　下皈破意，牒其相形，有俗必有真，俗無真無也。滅取無義。

疏　既非無色^至^定不異即。

注　牒其二諦必相形有，次下方遮定不異、即也。既色與空，二必雙有。亦色望空，非定不異，及非定即。

疏　故真空與色^至^非即非不即。

注　上遮一向不異及即。此方結，令入俱非也。

疏　今遮定異等^至^亦非不異即。

注　入俱非已，須却會《經》。等字，等取定離計也。二句會局，二句顯通。且如不異，不云一向，既不言唯，故意便通非不異也。

疏　《辨中邊》說^至^是說爲空相。

注　此《論》是解《般若經》故，證此意通。初句三義，無二取故，有依圓故，無遍計故。或故字兩用，無二爲標，有無爲釋。或爲二義，於依圓上無二取故，有此依圓之能無故。後解爲本。然多只約圓成，名爲有無故，如言此中唯有空也。次下二句，爲二門義，如常可知，末句爲結。

疏　今說色空^至^破疑執故。

注　恐外問云，何須色、空更乎相非、及乎即耶。一不異即可了知故。此釋意云，若只説云色不異空，恐義或執空莫異色，故更乎言，即中准此。

疏　前説觀自在至令除四處。

注　練磨、除四雖是相對，及異相藉，然非别配，但可説云，由三練磨不退屈故，隨除四障。配位如《燈》，不能且録。然今意説，但在資粮、加行二位。

疏　一者二乘作意至執著分别。

注　一、離二乘作意障。菩薩有時起二乘心，名爲作意。二乘之作意，此即爲障，障或能令離自斷此，今取能斷。二、離諸疑離疑障。准此文中，離疑是執，作相遣已。二即是障，上加離字，准前釋之。三、離所聞思我我所執障。我、我所之執，聞、思我我所執，其執即障。離字准前。然今《疏》文亦有法執，其所聞、思，或爲我所，或執爲法。四、斷除分别緣法義障。此言法義，即骨鏁等。分别即緣法義之分别，緣此即爲障。斷字准前。今此《疏》中，無牒名文。

疏　今説色等至出世行成。

注　既説色等或不異空、或即是空，何所忻厭，何疑何執，誰所聞思[三]。其體鏁等亦並爲空，故並除之。除已入見，故自在見前。

疏　《經》曰，受想行識，亦復如是。

注　亦列二門，前皆已説。

疏　《贊》曰恐彼疑執至亦例同色。

注　或疑或執，餘法不同。唯色不異空，是第一門。唯色體空，是第二門。

疏　能領納境至並通名識。

注　餘蘊易知。於行蘊中，攝四十九心所法也，并不相應有七十三。云遷流者，别得總名。

疏　謂如識住至如是次第。

注　依《瑜伽》説，説四識住，即餘四蘊爲識所住，及能住識以色爲初，故此舉之。

疏　然由世執至不增不減。

注　上半叙執，下半破之。如文易知。

疏　愚夫不知至並説爲空。

注　應云，破有談空，顯非實空。

疏　《二十論》云至但法有因故。

注　此頌是説無我但法，既法有因，故非實空。法有字倒，撿彼《論》云，説無有情我，但有法因故。

疏　等者等取至五種善巧。

注　今現行《經》本無有等字，應是疏主所見《經》本之中有也。不云此本，或脱加故。此隨下經，但等五種。

疏　然《大經》言至通攝一切。

注　此准《大經》。等一切法，先引後結。上箇説字，宜爲設字，假設爾也，豈況涅槃。

疏　勝空、如應，二皆准釋。

注　一一同前判色文故。

疏　《經》曰舍利子至不增不減。

注　依今《贊》解，是諸法空相者，指前體相。下有三門，名義如下。若依《藏疏》，已下却是顯法體也。此總下別。

疏　《贊》曰，前告法體空，今告法義空。

注　雖告體空，恐猶疑執。雖相體空，其空之相爲生爲滅、爲垢爲淨、爲增爲減。若生滅等，云何體空。故復告之，若約勝空，此廣義空亦有人、法。問：義法可爾。言舍利子，云何義空。答：名雖同前，連下之勢，取上義空，名廣人空。不爾，云何近而重舉。若依如應，一時不遮。

疏　是諸法者至翻此名滅。

注　三句解初指法之句，餘解三門之所遺也。如常易知。

疏　勝空者言至空相皆無。

注　一向體無，故無生等。問：前舉舍利子，言廣我空。今舉舍利子，何故不説。答：前已[二三]説故，有[二四]准知故。又准破法，前廣體空，其破我中亦分體義，准知不解，文亦不重。如應准思。

疏　如應者言至不生滅等。

注　三性並依遍計者説，其色真性，可約自體無生滅及不增減，但依除執。

疏　又若有執至互有增減。

注　前約三性，通遍三門。此依二性，別總配之。其遍計性，當二所遣，不別言也。言互有增減者，未證之位真減俗增，已證翻此。

疏　如是定執至似水生等。

注　此除執有，下皈中道，喻有存遣，如文可知。炎字音焰，義亦通爾。

疏　又設難言至此亦應爾。

注　此下三難。却難前告，法體空中，空目真空。

疏　今義答言至真空不二。

注　此下三答，並猶隨《經》，以喻密顯。若據法言，非一向即，故不相同。《疏》末有此。

疏　復有難言至而空相無。

注　難意准，前答中不談性淨，但約從依，故説但無。

疏　故有頌言至由客塵所染。

注　初二句標，正符前答。後二句釋，却談本淨，以合在纏俱非染淨，出纏全淨。

疏　或有難言至空亦應爾。

注　此言皆空，皆即空也。言增減者，約教説有，名爲教有，影實有也。

疏　今義答言至由是[二五]事理體相[二六]故。

注　前節舉喻，大意同前。末之六字，方申顯理。事理不同，體相有異，故不一向同真空也。

疏　《經》曰，是故空中無色、受、想、行、識。

注　若依《藏疏》，下明所離。今言所空，大意頗同。

疏　《贊》曰勝空者言至所無之法。

注　文中兩義。一、恐義不明，恐説有而猶空。二、令觀純熟，令真再觀爲無。

疏　承前起結至諸所無法。

注　此解標句，通其六處。如應解此，亦復如是。

疏　如應者言至皆隨執有。

注　此依通行，但舉五種。前三爲遠，後二爲近，二乘各一。彼字之下，疑脱隨字。仍置等言，不無菩薩亦有執者。

疏　今對説無至其性都無。

注　前執總舉，意遍下經。後遣唯蘊，入此唱也。

疏　前佛方便至非謂實有。

注　説爲空已，却會經文。會[二七]已引理證，昔科不願。

疏　故經頌言至應作如是觀。

注　《樞要》説云，天親菩薩解云，别喻九事，謂相、見、識、器、身、受、過、現、來世，故説九喻，各依别義，不可會同。《論》云，譬如星宿爲日所映，有而不見，日喻本智。我、法二見，如翳障慧。識了如燈，爲彼貪愛之所依故，如蛾愛燈。器假如幻，身命不久。猶如懸露，以受順苦。如泡順水，過去如夢，現在不久。猶如電光，未來種子。猶如虚空出生云故，現行如雲。

疏　有爲之法至故非蘊相。

注　若依科抄，上約遍計，下依二[二八]性。今觀《疏》中尚有之，已前是約依他説之，約依他上所執無故，説幻空中無真蘊等。此下牒前，況遍計性，意云[二九]，有爲緣生，尚非實蘊，名空中無，況執[三〇]蘊可説有耶。言非空者，却是顯實，重加非字，即非實也。後之二句，既真中無。前有兩門，一、三性各空，二、真空爲空。上依各空，説前二性空中無蘊。此下二句，合説二[三一]處真空無蘊。義無别故，合説之也。問：於真空中二無性蘊，如何無別。答：自非非餘，文義合也。

疏　是故空中都無五蘊。

注　三空一真，並皆無故。

疏　《經》曰無眼至觸法。

注　前六後六，根、境別無，二六法故，能、所取故。

疏　《贊》曰，此說空中無十二處。

注　如應大義亦同前蘊。三空一真，無十二處。幻空無實，遍計無體，圓成非是眼色等故，亦名爲無。下更不解，准此知之。

疏　勝空者言至故說皆空。

注　說有爲權，說空爲實，體實是無。已字上句。

疏　如應者言至說爲處義。

注　唯字之中，顯非真實，不爾遮何。

疏　然以世間至次第如是。

注　此依六根說其次第，准境應爾。或相合說，仍須更言，先根，後境。相見，眼也。問訊，耳也。塗香，鼻也。受膳，舌也。侍給，身也。分別，意也。如客來者，必先相見，乃至最後分別高低。

疏　因眼耳至意即八識。

注　此中不言八識如何。准《瑜伽》及《因明疏》，五識隨根，意識通二，隨與俱故，七八俱非。有說，六識亦無離合，無形質故者，非也。只可說云，隨根處說，云在中故，所依處故。舉根顯識，不順此文，各別說故。

疏　果位不定。

注　此言果位，指自在爲〔三〕，即十地等。許爾用故，離合不定。有但說識爲互用者，特違此文。若不互用，是則因果至不至同，何言不定。

疏　眼、耳用勝，天得通名。

注　由離中知，名爲用勝，此依因位。若依果位，五根皆立。有說根互壞法相者，特違此文。應說不懷〔三〕，依未自在。

疏　變化非真，唯欲色界。

注　上句揀非，明此辨實，非變化者。下句約界，是辨實根。言通欲界，兼業報説，修唯色界，此乘辨通，汎門如下。或此汎作界繫之門，下納類辨。或上一句，别是一門。

疏　下地諸識至用有勝劣。

注　下依上中，有此四力。此并借識，故有業、緣及法力也。諸位修習勝劣不等，隨五位説。

疏〔三四〕至如次九、八、七、五緣起。

注　因説異地，根識爲依，便説能依識之幾緣，故非大文，非數前四，餘别有九。一、空，二、明，三、根，四、境，五、作意，六、種子，七、分别，八、染淨，九、根本。後三如次，六、七、八識。眼識九緣生，耳識唯從八，鼻舌身三七，後三五、三、四。肉眼具九，耳八除明，鼻等三識七，又除空，天眼同此。第六識五，又除染淨，即是根故，又除分别，即自體故。第七三緣，又除根本，即是根故〔三五〕。故第八四緣，却加其境。後三所除，其體同者，准前不言。除意有别。且如第七，亦除分别，爲非所依，非爲自體，除染淨者，却爲自體。八除染淨，却爲是根。此但言五，不言四三，約六識也。隨小乘故，説六二故。

疏　色謂影形表至無爲。

注　色舉三類，細三十一。顯有十三，青、黄、赤、白、光、影、明、闇、煙、雲、塵、霧、空，一顯色。形色有十，長、短、方、圓、麤、細、高、下、若正、不正。表色有八，取、捨、屈、申、行、住、坐、卧。復更各有可、不可意，及俱相違。聲中更有非執，及俱所生。更有可意及不可意，俱相違聲。聖非聖言，及成所引，世所共成，遍計嚮聲，共十二種。香中更有好、惡、平等，共六下三舉足。然觸與法，亦不别列。

疏　初五唯二至有漏無漏。

注　下有六門。一、三[三六]類門。初五色根，無等流故。二、三界門。無色俱有定果色故，此不《論》意。今[三七]於無色，亦有異熟。三、表非表門。十唯非表。四、三性門。但依本性。若依從表，色、聲通三。五、依造門。即質爲親，離質爲疎。或界滿[三八]等，同別爲[三九]之。非辨體故，名爲假造。六、漏無漏門。如常易知。

疏　《二十頌》曰至如化生有情。

注　上言化生，即是當機。下言化生，即是中有。上化教他[四〇]，下化若忽。上生衆生，下生四生。下爲舉喻，如中有身，非實有情，爲遮斷見，假說爲也。

疏　此說佛爲至除捨我執。

注　爲除我執，於離言中强說爲處，如說中有。問：中有實有，何名密意。答：不現幻化，名爲密意，非無形相名密意也。若爾，諸說四生及九類等應皆密意。答：事實同然，舉非現見，密意義影。又是正例四生等故，又彼中有，非別一報，本有正故。

疏　二乘不了至執爲實有。

注　此下入《經》，却是指前執十二處，非指化生。

疏　今顯所執至而結處無。

注　文具三性皆無處相，二句遍計，二句依他。言[四一]無非兩字，名、訓雙舉，非是重遮。若作重遮，却是顯有。或非字差，宜作有字，或作真字，或更脱箇非字。或實字差，合是空字。尋前蘊文，自可知也。或指所執名爲非實，緣生中無。然同蘊文，易可了解。二句圓成，二句總結，並可知之。

疏　《大經》以言至法處空。

注　有名無實，故是空相。

疏　《經》曰，無眼界，乃至無意識界。

注　《經》依眼界、色界、眼色[四二]界，六三爲排，各別對也。

疏　《贊》曰，此經空中無十八界。

注　三性各說，或[四三]說真空，並如前說。

疏　勝空者言至例中間十六界。

注　此文，如應亦如是爲[四四]。

疏　世俗故說有至自性空故。

注　五四之句，大義同前。

疏　如應者言至名之爲界。

注　約[四五]此假立，影非真實。

疏　前處次第至次第如是。

注　但准六根次第如是。境、識附根，不同前處。言識界隨生者，是附根列，不同處也。

疏　能取於境至是六識界相。

注　三六爲釋，義類同故。作用如是，非如是次。

疏　然佛說法至機欲待故。

注　此有兩門。初依開合，互有廣、略。後依法數，名略、中、廣。爲愚三故，有解屬上。蘊爲愚所，處爲愚色，界辨[四六]愚識。今恐屬下，即略、中、廣，前中但只現略、廣故。

疏　破我能持至便執爲實。

注　破彼實我，遂約能持假說爲界，二乘便執也。

疏　所執都無至亦結此無。

注　亦具三空，初句遍計，次句依圓。依他但約圓成非執，或約離詮。

疏　《經》曰無無明至亦無老死盡。

注　已前唯說無蘊、處、界。於此緣起亦說盡者，正對治故，前三遠故，於四諦中，滅、道便是，智、得亦然。上依如應，若勝空，盡即空義，然亦便是當對治也。又如下解。

疏　《贊》曰勝空言至下無近觀。

注　對前三科，名之爲近。

疏　下無近觀至說十二緣起法。

注　再牒所生，別解此觀是誰觀也。此上文義，如應亦同。

疏　又説無明至今説爲誰[四七]無。

注　同前三科，説爲實無。昔科爲引證，非也。末句屬下，亦非。應云此是解脱緣起。次下之文，解亦無盡。

疏　盡者無也至無老死盡。

注　此解無盡，能盡即空，説空亦無，名亦無盡。以此合前，當説俱非。然彼癈詮，前以數説。

疏　十二緣起至今影顯之。

注　此爲通妨。恐外問云，前三、後二只説遺體，云何今此復遣空耶。故此通之。

疏　如應者言至皆有順逆。

注　二順二逆，如下應知。

疏　雜染順觀至重觀法説。

注　略指順、逆。依何觀智，順相生觀，名依流轉，此即初觀。於後加行，觀心純熟，逆推前因，由誰有等，名爲逆觀。本智斷根，最初無明，後得重觀逆之先苦，故此順逆，次第如是。准《章》淨逆[四八]，得無學已，方乃作之。

疏　雜染順觀者至具十二支。

注　初智力劣，不能逆推，殊未相准。若依作因，但有十一。此依觀體，故具十二。

疏　一無明至謂衰變終没。

注　對即觸對，對勝可意，劣等准思。餘如《唯識》《瑜伽》等論。

疏　此觀由癡至之所隨逐。

注　癡即無明，世葉皆邪，本識隨業，名色五蘊，根漏六處，觸、受爲二，種子感果，通上六支，躭著即愛，滋長爲取，業等爲有，後二可知。

疏　故契經言至生緣老死。

注　先能後所，爲緣生也。

疏　識等五種至説爲後緣。

注　此是説種，約當生位説相生也。

疏　雜染逆觀者至安立諦説。

注　望後清淨非安立觀，名初，名習，或望齊識。

疏　謂老死至歷觀諸諦。

注　上死字下，脱箇苦字。或體即是，故更不言。此文是説，支支等起，各觀四諦，成四十四。

疏　由老死支至先逆觀察。

注　此文通妨，連前亦得。

疏　以三種相至三非不定。

注　此依苦集，支爲四類，二集五苦，三集二苦。正觀之者，支支別觀，有三種相。觀末一支，觀作因時，類類同爲，故下細因，説愛、取、有，此在《大論》第九十三。若依科抄，應云以三種相觀其五支，云何但言觀老死耶。故此但是觀老死支三因緣也。觀初二依他，後一觀遍計。前二直觀，後一再即。除上二因，餘更無故。

疏　感生因緣名細至而有老死。

注　《法華》但二，仍先説麤，後近説也。此先説細，從前説也。鄰者爲近，隔者爲遠。近即易知，名之爲麤。遠者難了，名之爲細。但能爲緣，便名因緣。此言二生，即是麤細之二因也。《論》云，感生因緣自體，亦名爲生。即生自體，亦名爲生。此文仍是解前二因。

疏　當來老死至麤生爲因。

注　二世料揀，未來老死，其生未有，不説麤生。現在老死，愛、取已滅，不説細生。故各説一。《義燈》更有各通二世，談曾、當有，故各二也。

疏　除生體餘至名非不定。

注　《倫疏》判此以爲審因，故七十七，四字爲句，生因二因。所言餘者，即是自在及冥性等，故是遍計。此當一支，准九十三。次[四九]下有文，例指四支。《論》

云，如觀老死，生有取愛，各由二種如理觀察，當知亦爾。此指例文《法華》《義燈》，及此並無，故使後學難見十支。問：生支二因，其相云何。答：至下當述。

疏　雖觀老死至未爲喜足。

注　二句總指，約支至愛。二句約世。重舉後際者，要接現苦故。不言現際者，隔愛等故。已上具牒。雖觀五支各有二因，爲未喜足，非只牒前。愛等爲因，此并牒前，指例文[五〇]也。

疏　還復觀察至現在衆苦。

注　後苦之集，即愛、取、有。後集之因，即現在苦，此苦即是識等五支。

疏　謂遍逆觀至名色與識。

注　觀上現苦，一一應有二因緣也。准義應悉。《論》文准前，已例生等，更不言此有二因緣。義應爾也。

疏　觀未來苦至現法苦有。

注　將皈退還，再牒初觀。未來老死苦由誰有，知由當集，此言集因，集即是因。復觀此集由誰而有，知由現苦。如是觀時，便知現苦從前集生。《疏》云，知由從先集所生起，識爲邊際，現法苦有。先集即是無明爲行。

疏　既知從先至此云何有。

注　既觀未來集因之時，已兼了知現苦從彼[五一]先集所生，更不復觀此之現苦云何而有。問：《章》文似別，云無明、行不異愛、取、有，故釋曰，即是兼了知之所以。又解，此文直說不觀識等，細因已了知故，即於此中，便知行支亦二因緣，同愛、取、有。故《章》云，即意如此也。若不爾者，未是不觀行支所以，但是識支之因緣故。細思。

疏　由識名色至齊識退還。

注　《法華》無死後一節，在《瑜伽論》第十之中。此說支支，等起觀察，齊識退還。

識由誰有，知由名色，故不復觀無明與行。又九十三，次下之文，猶如束蘆，還復順上，逆迴觀心也。今此引者，義亦當用，由其識支亦有二因。前文依[五二]《論》了識細因，其麤因緣識者是何。不同受等有識爲故。故此引之，識支麤因即是名色，由此便是退還所以，如是從觀老支已。次應觀生亦有二因，愛、取、有爲近，識等五爲遠，即觀遠時，亦便知由先集所生，更不復觀，識由誰有，觀生支已。次觀有支，近、遠同生，但近減有。次觀取支，亦同有支，復近減取。次觀愛支，近即識等，遠即初二。受、觸、六處、名色，麤因同愛，但漸減一，細因已知。後觀識支，細因已知，但觀麤因即是名色，知細因處，便准行支，同愛、取、有，有二因緣，觀麤因時，當九十三，猶如束蘆，更不復觀行支因緣，以此名爲齊識退還。前節辨初觀老死支，此文直至觀察識支，如是一因觀十支，附四十四之所爲也。不爾，如何在此門中。又依前説，寧觀十二支仍是屬觀，識爲因故，前觀生等，亦作因故。若此爲十等起觀者，應十二支，如何説言四十四智，觀十一支。思之。《倫》判，節[五三]觀三相文，七十七智，後節苦等，四十四智。今勘《論》文，直是兩節，可應詳之。

疏 如是順逆觀察苦、集，唯十支。

注 問：順觀之中，觀至生支，何言十支。答：准《章》及《燈》，此剩順字。或即下云，有依順染，不説生支，機欲待故。然文非彼。或此順字，可准《瑜伽》，次下文云，後還順上。

疏 次觀滅諦至乃至無明。

注 此雖通舉，亦是屬觀十一支也。

疏 云何一切至彼若方滅。

注 此即總推，直指末後，實一一支皆別觀也。科爲問答。非也。

疏　次更尋求至令起現前。

注　此有漏觀，故憶師授斷伏之道。有漏學修，故是世間。

疏　如是數觀，令現〔五四〕增長。

注　此文雖是習道諦中，或通滅、道，或貫苦、集，或接下勢，直云順觀。

疏　是名雜染順逆觀察。

注　大文總結。

疏　清淨順觀者。

注　是根本智無分別觀，談之爲順，正斷因故。

疏　由先已集至皆不得生。

注　於此文中，先説斷惑，後明業苦。初中有二。初總明斷惑，受〔五五〕中攝取。後別證解脱。諸無明下，是第二段。於中有二。初斷無明，證慧解脱。欲字宜爲斷字。後斷受取，證心解脱。《章》云，無明滅故慧解脱，諸惑滅故心解脱。次無明滅故下，是斷業苦。《章》云，無明滅故無發行，諸惑滅故無現生。惑業無故，後果不續，得無學果。得無學已，逆觀所滅。云云。今文不足，互相影顯。

疏　是故經云至憂惱皆滅。

注　文似相連，然亦兩節，具證前義。先是證〔五六〕斷，此即進至憂悲苦惱。

疏　唯有識等至般涅槃界。

注　此下説得，前通因果，皆爲此故。此〔五七〕但説二界爲利。

疏　清淨逆觀者。

注　是後得智，有此推想。

疏　由誰無故至老死滅。

注　滅無別者。其空華等但可言無，不可言滅，以無無故。其色心等可説言滅，先曾有故。依此此〔五八〕應云，直談不有，爲無先有，後無明滅，故二義別，無作無常，准此二性。科爲問答。非也。此但自審。

疏　知由無作至老死滅。

注　二種緣生，各對一義。無作破我，故是其無。無常破常，故是其滅。言二生者，即是種現，勿自麤細。

疏　如是乃至至行滅。

注　上言發起纏生者，種子生現。下舉種現無故行無。餘文可知。

疏　是名清淨順逆觀察。

注　問：七十七智，同四十四有順逆不。答：文但有逆。《章》云，六[五九]十二支，一一支逆順觀，各有四諦，乃至總有四十四智。逆觀十一支，一一中有二因觀，推因智，審因智，令智根本，過、現在亦然。觀十二支因緣教，名法住智，總有七十七智。

疏　有依順染至機欲待故。

注　或機謂生，同識等故。

疏　說逆唯九至非集因故。

注　識在名色，同觀便上。

疏　或觀十一至智種闕故。

注　即是前說四十四智，諸師皆解末一句云，修無明斷，智種闕也。種者，類也。闕者，無也。又解，此句通妨，而來恐外問云，無明無因，寧無老死。今此通之。意云，觀智之中，但說一還而相接觀，智種闕也。舉種彰現，談根言種。

疏　世尊如是至染淨緣起。

注　如是之言，指上所述，皆爲獲益，而彼不了，計執生也，即是下經之所遣。

疏　今說彼無，令捨執著。

注　此正除遣。此文乘上，述《經》大意。已下之文，會《經》闕也。

疏　於雜染品至例中亦無。

注　二門文闕。順逆之中，闕其逆故。列支門中，闕其十支，乃至起中逆全不現，然並例准。

疏　故第六地至方除生滅障。

注　此或遠證獨覺有執，舉勝類劣。或

即近證有其染淨，說生滅故。下釋者是。

疏　生者順染至老死盡。

注　障言生滅，配前染淨，而無逆觀。或即此文證無其逆。畢竟有不，亦須例之。勝空言盡，即是其空。如應言盡，即是淨也。

疏　其所無者至緣起滅理。

注　或此已前，並是依無遍計性解，遍計名空，空中實無緣起支也，非無依他及以滅理。

疏　以契經言至業不云故。

注　雖觀爲無，入於真觀，不壞依他，名爲不壞，非正所斷二障在也。但談方便，觀遍計空，不空依他。後二句釋，無我有業，名不壞也。

疏　依他既非至故並無之。

注　既字之下舊無非字，傳者脱也，今已加說。即是無實，故依他空，無二緣起，圓成之中但言無染，文略故也。又染易知。

疏　若善惡業至故應詳究。

注　結責，勝空大義易解。

疏　《經》曰，無苦集滅道。

注　苦集二諦，有雜不雜，有分全雜，如常分別。

疏　《贊》曰前無至說應四諦法。

注　贊曰之下，脱勝空者言，今已加說。此之文義，大同常途。

疏　又說四諦至自性空故。

注　科文甚悞。應云，已上成爲聲聞。此文正說本性空無。

疏　然上兼下至方說諦無。

注　依此文意，舉其上下，顯成在後。問：如此次第，從局向通，後無智、得，寧唯菩薩。答：據其名義，實是寬通。別得通觀，唯目菩薩。如是六門，並是從狹向於寬也。或前五從狹，智、得是主[六〇]，故在於後。

疏　如應者言至四聖諦。

注 問：勝空豈非用此文義，便別叙耶。答：彼宗多分，直拂之故，不樂多門，度彼不用。

疏 如是八聖諦非二乘所知。

注 問：其安立諦，寧非彼知。答：依經所説，非彼所知，亦壞緣故，或知體不盡。有説合八，非彼所知。

疏 分段生死至名非安立諦。

注 二門各有別[六二]總名，恐繁不述。

疏 總合説者至生死果因。

注 合説二門，苦、集名義，顯依總相，名義同也。

疏 四種涅槃至出果因。

注 合説二門，滅、道二諦，合意准前。然無住處，通安立不。思亦通之，菩薩亦作安立諦故。

疏 如療病者至滅法亦然。

注 先喻後合。行者爲療，自療之也。法言觀故，或佛觀知，療者爲佛。言病除者，約除説也。法者，因法，目藥如道。

疏 唯聖知實，名爲聖諦。

注 此釋聖諦得名所以，此中實字，解諦義也。

疏 或隨觀察至名非安立。

注 其非安立，總有四種。一、雖説苦等，非隨麤智而安立故，名非安立，如前已説。二、三心非安立。三、二二[六三]空非安立。四、一真非安立。後三病約不作四諦而安立故。今此即當第三門也。

疏 逆觀四諦至道如行出。

注 七周滅緣後而滅，名之爲逆。此雖總列意，要末後從空入見。苦四易知，但空、無我。有差別者，空約無體，無我無用，故二差別，更有多義，不能具記。集四行者，愛能引苦名因，復能招集令生名集，集已令起名生，復於當來諸苦種子攝受招引名緣。

初三談前，將正已也。滅四行者，如是集諦無餘息滅名滅，令一切苦無餘寂靜名靜，如是滅靜勝上名妙，是常住故出繫名離。道四行者，對治名道，實知名如，於四諦門隨轉名行，于向能趣涅槃名出，或向滅名行，離生死故名之爲出。各有四行。不增減者，皆由苦諦，有四倒故。集有四愛，滅、道治之。應勘淨靜。

疏　由苦諦行至故有通局。

注　恐外問云，諦各四行，云何苦四通後三諦，餘三不爾。以此通之，所治通故，能治亦通，餘三不爾。此文意要通者存之，即存空也，正遣有故。

疏　爲入真門至方入真故。

注　恐外問云，經説苦等即但安立，云何强説非安立耶。以此通之，設約小乘，入真亦須非安立也。昔科不現。

疏　於非苦等至如言起著。

注　不了强言，隨言爲定。

疏　今破執彼至由此並無。

注　執彼字倒，宜云彼執。三性爲空，空中皆無真實四諦，故説言無。如文易見。問：何名諦。答：翻定樂等，亦稱實故。

疏　故第五地至方除染淨障。

注　此證有執，及須除遣。或以勝類劣，只證有執。

疏　染者有漏至滅道二諦。

注　釋皈四諦顯引正同，此所遣也。

疏　《經》曰，無智亦無得。

注　得即證也。一目所得菩提涅槃。

疏　《贊》曰勝空者言至此無菩薩近觀。

注　如應亦應作如是説。

疏　能證道名智至所得亦空。

注　兩句雖同，下便定空，義别如應。或此舉能得，類所得也。

疏　如契經言至總合説故。

注　先舉妨難，不但智故。兩句通之，得字便言總名智故。昔作引證，非文意也。

疏　若法非空至復何名得。

注　即是釋成無得所以，亦舉所得，類其能得。舊云料揀。

疏　故《大經》言至菩提亦空。

注　智及菩提，是此略《經》能得無故。

疏　如應者言至亦無智得。

注　加行、資粮，名之爲近，未[六三]無智、得。今説無[六四]此，正在真空。今談加行，或即望前三科觀無名近，准前言近，並在所無之上説也。約無遍計，非依真位。

疏　如有頌言至識無所得生。

注　上半無所取，下半無能取。依識言有，即指情也。依境言無，即談體也。意云，依識謂有，所取實無，其境既無，識亦非有。

疏　無分別智至亦離二取。

注　本後雖別，而無二取，其義等也。

頌文但總，何以分於兩下。應以前頌證前總文，此別解已。復引一頌，亦是通也。

疏　復有頌言至無得性平等。

注　上半立理，下半爲結。言識之處，皆因有漏，識執有得，據實即無，故知二取至無得位平等無也。性即因理，理智平等，寧證後得，義通無妨。或此有得，因加行智。

疏　餘位執種至謂有二取。

注　乃至加行，並名餘位。約未分明，似故名有，非約相分，名爲有得。今破執實，不在加行。或擬令遠，遣亦無失。或約未明，談爲有取，遣種子也。

疏　破實能取至然斷能破故。

注　此有二解。初無智得，各遮一取。後無智得，各雙遮二。所言但遮[六五]無智及得，俱各遮二。言別遮者，對下遮用，別遮體也。雖言俱遮，仍分體用，各別遮也。依此解得，便通能所，智中如何遮所取耶。所末句釋，然斷能取，所取亦無，故遮一能，俱遣二用。

疏　此釋皆除遍計所執二句結前依他幻故至都無二相。

注　下文别解依他、圓成。合之三性，總説名空，空中皆無實智、得也。

疏　故依三性至一切非有。

注　結遮，勝空全無也。

疏　説智及智處至不取相故。

注　處即所得，俱不言無。下言真者，即根本智無相之取，目見分也。不取相故，無所取也。

疏　《經》曰，以無所得故。

注　《藏疏》不〔六六〕爲釋前之句，爲第四段辨其所得。依《幽贊》解，故有用此言所得，非前前〔六七〕所得，通目諸法，名無所得，通成前也。

疏　《贊》曰勝空者言至一切皆無。

注　結釋，大同但全無體。

疏　如應者言至十有爲無有。

注　緣即緣起。應理爲處，非處翻之。根即信等，諦即四諦，餘者名顯。

疏　由舍利子至近遠加行。

注　雖未迴心，此談種姓，名爲漸悟。爲説此觀，令後不執，由是此性不同《中邊》具説十也。三科通遠，後三近，並名加行。有以根本連上加行，分爲三對，恐非文意，前來不曾遣根本故。《藏疏》六門，科爲四段，前三只云法相開合，是不能分遠近觀也。

疏　根本種生至都無所有。

注　上文説言，由舍利子漸悟大乘，故此指彼根本種子，便通二性，故今爲彼説六善巧至真觀位。云云。如下。或可此句連下而用，正辨能遣。仍乘上云近遠加行，遂云根本。此通本後，故復言二。意舉初生，故加種字。或可二字，元是生字。思之。初六即目第六意識，非第七者，無斷用故。或即遣六，名六真觀。或是入字。下言六相，即前蘊等。

疏 依他圓成至通釋上無。

注 上是遍計，下辨依圓。文説三性皆無定相，故以無得通釋上也。

疏 如《大經》言至亦無所得。

注 證通六相，皆無所得，般若即是智得中故。《經》之密意，前後已解。

疏 《經》曰菩提薩埵至究竟涅槃。

注 若依勝空。故字已上，是歎因依。心字之下，是歎斷利。究竟涅槃，亦是所遣。若依如應。因果分別，此是歎因。故字之上，是歎依學之德。心字之下，歎獲勝利。依第二番，先歎離苦，仍舉後鄰，後歎圓證，正現菩提。

疏 《贊》曰勝空者言至斷障染利。

注 問：何以故，兩宗科判便別。答：勝空二二爲相對故，如應涅槃不可遣故。

疏 依即前説至怖者懼。

注 先解能遣，後解所遣。逐難訓字，如文可知。

疏 未依慧悟至究竟涅槃。

注 至忻涅槃，並是未悟，涅槃同夢華等也。

疏 既依般若至一切遠離。

注 從淺至深，並遣之也。

疏 如應者言至圓證也。

注 兩節之文，如前已指。

疏 此歎菩薩因位修益。

注 上略此字，今已加之。指此一唱，是歎因益，並皈菩薩究竟涅槃，歎當能獲，准此必是因果爲科。

疏 菩薩常時至名依般若。

注 此解所取般若之體具前五種，次第修習，名依般若。

疏 罣謂煩惱障至但通二障。

注 前解且別，後解義同。

疏　恐怖者至他勝所起。

注　起此在於資粮已前。此文是辨起之因由，非是出體。第四十七《住品》之中，極歡喜住，離五怖畏。此即彼文。若出體者，《纂》《倫》同云，不活畏，以我見、我愛資生愛爲體。惡名畏，貪欲爲體。死畏，以我見爲體。後之二種，並癡爲體。

疏　顛倒者至謂我。

注　前三後四，總、別分之。其心倒者，隣近得名，除想、見二，自餘諸惑以爲體故。

疏　於後四種至謂餘煩惱。

注　此解前三。想體如名，見即是下四倒中見，心當等流及根本也。謂字之下，疑略餘字，今已加之。

疏　此有三種至謂餘煩惱。

注　下出四倒，身見是無我我倒，常見是無常常倒，見取是不淨淨倒，戒取是於苦樂倒，貪通淨樂。此文中間見字之下，少箇取字，今已加之，即苦四見及貪爲性。

疏　夢想者至故名夢想。

注　是想之夢，名爲夢想，此即通取生死之位。

疏　前之七倒至故名夢想。

注　此望顛倒，即夢想也。應云，初約顛倒即夢解，後約因果不同解。

疏　或前諸倒至即生死果。

注　因果不同，故非持業，可作依士，或作相違。

疏　如處夢中至標夢想名。

注　依第二解。恐外問云，生死爲夢，因果皆然，何以於因不言夢想。《疏》答大意，果中夢顯，屬身境故。應更問云，死生之果亦是顛倒，何但於因言顛倒耶。《疏》無此答，可准答云，見等因增，故但於因名顛倒也。

疏　梵云至性湛然義。

注　二字別解，如文易知。

疏　離真如性至說有四種。

注　初二句縱，當本性淨，元無二體，亦無別相。或無別者，縱說爲多，亦無別也。如實除等，或體及位。下奪餘三，緣即無住，約非智故。盡即後二，因果盡故。

疏　一自性至法真如。

注　此即出體，依《唯識論》更有有〔六八〕十義如彼。

疏　二無住處至清淨真如。

注　處即生死，及與涅槃。處之無住，即是悲智。無住處之涅槃悲智，常爲所有，能轉如二翼也。

疏　三有餘依至所顯真如。

注　並依主釋。或即無餘依即是涅槃，顯處更無自餘法故。若能令無，及以所無，只是依主。

疏　有處依初至同得解脱。

注　三文不同，其義易見。

疏　此中總說至契證涅槃。

注　應將此段及以下文，並爲釋經，分爲三解。初總相通論解，次別配四位解，後別配三位〔六九〕解。又如新科。

疏　或菩薩至心無罣礙。

注　資粮、加行既合爲一，於資粮位未雜五怖，故但現障名罣礙也。其資粮位，不伏但〔七〇〕生及分別種。

疏　見道位中至無有恐怖。

注　正初斷故，現前伏故。

疏　於修道位至生死夢想。

注　此位能出生死盡故，隨前二解，因果別離。

疏　當無學道，究竟涅槃。

注　此歎因益，故置當言。

疏　四位所彰相增說故。

注　恐外問云，修道豈不離五怖耶。見起正斷分別倒故，資、加既伏，何染不制。

如何作四位配耶。故此通之。增義如前，隨文已説。所言四者，舉總語也。

疏 又極喜住至無漏智故。

注 初得無礙，故獨得名。尚有煩惱再現行故，未名離怖。皮、膚、肉三，淺深得名。

疏 無功用無想住至果已斷故。

注 一切煩惱怖因不現，無由更起，方得名離。五怖名果，初地已無，准此俱生，亦令怖畏。

疏 最上成滿至顛倒夢想。

注 出生死故。此中不説已斷之位，在後句故。

疏 即是二障三住所斷。

注 准此結文，勿長分四。應云，初解離苦，後解當證。初中分三，却取前三。初解之中，亦准此判。

疏 由斯佛位究竟涅槃。

注 此解當證，亦談因益，當佛位也。

疏 《經》曰三世諸佛至三菩提。

注 舊科呪文分爲四，下復爲復三降，恐非文意。今恐《疏》意，並是從於果利中分。若是大分，前唱之下，應合科之。《疏》既不科，應於此下，方分爲二。初總彰果利，後顯勝能。此文初也。後文分二，初結即此是法義持，後彰由此説密呪持。初中分二，初明得樂，後明離惡。或可分二，初彰證果便得二持，後彰依此説密呪持。初中分二，初明得樂，後明離惡。初中分二，初彰得果，後現四持，或云二持。若依勝空，呪下大分，如下自見。又如新科。請細詳之。

疏 《贊》曰勝空者言至得菩提利。

注 上半果依，下半得利。

疏 三者至正等正覺。

注 訓釋翻對，如應無異。所得三名，義有少別。

疏 《大智度論》説至名得正覺。

注　引《智度論》證成真如，亦名菩提，與上相合。菩提通二，三世下釋。上半約人，以爲能得，智爲所得。下半明如，智爲能得。

疏　或唯空性至即法身故。

注　已上通依理智解。此文唯依真理解，是勝空者有此義也。仍依世俗，談爲如是。若依勝義，准前已空。今重科此勝空一段，分爲二文。初科判，後正解。後中分二，初逐難別解果依文，後具次別解得利文。後中分二，初訓釋翻餘，後明其體相。或先別科，得字無好〔七二〕。後中分二，初通依理智解，後唯依空性解。初中分二。初且依智用解，無法下是。後復依通理解，大智下是。子文可思。又如新科。

疏　如應者言至標以佛名。

注　因談當出當證，此談已出已證。既已出之，經不復現。成真之下，三覺如文。

疏　佛慧圓滿至依於般若。

注　持即行義，故約利他。或兩義別。

疏　或依即唯至得正覺故。

注　此依一解。前説今依，當證涅槃。此談昔依，今證菩提。涅槃、菩提，互顯可知。

疏　智斷圓滿至獨得全名。

注　作四義解。初義自顯，後三揀他。兩个正字，名義有別，初即對邪，後即望缺，故雙言也。等，平等也，分即不平。

疏　《經》曰故知至是無等等呪。

注　若依勝空，般若言總，遂於菩提薩埵之下，大文分之。若依如應，義亦可爾，然理在於果利之中。舊科長分，以爲三段，大同勝空，然無階降。又今舊科，更將破惡、除疑密呪，別爲兩階，大迷失也。詳此經文，故知之下，文義相乘，必爲一段，更子分之，是其大意。下《疏》自云，結前二持，起下呪持。即是相對，云何呪持作大文也。更科此段以爲乘前，起呪持即名亦非也。

疏　《贊》曰勝空者言至般若勝用。

注　總别之門，如前已解。至下呪辭，並在總中。

疏　承前起結至名無等等。

注　四門訓釋，不别配位。

疏　大師祕密至故名爲呪。

注　科雖在總。解言大師，却唯佛也。近合標、結，兩句一義。或可標、結，各有兩句。中間四句，或爲四義。或三或二，配釋易知。靈祇之言，即幽冥也。

疏　如應者言至四者呪。

注　總持名通，呪名但一。今此般若亦得名者，義用同也。下文自釋。

疏　此呪神力，廣説如《經》。

注　此指密辭，當第四者。

疏　念慧二能至總立呪名。

注　順，猶同也。元雖第四名之爲呪，彼法義二，作用同此，總立名也。

疏　此承前結至説故知也。

注　此文兼釋，須總名呪之所以也。欲起向下密呪辭故。别彰法義，類别難接，據此相對，云何密辭。科在大文，不可説言，起下呪持，即大神等。何以故。猶是結故。只云故知般若波羅蜜多，未成結辭，須詳諸論。所有結辭，必更别有，即是言等。若移是字，在知字下，可成結辭。又前不是説爲般若，爲何故結耶。故知乘前依之得果，及離衆惡，遂結故是神呪等也。結此般若之勝用故，是二持也。乘此起下密辭呪持，是此文勢。

疏　由此總持至菩薩四道。

注　四各起一，隨增義也。准此所言超菩薩道，即唯是佛。下除苦中，文義通因。依此相乘，因果不同。逆次别結，因果用也。或下即是令他除苦，異生麤易，超以神名，聲聞慧劣，超以明稱，獨覺頗上，無上過之，菩薩近等，無等别也。無等等者，無等可等，名無等等。

疏 或文字妙用至實相無喻。

注 妙用即神，圓鑒即明，勝益無上，喻即爲等。不言境界，其義云何。可思。

疏 或四皆通至名神等[七二]。

注 前增隨義，四體別配。此依盡理，用皆通四。或貫前。

疏 或此般若至即所説呪。

注 今此文義，其義深遠。科者所未詳，講者所難悉。以理詳察，經文頭尾，此中云故知般若波羅蜜多是大神呪等，後中云故説般若波羅蜜多即説呪曰，豈爲異耶。故此《疏》文再申一解，前後一體，經先乘前指印，然後結皈呪辭，牒前般若，標後呪也。故此《疏》云，即所説呪。問：如何皈耶。答：顯説之力，修因獲果，密加威靈，隨心滿願。顯密雖殊，以密誦顯，故牒其顯，而標密呪。既是預標，便指此呪是密呪也，即是約用同故即也。

疏 勸諸學者至修十法行。

注 通前諸解，談般若力，其意爲何。應勸[七三]後學依修十法，不見威靈莫能修故。應科名云，初真文顯德，後意在勸修。初中有二，初前後體，別解子分。可思。後以前即，後解前一段是。

疏 慈尊頌言至諷誦及思修。

注 五法師上，加以供養、施他及聽、思惟、修習。問：受持、修習，二有何別。答：前是聞持，修是修慧。

疏 行十法行者至由攝他不息。

注 上列十法，下行獲益。一句標行，一句自益，一句歎勝，一句利他。

疏 《經》曰，能除一切苦。

注 應只指前四呪之力，除一切苦。如何大分。若直歎前因果般若，與前怖等，有何差別。是即此言便爲重説，故只於此子文分出。此結果力，勿結因力，雖前四呪亦有通因，總論具四，得唯果〔五四〕也。

疏《贊》曰，前明具德，此明破惡。

注　科者於此不見具德是在結中，遂將破惡大文分也。雖此破惡亦通果位，已破不顯，故此不説，前辨利中亦不説故。又破他惡，正是果德。

疏　信學證説，皆除衆苦。

注　於信等四，隨一現前，隨分除苦，於因位中亦分證故。或意兼果，即此便是所疑之故，令他除苦是難事故。

疏　故《大經》言至皆不能染。

注　此總文也。障言寬故，通業報故。

疏　雖通一切至終不爲染。

注　下三別義，假使如此，由般若力，不隨轉也。

疏　常與一切至無上菩提。

注　都爲十一，隨心所欲，無不隨心，所欲無不成辦。此下爲標。

疏　所以王城至始受持而怨潰。

注　舉劣況勝，大義易知。此之緣起，亦如餘辨。潰者，胡對切，逃散，又亂也，取怨自散也。

疏　況復滌哀懇已至未之有也。

注　據此文意，直歎至佛。滌者，淨也。跨者，越也。

疏《經》曰，真實不虚。

注　即近乘前，有此印辭，非大文也。餘不假此。

疏《贊》曰，除疑勸信，重説此言。

注　因前難呪現力莫加，恐有懷疑，故斯勸信。問：以不恐疑前説空。答：前説法空，已是深玄。復現殊功，恐疑方勸。勸此即是勸信前也，是結前故。大經亦有此句相准，然撿《瑜伽》第四十七説況力文，即説除苦，有除疑文，云不唐捐，與此文同。故於除苦，難事疑也。若於前疑，非當機爾。

疏　何有至誠爲未可。

注　顯佛大聖不虚言也。鎊，即冠鎊。

疏　所以經言至勿起驚疑。

注　引文已結也。

疏　《經》曰故説至莎婆訶。

注　此呪即名般若呪也。

疏　《贊》曰前説至更説呪持。

注　前雖再解，以前即〔七五〕後。今唯依彼，各别解也。

疏　佛以大劫至不易詳贊。

注　《藏疏》雖解，未知何典有作是説。後之二句，大文謙贊，以作題名。

般若心經幽贊崆峒記卷下終

校勘記

〔一〕「疏」，底本脱，據底本原校補。

〔二〕「曰」，底本作「田」，據文意改。

〔三〕「依」，底本原校云一本作「由」。

〔四〕「住」，底本原校云一本作「佳」。

〔五〕「魚日」，底本原校云一本作「魯」。

〔六〕「失」，底本原校云一本作「共」。

〔七〕「醫」，疑爲「翳」，下同。

〔八〕「伏」，底本原校云一本作「滅」，下二「伏」字同。

〔九〕「讚」，底本原校疑爲「潛」。

〔一〇〕「執」，底本原校云一本作「種子」。

〔一一〕「勸」，底本原校云作「觀」。

〔一二〕「彼」，底本原校云一本作「破」。

〔一三〕「經道」，底本原校云一本作「離迷」。

〔一四〕「道」，底本原校云一本作「迷」。

〔一五〕「何」，底本脱，據底本原校補。

〔一六〕「説」，底本原校云一本作「證」。

〔一七〕「若」，底本原校云一本作「苦」。

〔一八〕「先」，底本原校云一本作「前」。

〔一九〕「先」，底本原校云一本作「前」。

〔二〇〕「以」，底本原校云一本無。

〔二一〕「道」，底本原校云一本作「逆」。
〔二二〕「思」，底本原校云一本作「異」。
〔二三〕「已」，底本原校云一本作「舉」。
〔二四〕「有」，底本原校云一本作「無」。
〔二五〕「由是」，底本原校云《般若波羅蜜多心經幽贊》作「皆由」。
〔二六〕「相」，底本原校云後有「別」字。
〔二七〕「會」，底本原校云一本無。
〔二八〕「二」，底本原校云一本作「三」。
〔二九〕「云」，底本作「六」，據底本原校改。
〔三〇〕「執」，底本原校云一本前有「所」字。
〔三一〕「三」，底本原校云一本作「二」。
〔三二〕「爲」，底本原校云一本作「位」。
〔三三〕「懷」，底本原校云一本作「壞」。
〔三四〕「疏」，底本脱，據文意補。
〔三五〕「故」，底本原校云一本後有「又除其境亦即根故」八字。
〔三六〕「三」，底本原校云一本作「二」。
〔三七〕「今」，底本原校云一本作「意」。
〔三八〕「滿」，底本原校疑爲「漏」。
〔三九〕「爲」，底本原校云一本作「有」。
〔四〇〕「他」，底本原校云一本作「化」。
〔四一〕「言」，底本原校云一本後有「無非實處者」五字。
〔四二〕「色」，底本原校疑爲「識」。
〔四三〕「或」，底本原校云一本作「成」。
〔四四〕「爲」，底本原校云一本作「並」。
〔四五〕「約」，底本原校云一本作「亦」。
〔四六〕「辨」，底本原校云一本作「并」。
〔四七〕「誰」，底本原校云一本無。
〔四八〕「逆」，底本原校云一本作「通」。
〔四九〕「次」，底本原校云一本作「此」。
〔五〇〕「文」，底本原校云一本作「支」。
〔五一〕「彼」，底本後衍「先彼」二字，據底本原校删。
〔五二〕「依」，底本原校云一本作「迴」。
〔五三〕「節」，底本原校云一本前有「前」字。

〔五四〕「現」，底本原校云《般若波羅蜜多心經幽贊》作「見」。
〔五五〕「受」，底本原校云一本作「愛」，下一「受」字同。
〔五六〕「證」，底本原校云一本作「説」。
〔五七〕「此」，底本原校云一本前有「故」字。
〔五八〕「此」，疑衍。
〔五九〕「六」，疑衍。
〔六〇〕「主」，底本原校云一本作「生」。
〔六一〕「別」，底本原校云一本後有「體」字。
〔六二〕「三二」，底本作「二三」，據文意正。
〔六三〕「未」，底本脱，據底本原校補。
〔六四〕「無」，底本脱，據底本原校補。
〔六五〕「二所言但遮」，底本脱，據底本原校補。
〔六六〕「不」，底本原校云一本作「下」。
〔六七〕「前」，底本原校云一本無。
〔六八〕「有」，疑衍。
〔六九〕「位」，底本原校云一本作「住」。
〔七〇〕「但」，底本原校疑爲「俱」。
〔七一〕「好」，底本原校云一本作「妨」。
〔七二〕「等」，底本原校云一本後有「呪」字。
〔七三〕「勸」，底本原校云一本前有「爲」字。
〔七四〕「唯果」，底本原校云一本作「准知」。
〔七五〕「即」，底本原校疑爲「印」。

（陳永革、吴維整理）

〇三〇〇

註般若波羅蜜多心經[一]

中天竺國沙門釋提婆註并序[二]

《般若波羅蜜多心經》者，乃是真理之玄宗，法身之名稱。其體則不生不滅，不去不來，量等虛空，曾無變改。廣乃普周法界，無物不容，狹即芥子微塵，未足爲喻，顯即參羅萬像，隱即無色無名。生死苦樂輪遷，本性軸元不動，四生三有，大聖共禀無差。此城[三]他邦，凡愚自舛，是知性湊[四]則三際不易，識濁則今古相催[五]，業雜乃感果不同，何關本性有異。斯乃世徒乏志，不自修行，斷信續疑，放情散逸，所以輪迴六趣，受報無窮，苦樂交番，何曾蹔止？是故上界仁慈，不[六]悲含識，廣演言教，無事無[七]爲，接引溺群，令登已岸。今即世徒緣逼，無暇遍尋，遂只暗昧守昏，無由得曉，乃有仁慈後胤，達世根源，撰録《大般若》之要言，用顯幽祕之義，故號《般若波羅蜜多心經》也。文言雖促，義理遥長，若非久積勤功，莫能測其涯際。但爲妄情生滅，我見恒存，性外求真，他方覔佛，遂使甘露徒膳，慧日虛明，此等縱屬佛生，未曾有益。提婆乃病愚已久，豈敢醫他？賢士願聞，那可緘嘿？今且略陳淺見，注寄文傍，將與理乖，請不依侮。

般若波羅蜜多心經

所言般若波羅蜜多者，即是梵音，此地翻般若爲智慧，波羅蜜爲彼岸，蜜多言支，都合即云智慧彼岸支。云何爲智慧？智能觀照，慧能證悟。彼岸者，涅槃爲彼岸，生死爲此岸。悟者即涅槃，迷者即生死。支者，此觀門也。若無正觀要門，不知究竟安心之處，是故依行合於正道，故言支也。心者，此觀門即是衆智慧之要宗，趣涅槃城之真路。經者，訓常訓逕，先聖莫不遊從，因是果圓解脱，故言經也。

觀自在菩薩。

菩薩者，雖是梵音，文言不足，何以得然？但以梵語漢言方音有異，飜作漢語，文言稍不和韻，是以往日翻譯大德，於一名中，略除三字，終須解釋，是故知意而已。

問：梵本真言足者如何？

答：即云菩提薩怛縛，此翻菩提爲道心，薩怛縛爲衆生。

問：云何爲道心衆生？

答：行者常觀諸法，不捨須臾，進止威儀未曾蹔息，四心普濟，而不見能所可收，爲物遷形，而善權施方便，無親無黨，常存一子之心，不曲不邪，而隨方化物，八風扇之不動，故名行道之人。行道之人，名中道之士，故名道心衆生。又道者乃是萬邦不摧[八]之逕，心者即是内照證悟之方，内照外通相資，萬法由斯備矣。又圓明總悟，不復有進，目之爲佛，半月修滿之徒，詺之爲菩薩也。

言自在者，然一切衆生，皆有佛性，隱顯有異，一體不殊，觀照即自在，散亂即爲罔然，觀者非一，背爲邪見，故妄念滋多，妄念滋多，即隨因迸逸[九]，即無惡不爲，以造業故，隨業輪迴，業之所使，名不自在。又世間愚人，常隨他語，不自推求，是非善惡，一聽他言，得失進[一〇]，何曾自説？唯知貪幻欲於盲目，不知受實苦於將來，一害苦於萬人，日夜痛於大聖。是故道心衆生，常觀照故，不爲一切法與非法，乃至苦樂之所拘執，故言觀自在菩薩也。

行深般若波羅蜜多時。

般若無底，故言深。觀照不絶，所以言行。時者，即是行人運慧悟理，契合之時，故言行深般若波羅蜜多時。

照見五藴皆空。

五蘊者，即色、受、想、行、識也。亦云蔭。蔭者，蔭覆之義。蘊者，蘊積之義也。然蔭性無遷，空無變改，蔭法生滅故，即色、受、想、行、識〔一一〕，他明乃蔭集，已曉即無生。於觀照之時，了無取捨，故照見五蘊皆空。

度一切苦厄。

存情逐境不稱心，乃煩寃，契意生欣，欲心轉熾，此即苦樂交集，厄者何疑，合道之〔一二〕，於此門中，八風不動，故言度一切苦厄。

舍利子。

舍利者，梵音，鳥名也。此翻諸家各悉不同，或云秋露子，或云眼珠子，或云身子，此皆承虛忘〔一三〕說。然舍利者，鴝鵒鳥者是。舍利弗母，眼似鴝鵒眼，圓而明淨，又復聰明多知，于時世人皆識因眼，故號爲舍利。既其所生，勝母聰明，世人共識，稱爲舍利弗。弗者梵音，此翻爲子，故言舍利子。聰明第一，投佛出家，得阿羅漢果，佛與對談，故呼其名。

色不異空。

即色從空而生，念念遷滅，滯心即有質，通情照觀，則畢竟無形，當知妄情非是究竟，凡夫滅色，始得言空。菩薩不妨參羅，了達色空一體，故言色不異空也。

空不異色。

即空中生色，緣會故名色，緣散故言空。色不因空，不能生長，生〔一四〕空不因色，則不立名。欲顯其源，要須相藉，故言空不異色也。

色即是空。

即色法妄質，色性體空性，不以滅色始空，故言色即是空。

空即是色。

萬像參羅，皆從空出，言〔一五〕亦得言即色，注心觀空，見有空體，豈非空即是色？存吾之者，著空不空，忘我之人，無空無有，意顯清混，故言空則是色。

受、想、行、識，亦復如是。

一蔭既爾，餘四亦然，故言亦復如是。

舍利子，是諸法相空〔一六〕。

此則疊前所説，印一切法，同空性相。

不生不滅。

即於法性中，本自不生，今即無滅，無終無始，故言不生不滅。

不垢不淨。

一切法，生者是垢，滅者是淨。若我人見者，即有淨有不淨，解脱之人，無淨無不淨，故言不垢不淨也。

不增不減。

他方入此無礙則不增，廣濟有情不虧名不減，故言不增不減。

是故空中無色，無受、想、行、識。

是五蔭屬諸識，緣生，緣生緣無自性，生必憑空，蔭受〔一七〕之時，空無增減，蔭識生滅，畢竟歸空。既了諸法皆空，即知本來無色，若知色本無色，即知受無所受。受無所受，想依何想？想既無想，行令誰行？行既不行，識欲何識？因於幻色，即起受心，因受心故，妄想即生。妄想生故，興諸業行，行有善惡，識有愛憎。愛憎之心，由於知見。今觀照知見根本性空，即識牙不生。識牙不生，即業種長謝。業種長謝，菩提果成，故言無色無受想行識。

無眼、耳、鼻、舌、身、意，無色、聲、香、味、觸、法。

即眼能見色，得名爲眼。耳能聞聲，得名爲耳。鼻能聞香，得名爲鼻。舌能辨味，得名爲舌。身能受觸，得名爲身。意能觀法，得名爲意。若無色、聲、香、味、觸、法，即眼、耳、鼻、舌、身、意何所施？若無眼、耳、鼻、舌、身、意，即色、聲、香、味、觸、法亦不自説。以是各不能自起，皆是和合因緣。和合因緣，即生滅法，生滅法者，即是空，故言無也。又《起信論》云，所謂法者，是衆生心。法不自法，由心故法，當知是法，乃屬於心，此處似難，故須問答。問曰：既云法不自法，由心故法，心無定相，云何由心？答曰：心雖無相，而知一切法。又問：心既覺知，法有覺不？答曰：法若有覺者，還即是心。故佛者名覺，法名不覺，僧名和合。故知法不自法者，爲無情無分別也。由心故法者，心有情識，能分別故，邪正之理，自然即現。當知法不自法，由心故法，明知心亦不自心，由法故心。何以故？若無法者，心即無諸緣慮，以無緣慮故，則無法無心。當知分別者，妄念也。無分別者，會法性也。此之無分別，非總無分別，是分別分別，是無分別。善知諸法，不逐世遷，故言無眼、耳、鼻、舌、身、意，無色、聲、香、味、觸、法。無眼界，乃至無意識界。

眼界者，即色也。乃至無意識界者，即聲、香、味、觸、法也。界者，即十八界也。何故言十八界？内有六根，外有六塵，中有六識，故言十八界。又眼只見色，不能聞聲，耳只聞聲，不能見色。鼻香、舌味、身觸、意法，亦復如是。用皆有所，各不相知，故言界也。又眼識爲能觀，塵爲所觀，能所和合，善惡生焉。故知和合之法，皆是妄想因緣。妄想因緣，即是生滅。愚者謂實，業種便生。智者了達根本，妄心不起，業種不生，業種不生，則永辭後有，故言無眼界乃至無意識界。無無明，亦無無明盡。

妄心取相，確執不移，名曰無明。了達其源，無明乃盡。雖有盡與未盡，取捨相自遷流，於畢竟法身，曾無變改，故言無無明，亦無無明盡。乃至無老死，亦無老死盡。

以取相故，有始無終，名爲老死。因是厭患生死，脩心出苦，名爲老死盡。以上從無無明已來，明十二因緣，爲破緣覺疑故。

何以故？爲行人了達法性，不逐世遷，不住静亂苦樂相故。故言無老死，亦無老死盡。無苦、集、滅、道。

若躭著世欲，則有苦集之患，厭離世間，則有滅苦之道。菩薩於是中間，不見有苦集可捨，不見滅道可求，取捨心息，苦樂兩忘，説無四諦，斷聲聞疑，故言無苦、集、滅、道。

無智亦無得。

能觀者，智也。所觀者，得也。既以苦樂兩忘，觀心不起，名之爲得無所得。此之一得，不同世得，爲破菩薩有所得故，故言無智亦無得。

以無所得故，菩提薩埵依般若波羅蜜多故，心無罣礙。

愚情逐境，動念爲罣，慧識澄神，即無所滯，故言無罣礙。

無罣礙故，無有恐怖，遠離一切顛倒夢想。

即明世間執妄，所謂焰中見水，空中見華，乾闥婆城，如水龜毛，如走菟角，如石女生兒。世間五欲，榮華富貴等，亦復如是。愚者謂實，貪愛心生，苦惱便至，恐怖何疑，背正故名顛倒，無常故名夢想。智者了達夢想空幻本性無生，生由妄念，菩薩常諦，邪心不起，恐怖無從，正定心神，顛倒情息，故言無有恐怖，遠離顛倒夢想。

究竟涅槃。

即明一切法及行者身中佛性，本自不生，今則無滅，故言究竟涅槃。

三世諸佛依般若波羅蜜多故，得阿耨多羅三藐三菩提。

三世者，即過去、未來、現在也。諸者，言一切。佛者，梵音，此云覺。自覺覺他，覺了一切，故名爲佛。所言依般若波羅蜜多者，即是依智慧，到彼岸支。言得阿耨多羅三藐三菩提者，此云無上正真等正覺道。是故道心衆生，觀照不見有苦樂可得故，則無物能累，故言無上。所證非虚非邪，故言正真。於自他相，了無分别，而善覺一切諸根利鈍進退之志，故言等正覺果。證此果，皆由智慧。所言得者，如前釋得無所得，行此觀者，即遊解脱之逕，故言道也。

故知般若波羅蜜多，是大神呪。

神呪者，即是總持義也。智慧能持一切，故言總持。因是智慧，故證果非小，故言是大神呪。

是大明呪。

愚癡有礙爲暗，智慧圓通豈非明？能因此見智非小，故言是大明呪。

是無上呪。

於諸説中，此演爲最，故言是無上呪。

是無等等呪。

世及二乘智，比量不能及，故言是無等等呪。

能除一切苦。

即明此經能除生死輪轉之事。譬如明燈，能破黑闇，亦如妙藥，消除諸毒，復如金錍，挑除眼瞙。舉要言之，譬如如意摩尼寶珠，所求皆得，所願皆成。若人能於此經，成思慧者，除諸惡報，滅三業鄣，亦復如是。故言能除一切苦。

真實不虚。

觀行不邪，證果不謬，故言真實不虚。

故説般若波羅蜜多呪。

意在智慧，到彼岸支，能總持法，爲脩覺人，故須説也。

即説呪曰。

意在欲説總持偈言。

揭帝揭帝

言去去。

波羅揭帝

言彼岸去。

波羅僧揭帝

決定往彼岸。

菩提娑婆訶

言道心衆生，是知有道心者，即能内外推求。内外推求，即真理自現，達理性故，不爲生死所羈。生死既不能羈，此處即爲彼岸。若無道心，即不能談此妙道，以不行故，無由到於彼岸。爲欲勸進行人，故言揭帝揭帝，波羅揭帝，波羅僧揭帝，菩提娑婆訶。

般若波羅蜜多心經

校勘記

〔一〕底本據《卍續藏》。

〔二〕「中天竺國沙門釋提婆註并序」，底本原校云此十二字恐後人所加。

〔三〕「城」，底本原校疑爲「域」。

〔四〕「湊」，底本原校疑爲「清」。

〔五〕「催」，底本原校疑爲「推」。

〔六〕「不」，底本原校疑爲「丕」。

〔七〕「無」，底本原校疑爲「不」。

〔八〕「摧」，底本原校疑爲「擁」。

〔九〕「逸」，底本原校疑後脱「隨因进逸」四字。

〔一〇〕「進」，底本原校疑後脱「止」字。

〔一一〕「即色受想行識」，底本原校疑爲小注。

〔一二〕「之」，底本原校疑後脱「人」字。

〔一三〕「忘」，底本原校疑爲「妄」。

〔一四〕「生」，底本原校疑衍。

〔一五〕「言」，底本原校疑爲「空」。

〔一六〕「相空」，底本原校云《經》（《般若波羅蜜多心經》）作「空相」。

〔一七〕「受」，底本原校疑爲「色」。

（黄桂蘭整理）

〇三〇一

佛說般若波羅蜜多心經贊（一）

沙門測撰

將釋此《經》，四門分別。一、教起因緣，二、辨經宗體，三、訓釋題目，四、判文解釋。

言教起者，竊以至理幽寂，妙絶有無之境，法相甚深，能超名言之表。然則趣理無方，乃開二藏之說，設教有依，具現三身之應。可謂泉水澄清，月影頓現，諸敵冥動，天鼓自鳴。然則應物有時，隨機接引。所以如來說三法輪，未入法者令趣入，故波羅奈國施鹿林中，創開生死涅槃因果，此則第一四諦法輪，能除我執。爲已入者迴趣大乘，鷲峰山等十六會中，說諸般若，此是第二無相法輪，由斯漸斷有性法執，而於空執猶未能遣。是故第三蓮華藏等淨穢土中，說《深密》等了義大乘，具顯空有兩種道理，雙除有無二種偏執。此即教之興也。

言宗體者，體即總明能詮教體，宗者別顯諸教所詮。然佛教體，諸說不同。薩婆多宗用聲爲體，名等無記，聲是善故。依經部宗，相續假聲，離聲無別名句等故。依大乘宗，諸教不同。有處唯聲，如《無垢稱》，或有佛土聲爲佛事。有處但用名等爲體，如《成唯識》，法無礙智，名等爲境。有處合說聲及名等，如《十地經》云，說聽之者，皆依二事，謂聲名等。如何諸教有此異者，據實以假從實，皆用聲及名等以爲體性，而諸聖教各據一義，故不相違。所以者何。以假從實，用聲爲體，離聲無別名句等故。以體從用，名等爲體，能詮諸法自性、差別、二所依故。假實相藉，合說爲體，隨闕一種說不成故。以境從心，用識爲體，經說諸法不離識故。攝妄歸真，用如爲體，《仁王》等說諸法性故。所詮宗者，略有三種，一、隨病別宗，二、部别顯宗，三、約時辨宗。隨病别宗者，謂諸有情由無明故，起貪瞋等八萬四千諸塵勞門，是故如來應病設藥，藴等八萬四千法門由此一一隨其所應。藴處界等，爲所詮宗。部别顯宗者，於一一部雖有諸門，究其意趣，隨部各别，如《法華經》一乘爲宗，《無垢》即以不二爲宗，依《涅槃經》佛性爲宗，《華嚴》賢聖因果爲宗。自餘諸部，準上應知。約時辨宗者，雖諸聖教部類衆多，就時辨宗不過三種，三種即是四諦、無相、了義，大乘如《深密》説。今此一部，諸宗之中，無相爲宗。

佛説般若波羅蜜多心經

言題目者。佛説，即是標能説主。梵音佛陀，此翻名覺，具真俗智，自他覺滿，故名爲佛。開敷妙門，令衆生解，名之爲説。般若波羅蜜多，辨所説法，此土翻爲智到彼岸。心經，正顯能詮之教。盧道之中心王獨秀，於諸般若此教最尊，從諭立名，故曰心也。經有二義，貫穿、攝持，貫穿所應説義，攝持所化生故。此即依主，就能所詮法諭立號，故言《佛説般若波羅蜜多心經》。

觀自在菩薩。

第四判文解釋。於此《經》中，總有二分。初明能觀智。次舍利子下，辨所觀境。後以無所得故下，顯所得果。所以無序及流通者，於諸《般若》簡集綱要，故唯正宗，無序、流通，如《觀音經》，不具三分。觀自在菩薩者，就初分中復分爲二。初標能觀人，次辨觀智體。此即第一標能觀人。若依舊本，名觀世音，觀諸世間稱菩薩名音聲語業，以救諸難，因而立號名觀世音，猶未能顯觀身、意業。而今本云觀自在者，内證二空，外觀三業，不依功用，任運自在，故曰觀自在。今此菩薩，實是因位一生補處，爲已成佛，設爾何失。若是菩薩，如何會釋《觀音三昧》。

彼《經》説曰，佛告阿難，我今諦實，其事不虚，我念觀世音菩薩於我前成佛，號曰正法明如來、應供、正遍知、明行足、善逝、世間解、無上士、調御丈夫、佛、世尊。我於彼時，爲彼佛下作苦行弟子。若是佛者，如何會釋《觀音授記》。故彼《經》曰，善男子，阿彌陀佛壽命無量，百千億劫當有終極，當般涅槃。復曰，善男子，阿彌陀佛正法滅後，過中夜分明星出時，觀世音菩薩於七寶菩提樹下結加趺坐，成等正覺，號普光功德山王如來，十號具足，乃至國名衆寶莊嚴。又《無量壽》曰，觀音菩薩於是國土修菩薩行，命終轉化，生彼佛國。解曰，觀音名同人異，故彼此説互不相違，如《法華經》諸佛同號日月燈明。又解，觀音自有二種，一實，二化。一者實身，如《觀音經》。二者化身，如《無量壽》，如《法華論》，釋迦如來成道已久，就化相故，今乃成佛。雖有兩釋，後解爲勝，順諸聖教不違理故。

行深般若波羅蜜多時者。

第二辨能觀智。於中有二。初明智體，後辨智用。此辨智體。行謂進行，是能觀智。深即甚深。深有二種。一者即行深，無分别智内證二空、離諸分别，無能所行以爲行相，故名行深。故《大品》曰，不見行，不見不行，是名菩薩行深般若。二者境深，謂二空理離有無相、絶諸戲論，無分别智證此深境，故曰行深。梵音般若，此翻名智。言波羅者，名爲彼岸。蜜多名到。順彼應云智彼岸到，從此方語智到彼岸，因智斷障，至涅槃城，是故説爲智到彼岸。時謂時分。《智度論》説，依有爲法假説時分，而時數等非藴處等諸數所攝法。《沙門論》亦同此釋，故彼《論》曰，因法假名時，離法無别時。《瑜伽》等説，有爲法上前後分位假立時分，不相應法行藴所攝。依《佛地論》亦同此説，故彼《論》曰，立不相應時節分位，或心影像。總釋意曰，般若有三，謂即文字、觀照、實相，爲顯觀照簡實相等，故言行深般若波羅蜜多時。此中應説三種般若。

照見五藴皆空者。

辨其智用。用有二種，一者自利，二者利他。此明觀空，即是自利。將釋此文先敘諸觀，後依前觀釋此經文。言諸觀者，若夫佛法甚深，本唯一味，學者未悟，乃成異説。是故世尊《佛地經》説，佛告妙生，譬如種種大小衆流，未入大海，各别所依，水有差别，水有增減。若入大海，無别所依，水無差别，水無增減。如是菩薩未證入於如來清淨法界大海，各别所依，智有差别，智有增減。若已證入如來清淨法界大海，無别所依，智無差别，智無增減，受用和合一味事智。親光釋曰，千年已前，佛法一味，過千年後，空有乖諍。佛滅没已一千年後，南印度界健至國中有二菩薩一時出世，一者清辨，二者護法，爲令有情悟入佛法，立空有宗，共成佛意。清辨菩薩，執空撥有，令除有執。護法菩薩，立有撥空，令除空執。然則空不違有，即空之理，非無不違，空即色之説自成。亦空亦有，順成二諦，非空非有，契會中道。佛法大宗，豈不斯矣。

問，有無乖諍，寧順佛意。

答，執我勝論，甚違聖教。佛自許爲解脱菩薩，況二菩薩互相影響，令物生解，違佛意乎。故今略述二種觀門。一者，清辨依諸《般若》及龍猛宗立一觀門，謂歷法遣相觀空門，立一切法皆悉是空、無生無滅、本來寂靜、自性涅槃。故《般若經》曰，一切有爲法，如夢幻泡影，如露亦如電，應作如是觀。又《思益經》云，以心分别，諸法皆邪，不以心分别，諸法皆正。又《中論》曰，若有所不空，應當有空，不空尚不得，何況得於空。又《中論》曰，諸佛或説我，或時説非我，諸法實相中，非我非非我。如是等文，誠證非一。是故清辨《掌珍論》曰，真性有爲空，如幻緣生故，無爲無有實，不起似空華。二者，護法依《深密》等及彌勒宗立一觀門，謂在識遮境辨空觀門，立一切法通有及無，遍計所執情有理無，依他起性因緣故有，圓成實性理有非無。故《深密》説，依所執故，説一切法皆無自性。《寶積經》説，若撥諸法皆無性者，我説彼爲不可治者。《瑜伽》等曰，依所執性，故契經説，一切諸法皆無自性。《辨中邊論頌》，虛妄分别有，於此二都無，此中唯有空，於彼亦有此，故説一切法，非空非不空，有無及有故，是故契中道。如是等文，誠證非一。是故《二十唯識》等曰，非知諸法一切種無乃得名爲入法無我，然達愚夫遍計所執自性差别諸法我無，如是乃名入法無我。敘觀如上，今當釋文。

言五蘊者，所謂色蘊、受、想、行、識。五色根境及法處色，方所可知，有質礙義，故名爲色。苦樂捨受，如次領納違順中境，故名爲受。諸識俱想，取境分齊，如男女等起諸説故，名之爲想。思等心法，驅役於心，令造善等，名之爲行。眼等諸識，於境了别，故名爲識。五種皆有積聚義，故名之爲蘊。如是五蘊，有其三種。一者遍計所執，五蘊情有理無。二者依他起性，五蘊因緣假有。三者圓成實性，五蘊真實理有。故《中邊》曰，蘊有三種，一、所執蘊，二、種類蘊，三、法性蘊。斯取新本《十八空論》亦同彼説，故彼《論》曰，所有三種，一者分别，二者種類，三者如如，於此三種五蘊之内，一一皆有生、法二空。言皆空者，顯所證理，即前二空。依此諸空，分成兩釋。依清辨宗，自有二解。一曰，三中遣前二，性非圓成實。故《中論》曰，因緣所生法，是即説爲空。

一曰，三性五蘊皆空。故《掌珍》曰，無爲
無有實，不起似空華。準此應知，圓成亦遣。
依護法宗，三種蘊中，但遣所執，以辨空性。
所引理教，具如上説。或有本曰，照見五蘊
等皆空。雖有兩本，後本爲正，撿勘梵本有
等言故，後所説等，準此應知。

度一切苦厄者。

此即第二顯利他用。此有三種。一曰，
苦即是厄，故名苦厄，六釋之中是持業釋。
有漏諸法無非是苦，故世尊説三界皆苦。然
此苦門，略有三種，所謂苦苦、壞苦、行苦。
中則有八，謂生、老、病、死、怨憎會苦、
愛别離苦、求不得苦、五盛陰苦。廣有苦苦，
謂二十五有，一一皆有生、住、異、滅四有
爲相，故成百苦。二十五有，四人、四惡趣、
四空及四禪、梵王、六欲天、無想、阿那含。
擬注[三]一曰，苦厄即是四厄，所謂欲、有、
見及無明。如是四種，繫諸有情，令受諸苦，
猶如車軛。若依此釋，苦之厄故，名爲苦厄，
故六釋中是依主釋。一曰，苦厄别有所目，
如前兩釋，故六釋中是相違釋。

舍利子者。

自下第二辨所觀境。於中有二。初約四
句以辨空性，後依六義以顯空相。前中有二。
初標受化人，後正辨空性。此即標人。梵音
奢利富多羅，或云舍利弗多羅。此翻舍利，
名鸜鵒。弗多羅，此云子。母眼青精，似鸜
鵒眼，故立母名，號爲鸜鵒。《明度經》曰，
鶖[三]鷺子，或云優婆提舍者，從父立號。舊
翻身子者，謬也。

問，此般若是菩薩法，何故世尊告舍利子，
而非菩薩。

答，如《智度論》説，舍利弗其人得
十千三昧，於一切佛弟子中智慧第一，故世
尊説，一切衆生智，唯除佛世尊，欲比舍利弗，
智慧及多聞，於十六分中，猶尚不及一。又

舍利弗年始八歲，凡所立論辭理超絕，時諸論師歎未曾有，愚智大小一切皆伏。自餘因緣，廣如彼《論》。是故此中告舍利子，又欲引小迴趣大乘。

色不異空，空不異色，色即是空，空即是色者。

此約四句正辨空性。於中有二。初約色蘊以辨四句，後類四蘊皆有四句。此約色蘊以辨四句。將釋四句先辨空性者，如前分別。空有二種，一者生空，二者法空。所説生空，有其四種。一者，所執我無，説之爲空，諸法數中所不攝故。是故《瑜伽·菩薩地》曰，有爲無爲名爲有，無我我所名爲無。二者，生空所顯真如，空所詮故，亦説爲空。三者，苦諦所攝有漏別空，即用有漏五蘊爲體。故《成唯識》第六卷曰，別空非我，屬苦諦故。四者，諸法所攝通空非我，即用諸法以爲體性。故諸經説一切法無我。雖有四種，依三性理攝以爲三，一、所執性空，二、依他性空，三、圓成實空。如其次第，三性爲體。法空四種，雖無正文，以理推徵，應有四句。法空三種，準上應知。若廣分別，有十八空，如《十八空論》。依《大般若》，或説十六、十七、十八乃至二十，具如彼《經》。今依三性以釋四句。於四句中，初之二句標宗正説，後之二句遣外疑情。色不異空者，標俗不異真。空不異色者，標真不異俗。後遣外疑情。外人設疑，互相依故爲不異耶。爲相即故名爲不異，故作此説，色即是空，空即是色。非相依故名爲不異，非相即故名爲不異。

即依此文，西方諸師自有兩釋。一、清辨等曰，色有三種，謂所執等，空能遣性，體非三性。今言色即是空者，遍計所執本來無故，説之爲空。據實，此空亦非是空。故《中論》曰，若有不空法，則應當有空法，實無不空法，何得有空法。後二性空，準此應知，爲除有執，說彼空言。依他起性，猶如幻等，從緣故空。圓成實性，以不起故，如似空華，自體亦空。有解宗中，更有一釋，遣前二性，非圓成實。兩宗共許，離有無相，絶戲論故。問，色空相對，爲一異耶。一體相即，便成一執。體若異者，則是異執。亦一亦異，寧不相違。非一非異，應成戲論。釋此四句，分別成兩解。一、外道小乘，多依表門以說四句，言有無等有所詮故。二、依大乘，有無等言皆是遮詮，一切諸法不可說故。然一切法皆有二相，謂即自、共。自相唯是現量智得，非假智言所可得故。若假智言所詮得者，謂即共相。且如說青莖葉等相，其相各異，唯現量得，由斯假智及諸名言，但能詮表青上共相。而說青時，遮黄等故，名爲說青，非正表青，故說遮詮。就遮詮中，自有兩說。一、清辨宗。其性道理不可以名名，不可以相相。破而無執，立而無當。所引理教，準上應知。二、護法宗。實有世俗、勝義道理皆離名言，於中真性對世俗故說真性言，非無所詮。清辨宗中一師所說亦同此釋。是故護法破清辨曰，若依真性說諸法空，便成相符極成之失。於清辨宗遣依他性，護法不許，故有差别。由斯道理，内宗所說有無等言皆是遮詮，遠離一異、戲論等失。依清辨宗釋文已訖。

二、依護法釋四句者，色有三種，謂三性色，空亦有三，體即三性，是故無著菩薩《辨中邊》曰，空有三種。一、無性空，性非有故。二、異性空，與妄所執自性異故。三、自性空，二空所顯爲自性故。依遍計色，對空四句，有其三種。一、所執色對所執空以辨四句。隨情所執根境等色，不異所執本無之空，是故說爲色即是空。本無之空隨情即有，故言空即是色。此是同性相即。標宗二句，準上應知。二、所執色對依他空以辨四句。附託依他所執實色，不異依他無實之空，是故説言色即是空。而彼妄情於彼空處執有實色，故言空即是色。標宗二句，準應可知。此是異性相即。三、所執色對圓成實以辨四句。於圓成性執爲實色，不異圓成自性之空，於自性空執爲實色，故言色即是空，空即是色。標宗二句，準應可知。此如依他異體相即。依他起色對異性空，有其四句。謂緣生色不異依他異性之空，然此空性是質礙故，是故説爲色即是空，空即是色。此是同性相即。標宗二句，準應可知。又釋，依他緣生之色對二性空，有二四句。對異性故，不異前釋。對自性空，亦有四句。謂緣生色用如爲體，然彼空性不異依他。故《成唯識》作如是説，故此與依他，非異非不異，如無常等性。又《中邊》云，此中唯有空，於彼亦有此。由斯道理，依他、圓成互不相離，是故説言色即是空，空即是色。非緣生空，故説相即，不爾應成違宗失故。此是異性相即。標宗二句，準應可知。圓成實性對自性空，有其四句。謂圓成實是依他起色實性故，名之爲色，我法二空之所顯故，説圓成空。由此道理，是故説言色即是空，空即是色。此是同性相即。標宗二句，準應可知。

受、想、行、識，亦復如是者。

此即第二類釋四蘊皆有四句。四句相即，準上應知。又解，此《經》自有兩本，一本如上。一本《經》曰，受、想、行、識等，亦復如是。所言等者，準下經文，有六善巧，謂蘊、處、界、緣生、四諦、菩提涅槃。今舉四蘊，等餘五門皆有四句，故説等言。六門義別，後當分別。

舍利子，是諸法空相，不生不滅，不垢不淨，不增不減者。

自下第二約六種義以顯空相。於中有二。初約六義正顯空相，後依空相遣六門法。顯六相中命舍利子，如上已釋。六相即是不生、不滅、不垢、不淨、不增、不減。然此六相，西方兩釋，一者清辨，二者護法。依清辨宗釋六相者，本無今有名生，暫有還無名滅，如《瑜伽》説。性染不淨名垢，離染非垢稱淨，如諸教説。執法有用曰增，妄計法壞名減。如《攝大乘論》説。三對六相，三説不同。一曰，此文約位辨三。謂真空性離諸相故，道前遠離流轉生滅，道中即無惑智垢淨，道後永捨體用增減。一曰，此文約性辨三。遍計所執，本來無故，不生不滅。依他起性，從緣生故，不垢不淨。圓成實性，以不起故，不增不減。一曰，此説三對六相，一一皆通諸位諸性，總遣三性無所存故。三中後勝，順本宗故。依護法宗，理實空相乃有衆多，謂非一異及有無等。而經且説三對六者，生滅即是有爲通相，垢淨止辨諸法自性，增減言顯法上義用。理實三空，通有六相，經意正顯是自性空。生法二空所顯真理，通與迷悟爲所依故。

是故空中無色，無受、想、行、識者。

自下第二依前空相遣六門法。遣六門法，即分爲六。此即第一遣五蘊門。謂諸法空，具六種相，是故空中無五蘊法。五蘊義別，如前已釋。此中所説六門法者，總顯二乘通別二境。初三止顯諸法性故，是故説言三乘通境。依前法性，隨根別説緣生等門，是故後三名爲別境。故《法華》曰，爲聲聞人説四諦法，爲緣覺人説緣生法，爲諸菩薩説六度法。

無眼、耳、鼻、舌、身、意，無色、聲、香、味、觸、法者。

此即第二遣十二處。故今略説十二處義，三門分別。一、明教興，二、釋名字，三、出體性。言教興者，自有二意。所謂悟入生、法二空。入生空者，如彼《二十唯識論》云，依此所説十二處教，謂若了知從六二法有六識轉，都無見者乃至知者，便能悟入有情無我。入法空者，即此所説遣十二處，顯法空理。清辨、護法遣法差別，如上應思。次釋名者，先總，後別。初即總明十二處者，十二是舉數，處是生長義，謂六根境生長一切心、心所法，故名爲處。六釋之中是帶數釋。後別名者，如《瑜伽論》第三卷説，復次屢觀衆色，觀而復捨，故名爲眼。數數於此聲至能聞，故名爲耳。數由此故能嗅諸香，故名爲鼻。能除飢羸，數發言論，表彰呼召，故名爲舌。諸根所隨，周遍積聚，故名爲身。愚夫長夜瑩飾藏護，執爲己有，計爲我所及我。又諸世間，依此假立種種名想，謂之有情、人與命者、生者、意生，及儒童等，故名爲意。數可示現，在其方所，質礙可增，故名爲色。數宜數謝，隨增異論，故名爲聲。離質潛形，屢隨風轉，故名爲香。可以舌嘗，屢招疾苦，故名爲味。數可爲身之所證得，故名爲觸。遍能任持，唯意憶性，故名爲法。第三出體者。眼根者，如諸論説，四大所造，眼識所依，淨色爲體。如説眼根，乃至耳根，四大所造，耳識所依，淨色爲體。意根通用，八識爲體。色者，如《集論》説，四大所造，眼根所行，二十五色以爲自性，謂青、黄、赤、白、長、短、方、圓、麁、細、高、下、若正、不正、光、影、明、闇、雲、烟、塵、霧、逈色、表色、空一顯色。聲有十一，謂若可意、若不可意、若俱相違、若因受大種、若因不受大種、若因俱大種、若世所共成、若成所引、若遍計所執、若聖言所攝、若非聖言所攝。香有六種，謂好香、惡香、平等香、俱生香、和合香、變異香。味有十二，苦、酢、甘、辛、鹹、淡、若可意、若不可意、若俱相違、若俱生、若和合、若變異。觸有二十六，所謂四大、滑、澁、輕、重、軟、緩、急、冷、饑、渴、濁[四]、飽、力、劣、悶、癢、黏、病、老、死、疲、息、勇。如此五塵，廣如《雜集》。諸論同異，具如別章。法處，即用《百法門》中八十二法以爲自性，謂心所法中五十一，色中有一謂法處色，不相應二十四，無爲有六。依《集論》等，八十八法以爲自性，謂四種法處色及二無爲，具如彼説。餘門分別，廣如別章。

無眼界乃至無意識界者。

此即第三遣十八界。此十八界，三門分別。一、顯教興，二、釋名字，三、出體性。言教興者，謂執色心以爲我者，及下根者，是故世尊説十八界。次釋名者，先總，後別。總名十八界者，十八是數，界是種族義及性別義，一切諸法十八種族及性別故，是帶數釋。準上應知。次別名者，六根、六塵如處中説。六識得名，有其二義。一者從境，名爲色識乃至法識，隨境立名，順識義故。二者從根，名爲眼識乃至意識，隨根立名，具伏發等五種義故。此即色之識，故名爲色識，乃至意之識，故名爲意識，故六釋中是依主釋。若具分別，如《成唯識》第五卷説。後明體者，眼等十二如處中説。眼等六識，《百法門》中，如其自名眼等六識以爲自性。自餘諸門，廣如諸論。

無無明，亦無無明盡，乃至無老死，亦無老死盡者。

此即第四遣緣生門。然此緣生，自有二種。一者流轉，二者還滅。由無明故，能起諸行，乃至由生爲緣老死，如是順流五趣四生，如滿月輪，始不可知。於空性中，無此流轉，故《經》説言，無無明乃至無老死。由觀智力，令無明滅，無明滅故，諸行亦滅，如此乃至由生滅故，老死亦滅，此即輪前還歸涅槃，故名還滅。於空性中，無此還滅，故《經》亦説，無無明盡，乃至亦無老死盡。如何説此《經》起門者，如《法華經》爲求緣覺故説緣生，而今此緣爲顯法空故説此門。

然此緣生不同常釋，故今略以三門分別。

一、釋名，二、出體，三、廢立。言釋名者，先總，後別。言總名者，十二即是總標其數，如《緣起經》，如是諸分，各由自緣，和合無闕，相續而起，故名緣起。依《瑜伽論》，因名緣覺，果名緣生。於此名中，舉數顯宗，故六釋中是帶數釋。後出別名者。三際中愚於境不了，故名無明。福等三業遷流造作，名之爲行。眼等八識了別境界，故名爲識。相等色等召表質礙，故曰名色。眼等六根生長心等，名爲六處。苦等三觸對前境故，名爲觸。苦等三受領順違等，名之爲受。自體等貪染自境故，名爲愛。欲等四取執取境等，名之爲取。行識等種能招生等，故名爲有。識等五法本無今有，名之爲生。即彼五法衰變滅壞，故名老死。

第二出體，有其三義。一、引生差別，二、正出自性，三、現種分別。引生差別者。無明及行，名爲能引，能引識等五果種故。識等五種，名爲所引，是前二支所引發故。愛取有三，名爲能生，近生當來生老死故。生及老死，即是所生，是愛取有近所生故。正出體者，能發正感福等三業，爲無明支。即彼所發，爲行支體。親生當來第八識種，爲識支體。除後三因，餘因皆是名色支體，後之三因如名次第即後三種。有解，名色即攝五種以爲自性，於中隨勝立餘四種，謂賴耶種名爲識支，立餘三種謂六處等，能潤行等六種種子。貪欲名愛。緣愛復生欲等四取，爲取支體。然此四取，如《瑜伽論》第十卷説，如其次第，於諸欲境，及餘四見，於諸邪戒，及薩迦耶見，所起貪欲，爲取支體。經論同異，如緣起等。行及識等六種種子，被潤已後，轉名爲有。識等五種所生果法，始從中有，至本有中未衰變位，名爲生支。至衰變位，總名爲老。身壞命終，説名爲死。現種別者，有其二義。一、就實正理門。二、相從假説門。

相從假説，一一皆通種及現行，故《十地論》無明有二，一者子支，二者果支。乃至老死，應知亦爾。就實正理，生與老死唯現非種，識等六支唯種非現，無明與行及愛取支，皆通現種。

第三廢立，有其三義。一、約定遍廢立諸支，二、約開合分別諸支，三、約世地辨其同異。約支廢立者，如《成唯識》第八卷説，問，如何老位不别立支。答，非定有故，附死立支。問，病何非支。答，不遍定故，老雖不定，遍故立支，諸界趣生除中夭者，將終皆有衰朽行故。問，名色不遍，何故立支。答，定故立支，胎、卵、濕生六處未滿，定有名色。又名色支亦是遍有，有色化生，初受生位，雖具五根而未有用，爾時未名六處支故。初生無色，雖定[五]有意根而不明了，未名意處故。問，愛非遍有，寧别立支，生惡趣者不愛彼故。答，定故别立，不求無有，生善趣者定有愛故。問，若爾，不還應無有愛。答，雖不現起，然如彼取，定有種故。又愛遍，生惡趣者於現我境亦有愛故，依無希求惡趣身愛。經説非有，非彼全無。二、開合差别，有其二義。一、引生相對以辨開合，二、發潤相對以辨開合。引生相對，如彼《論》説，何緣所生，立生老死，所引别立識等五支。因位難知差别相故，依當果位别立五支，具説如彼。果位易了差别相故，總立二支以顯三苦，具説如彼。發潤别者，如彼《論》説何緣發業，總立無明，潤業位中别立愛取。雖諸煩惱皆能發潤，無明力勝，具足如彼。而發業位，無明力增，以具十一殊勝事故，謂所緣等，廣如經[六]。於潤業位，愛力偏增。説愛如水，能沃潤故，要數溉灌，方生有芽。且依初後，分愛取二。無重發義，立一無明。三、約世地辨其同異，有其二義。一、約地辨同異，二、約世辨同異。地同異者，如彼《論》説，諸緣起支皆依自地，有所發行依他無明，如下無明，發上地行。不爾，初伏下地染著所起上定，應非行支，彼地無明由未起故。世同異者，如彼《論》說，此十二支，十因二果，定不同世。因中前七與愛取有，或異或同。若二三七，各定同世。如是十二〔七〕一重因果，足顯輪轉及離斷常。施設兩重，實爲無用，或應過此，便致無窮。解曰，《論》依先申自宗一重緣起，破薩婆多兩重緣起，尋即可知。自餘諸門，廣如彼說。無苦、集、滅、道者。

此即第五遣四諦門。如何說此四諦門者，如《法華經》爲求聲聞說應四諦，今此《經》中，爲顯法空遣四諦法。然此四諦，三門分別。一、釋名字，二、出體性，三、種數差別。言釋名者，先總，後別。言總名者，四是標數，諦有二義，如《瑜伽論》，一、如所說相不相離義，二、由離〔八〕此故致究竟意處。是帶數釋，準前可知。言別名者，諦別不同乃至四種。一、苦，二、集，三、滅，四、道。三苦所成，名之爲苦。能招後果，故名爲集。集苦盡故，名之爲滅。能除能通，故名爲道。第二出體者。苦諦即是有漏。五蘊能感惑業，以爲集諦。擇滅無爲，爲滅諦體。道諦即道，無漏聖道。第三種數別者，或二或三。所言二者，一者世俗，二者勝義。於一一諦皆具四諦，如《顯揚》等，恐繁不敘。依《勝鬘經》亦有二種，一者有作，二者無作。由煩惱障及所發業，感分段生。彼所感果，名爲苦諦。能感惑業，故名集諦。彼苦集盡，名爲滅諦。生空觀智，名爲道諦。無漏業因無明爲緣，感變易生。所招異熟，以爲苦諦。能感惑業，名爲集諦。彼苦集盡，故名滅諦。法空觀智，名爲道諦。問，豈不法執，不能發業，亦非潤生，無漏聖道非苦集諦，如何《經》說無漏爲因、無明爲緣。答，如《成唯識》第八卷說，斷法執及資助緣，故說無漏爲因、無明爲緣。理實即前感分段業及所感果，由資力故，轉勝轉妙，以爲變易。廣説如彼。所言三者，二種四諦皆具三性，謂所執等，如《中邊論》及《成唯識》第八卷中廣辨其相，尋即可知，不繁具述。

無智亦無得者。

此即第六遣智斷門。如何説此智斷門者，如《法華經》爲諸菩薩説六度法，今此《經》中，爲顯法空遣智斷門。然即智斷，自有兩釋。一曰，在因名智，即是般若，果位名得，即是菩提。一曰，菩提名智，涅槃名得。雖有兩釋，後説爲勝。諸部《般若》皆遣菩提及涅槃，故菩提、涅槃後當分別。

以無所得故，菩提薩埵，依般若波羅蜜多故，心無罣礙者。

自下第三顯所得果。於中有二。初正明得果，後引例證成。前中有二。初辨觀有能，後顯所得果。此即初也。於中有三。初以無所得故者，辨空離相。理實空性，離六門法。舉後顯前，但言無得。次菩提薩埵者，觀人發意，如前所説。菩提名覺，薩埵即是所化有情。上求菩提，下化有情，發此智悲，故名菩薩。後依般若波羅蜜多故心無罣礙者，辨觀有能。翻名釋義，如上應知。般若名智，別境中慧，心言即顯，與慧俱心。心有二種，所謂性、相罣礙，即是惑、智二障。總釋意曰，真性空理離六相故，發意菩薩依彼觀智，令慧俱心，證空斷障，非諸執有異生、二乘，内證二空，斷其二障。

無罣礙故，無有恐怖，遠離顛倒夢想，究竟涅槃者。

此即第二顯所得果。或有本云，遠離一切顛倒夢想。雖有二本，後本爲勝。然所得果，有其四種。一、無罣礙故無有恐怖者，遠離諸怖畏。怖畏即是五種怖畏，如《佛地論》第二卷説，五怖畏者，一、不活畏，二、惡名畏，三、死畏，四、惡趣畏，五、怯衆畏，如是五畏，證得清淨意樂地時皆已遠離。二、遠離顛倒者，遠離果顛倒，即是三四七八。三者，謂即想、見及心。四者，所謂無常爲常、於苦爲樂、不淨爲淨、無我爲我。七倒不異前三四倒。八倒，謂即於前四倒更加四種，理實佛果常、樂、我、淨，執爲無常、無我、不淨、翻樂爲苦。三、遠離夢想者，遠離夢想果，即八妄想，其想如夢，故名夢想，《瑜伽》名爲八種分別。釋彼意曰，諸有情類，由不了知真如空性，由此因緣能生三事，一者根境，二、我見慢，三、貪瞋癡，由貪等故，能造諸業，能生有情及器世間，由斯長時轉輪生死，故尋思等，生法空觀，斷除惑業，證大菩提。故今略述八分別義，如《瑜伽論》三十六曰，又諸愚夫，由於如是所顯真如不了知故，從是因緣，八分別轉，能生三事，能起一切有情世間及器世間。云何名爲[九]八種[一〇]分別者。一者自性，於一切法分別自性，如色聲等。二者差別，謂即於彼分別可見、不可見等。三者總執，謂即於彼色聲等上計有情、我、舍、軍、林等。四者我分別。五者我所。此二分別，於諸有漏有取之上，即計爲我，或[一一]計我所。六者愛分別。七者非愛。八者俱相違。如其次第，於妙非妙及俱離事所生分別。三藏解曰，八種皆以無[一二]記異熟生慧爲其自性，或可尋伺以爲自性。生三事者。初三分別，能生戲論所依緣事，六根六境。次二分別，能生我見及以我慢。後三如次，生貪瞋癡。當知此中，所依緣事爲所依故，生我見慢，見慢爲依，生貪瞋癡。由此三事，能現有情及器世間流轉品法。四尋等觀，具如諸論。此《經》意曰，由般若故，內證法空，遠離顛倒八種妄想。四、究竟涅槃者，證得涅槃果。《涅槃》略以四門分別。一、釋名字，二、出體性，三、種數多少，四、問答分別。

第一釋名。舊曰，梵音名爲涅槃，或云泥洹，此土翻譯名爲寂滅。大唐三藏曰，波利匿縛喃，此云圓寂，究竟離障生死喧動，故曰圓寂，謂欲存舊，名爲涅槃。第二出體，諸説不同。薩婆多宗，有餘、無餘皆用擇滅無爲爲體，有實自性。依經部宗，煩惱滅處名有餘依，苦果盡處名無餘依，假而非實，自有兩釋。一曰，滅諦爲體，惑業滅處，滅諦攝故。一曰，皆用道諦爲性，於道建立惑等滅故。今依大乘，諸説不同。曇無讖曰，四德爲林，玄致爲本。真諦三藏説大乘中有四涅槃，三是道果，本來清淨非道果攝。又説般若及以大悲爲無住處涅槃自性。如此等説，不可具述。今三藏曰，四種涅槃，用如爲體。故《成唯識》第十卷曰，四種涅槃，皆依真如離障建立。而《涅槃》説法身、般若、解脱三事成涅槃者，舉能成智，意取所成離障真如，非能成智爲其自性法。數類分別，自有兩釋。一曰，初後即是真如，中間二種擇滅所攝。一曰，初一即是真如，後三皆是擇滅所攝。雖有兩説，護法正宗，以後爲正。第三種數分别者，略即二種，廣開爲四。所言二者，一者性淨，二者方便淨。開爲四者，自性清淨、有餘、無餘及無住處。如《成唯識》第十卷説，涅槃義别，略有四種。一、本來自性清淨涅槃，雖有客染，而本性淨，具無數量微妙功德，唯真聖者自内所證，其性本寂，故名涅槃。二、有餘依涅槃，謂即真如出煩惱障，雖有微苦所依未滅，而障永寂，故名涅槃。三、無餘涅槃，謂即真如出生死苦，煩惱既盡，餘依亦滅，衆苦永寂，故名涅槃。四、無住處涅槃，謂即真如出所知障，大悲、般若常所輔翼，由斯不住生死涅槃，利樂有情，窮未來際，用而常寂，故名涅槃。一切有情，皆有初一。二乘無學，容有前三。唯我世尊，可言具四。第四問答。問，如何善逝有有餘依。答，雖無實依而現似有，或苦依盡説無餘依，非苦依在説有餘依，是故世尊可言具四。問，若聲聞等有無餘依，如何有處説彼非有。如《勝鬘》等。答，有處説彼都無涅槃，豈有餘依彼亦非有。此亦勝等。然聲聞等身智在時有所知障，苦依未盡，圓寂義隱，説無涅槃，非彼實無煩惱障盡所顯真理有餘涅槃。爾時未證無餘圓寂，故亦説彼無無餘依，非彼後時滅身智已，無苦依盡無餘涅槃。廣説如彼。問，諸所知障既不感生，如何斷彼得無住處。答，彼能隱覆法空真如，故斷彼時顯法空理，此理即是無住涅槃，令於二邊俱不住故。問，若所知障亦障涅槃，如何斷彼不得擇滅。答，擇滅離縛，彼非縛故。問，既爾，斷彼寧得涅槃。答，非諸涅槃皆擇滅攝，不爾，性淨應非涅槃。有説，亦是擇滅所攝。廣説如彼。已外問答，如理應思。

三世諸佛依般若波羅蜜多故，得阿耨多羅三藐三菩提者。

自下第二引例證成。於中有二。初正明得果，後約用歎勝。此即初也。文有三節。三世諸佛者，辨得果人。三世即是過、現、未來有爲法也。如其次第，曾有、現有及以當有以爲三世。又説如次，當不有法、正現有法、曾不有法以爲三世。然此三世，有其三種。一、種子三世。二、道理三世。三、唯識三世。如此三世，諸宗同異，具如諸論，如理應思。梵音佛陀，此翻覺者，具有五義，故名爲佛，如《佛地論》言五義者，一、具二智，一切智、一切種智。二、離二障，煩惱、所知。三、達二相，一切法、一切種法。四、具二利，自利、利他。五、具二譬。如睡夢覺、如蓮華開。具此五義，故名爲佛。次依般若波羅蜜多故者，辨能得智，如前可知。後得阿耨多羅三藐三菩提者，顯所得果，即是菩提。梵音如上，而翻此言，諸説不同。一曰，阿之言無，耨多羅云上，三名正，藐言真，後三名正，菩提曰道，總言無上正真正正[一三]道。一曰，阿之言無，耨多羅曰上，三名正，藐言遍，三云知，菩提名覺。如理智緣真如，名正。如量智緣俗，言遍。無分別智斷二無知，名知。菩提出睡夢之表，稱覺。此四智是菩提體，超二乘果，故名無上。今大唐三藏曰，阿之言無，耨多羅名上，三名正，藐名等，三又言正，菩提云覺。無法可過，故言無上。理事遍知，故云正等。離妄照真，復云正覺。即是無上正等正覺。問，標宗得果，但説涅槃。引例證成，唯菩提者，以覺證滅，豈不相違。答，理實皆通，智、斷二德，各據一義，影略互顯。

此菩提義，略以三門分別。一、釋名字，二、出體性，三、諸門分別。第一釋名，梵音菩提，此翻名覺。覺有三種，謂三乘智。而今且説無上菩提，即真俗智，雙證二空，故名爲覺。第二出體，有其二種。一、就實出體，四智爲性故。《成唯識》第十卷曰，菩提即是四智相應心品爲體。二、相從假説，略有三門。一、智斷分別，即用二空觀智及斷二障所證無爲以爲自性故。《瑜伽論·菩薩地》曰，二斷二智名爲菩提。彼説二斷爲菩提者，智之果故。相從假説，亦名爲智。二、三[一四]身分別，通用三身以爲自性。故《攝大乘》智殊勝體，即是三身。彼曰，法身通名智者，智之性故，似説名智。三、五法分別，通用五法以爲自性。《佛地經》曰，有五種法攝大覺地，所謂四智及淨法界。彼《經》真如爲大覺者，同《攝大乘》，覺之性故。依《智度論》，覺之境故，名之爲覺。故彼《論》云，説智及智處，皆名爲般若。

第三諸門分別。先釋四智，後辨三身。且説四智五門分別。一、標名出體門。二、轉識得智門。三、心所相應門。四、所緣差別門。五、初得現起門。一、標名出體門[一五]者，一、大圓鏡智，如依圓鏡衆緣影現，如是依止如來智鏡，諸處境識衆像影現，從諭立號，即用第八相應心品以爲自體。有十一喻，如《佛地經》。二、平等性智，自他有情悉皆平等，從用立號，名平等智。有十平等，如《經》廣説。第七相應心品爲體。三、妙觀察智相應心品，善觀諸法自相共相，從用立號，名妙觀察智。有十種喻，如《經》廣釋。第六相應心品爲體。四、成所作智，普於十方示現種種變化三業，所應作事，此亦從用，名成所作智。有十種喻，如《經》廣説。五識相應心品爲體。二、轉識得智者，《佛地》第三，有二師説。一曰，轉第八識得大圓鏡智，轉第七識得平等性智，轉第六識得妙觀察智，轉五現識成成所作智。一曰，轉第六識得成所作智，轉五現識得妙觀察智。此不應理，非次第故。説法斷疑，則遍觀察，非五用故。無性《攝論》亦有兩釋，廣如彼説。《大莊嚴論》同《佛地論》第二所説。《成唯識》第十卷中，即同《佛地》初師所説須會。三、心所相應者，一一皆與二十一法心品相應。謂所遍行、別境各五，善有十一，具如《佛地》。四、所緣差別者。大圓鏡智，如《佛地論》自有兩釋。一曰緣如，一曰通緣一切諸法。雖有兩説，後者爲勝。《唯識》第十亦同彼説。若廣分別，具如《佛地》。平等性智，《佛地》《唯識》皆有三釋。一曰，但緣第八淨識。一曰，但緣平等真如。一曰，普緣真俗爲境。具如二《論》。妙觀察智緣一切境，無有諍論。成所作智，有其二説。一曰，但緣五種現境。一曰，遍緣三世諸法。後説爲正，如彼二《論》。五、現起差別者。依《佛地論》，大圓鏡智，金剛心時初得現起。平等性智相應心品，菩薩初地初現觀時最初現行。妙觀察智相應心品，亦在初地初現觀時最初現行。成所作智，自有二釋。一曰，初地已上皆得現行。一曰，佛果方得現行。後説爲正。廣如彼《論》。

依《成唯識》，大圓鏡智，自有兩釋。一曰，金剛心時初得現起。一曰，佛果方得現起。後説爲正，餘如《佛地》。

三身略以七門分別。第一釋名字，第二出體性，第三五法攝身，第四常無常，第五形量大小，第六所化同異，第七依土差別。第一釋名。先總，後別。言三身者，三是標數，身有三義，謂體、依、聚，故《成唯識》第十卷曰，體、依、聚義，總説名爲身。《佛地》第七亦同彼釋。此即六中帶數釋也。後別名者，一自性法身，謂即真如體常不變，故名自性身。力無畏等諸功德法所依止故，亦名法身。次受用身，能令自他受用種種大法樂，故名受用身。後變化身，謂利有情示現種種變化事業，名變化身。第二出體。法身即用真如爲體。次受用身，即用四智自利功德，及爲地上所現化相一分功德以爲自性。其中同異，五法門中當廣分別。第三五法攝身，依《佛地論》自有兩釋。有義，前二攝自性身，中間二種攝受用身，成所作智攝變化身，《經》説真如是法身故，如《金光明經》及《佛地經》等。《論》説轉去阿賴耶識得自性身，大圓鏡智轉第八得，故知前二攝自性身。如《攝大乘》説得自性，《攝論》《莊嚴》皆轉第八得圓鏡智。此《經》中説，成所作智起諸化業。《莊嚴論》説，成所作智於一切界發起種種無量難思諸變化事，故知後一攝變化身。更勘説處。平等性智，如諸論説，能依淨土隨諸菩薩所樂示現種種佛身。更勘説處。妙觀察智，亦如《論》説，於大集會能現一切自在作用，説法斷疑。如《莊嚴論》説。又説轉去諸識故得受用，故知中二攝受用身。如《攝大乘論》説。又佛三身皆十義中智殊勝攝，故知三身皆得有智。如《攝大乘》中殊勝也。有義。初一攝自性身。四智自性相應共有，及爲地上菩薩所現一分細相，攝受用身。若爲地前菩薩等所現一分麁相化用，攝變化身。諸經皆説清淨真如爲法身，故《讚佛論》說，如來法身無生滅故。如此等文，故知法身即淨法界。具說如彼。《莊嚴論》說，大圓鏡智自受用佛，《攝大乘》說，轉諸轉識得受用身。然說轉去阿賴耶識得法身者，此說轉去第八識中二障種子，顯得清淨轉依法身，非說鏡智是法身佛。又受用身，略有二種。一、自受用，三無數劫修所成故。二、他受用，爲諸菩薩受法樂故。是故四智相應共有及一分化爲受用身。經論皆說，化身爲化地前衆生現種種相。既是地前衆生境界，故知非是真實功德，但是化用。經論唯說成所作智能起化業，非即化身。但雖三身智殊勝攝，法身是智所依證故，化身是智所起用故，似智現故說假爲智，亦無有過。《成唯識論》不異前說，故不重述。第四常無常者，問，受用變化既有生滅，云何經說諸佛身常。答，由二所依，法身常故。受用法樂無休廢故，數數現化無斷絶故，如常受樂，如常施食，故說名常。《莊嚴論》說，常有三種。一、本性常，謂自性身，此身本來性常住故。二、不斷常，謂受用身，受用法樂無間斷故。三、相續常，謂變化身，没已復現，化無盡故。具說如彼。第五形量大小者。自性法身由如虛空，不可說其形量大小，就相而言，遍一切處。受用身者，有色、非色，非色諸法無形質故，亦不可說形量大小，若就依身及所知境，亦得說言遍一切處。色有二種，一者實色，二者化色。言實色者，三無數劫修習所生，充滿法界，遍實淨土，唯佛與佛乃能知之。言化色者，由悲願力，爲入大地諸菩薩衆現種種身，形量不定。爲化地前所現化身，通色、非色，非色無形，故無形量，色即不定，隨所化故，廣說如彼。第六所化同異者，如《佛地論》，一切如來所化有情爲共、不共。《論》有三說。一曰，唯共，一切功德行願同故，廣如彼說。一曰，不共，以佛所化諸有情類本相屬故，廣說如彼。如實義者，有共、不共，無始時來，種性法爾更相繫屬，或多屬一，或一屬多，廣說如彼。依《成唯識》同第三釋，如論應知。第七依土差別者，如《成唯識》，身有四種，所謂自性、受用及變化身。土有四種，一、自性土，二、自受用，三、他受用，四、變化土，即前四身如其次第住四種土。雖自性身與自性土體無差別，而屬佛、法，相、性異故，義說能、所。其變化身，非唯住淨，亦通穢土，廣如彼《論》。

故知般若波羅蜜多，是大神呪，是大明呪，是無上呪，是無等等呪者。

自下第二舉用歎勝。於中有二。初長行廣釋，後舉頌結歎。前中有二。初明自利，後辨利他。此即初也。所言呪者，呪術之名，明即妙慧證空斷障。言要妙術，故以呪言，歎其勝用。神用莫測，名大神呪。遣暗除癡，稱大明呪。超過二乘，故云無上。越彼菩薩，佛慧均平，是故重言，名無等等。

能除一切苦，真實不虚者。

此即第二辨利他用。依此妙慧，令諸有情越生死苦、證涅槃樂。舒舌髮際尚表誠言，況覆三千而語有謬，故《經》說曰，是真語者。

故說般若波羅蜜多呪，即說呪曰，揭諦揭諦，波羅揭諦，波羅僧揭諦，菩提莎婆呵者。

此即第二舉頌結歎。於中有二。初長行標舉，後以頌正歎。然釋此頌，諸說不同。一曰，此頌不可翻譯，古來相傳，此呪乃是西域正音祕密辭句，翻即失驗，故存梵語。又解，呪中說諸聖名，或說鬼神，或說諸法甚深奥義，言含多義，此方無言正當彼語，故存梵音，如薄伽梵。一曰，諸呪密可翻譯，如言南無佛陀耶等。釋此頌句，判之爲三。初揭諦揭諦，此云度度，頌前長行般若二字，此顯般若有大功能，自度、度他，故云度度。次波羅等句，即頌長行波羅蜜多，此云彼岸到，是即涅槃名彼岸也。揭諦言度，度到何處，謂即彼岸是度之處，故云波羅揭諦。言波羅者，翻名如上。僧揭諦者，此云到竟。言菩提者，是彼岸體。後莎婆呵，此云速疾。謂由妙慧，有勝功用，即能速疾到菩提岸。又解，頌中有其四句，分爲二節。初之二句，約法歎勝。後有二句，就人歎勝。就約法中，先因，後果。重言揭諦，此云勝勝。因位般若具自、他利二種勝用，故云勝勝。波羅揭諦，言彼岸勝。由般若故，得涅槃勝岸，故言彼岸勝。就歎人中，先因，後果。波羅僧揭諦，此云彼岸僧勝。此歎因位一乘菩薩求彼岸人。菩提莎婆呵，此云覺究竟。此歎果位三身果人。覺法已滿，名覺究竟。或可四句，歎三寶勝。初之二句，如次應知歎行、果法。第三、四句，如次應知歎僧及佛矣。

般若心經贊終

校勘記

〔一〕底本據《大正藏》，校本據《卍續藏》。

〔二〕「擬注」，校本校勘記疑衍。

〔三〕「鷲」，校本校勘記疑爲「鷲」。

〔四〕「濁」，疑衍。

〔五〕「定」，校本校勘記云一本無。

〔六〕「而發業位，無明力增，以具十一殊勝事故，謂所緣等，廣如經」，校本校勘記云係後人所加。

〔七〕「如是十二」，校本校勘記云一本無。

〔八〕「離」，疑爲「觀」。

〔九〕「云何名爲」，校本校勘記云一本無。

〔一〇〕「種」，校本校勘記云一本無。

〔一一〕「或」，底本作「惑」，據校本校勘記改。

〔一二〕「無」，校本校勘記云一本上前「無覆」二字。

〔一三〕「正」，校本校勘記疑衍。

〔一四〕「二三」，底本作「三二」，據文意正。

〔一五〕「門」，校本校勘記云一本無。

（鄭屹君、黄桂蘭整理）

般若心經疏[一]

妙樂門人明曠[二]述

夫以佛法非遥，心中即近，真如非外，棄身何求。迷悟在我，發心即到，明闇非他，信修急證。不訪醫王之藥，何時見大日之光。今爲念誦觀行之緣，略註如右。廣釋，歷劫不窮。

摩訶般若波羅蜜多心經者。

就此題略有二别，梵漢語别故。摩訶般若波羅蜜多者，梵語也。心經者，漢語也。若具存梵語者，可言摩訶般若波羅蜜多質多蘇他覽。若偏存漢語者，可言大智慧到彼岸心經。言摩訶者，依《大智度論》有三種義，謂大、多、勝也。天台大師言：大者，空義。多者，假義。勝者，中義也。即是圓融三諦。真如實相之理，是即所觀之理也。言般若者，能觀之智也。即是三種般若也。三種般若者，實相般若、觀照般若、文字般若也。實相般若者，觀中道理之智也。觀照般若者，觀空諦理之智也。言文字般若者，觀假諦理之智也。因時名三智也。言三觀者，謂空、假、中觀也。言三智者，一切智、道種智、一切種智也。言波羅蜜多者，到彼岸之義也。煩惱與生死云此岸，菩提與涅槃云彼岸也。悟煩惱即菩提、生死即涅槃，名彼岸。迷菩提，念煩惱，迷涅槃，念生死，名此岸。言心者，要妙心也，即上所談圓融三諦理也。經者，説上諸義教也，訓法，訓常也。言法者，軌則義也，三世諸佛師依之成佛故。言常者，三世諸佛各至出世，説而元常，無易改故。

觀自在菩薩者。

能觀之人，舉觀自在菩薩一人，以兼一切行人也。

行深般若波羅蜜多時者。

明所觀之理也。即上所明圓融三諦理也。

照見五蘊皆空者。

明所觀之五蘊也。

度一切苦厄者。

明觀五蘊皆空，而免一切苦厄也。苦者，八苦也，生苦、老苦、病苦、死苦、愛别離苦、怨憎會苦、求不得苦、五盛陰苦也。言四厄者，一欲厄，二有厄，三見厄，四無明流厄也。

舍利子者。

舉對揚人也。

色不異空，空不異色，色即是空，空即是色者。

明圓融三諦理也。色即是空，非滅色爲空也。空即是色，非離空是色也。是云中諦理，是云即空即假即中也。

受、想、行、識，亦復如是者。

謂准上色蘊可知也。此五蘊中，初色蘊者，身也，餘四蘊者，心也。言色者，有形質礙法也。言心者，無形無礙法也。云色而心，色與心無二法，何者？心不在内外，非中間，遍一切處，猶如虚空故。

舍利子者。

上舉對揚人也。

是諸法空相，不生不滅，不垢不淨，不增不減者。

何者心性？自性清淨空寂而具足百界三千諸法也。自性空寂者，空諦理也。雖性寂而具足百界三千法者，假諦理也。不空不假不可思議者，中諦理也。此三諦理者，在佛不淨，存[三]凡不垢，在佛不生，在凡不滅，在佛不增，在凡不減。

是故空中無色，無受、想、行、識者。

結上五蘊義也。已上五蘊爲上根人所說也。

無眼、耳、鼻、舌、身、意者。

明無内六根也。

無色、聲、香、味、觸、法者。

明無外六塵也。是空十二入也。言入者，涉入義也，謂六根涉入六塵也。眼所對色有三種也，謂可愛色、不可愛色、平平色也。耳所對聲亦有三種聲也，謂可愛聲、不可愛聲、平平聲。鼻所對香有三種香也，謂可愛香、不可愛香、平平香也。舌所對味亦有三種味也，謂可愛味、不可愛味、平平味也。身所對觸亦有三種觸，謂可愛觸、不可愛觸、平平觸也。意所對法亦有三種法，謂可愛法、不可愛法、平平法也。眼可愛色，具生死因、生死果，苦諦、集諦同也。然則眼根具六煩惱，餘五根亦如是，六根都合有三十六煩惱也。約三世都合百八煩惱也。約昨、今、明，都合亦爲百八。亦約前念、中念、後念，都合爲百八也。約惑心生如是百八煩惱，約悟心亦具百八三昧。何者？觀根塵相對，念心即空、即假、即中時，具滅道諦也。道諦涅槃因，滅諦涅槃果也。已上爲中根説也。

無眼界，乃至無意識界者。

明無十八界，略舉初後也。若細言者，眼界、色界、眼識界，耳界、聲界、耳識界，鼻界、香界、鼻識界，舌界、味界、舌識界，身界、觸界、身識界，意界、法界、意識界也。界者，差別義也。六根、六境、六識，合爲十八界也。已上爲下根説也。

無無明，亦無無明盡，乃至無老死，亦無老死盡者。

明順逆十二因緣也。言順十二因緣者，謂無明緣行，行緣識，識緣名色，名色緣六入，六入緣觸，觸緣受，受緣愛，愛緣取，取緣有，有緣生，生緣老死憂悲苦惱也。逆十二因緣者，無明滅則行滅，行滅則識滅，識滅則名色滅，名色滅則六入滅，六入滅則觸滅，觸滅則受滅，受滅則愛滅，愛滅則取滅，取滅則有滅，有滅則生滅，生滅則老死憂悲苦惱滅也。約十二因緣有四種十二因緣，謂生滅十二因緣、無生滅十二因緣、無量十二因緣、無作十二因緣也。即四教所詮理也。生滅十二因緣者，三藏教，爲下根聲聞所詮也。無生滅十二因緣者，通教，爲中根緣覺所詮也。無量十二因緣者，別教，爲上根菩薩所詮也。無作十二因緣者，圓教，爲上上根菩薩所詮也。是十二因，分爲三道，謂無明、愛、取三支，煩惱道，行有二支，業道也，餘七支，苦道也。苦道轉成法身德，煩惱道轉成般若德，業道轉成解脱德也。三道亦名三障，即報障、煩惱障、業障也。

無苦、集、滅、道者。

明四諦也。即明生死涅槃因果也。苦諦生死果，集諦生死因也，滅諦涅槃果，道諦涅槃因也。問，何故先舉果，後舉因也。答，見果知因故。約此四諦亦有四種，謂生滅四諦、無生滅四諦、無量四諦、無作四諦也。亦是四教四諦也。

無智者。

無菩提。

亦無得者。

謂無涅槃也。純一實相，實相外無別法故。以無所得故，菩提薩埵，依般若波羅蜜多故，心無罣礙者。

明一切菩薩依般若。

無罣礙故，無有恐怖，遠離一切顛倒夢想，究竟涅槃者。

明得益也。

三世諸佛，依般若波羅蜜多故，得阿耨多羅三藐三菩提。故知般若波羅蜜多，是大神呪，是大明呪，是無上呪，是無等等呪者。

明四教理也。是大神呪者，三藏教，生滅四諦理也。是大明呪者，是通教，無生滅四諦理也。是無上呪者，別教，無量四諦理也。

是無等等呪者，是圓教，無作四諦理也。能除一切苦，真實不虗者。

明拔苦與樂之真實理也。已上明顯露般若也。

故説般若波羅蜜多呪，即説呪曰：揭諦揭諦，波羅揭諦，波羅僧揭諦，菩提娑婆訶。

已上明祕密般若也。揭諦揭諦者，世也，度也，是明自度也。波羅揭諦者，明度他。波羅僧揭諦者，總明自度度他也。菩提者，明自他共到所處也。娑婆訶者，明究竟，是中有事究竟、理究竟也云云。

心經疏終

智者大師，内證秘密，外説顯教矣。荊溪一行，互相師資，授受圓密焉。于茲剡川入荊溪門，出《心經疏》也。照大日慧光，明觀音深行，辨顯辨密，盡美盡善也。山家建兩業之頃，將來此疏，以顯傳東寺，弘三密之日，引證斯序製《秘鍵》。然則觀遮學生，台東宗徒，不可不依之，不可不學焉。仰願佛日增耀，正法久住，度四海萬民之苦厄，到摩訶般若之樂岸云爾。

維弘化二年夷則八日，刻於勢州奄藝郡林村閑翁寺。住僧義滿謹識。

校勘記

〔一〕底本據《卍續藏》。

〔二〕「曠」，底本作「嚝」，據《宋高僧傳》（《大正藏》本）改。

〔三〕「存」，疑爲「在」。

（陳永革、常崢嶸整理）

○三○三

般若波羅蜜多心經還源述[一]

（首殘）

□……□修習並爲□……□對人受稱也。行深般若波□……□法也。般若名同，深淺體異。「行」謂□……□入麁，照無相中，知無生妙，入無性□□□加意悟入，故云「行」也。

「照見五蘊等皆空」者，辯宗也。「照」者，宗也。「空」者，義也。「五蘊等」，境也。境相自空，非由造作，若無悟入，誰照其空[二]？所以悟入爲真宗，照空爲實義。五蘊本自[三]非有，諸法由來性空，故言「等」也。

「度一切苦厄」者，顯用也。所以有苦，緣爲識心，識心既空，苦厄誰受？斯則擇法之妙用焉。

「舍利子！色不異空，空不異色，色即是空，空即是色。受、想、行、識等亦復如是」者，約境詮觀也。文別有四：一觀俗諦虛妄有，二觀真諦真實有，三觀第一義諦非真妄有，四觀非安立諦非非真妄有。

「色不異空」者，觀虛妄有也，言無有俗諦所取、能取。一切法自性，質礙爲「色」，即有無冷煖性相及之類是也，按有無有性俱是自心，冷煖相形還緣共結。離唯心而無五蔭，亡自性而空諸法。色空非礙，有無不拘；真俗性同，故云「不異」也。

「空不異色」者，觀真實有也，言無無俗諦有所取、能取。一切法自性，質礙爲空。按：緣有虛妄，故言真實；虛妄若盡，真實寧存？若捨俗諦妄有無，而滯真諦實無有者，此空則不異於色之拘礙也。

「色即是空」者，觀非真妄有有也，言無有真諦無所取、能取。一切法自性，質礙爲色。按：俗諦有有有無，真諦無無無有，若見真殊俗，執有異無，此礙之色即空。即空而無有性，就彼心生假言絶待，對茲緣起觸類相形。空是色空，色爲空色；色爲空色，故色非色；空爲色空，故空非空。故言「色即是空」也。

「空即是色」者，觀非非真妄有也，言無無第一義諦非有無所取、能取。一切法自性，質礙爲空。按：第一義諦從真俗諦生，離彼俗有真無，是稱第一。若存第一空性，還爲空性所拘。故知空若實空，唯是一空，不可言空；色若實色，唯是一色，不可言色。色非實色，所以言空；空非實空，所以言色。是則畢竟空中建立諸法，但是增語，實無自性，若復滯於心量，此[四]空即爲色也。

「受、想、行、識等亦復如是」者，類顯諸法，同茲四觀，一一如理尋求，自然悟入，空無非不離。故慈氏頌云：

一切空無物　實有不可得
依言詞而説　是法相四種

「舍利子！是諸法空相，不生不滅，不垢不淨，不增不減」者，證空明相也。文別有二：一標法空，二明證相。

「是諸法空相」者，標法空也，言諸法無性不爲緣生。若從有證空，斯則誹謗，不可言法空也。

「不生不滅」等者，明證相也，言諸法從本不生，今亦无滅。若有生滅爲垢，若無生滅爲淨，未曾有生滅，故云「無垢淨」。若有垢淨爲增，若無垢淨爲減，本非垢淨，故云「無增減[五]」。今不空無，生滅自由，妄識增減，誰緣實智？舉此以言，明悟入般若之證相也。故知正慧無相則無生滅，真智無生則無垢淨，淨覺無性則無增減。此則無始有之初因，無初無之起分也。

「是故空中無色，無受、想、行、識，无眼、耳、鼻、舌、身、意，无色、聲、香、味、觸、法，无眼識界乃至无意識界，无无明亦无无明盡，乃至无老死亦无老死盡，无苦、集、滅、道，无智亦無德」者，被機通釋也。文別有兩：一通明五乘，二別顯三聖。通明五乘，文自有四：一無五陰，二無六塵，三無六根，四無六識。別顯三聖，文自有三：一明中乘，二彰小道，三詮大法。中乘兩重：一無中乘境，即無無明乃至無老死也；二無中乘觀，即無無明盡乃至亦无老死盡也。小道兩重：一無小乘境，即無苦集也；二無小乘觀，即無滅道也。大法兩重：一無大乘觀，即無智也；二無大乘境，即無德也。故《楞伽經》云：

人天聲聞乘　緣覺如來乘
乃至有心轉　諸乘非究竟
若彼心滅盡　無乘及乘者
無有乘建立　我説爲一乘

按：始乎「色受」，終于「智德」，並是五乘心量，无非一實理門，所以證空之中，無此所相也。至如釋名出體，別有論門，爲蛇畫足，此無所取。

「以无所得故，菩提薩埵，依般若波羅蜜多故，心无罣礙，无罣礙故，无有恐怖，遠離顛倒夢想，究竟涅槃」者，舉行明因也，言畢竟空中無諸法者，以無所得故。若有所得，則諸法不空；諸法既空，則於何有得？由無所得故，菩薩依般若波羅蜜多也，據宣理合有此文，蓋翻譯漏耳。

「依般若波羅蜜多故，心無罣礙」言正慧擇法，高謝、有無、生滅，本自不然增減，於何緣起？故云「心无罣礙」也。

「無罣礙故，無有恐怖，遠離顛倒夢想，究竟涅槃」言積行有依，心通無住，展轉超越，窮乎實際。達識種而無自性，鑒相見而是唯心。恐怖不由外塵，顛倒還緣内想。想塵寂滅，假号涅槃；恐怖生起，强稱顛倒。若悟生起從寂滅滅，寂滅從生起起者，則夢想與涅槃雙離，顛倒與究竟並亡，斯則最清淨覺也。由此三因故，空中不得有諸乘法也。

「三世諸佛，依般若波羅蜜多故，得阿耨多羅三藐三菩提」者，引證示果也。文別有二：一引證，即三際諸佛也；二示果，即三菩提也。

「三際諸佛」者，言淨覺也。種智真佛，體絶去來今。衆生妄識，自見生住滅，同彼世識，假言三際也。

「阿耨多羅三藐三菩提」者，此云「無上正徧知覺」也。「無上」，在五乘之上也。「正」，謂如理智，入三无性之妙理也。「徧」，謂如量智，緣三有性之麁相也。「知」，謂無分別智，斷二無知也。「覺」，謂無分別後智，過眠夢表也。此爲真佛，故《攝論》云：如睡夢覺，如蓮花開，染汙不染汙，二癡睡盡，故名爲佛。

「故知般若波羅蜜多是大神呪，是大明呪，是无上呪，是无等等呪，能除一切苦，真實不虚」者，總結述成也。文別有二：一總結，二述成。

「是大神呪」等者，總結也。據《大般若經》，別有四呪，皆是梵言。今茲内護，則非言教。按：「大神呪」，言達唯識也。「大明呪」，言達唯意也。「無上呪」，言達唯心也。「無等等呪」，言達唯智也。

若不達唯識，則外境難徧難知；若照唯識，則外境易知易徧，故名爲「大」；然則有無莫測，强謂之「神呪」；則總持理無不統，故言「是大神呪」也。

若不達唯意，則相見無分，思量方曉；若知唯意，則等智恒起，緣觀常明，故云「是大明呪」也。

若不達唯心，則識種生滅，還熏習藏；若證唯心，則識種無性，鏡智現前，物莫之染，故言「是无上呪」也。

若不達唯智，則因種雖淨，畢竟還生；若入唯智，則因性本自不生，智識由來無起。一圓淨覺，永照无餘，堅若金剛，體唯常住，故言「是无等等呪」也。

「能除一切苦，真實不虚」者，此述成也。按：正慧擇法，逈跨心源，離有無自體，即悟入現觀。相見從本非有，因性法尔是無。緣照兩亡，識智俱絶，豈邪妄之能擾？何苦厄之所侵乎？

「故説般若波羅蜜多呪，即説呪曰：揭帝揭

帝，波羅揭帝，波羅僧揭帝，菩提娑婆呵」，此外護也。文自兩重：一控引，二説呪。其文易了，無勞重釋。

按：「呪」者，持也。持有四種：一法，二義，三辭，四理。内護，理總持也；外護，辭總持也。但此辭同體大覺乃能窮盡，十位菩薩皆所未通。得本行本，不可翻譯，雖然，大意有三：一詮甚深般若，二名大力天神，三斥浮遊鬼魅。諸佛慈善，密〔六〕意在中，所以誦持必招靈祐，此爲外護也。訟言：

諸佛所師常住法　無有色空真俗性
我今得聞敬奉持　普願有情皆信解

此經元於《大般若》中疏出，如《法華經·普門品》別行之類是也。三藏法師玄奘，每受持而有靈應，是故別譯以流通。若人清心澡〔七〕浴，著鮮潔衣，端身正坐，一誦五百遍者，除九十五種邪道，善願從心，度一切苦厄。

般若波羅蜜多心經還源述一卷

校勘記

〔一〕底本據斯三〇一九，首殘。
〔二〕「空」，底本殘，據文意補。
〔三〕「本自」，底本殘，據文意補。
〔四〕「此」，疑後有脱誤。
〔五〕「故云無增減」，底本脱，據文意補。
〔六〕「密」，底本作「蜜」，據文意改。
〔七〕「澡」，底本作「藻」，據文意改。

（司冰霜整理）

〇三〇四

夾注般若波羅蜜多心經[一]

中京招福寺沙門文沼注[二]

般若波羅蜜多心經

「般若波羅蜜多」者，六百卷[三]□總名[四]。□□□之一字，此經別目。「經」者，常也，所謂三世諸[五]佛，同斯。

觀自在菩薩，

「觀自在」者，即觀世音也，入總持門[六]，縱無礙[七]□□□。「菩薩」者，道心[八]眾生，所謂持誦、講說、修行之人也。

行深般若波羅蜜多時[九]，

「行」者，進循也。「深」者，不測也。「般若[一〇]」者，佛惠也。「波羅蜜多」者，到彼岸□……□，自凡夫終於聖果，以正惠力，破邪□……□。

照見[一一]五蘊皆空，

「照見」者，思惟也。「五」者，□……□。□□聚也。菩薩觀此五□……□。

度[一二]一切苦厄。

「度」者，越過也。「一切苦厄[一三]」□……□，眾生執迷，招此患□……□。

舍利子！

問答人也。位齊十聖，妙達[一四]□……□通名舍利，故云「舍利子[一五]」。

色不異空，空不異[一六]色，

「色」者，有也。「空」者，無也。色無空外之[一七]色[一八]，空無色外之空，故云「不異[一九]」。

色即是空，空即[二〇]是色。

空不離色，色不離空，故□……□之則有，以智惠觀之則無。尔乃色空□……□，故云[二一]「即」也。

受、想、行、識，亦復如是。

「受」者，受納，所謂□……□。「想」，思惟，所謂計□……□。「行[三]」者，起作，所謂與功運動等。「識」者，内緣，所謂藏記外事等。此四法与色俱空，故云「亦復如是」也。

舍利子！

前説假空，後明真相，故重命「舍利子」。

是諸法空相，不生不滅，

諸法假合，皆是生滅；自體空相，不可滅也。

不垢不淨，不增不減。

諸法空體，非染淨、增減之所遷動，故云「不」也。

是故空中无色，受，想，行，識，

重明五蘊空也。

无眼、耳、鼻、舌、身、意，

初明六根空也。

无色、聲、香、味、觸、法，

次明六塵空也。

无眼界乃至无意識界，

後明六識空也。

无无明，亦无无明盡，

無明，體是虚妄，不可言有；与意俱生，不可言盡。

乃至無老、死，亦無老、死盡，

生、病、老、死，從業緣現，无始无終，亦不可得。

无苦、集、滅、道，

四諦假立，無所執取。

无智亦无得。

「智」者，發菩提心。「得」者，佛果相皃。菩薩臨證聖位，二事俱空，了無所得也。

无所得故，菩提薩埵，依般若波羅蜜多，

菩薩證聖之時，以智惠觀察，万法俱空，无心念喜動之所鉤礙也。

故心无罣礙。无罣礙故，无有恐怖。遠離顛

倒夢想，

菩薩具生空智，无有恐怖；具法空智，无夢想顛倒。

究竟涅槃。

畢竟寂滅，法無所得。

三世諸佛，依般若波羅蜜多，

「三世」者，過去、未來、現在。所證菩提，皆依妙惠也。

故得阿耨多羅三藐三菩提。

此飜云「无上正遍知覺」，以无心故，同日照遐方，朗然大悟〔一三〕也。

故知般若波羅蜜多是大神咒，是大明咒，是无上咒〔一四〕，是无等等咒，

菩薩證大菩提，永斷生死，顯不思議〔一五〕心，讚歎般若。「大神咒」者，无量變化真言。「大明咒」者，永斷幽闇真言。「无上咒」者，能成果真言。「无等等咒」者，三界獨尊真言也。

能除一切苦，真實不虛。

菩薩發心，受持、讀誦此般若波羅蜜，能斷生死，能除業障，能去雜染，能發正信，故名「持法内護」，「真實不虛」也。

故説般若波羅蜜多咒，

菩薩讚説般若，勸令修習。

即説咒曰：

羯諦羯諦　波羅羯諦　波羅僧羯諦　菩提莎婆訶

菩薩誦持此咒，若晝若夜，所在之處，十方善神常來守護，一切魔鬼不敢親近，故名「持咒外護」也。

般若波羅蜜多心經

校勘記

〔一〕底本據斯二四二一。校本據斯五七七一背，中殘、尾殘。經題中「般若波」，底本、校本俱殘，據底本卷末尾題補，下一「般若波」同。

〔一〕「中京招福寺沙門文沼注」，底本脱，據校本補。

〔二〕「蜜多者六百卷」，底本缺，據校本補。

〔四〕「總名」，底本缺，據校本補。

〔五〕「别目經者常也所謂三世諸」，底本缺，據校本補。

〔六〕「在者即觀世音也入總持門」，底本缺，據校本補。

〔七〕「礙」，底本缺，據校本補。

〔八〕「菩薩者道心」，底本缺，據校本補。

〔九〕「羅蜜多時」，底本缺，據校本補。

〔一〇〕「行者進循也深者不測也般若」，底本缺，據校本補。

〔一一〕「照見」，底本缺，據校本補。

〔一二〕「度」，底本缺，據校本補。

〔一三〕「厄」，底本缺，據校本補。

〔一四〕「妙達」，底本缺，據校本補。

〔一五〕「利子」，底本、校本俱缺，據文意補。

〔一六〕「色不異空空不異」，底本、校本俱缺，據《心經》（《大正藏》本，下同）補。

〔一七〕「空外之」，底本缺，據校本補。

〔一八〕「色」，底本、校本俱缺，據文意擬補。

〔一九〕「異」，底本、校本俱缺，據文意擬補。

〔二〇〕「色即是空空即」，底本缺，據《心經》補。

〔二一〕「故云」，底本缺，據文意擬補。

〔二二〕「行」，底本缺，據文意擬補。

〔二三〕「悟」，底本作「晤」，據文意改。

〔二四〕「是無上咒」，底本脱，據《心經》補。

〔二五〕「議」，底本作「疑」，據文意改。

（司冰霜整理）

〇二〇五

般若心經疏并序〔一〕

孤山沙門釋智圓述

夫至道無名，非名無以詮其道。真空無説，非説無以識其空。繇是名於無名，説於無説。既機分利鈍之别，故教有詳略之殊。譬諸各結筌蹄，意在同獲魚兎。若乃了説無説，達名無名，則二十萬頌之非多，一十四行之非少。然則圓音既演，雅誥爰陳，相彼此之異宜，實本末而相攝。彼則毛目委示，此則綱領總陳。是故廣之不爲煩，略之不爲寡。二途相捊，一味同歸。至若蕩滌群疑，開濟正理，豈止見色空之不二，抑亦知生佛以元同。無前後可以迎隨，豈心口所能思議。杳然無朕，寂爾絶相。苦厄不度而度，菩提不得而得。可謂反本之要道，破迷之前陳焉。敢攣台崖教門，龍樹宗趣，輒成義疏，用廣發揮，庶貽厥孫謀，俾虚室生白者矣。

般若波羅蜜多心經

釋經爲二：一、釋題，二、釋文。初又二：一、總，二、别。總又二：一、列名，二、引證。

列名者，此經法喻爲名，藴空爲體，圓照爲宗，度苦爲用，大乘爲教。引證者，經云：行深般若波羅蜜多時，照見五藴皆空，度一切苦厄。既云五藴皆空，空即所照之境，故知藴空爲體。既云行深般若，則簡異偏淺，故以圓照爲宗。既云度一切苦厄，此即智冥於境，能破二死，故以度苦爲用。名教可知。

别釋爲五：一、名者，諸經皆有通别，二名應以三義往簡，謂教、行、理各有通别。字闕。理有通别，故教有通别。攬教爲名，名亦通别。以三簡之，旨在此矣。教者，詮辯各異故别，同出金口故通。行者，四門趣入故別，同歸一理故通。理者，異名召理故別，理本無名故通。今經約教，則詮辯般若，約行，則多在空門，約理，則以蘊空立稱。別名爲二：一、法，二、喻。就法又二：一、別，二、通。般若是別名，異諸法故。波羅蜜多是通名，檀等同名故。般若此翻智慧，而有三種：一、實相，謂所觀真理，即經云諸法空相。二、觀照，謂能觀妙慧，即經云依般若故心無罣礙。三、文字，謂詮二之教，即觀自在對告身子顯蜜之説。此經正觀照以彰名。問：般若云智慧，理教何得名邪？答：理能發慧，教能詮慧，故得相從，悉名般若。二、通名。波羅蜜多，此云到彼岸，即由妙慧，從生死此岸，越煩惱中流，到涅槃彼岸也。二、喻。心謂肉團心。此之略説，統攝群言。譬方寸之心，於五藏中要也。通名經者，訓法，訓常。法乃群機所軌，常則百世不易。

二、體。體謂主質，蘊空爲一經之主質也。經家標行既云照見五蘊皆空，至菩薩正説還以蘊空爲始，由達蘊空乃知諸法空也，而此真空竪該因果。以一切賢聖皆以無爲法，而有差別，故橫攝衆教。以般若是一法，佛説種種名，故空非橫竪而遍橫竪。問：此觀蘊空與小何別？答：二乘析破方空，今即蘊是空。若爾，與通豈異？答：通觀即空，空不具法；而此圓空，具足諸法，不動自性。蘊空是真，具法是俗，不動是中，雖觀即空，三諦具足。尚不與別次第同，況藏、通乎。是故四教俱得蘊空，但近巧拙，具法不具法之異耳。或云二乘得人空，菩薩證法空者，乃與奪而言。

三、宗。此經圓照爲宗，實三觀圓修，而正以空、中破著。菩薩以無所得心而證分果，如來以無所得心而證極果，故以圓照爲宗。

四、用。以修般若，故能度分段、變易二死之苦，得菩提、涅槃二果之樂，是經力用也。

五、教。即第四熟蘇味教。此經四譯：一、秦羅什譯，名《摩訶般若波羅蜜大明呪經》。二、唐玄奘譯，名《般若波羅蜜多心經》。三、般若譯，立題與奘師同。四、法月譯，於題上更加普遍智藏四字。此二譯皆有序及流通。今釋第二本，此對利根菩薩略説般若也。《大論》明佛經通四人説，謂弟子、仙人、諸天、化人。觀自在是弟子也。説處即靈鷲山。雖部談三教，而今經唯圓。釋題竟。

二、釋文。此經無序及流通，譯人省之。辭尚簡要，分文爲二：一、經家據行標起，

觀自在菩薩。

二、菩薩利他正説。初又四：一、能觀人，二、所修觀，三、所觀境，四、所破障。初能觀人，即觀自在菩薩也，舊稱觀世音。觀即能照之智，世即所照之境，音即所救之機。以觀其音聲得解脱，故新云觀自在，謂觀現觀機悉自在也。觀理則三諦圓照，不縱不横。觀機則十界等化，無前無後。菩薩者，藏師云菩謂菩提，此謂之覺。薩謂薩埵，此曰衆生。謂此人以智上求菩提，用悲下救衆生，從境得名。

行深般若波羅蜜多時照見。

行深下，二、所脩觀。般若有二：一、共，即通教，共二乘修學故。二、不共，即別、圓，不共二乘故。共則唯觀即空，故淺。不共則能見中道，故深。又於不共，有但中、不但中之異。別但中則淺，圓不但則深。今簡共以顯不共，簡淺以顯深，故云行深般若等。時者，言菩薩昔在觀行相似時也，於凡位時即修般若，由是今居等覺之聖。照見者，若誦文爲便，則照見二字宜作下句之首，若釋義便者，則屬上句之末，以照見是能觀之用故。

五蘊皆空。

三、所觀境。舊稱陰，新云蘊。蘊取積聚，

陰約覆蓋。諸法俱空，而唯觀五藴者，以一切衆生，色、心常現前故。《止觀》初觀陰境，意同此也。皆空者，以色由心造，全色是心，心但有名，色寧實有，故云皆空。然雖三諦圓融，經部正爲遣著，且在真、中二諦也。中亦空也，空二邊故。

度一切苦厄。

四、所破障。謂觀成證理，既内破三惑則外度二死，故云度一切苦厄也。然此大士位居等覺，則度厄久矣。今經對機乃約内證。外説横辯，至於内證，須就竪論，則行深般若，正在住前。度厄，則指初住。由入住，故得至等覺。又分真位中，顯理未極，位位有行般若度苦厄義也。

舍利子，色不異空，空不異色，色即是空，空即是色，受、想、行、識，亦復如是。

舍利子下，二、菩薩利他正説，分二：一、顯了般若，二、秘密般若。所以有此二者，隨機不同，或聞顯歡喜，或聞秘適悦，生善破惡，入理皆然。故知顯秘之談，俱爲發生妙慧也。問：秘密不可解，云何亦發慧？答：達不可解空，是則能發慧。故《大論》引天子謂須菩提所説般若，隱密難知，我不能解。而須菩提答云，不解亦空，是般若也。應知以取著心誦顯了，亦只增福，以無相心誦秘密，則能發慧。初又二：一、約五藴略明，二、歷諸法廣示。初又二：一、約色廣明，二、例餘四藴。釋初又三：一、對示偏小，二、直明觀法，三、約論釋成。

初文，告舍利弗者，斥高訓下，寄小教大。身子智慧第一，是小乘中高著者。下謂餘聲聞及凡夫也。大謂四教菩薩也。今談諸法本空，始乎五藴，終乎境智，俱無所得，豈但破凡小之執，亦破偏菩薩，及圓初心之著也。故使小乘，心漸通泰，堪至法華利根。菩薩即入圓常，不待後味。舍利子者，具云舍利弗。

舍利鶖身，弗云子，今二字存梵，一字從華，故云舍利子也。以母好身形故，母名身。是身之子，故名身子。文中四句，即是以圓融不共般若，對示三教也。三藏析色觀空，謂觀此身四大，假合展轉，折破極于鄰虛，然後知空，豈非色與空異。應知身如空華，華豈異空，故示云色不異空也。通教即色觀空，是知色不異空，而沉空取證，菩薩出假還須扶習，豈非謂空異色。應知空不異華，故示云空不異色也。別教離空、有二邊，觀中道理，豈知中道遮照同時，故示云：色即是空，空即是色。般若洮汰引接點示，故不彈呵。

二、直示觀法。先寄次第，後顯不次。初文。一、從假入空觀，即色不異空。二、從空出假觀，即空不異色。三、中道第一義觀，謂色即是空，空即是色，此中道雙遮雙照也。色即是空，即照空遮色。空即是色，即照色遮空。顯不次者，說有前後，觀時三一相即，故龍樹云，三智一心中得也。

三、約論釋成。《中論》云：因緣所生法，我說即是空，亦名爲假名，亦名中道義。色是因緣所生法也，不異空，是我說即是空也。空不異色，是亦名爲假名也。色即是空，空即是色，是亦名中道義也。是知三觀釋經，宛如符契。問：智者於《止觀》明修，必先觀識心。舉伐樹得根，去尺就寸爲喻。而此先從色起何邪？答：此對佛世利根，觀色知心，彼明末代所修，須指要的。又諸經示心甚衆，此先觀色，亦是隨機。

受想下，二、例餘四蘊。

舍利子，是諸法空相，不生不滅，不垢不淨，不增不減。

舍利下，二、歷諸法廣示，分四：一、顯法體，二、明所離，三、辨所得，四、歎勝能。

初又二：初、總顯。十界差別，各有蘊等，

故云諸法。當相是空，故云空相。《法華》云：諸法從本來，常自寂滅相。二、別顯，凡三雙六不。釋此爲三：一、配經，二、對障，三、顯位。初文者，色不異空，故不生，空不異色，故不滅。色不異空，故不垢，空不異色，故不淨。色不異空，故不增，空不異色，故不減。色即是空等例說。故知六不，與前四句，言異義均。二、對障者，生死即涅槃，故不生，涅槃即生死，故不滅。煩惱即菩提，故不垢，菩提即煩惱，故不淨。結業即解脱，故不增，解脱即結業，故不減。以三障空故，即三德，三德空故，即三障也。三、顯位。一、不生不滅，謂理即、名字、觀行、相似，受分段身死此生彼，真空離此，故不生不滅。二、不垢不淨，謂分真人中，智顯發名淨，無明未盡名垢，真空離此，故不垢不淨。三、不增不減，言究竟位，諸惡永盡是減，衆善普會是增，真空離此，故不增不減。藏師引《佛性論》立三種佛性，頗符今意。一、道前，自性住佛性；二、道中，引出佛性；三、道後，至得果佛性。佛性唯一，就位分三。今真空無異，亦就位分三。故知佛性，真空異名也。又法界無差，別論亦明三位：一、染位，二、染淨，三、純淨。

是故空中無色，無受、想、行、識，無眼、耳、鼻、舌、身、意，無色、聲、香、味、觸、法，無眼界，乃至無意識界。

是故下，二、明所離，分四：一、空無三科，二、空無因緣，三、空無四諦，四、空無境智。而此四段即空無十法界也。三科是六凡法界，因緣是緣覺法界，四諦是聲聞法界，境智是菩薩、佛法界，菩薩則分證境智，佛果則究竟境智。問：別、圓可爾，藏、通云何？答：藏菩薩六凡攝，通菩薩二乘攝。又十界各具四段，以三科亦通佛，境智亦該凡，故亦成互具意也。

一、空無三科，謂蘊、處、界也。初五蘊即合色爲一，開心爲四。無眼下，二、空無十二處。處即合心爲一半，謂意處全及法處一分；開色爲十半，謂五根、五境爲十處及法處一分。無眼界下，三、空無十八界。界即色心俱開。

無無明，亦無無明盡，乃至無老死，無老死盡，無苦、集、滅、道，無智亦無得。

無無下，二、空無因緣，而有生滅。十二因緣生爲凡夫，十二因緣滅爲聖人。空無凡聖，故生滅俱無。舉初後二支，以明生滅，中略十支，故云乃至盡亦滅也。

無苦下，三、空無四諦。苦集是世間因果，滅道是出世因果。而皆先果後因者，意令厭苦斷集，忻滅修道也。以本空，故皆無。

無智下，四、空無境智。九界俱空即佛境界。知空之智自無，故云無智。所得空理亦無，故云無得。此理智俱無，即佛界亦不可得也。

以無所得故，菩提薩埵，依般若波羅蜜多故，心無罣礙，無罣礙故，無有恐怖，遠離顛倒夢想，究竟涅槃。

以無下，三、辨所得，分二：一、牒前起後，二、正明所得。初文者，以無所得故，牒前起後也。以，用也。故者，諸詞耳。即菩薩、諸佛用前所明無所得心故，即得智、斷果也。《大品》云，無所得故而得。菩提下，二、正明所得，分二：一、得分真斷果，二、得究竟智果。分真亦得智，究竟亦有斷，聖言互略，得意必備。初又二：一、舉人依法，二、斷障得果。初文，菩提薩埵，舉人也。依般若波羅蜜多故，明依此法用無所得心也。此指住前行深般若時也。前以菩薩果，約圓分真者，正依此文。心無下，二、斷障得果，分三：一、得成，二、斷障，三、得果。初文者，即從相似後，心入無功用道也。心無罣閡者，三障四魔，不能爲閡也，以達皆空故。無罣下，二、明斷障。無罣閡故，牒前起後也。由入初住無功用道，則外破二種生死恐怖，内斷無明顛倒夢想，即度一切苦厄也。究竟下，三、得果。涅槃，具云摩訶般涅槃那，此翻大滅度。大即法身，滅即解脱，度即般若。三德分顯，一得永常，簡異偏小，故名究竟。此分得究竟，非究竟究竟。

三世諸佛，依般若波羅蜜多故，得阿耨多羅三藐三菩提。

三世下，明究竟智果，分二：一、舉人依法，謂三世諸佛皆於等覺位中，達無所得，則極果方成，故云依般若波羅蜜多故也。二、正明得果。阿耨多羅，此云無上。三藐，此云正。次三者，此云等。菩提，此云覺。謂無上正等覺也。正覺則正觀中道，等覺則雙照二邊，此即三智一心中得。至極無過，故云無上。

故知般若波羅蜜多，是大神呪，是大明呪，是無上呪，是無等等呪，能除一切苦，真實不虛。

故知下，四、歎勝能，分二：一、別歎。故知者，牒前起後。由佛、菩薩依般若得菩提、涅槃果，故知般若是大神呪等。皆言呪者，約喻歎也。以諸神仙得秘呪故，轉變自在。佛、菩薩行般若故，能轉凡成聖，變因爲果。又呪者，願也。佛説法時，願衆生如佛，譬蜾蠃之呪螟蛉，若爾則顯説密説咸是呪義。故今所歎，結前顯説，起後密説。釋此爲二：消名、配法。初釋者，舊云除障不虛名神呪，智鑒無昧名明呪，更無加過名無上呪，獨絶無倫名無等等呪。配法復二：四悉、六即。夫顯密被機，豈踰四益？故依此義以立嘉名，歡喜名神呪，生善名明呪，破惡名無上呪，入理名無等等呪。六即者，受益入位亦有四異，名字改迷名神呪，觀行、相似，觀照清淨名明呪，分真顯理名無上呪，究竟無過名無等等呪。謂無等之位互相齊等，故云無等等。《十地論》云，無等者，謂佛比餘衆生，彼非等故。重言等者，此彼法身等故。何故不但説無等耶？示現等正覺故。能除下，二、總歎。能除一切苦，即二死苦除。真實不虛，即三德理顯。

故説般若波羅蜜多呪，即説呪曰，揭諦揭諦，波羅揭諦，波羅僧揭諦，菩提娑婆訶。

故説下，二、秘密般若，分二：一、牒前起後，二、正説呪詞。夫諸佛密語，非因位所解。縱譯梵成華，人亦不曉。故凡當密語，例皆不翻。深求其致，只是密説前般若無所得心耳。其猶世人典語，召物庸俗，莫得而知，物豈異哉。或作强釋，翻言解義者，恐違秘密之説，今無取焉。

般若心經疏大尾

大凡此疏久湮没，未視其全。雖爾，得支那正本，可刊梓未，其本得於唐，嗚已乎哉。今以愚所持本，以梓之，繡之，流通萬世，俟添削於唐本而已。

明曆丁酉春日比丘大可謹白

校勘記

〔一〕底本據《卍續藏》。

（慧因、陳永革整理）

〇三〇六

般若心經疏詒謀鈔[一]

刻般若心經疏詒謀鈔跋

《詒謀鈔》，宋孤山圓師釋自撰《般若心經疏》。其書研精發微，使《經疏》旨益彰彰焉，誠有益於物也。然《疏》已久行，而其《鈔》未流，學者憾之。近吾靈空和尚，嘗爲之較正，且加訓點，劂生請鍥諸梓，就予需跋語。予雖不文，隨喜其成，遂書卑云。

享保己亥年五月天台沙門智空謹書

校勘記

〔一〕底本據《卍續藏》。

般若心經疏詒謀鈔有引

序曰，此經理幽辭要，中庸子嘗以三觀義疏之，愚[二]恐後昆惑疏之之言，於是作鈔以翼之，號詒謀焉。

釋《疏》爲二：初、題目，二。初、標總題。標題尚簡，止取四字，爲疏別目。疏者，疏通經義也。并序者，顯疏中有序也。二、顯述者。孤山，所居之處也。住錢唐二湖之西北，孤絶峙於水中，而不與衆山連接，世謂之孤山也。沙門釋者，沙門云息惡，號也。釋者，具云釋迦，此翻能仁，姓也。外道有號沙門者，稱釋以簡之。釋種有不出家者，稱沙門以簡之。兼稱之旨也。又此方古者，皆隨師姓。如支遁本姓關，既從支法領出家，因姓支也。道安嘗謂，既皆依佛出家，宜同佛姓。自是沙門皆稱釋氏。及《阿含經》後至，果有四河入海無復本名，四姓出家同稱釋氏之說。故知道安深識，冥符聖典。智圓，名也，字無外，不知何許人。既養疾孤山，遂以標其所住。姓徐氏，自號中庸子，作《中庸子傳》三篇以見意。嘗慨此經三觀之義明道若昧，故後生日誦其語而不知之。因撰斯《疏》，一日而就。且曰，冀後世有達如智者、章安者疏之，則吾之言期灰滅。今有述者，事不得已也，吾豈好名哉。譬若幻人，撰幻疏訓幻衆以修學，吾不得其是□[三]高下矣。即大宋天禧元年歲次丁巳秋九月十一日也。述者，鄭康成云，述謂訓其義也。《樂記》曰，知禮樂之情者能作，識禮樂之文者能述。

二、本文，二。初、總序，二。初、廣序教法旨趣，二。初、明文字能顯，二。初、正明。至道，觀照般若也。真空，實相般若也。名說，文字般若也。理智一如，本無名說，衆生不覺，須立其名字以詮辨，假言說以識知，是故文字能詮其二也。

二、繇下，結示。繇，自也。由不覺故，自是以般若之名，名於無名之觀照。廣略之說，說於無說之實相。

二、既下，示廣略被機，二。初、通序廣略，二。初、明廣略理等，三。初、明教異由機利鈍者，此約得悟爲機，利根聞略說則悟，鈍根待廣說方解。若約聞持爲機，則利根能持廣，鈍根但持略，非今意也。詳略者，詳則六百卷，略則一十四行。詳謂審說[三]，亦廣也。

二、譬下，寄喻顯理。筌蹄喻廣略教，魚兔喻真空理。《莊子》云，筌者所以在魚也，得魚而忘筌。蹄者所以在兔也，得兔而忘蹄。言者所以在意也，得意而忘言。注云，筌魚，笱（音拘），蹄兔，罝（音嗟）也。《說文》作罘。

三、若下，悟者一如。二十萬頌者，頌有四種：一名阿耨窣覩婆頌，此不問長行與偈，但數字滿三十二即爲一偈。二名伽陀，此云諷頌，或名直頌，謂以偈說法，非頌長行，舊云孤起是也。三名祇夜，此云應頌，舊云重頌。四名蘊馱南，此云集施頌，謂以少言攝集多義，施他誦持。今云二十萬頌，薟阿耨窣覩婆頌也。十四行者，古經以一十七字爲行也。後世變亂制度，或增或減，非多非少者，以所悟真空無廣略故。

二、然下，明廣略教等。謂非但所詮一如，只約能詮，其義亦等故，不可於廣略二教起優劣心也。文爲三：初約法，雙標圓音四辨也。雅誥，廣略也。雅，正也。誥，覺也。以廣略教覺悟衆生，令歸正道也。爰，曰也。相，去聲，視也。異宜者，彼鈍宜廣，此利宜略。實下，此略則但指本根，彼廣則具論枝末，俱談一樹也，故云相攝。

二、彼則下，舉喻雙釋。毛目綱領者，舉衣綱爲喻也。毛，謂衣之毛；目，謂綱上之目；綱，謂綱上之繩；領，謂衣上之領。毛者，古以獸皮爲衣，如狐裘、羔裘之屬。是故下，雙釋。六百卷廣説，如備談毛目，十四行略説，如舉綱領，俱是談其衣綱。故示毛目不爲煩，陳綱領不爲寡。

三、二涂下，指同雙結。二涂，謂廣略。相埒者，以彼廣談，只是委示今經三科、因緣、四諦、境智之法耳。故文雖廣略，義則相等。涂，音圖，道路也，與塗、途同，《禮記》作涂。埒，音劣，等也。馬遷《史》云：吴，諸侯也，以即山鑄錢，富埒天子。一味下，同歸熟蘇一味，亦是同歸真空一味也。

二、至下，别歎今經，二。初、正歎，二。初、舉玄旨歎。初二句歎用，次二句歎宗，後四句歎體。由遣著故知果成，由智果成故空理顯，此其次第也。蕩滌羣疑者，謂外道諸見，三教凡聖，圓内外凡，若了空相，衆惑皆蕩。開濟正理者，中道真空，名爲正理。部既帶二稍通，通真及以但中。今從正意及利根説，則正理唯圓。豈止下，歎宗也。由圓照故能見能知。抑，語辭也。迷不二，故爲生。悟不二，故爲佛。迷悟雖異，不二理同。無首下，歎體也。圓空之理無始無終，故迎之不見其首，隨之不見其後。豈可以凡夫偏小，心思言議也。杳，深也。朕，直引反，兆也。

二、苦下，舉經文歎。苦厄空故無可度，菩提空故無可得。經云度一切苦厄，得阿耨菩提者，蓋以無度名度，無得名得耳。

二、可下，結歎。反本等者，復本性之徑路也。以十四行攝彼六百非要如何。前陣者，言其勇也，喻破迷之勝。上歎生善，下歎滅惡。

二、敢下，序撰疏所宗，二。初、示所宗。

率，循也。台崕者，山也。以上應台星，故名天台，指智者所住也。龍樹，即《付法藏》第十三祖，以去佛逾遠，學路不一，諸宗詭雜，故龍樹作《大智度論》釋《摩訶般若經》，大明中道之義，名法性宗焉。於後秦世，教流此土。北齊慧文，依論立觀，口授南岳，傳智者，故三觀之學大行於華夏矣。故智者所說法門，悉是開張龍猛之義耳。發揮者，謂發越揮散此經深理要文也。

二、庶下，明利物。庶，幸也；詒，遺也；厥，其也。謂遺其後世法子法孫修道之善謀也。

俾，使也；室，心也；白，道也；心虛則體道。上句出《毛詩》，下句出《莊子》。者矣，語辭也。

五蘊皆空者，本唯一空，迷成五蘊，如由眼病，見空有華，華處、空處曾無二相。簡異偏淺者，藏、通觀空，別觀次第。此三偏說，不稱本性，悉名爲淺。此即下，智冥於境，義通五即，既約破死，的在分極、相似，但破分段，不得名爲度一切苦。然度苦之義亦通五，即名字解了二死一心，本無所有，豈非度一切耶？二死者，界内有分段生死，界外有變易生死。金口，謂黃金色身，口業所宣也。四門，謂空、有、兩亦、雙非異名。召理者，如《華嚴》名法界，《方等》名解脱，《大品》名佛母，《法華》名一乘，《涅槃》名佛性。今經名蘊空，皆召於無名之理也。多在空門者，以亦有四門，正在空耳。問：何文明四門耶？答：色不異空，空門也。空不異色，有門也。色即是空，空即是色，即兩亦、雙非門也。是空是色，即兩亦。色空遮色，空色遮空，即雙非。而正爲談空蕩著，故云多在空門。般若翻智慧者，祕密與多含，此無并順古，生善故不翻。奘師立五例，般若可翻而存梵者，爲生善故。《大論》云：般若尊重，智慧輕薄，不可以輕代重。而有三種者，準《般若論》有五種。三如今文，四相應般若，亦名般若伴，即與智相應同時心王、心所皆名般若。五者眷屬般若，亦名般若境，即與智同時五蘊，能與般若而爲眷屬，故攝此二歸觀照中。一家宗塗，多者束爲三，少者開爲三，俾三一互融，歸一心故。生死此岸，謂理等四，即煩惱中流，謂分真四十一位，無明未盡也。涅槃彼岸，妙覺究竟也，亦應近取分真爲彼岸，須存兩意方盡經旨。方寸者，俗書説人之心藏，唯方一寸。《正法念經》云：心如蓮華開合。《提謂經》云：心如帝王。皆肉團心也。問：經云，依般若故，心無罣礙。是則約法解心，其義甚便，何以約喻釋耶？答：約法義通，廣略皆爾。約喻義局，局在略文。局親通疎，思之可解。訓法訓常，各含教、行、理三義。謂教、行、理俱可軌，俱不易也。一切賢聖等者，無爲是一，賢解則淺，聖證則深，故有差別。般若是一法者，即實相般若。問下，恐皆空之言，濫於偏小，故須簡擇。文中先對三藏小簡，次對通別簡。具法是俗者，謂本具百界三千也。不動是中者，荊谿云：心性不動，假立中名。遠近巧拙等者，十界爲遠，六界爲近，藏析空，通即空，界内巧拙也。別次第，圓不次第，外[四]巧拙也。前三不具法，唯圓即具法。與奪而言者，與其生空之稱，奪其法空之名，此乃半與半奪。若全奪則皆無，尚受變易生死故，全與則皆有，已破分段假實故。正以空、中破著者，夫三諦圓融，無時不爾，隨機破病，用有不同，如如意珠，具寶瑩圓，體常無滅，點以示人，或言其瑩，或言其圓，或言具寶。般若論空，點其無也，心珠理體，豈爽寶圓。自古人師不識大體，或云般若是無相教，或稱泯絶無寄宗，或號誑相不真宗，謂比《華嚴》《涅槃》，其理猶劣，執瑩非珠，不知其可也。今以旁正言之，自曉進不。故一家所説，論其兼帶開會，則優劣自殊。圓理元同，經王無别。菩薩下，著盡體顯，顯有分極，故有二果。經云，菩提薩埵，依般若故，乃至云究竟涅槃，證分果也。經云，三世諸佛，依般若故，得阿耨菩提，證極果也。四用下，度二死是破惡用，得二果是生善用，度二死得二果，俱通分極，菩提智果也，涅槃斷果也。五教下，教者，聖人被下之言也。教，傚也，使人放傚之也。熟蘇者，準《大經》五味喻也。則華嚴如乳，鹿苑如酪，方等如生蘇，般若如熟蘇，法華、涅槃如醍醐。此約逗機次第爲言，非論法體濃淡。般若，罽賓國人。法月，西域人。竝唐時來此土。通四人者，爲佛印可，咸名佛説。即靈鷲山者，法月所翻本云，一時佛在王舍大城靈鷲山中也。

此經無序等者，人釋藏疏皆將疏文足成三分，截鶴續鳧，難成一體，分本分經，經既唯正，何用足之。經家者，阿難是結集經家也。然此二段，初是阿難記事，次是阿難記言，是知結集不出言事。問：撰疏者何不以記事爲序分，記言爲正説分邪？答：此分節有何不可。今詳疏文，顯有此義。初云標起，即敘起也。次段則顯云利他正説，豈非分經爲序、正二段邪？然於序中但是别序，通序全瑩。若爾，何故疏文向云無序及流通邪？答：此據法月所譯，顯令[五]記事之文宜在正宗。故彼經云：爾時觀自在菩薩即從座起，白佛言：我欲於此會中説諸菩薩普徧智藏般若波羅蜜多心，唯願世尊聽我所説。爾時世尊以微妙音告觀自在言：具大悲者，聽汝所説與諸衆生作大光明。此即發起序也。經云：於是觀自在蒙佛聽許，佛所護念，入於佛慧光三昧，正受入此定已，以三昧力行深般若波羅蜜多時，照見五蘊自性皆空等，觀文次第，豈非正宗。是故今疏不分爲序，若一往分文，則似有二段，義如向説。觀其音聲即《普門品》。不縱不横者，一即三，故不縱。三即一，故不横。無前無後者，其猶一月，等現百川，誰分前後。從境得名者，菩提是上求境，衆生是下化境。

但中不但中者，離邊之中名爲但中。中即邊故，名不但中。即修般若者，修三觀也。

藴取積聚者，謂多法積聚，如色有多種等。陰取蓋覆者，使真空不得顯故。新舊兩翻，各得一義。又《婆沙》云，陰是何義？答：聚義、略義、積義、總義。是知言陰，亦有積聚義也。今云蓋覆，且取一邊。初觀陰境者，彼明十境：一、陰入。二、煩惱。三、病患。四、業相。五、魔事。六、禪定。七、諸見。八、上慢。九、二乘。十、菩薩。陰境現觀，餘九待發，方觀全色。是心者，如即波是水也。寧，豈也。中亦下，《淨名疏》云：菩薩以趣佛慧，觀中道法性，不見涅槃、生死、内外，可住可在。此即空二邊名中也。故《光明疏》釋《空品》云：空者，空有空無，兩邊清淨，名之爲空。

三惑者，見思、塵沙、無明也。正在住前者，即觀行、相似也。位位至義也者，分修中智，即行般若。分破變易，即度苦厄。今觀音位居等覺，則是度十地變易生死之苦厄。

所以下，以聖人説法不出四悉益物故。適悦，亦歡喜也。應知下，至則能發慧者，即是境隨心轉也。一對示至釋成者，文三義二，謂前二解文，後一引證，意唯在一。以觀法示偏小故，引《中論》證觀法故。傲大者，傲誡也。高著者，著，陟慮反，明也，顯也。凡夫小之執者，凡夫、外道及兩教小乘也。偏菩薩，三教也。圓初心，謂住前也。心漸通泰者，方等被呵，雖小執漸輕，而慕大彌切，情存高下，悟理何從。故聞皆空之談，稍除彼此之見，對揚大法通泰可知。故至法華，直聞一乘即能棄小。利根菩薩等者，三教初心者轉入，通别斷惑者接入，圓教住前者進入，悉由聞般若教，修無所得心也。存梵從華者，西域是梵國，梵天種故。此方稱華夏，冕服彩章曰華，大國曰夏。或謂不然者，然，是也，恐執新翻以非今釋故。答云：吾從古翻釋義也。以祖師智者，用古翻故。極隣虛者，其塵至微，隣於虛空，名隣虛塵。三藏有門，存隣虛空門，破隣虛。七隣虛爲一透金塵，七透金塵爲一透水塵，七透水塵爲一兔毛塵，七兔毛塵爲一羊毛塵，七羊毛塵爲一牛毛塵，七牛毛塵爲一隙中游塵。還須扶習者，至八地時，以誓願扶餘殘習氣也。由習，故入生死。由願，故化有情。儻知空不異色，何須留習潤生。離空有二邊者，十住破有，十行破空，十向習中，十地證中。豈知下，遮照同時，即三觀圓融，圓教初心，便即修學。問：般若唯三教，何故對示藏教人耶？答：部内説三許修學，故若論蕩破尚及外道況藏教乎。豈以所破爲所説耶？是知至符契者，觀與文合，如符契。符者，孚也。徵召防僞事資中孚三代玉瑞漢世金竹末代從省代以書翰契者結也。上古純質，結繩執契。今羌胡徵數，負販記緡，其遺風也。《文心彫龍》曰，朝市徵信，則有符契券疏伐樹得根者，以枝葉之多，悉一根故。去尺就寸者，以丈尺之内悉是寸故。根與寸喻識心也。觀色知心者，雖先示色空，豈不知色由心變，色即心乎？彼明下。滅後根性，豈如佛世。例餘四蘊者，具談應云，受不異空，空不異受，受即是空，空即是受，乃至識皆爾。

分四下，生起者，法體本空故。離諸法，達空遣著，得有果證。既由空得，須歎勝能。各有蘊等者，皆具下四段義也。當相是空等者，即諸法相是真空相，猶如波相即是水相義。均者，均齊也。對障下，生死是動相，故名生。涅槃是靜相，故稱滅。煩惱染汙名垢，菩提覺了名淨。結業累縛名增，解脱離縛名滅。以三下，述意也。以空無二相故六竝不。頗符今意者，頗，偏也；符，合也。以論立三，偏合六即，但開合之殊耳。既是合六爲三，則順今經三雙義也。道前謂真，道之前即理等四也。自性住者，在纏不染也。道中者，即分真也。在極聖及住前凡夫之中間故。引出者，初住已上，以智發理，名爲引出。道後者，居聖道之極故。至于得果，究竟顯性也。異名也者，其理本一，立二種名，因人有果。人之性，名爲佛性，果人所覺，唯覺真空故。真空、佛性，義異名異，心體無別。染位者，理等四，即無明惑染全在故。染淨者，無明未盡，分得真智故。純淨者，無明究竟盡故。彼論以染位名衆生界，染淨位名菩薩界，純淨位名如來界。

答下，六凡中，人、天攝藏菩薩也。三科亦通佛者，《涅槃》云，捨無常色，獲得常色，乃至捨無常識，獲常識。樂、我、淨等皆爾。此乃四德之理，非聚而聚，亦可名蘊。《央掘》云，所謂彼眼根，於諸如來常具足，無減修，了了分明見，乃至意根，云分明知，是故佛界亦有處等，是故三科通佛也。境智亦該凡者，該，包也。至如地獄衆生，亦有發心觀理之者。文舉初後二段也。其四諦、因緣亦界，界各有此，皆約事，非論理。具互具意者，此即約理具釋也。以一界具十界，故仍用四段別對，亦自相收，由互具故。然此兩重總意，至下別釋，言不累述，意乃常合。行者照之，讀者了之，消者示之。蘊處界者，《俱舍》云，愚根樂有三，故説蘊處界。愚者，迷也。佛爲迷心衆生説五蘊，則合色開心。爲迷色衆生説十二處，則開色合心。爲俱迷者説十八界，則心色俱開。又對上、中、下根，故説此三。又爲樂略、樂中、樂廣説三也。然此三科等義，止陳梗槩，無用委談，將恐此經，變成名相，亡情遺著，正在斯文，宗旨宜分，不當瀆亂，故藏師至此，亦指《對法》等論。今疏亦然，略示名數耳。合色爲一者，色是質礙之法，名爲色。色有十四種，所謂四大、五根、五塵，此之十四，竝是色法，故云合也。開心爲四者，謂受、想、行、識也。領納所緣爲受。受有六種，謂六觸因緣生六受。但境既有違、順、非違非順之別，故六受亦各有苦受、樂受、不苦不樂受之異也。能取所領之緣相名爲想。想有六種，謂取所領六塵之相爲六想也。造作之心能起於果名爲行。行有六種，《大品經》中説爲六思，思即是業謂於六想之後，各起不善業、善業、無動業也。了別所緣之境名爲識。識有六種，即是六識。若論師多云識在三心之前，諸大乘經皆明識最居後。今依經爲次。

十二處者，處以生長爲義，謂内六根能發生六識，外六境能牽生六識。舊名十二入，以涉入爲義。根塵相對則有識生，識依根塵仍爲能入，根塵即是所入。言十二入者，從所入受名。合心爲一半者，對藴開心故。此云合一，謂意處心對一切法，即有能知之用，名之爲意，意即心王也。是中除諸心數法，但取心王以爲意入，故下釋云意處全也。半謂法處一分心所也。一切對意所知之法名法處，法有二種，攝一切法：一者心法，是中除心王，但取相應諸心數法也；二者非心法，即過去、未來色法，及心不相應諸行，及三無爲法也。今除非心法故，下釋云及法處一分。五根謂眼、耳、鼻、舌、身也。五境謂色、聲、香、味、觸也。身分對色，能見色之處名眼。眼是四大造色，體爲十色共成，所謂四大四微，身根微、眼根微也。身分對聲，能聞聲之處名耳。耳是四大造色，亦爲十色共成，謂四大四微，身根微，耳根微。身分對香，能聞香之處名鼻。鼻是四大造色，亦爲十色共成，四大四微，身根微，鼻根微。身分對味，能知味之處，名爲舌。舌是四大造色，亦爲十色所成，四大四微，身根微，舌根微。六分假合之體對觸，能覺觸之處，皆名爲身。身是四大造色，但有九色所成，四大四微，身根微。是爲五根也。

五境者，一切對眼所見之色，名爲色。色有二種，攝一切色：一、正報，可見色，衆生身色，青、黄、赤、白、黑色等；二、依報，可見色，外無知，青、黄、赤、白、黑等色也。一切耳所聞之色，曰聲。聲有二種，攝一切聲：一、從正報色出聲，衆生語言音聲也；二、從依報色出聲也。一切對鼻所聞之色，名香。香有二種，攝一切香。外一切無知色，衆生身中香臭也；二、依報色出香，外一切無知色中所有香臭也。一切對舌所知之色，曰味。味有二種，攝一切味：一、正報色處味，衆生身中之六味也。二、依報色處，外一切無知色中所有六味也。一切對身所覺之色，名觸。觸有二種，攝一切觸：一、正報色處觸，衆生身中冷、煖、澀、滑等觸也；二、依報色處，外一切無知色中冷、煖等觸也。是爲五境。法處一分者，即法處中非心法也。如前記。

十八界者，謂於十二更加六識。言界者，以種族爲義。六根爲一種族，同根故六境。六識亦爾。又眼根、眼識、色是一種族，餘五例說。或云界者，以界別爲義。此十八法，各有別體，義無混濫，故通受名色。心俱開者，開色爲十半。開心爲七半，七心、法界中一分，心所爲半也。六根界，六境界，分別如十二處。

六識界者，若根塵相對，即有識生。識以識別爲義。識依於根，能識別於塵，故此六通名識也。眼識界者，眼根若對色塵，即生眼識。眼識生時，即識色塵，故名眼識界。耳識、鼻識、身識界例說。意識界者，五識生已，即滅意爲意識〔六〕。此意識續生意識生時，即識法塵。若五識能生意識，即以前五識爲根，後意識爲意識，此意識滅，次意識續生，是則前意識生後意識。如是亦說傳受根識之名，皆以能生爲根，所生爲識。今說所生之識爲意識界也。如是三科不出色心。色由心造，全體是心，當知悉由虛妄分別，故有種種法生，既達境唯心，便捨外塵相，從此息分別，悟平等真空，故於今經皆云無也。

十二至凡夫者，謂二因感五果，三因感二果，輪轉不窮，即凡夫也。一、無明，謂過去一切煩惱，通是無明，以過去未有智慧光明，故一切煩惱得起。二、行，從無明生業，業即是行，以善惡業能作果報故，故名行也。三、識，從行生垢心，即父母交合，初欲託胎，一剎那間有了別之義也。四、名色，即從結生後乃至六處支前中間諸位，總號名色。從託胎生識支，後一七日名羯邏藍，此云雜穢，狀如凝蘇。二七日名案部曇，此云疱，狀如瘡疱。三七日名閉尸，此云凝結，狀如就血。四七日名健男，此云凝厚，漸堅硬故。五七日名鉢羅奢佉，此云形位，具諸根形，四支差別故。六七日名毛髮爪齒位，有毛髮生故。七七日名具根位，五根圓滿故。此名色支，從羯邏藍至第五鉢羅奢佉位前，雖有身根及意根，由未有眼等四根，故六處未圓，皆號名色。五、六處，從鉢羅奢佉位眼等諸根悉圓滿，至未出胎以來，根、境、識三未相和合，生於觸果以前，皆六處攝。六、觸，由六處對六境也。即從出胎後至三四歲來，雖根、境、識三和合，於苦、樂、中庸境上未能了知，生於三受，至此皆名觸也。七、受，即從五六歲至十二三以來，於三受境上已能了別，猶未能起婬愛之心。八、愛，即從十四五至十八、九以來，貪於種種勝妙資具，及婬欲等境，然猶未能周徧追求，故不名取。九、取，即十九、二十以後，年既長大，貪欲轉盛，不藉身命而無勞倦，然愛取體同，分勝劣故。十、有，有即是業，爲馳求諸境，起善惡業，牽引當生三有果故。十一、生，即從捨命，結當生果一刹那中名生。十二、老死，當果熟壞是爲老死，老死則生憂悲哭泣，種種愁苦衆惱合集，或云從生支後，念念變異，便名老死，未必髮白面皺也。十二因緣滅成聖人者，若正觀諸法，實相清淨，則無明盡。無明盡，故行盡，乃至衆苦和合皆盡。若能如此，正觀三世十二因緣，發真無漏，成辟支佛。今達凡聖由心，心如幻故，從心所起凡聖之境，一切不實，故皆無也。中略十支者，謂行、識、名色、六處、觸、受、愛、取、有、生也。具談應云無行亦無行盡等。厭苦斷集者，苦即生死果，謂觀八苦，逼迫三相遷移等，令生厭棄。集謂煩惱業能招苦果，既厭其苦必須斷集。欣滅修道者，滅謂二解脱道，謂戒定慧廣之，則三十七品也。欲證滅果，必修道因。

用前至得智斷果也者，猶水清則珠相自現，攪水求之，終無得。理究竟亦有斷者，《涅槃》云，無上士者，名無所斷。今言有斷者，由等覺後心斷微細惑，則得究竟智也。是則等覺後心名究竟。斷前以下，即前分四科對十界中，以境智是佛菩薩法界也。入無功用道者，以不作意加功，而自然流入故。三障者，報、業、煩惱也。四魔者，陰、死、煩惱、天子也。

等覺則雙照二邊者，即平等俱照，故云等覺也。轉凡爲聖者，轉住前凡夫爲分證聖人。轉因爲果者，轉等覺因人，爲究竟果人。果蠃之呪螟蛉者，郭璞云，果蠃，細腰蜂也。俗呼爲蠮螉。螟蛉，桑蟲也。果蠃負螟蛉之子於空木中，七日成其子，法言云螟蛉之子，殪而逢果蠃祝曰，類我類我，久則肖之。注云，肖，類也。果蠃遇螟蛉而受化，久乃變成蜂耳。殪，於計反，死也。祝，音呪。《詩》云，螟蛉有子，果蠃負之，教誨爾子，式穀似之。鄭氏箋云，式，用也。穀，善也。今有教誨萬民由善道者，亦似果蠃。故今以果蠃喻佛，螟蛉喻衆生。蠃，即(七)果反。咸是呪義者，若作此釋，豈唯此經顯密名呪。遂知一代大小，據佛本懷，爲令如佛，悉可名呪。從强從正，且指密語除障。名神呪者，神名天心。除三障見三德天然之理，實由般若，故名神呪。智鑒無昧者，了達無明，即法性明故。更無加過者，超偏小故。獨絶無倫者，由無過所以獨絶，亦是偏蕩相著，無法可爲倫等故也。此但釋無等，於下等字，其義未明。四悉，謂四悉檀也。悉之言徧，檀翻爲施，謂以歡喜等，四徧施衆生也。即者，理同故即，事異故六。闍禪者，多增上慢。文字者，推功上人，竝由不曉六而復即。今以四悉橫辨六，不即竪論。於五即中，一一具横，亦可以四竪收五即。則名字歡喜，觀行生善，相似破惡，分極入理也。歡喜名神呪者，神名不測，由智(八)見不測之理，所以歡喜生善。名明呪者，智明善生，故破惡名。無上呪者，智破惑惡，更無過故。入理者，以真空智證無等理，即第一義也。無等之理，生佛互等，名無等等。彼此法身等故者，佛果三身互相齊等也。故《華嚴》云，一身一智慧力，無畏亦然何。故下，問也。示現下，答也，明諸佛道齊故。

□□等密説至心耳者，但言密説無所得心，其義已足，似長□般若三字，若令文顯著有亦無如[九]。典語至而知者，庸，常也。如大武柔毛以召牛羊，清滌清酌以召水酒。常俗不解，則是祕密□呼只不同，而牛羊酒水其實無異。譬喻得解，智者思之。今無取焉者，無，不也。防人强釋，故□□之。或别所斥，庶贊述功益乎，自他同至于道。

般若心經疏詒謀鈔終

校勘記

〔一〕「愚」，底本原校云《閑居編》作「吾」。

〔二〕「□」，底本原校疑爲「非」。

〔三〕「説」，底本原校疑爲「詳」。

〔四〕「外」，底本原校疑前脱「界」字。

〔五〕「令」，底本原校疑爲「合」。

〔六〕「即滅意爲意識」，底本原校疑爲「即滅爲意根」。

〔七〕「即」，底本原校疑爲「耶」。

〔八〕「智」，底本原校疑爲「知」。

〔九〕「如」，底本原校疑爲「妨」。

（陳永革、慧因整理）

○三○七

般若心經略疏顯正記并序（一）

縉雲沙門釋仲希述

般若波羅蜜多心經略疏顯正記卷上

般若心經疏顯正記并序

予甞輒以賢首大師《般若心經疏》注於經文之下，兼治科文，又述記一卷釋之，目曰顯正。文華無取，葢逃學者忽忘之患，豈敢呈諸先覺云爾。時皇宋慶曆四年歲次甲申季冬月朔日序。

般若波羅蜜多心經略疏并序

釋疏分二。初、題目，二。初、經疏總題。十字之題，能所三重。略疏二字爲能解，餘爲所解。經字爲能詮，上皆所詮。心字爲能喻，上皆所喻。今總取一經之題，爲疏之別名，疏即通名也。《般若心經》之疏，依主受稱。般若等八字，如下開題處釋。言略疏者，以此疏但釋經文大旨，更不委明三科、境智等諸法名體，故云略也。又簡非解廣部，但釋略本，亦名略也。疏者，踈也，決也。踈通經文，決擇義趣，故曰疏也。并序者，以顯此疏兼有一序也。

翻經沙門法藏述

二、述疏人。號翻經等者，以疏主曾預譯場，備翻經論，今從勝從略故，但云翻經也。沙門者，即釋子之通號。梵語沙門，此云勤息，謂能勤修戒定慧、息滅惑業苦者，故通號爲沙門，即生善滅惡之稱也。法藏者，即疏主之名諱，本康國人，姓康氏，平居西太原寺，華嚴第三祖。立五種教，以判如來一代聖言，理無不盡，後人制課，罔敢不遵。廣有著述，今現流行，聲震一時，道光千古，敕謚賢首大師，具如別傳。述者，明非制作，亦是謙辭也。故《論語》云述而不作、信而好古等。

夫以真源素範沖漠，隔於筌罤。

二、疏文，三。初、總敘大旨，二。初、廣敘經文。然般若有三：一、實相，即所觀之理體；二、觀照，即能觀之智用；三、文字，即詮二之教。今具敘者，以下疏文總用此三爲宗趣故。文二：初、敘所詮，四。初、境智離言詮。然此境智，文中各有四義：一、正指體，二、歎體德，三、顯體量，四、示體離過。入文即見。文二：初、明理境。夫者，發語之端，以由也。真源二字，即正指實相般若爲所觀理體也。真謂真實，源即是喻。由此實相本非僞妄，故曰真。下《經》云是故空中無色，無受、想等。有隨緣義，喻之水源，能分萬派。下經又云空即是色也。素範者，謂此理體，惑不能染，故曰素，素，潔也；軌生物解，任持自性，故曰範，範，法也，法以軌持爲義故。此歎理體之德也。沖漠者，沖，深也；漠謂沙漠。謂此理體竪窮三世，故曰沖。《圓覺疏》云：過去無始，未來無終，橫徧十方，喻之沙漠，廣無邊故。《圓覺疏》又云：十方窮之，無有涯畔，此顯理體之量也。下示理體離過，故曰隔於筌罤也。隔猶絶也。筌能捕魚，罤能網兔。故《周易》云：得兔忘罤，得魚忘筌。今借筌罤喻言教，魚兔喻理境。見真理者，須忘言教。猶得魚兔者，須忘筌罤也。夫真理雖假文字詮顯，且真理之體本非文字。《佛頂經》云：玅性圓明，離諸名相。《般若經》云：總持非文字，文字顯總持。既體絶文字，故云隔於筌罤也。

玅覺玄猷奥賾，超於言象。

玅覺下，二、顯觀智。玅覺二字，正指觀照般若爲能觀智體也。玅名于不可思議，覺即是照。以此智體，言思罔及，故曰玅。下《經》云行深般若等。靈明鑒照，故曰覺。

下文云般若以神鑒爲體等。玄猷者，玄即幽玄，猷道也，即總指此智之體，是幽玄至極之道也。然道有二義：一爲因義，無量果德，非智不證故；二能通義，始自凡夫，皆由此智到極果故，即總名猷也。此歎智體之德也。奥賾者，即竪深之義，顯非權小之淺智，故云奥賾。《大論》云：智度大海，唯佛窮底。下文云行深般若，稱之奥賾，不亦宜乎。以竪該横故，但標奥賾，此顯智體之量也。《刊定記》説：慧能揀擇，故在因中，智但決斷，唯居果上。今慧即智，未可分張。下示智體離過，故云超於言象也。言謂語言；象，似也。當其義也。夫語言義相皆由分別，今此觀智體非分別，故超言象也。《周易》又云：得象忘言，得意忘象。

雖真俗雙泯，二諦恒存。

雖真下，二、明境智體不二，三。初、別明境智不二，二。初、明境不二。然此所觀實相之境，非真非俗，而真而俗，故得二諦，即存即亡，存亡不二也。言真俗雙泯者，泯，亡也；真即真諦，一體無殊；俗即俗諦，萬境有異；今明真即俗，故真亡，俗即真，故俗亡；既互奪兩亡，名爲雙泯也。二諦恒存者，存，在也；俗即真，故真在，真即俗，故俗在；既相亡互在，故曰恒存；恒，常也。如上所明，即顯而隱，故雙泯；即隱而顯，故恒存。隱顯同時，唯一實相。般若爲所觀境，豈不玅乎。經部順機，別明空爾，故下文云照五藴空，又云諸法空相。大部之中咸言清淨等，若論通意，理乃常圓。下文云色即是空，空即是色等。由是疏主，下文判歸實教攝者，得意在茲。

空有兩亡，一味常顯。

空有下，二、明智不二。所觀之境既存亡不二，能觀之智亦隱顯同時。函蓋之義，可以爲況。言空有等者，空即照真，是如理智。

有即照俗，是如量智。真境無相，智照名空。俗境萬差，智觀稱有。今以空即有，故空泯。有即空，故有泯。故曰兩亡。亡，泯也。此智文中但亡而不存者，顯在上文也。一味等者，此即總結存亡不二，唯一觀照。般若爲能觀之智，體非生滅，故曰常顯。

良以真空未嘗不有，即有以辨於空。幻有未始不空，即空以明於有。

良以真空下，二、通釋不二所以。或曰境智各二，名義懸殊，云何此中俱言不二。故今委釋，令知所以也。良以等者，良，實；以，由；嘗，曾也。意謂前說真俗不二者，實由真諦之空，常自隨緣，成俗諦有，未曾間斷，故云未嘗不有。即有等者，既全空成有，反知有即真空，所以前說即俗是真，故云即有以辨於空也。幻有等者，始，亦猶曾也；俗諦之有，從緣無性，即真諦空未曾有實，故云未始不空。即空等者，既全有是空，反知空即幻有，所以前說即真是俗，故云即空以明於有也。所觀之境，既真俗不二，唯一實相。能觀之智，豈可殊塗。準境思之，無煩委釋。問：向明不二，境智各辨，今釋所以，何故不分？答：體即用故，理非智外。用即體故，離智無理。體用不二，猶珠與光。凡夫本具，諸佛證得，凡聖自異，一心豈殊。疏今通釋，意在於此。

有空有，故不有。空有空，故不空。

有空下，三、約義通結不二。言有空等者，上俗諦之幻有，即空之有是，體不異空，故云不有。此結上即俗之真也。空有等者，上真諦之真空是，即有之空，體不異有，故云不空。此結上即真之俗也。所觀既然，能觀亦爾，故通結也。

不空之空，空而不斷。不有之有，有而不常。四執既亡，百非斯遺。

不空下，三、遣情執。然前境智，體用雖別，性明無殊。不斷不常，非空非有，凡邪迷倒，異計紛紜。前雖具明，又恐難忘情執，故今遣蕩，令見心源也。言不空等者，顯上真空是。即有之空，空若離有，即是斷空。今既不爾，故云不斷。不有等者，顯上幻有是。即空之有，有若異空，即成常有。今既不爾，故云不常。言四執者，空、有、斷、常，但計一種，故名四執。又一、異、有、無，各有四句，謂一非一等。如次所引，隨計其一，亦名四執。言百非者，《起信記》云：此於一、異、有、無等四句上明之，謂一，非一，亦一亦非一，非一非非一，爲一四句，異等例此，共成十六。又過、現、未來各有十六，成四十八。又已起、未起各四十八，并根本四，都成百非也。今疏意但不生分別，寂爾亡懷，情執自除，過非斯泯，故云四執既亡，百非斯遣。

般若玄旨，斯之謂歟。

般若下，四、結玄幽。般若二字，即正指此經，亦傍該廣部。如上所敘，一經所詮，若境若智，玄玅旨趣，理極於此，故云斯之謂歟。斯，此歟，語辭也。

若歷事備陳，則言過二十萬頌。若撮其樞要，則理盡一十四行。

若歷下，二、敘能詮。上敘所詮，既當實相、觀照二種般若。今敘能詮，即是文字般若也。文三，初、示廣略文。若歷等者，顯彼廣部也。陳，説也。然般若廣部六百卷文，總開八部，謂《大品》《小品》等。其中所説，始自色心，終乎種智，八十餘科。今顯其廣，故云二十萬頌言。頌者，諸疏所説，凡有四種。一、阿耨窣都婆頌，此不論長行與偈，但數字滿三十二即爲一頌。二、伽陀，此云諷頌，亦云直頌，直以偈頌諷美法門故。三、祇夜，此云應頌，應前長行頌故。四、集施，頌積集法義，令誦持故。今於四中，即初是也。

若攝下，顯此略本也。攝，取。樞，即門臼，喻其要也。以一總多，曰要。理，即義理。意謂若具歷事相，備説法門，誠如廣部六百卷文。若擇其宏綱，取其要義，即此略本，攝廣已周，故云理盡一十四行。古來經文，皆以十七字爲一行，故今經但有一十四行也。是知詮真之教，乍廣略而隨緣。

是知下，二，明廣略意，二。初、廣略由機。是知者，指上文辭。乍者，權宜文稱。教詮真理，故曰詮真之教。意謂前文所敘，或廣或略者，但由機有利鈍，使之然矣。利者，宜聞略説。則悟鈍者，宜聞廣説，方解本非佛意，故云乍也。緣，謂機緣，即利鈍者。然今但約悟解，而分利鈍。若約聞持，分利鈍者，義則反此，非今疏意。

超言之宗，性圓通而俱現。

超言下，二，理常不異。宗，主也，所詮真理是一經之主，故名爲宗。離言説相，故曰超言。能詮之教，雖有廣略。所詮之理，則無增減。本自圓融，平等顯現，故云性圓通等。

《般若心經》者，實謂曜昏衢之高炬，濟苦海之迅航。

般若下，三，歎功能勝，二。初、正歎。言實謂者，即指定之辭。曜，照也。昏衢者，衢，謂衢路。昏衢喻二障，即生死因。次云苦海，即生死果。然三界有情，常居苦趣，飄沈生死，不證菩提者，靡不皆由此也。二障名體，廣有會釋，存乎別卷。若略明者，《唯識論》中，一名煩惱障，體即根隨；二名所知障，體即無明。持業、依主，具如別説。所宗既異，不須繁引。《金剛疏》云：煩惱障障心，心不解脱；所知障障慧，慧不解脱。既是有情，生死根本，又能障翳，無生理智，其猶昏暗衢路，履即顛墜，莫詣前所，故以爲喻。言高炬者，即火炬。高炬喻般若也。

即意謂若能依此經文，發深玅慧，了心本寂，見法元空，然後悲智兼修，自他俱運泯乎，取捨亡矣。順違則二障潛祛，三空可契，亦猶火炬高照，昏衢頓明，豈有前所而不速至哉。故云實謂曜昏衢之高炬也。濟苦等者，濟，救。迅，疾。航，謂舟航。迅航亦喻般若也。苦即分段、變易二種生死。由上二障之所感，故二死苦相無有。邊際喻之若海。然三界無定，靡不皆苦。衆生不敏，妄計爲樂。以智觀之，何可樂耶。故我大聖，由悲願力，特演斯典，濟救有情，使即登般若之智航，疾度泠洴之苦海，故下《經》云行深般若，照五蘊空，度一切苦等。

拯物導迷，莫斯爲最。

拯物下，二、結歎。拯，接。導，引也。物，謂物機。迷，謂迷惑。斯乃顯此一經，決能引導迷者，拯接物機，離二障昏暗之衢，踐智慧坦明之道，則涅槃高岸尚可，即登生死微波，何疑不度。寄語後學，思而行之，以前正歎中云曜昏衢濟苦海，故今總結上義，乃曰拯物導迷，莫斯爲最也。

然則般若以神鑑爲體，波羅蜜多以到彼岸爲功。心顯要玅所歸，經乃貫穿言教。

然則下，二、略敘經題，二。初、正敘。般若等者，般若，此云智慧；神，名不測；鑑，謂鑑照；體，即性也。意顯此智雖不可測，而性常鑑照，故云以神鑑爲體也。波羅蜜等者，唐梵雙舉也。顯此智有離此到彼之功能，故離到之義，如下釋題處辨。心顯等者，以人心藏是，一身所歸。要勁，微玅之處，喻此略本是彼廣部之要也。亦如下釋。經乃等者，法喻竝彰也。以經能持，義喻線能貫華，顯不散失，故此經則是能持義理之言教，故曰經乃貫穿等也。

從法就喻，詮旨爲目，故云般若波羅蜜多心經。

從法下，二，總結。法即所喻，謂般若等。心字是能喻。詮謂能詮，即經之一字。旨謂所詮，旨趣即上法喻等是。則乃法喻能所，合爲此經題目，故總結云從法就喻等。

將釋此經，五門分別。一、教興，二、藏攝，三、宗趣，四、釋題，五、解文。

將釋下，二，別釋經文，二。初、列章。五門等者，前三懸判，後二釋經，然此五門生起有緒，何則。夫聖人說教，必有因由，故辨教興。言教既興，不逾三藏，故論藏攝。雖知所攝，大旨若何，故示宗趣。已知大旨，經目須明，故曰釋題。題目雖彰，入經未曉，故須解文。

初教興者，依《大智度論》云，如須彌山王，非無因緣，非少因緣，令得震動。

初教下，二，隨釋，五。初中，二。初、舉論譬喻。此論是龍樹菩薩造，釋《大品般若經》，今釋般若，故特引用。須彌等者，梵語具云蘇迷盧，此翻妙高。四寶所成曰妙，出水八萬由旬曰高，衆山中尊故曰王。非無等者，反顯彼山有因緣故。多因緣故，方得震動。此山震動，須有勝緣，謂諸佛示生、八相成道等，具如彼論。《中論》云：未曾有一法，不從因緣生。

般若教興，亦復如是，具多因緣故。

般若下，二，顯經因緣，三。一、標具多緣。般若等者，彼論所顯，般若之教，須具緣興，同彼妙高，非緣不震，故云亦復如是等。

一、謂欲破外道諸邪見故。二、欲迴二乘令入大乘故。三、令小菩薩不迷空故。四、令悟二諦中道，生正見故。五、顯佛勝德，生淨信故。六、欲令發大菩提心故。七、令修菩薩深廣行故。八、令斷一切諸重障故。九、令得菩提涅槃果故。十、流至後代益衆生故。

一謂下，二，略顯十意。然此十意，不離人法、解行、因果、悲智、自行化他。前三是人，餘皆是法。又四、五屬解，六至第八屬行。又前八是因，九當於果。又前九是智，後一是悲。又四至九是自行，餘皆化他。斯則不獨《般若》一經，亦通餘典，以俱須具此諸因緣故。今以類從，通束爲四。一、破邪小執。外道等者，心行理外，唯修邪因，故名外道。顯非正解，故曰邪見。然外道、邪見不離斷常，依此而起六十二見等，廣如別卷。《法華》云：深著虚妄法，堅受不可捨。若知空寂，諸見自亡，故云破也。二乘者，即聲聞、緣覺也。此二類人但住化城，不登寶所，唯能自利，不慕化他，若聞中空，必亡彼此，遽迴小徑，頓進大塗，故云欲迴二乘等。小菩薩者，即十信心及加行位，十信則未解法空，如下所引《寶性論》中，三疑者，是加行，則分別未亡，以空爲得。如頌云：以有所得故，非真住唯識。通是迷徒，例貶爲小。若聞般若，融蕩是非，可入三賢，

即階十地，故云令小不迷也。四令下，二、令因行成。二諦等者，了真即俗，知俗即真，真俗無殊，唯一中道，方名正見，如下《經》云：色即是空，空即是色。空色即是真俗二諦，既互相即，是顯中道也。顯佛德等者，佛德無量，四義統收，即常、樂、我、淨也。《圓覺疏》云：常、樂、我、淨，佛之德也。諸法雖空，佛德無爽。於此忍樂，淨信無疑。發菩提心者，菩提心體即悲智願也。以真空妙本，彼此咸同。他既長迷，用悲下化，自猶未證。以智上求，若闕要期，曷能成辦。三心之體，自此而興。修深廣行者，然菩薩行總有二種，一者隨相，二者離相。由離相故，寂然無得，故名爲深，即依真如門修止行也。由隨相故，萬行具修，故名爲廣，即依生滅門修觀行也。二行相資，不可偏觀。據《金剛疏》云：故雖策修，始終無相。令斷重障等者，障即煩惱所知，略如前辯。能壓有情，

永沈苦海，故名爲重。若明空理，二障何存。《金剛疏》云：二執若除，二障隨斷。今經同部，意亦準知。然欲修道，正解居初。此解現前，以信爲本。信解既備，必發三心。信解發心，意在修行。妙行斯就，惑障自亡。次第五緣，理應若是。九令下，三、使果德滿。菩提即智果，涅槃即斷果。如下《經》云依般若，故得菩提涅槃等。十流下，四、爲益未來。至後代等者，代，世也。夫談空蕩著，意在益生，豈爲一期，須傳來劫，由茲彼論，囑勸頗殷，寄語後賢，無倦持說。已上十緣，束爲四者。夫般若一經，意在破執。執情既遣，因行須修，行既已成，果證斯獲。既自證果，説教化他，般若之興，唯爲此也。

略説此十，具收彼意，令知教興。

略説下，三、結意歸宗。略説等者，意云彼論多緣，不出此十。《大品》既爾，今經亦然，故云令知教興也。

第二藏攝者，謂三藏之中，契經藏攝，二藏之內，菩薩藏收。

二中，二。初、明藏攝。三藏者，即經、律、論也。梵語欲底修多羅，此翻契經，即契理契機之經也。表非律論，故云契經藏攝，具辨此三，如《圓覺》《起信》等記鈔。二藏者，即聲聞、菩薩也。三藏約法，二藏約人。由上三藏，詮示小乘理行果者，名聲聞藏。詮示大乘理行果者，名菩薩藏。今經既云菩提薩埵得究竟涅槃，知非小乘，故此菩薩藏攝。

權實教中，實教所攝。

權實下，二、明教攝。然今經雖大，大乘語通有權實，故實教攝者，下《經》云：色即是空，空即是色。是顯色空不二，唯一中真。又説因人果人，皆證究竟，菩提涅槃，應知非權，故實教攝。問：賢首五教，判盡群經般若談空，義當始教。始教屬權，何云實攝。答：若就別論，正唯始教。今約通義，故實教收。《圓覺疏》云：言有通別，就顯説故。前明境中，説文略辯。然是權實之實，非終實也。學者思之。

第三宗趣者，語之所表曰宗，宗之所歸曰趣。

三中，二。初、總釋名。語即語言，表謂表示。宗者，尊也，尚也。歸、趣，皆向義也。斯則語爲能表，宗爲所表。語言表示所尊尚者，必有所向之處，故云語之所表等也。

然先總後別，總以三種般若爲宗。一、實相，謂所觀真性。二、觀照，謂能觀妙慧。三、文字，謂詮上之教。不越此三，故以爲宗。

然先下，二、別釋義，二。初、總，唯釋宗。然《般若論》説般若有五種，前三如疏四，相應般若，即與智同時，心王心所。五、眷屬般若，即與智同時，五蘊前三爲正，故今用之。一、實相者，《大論》云：從本以來，不生不滅，是爲實相。名此實相，爲所觀境也。二、觀照者，既有所照之境，必有能照之智，名此照用爲能觀智也。三、文字者，即是能詮前二之言教也。斯則能觀所觀、能詮所詮，總爲語之所宗，故云不越等。實相及文字，亦名般若者，實相能發慧，文字能詮慧，故俱名般若也。又《金剛疏》云：文字性空，即是般若。

別亦有三。初、教義一對，以文字教爲宗餘，二義爲趣。二、境智一對，以真空境爲宗，觀照智爲趣。三、因果一對，以菩提因行爲宗，菩提果德爲趣。

別亦下，二、別兼宗趣。一、教義等者，此則總取前三般若，分爲宗趣也。義即所詮，前二般若。教即能詮，文字般若。夫宗能詮言教之意，趣所詮境智之義也。二、境智等者，於上所詮境智二法，而分宗趣也。夫宗真境者，意在由境發智，以智照境，故以智爲所趣也。三、因果等者，菩提是果，因行是智，即能證菩提之因行也。斯又以前能照之智爲宗，因中宗習此智行者，意欲趣證菩提果故，故以果德爲趣也。然此三對，初則約解，次則約行，後則約證，解、行、證三正是一經之宗趣也。

經 般若波羅蜜多心經

第四，釋題者，亦有三對。初、教義分二，謂般若心是所詮之義，經之一字是能詮之教。

四中，疏三。初、牒章。二、正釋經題，三。初中，二。初、别指教義，例前宗趣中三，故今云亦也。教義等者，顯此經題，雖具八字，總而言之，不離教義之二也。般若是法，心即是喻，法喻屬所詮義，經字屬能詮教也。即能詮般若心之經，依義立名。

即詮下，二、總顯立名。能詮下，義如向釋。依義等者，依於所詮法喻之義，以立能詮一經之名，是故題名般若等。

二、就所詮義中，法喻分二，謂般若等是所詮之法，心之一字是所引之喻。

二中，二。初、别指法喻，此除經字，唯就所詮。七字之中，而分法喻之二也。即般若内統要衷之妙義，況人心藏爲主爲要，統極之本也。

即般若下，二、以法合喻，初指法也。即般若内者，總指廣部。統要下，顯今略本。統，總也。要，徑也。衷，中也，正也。以此略本，所詮法門，總攝廣部六百卷内要徑、中正、微妙之義也。況人下，指喻也。如人身中，雖有五藏，若克明主宰要徑，統攝至極之元者，唯一心藏，故云爲主爲要。一身四藏，用喻廣部。心藏統要，以喻此略文。況，比也。

三、就前法中，體用分二，謂般若是體，此云智慧。

三中，二。初、釋體。此又除心一字，唯就所喻，法中六字，以分體用之二也。文二，初、正指體翻名。《刊定記》説：那若翻智，即屬果；般若翻慧，即屬因。今此通論，故翻智慧。

即神悟玄奧，妙證真源也。

即神下，二、正顯智體。即神悟等者，悟即覺也。顯不測智，本覺自然，幽玄深奧，爲其體也。妙證等者，證即冥契之義，謂此智體，微妙冥契，真空之源也。以是即理之智故，故云妙證心源也。

波羅蜜多是用，此云到彼岸。

波羅蜜下，二、釋用，二。初、指用翻名。到彼岸者，《刊定記》云：生死爲此岸，有情居故；煩惱爲中流，最難渡故；涅槃爲彼岸，諸佛住故。即以彼岸喻於涅槃也。涅槃爲所到，慧爲能到，故到字能所俱通。

即由斯妙慧翻，生死過盡，至真空之際，即揀不到彼岸之慧，故以爲名。

即由下，二、正顯智用。生死過等者，夫有情不得證真空者，皆由分段、變易二種生死爲過患本。妙慧若發，了諸法空，空病亦空，倏然無寄，何有生死此岸而不離，涅槃彼岸而不到乎。真空即涅槃也。既能翻生死，得到涅槃。非用如何，故云由斯妙慧等。揀不到等者，然凡夫淺慧，但明有漏是生死因，不出三界，此不足論。二乘之慧，雖名無漏，唯證偏真，但亡分段。十地菩薩，分有變易。此二類人亦未名爲究竟得到彼岸之慧。今此妙慧解二空理，修二空行，斷二障惑，離二死苦，證二德槃，安住妙覺，無住涅槃，方名究竟到彼岸慧。此約極果，以明彼岸，故云即揀不到等。優劣既殊，故須揀辯。

謂體即用故，法之喻故，義之教故，立斯名耳。

謂體下，三、六釋結歸。前文已約教義等，三通解一題，故今總結前三，歸於六釋。體即用者，結前第三也。顯此妙慧全神悟之體，成離過之用，故云即也。法之喻者，結前第二也。法即般若，喻即心字，揀喻非法，故云之也。義之教者，結前第一也。法喻屬所詮義，經字是能詮教。揀能非所，故亦云之也。一即持業，餘二依主，故立斯名者，謂集經人，約上教義等，三對以立一經之名，名爲《般若波羅蜜多心經》。

般若波羅蜜多心經略疏顯正記卷上

校勘記

〔一〕底本據《卍續藏》。

般若波羅蜜多心經略疏顯正記卷中

經 觀自在菩薩。

自下第五，解文者，此既心經，是以無序及流通也。

五中，疏二。初、總分經，三。初、牒章指略。此既心經等者，意謂三分具足，已彰廣部。今搜彼要，成此略文，故喻人身，心藏爲主，由是此經，無序及流通也。然序分有無，《詒謀鈔》中具有會釋，避煩不引。

文中分二，初明顯了般若，後即說呪曰下，明祕密般若。

文中下，二、總分經文。

所以辯此二者。

所以下，三、顯分文意，二。初、牒難。

或曰說一般若顯祕奚爲。

謂顯了明說，令生慧解，滅煩惱障，以呪密語，令誦生福，滅罪業障，爲滅二障成二嚴，故說此二分。

謂顯下，二、釋通。謂顯等者，此明初段，說顯了意。大聖至慈，顯說法義，欲令有情，發生妙慧，解空斷惑，聖意在此，故云令生慧解等。以呪等者，此明次節說祕密意。夫言祕呪，唯佛能知，不通他解。既不通解，無由發慧，故但誦持，獲無漏福。福源既達，何有有漏業塵而不蕩乎。故云生福滅罪等。

然此二段，福慧互通，以同是聖言，俱名般若。若明傍正，於義無違學者，思之冀無偏執。爲滅下，顯益也。惑業既滅，福慧現前。嚴本法身，成三德果，故云爲滅等也。

就前文中亦二，初略標綱要分，二從舍利子色不異空下，廣陳實義分。

二、別科釋，二。初、顯了般若。疏三，就前下，初、分經。就前等者，即指顯了般若一段經文也。綱是網上大繩，能總衆網，故曰要。欲舒網目，須先舉綱，以喻欲廣義門，須先略示，故有略廣二段經也。

以義非頓顯，故先略標。非略能具，故次廣釋。又前是據行略標，後即就解廣陳。

以義下，二、顯意。以義等者，準向思之。又前等者，略標中云，行深般若即是據行廣陳一段，顯諸法空意，令生解也。又此二段，若更委明，初段但舉行證，次節具明解行斷證，故亦名略標及廣陳也。具如下記。

前中有四，一、能觀人，二、所行行，三、觀行境，四、明觀行利益。此初段也。

三、隨釋，二。初、略標綱要分。經疏三，前中下，初、分科。

觀自在菩薩者，是能觀人也，謂於理事無閡之境，觀達自在，故立此名。

二、隨釋。一中，疏二，初、釋別名。《經》觀自在者，別名也。揀非文殊等，故觀即能觀之智，自在即兼境智也。亦名觀世音觀，亦能觀智世音，即所觀境皆從境智爲名也。疏二，初、約二行別明，二。初、約自行。理事等者，理即真如門，是真諦境。事即生滅門，是俗諦境。真即俗故，理不閡事。俗即真故，事不閡理。如此觀達圓融無閡，唯是一心，故自在矣。此即自行也。又觀機往救，自在無閡，故以爲名焉。

又觀下，二、約化他，遇有緣機，以無緣力現身説法，而救度之。隨所見聞無不獲益，故云自在無閡。《妙經》云應以佛身得度者，即現佛身而爲説法等，即此化他也。前釋就智，後釋就悲。

　　前釋下，二，約悲智總結。前自行，即上求，屬智。次化他，即下化，屬悲。悲智二心是萬行本，約斯二義，以立別名也。

菩謂菩提，此謂之覺。薩者薩埵，此曰衆生。

　　二、釋通名。《經》菩薩者，即通名也。以文殊等皆得名故。疏二，初、翻名。菩謂菩提等者，意謂若具足梵語，須云菩提薩埵，此云覺有情。《疏》云衆生即有情也。以此方好略，故除提埵二字，但云菩薩也。謂此人以智上求菩提，用悲下救衆生，從境得名故。

　　謂此下，二、釋義。以智及悲，是能求、能救之心。覺及衆生，是所求、所救之境。以能從所，故云從境等。然釋菩薩，具有多義，恐繁不敘。

經　行深般若波羅蜜多時。

二、明所行之行。謂般若妙行，有其二種：一、淺，即人空般若；二、深，即法空般若。今簡淺辯深，故云行深般若。

　　二中，疏二，初、約二空簡，顯釋行深。人空者，亦名我空，了人我見畢竟無有，名爲人空。此慧現前，但證偏真，故名爲淺。法空者，照蘊等法，緣生無性，名爲法空。此慧若顯，能至菩提，故名爲深。今簡人空慧之淺，以顯法空慧之深。由是經文，特云行深般若也。

言時者，謂此菩薩有時，亦同二乘，入人空觀，故《法華》云應以聲聞身得度者，即現聲聞身等。今非彼時，故云行深時也。

　　謂此下，二、約三乘簡顯釋時字。有時等者，謂此菩薩或時遇有聲聞、緣覺小乘機時，即權現彼身，示同彼證，人空淺智，爲彼説法也。故法華下，引證上義，亦兼緣覺，故云等也。今非下，顯今經説，非入人空淺智之時，是入法空深智之時，故《經》云行深般若時也。

經　照見五蘊皆空。

三、明觀行境，謂達見五蘊，自性皆空，即二空理，深慧所見也。

三中，《經》照見二字，即前深智之用也。五蘊如下釋。《疏》達見等者，由前智用，通達照了，色等五蘊，本不曾生，今亦無滅，既無生滅，自體元無，故曰皆空。即二空等者，此顯經中空字，總含人法二空之理也。深慧下，釋照見二字，謂此二空理，即是二空，深慧照見也。淺不至深，故前揀非入。人空智深，必該淺故。今是二空智，照二空理也，故云即二空理，深慧所見。

經　度一切苦厄。

四、明觀行利益，謂證見真空，苦惱斯盡，當得遠離分段、變易二種生死，證得菩提、涅槃究竟樂果，故云度一切苦厄也。

四中，《疏》謂證見真空者，是躡前經文，爲今度苦之由也。謂菩薩行深般若，照五蘊空，觀行成時，現量親見真如空理，所以得度一切苦厄。故次云苦惱斯盡也。此二句是標。當得下，正釋此句經文也。當得遠離者，是釋度字。分段下二句，正出所度苦厄之相，亦是釋標中次句也。一切苦厄，二死收盡。言分段者，三界凡夫，由因緣力，壽有分限，身有形段，死此生彼，名分段生死。變易者，地上菩薩，由悲願力，變麤身爲細質，易短壽爲長年，體是生滅，名變易生死，具如《唯識論》説。證菩提等者，預取下文，以成今義。二死之苦既度，二果之樂必證。故下《經》云，依般若故，得菩提、涅槃等。此釋標中，初句既見真空，必得二果也。故云下，結意歸經。

上來略標竟。

上來下，三、總結，可知。

經 舍利子，色不異空，空不異色。色即是空，空即是色。受、想、行、識，亦復如是。

自下第二，明廣陳實義分，於中有五：一、拂外疑，二、顯法體，三、明所離，四、辯所得，五、結歎勝能。初段，文有四釋：一、正去小乘疑，二、兼釋菩薩疑，三、便顯正義，四、就觀行釋。

二、廣陳實義分，疏二，自下下，初、標章分科。此五生起者，疑情若除，方顯法體。法體所離，唯三科等。既盡所離，必有所得。皆由般若，須歎勝能。

初中，言舍利子者，舉疑人也。舍利是鳥名，此翻爲鶖鷺鳥，以其人母，聰悟迅疾，如彼鳥眼，因立其名。是彼之子，連母爲號，故曰鶖子。是則母因鳥名，子連母號，聰慧第一，標爲上首，故對之釋疑也。

二、隨科釋義，五。一中，二。初、舉疑人。《經》舍利子者，舍利是母名，子之一字，正屬尊者是舍利之子，故云舍利子。《疏》初翻名以其下，乃至因立其名，是名尊者之母，得名鶖名鷺之由也。以此子之母，聰慧悟解，辭辯無滯，似彼鳥眼，動轉分明，故立茲號。是彼下，釋子之一字，文亦可見。故曰鶖子者，是鶖之子也。又此人母，身形美好，眼珠分明，故有翻爲身子、珠子。聰慧等者，佛弟子中智慧無雙，故對之以釋疑也。

二、拂所疑。《經》色受想等，即是五蘊也。彼疑云：我小乘中，於有餘位，見蘊無人，亦云法空，與此何別。

意謂幻色體空，故色不異空。真空現色，故空不異色。雖云不異，二相猶存，恐滯執情，故須重遣，云色即是空等也。色外無空，故色即是空。空外無色，故空即是色。色空俱泯，唯是一心，色蘊既然，餘四亦爾，故云受想等亦如是也。如是了者，方今經解行之境。疏四，初中，三。初、約有餘位疑釋初二句，二。初、舉疑。初二句總别標章，彼疑下，出舉疑也。言有餘者，未能灰身，滅智已前，有餘身在，故曰有餘。疑意云：我小乘宗，雖未灰滅，見藴法中，無我無人，亦名法空，與此大乘法空何别。

今釋云：汝宗藴中無人，名藴空，非藴自空，是則藴異於空。

今釋下，二，釋遣，二。初、正顯彼過。汝宗但見五藴法中，無我無人，名藴法空，非解五藴自性本空，是則藴法與空有異，故云藴中無人等。

今明諸藴，自性本空，而不同彼，故云色不異空等。

今明下，二，以經釋遣。今此大乘，了斯藴法，皆從緣生，本性自空，非同汝宗，藴與空異，故《經》遣云色不異空。兼次句經，故云等也。

又疑云：我小乘中，入無餘位，身智俱盡，亦空無色等，與此何别。

又疑下，二，明無餘位疑釋次二句，二。初、舉疑。言無餘者，灰滅身智，無苦依餘，故曰無餘。疑意云：我小乘宗，入此位時，身智俱滅，藴法滅後，亦名法空，與此大乘，法空何别。

釋云：汝宗即色非空，滅色方空。

釋云下，二，釋遣，二。初、正顯彼過。汝宗之中，空須滅色，未滅不空。

今則不爾，色即是空，非色滅空，故不同彼。

今則下，二，以經釋遣。大乘不爾，藴體即空，不須待滅，故《經》遣云色即是空等。以二乘疑不出此二，故就釋之。

以二下，三，總結。文顯可知。

二、兼釋菩薩疑者，依《寶性論》云，空亂意菩薩有三種疑。

二中，三。初、引《論》舉疑人。疑空之念，惑亂意根，名空亂意。然此菩薩位在十信，毛心未決，猶豫多端，亦是鈍根利者，已信必無此疑。

一、疑空異色，取色外空。

一疑下，二、牒疑對經斷，三。初、疑空異色，對前二句，二。初、舉疑辭。空相虛通，色相質閡，名義既別，故取色外空也。

今明色不異空，以斷彼疑。

今明下，二、以經斷。疏中，雖指初句經文，意兼次句，以義無別故也。

二、疑空滅色，取斷滅空。

二疑下，二、疑空滅色，對第三句，二。初、舉疑辭。滅色等者，此疑色不是空，滅色方空。義若然者，與小何別。故云取斷滅空也。

今明色即是空，非色滅空，以斷彼疑。

今明下，二、以經斷。既疑滅色是空，故《經》斷云色即是空，不復待滅也。

三、疑空是物，取空爲有。

三疑下，三、疑空是物，對第四句，二。初、舉疑辭。此疑色外別有實物，是真空體，故《疏》云是物及爲有等。

今明空即是色，不可以空取空，以斷彼疑。

今明下，二、以經斷。色外無物，別是於空，故《經》斷云空即是色也。不可以空取空者，所執之物，實體元無，即上空字，空即無也。若以所執元無之物，爲真空者，即是以無取真空也。決無此理，故云不可等。

三、疑既盡，真空自顯也。

三疑下，三、結斷疑利益。前《記》云疑情若除，方顯法體者，意在於此。

三、便顯正義者，但色空相望，有其三義。

三中，二。初、泛以三義，通釋色空，二。初、牒章總示。顯正義者，《疏》有四科，前二斷疑，後一約行。正釋經文，色空無閡，自在之義，唯是此段，故云顯正義也。言但色空等者，但即泛指之辭也。意云但是色空，互相影望，法爾有此相違等三義。由此三義，爲下別釋經文，廢己成他等四義之張本也。下記自配。

一、相違義，下文云空中無色等，以空害色，故準此應云：色中無空，以色違空故，若以互存，必互亡故。

一相下，二、正明三義，三。一中。下文空中無色等者，以經證成空色相違義也。由下《經》云是故空中無色聲香等，此文正是空違色義。以空害色者，既云空中無色，是知空能害色，令色相隱，如冰成水，水害冰相也。準此等者，空既害色，色亦害空。經雖無文，意乃含有。若以等者，空現色亡，色在空隱，故云互存等。以互存亡，故成相違也。

二、不相閡義，謂以色是幻，色必不閡空，以空是真空，必不妨色。

二中，二。初、順明。色既如幻，全體是空，故不閡空。空既是真空，非異幻色，故不閡色。若閡於色，即是斷空，非真空故。若閡於空，即是實色，非幻色故。

若閡下，二、反顯。空若閡色，是滅色空，故云斷空。色若閡空，是實有色，故云實色。反顯上文，是幻色真空，故不相閡也。

三、明相作義，謂若此幻色，舉體非空，不成幻色，是故由色即空，方得有色。

三中，二。初、廣明色作空，二。初、反順以明。謂若下，先反明色不作空也。色若不空，即知此色不名幻色。是故下，順明色能作空也。以色如幻，全是真空。色既本空，方名幻色。

故《大品》云：若諸法不空，即無道、無果等。《中論》云：以有空義，故一切法得成故。

故大下，二、引證上義。先引《經》證上，反明色不作空。次引《論》證上，順明色能作空。文皆可見。

真空亦爾，準上應知。

真空下，二、略例空作色。意謂空能作色，

亦同上文；色能作空，故云準上。以真空隨緣，能作色故。

是故真空，通有四義。

是故下，二、成今四義，別釋經文，二。初、別明四義，二。初、牒前起後。言是故者，牒前也。故者，是所以義，意謂是前泛明相違等三種之義，廣顯色空，無閡自在，所以成今空色，色空互相影望成廢等，兩重四義也。由前相違，成今初二。次不相閡，成今第三。後相作義，成今第四。既互相作，必互相亡。對文可見，真空通有四義者，此且以空望色，以成四義，別釋經文。

一、廢己成他義，以空即色，故即色現空隱也。

一廢下，二，以義釋經，二。初、以空望色，俱明四義，四。一中，真空爲己，幻色爲他。下三準此。以空下，指第四句經。即色下，正釋此句，是廢己成他義，既云空即是色，顯是廢己真空，成他幻色，故云即色現等。

二、泯他顯己義，以色是空，故即色盡空顯也。

二中，以色下，指第三句經，即色下，正釋此句，是泯他顯己義，既云色即是空顯，是泯他幻色，顯己真空，故云即色盡等。

三、自佗俱存義，以隱顯無二是真空，故謂色不異空爲幻色，色存也。空不異色名真空，空顯也。以互不相閡，二俱存也。

三中，以隱顯等者，由茲空色存没同時，故云無二，以無二故，方曰真空。謂不下，指初二句經，正是自他俱存義也。初至色存，指第一句經，是色存義。次不異至空顯，指次句經，是空存義，顯亦存也。以互下，明色空俱存，所以準向可見。

四、自他俱泯義，以舉體相即，全奪兩亡，絶二邊故。

四中，舉體相即者，還指第三第四句經，

亦是自他俱泯義。既云色即是空，是空奪色也；空即是色，是色奪空也。既互相奪，二相不存，故曰兩亡。色空即是空有，二邊亡，故曰絶亡。絶，皆泯義也。然上四義，別釋經者，意令易解。若其法體，常自一心，非自非他，誰分隱顯，講聽之士，宜委思之。下文通結，圓融意在玆矣。又上四義，即是四門，一即有門，二即空門，俱存兩亦，俱泯雙非，對上可見。若依此解，能通實相，故約此四，以消經文。

色望於空，亦有四義：一、隱自顯他，二、隱他顯自，三、俱存，四、俱泯。竝準前思之。

色望下，二、以色望空，列名指同。準前思之者，但前以空望色，今以色望空。前已是空他是色，今已是色他是空。以此爲異，隱顯等四，與上成廢，四義大同也。然以經文對此四者，第三第四二句，如次對初，二義俱存俱泯，經同上配，又此四義對四門者，初即空門，次即有門，兩亦雙非，配亦同前。是則幻色存亡，無閡真空，隱顯自在，合爲一味，圓通無寄，是其法也。

則是下，三、總結圓融。幻色存亡者，初四義中，一三是存，二四是亡。真空隱顯者，一四是隱，二三是顯。次四義中，對文小異，意亦大同，是知色空，隱顯存亡，圓回無閡，唯一實相，何寄托之有哉，故云一味、圓通等。色蘊既爾，餘四亦然，故《經》云受想行色[二]亦復如是。

四、就觀行釋者，有三。

四中，二。初、總標。

一、觀色即空，以成止行，觀空即色，以成觀行。空色無二，一念頓現，即止觀俱行，方爲究竟也。

二、別釋，三。一觀下，初、約止觀釋。

觀色下，指第三句經，是依真如門，修止義也。觀色無性，即真如空，故《經》云色即是空。

真如無相，向即心絶，故《疏》云成止行也。觀空下，指第四句經，是依生滅門，修觀義也。觀真如空，隨緣成色，故《經》云空即是色。微細照了，性相分明，故《疏》云成觀行也。空色下，指初二句經，是止觀同時義也。言無二者，即《經》云不異也。以即觀修止，知色元空，故《經》云色不異空。即止修觀，了空即色，故《經》云空不異色。色空無二，止觀雙修，非後非前，方成正行，故云一念頓現，乃至云方爲究竟也。委明此三，如《起信論》。

二、見色即空，成大智而不住生死，見空即色，成大悲而不住涅槃。以色空境不二，悲智念不殊，成無住處行。

二見下，二、約悲智釋。見色下，釋第三句經也。愚執色有，是生死根。智了色空，是菩提本。既了色空，故成大智。由成智故，不同凡愚，常居生死也。見空下，釋第四句經也。若永住空，與小何别。今了真空，隨緣現色，故須四攝，以順物機。救彼有情，令超苦趣。既能拔苦，故成大悲。由成悲故，不同彼小，永住涅槃也。以色下，釋初二句經也。由悲即智，故不住生死。智即悲故，不住涅槃。悲智雙修，色空無閡，俱亡生涅，故云無住處行。

三、智者大師依《瓔珞經》，立一心三觀義。

三智下，三、約他義釋，二。初、舉別標圓。此師依《瓔珞經》立次第三觀，依大釋論立一心三觀。今舉次第而標一心者，以一心三觀，三一互融，難陳行相，故用《瓔珞》次第三觀，以顯一心圓融之義。彼宗亦云以次第觀不次第。今文亦爾，不須多惑。

一、從假入空觀，謂色即空故。二、從空入假觀，謂空即色故。三、空假平等觀，謂色不異空，空不異色，色空無異故。

一從下，二、以別顯圓。彼文假即俗諦，

即今《經》色字。空即真諦，即今《經》空字。今第三句經，既云色即是空，即同彼云，從假入空觀也。以第四句經，對彼第二從空入假觀。以初二句經，對彼第三平等觀。《經》云不異，即彼平等義，故《疏》云色空無異。無，不也。對經可解。然此三觀，一念圓修，既不縱橫，亦非前後，請修觀者，宜善彼意。

經　舍利子，是諸法空相。

第二，顯法體。於中有二，先總，後别。今初也。言是諸法空相者，謂蘊等非一，故云諸法，顯此空狀，故云空相。

總顯。經疏二，初、釋經。謂蘊等者，蘊即五蘊，等下處界及餘三門，故云非一。顯此下，釋《經》相字，相即相狀，故云空狀。《中邊論》云，無二有此無，是二名空相。言無二者，無能取所取有。有此無者，有能取所取無。是二不二，名爲空相。

中邊下，二、引證。初二句，引論標文。言無下，至所取無，是標釋初句也。初標上二字，無能下釋也。謂無有能所之有，故云無能取所取有也。有此下，牒次三字，有能下釋也。謂有無能所之無，故云有能取所取無也。是二下，牒釋次句也。是二者，是前能所之二也。不二者，能所既寂，唯一真空也。能所即心境，心境既亡，真空理顯，故向云有能取所取無，無即空也。故總結云名爲空相。

經　不生不滅，不垢不淨，不增不減。

二、别顯中，有三對六不，然有三釋。

二、别顯。《經》生滅等，三對皆由相待而立，其名真空絶待，故云不生不滅等。

疏二，初總指。

一、就位釋，二、就法釋，三、就觀行釋。初，就位釋者。一、不生不滅者，在道前凡位，謂諸凡夫，死此生彼，流轉長劫，是生滅位。真空離此，故云不生不滅也。

一就下，二、别釋，三。一中，二。初、

正對三位，三。初、生滅對凡夫。道前凡位者，三賢十信，是内外凡，亦兼異生，通名凡位，俱在初地。證真道前，故云道前。謂諸下，順顯凡位，正屬生滅。真空離此者，反顯真空，性非生滅也。故云下，結意歸經，下二準此。二、不垢不淨者，在道中菩薩等位，謂諸菩薩障染未盡，淨行已修，名垢淨位。真空離此，故云不垢不淨也。

二、垢淨對菩薩道中者，十地位在凡夫位後，極聖位前，故曰道中。謂諸下，順顯此位，正屬垢淨，分破所知，故云未盡。稱真起行，故云已修。真空下，反顯結意，皆同前解。

三、不增不減者，在道後佛果位中，生死惑障昔未盡，而今盡，是減也。修生萬德昔未圓，而今圓，是增也。真空離此，故云不增不減。

三、增減對果佛道後者，十地菩薩皆證真道，佛位最極，故名道後。生死下，順明此位，正屬增減，生死是報，惑即煩惱，亦兼業也。三障永除，故云今盡。因行既滿，果德具彰，故云修生等。真空下，亦準上知。又，《佛性論》中，立三種佛性：一、道前，名自性住佛性；二、道中，名引出佛性；三、道後，名至得果佛性。佛性唯一，就位分三。今真空無異，亦就位分異。

又佛下，二、引論證成，二。初、引《佛性論》。彼論佛性，即今經真空，故得引證。自性住者，在纏真如，體不失故。既云道前，即前凡位也。引出者，無漏智引，分顯真空故。既云道中，即前十地也。至德果者，從因到果，此性圓彰故。既云道後，即前佛位也。佛性下，位自分三，真元無別，彼論既爾，今經亦然，故云今真空等。又，《法界無差別論》中，初名染位，次名染淨位，後名純淨位，皆同此也。

又法下，二、引《法界論》。惑障全在，

名染位，同前凡夫。分破分證，名染淨位，同前十地。障盡德圓，名純淨位，同前果佛。此文亦爾，顯人自有差，理乃不殊，故云皆同也。

二、就法釋者，謂此真空，雖即色等，然色從緣起，真空不生。色從緣謝，真空不滅。又隨流不染，出障非淨。又障盡非減，德滿不增。

二中，二。初、正釋。六不就法者，對前約人故。今是法也。謂此真空等者，意顯真空，隨緣成色，故前文云空即是色也。然色下，謂緣會，故色生；緣離，故色滅。起謝即生滅也。真空非爾，故《經》云不生不滅。又隨下，謂迷故順無明，名染，染即垢也；悟故超惑障，名淨。真空非爾，故《經》云不垢不淨。又障下，謂證果時，二障永除，名減；三德圓顯，名增。真空非爾，故《經》云不增不減。

此生滅等，是有爲法相，翻此以顯真空之相，故云空相也。

此生下，二、結顯。真空是有爲法相者，如向所説，生滅約色，垢淨約迷悟，增減唯約悟。色及迷悟皆有爲作，故曰有爲。翻此者，翻猶轉也。謂若了色及迷悟等，皆從因緣相待而立，本無自性者，斯則轉此諸法，唯是真空，故云翻此以顯真空也。《楞嚴》云：若能轉物，即同如來。故前下證成上義，以前文云，是諸法空相故。

般若波羅蜜多心經略疏顯正記卷中

校勘記

〔一〕「色」，疑爲「識」。

般若波羅蜜多心經略疏顯正記卷下

三、就觀行釋者，謂依於三性，立三無性觀。

三中，三。初、總標。謂於三性立三無性者，

《唯識頌》云即依此三性，立彼三無性等。斯則依偏計執性，立相無性，情有理無故。依依他起性，立無自然性，既依緣起，非自然故。依圓成實性，立無前二性，前二空處，即真如義。見次《記》引《唯識頌》。

一、於偏計所執性，作無相觀，謂彼即空，無可生滅。二、於依他起性，作無生觀，謂依他染淨，從緣無性。三、於圓成實性，作無性觀，謂前二不有而非滅，觀智照現而不增。又在纏出障，性無增減。

一於下，二、别釋，二。初、以三性别釋。此以偏計等三性，如次别釋不生不滅等三對經文也。一、於偏計等者，謂六七二識，偏於染淨一切法上，計實我法，名偏計所執。能計是有，依他起攝。所計我法，情有理無。如繩上蛇，觀此相無，名無相觀。謂彼下，結意歸經，彼即所計我法，所計既空，生滅何有。故《經》云不生不滅也。二、於依他等者，染淨諸法，依他衆緣，而得生起，故云依他起也。生即無生，皆同幻化。如麻上繩，能如此觀，名無生觀。謂依等者，既依緣起，染淨即空，故云無性。染即是垢，故《經》云不垢不淨也。三、於圓成等者，以前依計無相無生，唯一真空，圓滿成實，名圓成實。前二性無，真空理顯，其猶繩蛇既泯，唯麻獨存。若此觀者，名無性觀。謂前下，前二即是依計。此二雖無，真空非損，智冥理顯，真空非益，故云非減及不增也。又在纏等者，纏即是障，謂煩惱所知也。在纏名凡，凡則德泯。出障名聖，聖則德增。空非凡聖，故《經》云不增不減也。《唯識頌》云：初即相無性，次無自然性，後由遠離前，所執我法性，此諸法勝義，亦即是真如。彼云真如，即今真空也。

又，妄法無生滅，緣起非染淨，真空無增減。

又妄下，二、以三性通釋。妄法即偏計，

緣起即依他，真空即圓成。本唯圓成，由隨緣故成依他，由執實故名徧計。若了所執，非有隨緣，性空則依計廓然，圓成體現，如是觀者，方見唯心，何生滅、垢淨、增減之有哉。是故《經》云不生不滅等也。

以此三無性，顯彼真空相。

以此下，三、總結。前通別兩釋，皆約此三，義雖有殊，性空無異，故前《經》云是諸法空相。故總結云：以三無性，顯真空相也。

經 是故空中無色，無受、想、行、識，無眼、耳、鼻、舌、身、意，無色、聲、香、味、觸、法，無眼界，乃至無意識界。

第三，明所離。然真空所離，歷法多門，統略有四：一、法相開合門，二、緣起逆順門，三、染淨因果門，四、境智能所門。初、是故空中者，是前不生不滅等真空中故。

牒前。經疏可見。正明。經疏二，初、敘意分科。歷法多門者，大部八十餘科法門，皆是所離，然彼之廣不逾此四。題云心經，其實有旨。

無色等者，彼真空中，無五蘊等法，此就相違門，故云無也。理實皆悉不壞色等，以自性空，不待壞故。下竝準知。

二、隨科正釋，四。初、法相門。然此三科，釋名辨相具如《圓覺》《詒謀》等鈔，避繁不引。須者往檢。五蘊，經色等，質閡名色，領納名受，取像名想，遷流名行，了別名識。疏二，初、通示下文隱顯。此就相違門者，《經》云無色，當知真空違於色等。理實下，遮疑也。空既無色，恐疑色滅，故云理實不壞。以自下，釋不壞所以也。下準知者，從十二處乃至境智，亦雖無而不壞故。

此中五蘊，即合色爲一，開心爲四。

二、正明開合。《楞嚴疏》云：梵語塞健陀，此云蘊，古云陰。蘊是積聚，陰是蓋覆。積聚有爲，蓋覆真性也。五根六塵，皆是色法，今束爲一，故云合色。心但是一，約用分四，即受、想、行、識，故云開心也。

二、無眼等者，空無十二處。十二處即合心爲一半，謂意處全及法處一分，開色爲十半，謂五根五境爲十，及法處一分。

二、十二處。《經》眼耳等，即六根也。以能見色，故名眼。能聞聲，故名耳。乃至能緣法，故名意。皆名根者，識所依故，能發識故。前五即以能造四大，謂地、水、火、風，所造四塵，謂色、香、味、觸，一一具八法，而爲其體。第六意根，即第七識，以第六意識緣外塵時，必内依第七爲染汙根也。《經》色聲等，即六塵也。以眼所取者，曰色。耳所取者，曰聲。乃至意所取者，曰法。皆名塵者，以坌汙心識故，約凡夫説也。亦名爲境，此通凡聖。《疏》十二處者，根境各六，故言處者。《楞嚴疏》云：梵語鉢羅吠奢，此云入，亦云處，境入之處故，亦是識生處故。

合心者，對蘊開四，故今云合，此標也。謂意下，釋也。意處唯心，故云全。法處一分者，《詒謀鈔》云：法處有二，一者心法，是中除心王，但取相應諸心數法；二者非心法，即過未色法，及心不相應諸行，及三無爲法。今取彼云一者心法是也。開色等者，根境多種，通是色法，故云開色爲十半，此標也。謂五下，釋也。五根五境可見，及法界一分者，亦《詒謀》云二者非心法是也。

三、無眼界等者，空無十八界。十八界中，即色心俱開。準上可知。

三、十八界。《經》但舉初後，既略中間，故云乃至。十八界者，根境識三，各有六故。然六根六境，已如向辨，今正明空無六識也。夫言識者，了別爲義。能了色塵，名爲眼識。能了聲塵，名爲耳識。乃至能了法塵，名爲意識。通明界者，《楞嚴疏》云：梵語馱都，此云界。界是因義，根、境、識三，互爲因故。

又種族義，此三各一種族故。又眼等六，種族別故。《疏》準上者，開色爲十半，則準上十二處。開心爲七半，則不準上。以前未開六識，故今以六識，及意處全，并法處一分，心法共爲七半，兼色十半，故成十八界也。問：此上三科，既唯色心，何須開合，成蘊等三。答：《俱舍頌》云，愚根樂有三，故説蘊處界。斯則愚根樂等，各有三也。且愚三者。愚，迷也。爲迷心者開四，故有五蘊。爲迷色者開十半，故有十二處。爲俱迷者色心俱開，故有十八界也。根有上、中、下，樂有略、中、廣，故佛亦爲各説三也。

釋此三科，具如《對法》等論説。

　釋此下，二、通指廣《瑜伽》《顯揚》《俱舍》等論，皆廣明此義，故云等也。

經　無無明，亦無無明盡，乃至無老死，亦無老死盡。

二、緣起逆順門。無無明者，順觀無明，流轉門以真空，故云無無明也。亦無無明盡者，逆觀無明，還滅門以真空，故無可盡也。此舉初支，中間十支皆應準此，故云乃至。末後一支，謂老死亦流轉、還滅皆空也。

　二、緣起門。《經》無明者，無真智之明，故曰無明，體即是惑。此十二支，初二是過去因，次五是現在果，次三是現在因，後二是未來果。又無明、愛、取屬煩惱道，行及有支即業道，餘皆苦道。《疏》順觀者，先觀由無明，故有行。由行，故有識。乃至由生，故有老死。如是順觀，後十一支生死之法，皆由無明有也。流轉門者，觀因支名流，果支名轉，或云觀無明、行、愛、取、有名流，爲此五支，體是業、煩惱，能漂溺諸有情，故餘七支名轉。以是三界苦果，有輪轉義故。以真下，釋無此無明之所以也。由此無明，迷真妄有，其體本空，是故無也。《經》無明盡者，盡，滅也。《疏》逆觀者，觀老死支滅，因生支滅，生支滅，因有支滅，乃至行支滅，因無明支滅，如是逆觀後十一支滅，皆因無明滅也。還滅門者，觀能斷十二支無漏智名還，棄生死還歸涅槃故。觀十二支盡處無爲名滅，是寂滅法故。以真空下，亦是釋無此無明盡之所以也。如前可見。舉初支者，此無明是十二支之始故。中間十支者，謂行、識、名色、六入、觸、受、愛、取、有、生也。應云無行，亦無行盡等，略此十支，故《經》云乃至。流轉、還滅，皆同上釋，故《疏》云皆應準此也。《疏》末後一支者，此老死是十二支之最後故。流轉及還滅，義釋亦同前。今真空中十二因緣，生死之法，自性尚無，流轉、還滅二種觀行，從何而立。故《經》皆云無，《疏》云皆空也。

經　無苦、集、滅、道。

三、染淨因果門。苦、集是世間因果。謂苦是生死報，先舉，令生厭。集是彼因，謂是煩惱、業，厭苦斷集，先果後因故也。滅、道是出世間因果。滅是涅槃果，先舉，令欣。道是彼因，謂八正道，修之於後，皆空無有也。

三、染淨門。《經》苦、集、滅、道，即是四諦。苦即三苦、八苦，集即惑、業，滅即有餘、無餘二種涅槃，道即八正道等，審實故名諦。《遺教經》云：月可令熱，日可令冷。佛説苦諦，不可令樂等。廣釋此四，具在別卷。《疏》世間因果者，此之二諦，既是有漏，故屬世間。苦諦是果，集諦是因，此標也。謂苦下，指苦諦體，正是有情生死果報也。先舉等者，《經》先舉苦，意令生厭離故。集是等者，指此集諦，是彼苦因，彼即苦諦也。謂是下，明集諦體，是苦因之所以也。集諦之體，唯惑及業，由此爲因，所以能感苦諦果也。或曰：據法次第，先因後果，何故經中先苦後集。故《疏》釋云厭苦等也。若先厭苦，必能斷集，《經》意在此，故先舉苦果，後舉集因也。《疏》出世間因果者，此二諦體，既是無漏故，屬出世。滅諦是果，道諦是因，此標也。滅是下，指此滅諦體即涅槃。涅槃是果法故，然滅有二義：一，滅前苦集，得證涅槃故；二，滅即寂滅，體即涅槃故。《疏》先舉下，亦是釋《經》，果先因後義也。先舉滅諦之果者，意令生欣慕故。道是等者，指此道諦，是彼滅因，彼即滅諦也。道諦之體，唯戒定慧，由此爲因，得證滅諦果也。既欣滅果，方修道因，故《疏》云修之於後也。皆空無有者，苦集是染，道滅是淨，染淨相待，真空絕待，故苦集等，皆無也。

經　無智亦無得。

四、境智能所門。非但空中無前諸法，彼知空智，亦不可得，故云無智也。即此所知空理，亦不可得，故云無得也。

四、境智門。經疏二，初、正釋此文。非但，猶不獨也。空中者，指上不生不滅等之真空也。諸法者，即前三科諦緣等法也。真空不獨無此諸法，令知無之智，亦復不有，故云亦不可得等。《經》無得者，得即證得。《疏》此即[一]等者，能知既泯，所知亦亡，能所俱亡，真空方顯。若存一法，去道甚遥。《大品》云：不信一切法，是名信般若。

問：前云空即是色等，明色等不亡。何以此文，一切皆無。豈非此空是滅色耶。

問前下，二、通前問答，二。初、前後相違。問前云空即是色，今云空中無色，前後相違，故成此問。

答：前雖不闋，存而未嘗不盡，今此都亡，未嘗不立。

答前下，二、存亡互現答，三。初、正答。前文云空即是色，是不闋色存，存而即亡，故《疏》云未嘗不盡。今文云空中無色，是色都亡，亡而即存，故《疏》云未嘗不立，存亡互現，不須致疑。
故《大品》云：諸法無所有，如是有此無。
　故大下，二、引證。即存而亡，故云無所有。即亡而存，故云如是有。有此所無諸法，故云有此無也。
此就無所有，前據如是有也。又前就相作門，此據相害門。一法二義，隨説無違。
　此就下，三、會同。彼《經》無所有，即同今文空中無色，故《疏》云此就等也。彼《經》如是有，同今文空即是色也，故《疏》云前據等也。又前等者，前云空即是色，是空作色；今云空中無色，是空害色。《疏》一法下，顯體無別。唯一法性，本具隨緣、不變二義。由不變即隨緣，故前云空即是色。由隨緣即不變，故此云空中無色。經文綺互，義乃同時。此意若明，言則無失，故云隨説無違也。
經　以無所得故。
　第四、辯其所得，有二，初、牒前起後，二、正明所得。今初也。言以無所得故者，牒前起後也。以者，由也。故者，因也。由前無所得爲因令後有所得也。《大品》云：無所得故而得。
　牒起。經疏由前等者，由前所說三科、因緣、四諦、境智等諸法，俱無實體，唯一真空，故云由前無所得也。依此爲因，念念熏習，觀行成時，得證下文菩提涅槃二轉依果，故云令後有所得也。大品下，引證可知。
經　菩提薩埵，依般若波羅蜜多故。
二、正明所得，有二，先明菩薩得涅槃斷果，後明諸佛得菩提智果。前中亦二，先舉人依法，後斷障得果。今初也。言菩提薩埵者，舉人也，義如前解。依般若波羅蜜多者，明依此法行也。故者，起後也。
　舉人。經疏如前解者，前能觀人中，已明此義也。疏依此法行者，法即般若妙慧。依此慧行，達無所得，所以證後涅槃果也。《經》

中故字，是所以義，由是疏釋云起後也。

經　心無罣閡。

二、斷障得果中有三，初、行成，二、斷障，三、得果。今初也。言心無罣閡者，行成也，謂惑不閡心故，境不閡智故。

行成。《經》心即真心，義兼理智。《疏》惑不閡心者，惑即煩惱，心即理也。心體寂靜，惑相喧動，動寂相違，故名爲閡。《金剛疏》云：煩惱障障心，心不解脱。今由妙慧，照惑體空，唯心理存，故云不閡也。境不閡智者，此明心字，義通於智，智即慧也。境即染淨，是所知境。故《金剛疏》又云：所知障障慧，慧不解脱。今由此慧，了境本無，唯一實相，故亦不閡也。

經　無罣閡故，無有恐怖，遠離一切顛倒夢想。

二、斷障也。言無罣閡故者，牒前起後也。無有恐怖者，外無魔冤之怖，即惡緣息也。遠離顛倒夢想者，内無惑障之倒，即惡因盡也。

斷障。經疏魔冤者，梵語魔羅，此云殺者，以能斷人，法身慧命故。然有四種：一、天魔，即生死緣；二、煩惱魔，即生死因；三、陰魔；四、死魔，即生死果。《疏》云外魔者，即天魔也。能惑行人，令其退墮，故貶之爲冤。今由妙慧，照魔界空，即是佛界，生死惡緣，從此永滅，故云惡緣息也，以天魔樂生死故。《經》遠離是智，即能離也；顛倒夢想，皆喻於惑，即所離也。《疏》惑障者，惑即是障，謂煩惱、所知也。由此惑故，迷真執妄，如頂向下，故《經》云顛倒。顛，頂也。既真妄不辨，如人夢中，認虚爲實，故云夢想。生死過惡，以惑爲因，今慧照惑空，故云惡因盡也。

經　究竟涅槃。

三、得果也。涅槃，此云圓寂，謂德無不備稱圓，障無不盡名寂。簡異小乘，化城權立。今則一得永常，故云究竟。又釋智能究竟盡涅槃之際，故云究竟也。

得果。《經》涅槃者，即斷果也，以斷障而證得故。《疏》謂德等者，萬德名德，三障名障。《圓覺疏》云：覺性既圓，無法不寂。故亦翻涅槃云圓寂也。揀異等者，《法華經》斥小乘所證偏真涅槃，喻若化城，令暫止息，非是究竟，故云權立。今則下，顯今實教。所證涅槃，體即實相，一證永證，方名究竟，無住涅槃也，此乃唯約所證理釋。又釋下，兼能證智釋。究竟屬智，涅槃屬理，智能證理，故云盡涅槃際。

經　三世諸佛，依般若波羅蜜多故。

第二，明諸佛得菩提智果，於中有二：初、舉人依法，二、正明得果。今初也。謂三世諸佛，更無異路，唯此一門，故云依般若波羅蜜多故也。

舉人。《經》三世諸佛，即是果人，因中亦依此慧行，故得證智果也。《疏》無異路者，無有一佛，不依此慧而證菩提。慧能通果，喻路與門。《楞嚴》云：十方薄伽梵，一路涅槃門。彼喻即慧之定，此喻即定之慧，定慧雖別，俱是能通。

經　得阿耨多羅三藐三菩提。

二、正明得果也。阿耨多羅，此云無上也。三藐者，此云正也。次三者，此云等也。菩提，此云覺也。即無上正等覺也。覺有二義：一、正覺，即如理智正觀真諦；二、等覺，即如量智徧觀，俗諦皆至極無邊，故云無上也。上來所得竟。

得果。《經》得，亦證得菩提，即智果也。疏二，初、翻文總指；覺有下，二、正釋本義。正覺者，以三藐二字對菩提釋也。如理等者，如理而知，名如理智，即實智也。真理唯一，無有虛妄，故名真諦。此智正能觀真諦境，故云正觀等也。等覺者，以次三之一字對菩提釋也。如量智者，如其事相數量而知，名如量智，即權智也。俗境差殊，名體審實，故名俗諦。此智徧能觀俗諦境，故云徧觀等也。《疏》皆至下，顯上二智，更無能過，故云至極。俱周法界，故曰無邊，由斯義故，故云無上。此釋《經》中阿耨等，翻無上也。然諸佛菩薩，智斷俱證，但分滿異，義不可分，經文互言，蓋影略也。上來下，通前總結，可知。

經　故知般若波羅蜜多，是大神呪，是大明呪，是無上呪，是無等等呪。

第五，結歎勝能，於中有二：先別歎，後總結。今初也。言故知者，牒前起後也。由佛菩薩依般若得菩提涅槃果，故知般若是大神呪等。

別歎。經疏二，初、釋故知等。由佛下，是出牒前文意。故知下，正釋起後也。文皆易曉。

歎其勝能，略歎四德，然有三釋。

二、正釋別歎。《經》云呪者，孤山《疏》云：呪者，願也。佛說法時，願衆生如佛，乃至云，則顯說密說，咸是呪義。彼《鈔》釋云：豈唯此經。遂知一代大小，據佛本懷，爲令如佛，悉可名呪。從强從正，且指密語。疏二，歎其下，初、總標。歎勝能者，前說般若妙慧能了法空，能得二果，故今歎也。有三釋者，欲歎其慧，故先歎慧體。體必有用，故次約功能。妙用既彰，必有果證，故後就位也。

一、就法釋。一、除障不虛，名爲神呪；二、智鑑無昧，名爲明呪；三、更無加過，名無上呪；四、獨絶無倫，名無等等呪。

一就下，二、別釋，三。一中，除障名神呪者，神名不測，得除二障，由不測慧故；智鑑無昧者，靈明鑑照，無昏昧故；更無加過者，此慧難思，超權小故；獨絶無倫者，唯茲妙慧，更無倫等故。

二、就功能釋。一、能破煩惱，二、能破無明，三、令因行滿，四、令果德圓。

二中，破煩惱者，以不測慧，破煩惱障，

故名神呪；破無明者，能了無明，即智慧明，破所知障，故名明呪；令因行滿者，始從發心，終至等覺，皆由此慧，因位既極，故名無上呪；令果德圓者，妙覺極果，衆德具顯，是此慧功，更無有等，故名無等等呪。

三、就位釋。一、過凡，二、越小，三、超因，四、齊果。

三中，疏二，初、正釋經文。凡夫之人，無不測慧，唯佛有之，故曰過凡；小乘不達，無明即明，既名明呪，故曰越小；等覺因位，有妙覺上，既名無上，故曰超因；佛佛證齊，餘無等者，既名無等，故曰齊果。上皆唯就妙覺極果，方名大神呪等。

謂無等之位，互相齊等，故云無等等。

謂無下，二、別釋無等等。然前釋上一等字，於下等字，其義未且明，故今重解。疏二，初、正釋。無等位者，即妙覺也，此釋上等字。互相等者，妙覺果人，自相齊等，此釋下等字。

《十地論》云：無等者，謂佛比餘衆生，彼非等故。重言等者，此彼法身等故。何故不但說無等耶，示現等正覺故。

十地下，二、引證。初三字標上等字。謂佛下，釋也。顯彼衆生，不能等佛，故云無等。無，不也。重言下，釋次等字，唯佛與佛，所證齊等，故重言也。何故下，難云：但說無等，其義已周，何故重言等耶。故通云：意欲指示顯現，佛與佛齊，等證菩提，是故重言也。梵語三菩提，此云正覺。

經 能除一切苦，真實不虛。

二、總結勝能。謂三苦八苦，一切苦也。分段變易，亦云一切苦也。除苦決定，故云真實不虛也。

總結。經疏二。謂三下，初、別釋此文。三苦者，一、苦苦，苦依身上，更加衆苦故；二、壞苦，樂壞時苦故；三、行苦，生滅遷流故。

八苦者，即生、老、病、死、愛别離、怨憎會、求不得、五盛陰也。分段變易，略如前記。《疏》除苦等者，由決能除苦故，《經》云真實不虚也。總結勝能者，的指此二句經，正是通結前文所説妙慧功能，定能除苦，更無虚謬也。

上來廣略不同，總明顯了般若竟。

上來下，二、通結廣略。前略標綱要分云：行深般若是行，度一切苦[三]是證。即是略標行、證二法也。次廣陳實義分云色不異空等。又云諸法空相不生滅等，是解。因人、果人，依般若故，是行。心無罣閡等，是斷。得智斷果，是證。即是廣説解、行、斷、證四法也。廣略雖殊，皆是顯了説此真空般若妙慧，故今結云總名顯了等也。

經　故説般若波羅蜜多呪，即説呪曰。

自下，二、明祕密般若，於中有二：初、牒前起後，二、正説呪詞。今初也。前云是大神呪，未顯呪詞，故今説之。

牒起。《經》故字，是牒前，餘皆起後也。疏文可見。又前别歎般若妙慧，是神呪等，但名顯了般若，祕密般若，其義未彰，所以今説也。

經　羯諦羯諦波羅羯諦波羅僧羯諦菩提薩婆訶。

二、正説呪詞，此有二義。一、不可釋。以是諸佛祕密語，非因位所解，但當誦持，除障增福，亦不須强釋也。

正説。經疏二。此有下，初、不可釋。以是等者，唯佛與佛及能知之，非等覺已還。二、若欲强釋者。羯諦者，此云去也，度也，即深慧功德。重言羯諦者，自度度他。波羅羯諦者，波羅此云彼岸，即度所到處也。波羅僧翔[三]諦者，僧者，此云總也，普也，謂自他普度，總到彼岸也。言菩提者，到何等彼岸，謂大菩提也。言薩婆訶者，此云速疾也。令前所作，速疾成就故。

略釋絶筆，述懷頌曰：
般若深邃　累劫難逢
隨分讚釋　冀會真宗
有緣披讀　妙理無窮
修行至極　果滿方終[四]

般若波羅蜜多心經略疏

法藏長安二年於京清禪寺。翻經之暇，屬司禮部兼檢校雍州長史滎陽鄭公，清簡成性，忠孝因心。金柯玉葉之芳葩，九列三士之重寄。羽儀朝序，城塹法門，始自青衿，迄于白首，持此《心經》數千萬徧，心游妙義，口誦靈文，再三殷勤，令出略疏輙以蠡管，詎測高深云爾[五]。

般若波羅蜜多心經略疏顯正記終

校勘記

〔一〕「此即」，疑爲「即此」。

〔二〕「苦」，底本作「若」，據文意改。

〔三〕「翔」，疑爲「翺」。

〔四〕「有緣」至「方終」，底本原校云：「此四句明本則無，今存原本。」

〔五〕「法藏」至「云爾」，底本原校云：「原本此初題云般若波羅蜜多心經疏，京兆崇福寺沙門法藏撰，而揭之卷首。今從明本，除其題目，移之卷尾。玉峯所謂祖師自題是也。」

（陳永革、慧因整理）

〇三〇八

般若波羅蜜多心經略疏小鈔（二）

緣起論

問曰，《般若心經》家演户説，賢首《略疏》貯在藏函，禪講二家，度置高閣久矣。今之《鈔略》，獨奉爲樞要者何居。答曰，昔帝心杜順和尚讚《華嚴》曰，大哉法界之經，自非登地，何能披其文，見其法，吾設其門以示之。於是著《法界觀》。帝心付雲華，雲華付賢首，再傳而清涼、圭山各爲注釋，其傳始盛。賢首製造浩博，何以閟此《觀門》，緘縢扃鐍，析微抉膜，懸待後賢。私心竊以爲疑，昧昧思之，而未得其説。既而讀《心經略疏》，披尋往復久之，乃喟然歎曰，賢首未嘗不釋《法界觀》也。彼所謂啓其樞鑰，扣其門而入者，蓋已鈎元纂要，撮寄於《略疏》之中，而世罕有知之者也。大哉法界之門。此三法門如天三目，崔嵬靚深，却立無地。欲入是門者，未有不由門限，不啓樞鑰，彈指門開，介爾而得入者也。欲啓多門之樞鑰，必自一門始。欲啓後門之樞鑰，必自初門始。何謂一門，何謂初門。第一真空觀是也。如來説大部般若，廣明真空實相，撮六百卷二十萬頌之文心，束歸一十四行，是《般若心經》者，迺真空觀門之樞鑰，一門之一，初門之初，亦即三法界觀之樞鑰，總挈於此者也。賢首曰，吾乃今而知所以開法界之門矣。觀自在菩薩，即能觀法界之人。行深般若波羅蜜多時，照見五蘊皆空，正所觀真空之法。此經略標之文，迺《心經》一經之樞鑰，亦正是真空觀門之樞鑰也。此觀中，具有四句十門。初二二句，即有八門。初會色歸空者，初三揀情，皆云色不即空，以即空故。後一顯理，則云色即是空，凡是色法，必不異真空故。此經以色即是空一義收之，又曰必不異真空，則兼收第三句色不礙空也。次明空即色者，初三揀情，皆云空不即色，以空即色故。後一顯理，則云空即是色，凡是真空，必不異色故。此經以色即是空一義收之，又曰真空必不異色，則兼收第三句空不礙色也。次下二句，三則雙顯，四則總拂。《經》自不生不滅，迺至無智亦無得等，當第四泯絶無寄者，其文特爲開顯。清涼所謂拂四句相，現真空相，般若現前，真空觀備者也。賢首委釋《經》文，鎔融觀理，使人知《經》即是觀之門，不妨因《經》而見門，《觀》即是《經》之觀，便可得門而入觀。雖不指釋《觀》文，實妙於釋觀者矣。於時華嚴乍興，言驚衆聽。初心成佛，舉衆咸疑。善財一生，但謂權設。於是遠承遺囑，近會當機，撮略真宗，標指空觀。傳稱康藏詮述，富至三五十本，數紙孤行，爲時所貴，豈徒然哉。乃者講導之師，苦其義繁，狂慧之者，怖其旨奥。玄文蕪没，玅觀淪湑，將使後之行人，望法界之門，終身却行而求入也。顧假茲《疏》，少尋樞鑰。以是因緣故，而作是《鈔》。

〇復次，觀門有三，樞鑰惟一，若不啓第一門之樞鑰，則後二門固無由而入也。衆生漂沈曠劫，迷色怖空。墮陰翳之稠林，覆愚闇之厚膜。一旦得真空觀，譬如癡蠅穴紙而出，廓然見無量虚空，否則長裹牖隙耳。賢首疏此經，但了真空一觀。以爲入此一門，則百門千門，自可一蹴而開。捨此一門，無别門也。清涼言觀諸法空，是名空門。諸法實相，是涅槃城。城有三門，一人之身，不得一時從三門入。若入空門，不得空，亦不取相，是人直入，事已辦故，不須二門。今以涅槃城三門，喻法界三門，則一門直入之義了矣。色空二法，迷倒所由。九十六種之邪師，因茲而起，六十二見之利使，從此而生。菩薩尚疑，凡夫莫究。賢首於此文中，遣二乘之二執，揀亂意之三疑，心境交冥，性相互奪，掃多生之計執，蕩無始之情塵。真空如空，觀照如日，拂迹滅影，朗然如秉炬火而照重關，斯則法界中最初一門，一道竪窮，衆流横絶者也。裴公美之論法界也，以謂披圖經而登高臺，然後可以窮宗廟京邑之觀。高臺之下有門，得其門，然後可升也。臺高門深，非善用樞鑰者，不能開也。今且以華嚴法界，喻於登高之觀，以經教喻於圖，以三觀喻於門。闢三重之祕門者，杜順也。闢一門之妙觀者，賢首也。杜順設法界之門，其門不得不廣。賢首啓般若之鑰，其門不得不束。其於以披圖登高，爲善用樞鑰之人，則一也。今謂法界極談，三觀齊驅，此屬但空，未通圓義。斯則披圖登高，眊然極目，而不知夫宗廟之遠近，街市之廣陋者也。良以依經修觀，先明樞要，目對真空，體之即神。以是因緣故，而作是《鈔》。

○復次，杜順後二觀門，結勸初學，皆有深思明現之文。所謂令觀明現者，非有別境，非有後智，正明現此真空絶相之初觀也。以祖師約自智，見《華嚴》中一切諸佛、衆生、身心、國土，一一是此法界體用，無量無邊。於此境界，束爲三重，直書於紙，生人觀智，不同製造字文，賢首造《疏》，爲此觀也。在觀行門中，以觀空即色成止，以觀色即空成觀。又以觀色即空成智，以觀空即色成悲。又以即空即色，空色平等，成空假中三觀。又以依、偏、圓成三性，成三無性觀。所觀者是境，能觀者是智。此初三空色之觀門也。於所離門中，約五蘊，作法相開合觀；約十二緣，作緣起逆順觀；約四諦，作染淨因果觀；約二智，作境智能所觀。所離者是情，能離者是智，此第四泯絶之觀門也。賢首《還原觀》，立六觀六門，以攝心歸空，真空觀爲第一。舉一爲主，餘五爲伴，隨入一門，全收法界。今於《略疏》顯此玅門，亦復如是。覺心清淨，智眼圓明，即於一門觀照絶相，非是於門中復設門也。《疏》結真空妙有四義云，幻色存亡無閡，真空隱顯自在，合爲一味，圓通無寄。《觀》文第二門結勸，即云逆順自在，無障無閡，同時頓起，深思令觀明現。第三門亦爾，真空絶相，般若現前，此三觀一門之樞鑰也。正觀不明，殆空醉有。或獵初觀，而懸解多門；或躭空觀，而高推圓位。行解錯互，目足背馳，雖復登高跂足，亦終爲門外之人而已矣。杜順漩澓頌曰，若人欲識真空理，心内真如還徧外，不離幻色別見空，即此真如含一切，祇用一念觀一境，一切諸境同時會。能識真空，一念斯入。極於帝網重重，智通無閡，而法界觀之能事畢矣。以是因緣故，而作是《鈔》。

○復次，賢首此《疏》，所以但釋真空，而姑舍後二門者，亦有其說。華嚴法界，稱性極談。五周九會之中，何品不説事理無礙，何品不説事事無礙。雲華立十元門，藏和尚重重開演，横豎鋪舒，雲興瓶瀉，何處不顯二無礙法界。若迺八部般若，真空妙有之玄旨，但是隨文敷演，落落星布，如帝釋毗闍延宫殿，於琉璃地上，自然影現而已。以是故，鈎探妙義，標舉空門，使真空初觀，歷歷孤明，則事理後門，炳然雙照。又以登高喻之，則以華嚴法界，爲宗廟都邑，以般若爲圖經，以觀自在菩薩，爲闢門之人，以照見五蘊皆空，爲用樞鑰之法。由是而披圖，則由經入門，束而又束。由是而登高，則由經得門，廣而彌廣。破微塵出經卷，其孰有加於此乎。厥後清涼、圭山，讚演玄要，以彼全鏡，顯此半珠。賢首之略，即略清涼、圭山之所詳。清涼、圭山之詳，即詳賢首之所略。略不爲束，詳不爲廣。千網交羅，六珠隨穿。杜順所設法界重門，自是淺深廣陿，樞鑰了然。尋文見法之人，皆披圖登高之侶，用文字般若，披雜華法界，則賢首此文，施其慧目矣。圭山初得終南觀門，琢磨數載，始知多生謬計，枉受沈淪，今日正觀，元同大用。清涼西垂之歲，重演《玄鏡》，且云不境[三]方寸，虛負性靈。今未嘗鑽求《略疏》，覈其指歸，却謂賢首不釋《觀門》。重玄玅觀，不已遼乎。古德撰述，各有深衷，勿以麤浮迷津恥問。以是因緣故，而作是《鈔》。

○復次，法界觀法三重十門，前淺後深，隱含次第。《略疏》釋顯，小異於彼。先釋小乘疑，初明色不異空，破蘊異於空疑；次明色即是空，破滅色方空疑。初乃是空色無閡，次乃是會色歸空，則前深於後矣。次釋道前菩薩疑，初明色不異空，斷空異色疑；後明空色相即，斷滅色取空疑。初仍當彼第三，後二當彼一二，則亦前深於後矣。正顯科中，亦復如是。初中相違義，即云空中無色等，以空害色故。今第四泯絶門，即相違義，以相違相害即俱泯故。次不相閡義，前二相即，亦相作相成故。第三無閡，正明無閡故。次中真空妙有，復開八義事理無閡十門，理具文含，無分齊故。要而言之，約一經之文，不離初門法界，是故先以不異即是，簡情顯解。後以諸法空相，絶解泯理，有揀有收，有遮有照，此圓融不閡行布也。約一門之文，具有多門法界，是故雖云相害，不妨相作相成。雖云相即，不妨俱存俱泯。即揀即收，雙遮雙照，此行布不閡圓融也。今之説經者，不異即是。倒置後先，色相、空相，茫無次序，別之不知，圓於何有。若能離照分明，配文通會，則知後後之義，已具前前。前前之義，必周後後。綺互交絡，同時頓起。賢首云，如一塵既具如上真空妙有，當知一一塵亦爾。即此義也。以《略疏》之文，即具足華嚴性相行布圓融之門，誦文滯義，不可得而通也。以是因緣故，而作是《鈔》。

○復次，此經判教，淺深碩異。準清涼《玄談》，顯別教一乘四門。第二總攝真實者，即真空絶相，則此經以別該同，爲圓教攝明矣。圭山《注法界觀》，以第一觀，當八部般若無相大乘之極致。以第二觀，當大乘同教之極致。以第三觀，是別教一乘，逈異諸教，顯與清涼相違者，何也。圭山之判，良有二義。一者初心入觀，必由得門，由始而同，由同而別，斯則炬火重關，朗然畢照也。二者法界玅觀，總攝一門，即始而同，即同而別，斯則虛空鳥跡，蹟迹皆空也。以是故，賢首判教，定云實教所攝。而《疏》文橫竪開合，不離真空一觀，總該空有理事，圓融具德，中道元旨，正與清涼顯別教一乘，函蓋相應。學者不會權實，封執初門，判此經破相談空，不同於《華嚴》《妙華》圓宗實相。《連珠》記主所以廣敘諸宗，銷歸圓頓，深歎宣政已來，奧義湮微，抑爲權淺者也。問曰，真空妙觀，故是一門卷襵色空理事，此二無礙，云何差別。答曰，此中通別，良有多義。清涼《玄鏡》，既約色空相望，配理事無閡觀相，成無閡二義，至第二門又云，就前色空觀中，亦即事理，不得此名。《玄談》既約真空妙有，配理事十門，又云不以第三色空無礙，濫於第二事理無礙觀。局論通別，一家之言，已自互相違矣。今以《略疏》衷之，如真空初二義云，空即是色，色現空隱，即含依理成事門也。色即是空，色盡空顯，即含真理奪事門也。俱存俱泯亦如是，此別未嘗廢通也。又如真空初二義，但云是廢已成他義，不剋指依理成事也。但云是泯他顯已義，不剋指真理奪事也。俱存俱泯亦如是，此通未嘗廢別也。所以通者，真空法界，空色同如，理無不具故，觀無不照故。所以別者，真空初門，一向空理，理未偏事故，相未廣顯故。觀境不可凌獵，觀智不可雜亂故。是故《玄鏡》但曰，文含有三，然俱顯於真空意耳。其結文曰，但成真空絕相觀也。《玄談》分配無閡十門，屬理事觀中，不屬色空觀中也。《連珠》剋指十門無閡，貼釋初門，以通廢別，於理具文含之旨，或未之思耳。準《華嚴》地前圓融，地上行布。今約觀門通之，約初入觀，雙揀雙顯。智眼門中，已觀照後門無閡之理。觀門以前望後，則曰第三色空，正明無閡，即同地前圓融也。約空觀成，俱泯俱存，乃廣顯前門無閡之相。觀門以後望前，則曰事理受名，有其四義，即同地上行布也。良以三重觀門，行相躡攝，印前顯後，圓彰法界。以是因緣故，而作是《鈔》。

○復次，《略疏》觀行科中，明智者大師依《瓔珞經》，立一心三觀義。清涼《玄鏡》，約三觀就《心經》說，即色空四句，爲空、假、中之三觀，此賢首家相傳宗旨也。言智者大師立一心三觀者，以台衡依教立觀，智者方周，繫智者以定其宗也。言依《瓔珞經》者，以龍猛《釋論》，元出契經，南岳師傳，不違佛語，本《瓔珞》以追其祖也。清涼言龍樹作《中論》，全取《華嚴》宗旨。天台智者依《賢首品》，立圓頓止觀，所謂聞圓法、起圓信、立圓行、住圓位者，皆出於《華嚴》。《傳》曰，華嚴本祖，自阿難海而來，龍猛佛賢，禪風靡墜。康藏寢處定慧，異代同心，觀行雙異，隨決教宗。信知後來訶別斥漸，函矢相違，皆由兩宗後人，非本師過也。賢首於此《疏》，安立三觀，蓋已懸鏡末流，逆折諍論。所謂儲藥以待病，銷兵以防亂也。兩家觀門，同出《華嚴》，同歸法界，悟《略疏》安立之義，則傳此教者，不假更看他面。而山家有教無觀之譏，亦可以杜口矣。《連珠》詮述，志切扶宗，別有拒違，詆訶猛利。於吴興曰，陋哉坐井觀天。於孤山曰，十疏通經，浪名江表。豈所謂設有破斥，須存禮樂者也。我思前哲，和會殊塗，虚己求宗，得多失少。以是因緣故，而作是《鈔》。

○復次，賢首疏《經》，理深旨奥，約文數紙，勢變多端。會師造《記》，首探元籍，搜揚纂集，功在藍縷。顧廼研思太過，臆斷未除，拂疑科中，奮筆料揀，謂但循滎陽之請，兼協譯人三乘之機，實非疏主及本經旨，如斯妨難，印有猜焉。夫謂不應拂二乘之疑者，何也。鹿苑四諦，未稱本懷。般若談空，正資陶汰。《涅槃論》曰，存不爲有，破有餘涅槃，遣聲聞常執。亡不爲無，破無餘涅槃，遣聲聞斷執。故是以大汰小，何妨以大揀小。《攝論》云，若得法無我，必先得人無我。故知學大，要先得小。大根菩薩，亦曾逕小乘觀來，良不妨以大從小，又何妨以大揀小。小乘聞空，即怖畏真空，故存假名，除其病而不除空，以接小心之劣機。今正是以大引小，又何妨以大揀小。夫謂不應拂小菩薩之疑者，何也。《寶性論》明地前菩薩，有三種空亂意，一謂斷滅故空，二取色外空，三謂空爲有。《般若經》中四句，正遣此三空疑。真空觀三句揀情，亦不出此三空疑。離此三過，方是真空清淨法界。故《疏》結云，三疑既盡，真空自顯也。《論》言，此菩薩以不了知真如來藏，生死、涅槃平等無二，執三種空。今三空既破，已了知真如來藏，真空清淨，更有何事。三重破疑，爲顯真空。真空既顯，别無顯理。依他無性，即是圓成，豈有圓成，居依、徧外。今謂破疑但是隨機，正顯方順本宗，多生計執，此不應道理也。若曰狥請，則《金師子章》，何以不狥天后之請，而此經偏狥滎陽。若曰順機，則杜順《觀門》，不直顯真空，而先有三重遣拂，彼又順何乘之機。此經鈐喉八部，鉤鎖一乘，教海良深，譯機非小，何以深文彈斥，曲意吹求。此則台賢後人，軒輊慈恩之流病也。呪文不翻，古有五義，强翻非强，但爲利生。阿囉字知一切法，莎訶字結成就義，人天竝解，豈唯康藏。今謂曲狥滎陽，强而后可，無迺褻慢密部，

施易悉檀，斯語牒而責之，有無窮過也。抗詞伸破，非爲小瑕。余豈好辯，蓋不得已。以是因緣故，而作是《鈔》。

○復次，《疏》文淵藴，宗教兼該，極照亡言，方知宗本。近師詮釋，氾濫多經，不精求真空妙有，清淨觀照之旨，而廣引普門圓通塵刹示現之文。遥指門臺，近遺樞鑰，隨語皆是，入觀即非。縱令是足多聞，終是但數它寶。又有師引《佛頂》行位，判斷此經初約聞慧，空五藴中見思二惑爲人空，當信位。中約思慧，空五藴中塵沙法惑爲法空，當賢位。後約修慧，空五藴中俱生我法爲俱空，當聖位。此之判位，有其四過。一者觀音古佛，代佛演説，入慧光定，照五藴空，行願弘深，悲智如海。博地凡夫，何由測量觀行，安立位次，處凡判聖，是輕慢過。二者以文爲解，無復決了。彼經曰三慧，此亦曰三慧。彼經曰三空，此亦曰三空。如摸印文，如取壁畫，如步屈蟲，尋條失足，隨聲取義，是陋劣過。三者真空絶相，

攝歸真實，《觀》文以深思明，現爲結勸。《玄鏡》以枝辭亂，輒爲深戒。《寶性論》揀三不正空。圭山猶曰，恐煩觀智，不必和會。今茲和會，連引繁文，别設堦差，碎列科段。若將依教修觀，則觀約而教煩。若欲捨觀順教，則教成而觀隱。多塗喪真，是岐枝過。四者《華嚴》中，七地菩薩，般若現前，八地菩薩，現身佛刹。今如所判，彼此迢然，將以二地判屬二經，抑亦二經仍居一位，執計失宗，是矯亂過。禪人不諳教觀，影掠心宗，執五蘊皆空，成豁達因，執得無所得，成撥無果。此中執空即是色，即墮有門。執色即是空，即墮無門。執色不異空，空不異色，即墮亦有亦無門。執諸法空相，無智無得，即墮非有非無門。此甚深般若，是華嚴法界中大火聚門，四句都燒，百非成燼，一知半見，狂慧影明。如太末蟲，處處能泊，欲泊大火聚上，無有是處。古人有以一拳一喝，評量《華嚴》一法界者，亦不過從此法門中，分燈借照，而況其他乎。吾欲禪講兩家，剖心了義，披此《疏》爲樞鑰，精求鈔觀之門，無困踣於籠檻而不自省也。以是因緣故，而作是《鈔》。

歲在丙申中秋初四日，海印弟子虞山蒙叟錢謙益槃談敬書於碧梧紅豆之邨庄。

校勘記

〔一〕底本據《卍續藏》。

〔二〕「境」，底本原校疑爲「鏡」。

緣起後起

蒙讀賢首《心經略疏》，徵義玄奥，消文簡約，研求經年，矻矻不能入。一夕讀杜順《法界觀》，觸目心開，掩卷深思，忽悟及真空法界，一門深入之旨。由是按《經》披《疏》，觀智乍生，重門欲闢。旋觀會師《連珠記》，惜其未剖觀門樞要，徒盤洄文句中也。循文下筆，勒成《小鈔》

二卷，持示含光渠師，師出《玄鏡私記》相質，推求義門，彼此符順，乃驚喜而相告也。彼《記》初云，一者三觀之中，以真空初觀爲最要，即蒙所云一門之一，初門之初，第一真空觀，爲三法界觀之樞鑰也。次云，二者後二觀門，全賴初觀以顯，即蒙所云觀門有三，樞鑰唯一，不啓一門之樞鑰，則後二門無由而入也。後云，三者思惟觀察下手，全以真空推簡爲要，則蒙所云，依經入觀，即於一門觀照絕相者也。彼《記》引《梵行品》，菩薩行梵行時，應以十法而爲所緣，作意觀察。此中何法名爲梵行，梵行從何而來，體爲是誰。如是觀察，梵行不可得故，迺至能與如是觀行相應，一切佛法，疾得現前，成就慧身，不由他悟。清涼曰，作意者，不墮無記故。觀察者，以慧推求故。此真空推簡之明文[二]也。參求教典，經則《佛頂》《楞伽》《淨名》，論則《瑜伽》《中觀》《智度》及《止觀》諸文，徵詰妨難，反覆推破，智訖情枯，皆用推簡一法。杜順真空觀中初句，上三皆以法揀情。後一云，如色空既爾，一切法皆然，非推簡而何。於後觀二門皆云，深思之，令觀明現。非後二門皆由真空推簡而何。蒙所謂三重秘門，一門總攝者，此則轉樞發鑰，最初之方便也。如是義句，既成立已，長千武林，諮訪法筵，交相印許，請爲流布，顧余私心，猶自視欿然也。頃者大圓居士《心經大意》，廣引杜順《觀》文，以真空觀四門，判同此經，而又曰，此經但說真空，不說後二觀者，以空色不閡，即理事無閡義故。以即空即色，即具周徧含容義故。恰符蒙《鈔》雙照後門之旨，斯亦裴公美所謂披圖登高，善用樞鑰者也。嗟夫，渠師依《玄鏡》推法界，造《記》三十年之前。圓老依法界解《般若》，竪義三十年之後。而蒙以寡聞淺智，參預其間，一門妙觀，後先映望，車轍合塗，鏡光交攝，豈非古佛聖師，冥機加被。蒙竊以自慶已矣。《鈔》始於丙申之竊月，畢於是歲之涂月。毛子子晉，乃心法乘，屢請鏤版流通。蒙辭之弗獲，乃於嚴冬逼除，亡孫盡傷之後，焚膏炙硯，力疾勘讐以授子晋，而重爲告曰，吾爲此《鈔》，如老生兎園册，資讀誦訓童蒙耳。白衣説法，則吾豈敢。無已，則乘子之廣大願力，運載斯文，以求正於當來世之法將，庶其可哉。

歲在戊戌臘月二十五日，虞山蒙叟錢謙益焚香再拜謹記。

○次序當經傳釋

《摩訶般若波羅蜜大明呪經》一卷，後秦鳩摩羅什第一譯。

隨法經《衆經目録·衆經別生分》，《摩訶般若般若[三]波羅蜜神呪經》一卷，出《大品經》，開元已後目録，皆云《大明呪經》。唐玄奘本，同本異譯，字句小有不同。觀世音，彼云觀自在。舍利弗，彼云舍利子。照見五陰空，彼云五藴皆空。度一切苦厄下，此經有舍利弗，色空故無惱壞相，受空故無受相，想空故無知相，行空故無作相，識空故無覺相，何以故等，三十七字。舍利弗，非色異空，非空異色。不增不減下，此經有是空法，非過去，非未來，非現在等，一十二字。無老死盡，彼上有亦字。菩薩，彼云菩提薩埵。離一切顛倒夢想苦惱，彼云遠離顛倒。故知般若波羅蜜，彼並有多字。是大明呪，無上明呪，無等等明呪。竭諦等四竭字，彼並作揭。僧莎訶，彼云薩婆訶。

《般若波羅蜜多心經》一卷，唐玄奘第二譯。

《慈恩傳》云，法師往蜀，見一病人，身瘡臭穢，衣服破汚，愍將向寺，施與衣服飲食之具。病者慚愧，迺授法師此經，因常誦習。及往天竺，過莫賀延磧，古曰沙河，上無飛鳥，下無走獸。是時顧影，惟一心但念觀音菩薩及此經，逢諸惡鬼，奇狀異類，繞人前後。及誦此經，發聲皆散，在危獲濟，實所憑焉。按《太平廣記》，奘師西行至罽賓國，道險不可過，遇一老僧，瘡痍膿血，牀上獨坐，口授《多心經》一卷。誦之，遂得山川平易，道路開闢，虎豹藏形，魔鬼潛跡，從佛國取經而歸。《廣記》引據唐人小說，當以《慈恩傳》爲正。宋王古《法寶標目》云，什、奘二經，同本異譯，於六百卷《大般若》中，此爲要略，大義雖通，全本大部中無，是枝派攝，非從彼出矣。宋濂《文句·序》云，大部《般若》，合六百卷，撮其樞要，實惟《心經》。此經凡三譯，今世所傳二百五十八言者，貞觀間三藏法師玄奘所譯。攝須彌於毫芒，斂溟渤於涓滴，其神功浩浩乎不可思議。是以歷代寶之，如摩尼珠，了空法塵，聿依佛智，皆不出乎是經雖《法華》十萬餘言，《華嚴》四天下微塵數品，廣略固殊，旨義無二。奈何以小德小智之見，解窮神極微之典，輕測真乘，妄談般若也哉。

《開元釋教録》，《摩訶般若波羅蜜大明呪經》一卷、亦云《摩訶心經》一紙。《般若波羅蜜多心經》一卷。亦云《般若心經》一紙。

大明南北二藏，並列如上二本，不載餘譯。宋《法寶標目》，貞元譯，有《般若心經》《普徧智藏般若波羅蜜多心經》。王古云，即是《般若心經》，與什法師、奘法師譯，小有增多。《至元法寶總録》《貞元續録》，《普遍智藏般若波羅蜜多心經》一卷，宋天竺三藏達磨戰濕羅譯，《般若波羅蜜心經》一卷，罽賓沙門般若具利言等譯。右二經，與前《大明呪》《般若心》等經，同本異譯。《祥符録》所記，《梵本般若波羅蜜多心經》一卷，宋三藏慈賢譯。梵本同上經一卷，唐天竺三藏大廣智不空譯。右二經，同本異譯。《聖佛母般若波羅蜜多心經》一卷，宋天竺三藏施護譯，此經與《大明呪》等四經，同本異譯。按，貞元已後，是經重譯者，皆是同本異譯。不空譯，見宋師會《連珠記》。施護譯，見皇朝溯公注。

諸譯皆具三分，與什奘二譯異。施獲〔三〕本標菩薩説經，則泐公所引證也。今依宋元目録，次列貞元後諸譯之名。若《慧燈記》所引西〔四〕夏、蒙古翻本，及諸家所載五譯六譯者，文無可徵，以俟續考。

○次列古今疏注

唐華嚴宗主賢首國師康藏和尚略疏

宋贊寧《高僧傳》云，華嚴一宗，付授澄觀，著《般若心經疏》，爲時所貴，天下流行，復號康藏國師是歟。唐新羅崔致遠《法藏和尚傳》云，《多心》雖小不輕，《疏》出塵中經義。注曰，《般若波羅蜜多心經》，多心屬上，心是般若之心，略云多心，對下文法華字也。經文止十四行，雖曰少小，理不輕視。又文雖少，義該八部故也。《華嚴》説衆生智慧，如塵中有大經卷。《心經》小如衆生心塵，《疏》出智慧廣大心義。《至元法寶總録》，《般若心經幽贊疏》二卷，大慈恩寺翻經沙門窺基撰，今與《法華玄贊疏》俱不傳。

宋乾道乙酉，玉峰華嚴法師師會，撰《心經略疏連珠記》。萬曆中，續收入藏，元真覺大師文才，集《心經略疏會要》，亦名《慧燈記》。會師廣引清涼諸文，才師委釋賢首本疏，二家義趣不同，要皆《略疏》之鈔也。蒙條治斯文，兼採二記，故竊自命曰《小鈔》。

大明天界寺僧宗泐如玘奉詔注解

大明翰林學士承旨金華宋濂文句

其他疏解，摘入《小鈔》，隨文具列，此不煩書。

校勘記

〔一〕「交」，底本原校疑爲「文」。

〔二〕「般若」，底本原校疑衍。

〔三〕「獲」，底本原校疑爲「護」。

〔四〕「西」，底本作「酉」，據文意改。

般若波羅蜜多心經略疏小鈔卷上

海印弟子錢謙益集

○般若波羅蜜多心經略疏并序翻經沙門法藏述

夫以真源素範，沖漠隔於筌罤。妙覺玄猷，奧賾超於言象。

《連珠記》云，真源者，即實相般若，無相真如也。清涼釋剎那際三昧云，即窮法真源。謂窮彼剎那，時相都寂，則剎那無際。由達清淨真如，本無相故。素範者。素，表無瑕。範，持自性。謂體若氷霜，性猶珠玉，在煩惱泥，不改貞白。《論》云，如如體中，過恒沙染法，皆悉空空無所有故。沖，曰深玄。漠，言廣遠。妙覺，即觀照般若也。清涼云，離覺所覺，而盡覺故。奧賾者，謂般若淵海，深而不可極也。《大論》云，智慧大海，唯佛窮底。

雖真俗雙泯，二諦恒存，空有兩亡，一味常顯。

《記》云，以空假皆中，色空無寄，方經爲此所宗，第一義諦之真空故。

△《會要》云，以色即是空之空，爲真諦，以空即是色之色，爲俗諦。言雙泯者，色即空，故色泯，空即色，故空亡。言存者，謂即空之色，色雖泯，而其相宛然，以相常存而即泯，故泯而恒存也。即色之空，空雖泯而其性不失，以性恒存而即泯，故泯而常在也。又色即空，而空存。亦空即色而色存，以相即同時，故存泯齊立。空有等者，真諦故空，真空也。俗諦故有，假有也。亦由相即，故雙亡也。空非異有之空，有非異空之有。色空不異，水乳無分，故曰一味。《法界觀》云，菩薩見空，莫非見色。見色莫非見空。以二諦互融，故事理無閡，體即第一義真故。故下疏云，

令悟二諦中道故。

△《記》云，此二不二，存泯同時，無性故緣生，空亡也。緣生故無性，有亡也。空有俱亡，爲一味法。

△肇公曰，此直辨真諦，以明非有。俗諦，以辨非無。豈以諦二，而二於物哉。

△《玄鏡》云，約融二諦義。初，會色歸空，明俗即是真。二，明空即色，顯真即是俗。三，色空無閡，明二諦雙現。四，泯絶無寄，明二諦俱泯。然色是有中之别稱，通是空有二門耳。

良以真空未嘗不有，即有以辨於空。幻有未始不空，即空以明於有。

《記》云，前科二諦圓融，空有一味者，以幻有真空無二，爲中道故。清涼云，由無性故空。是空義，緣生故空。是空所以，既是從緣生。無性故空，故曰真空。而又不待壞彼差别法體，然後方空，是故真空未嘗不有。又即此有法，緣生無性，便名真空，故云即有以辨於空。緣生故有，是有義。無性故有，是有所以，既是從緣無性之有，則此有常無自性，是故幻有未始不空。又即此無性，舉體從緣而成於有，故云即空以明於有。

△清涼云，言第一義空者，非無物爲空，乃即妙有之真空也。即色之空，方曰真空，亦曰妙有。要皆即有之空，方爲具德之空。幻有從緣無性，如幻化人，非無幻化人。幻化非真，故云幻有，亦名妙有。以非有爲有，故名妙有。要皆即空之有，方爲具德之有。

△《小鈔》云，真空，未嘗不有者，圓成實性，非實無故。竺法汰，立本無義。肇公破曰，情尚於無，多觸言以賓無，未知非有非真有，非無非真無也。幻有，未始不空者，依他起性，非實有故。支道林立即色游玄義，肇公破曰，明色不自色，故雖色而非色。此直語色不自色，未領色之非色也。

有空有，故不有。空有空，故不空。

《記》曰，有空下，即於幻有真空之上，各顯一中道義也。初言有者，指幻法自體。即幻有上，非不有義也。次言空有者，謂此幻法，從緣無性，即空之有，是空家之有故。言空有故不有者，以其舉體全空，無所有故。即幻有上，非有義也。非有、非不有無二，是幻有義。《大品》云，諸法無所有，如是有故。次云空者，指真空上，非不空義也。言有空者，謂此真空，是緣生無性之空，即有之空，是有家之空，故云有空。故不空者，不待滅緣生，方爲空故。全有之空，是不空故。即真空上，非空義也。非空、非不空無二，是真空義。《經》云，空不空，不可說，名爲真空。《中論》云，無性法亦無，一切法空故。

△清涼《疏》云，幻有，即是不有有。真空，即是不空空。不空空故，名不真空。不有有故，名非實有。非空非有，是中道義。不空之空，空而非斷。不有之有，有而不常。

《記》云，不空不有，顯正也。非斷非常，揀非也。

△清涼云，緣生無性故空，則非無見斷見之空，爲真空也。無性緣生故有，則非常見有見之有，是幻有也。

△肇公曰，性常自空，故謂之性空。法性如是，故曰實相。言不有不無者，非如有見常見之有，邪見斷見之無耳。

△《玄談》云，雖空不斷，雖有不常，此即《中論》及《智論》文，且約空爲真諦。有爲俗諦者，空是即有之空，故雖空不斷。斯則即俗之真也。不同始教，如龜毛兎角，方說名空。雖有不常者，有是即空之有，故此有非常。斯則即真之俗也。若有定是有，便墮常見，故《中論》云，定有則著常，定無則著斷。是故有智者，不應著有無。非斷

非常，即是中道。

△影公《中論·序》云，然統其要歸，則會通二諦，以真諦故無有，俗諦故無無。真故無有，則雖無而有。俗故無無，則雖有而無。雖有而無，則不累於有。雖無而有，則不滯於無。不滯於無，則斷見絕息。不存於有，則常見氷銷。

△《小鈔》云，空有兩門，二宗迢然。清涼廣明，文繁義博。賢首三對，囊括無遺。此是真空觀門，開宗樞鑰，登高披圖，見一班矣。清涼云，即真即有，通會二宗。即真之有，則法相宗。即有之真，是法性宗。兩不相離，方成無礙。斯則賢首融通性相之樞鑰也。學者詳之。

四執既亡，百非斯遣。般若玄旨，斯之謂與。

圭山云，會色歸空，無增益謗；明空即色，無損減謗；色空無礙，無雙非戲論謗；泯絕無寄，無雙亦相違謗。四謗既無，百非斯絕，已當八部般若，無相大乘之極致也。

△清涼云，今顯初門具德四句。一，真如是有義。二，真性是空。三，真如亦有亦空。四，真性非有非空。一重四句中更有四重四門，然執著成見，取成四謗。若能不住，無分別智。偏入四句，則遠離四謗。不滯空有，何行不成。又隨一句，則具餘三。若隨闕者，則非具德。又云，爲法之相，不出有無。設非有非無，若有此者，亦不出有，若無此句，亦不出無。但遣有無，萬法斯寂。

△《起信鈔》云，一異有無等，各一四句，共成十六。又過現未來，各有十六，成四十八。又已起未起，各四十八，共成九十六，并根本之四，都成百非。若以論下文，真如自性，非有相，非無相，非有有相，非無無相，非有無俱相。例非一相，非異等十句。此十句，一一能生十使煩惱，亦成百非。

△《記》云，百非斯遣者，《論》曰，

百非非非，千是非是。非百非，背千是。非非中中，背背天天。演水之談，足斷而止。審慮之量，手亡而住。可謂般若二諦，中道之大宗也。《釋摩訶衍論》云，百非非非，非百非非，非中中云云。謂以非非，非去其非，故無非也。

△《會要》云，此之空有，與《肇論》有無不同。彼論有無，隨世計説，相因而生，故論云，若以有爲有，則以無爲無。《密嚴經》云，要待於有法，而起於無見，如見牛有角，計兎無角等，二諦收之，但俗諦耳。《仁王經》云，若取著一二，若有若無，即世俗諦是也。此云即有之真空，即空之幻有，與彼徧計所執有無之理，居然異也。

若歷事備陳，言過二十萬頌。若撮其樞要，理盡一十四行。

《疏鈔》云，如《大般若》者，如般若清淨，徧歷八十餘科，遞爲其首，成百餘卷，如清淨既爾。若以無生爲首，亦徧歷諸法，無性無相無得等，一一皆然。故賢首云，若歷事備陳，言過二十萬頌。

△《會要》云，二十萬頌，屬六百卷大部也。西域法，以頌定數，三十二字爲一頌，一頌爲一數，故大部該二十萬頌。

△《記》云，一十四行者，行即十七字之行耳。

是知詮真之教，乍廣略而隨緣。超言之宗，性圓通而俱現。

廣略隨緣者，依《起信》云，以或有衆生，以自力廣聞而取解，亦以自力少聞而多解，又或因廣論而得解，復以少文攝多聞而取解故。

△《會要》云，宗謂宗旨，此所詮之性宗。在廣部詮量非增，在略部詮量非減，一皆圓滿融通也。

《般若心經》者，實謂曜昏衢之高炬，濟苦海之迅航。拯物導迷，莫斯爲最。

《會要》云，昏衢高炬者，如《仁王經》，以般若喻於摩尼大寶，體具衆德，乃至云，若于暗夜，置高床上，光照天地，明如日出。苦海迅航者，則般若獨能爲舟也。若以六度共爲舟，則施爲船底，戒爲船幇，忍如板，進如櫂，定如墜石，慧如稍人也。

然則般若以神鑒爲體，波羅蜜多以到彼岸爲功，心顯要妙所歸，經乃貫穿言教，從法就喻，詮旨爲目，故言般若波羅蜜多心經。

《會要》云，依《起信》中，本覺般若體也。此體靈明，本自神解，故云謂心體離念。離念相者等虛空界，無所不徧。又云，有大智慧光明義等，若始覺，般若用也。《無知論》曰，般若可虛而照，真諦可亡而知，萬動可即而靜，聖應可無而爲，皆神妙也。今通詮二種，則實相屬本，觀照屬始也。

△《記》云，肇公曰，然則智有窮幽之鑒，而無知焉；神有應會之用，而無慮焉。神無慮，故能獨王於世表；智無知，故能玄照於事外。經云，般若無知，無所不知，則觀照實相也。功者，用也。謂漉人天魚，渡生死海，置涅槃岸，乃斯妙慧之功用也。前已廣敘所詮之經，此特顯能詮文字般若。略能攝廣，是六百卷中之要妙，言是般若部中之心，如人心藏，是一身之要也。般若，法也。心，乃喻焉。心經爲詮，般若爲旨，結爲題目矣。

△按。遠法師《阿毗曇釋》曰，阿毗曇心者，三藏之要領，詠歌之微言，源流廣大，管綜衆經，領其宗會，故作者以心爲名焉。有出家開士，字法勝，以阿毗曇源流廣大，卒難尋究，別撰斯部，凡二百五十偈，以爲要解，號之曰心。古師以多心目此經，即遠公阿毗曇義。淨覺力，揀喻法。《連珠記》亦云，疏主順譯人之意，皆非通義也。

○將釋此經，五門分別。一，教興。二，藏

攝。三，宗趣。四，釋題。五，解文。

○初，教興者，依《大智度論》云，如須彌山王，非無因緣，非少因緣，令得振動。般若教興，亦復如是，具多因緣。一，謂欲破外道諸邪見故。

《記》云，謂末伽黎等，廣起有無等見，行於理外。世尊説《般若》等經，破實我法，化令入道。

二，欲迴二乘令入大乘故。

鹿園之器，方等彈呵，漸已成熟，般若廣説諸法自性皆空，引令入大。故《大品》云，若人欲得阿羅漢果，當學般若波羅蜜等。

△《會要》云，天台判爲通教，以三人同修，如三獸渡河之喻。

三，令小菩薩不迷空故。

即下揀地前菩薩，有三種空亂意。

四，令悟二諦中道，生正見故。

信解真正，了悟中真，不執定實色空，方名正見。二諦中道者，以是此經之所詮故。

△晉水云，前明緣起，莫逾色空。幻色俗諦，真空真諦。二諦無礙，唯一中道。

△《玄談》云，《仁王》雖有二諦，智照無二。《涅槃》本唯一諦，解惑分二。昔人云，二諦並非雙，恒乖未曾各。即其義也。生公云，是非相待，故有真俗名生，一諦爲真，二言成權矣。即《涅槃經》意也。

五，顯佛勝德，生淨信故。六，欲令發大菩提心故。七，令修菩薩深廣行故。

《記》云，欲成勝行，故演斯經以淨信大心，萬行之本，又發三心，修十信，即是行故。佛德者，常等四德，及佛地河沙真淨功德，同《華嚴》舉果歡樂生信心也。以空宗言佛德空，多引此經無所得義。故《疏》云，顯佛勝德，明佛德不空也。具如後文。大菩提心，即《起信》信成就發心三種也。離相爲深，隨相爲廣。般若具明二行故。

八，令斷一切諸重障故。九，令得菩提涅槃果故。

二障、二果如下。

十，流至後代，益衆衆生故。

《會要》云，後門發明利益，即前九相。後門是總，前九是別。又此九益，總攝三聚。初即邪定聚。二、三不定聚，以三中是十信初發心故，所見猶濫小故。四既正見，乃至第九，是正定聚。故知大乘引攝無邊，三聚普載，九類等運，非但一分半衆生而已。略説此十，具收彼意，令此教興。

○第二，藏攝者，謂三藏之中，契經藏攝。二藏之内，菩薩藏攝，權實教中，實教所攝。

《記》云，三藏，經、律、論也。經，非餘二故。二藏，聲聞、菩薩也。今非二乘故。佛説一大藏教，有就機方便權宜説，有稱性決了真實説。今經決了真實，故云實教攝也。教中權實多門，今依《華嚴》説。前二爲權，後三爲實。以戒賢、智光，所判真諦之空，非第一義空，故不攝此。准清涼云，般若離四句，何曾存空。般若不壞四句，豈無妙有。《大品》《仁王》《理趣》等經，皆屬終教，般若現前，即同智照無二，亦同頓教。《大品》云，一切法趣色，即一切皆色。一中具一切，即事事無礙。般若義該五教，即具圓矣。若約當經，顯詮分齊。《疏》文依《纓絡》三觀釋《經》，當前第三。雙揀雙拂，真空現前，不生不滅，無智無得，即當第四。前《疏》廣叙中道，下文備彰。相作相成，互存互泯，無礙自在，即當第五。是故疏主判云，實教所攝。乃將今家五教後三，合爲一實也。

△《會要》云，今判此經實教攝者，揀前菩薩藏中，含權實故。此宗空義，亦有判一分但空之説，名曰始教。非約全部，以一經中，容有多教故。

○第三宗趣者，語之所表曰宗，宗之所歸曰

趣。然先總後别，總以三種般若爲宗。一，實相，謂所觀真性。二，觀照，謂能觀妙慧。三，文字，謂詮上之教。不越此三，故以爲宗。

《記》云，《大論》云，説智及智處，智智皆般若。曉公曰，此中即顯三種般若。説智者，文字般若。及智處者，實相般若。智智，即觀照般若。是三皆此經之宗。古德云，妙心湛然，無相而相，謂之實相。實相隨緣，爲諸法之真性。肇公曰，實相、法性、性空、本無、緣會，一義耳。觀照，即正體。智等無相，離分别之慧也。或説五種般若，不離此三，故云不越等。

△慈雲式師云，實相、觀照、文字，異名而同體。不可思議智境，實相也。不可思議智光，觀照也。不可思議智炬，文字也。

别亦有三。一，教義一對，以文字教爲宗，餘二義爲趣。二，境智一對，以真空境爲宗，觀照智爲趣。三，因果一對，以菩提因行爲宗，菩提果德爲趣。

《記》云，一，深窮教海，意在見理成智也。二，諦觀正理，意其破惑發智也。因行，即觀照妙慧也。果德爲趣，非佛德空矣。其通宗者，般若以無相爲宗，含於始、頓、實三教。今經正當頓、實。

△《會要》云，初以能詮文字爲宗，以所詮實相，觀照義理爲趣，此則因文字般若而悟實相等，故先以教爲宗也。《仁王》云，一十二分，皆如如文字。修文字者，不離文字，不著文字，無文字相，非無文字，乃至是即名爲修文字者，而能得於般若真性等。

△溯師云，此經以單法爲名，實相爲體，觀照爲宗，度苦爲用，大乘爲教相。單法者，即般若波羅蜜多也。實相者，即諸法空相也。觀照者，照見五藴皆空。度苦者，度一切苦厄也。大乘者，菩薩所行深般若也。按溯師此解，依台家五重玄義。

○第四，釋題者，般若波羅蜜多心經，亦有三對。

經題，般若波羅蜜多心經

疏　初，教義分二，謂般若心，是所詮之義；經之一字，是能詮之教。即能詮般若之經，是依義立名。

《記》云，謂般若心者，標舉也。是所詮之義者，判釋也。判此題中，心及般若等言，皆屬所詮之法。不空譯云，菩薩有般若波羅蜜多心，名普遍智藏，乃至色性是空，空性是色等。即心是所詮法，明矣。圭山曰，藏和尚，釋[二]《般若心經疏》，作所詮義釋心字，意云，般若之心，是萬法之體，故云心也。會同堅實，用釋圓覺妙心，云[三]，不同緣慮、集起之義。肉團麤淺，不必揀之，故云所詮之義。經之云者，詮上般若心也。若心作喻釋，即心經二字，能詮教也。即能等者，依所詮義，立能詮名，依主釋也。

二，就所詮義中，法喻分二。謂般若等，是所顯之法。心之一字，是能顯之喻。即般若內，統攝要妙之義，況人心藏，爲主爲要，統極之本。

二就下，初，約所詮以指法。就上所詮義中，復取心字，以喻能詮教勝。唯般若等，是所詮之法，故不言所喻。復云所詮，是知實相、觀照，非所喻也。獨將一十四行文字般若爲所喻，故言所引之喻，不言能喻。心之下，二，嘆能詮以引喻。慈恩云，般若波羅蜜多者，《大經》之通名。心經者，此經之別稱，般若之心經也。草堂曰，亦作能詮教釋。意云，此半紙之經，是六百卷之中也。即紇利陀耶，此云肉團心，引喻略經是大部之心藏。即文字般若是所喻，心之一字是能喻也。況，譬也，譬此略經，唯談妙最。餘藏六腑，喻廣説經，故云統極之本。

三，就前法中，有體用分二，謂般若是體，此云智慧，即神悟玄奧，妙證真源也。

《記》云，就前法中者，即就前所詮法中，非所喻文字般若中也。體用多門，略分三義。一，寂體照用，則實相、觀照，爲體、用也。二，權實二智，以照真、涉俗，分體用也。三，直就大乘以明體用，則以當法包含爲體，運載功能爲用也。此疏取到岸爲用，證真爲體。正用第三，兼之前二。若以翻盡爲用，照源作體，則通用二三，該之第一。以無得無智之般若，會離性離相之真源，故證而稱妙也。若以真源爲實相，則般若但目觀照、文字。若約一法多名，理智互出，以無智外之如，故真源即般若，亦無如外之智，故智慧即真源矣。

△《會要》云，般若，《智論》翻爲智慧，以性宗，二法總是般若之一心，非如法相。因中名慧，果中名智，所以若智若慧，隨舉皆得。神悟，即觀照也。玄奧者，所悟實相也。《無知論》云，實而非有，虛而不無，存而不可論者，其唯聖智乎。妙證下，果證也。《起信》説，至地盡位，以一念相應慧，頓盡無明，妙契心源，成究竟覺等。真源，即實相般若。肇公曰，見法實際，謂之般若。

△梁法彪《發題》云，云何智慧義，能知諸法實相，是智義。能照諸法無生，是慧義。若有照有得，不名智慧。無照無得，而本圓寂，是智慧義。

波羅蜜多是用，此云到彼岸。即由斯妙慧，翻生死過盡，至真空之際，即揀不到岸之慧，故以爲名。

《記》云，以到岸爲用，正約運因成果也。一，由斯妙慧者，運行令增也。二，生死過盡者，運惑令滅也。三，真空際者，運理令顯也。即《雜集》三轉依義。一，心轉，真性現故。二，道轉，行漸增故。三，斷轉，惑障滅故。又《起信》云，破和合識，是轉滅。顯現法身，是轉顯。智淳淨，是轉增。但小不次。不到之慧，揀權小也。

△《會要》云，生死是此岸，煩惱是中流，涅槃是彼岸。此經色即是空，何有自此岸到彼岸之異耶。問，菩薩未出生死，應同二乘。答，菩薩悲智俱修，空有雙照，到與不到，兩途一致。《華嚴》云，菩薩不住彼岸，不住中流，而能運此岸衆生，到於彼岸。肇公云，諸法實相，謂之般若，能不形證，漚和功也。適化衆生，謂之漚和；不染塵累，般若力也。

△法彪云，波羅此言彼岸，蜜多此言度，又言到。言彼岸到者，蓋是國語不同。云何爲到義。生死是此岸，涅槃是彼岸，煩惱爲中流。以無生慧，能證涅槃，未到云到，是體性能到，故名爲到。不見因有能到，不見果有所到，是爲到義。

謂體即用故，法之喻故，義之教故，立斯名耳。

《會要》云，一，以體就用，般若即波羅蜜，持業也。二，法喻兩殊，能所是別，即般若等之心。三，教義宛殊，能所詮異，即般若等之經，皆依主也。若經字通餘，般若當自，亦揀別依主。又法喻兩殊，相違釋也。

○自下第五，解文，向下廣釋，此既心經，是以無序及流通也。

《記》云，慈恩云，録《大經》妙最，別出此經，三分二序，故皆遺闕，然餘譯各具。

△《會要》云，應是結集聖人，安不安也。

文中分二。初，顯了般若；後，即説呪曰下，明秘密般若。何以辨此二者。謂顯了明説，令生慧解，滅煩惱障。以呪秘密言，令誦生福，滅罪業障，爲滅二障，成二嚴故，説此二分。

《會要》云，問，何故不配報障。答，報由業招，業謝報亡，如四諦中，斷集諦因時，苦諦之果自滅也。修顯生福，歷文皆是，誦蜜生慧，在教尤多。

如《華嚴》四十二字母，即皆般若。修

此門者，現身之中，成就慧身，如不空三藏《四十二字觀行》中說。

就前文中，亦二。初，略標綱要分；二，從舍利子色不異空下，明廣陳實義分。以義非頓顯，故先略標。非略能具，故次廣釋。必前是據行略標，後即就解廣陳。

《會要》云，照五蘊空，度一切苦厄，是般若之大體也。雖曰蘊空，謂異色空邪，即色空耶。此之空相，垢邪，淨邪。如是義相，苟不廣釋，何能悟入。前是據行等者，適公云，自在與般若相應，名行也。後段不別標行，故唯生解出行。謂觀行在觀心中，只須要見五蘊皆空。一句之經，印持顯現，自能度一切苦厄也。

△《記》云，今經略分，則別譯序分之文。譯者之妙，巧應秦人，而皆別相修多羅攝。略爲廣本，亦本略收。

前中有四。一，能觀人。二，所行行。三，觀行境。四，明能觀利益。

《文句》云，第一節言五蘊皆空，爲一經之綱領。

今初。

經 觀自在菩薩。

疏 觀自在菩薩者，是能觀人名也。

清凉《疏》云，言觀自在者，或云觀世音。梵云婆盧枳底，此云觀也。濕伐羅，此云自在。若云攝伐多，此云音。梵本有二，故譯有二名。而《法華》云，觀其音聲，皆得解脱，即觀世音也。若具文業攝化，即觀自在故。彼中，初，語業，稱名除七災。二，身業，禮拜滿二願。三，意業，存念淨三毒。今多念觀世音者，語業用多故，又人多稱故。今取義圓，云觀自在。

△慈恩説十自在，恐繁不引。

△《西域記》，阿嚩羅枳低溼伐羅菩薩，唐言觀自在。合字連聲，梵語如上。分文散音，即阿嚩盧枳多，譯曰觀；伊溼伐羅，譯曰自

在。舊譯爲光世音，或觀世音，或觀世自在，皆謂也。

△《證真鈔》云，諸經標名，唯《大悲心陁羅尼》具云觀世音自在。

△《記》云，不空譯云，菩薩白言，我欲於會中，説諸菩薩普徧智藏，般若波羅蜜多心，蒙佛聽許，入慧光定，照五藴空，度苦厄等。

△泐《注》云，按施護譯本，世尊在靈鷲山中，入甚深光明，宣説正法三摩提。舍利子白觀自在菩薩言，若有人欲修學甚深般若法門者，當云何修學。而觀自在，遂説此經。此經即世尊所説，大部般若之精要，故知菩薩之説，即是佛説。

謂於理事無閡之境，觀達自在，故立此名。又觀機往救，自在無閡，故以爲名。前釋就智，後釋就悲。

唐三藏云，觀有，不住於有。觀空，不住於空。聞名，不惑於名。見相，不没於相。心不能動，境不能隨，動隨不亂其真，可謂無礙智慧也。

△《記》云，以觀不可分之理，圓攝一塵中，本分限之事，全遍法界内，理事圓融。廣大甚深三昧，自在三摩地時，解脱若斯。是以從三昧起，如證而説，故云觀達自在。

△泐《注》云，觀自在者，能修般若之菩薩也。菩薩用般若觀慧，照了自心清淨，圓融無礙，此自行也。復念世間受苦衆生，令其修習此法，改過遷善，離苦得樂，應時往救，無不自在，此利他也。

菩，謂菩提，此謂之覺。薩者，薩埵，此曰衆生。謂此人，以智上求菩提，用悲下救衆生。從境得名故。

《文句》云，菩提云覺，薩埵云有情，有情則有衆生也。衆生云有情者，以草木有生而無情，一切衆生有佛性者，皆有生而有情，菩薩在有情中覺悟，故云覺有情也。

經　行深般若波羅蜜多時。

疏　二，明所行之行。謂般若妙行，有其二種。一淺，即人空般若。二深，即法空般若。今簡淺異深，故云行深般若。

《記》云，妙行二者，即二空行也。人我執無處，所顯真如，名人空。法我執無處，所顯真如，名法空。如爲所顯，智是能顯，二執空無，故名二空。太一云，人空通小乘，而未清淨，三乘方清淨。法空在三乘，而未清淨，至一乘究竟清淨。

△清涼云，言甚深般若者，般若有二。一者是共，如云，欲得聲聞果，當學般若等。《法華》亦云，一切諸法，悉皆空寂，無生無滅，無大無小，無漏無爲，如是思惟，不生喜樂。即共般若。今悲智雙運，理事齊觀，故其所發，即是不共，爲甚深般若。悲濟九類，而無所度，悲智相導，方爲真實不共般若。

△廣承云，共般若者，三乘同修。二乘之人，但見於空，不見不空，鈍根菩薩亦然。空即偏真，是故爲淺。不共般若者，別、圓菩薩所修，菩薩之人，不見但空，但見不空空，即中道法界，故名深也。菩薩久已入實，將說此經，示爲儀式耳。

△泐《注》云，行者，修行也。深般若者，實相般若，非初心淺智者，所觀也。言時者，謂此菩薩，有時亦同二乘人，入空觀，故《法華》曰，應以聲聞身得度者，即現聲聞身等。

今非彼時，故云行深時也。

《記》云，般若時貫五三，教詮權實，對淺論深，旨該多義。清涼引《理趣大[三]般若》一段經文，初云，爾時世尊依一切無戲論法，說如來之相，爲諸菩薩，宣說般若甚深理趣，輪字法門。謂一切法空，無自性故。一切法無相，離衆相故。一切法無願，無所願求故。

一切法寂靜，永寂滅故。一切法無常，無常性故。一切法無樂，非可樂故。一切法無我，不自在故。一切法無淨，離淨相故。一切法不可得，推尋其相不可得故等。《鈔》曰，此上顯性空理趣，有法不有，義當始教空宗。次引經云，爾時世尊，復依一切住持藏法，如來之相，爲諸菩薩，宣説般若，一切有情，住遍滿甚深理趣，勝藏法門。謂一切有情，皆如來藏，普賢菩薩自體偏故。一切衆生，皆金剛藏，以金剛藏所灌灑故。一切衆生，皆正法藏，一切皆依正語轉故。一切衆生，皆妙業藏，一切事業加行依故。《鈔》曰，前明有法非有，後明無法不無。非有非無，是中道理趣。此則義通後三，實教理趣。今經實教，理當後義，故云行深時也。

　今於《疏》外，率愚以助解，輙謂慧光三昧，廣大甚深，窮法源底，當體難思，菩薩遊此，故云行深。如理而證，照理究竟，當斯之時，乃曰甚深時也。原夫《經》意，未必須俟揀顯。疏主循滎陽之請，順譯人三乘宗旨，以大揀小，略顯一理耳。

　△《小鈔》云，諸宗抑般若，但爲空教，恐謂菩薩空觀，亦同小乘人空。疏主特爲遮表，引《法華》以證成，正明菩薩此觀，真空絶相，頓入華嚴法界，已當八部般若無相大乘之極致，故曰行深般若也。言時者，念劫圓融，即是無時之時，亦兼破彼宗第二時，非真般若也。會師料簡，疏主狥請順譯，穿鑿師心，未敢聞命。

　△《會要》云，以别譯經中，是此菩薩告舍利子，説此法門，故《疏》云，此菩薩有時亦同二乘人，入空觀故。以同事攝化，現同類身，行同類行，如世尊引二乘機，亦作無常等觀。等者，等取應以辟支佛身等。今非彼時者，揀淺顯深，可知。

經　照見五蘊皆空。

疏　三，明觀行境，謂達見五蘊自性皆空，即二空理，深慧所見也。

沕《注》云，照者，觀也。五蘊，色、受、想、行、識也。蘊者，積聚也。空者，真空也。識，即心王。受、想、行是心所也。色，獨是色。餘四，皆心。

△《記》云，清凉曰，五蘊者，身心之異名。行人若不識身心真妄，何能懸契。不達真妄之本，諸行徒施。是以菩薩，先入慧光大定，以離念之明智，徹法之慧目，洞達五蘊自性，空無所起，當體即如，然後從三昧起，告鶖子曰，應如是學。故以達五蘊空，爲觀行境。然以深慧，觀蘊性空，對之起觀，故名爲境。若成般若，境即所行。清凉曰，如般若中，雖有實相，爲成智慧。所行境中，若能若所，皆是所行。如諸菩薩行深般若，能觀所觀，皆所行矣。

△圭山云，行境有二。一，是行家之境，唯行所到，非解境故。二，行即是境，行分齊故。

△《記》云，清凉又曰，生死之本，莫過人法二執，迷身心總相故。計人我爲實有，迷五蘊自相故。計法我爲實有，智眼照知五蘊和合，假名爲人，一一諦觀，但見五蘊。求人我相，終不可得。先觀色蘊，是觀身。了知堅則地，潤則水，煖則火，動則風。觀餘四蘊，則是觀心。了知領納爲受，取相爲想，造作爲行，了別爲識。依此身心，諦觀分明，但見五蘊，求人我相，終不可得，名爲人空。若觀一一蘊，皆從緣生，都無自性，求總相不可得，則五蘊皆空，名爲法空。是以照五蘊，而二空理現。

△《宗鏡》云，問，既以聖教正理比知，已生勝解，欲入聖位，緣何境界，親證修行。答，但了人法二空，即入此觀。

△佛海證云，照見乃能觀之智，五蘊乃所觀之境。以一切衆生，色心常現前故。《止

觀》初觀陰境，意取此也。《大莊嚴法門經》云，五陰體性，即是諸佛體性，菩薩雖現五陰煩惱，不與五陰煩惱和合，體性無染故。菩薩雖現五陰生死，教化衆生，知一切法，無去來故。

○《禪要經》云，見自心性，名之曰照。

○《智證傳》云，《華嚴》十萬偈，而《十地品》，第六地唯論十二緣生者，三苦已成之軀也。《首楞嚴》，披剥根境詳矣。而其終，特言五藴，亦三苦已成之軀也。佛曰，吾之法妙，不出衆生日用，使學者於凡夫身實證耳。永嘉曰，明識一念之中五陰者，謂歷歷分明，即是識陰。領納在心，即是受陰。心緣此理，即是想陰。行用此理，即是行陰。穢汙真性，即是色陰。此五陰者，舉體即是一念。一念者，舉體全是五陰。歷歷見在一念之中，無有主宰，即是人空慧。見如幻化，即是法空慧。予觀永嘉之談五藴，如駭鷄犀杭，四面視之，其形常正，益以證明《般若經》，照見五藴皆空之旨。

經　度一切苦厄。

疏　四，明利益，謂證見真空，苦惱斯盡，常得遠離分段、變易二種生死，證菩提、涅槃究竟樂果，故云度一切苦厄也。

《記》云，一切苦厄，二死收盡。今見真空，度已盡矣。清凉曰，乘人空觀行，出分段生死，永處涅槃。乘二空觀行，雙照人法二我，畢竟空無所有，則離諸怖畏，度一切苦厄，出變易生死，名究竟解脱。

△晋水云，菩提智果，覺法樂也。涅槃斷果，寂静樂也。照而常寂，心安如海。

△泐《注》云，苦厄者，五苦、八苦、世間諸苦也。菩薩照五藴空寂，離生死海，復憫在迷衆生，顛倒妄想，受諸苦惱，故説此般若法門，令其修習，皆得解脱也。

△紫栢云，五藴爲萬苦根株，千殃之本。衆生未能空此，縈纏苦厄，如蠶作繭，於百

沸湯中，頭出頭没，絲無斷日。菩薩既斷蘊絲，故得空色兩融，智慧並運，若事若理，譬庖丁解牛，無物迎刃，故得自在。

△《會要》云，證菩提下，即二轉依果，轉煩惱爲菩提，轉生死爲涅槃也。究竟者，窮極義，無上義，亦畢竟義。以二果超於因地，出過二乘，一得永得故。對前苦厄，故曰樂果，酬因曰果，亦遂也。則行華先敷，果道後遂耳。

△泐《注》云，上乃結集别序，下段是菩薩答舍利子所問。

○上來略標竟。

○自下第二，明廣陳實義分，於中有五。一，拂外疑。二，顯法體。三，明所離。四，辨所得。五，結歎勝能。初段，文有四釋。一，正釋小乘疑。二，兼釋菩薩疑。三，便顯正義。四，就觀行釋。

《文句》云，第二節，詳言五蘊皆空。

經　舍利子，色不異空，空不異色，色即是空，空即是色，受、想、行、識，亦復如是。

△《玄鏡》云，色是法相之首，五蘊之初。故諸經凡欲説空義，皆先約色。如《大般若》，從色已上，種智已還，八十餘科，皆將色例也。《會玄》云，舉要而示，則六道衆生及十方諸佛菩薩、二乘人等，五蘊、十二處、十八界也。

△圭山《觀門注》云，雖有空色二字，本意唯歸於空。以色是虚名虚相，無纖毫之體，故修此觀者，意在此故。第三色空無閡門中，舉色爲首，云空現，舉空爲首，不言色現，還云空不隱也。是故雖有空色無礙，但真空觀，不言真空妄色觀。私謂圭山此義，是空觀要門。《華嚴》云，菩薩得如是十空三昧門爲首，百千空三昧，皆悉現前。此杜順真空觀門，相傳之宗旨也。故於唱經之初，特標此文。

疏　初中言舍利子者，舉疑人也。

舍利，是鳥名，此翻爲鶖鷺鳥。以其人母，

聰悟迅疾，如彼鳥眼，因立其名。是彼之子，連母爲號，故曰鶖子。是則母因鳥名，子連母號。

聰慧第一，標爲上首，故對之釋疑也。

《記》云，異譯經云，佛在鷲山，與大比丘衆，滿千百人。今特告之，故曰上首。下科釋菩薩疑，不指疑人，即鶖子也。鶖子等，皆是已在三乘中。太一曰，舍利弗，身在佛法中，當聰明位。又曰，其位在於熟悟頓教，義通初教，又迴心聲聞。約本，則名聲聞，據現學法，則名菩薩。

△按泐師云，聰慧第一，爲衆請問，故菩薩呼而告之。《文句》則云，佛呼舍利而告之也。

○一，正釋小乘疑者，彼疑云，我小乘有餘位中，見蘊無人，亦云法空，與此何別。今釋云，汝宗蘊中無人，名蘊空，非蘊自空，是則蘊異於空。今明諸蘊自性本空，而不同彼，故云色不異空等。又疑云，我小乘中，入無餘位，身智俱盡，亦空無色等，與此何別。釋云，汝宗即色非空，滅色方空。今則不爾，色即是空，非色滅空，故不同彼。以二乘疑，不出此二，故就釋之。

《記》云，初，舉疑。彼聞大乘説法空理，而生此疑。有餘者，太一云，有餘身智故。《會要》云，謂二乘無學，已斷三界九地見思二惑，餘有苦依身在故。見蘊無人者，蘊中無我，顯人空故。彼正疑與大乘法空無別，今釋之曰，床上無人，床固非無。蘊中無人，蘊豈空耶。今明下，以《經》遣也。

△《會要》云，由修我空，推求蘊中，實無主宰，故云空也。如云舍空，見舍中無人主，舍非空也。非蘊自空者，二乘計諸法從緣生，故爲實有。未達從緣故空之理，故色等諸蘊，與空兩異。以諸蘊由緣而生，蘊性自無，豈同汝宗，蘊中無人爲法空乎。

△《記》云，無餘者，太一曰，無餘身智故，

同數滅無爲爲體，此位身智俱盡，無色心等蘊。故今釋之曰，汝小乘析色觀，色盡方空。大乘體色觀，色即是空，非滅色明空，如始教説。今則下，以《經》遣也。

△《玄鏡》云，滅色明空，謂如穿井，除土出空，要須滅色。今正揀此，故《中論》云，先有而後無，是即爲斷滅。然外道二乘，皆有斷滅。外道斷滅，歸於大虚。二乘斷滅，歸於涅槃。故肇公云，大幻莫若於有身，故滅身以歸無。勞勤莫先於有智，故絶智以淪虚。又云，智爲雜毒，形爲桎梏，故灰身滅智，撥喪無餘。若謂入滅，同於太虚，全同外道。故《楞伽》云，若心體滅，不異外道斷見戲論。故今文云，不即斷空。

△《會要》云，云以二乘等者，以此部兼被小故。天台云，般若名帶，帶小説大故。

○二，兼釋菩薩疑者，依《寶性論》云，空亂意菩薩，有三種疑。一，疑空異色，取色外空。今明色不異空，以斷彼疑。二，疑空滅色，取斷滅空。今明色即是空，非色滅空，以斷彼疑。三，疑空是物，取空爲有。今明空即是色，不可以空取空，以斷彼疑。三疑既盡，真空自顯也。

清凉《疏》云，三種空者，地前空亂意菩薩，有三種疑。一，疑空滅色，取斷滅空。此失空如來藏，即損滅也。二，疑空異色，取色外空。三，疑空是物，取空爲有。《鈔》云，《寶性論》第四，若散亂心，失空衆生者，謂初發心菩薩，離空如來藏義。以失變壞物修行者，名爲空解脱門，此名何義。初發心菩薩，起如是心，實有法可滅，後時得涅槃。如是菩薩，失空如來藏修行。又有人，以空爲有物，我應得空。又生如是心，離色等法，別更有空。我應修行，彼人不知空，然《般若經》中四句，正遣此三空疑。一，疑空滅色，故以色即是空遣之。二，疑空異色，故以色不異空，空不異色遣之。三，疑空是物，今明空即是色，故非別有空也。

△《會要》云，《論》説有四種人，不識如來藏，如生盲人。一，凡夫。二，聲聞。三，緣覺。四，初心菩薩也。初心者，意在十信位中。下云，散亂心無定力故。亂意菩薩者，彼云，散亂心失空菩薩，謂初心散亂，失空如來藏。《疏》一疑，即彼《論》第三義。二疑，即彼《論》第一義。三疑，即彼《論》第二義。

△《小鈔》云，准《法界・真空觀門》云，言真空者，非斷滅空，非離色空，即有明空，亦無空相，故言真空。四門十句，不離三義。清涼《玄鏡》，初二門八句，以法揀情，重重委釋，總結三門。則曰，既揀三種不正之空，故第四句，説真空也。賢首此《疏》，以二門八句，束歸於遣空亂意之三疑。遣初疑，即《觀》文非離色空也。遣次疑，即《觀》文非斷滅空也。遣後疑，即《觀》文即有明空，亦無空相也。空有斷滅，三相俱空，即離形顯，不揀自破。此中色即是空，是第一會色歸空門。空即是色，是第二明空即色門。色不異空，空不異色，是第三空色無礙門。故結成曰，三疑既盡，真空自顯。清涼亦云，離此三過，方曰真空清淨法界。良以入初觀人，揀顯多文，恐煩觀智，故束[四]歸三門，使學者可得其門而入也。

言三疑既盡者，并蕩盡小乘計執之餘疑，如奔流逕刃，一盡都盡，無別有疑可盡也。言真空自顯者，已洞開行人迥絶之後觀，如初日照山，一顯都顯，無別有真可顯也。下科既云便顯正義，便顯之言，躡上釋疑而來，所謂遮照同時也。會師於此，重煩料揀，謂滎陽熟聞譯旨，疏主曲狥初機，後順本宗，方爲正釋。斯則又多乎哉。君子闕如者矣。別在緣起，智者請詳。

△按。《玄鏡》引《十地經》云，有不

二不盡，此一句經，揀三亂意空。以有，揀斷滅空。以不二，揀異色明空。以不盡，揀空爲有，不謂有體盡滅。清涼《鈔》引《論》云，云何取此自性空，有不二不盡，如是取。此句顯離三種空攝。一，離謗攝。二，離異攝。三，離盡滅攝。云有者，即初離謗攝。不謂斷滅，如兎角故。言不二者，即離異攝，不謂異此空智，更有異空。言不盡者，離盡滅攝，不謂有彼此自體，彼此轉滅故。今《疏》中，一，疑空異色，即二離異攝。二，疑空滅色，即一離謗攝。三，疑空是物，正取三離滅盡攝。賢首列三疑，以順《經》文，故與《論》文不次。又清涼別解云，謂空不礙於色，明空非色外，遣第一疑。謂無定實色，舉體即空，非斷滅故，遣第二疑。謂空尚無色，豈有體耶。況色中無空，空定無體，以空中無色，遣第三疑。此文次第如《疏》，而第三明空中無色，則兼攝第四泯絶門，皆發明空色同如之妙，不嫌於互異也。

○三，便顯正義者，但色空相望，有其三義。

《記》云，《經》説色空相即，互無異者，良由具此三義故。清涼曰，緣起之事，與性空之理，二互相望，有乎三義。由此三義，成於理事無礙。

△清涼《疏》云，離此三空，即見自性本空，空如來藏。《鈔》云，《論》先列三病，即返問辨非。後列三名治之，即順問彰是。《論》云，自體空者，可如是取，如兎角耶。不也。可如是取，異此空智，更有異空耶。不也。可如是取，有彼此自體，彼此轉滅耶。不也。此返問彰非也。《經》云，有不二不盡。上《論》先舉所揀，以《經》對治，即順問彰是也。初離謗攝者，即取三空亂意中，第一亂意，會同《經》文，下之二攝，例此可知。第三攝有二釋，《疏》言此明非滅有體之智，成有體之空者。由《論》云，彼此自體故，

以空爲此，智爲彼，既離盡滅，故非滅有體之智等。《疏》言亦非空有物，可轉滅者，即第三釋。前釋雙就智空上論盡滅。

今就空上論盡滅，正順上第三，謂空爲有謗，不要約智論有也。離此三空下，結成正義。初二是有，後義非有，自互相違，何成正義，故説正義。智相是有，智性説空。今此智空，由有三德，離上三謗。由空義故，與智非一。由前二義，與智非異。非一非異，是中道故。故此真空，是智之體，體相無二，爲智之相，是同相也。同相，即是空如來藏。空如來藏，即性淨涅槃，其體一耳。

△《小鈔》云，《觀》文云，三疑既盡，真空自顯。清涼云，離此三空，即見自性本空，空如來藏。良以初亂意菩薩，以不了知空如來藏，執三種空。此《論》所列之三病也，明色空相即三義，遣三種疑，此對治之方也。上之三疑，所治之病也。下之三義，能治之方也。清涼《鈔》曰，上《論》先舉所揀，以《經》對治。今《疏》，乃分其能治、所治，兼《經》對釋，於義易了。賢首於是中，開拂疑、顯義二科，其章門一也。會師結彈，謂於大乘中，顛倒推求，及起疑惑等，實非疏主，及《經》宗旨。既不知列病遣疑，對治應有次第，又不知離空見性，遮顯本自同時，明背《疏》文，兼違觀義，未知何取。造此曲説，蒙是以力辨之。

△《會要》云，詳下釋意，以色屬事，則該通依他、徧計之事。以空爲理，即真空實相之理。理事交徹，故云不異，及互即也。此三如是次第者，由初相害，空色兩分，然後依此以辨無閡，由真空幻色，兩無閡故，所以全體相作也。

一，相違義，下文云，空中無色等，以空害色故。准此，應云，色中無空，以色違空故。若以互存，必互亡故。

《會要》云，初空中無色者，謂色舉體渾是盡色之空，故空現而色亡，諸法皆然，故云等也。《觀》文，真理奪事，及真理非事，皆此義也。以空下，出所以，事虛而理實，故如水奪波，波相自盡，準此等者，以空例色，謂空舉體渾是盡空之色，故色存而空隱。《觀》文，事能隱理，及事法非理，皆此義也。以色下，出所以。丂存下，謂存空，則色亡，存色，則空泯也。然相違義，約空色非一義説也。

△《小鈔》云，此《疏》中釋成空色三義，印前顯後之文也。是中具含第二觀門，統收五對之義。《觀》文，《疏》義，淺深碩異。今《鈔》依文列敘，而結文，則統論焉。

○今初。一，相違義者，依《觀》文，即真空觀，初一二門，雙揀色空之文。彼初文云，三，色不即空，以即空故。何以故。以空中無色，故不即空。會色無體，故即是空。次文云，前約空中無色揀，此正反前，應云色中無空故。空中無色，有理有文，色中無空，文理俱絶。圭山《注》云，有理者，真空絶相故，水中現火相時，水中必無故。有文者，經云是故空中無色無眼界等。此文正雙揀空色，而空中無色，即攝泯絶無寄第四門也。清涼《疏鈔》，結釋三空義云，三，相違義，以體非有，故無可盡，安謂空爲有耶。即三離異滅釋。貼釋上文，明空即是色，遣第三疑空是物疑也。若據《玄鏡》則云，色空相望，總有三義。一，相成義。二，無礙義。三，相害義。廣如第二理事無礙觀中，今文含有三，《連珠記》、清涼循文委釋，辭句全同《略疏》。末文云，即理事無礙中，五六九十四門。記主遂以理事十門，貼釋色空，無復二門次第，此《觀》《疏》諸文，淺深之大凡也。下之二義，例此可知。

○清涼云，真空必盡幻有，以若不盡幻有，

非真空故。是相害義，以事攬理成，遂令事相無不皆盡，唯一真理，平等顯現，以離真理外，無有少事可得故。如水奪波，波無不盡。《般若》中，是故空中無色等。

二，不相閡義。謂以色是幻色，必不閡空。以空是真空，必不妨幻色。若閡於色，即是斷空，非真空故。若閡於空，即是實色，非幻色故。

《會要》云，色不礙空，亦色不異空也。以色等緣生，相即假有，性即真空，故名幻色。幻色本虚，豈礙空耶。空不礙色，亦空不異色，謂真空與幻色，不相妨礙故。若礙下，對揀初，揀斷空，謂滅色所顯，如穿井見空。若礙於空下，揀實色。然色等諸法，本非真實，由情不了依他性空，依名取著，謂爲實相，由此色空相礙。今了色等幻妄，從緣無性，當體無非真空，故不相礙也。此揀，如《法界觀》初門廣示。

○《小鈔》云，《觀》文云，第三色空無礙觀者，謂色舉體是真空故。色不盡而空現，空舉體不異色故。空即色而空不隱，故無障無閡，爲一味法。圭山云，先標無閡所以，下出無閡之相。謂若色是實色，即閡於空。空是斷空，即閡於色。今既色是幻色，故不閡空。空是真空，故不閡色也。《會玄》云，空色無礙觀，即《般若》云，色不異空，空不異色。此皆用初觀，第三門釋成也。清涼《鈔》云，二不相礙義，是故不異。異則有礙於空，定性有故。空礙於有，定性無故。既不相閡，故非色外別更有空，故離異攝。此依第二離異攝，遣上文疑空異色疑也。若據《玄鏡》，即云第三色空無礙觀，正明無礙義。二無閡義，即具足理事無礙十門也。

○清涼云，真空必成幻有，以若礙幻有，非真空故。是相作義，及無礙義，謂事無別體，要因真理而得成立。以諸緣起，皆無自性。由無性理，事得成故。如波攬水而成立故。

亦是依如來藏，得有諸法故。幻有必不礙真空，以幻有必自盡，令真空徹現故。是不相礙義，亦相作義。謂由事攬理故，則事虛而理實。以事虛故，全事之理，挺然露現。如由波相虛，令水露現。

三，明相作義。謂若此幻色，舉體非空，不成幻色。是故由色即空，方得有色。故《大品》云，若諸法不空，即無道無果等。《中論》云，以有空義故，一切法得成。真空亦爾，准上應知。

《會要》云，三，相作義等者，望下各用，故云直釋。若此下，反顯。舉，徧也。謂色心等法，渾體即是真空，方得成色等，是幻色也。由色下，順明。由色即空故，方得成幻色也。此乃體色即空，知色是幻。《大品》下，引證。道，即萬行，意云諸法若實，則凡聖迷悟，不可移易。以無實故，所以捨迷就悟，背凡向聖，趨道證果也。《中論》大同，此則依法顯空也。真空亦爾者，例空作色也。將上幻色字，改真空字即了。又色若非空，凡夫徧計。空若非色，小乘斷見。今幻色真空相作，始爲大乘正理也。

〇《小鈔》云，《觀》云，初一，色不即空，以即空故。何以故。色不即斷空，故不是空也。以色舉體是真空也，故云以即空故。良由即是真空，故非斷空也。是故言由是空，故不是空也。第二明空即色觀，但翻云，斷空不即色，以真空必不異色故。上以空望於色，而成相作。色望於空，作義亦然。故曰真空亦爾也。清涼《鈔》云，一，相作義故，離初謗攝，謂若無智，則無有空。若無真空，智不成立故。若諸性不空，即無道無果。故《中論》云，以有空義故，一切法得成。故《論》《經》云有，能離謗攝。既空能成有，豈待滅智，方説空耶。此依《論》《經》有字，第一離謗攝，遣上文疑空滅色疑也。若據《玄鏡》，即云前二相即，亦相成義。第三色空無礙，正明無礙。今第四觀，即相害義。相害，相泯故。雖有此三，意俱顯於真觀耳。清涼云，真空必盡幻有，是相害義，即真理奪事門。真空必成幻有，是相作義，及無礙義，即依理成事門。幻有必覆真空，是相違義，亦事能隱理門。幻有必不礙真空，是不相礙義，及相作義，亦事能顯理門。此則三門五對，全彰無礙，所謂圓通無寄，爲一味法也。

△今按《觀》文，第二事理無礙觀中，通標十門，即别束十門，以成八字。八義之中，束爲五對。五對之中，又束爲三義。十門開合，爲入理事法界之詮門。今《略疏》釋成空色，標列相害、不相閡、相作三門，即取五對中所收之三，葢已束而又束矣。初，相害門，顯空中無色，色中無空。於三空門，遣空滅色疑，爲離異滅攝。於本觀，即攝第四泯絶無寄，相害相泯義。於理事無礙觀，即攝五六九十四門，亦互存互亡義也。二，不相閡門，顯色不異空，空不異色。於三空門，遣空異色疑，爲離異攝。於本觀，則正明色空無礙，雙揀雙顯義。於理事無礙觀，則正明二門無礙，而初二門中，鎔融理事，正通顯無閡之體相也。三，相作門，顯色即是空，空即是色。於三空門，遣空滅色疑，爲離謗攝。於本觀，剋指會色歸空，明空即色。於理事無礙觀，則真空初二門，皆是相成相作，即具含理事三四二門也。然而《法界》鈎鎖，已通攝理事十門，《疏》義鋪舒，終不出真空一觀，其故何哉。良以炬火重關，門無廣陿，崇臺祕鑰，樞有淺深。約此三義爲門，以生觀智，空色同如，行起解絶，真空絶相，理極於斯。若夫理事十門，真空三義，後先映望，理具文含。賢首於此文，但指空色，不標理事。於次文，但略標存泯四義，不配列理事十門，所謂不以第三色空無礙，濫於第三事理無礙觀者。良以章門觀綱，不容錯互故也。

《夜摩偈讚疏》云，若約相成，二門峙立，若約相奪，二相寂然，雙照此二，非即非離。若說一者，離之令異。若云異者，合之令同。善須得意，勿滯於言。清涼明五對，收歸不即不離。前四，明事理不離。後一，明事理不即。此中三義，終始鎔融，理正如此。

○是故真空，通有四義。

　　《會要》本云，二，空色各開四義，真空望色，通有四義。以空望色四義中，則空爲自，色爲他。

　　△《記》云，是故，躡上之辭，由上三義無礙，故令真空妙色，各具四義，而成空色圓通。當知此經所詮，即色之空，即空之色，各具四門三義，雙存雙泯，逆順隱顯，具德自在，無濫始教空宗，所詮真諦之空也。

　　△《會玄記》，約理望事，即真空四義，理望於事，以理爲己，以事爲他。約事望理，即妙有四義，事望於理，以事爲己，以理爲他。

一，廢己成他義，以空即是色故，即色現空隱也。

　　《會要》云，初句標，以空下，釋。由空即色，故唯色非空也。空體真故，但可云隱，不可云盡。如《經》，衆生現，而法身不現等。

二，泯己顯他義，以色是空故，即色盡空顯也。

　　幻色本虛，故可言泯。泯猶盡也，故云色盡。由色即空，故唯空非色也。

三，自他俱存義，以隱顯無二，是真空故。謂色不異空爲幻色，色存也。空不異色名真空，空顯也。以互不相閡，二俱存也。

　　隱，即初門。顯，即二門。今第三門，空色兩存也。《疏》即舉《經》以釋。

四，自他俱泯義，以本體相即，全奪兩亡，絕二邊故。

　　何以俱泯耶。由二相即，互形奪故。何者。由色即空而色亡，非有邊也。空即色而空隱，非空邊也。此四句，通釋《經》中色空即異四句。初二門，單用相即二句，以明廢泯。第三，用不異二句，以顯俱存。第四，雙用相即二句，以彰兩亡。

△《玄談》云，真空四義。一，廢己成他義，即依理成事門。二，泯己顯他義，即真理奪事門。三，自他俱存義，即真理非事門。四，自他俱泯義，即真理即事門，由其相即，故得互泯。又由初及三，即事徧於理門。以自存故，舉體成他，故徧他也。

△《會玄》云，理既廢已同他，事對誰立，故亦泯也。

色望於空，亦有四義。一，顯他自盡。二，自顯隱他。三，俱存。四，俱泯，並准前思之。

《會要》云，四義中，色爲自，空爲他。初二二句，互顯互隱。隱自者，謂色相元虚，見色唯互，故云隱也。如見波是水，覩器渾金。隱他者，謂色相宛然，事能隱理也。準前等者，但色空互舉爲異，可例前説。亦以初二及四，釋《經》中色空二即。初二門，單用二句，以明隱顯。第四，齊用二句，以釋雙亡。第三，用不異二句，以辯俱存，意易可了，故云思之。問，前空望於色中第一句，何異色望於空第二句。以廢己隱他，皆真空故。成他顯自，皆幻色故。色望於空中第一句，何異空望於色中第一句。以隱自泯他，皆幻色故。顯他顯己，皆真空故。俱空色互先，成此四義，亦何太殊。俱存俱泯，尤一貫之。答曰，深有所以，謂初四義中，雖成他泯他，即是色望於空中。顯自隱自，仍屬空望色。後四義中，雖隱自顯自，即是前門泯他成他，仍屬色望空，俱存俱泯，體義似同，亦所望異故。故前後四句，各有由致，理非重併，釋《經》四句，意義方周。

△《玄談》云，妙有四義。一，顯他自盡義，即事能顯理門。二，自顯隱他，即事能隱理門。

三，自他俱存義，即事法非理門。四，自他俱泯義，即事法即理門。又由初及三，即事遍於理門。以自存故，而能顯他，故徧他耳。

△是則幻色存亡無閡，真空隱顯自在，合爲一味，圓通無寄，是其法也。

《玄鏡》云，故約幻有存亡無閡，真空隱顯自在，故逆順自在，無障無礙。

△清涼云，存亡隱顯，於中二意。一者結上，空中無色，亡也。不礙色故，存也。舉體即空，非斷空故，兼存亡也。存亡約色，隱顯約空，空理真常，不可言亡。而色存，則空隱。色亡，則空顯。此唯約會色歸空以説。若兼第二不礙現色，是明空即色觀。論存亡隱顯者，色即是空，則色亡空顯。空即是色，則空隱色存。然皆即亡即存，即隱即顯，故云自在，即總結第三空色無礙觀。其泯絶無寄，在下釋文。

△又云，相違是存，相害是泯。然存上有不存之義，泯上有不泯之義。若唯泯，無不泯，則色空俱亡，無可相即。以不全泯故，雖相即而色空歷然。若唯存，無不存，則色空各有定性，不得相即。由有存不存故，雖歷然而得相即，以體虚故。

△《記》云，是則者，承前之語。由色，有顯他自盡等，不思議玄奥之德，故能或存或亡，無有障礙。具德之空，或隱或顯，逆順自在故。即幻有之真空，即真空之幻有，圓妙融通，無有異相，故曰合爲一味，圓通無寄，是所詮之法。故《經》云色不異空，空不異色等也。若依此釋斯經分齊，正當圓中同教。於中若唯取雙存，義當終教。唯取俱泯，則當頓教。若欲屬當經文，如前所引《玄鏡》二義，亦當終頓。疏主合五教後三，判爲一實，其宗旨全具於此。

△《會要》云，色中四句，不出存亡。初二句，互即以顯存亡。第三，互不相異，

唯存非亡。第四，相即𢈔奪，唯亡非存。無礙者，謂存不礙亡，亡不礙存。正存即亡，正亡即存。真空四句，不出隱顯，謂初門，廢己顯他。次門，泯他顯己。第三，𢈔不相異，唯顯非隱，第四俱泯，唯隱非顯。自在者，欲顯即顯，欲隱即隱，法無留礙，故云自在。幻色生滅，可言存亡。真空體實，俱云隱顯。若色則存亡一致，若空則隱顯無殊。若色空相望，則二𢈔相即，二𢈔不異皆一味也。然色云無礙，空云自在，但𢈔變文耳。存亡，亦可云自在。隱顯，亦可云無礙。此則圓通無寄也。

○四，就觀行釋者，有二。

《會要》云，前解諸義，就色空法上，以明玄妙，未會心觀，故今云爾。前即解也，此即行也。

一，觀色即空，以成止行。觀空即色，以成觀行。空色無二，一念頓現，即止觀俱行，方爲究竟。

《還原觀》云，《起信》云，若修止者，對治凡夫，住著世間，能捨二乘怯弱之見。若修觀者，對治二乘，不起大悲狹劣之見，遠離凡夫不修善根。止觀兩門，共相成助，不相捨離。若不修止觀，無由得入菩提之路。依此義故，要修止觀。起六觀者，依前五門，即觀之止，而起即止之觀，理事無礙，法如是故。定慧雙融，離分齊故。

△《記》云，觀色即空，色是外塵，觀之即空。《論》謂止一切境界相，即《經》第三句，觀空即色。《論》謂分別因緣生滅相，即《經》第四句也。空色無二，即二不異句也。

△《會要》云，空色無二者，止觀齊修也。以二句相望，同時𢈔即，成此俱修也。一念頓現等者，謂一念齊照，空色兩融。即止而觀照歷然，正觀而寂然無相，現非前後，故云頓也。止觀等運，定慧均融，自能流入薩

婆若海，故云究竟。

△二，見色即空，成大智而不住生死。見空即色，成大悲而不住涅槃。以色空境不二，悲智念不殊，成無住處行。

《記》云，《論》曰，觀一切法，自性無生，離於妄見，不住生死，智也。觀一切法，因緣和合，業果不失，起於大悲，修諸福德，攝化衆生，不住涅槃，悲也。色空下，二不異句，即悲之智，觀彼即生之空；即智之悲，以化即空之生。隨順法性，不住二邊，故云成無住處行。

△清涼云，即智之悲，故樂住生死。即悲之智，遠離輪迴。有悲無智，即墮愛見。有智無悲，即滯二乘。無智，不能觀空。無悲，不能起行。大智自利，導凡。大悲利他，樂小。此二相導，成無住道。

△三，智者大師，依《纓絡經》，立一心三觀義。一，從假入空觀，謂色即是空故。二，從空入假觀，謂空即是色故。三，空假平等觀，謂色空無異故。

《記》云，天台云，有次第三觀、一心中三觀。從假入空觀，亦名二諦觀。從空入假觀，亦名平等觀。二空觀爲方便，得入第一義諦觀，此名出《纓絡經》。一心三觀者，出《釋論》云，三智實在一心中得。只一觀而三觀，觀於一諦而三諦，故名一心三觀，乃至此觀成時，證一心三智。準此，即三觀之名，本出《瓔珞》。《論》以一心融之，名一心三觀。《論》本於《經》，人承於《論》，故曰依《纓絡經》。文中初觀，會色歸空。次觀，明空即色。後，即空色無礙，泯絕無寄，中道第一義諦觀也。清涼云，空如不二爲真空，不壞假名，即爲假觀，合上空假，爲中道故。又《玄鏡》云，若約三觀就《心經》者，色不異空，明俗不異真。空不異色，明真不異俗。色空相即，明是中道。即上四句，爲空、假、中之三觀也。二祖配《經》不同，則知《經》意融通，無定法耳。

△《疏鈔》引台教云，言從假入空者，謂觀因緣假有之法，皆是空寂，云何知空。若云色者，唯五根、五境及無表。此十一色，合成色蘊，故色蘊空。又於此中，一一推徵，謂一眼色，從八微生，假合成色，析至極微，都無實色，故曰色空。此藏教也。若云因緣所生，而無自性，舉體即空，不須析破。故《淨名》云，色性自空，無色滅空，體達此色，有染即空，故云體法明空。有通教起也。言從空入假者，即三觀迆邐，故成別教，謂先觀真諦，本來空寂，出觀入俗，涉有化生，淨佛國土等，故云從空入假。由入俗故，又多流散。次觀中道，動寂無二，遠離空有動寂二邊，三觀不在一時，故名別教。言三觀一心中得，有圓教起者，即空即假即中，雖三而一，雖一而三。三種皆空者，言思道斷故。三種皆假者，但有名字故。三種皆中者，即是實相故。但以空爲名，即具假中。悟空即悟假中，餘亦如是。

△《小鈔》云，此中依台教安立三觀，謂空、假、中三觀，即色空無異等三句。賢首、清涼，配文不一，皆是真空觀中，觀網交羅。故《玄鏡》云，雖有三觀，意明三觀融通，爲真空耳。近師，有專依一心三觀，委釋全經者，此亦認賢首之一漚者也。

○上來初段四釋科竟。次下，重列別釋色空等四句諸文。

○《淨名經》，喜見菩薩云，色、色空爲二，色即是空，非色滅空，《肇論》引云，非色敗空。色性自空。如是受、想、行、識，識空爲二，非識滅空，識性自空。於其中而通達者，是爲入不二法門。肇曰，色即是空，不待色滅，然後爲空，是以見色異於空者，則二於法相也。

○《肇論》曰，《經》云，《大品·習應品》

文。色不異空，色[五]不異色，色即是空，空即是色。若如來旨，觀色、空時，應一心見色，一心見空。空、色殊照，故各一心。若一心見色，則唯色非空。若一心見空，則唯空非色。然則空、色兩陳，莫定其本也。真空幻色，本自不二。今既各説，故失不二之本也。是以《經》云，非色者，牒上即色明空義。誠以非色於色，《經》説真空，即幻色故。不非色於非色。上非色，是真空。下非色，是斷空。不説真空，是離色，滅色故。若非色，空也。於非色，離色滅色。太虛則非色，牒上非理也。若離色，唯太虛離色耳。非色何所明。出過也。斷滅之空，無知無用，非修非證，何必辨明。若以非色真也於色，幻也。即非色不異色，非色不異色，色即爲非色。色空不二，爲《經》正義。《經》文初句，簡實也。次句，簡斷空。後二句，一念雙簡。得智用者，則事不異理，理不異事，事理互融，空有雙照矣。

○肇公《寶藏論》曰，夫以相爲無相者，即相而無相也。故《經》云色即是空，非色滅空。譬如水流，風擊成泡，即泡是水，非泡滅水。夫以無相爲相者，即無相而相也。故云空即是色，色無盡也。譬如壞泡爲水，水即泡也，非水離泡。夫愛有相，畏無相者，不知有相即無相也。愛無相，畏有相者，不知無相即是相也。是故無相，及有相，一切悉在其中矣。

○《宗鏡》云，《法界觀·真空門》，一，色即是空者，以色舉體全是真空，不是即于此斷空也。以即真空故，謂即於心體離念之真空也。以色等本是真如一心，與生滅和合，名阿棃耶識等，而爲能變。變起根身器界，即是此中，所明色等諸法。故今推之，都無其體，故舉體歸於真心之空，不合歸於斷滅之空，以本非斷空之所變故。斷空，則是虛豁斷滅，無知無用，不能現於萬法，如鏡外之空，非同鏡内之空，色相宛然，求不可得，謂之空。又凡是色法，必不異真空，以諸色相，必無性故。是故色即是空，既非滅色取空，離色求空。又不即形顯色相之空，又不離形顯無體之空。故即真空若不即色相，即無遍計所執；不離無體，即是依他緣起；緣起無性之真理，即是圓成。二，明空即色者，真空必不異色，故云空即是色。何以故。凡是真空，必不異色，以是法無我理，非斷滅故。是故空即是色，若離事求空理，即成斷滅。今即事明無我無性，真空之理，離事何有理乎。以真如不守自性，隨緣成諸事法，則舉空全色，舉理全事。又真如正隨緣時，不失自性，則舉色全空，舉事全理。三，空色無礙者，謂色舉體，全是盡色之空故。色盡而空現，空舉體不異全盡空之色，即空即色而空不隱。是故看色，無不見空；觀空，無非見色。無障無礙，爲一味法。如舉衆波全是一水，舉一水全是衆波，波水不礙同時，而水體挺然全露。如即空即色，而空不隱。

△又云，觀色一法，小乘見是實色，不説性空。初教見此色從緣所成，必無自性，即空無所有，如波歸水。終教見色空無礙，以真空不守自性，隨緣成色，即是幻色全賴空成，即此賴空之色，虛相無體，恒自性盡而空現。是故色即空而常泯，空即色而常存。要由自盡之色，方是空色；成色之空，乃是真空。舉體互融，無有障閡，如水入波。

△泐《注》云，色即四大幻色，空乃般若真空，衆生由迷真空，而受幻色，如水之成氷也。菩薩修般若觀慧，照了幻色即是真空，其猶融氷爲水。然色之與空，其體無殊，故曰色不異空，空不異色，如氷不異水，水不異氷。色即是空，空即是色，如氷即是水，水即是氷。此乃一經之要，般若之心也。

△《文句》云，色不異空者，明色乃幻化所爲，必不礙空。若礙於空，即是實色，非幻化矣。空不異色者，則空乃一真顯露，必不妨色。若礙於空，即是斷空，非真空矣。

此言色空不相礙也。色即是空者，明非色滅空也。空即是色者，明不可以空取于空也。此言色空無二也。真空，如大圓鏡，應物現形，而鏡中初無其物，故曰真空未嘗不有，即有以辨於空。幻色，如泡影電雲，當其出現，何嘗無像，一剎那頃，變滅歸空，故曰幻有未始不空，即空以明於有。受、想、行、識等，具云受不異空，空不異受，受即是空，空即是受等。此文，是結例諸法也。

○《小鈔》云，約觀門言之，色即是空，空即是色，是初二會色歸空、明空即色二門；色不異空，空不異色，乃第三空色無閡門，則觀門有次第也。約觀理言之，凡是色法，必不異空，是故色即是空。凡是真空，必不異色，是故空即是色，則觀理無歷別也。若約消文言之，應云，云何色即是空，以色不異空故。云何空即是色，以空不異色故。今經文四句，不依次者，意明真空圓觀，同時頓起之義耳。永明《宗鏡》，合清涼、圭山之說，委釋《觀》文，最爲詳密。今師則曰，既云不異，已是相即。重言即是，以示絶待。拘文滯義，講習相仍。一則倒置觀門，標深爲淺。二則測量觀理，揀圓成別。夫言即是之深於不異者，此今人制科習氣，推解深經，斯以搏黍博金錢耳。能龍不免，矧餘人乎。

△一切法體，不出有無，清涼有其三義。一者，謂世俗幻有之相，相本自空，勝義真空之理，理常自有，此約當體以明，即今經色即是空，空即是色也。二，謂有是空有，非常有，斯有未嘗不空；空是有空，非斷空，則空何嘗不有。此明即有是空，即空是有，二諦交徹成一，即今經色不異空，空不異色也。三，謂空有、有空，體一名殊。名殊，故真俗互乖，迢然不雜。體一，故空有相順，冥然不二。一與不一，不即不離，鎔融無礙，此則色空相即，空色不異，已具足泯絶無寄，

真空絶相之玄旨。以《觀門》自有次第，義不頓彰，至後門而方顯。故《仁王般若經》云，於諦常自二，於解常自一，通達此無二，真入第一義。菩薩智契其源，所以逈絶無寄，而善修安立也。

般若波羅蜜多心經略疏小鈔卷上

校勘記

〔一〕「釋」，疑衍。

〔二〕「云」，《連珠記》（《大正藏》本）作「揀云」。

〔三〕「大」，疑衍。

〔四〕「柬」，疑爲「束」。

〔五〕「色」，底本原校疑爲「空」。

般若波羅蜜多心經略疏小鈔卷下

○第二，顯法體。於中有二，先總，後別。今初也。

《文句》云，第三節，言五蘊空相，無生滅等，以足第二節之意。

△《小鈔》云，上來《經》文，正明真空觀中，會色、明空、無礙三門。自下，方顯泯絶無寄。《玄鏡》曰，不生不滅，乃至無智亦無得，真空觀備矣。

經　舍利子，是諸法空相。

疏　初中，言是諸法空相者，謂蘊等非一，故云諸法。顯此空狀，故云空相。

《記》云，蘊等，謂三科、七大等法。空狀者，即第一義空形相體狀也。不同角峯垂頡之相，負重致遠之性，内爲性，外爲相也。良以真空隨緣而現諸法，要在緣中，方顯空理，故約諸法而明空相。

△泐《注》云，空相者，真空實相也。菩薩復告舍利子云，既了諸法當體，即是真空實相。

△《會要》云，是，此也。蘊等者，等

取一切染淨依正。相者，狀也，真空相，即以不生不滅等爲相。

△紫栢云，此空相，照見五蘊之空也。

△廣承云，是諸法者，略則指上五蘊，廣則十界法也。空相者，實相也。經云，無相不相，名爲實相。無相者，無生死相也。不相者，不涅槃相也。生死涅槃俱盡，常寂滅相，故名爲空。不二不異，離虚僞顛倒，常樂我淨，即空、假、中，故名實相。經云，觀一切法空如實相。即此意也。

《中邊論》云，無二有此無，是二名空相。言無二者，無能取所取有。言有此無者，有能取所取無。是二不二，名爲空相。

《記》云，《探玄》云，一遣妄，二順真。又初會性本無，二實相不滅。又前了其不有，後證其不無，故云無二有此無，是二名空相也。清凉曰，無妄法之有，有妄法之無。然有無有二，一，定性有無；二，真空妙有。無妄法之有，則無定性之有，非斷無矣。有妄法之無，是真空之無，便爲妙有。是故若舉妄取真，則妄有真空。如三論説，若空、有對辨，則妄空真有。如《涅槃》明，無能取所取有者，則無妄法之有也。有能取、所取無者，則有妄法之無也。故曰，遂令緣起之相，相無不盡。無性之理，理無不現。

△《會要》云，《中邊論》，彌勒菩薩所説，《疏》中隨釋，即世親長行。若順彼宗，能、所二取之無，唯在偏計。性宗及此宗，則依他分別，既虚妄故，亦成空也。然賢首引此，正取空相爲證耳。二即有、無。不二者，以依他虚妄法中，立二有取及二無取。故知非定有二，定無二，此爲空相也。

〇二，别顯中，有三對六不。然有三釋。一，就位釋。二，就法釋。三，就觀行釋。

經 不生不滅，不垢不淨，不增不減。

《記》云，《經》明六不，而《中論》云，

不生亦不滅，不常亦不斷，不一亦不異，不來亦不去。此明八不。清涼曰，欲明不生不滅，含義無盡，略舉八不。然不生等，佛法之體，正教之要，義味無盡，釋有多門，略伸一兩。是以賢首、清涼，約境行通別，以釋斯義。破法顯理，此爲最要。《中論》曰，不生不滅，已總破一切法。又六八十不，若約顯義無盡，則《經》《論》異出，不必更會。若言展轉相因互成。由不來去，得非一異。由不生滅，得不斷常，會亦無違。

疏　初，就位釋者。一，不生不滅，在道前凡位，謂諸凡夫，死此生彼，流轉長劫，是生滅位，真空離此，故云不生不滅也。

《記》云，道前，謂見道前也，從外凡雜染衆生位説。《論》曰，爲本際無邊，煩惱藏所縛，從無始來，生死趣中，生滅流轉，名衆生界，是生死位。第一義空，性非生滅，故《經》以不不之，《疏》言真空離此等。

△《會要》云，道，即一切因修之行，非屬無漏聖道。道前，即目十信已前，以信位，亦治業垢故。下引《法界論》，詺此爲染位故。凡夫，謂羣生也。十信已前，教緣未值，不識修行，惑業相因，果報流轉，無始及今，故云長劫。真空等者，空爲能離，生滅所離，如來藏中，無起滅故。問，但云空相，寧非但空。答，若唯但空，空訖諸法，不辯空相，既以不生等爲相，即空後不空，中道無性之理也，故云真空離此等。

二，不垢不淨者，在道中菩薩等位，謂諸菩薩，障染未盡，淨行已修，名垢淨位。真空離此，故云不垢不淨。

《記》云，道中者，見修二道，十地位中也。又以十地説爲見修，故云菩薩等位。此約能所，治障行以分淨垢。疏主曰，已斷障，故名淨。斷未盡，故名垢。又修起淨德名淨。淨德未圓，猶帶障，故名垢。又異前位，故名淨，異後位，故名垢。真空離此，故《經》不之。

△《會要》云，淨行爲治，對染名淨，則信位十善淨行，治十惡染故，乃至金剛心位，覺生相無明之垢，故云垢淨位也。

三，不增不減者，在道後佛果位中，生死惑障，昔未盡而今盡，是減也。修生萬德，昔未圓而今圓，是增也。真空離此，故云不增不減。

《記》云，道後者，究竟位也。今盡者，習氣亦盡也。今圓者，福智圓滿，最極淨也。此皆染淨相翻，緣修若此，性覺真空，不容有是，故總不之。《首楞》云，如何是中，更容他物。

△《會要》云，生死惑障，即根本無明業相也。此相微細，非地盡境界，唯佛智覺了，故云今盡。《起信》云，根本業不相應染，依菩薩地盡，入如來地能離故。修生等者，謂始覺修生功德，即微細相大。《起信》云，真實識知義，常、樂、我、淨義等，究竟始覺時，方得圓滿，故曰今圓。

又《佛性論》中，立三種佛性。一，道前，名自性住佛性。二，道中，名引出佛性。三，道後，名至得果佛性。佛性惟一就位分三。今真空無異，亦就位分異。又《法界無差別論》中，初名染位，次名染淨位，後名純淨位。皆同此也。

《記》云，天親菩薩造《佛性論》，彼論第二卷，第三《顯體分·三因品》云，佛體性有三種，三性所攝義應知。三種者，所謂三因、三種佛性。三因者，一應時因，二加行因，三圓滿因。三種佛性者，應得因中，具有三性。一，住自性性。二，引出性。三，至得性。清涼曰，住自性性者，謂道前凡夫位。引出性者，從發心以上，窮有學聖位。至得性者，無學聖位。疏主又曰，自性住佛性者，雜染衆生位中，有垢真如。引出性，菩薩位，垢淨真如。至得性，即無垢真如。真空等者，就前三位，故有生等，性空覺明，無若干也。

△《會要》云，道前，名自性住者。彼論云，一，自性住佛性者，謂道前凡夫位。釋曰，謂正因佛性，處於染中，性恒不變故。真如之理，自性常住無有改變，即是一切衆生，本有佛性。道中名引出佛性者。彼云，從發心已上，窮有學聖位，謂此位中，以有緣、了二因，令性增長，而顯發故。佛性雖具，必假修習定慧之力，方能引發本有之性。道後名至得者，在無學聖位，以前二位中，雖得而非至。果位得極，方名至也。故知道前，可名應得，乘如實道，來成正覺時，乃至得也。今真空無異者，以真空與佛性，體一名殊耳。《法界無差別論》，堅慧菩薩造。彼云，復次此菩薩心，無差別相故，不淨位中，名衆生界；於染淨位，名爲菩薩；寂靜位，名爲如來。亦大同也。

△二，就法釋者，謂此真空，雖即色等。然色從緣起，真空不生。色從緣謝，真空不滅。又隨流不染，出障非淨。又障盡非滅，德滿不增。此生滅等，是有爲法相。翻此以顯真空之相，故言空相也。

《玄鏡》云，謂空若是物，則有生滅。若有盡滅，則有生起。今法空相，不生不滅，豈有有耶。故云是諸法空相，不生不滅等。

△《記》云，一者，珠現青黄，而珠不生。青黄遽亡，而珠不滅。二者，如華華空，空不生華。華去空澄，空不加淨。三者，德本不生，真空本有，湛然不生，其何增耶。障本不滅，妄惑本空，滅無可滅，將誰滅耶。此生滅下，是會總，諸識熏習故，妄心分別故，有色等生，是故皆爲有也。真空離此，故翻破彼，空顯相也。

△《會要》云，此中文含縱奪，此真空雖即色等者，縱也。然色下，奪也。以色生時，緣會而起。空非緣會，如何生耶。因緣離散，色從緣滅。空非緣離，如何滅耶。故肇公云，如其真有，有則無滅，譬之空華，依空生滅，

空非生滅也。此生滅等者，結也。上之三對，皆有爲相。翻此三對，是真空相，略寄三對，顯此空相。三對遮非，空境何相。莫因解了，住此相中，故《法界觀》，真空絶相云，此語亦不受也。

○次下，通釋三對六不。

○《大品》云，佛言，舍利弗，是諸法空相，不生不滅，不垢不淨，不增不減。是空法，非過去，非未來，非現在。是故空中，無色無眼耳，乃至無苦、集、滅、道，亦無智亦無得，無須陀洹，無須陀洹果，乃至無辟支佛，無辟支佛果，無佛，亦無佛道。菩薩摩訶薩，如是習應，是名與般若波羅蜜相應。

○《智論》云，若法不生不滅，如虛空，云何有垢有淨。譬如虛空，萬歲雨不濕，火燒不著，煙亦不著，所以者何。本自無生故。菩薩能如是觀，不見離是不生不滅法。有生有滅，有垢有淨，以善修習諸法實相故。若魔欲破，爲欲破空，空則無破。若有增益，如幻如夢，何所增益。是故説不增不減。

△孤山云，色不異空，故不生。空不異色，故不滅。色不異空，故不垢。空不異色，故不淨。色不異空，故不增。空不異色，故不減。生死即涅槃，故不生。涅槃即生死，故不滅。煩惱即菩提，故不垢。菩提即煩惱，故不淨。結業即解脱，故不增。解脱即結業，故不減。

△古雲云，法既常寂，妄自奚生，不受一塵，故曰空相。空一切妄，亦名實相。昔則不生，今則無滅。煩惱非垢，涅槃非淨。處聖不增，在凡不減。究竟平等，徧一切處。作是觀者，即同諸佛。

△泐《注》云，實相之體，本無生滅。既無生滅，豈有垢淨。既無垢淨，豈有增減乎。

△《小鈔》云，清涼言事無生中，前四不增，正顯無生。後之不減，亦即無滅。法本不生，今則無滅。以初攝後，皆曰無生。《佛性論·三

性品》云，如來約分別性，説本來無生忍。約依他性故，説自性無生忍。約真性故，説惑垢苦本性無生忍，則三性三無性，皆歸攝於不生一義。晋水云，《楞伽》説一切法不生。《中論》，不生爲論宗體。《疏》亦曰，無生，爲佛法體。諸經論中，皆詮無生之理，故知六不、八不，觀門中，以不生爲宗要也。〇三，就觀行釋者，謂於三性，立三無性觀。

《疏鈔》云，此明於三性上，修三無性觀。三性者，一，偏計所執性。二，依他起性。三，圓成實性。三無性者，一，相無自性性。二，生無自性性。三，勝義無自性性。偏言無性者，向真性上，説無性故。亦是古名，並從簡耳。

一，於偏計所執性，作無相觀，謂彼即空，無可生滅。

言所執無相觀者，所執，即偏計所執。無相，即相無自性性觀。由彼體相，畢竟無故。如虚空華，繩上蛇故。《鈔》云，一，顯無相觀者，正修三無性中，初無性也。一，離所取者，所取，即偏計所執也。言知於情有者，即偏計中二義，謂情有、理無。今知情有，即是理無，則知此性，即無相也。如迷木見鬼者，如人夜行，雲月朦朧，見一杌木，以無月光，情懷怖畏，而生鬼想。衆生亦爾，行生死夜，妄想浮雲，蔽於慧月，覩緣生法，不了性空，謂有定性，如生鬼想。鬼喻偏計，木喻依圓。若了知鬼，是因迷有，則知所執定性之法，皆由妄情，是人名爲妄識所執，故名悟人，如實知鬼。知鬼本無者，約法云，知妄所執，理本是無，但是依、圓，爲舉體是木，則見依、圓，故名見木。故知妄本是真，則鬼是木。見佛則清淨，名爲見木。二，離能取者，以所取空故。如若見鬼，即不見木者，有妄執之見。如若見鬼，故則爲垢，不是依、圓，名不見木。執有定性，不見依、圓之實，名未爲見木。離於鬼見者，謂離於定性執見，則是圓成之實，方名爲見木。

△《會要》云，徧計者，六、七二識，於自他境，無我法中，執實我法，故《唯識》云，此徧計所執，自性無所有。

二，於依他起性，作無生觀，謂依他染淨，從緣無性。

二，緣起無生觀者，緣起，即依他起性，亦名緣起性。言無生者，即生無自性性觀，此如幻事，託衆緣生，無始妄執，自然性故。《鈔》云，次明緣起無生觀者，依他二義。一，幻有。二，無性。從分別生，釋依他義，依他因緣而得生故，分別即他故。二，無性者，知世皆無生。無生，即無性也。

△《會要》云，從緣無性者，謂無自性生，但從緣起，生即無生，故云無生。又因無力，緣無力，皆無能生之義。能生之因，尚無力生，況所生之法乎。《十地論》云，因無生，緣生故，緣無生，因生等。因修此觀，妙契無生，

蛇鬼既泯，繩杌亦亡。世出世法，何染何淨，以皆無性故。

三，於圓成實性，作無性觀。謂前二不有，而非滅。觀智照現，而不增。又在纏出障，性無增減。

三，圓成無性觀者，圓成，即圓成實性。言無性者，即勝義無自性性觀，謂即勝義，體有相無。法性本清淨，故是體有，如空無相，故是相無。由遠離前，徧計所執我法性故。《鈔》云，三，明圓成無性觀，謂成有二義。一，體有。二，相無。體有，即是相無。相無，即是體有。欲言其有，即相無故。欲言其無，即性有故。

△《會要》云，圓謂圓滿，成謂成就，實謂真實，即真空也。前二不有者，謂於此性中，都無徧計依他之法，亦非滅也。觀智等者，因修前觀，名相兩虛，即名相而見圓成之理，亦不增也。

又妄法無生滅，緣起非染淨，真空無增減。《記》云，此直就當性説。偏計性者，性本自無，何有生滅。

緣生即無性，無性即空，奚染淨有。覺明空海而爲虛空，平等本性，孰增減耶。以此三無性，顯彼真空相。

《疏鈔》云，《唯識》云，即依此三性，説彼三無性，初則相無性，次無自然性，後由遠離前，所執我法性。故三種三性，不相去離。然法相宗，三性則有性，三無則無性，有無義殊。若法性宗，此二三性，有無無礙，互奪雙亡，皆悉自在。此一念之心，刹那起時，即具三性，三無性六義。謂一念之心，是緣起法，是依他起，情計有實，即是偏計所執。體本空寂，即是圓成。即依三性，説三無性，故六義具矣。若一念心起，具斯六義，即具一切法矣。以一切真俗萬法，不出三性，三無性故。

△《玄鏡》云，既非滅色異色，不即不離，故即真空。空非色相，無偏計矣。緣生無性，即依他無性。無性真理，即是圓成。故此真空，該徹性相。

○第二明所離，然真空所離，歷法多門，統略有四。一，法相開合門。二，緣起逆順門。三，染淨因果門。四，境智能所門。今初也。

《記》云，然真等者，真空是能離，妄法之真如也。所歷乃所離，定實有性，蘊等妄染之法也。統略有四，廣説則《大經》所例，八十餘科皆清淨等。法相開合者，則蘊、界、處，隨根開合也。

△《文句》云，第四節，言空中本無五蘊，及處界等諸法，以終前三節之義。

經　是故空中無色，無受、想、行、識，無眼、耳、鼻、舌、身、意，無色、聲、香、味、觸、法，無眼界，乃至無意識界。

泐《注》云，是故，承上文而言，此真

空實相之中，既不可以生滅、垢淨、增減求之。故總結云，無色，無受、想、行、識等。無即空也，既無五蘊，亦無六根六塵，此空十二入也。既無十二入，亦無十八界。十八界者，六根、六塵、六識也。乃至者，上舉眼界，下舉意識界。舉其始末，而略其中也。

疏　初，是故空中者，是前不生、不滅等真空中故。無色等者，彼真空中，無五蘊等法。

有本云，無色等蘊一切法故。

此就相違說，故云無也。理實皆悉不壞色等，以自性空，不待壞故。

有本云，由色等法，自性本空，不待壞故。下並準知。

《文句》云，空中之空，即空相之空，謂真空也。

△《記》云，是故下，會《經》意。良以第一義空無性，故空蘊等諸法，定實有性，是故此中無彼等法。此就下，會中道，即前相違義也。今云無者，以空害色，故中無色也。不壞色者，即不相礙，相作義也。以空是真空，不妨幻色故。自性等者，由從緣故有，有來即無，故不待壞。今謂但顯空理，未曉全即妙有也。

△《會要》云，無色等者，世間三科中離蘊法也。皆悉不壞者，雖相違乎非，法亦不壞，以法性自空，不待壞故。肇公云，豈待宰割，以求通哉。

△《智論》，問曰，人皆知空中無所有，不生不滅，不垢不淨，不增不減，無一切法，佛何以分別說五衆等諸法各各空。答曰，有人雖復習空，而想空中，猶有諸法，如行慈人，雖無衆生，而想衆生得樂，自得無量福故。以是故，佛說諸法性常自空，非空三昧故令法空，如水冷相，火令其熱。若說言以空三昧故令法空者，是義不然。

△又云，色與空相違，空來則滅色，云

何色空中有色。譬如水中無火，火中無水，性相違故。有人言，色非實空，行者入空三昧中，見色爲空。以是故，言空中都無有色，受、想、行、識亦如是。佛重説因緣，若五衆與空異，空中應有五衆。今五衆不異空，空不異五衆。五衆即是空，空即是五衆。以是故，空不破五衆。

△清涼云，性主於内，相據於外。若一空者，彼一不空。若得意者，此二相成。謂由從緣無性，名爲性空，故令體相無不空寂，即相空也。此以性空，成於相空，由諸相蕩盡。是故空中無色，無受、想、行、識，方顯法性本自空耳。此以相空，成於性空，故二空相成，云不二也。又説性空，總有三義。一，法無定性名空，則相未空。二，法之真性本空，則相亦未空。三，若説從緣無性，故名爲空，則一切法性自空矣，非推之使空，則悟真如，成正智火。一正智，二如如。既有正智，決無妄想，了得如如，名相則隱，雖不壞相，當體即空，理奪於事，無不蕩盡，是故空中無色等法。

此中五蘊，即合色爲一，開心爲四。

《會要》云，合色者，以色有十一，謂五根六塵也。開心者，謂略相説，色、心二位。今依心法，開成四蘊，受、想、行三，即心所法，識即心王。

△《記》云，《五陰章》曰，問，蘊義云何。答，諸所有色，去來現在、内外、細麤、遠近、勝劣，彼一切略説色蘊，積聚義故，如貨財積聚，乃至識蘊。此問顯得名也。又苦相廣大，故名爲蘊，如經純大衆苦蘊集故等。又問，蘊義云何實有，幾時實有。爲何異故，觀實有耶。答，此餘根境，是實有義。一切皆實有，爲捨執著實有故，觀察實有此蘊義，聲聞即實，初教即空，終教即如，頓教不可説，一乘即法界。

二，無眼等者，空無十二處。十二處即合心爲一半，謂意處全，及法處一分。開色爲十半，謂五根、五境爲十處，及法處一分。

《會要》云，無眼等者，離十二處也。處者，生門義，是生識之門故。亦游義，是識所游處故。合心爲一半者，對前開四，故今云合，以六根中，意全是心故。及法處一分者，意所取境，名之爲法，法處有四。一，心所。二，不相應行。三，無爲。四，無表色。今指心所一分，故云半也。開色爲十半者，對前合色爲一，故云開也。謂色、聲、香、味、觸，及眼、耳、鼻、舌、身，全爲十，言半者，即法處中無表色。

△《記》云，《處章》云，十色界，即十色處。彼不言半，略也。《章》問曰，處義云何。答，識生長門義，是處義，當知是種子義攝。

△佛海云，舊云十二入，言六根六塵，互相涉入。新云十二處，言内根外塵，各有處分。行者日用，照此根塵，體即般若，頓空圓覺，故言無也。

△《文句》云，眼、耳、鼻、舌、身、意，謂之六根，猶草木之有根也，亦謂之六入。根，則主内而言。入，則主外而言。眼見爲色塵，耳聞爲聲塵，鼻嗅爲香塵，舌嘗爲味塵，身染爲觸塵，意著爲法塵，是爲六塵，如沙塵之障蔽也。根塵和合，爲十二處。處，所也。言各有所在也。

三，無眼界等者，空無十八界。十八界中，即色、心俱開。准上可知。釋此三科，具如《對法》等論也。

《會要》云，色心俱開者，謂開色爲十半，如前。開心爲七半，即六識爲六。意根，及法處心所也。

△《記》云，《界章》云，云何建立界，謂色蘊即十界，眼等五根界，色等五境界，

及法處一分。受、想、行、識，即法界一分。識蘊七識界，謂眼等六識，及意界，故云色、心俱開。有作三六觀者，義亦可見。《章》問，界義云何。答，一切法種子義，謂依阿賴耶識中，諸法種子説名界。界，是因義故。又能持自相義，是界義，廣義彼説。釋此下，指廣。

△《文句》云，從見爲眼識，從聞爲耳識，從臭爲鼻識，從嘗爲舌識，從染爲身識，從分別爲意識，謂之六識。識爲妄生辨根，昏翳真智也。三者和合，爲十八界。界者，限也。言各有限域也。

△沕《注》云，如上三科，不出色、心二法。爲迷心重者，説爲五蘊。爲迷色重者，説爲十二入。爲色、心俱迷者，説爲十八界。修學之人，隨其根器，但修一科，即得悟入。

○《合釋大般若》云，世尊，色色相空。受、想、行、識識相空。色空不名爲色，離空亦無色。色即是空，空即是色。受、想、行、識識空，不名爲識，離空亦無識。識即是空，空即是識。乃至老死，老死相空。老死空不名老死，離空亦無老死。老死即是空，空即是老死。

○《智論》云，摩訶衍空門者，一切諸法性自空，不以智慧方便觀故空，如佛告須菩提説，色色自空，受、想、行、識識自空。十二入、十八界、十二因緣，乃至阿耨菩提，皆自空。

經　無無明，亦無無明盡，乃至無老死，亦無老死盡。

沕《注》云，此空十二因緣也。十二因緣，亦名十二有支。一曰無明，亦名煩惱。菩薩以般若智觀此無明，其性本空，無生滅相，故曰無無明，乃至亦無老死盡。亦舉其始末，而略其中也。此十二因緣，該三世因果，展轉因依，一念無明心，鼓動真如海，生死漩澓，如輪旋轉，一切衆生，迷而不知。此本緣覺之人，所觀之境。大乘菩薩，以般若智觀照無明，都無實性，故曰無，曰盡也。

△《文句》云，十二因緣，乃推五蘊之至詳者耳。

△《會要》云，依三世説，過去有二，無明及行。現在有八，一識，二名色，三六入，四觸，五受，六愛，七取，八有。未來有二，一生，二老死。此十二法，惑業苦三，攝之無餘。《因緣論》云，煩惱初、八、九。釋曰，初，即無明。八，謂貪愛。九，謂取著。《論》云，業二及以十，謂第二行支，及第十有支，爲業也。造作名行，招果名有。《論》云，餘七説爲苦，謂識等五支，及生、老死二也。入胎爲識，住胎之時，四蘊爲名，色蘊爲色，眼等六根完具，名六入。根對前境，心有所染名觸，領納苦樂名受，蘊起曰生，蘊熟曰老，蘊散曰死。《論》結云，三攝十二法也。

○《智論》五十二，《論》云，謂從無始，至未轉依，此意任運，恒緣藏識，與四根本煩惱相應，乃至此四常起，擾濁内心，令外轉識，恒成雜染，有情由此，生死輪迴，不能出離，故名煩惱。《論》釋云，無明是闇義，七俱無明，恒行不斷，是長闇義，由長闇故，名爲長夜。唯此無明，爲長夜體，餘法皆無夜之名，唯此獨有，故名不共無明。按。無明爲長夜之體，生死乃長夜之業。《經》云，無無明，亦無無明盡。明空十二因緣，以無明爲首也。乃至無老死，無老死盡。明空十二因緣，以老死爲尾也。

疏　二，明緣起逆順門。

《記》云，此即緣起觀也。清涼云，緣起深義，佛教所宗，乘智階差，淺深多種。龍樹曰，因緣有二，一内，二外。外，即水土穀芽。内，即十二因緣。今正辨内，然外由内變，本末相收，總含法界一大緣起。《大經》文内，略説十重，窮究性相，以顯無盡一乘之義，廣如彼《疏》。三乘緣起，亦具十門，如《瓔珞經》。三乘之智，觀之各得自果。無無明者，順觀無明流轉門。以其性空，故云無無明也。亦無無明盡，逆觀無明還滅門。以真空故，無可盡也。

《記》云，彼之十門，皆具順逆。逆則緣滅，順則緣生。此約流轉還滅，以爲順逆，即逆生死，順生死也。無明滅，故行滅等，逆生死也。順即流轉門，逆乃還滅門。若二門各説順逆，具如《探玄》第十。性空者，三道性空故，因緣生法，生無有生故。逆觀者，以生無有故，滅亦不可得。經云，諸法從本來，常自寂滅相。故無可盡。

△清涼云，無明緣行等，前能生後，生死流轉爲染，無明滅行等，反本還原爲清淨。無明緣行者，是觀過去。識乃至愛，是觀現在。愛乃至有，是觀未來。於是以後，展轉相續。《十地品》云，無明滅行滅者，是觀待教，逆觀即得對治義，此滅則彼滅，是觀待義。又因觀能滅，揀自性滅，故云觀待。

△《會要》云，順觀無明等者，謂因無明生行，因行生識等。流轉者，如水流車行，循還不斷之義。《因緣論》云，從三故生二，從二故生七，從七復生三，是故知輪轉。什曰，三，即三惑也。二，謂二業也。七，乃識等七支果也。明此三者，迭互生起終而復始也。緣生性空，空本無之，不待觀滅，故曰以其性空等。逆觀無明者，謂逆生死流觀斷無明等。《法華》云，無明滅則行滅，行滅則識滅等。依小乘説，以十二法，逆次而觀，從麤至細，自果向因。謂觀老死可厭，從何而來。因生支有，推因審因，作觀斷之，乃至行支，無明無因，不可推斷。準此而釋。逆謂逆次。今從前也。

此舉初支，中間十支，皆應准此，故云乃至。末後一支，謂老死，亦流轉還滅，皆空也。

佛海云，始無明，終老死，因緣生也。無明盡，至老死盡，因緣滅也。滅，即盡義。

△清涼《疏》，約三際言，無明爲本，愛取爲際。此二中間，有識等五，及生老死，無明橫起，是本可知，不了第一義諦，名無明故。言愛取爲際者，即現在所起。若更起愛取，則有未來生老死支。若不起者，則苦不生。有無由之，故名爲際。言是二中間，有識等五者，是無明支後，愛取支前，中間五果。言及生老死者，即愛取支後，望未來世，未起愛取支前，爲中間耳。以未來更起，展轉無窮故。今悟無明，因迷過去，有識等五，現在之愛，即是無明。若不斷者，輪轉不息。今能斷之，將來無復生死矣。

○《大乘舍黎娑擔摩經》，慈氏菩薩告舍利子，十二緣生者，所謂無明緣行，行緣識，識緣名色，名色緣六入，六入緣觸，觸緣受，受緣愛，愛緣取，取緣有，有緣生，生緣老死憂悲苦惱。如是生者，即一大苦蘊生。彼無明滅，即行滅，行滅則識滅，識滅即名色滅，名色滅即六入滅，六入滅即觸滅，觸滅即受滅，受滅即愛滅，愛滅即取滅，取滅即有滅，有滅即生滅，生滅即老死憂悲苦惱滅。如是滅，即一大苦蘊滅。

○《瑜伽》第十，問，於所緣境中，何等是若〔二〕牙，誰守養苦牙，何等爲苦樹。答，無明行緣所引識，乃至受，是苦牙。受緣所引愛，乃至有，是守養苦牙。生與老死，當知是苦樹。問，幾緣起支，當知是炷。答，識乃至受。問，幾支如膏。答，無明、行、愛、取、有。問，幾支如燄。答，生、老死。

○《智論》云，十二因緣中說何因緣故，有老病死。老死第十二支。以有生故。第十一生支。衆生不知，由生有苦。若遭苦時，但怨恨人，自不將適，初不怨生。以是故，增長結使，重增生法，不知真實苦因。菩薩既知生是苦本，復推生因緣。生因緣者，有，第十有支。著是三有，起善惡業，是生因。有因緣者，四衆取。第九取支。取因緣者，愛等諸煩惱。第八愛支。增長能起業，故名爲取。愛因緣三種受。第七受支。受因緣眼等六種觸。第六觸支。觸爲六情依止處，故但説六入。第五六入支。六入因緣，名名色。第四名色支。成就，名六入。未成就，名名色。是胎中時，因緣次第名名色。名色因緣是識。第三識支。若識不入胎初，胎初則爛壞。識何因緣故入胎，是行因緣。第二行支。行，即是過去三種業。業將識入胎，如風吹絶炎，空中而去，炎則依止於風，先世作人身時，然六識故。命終時，業將識入胎，是行因緣，名無明。第一無明支。一切煩惱，雖是過去業因緣，無明是根本，故但名無明。今世現在著愛取多故，愛取受名，過去世中是疑邪見處，故但名無明。今得一切苦惱，根本是無明，諸菩薩大智人利根，但求究盡十二因緣根本相，不以憂怖自沒，於時不得定相，老死畢竟空，諸法果色，空中生相不可得，何況有老。如是等種種因緣，求老法不可得。不可得，故無相，如虚空不可盡，如老，乃至無明亦如是。

△又云，佛問德女，若幻空欺誑無實，云何從幻能作伎樂。德女言，世尊，是幻相法爾，雖無根本，而可聞見。佛言，無明亦如是，雖不内有，不外有，不内外有。不先世至今世，今世至後世。亦無實性，無有生者滅者，而無明因緣諸行生，乃至衆苦集，如幻息。幻所作亦息，無明亦爾，無明盡，行亦盡，乃至衆苦集皆盡。

經　無苦、集、滅、道。

泐《注》云，無苦、集、滅、道者，觀四諦清淨也。説此四諦者，欲令衆生知苦斷集，慕滅修道，離苦得樂也。此本聲聞之人，所修之境。大乘菩薩，照了此境，當體即空，故言無也。

△《文句》云，苦諦，謂二十五有，依、正二報也。集諦，謂見、思惑也。滅諦，謂滅前苦集，顯偏真理，因滅會真，滅非真諦也。道諦，謂戒、定、慧也。苦、集，是世間因果，苦果集因。滅、道是出世間因果，滅果道因。如是四諦，真空皆無也。然四與十二因緣，亦名異義同，不過有開合之異，亦爲機宜不同，所以重説也。

疏　三，染淨因果門，苦、集是世間因果。謂苦是生死報，先舉令生厭。集是彼因，謂是煩惱業，厭苦斷集，先果後因故也。滅、道是出世間因果。滅是涅槃果，先舉令生欣。道是彼因，謂八正道，修之於後，皆空無有也。

《會要》云，逼集名苦，增長名集，累盡名滅，出離名道。八正道者，謂正見、正思惟、正語、正業、正命、正念、正定、正勤。三十七分，八萬度門，無漏聖道，皆此諦攝，以此克證於涅槃故。故《疏》云，道是彼因。

△清涼云，言四聖諦者，聖者，正也。無漏正法，得在心故。諦有二義。一者諦實，此約境辨，謂如所説相，不捨離故，真實故，決定故，謂世出世二種因果，必無虚妄，不可差失。二者審諦，此就智明，聖智觀彼，審不虚故，無倒聖智，審知境故。以四諦名雖在小，義通大小，事理具足，如十二緣，但事而無理。今滅諦是理，十二緣名廣事略，事亦不具，但有苦集而無道故。六波羅蜜，但顯出世，無世間故。但有道、滅，無苦、集故。《智論》云，小乘三是有相，滅是無相，大乘四諦皆是無相。天台有四四諦。一，生滅四諦。二，無生四諦。三，無量四諦。四，無作四諦。逼迫名苦，即有漏色心。增長名集，即業煩惱。寂靜名滅，謂即涅槃。出離名道，謂止觀等。等者，等取八正道等。此約相説，通大小乘，結屬生滅四諦也。解苦無苦，名苦聖諦。解集無和合，名集聖諦。解滅無滅，解道無道

等，達四緣生故空，無生四諦也。約一界一諦，娑婆四諦，有無量相，無量四諦也。今了陰入皆如，無苦可捨。無苦可捨，非是空故，無有可捨。今體即如，如外無苦，何所捨耶。集言無明塵勞，皆即菩提，豈同前空。苦菩提體外，無別可斷，不同無生，空無可斷。前則空中無華，云何可摘。今則波即是水，不得除波。生死即涅槃，非是體空，無生滅也。邊邪皆中正，非離邊外，別有中道。非離邪外，別有正道。亦非無邊無邪，無可修也。無苦無集，即無世間。無滅無道，即無出世間。此則無作四諦也。

△《記》云，四四諦，束惟性相。相開生滅無量，性開無生無作。若以名必召實，今經具四。若約所詮，正當無作，兼攝無生。清涼明無作四義，即是法界，圓通無礙，一味法也。

○《智論》云，苦者，受五受衆身，是一切苦本，性即是苦。略而言之，是生、老、病等苦。集者，愛等諸煩惱。愛是心中舊法，佛説愛能生後身，故是苦因，苦因即是集。人欲捨苦，當先斷愛，斷愛即苦滅，苦滅即是道。觀是五衆，種種因緣苦，及苦集罪過，所謂無常、苦、空、無我，如病、如瘡、如怨、如賊等，於八聖道中爲正見。餘七事，助成發起，能斷一切法中愛，如以酒發藥，於一切世間，無所復貪，得雄苦穴。然後示以妙法，是苦等四諦，皆從因緣生，虚誑不實，無有自性。初得道，知二諦是虚誑，將入無爲涅槃，亦知道諦虚誑，如説栰喻。滅諦亦無，無爲滅，滅如燈滅，不應戲論，求其處所。是故佛説不以苦諦滅，亦不以苦智滅，乃至道諦道智亦如是。

○清涼云，前有滅道，是流轉始修之還滅，謂前五陰中，有滅道者，於蘊等中，方始修道，則得滅耳。若已證滅，則無蘊等。後有苦集，是還滅未盡之流轉。以雖是聖人，苦集未盡，無餘涅槃，方始盡故。

經　無智亦無得。

《文句》云，此句，總結上文，以起下文。

△沕《注》云，智者，般若之智也。大乘菩薩，以智照境，既無五蘊，及四諦諸法，即是人法皆空，境智俱泯，如病去藥亡，故云無智亦無得。

△《智論》云，從本以來，常自無得。智者，是無漏八智。得者，初得聖道，須陀洹果，乃至佛道。

疏　四，境智能所門。非唯空中無前諸法，彼知空智，亦不可得，故云無智也。即此所知空理，亦不可得，故云無得也。

《會要》云，境智能所者。境，即真空，所觀之境。智，即般若，能證之心。彼知空等者，即甚深般若。能了真空相中，無諸法者，此亦絶也。即此等者，釋亦無得，蓋亦不礙於所了真空之理也。《涅槃論》云，無得是有得之真名，有得是無得之僞號。此上諸科，亦無等言，皆顯本無，非今令離也。

△《記》云，經云，若説有覺，猶未離幻，是故無智。又經云，本無菩提，及與涅槃。又云，設更有法，勝過菩提涅槃。我亦説如夢如幻，故云無得。已下全引《光明覺品疏鈔》。《文殊般若分》云，若知我性，即知無法。若知無法，即無境界。若無境界，即無所依。若無所依，即無所住。若無所住，即住平等。若住平等，則無能所。故曰無住。清涼曰，我，即法性，更不證入法性，無性復何所入。然有二意。一，上二句，明一性不分，故無能所，猶如一指不能自觸。二，法性無性復何所入。明性空故，無能所入，亦如虛空，不住虛空。《文殊分》又云，佛告文殊，汝於佛法，豈不趣求。文殊言，世尊，我今不見有法，非佛法者，何所趣求。釋曰，此即一性意也。次佛問云，

汝於佛法，已成就耶。文殊言，我都不見法，可名佛法，何所成就。釋曰，此即性空意也。次佛又言，汝豈不得無著性耶。文殊答言，我即無著，豈無著性，復得無著性。釋曰，此即我即法性，更不證入。文即今經之廣文也。

△紫栢云，氷不自融，春回乃判[三]。霜不自釋，日出乃消。五藴至十八界，十二因緣等法，氷也，霜也。觀照般若，如春如日，氷霜既化，春之與日，何啻已陳芻狗哉。故曰無智亦無得。

問，前云空即是色等，明色等不亡，何以此文一切皆無。豈非此空是滅色耶。

《記》云，此中義有二問。一，即前後相違，前拂疑中空即是色，色存也。今云都無，故似相違。二，即疑今滅色，恐濫小乘滅色觀空也。

答，前雖不閡存，而未嘗不盡。今此都亡，未嘗不立。

《會要》云，不礙存者，謂色即空時，色相還存，未嘗不盡者，以色體自空，雖色而非色也。今此等者，前則正存而亡，今則正亡而存，故非相違也。

△《記》云，清涼曰，即空之色爲妙色，故不礙存也。即色之空爲真空，未嘗不盡矣。今此都亡，即色之空也。未嘗不立，即空之色也。又曰，般若不壞四句，豈無妙有。不礙存，未嘗不立，有句也。都亡，未嘗不盡，無句也。合二，則兩亦。雙奪，則俱非。有則妙有，正詮一性矣。

《大品》云，諸法無所有，如是有此無。此就無所有，前據如是有。

《會要》云，初二句，引證，無所有，亡也。如是有，存也。是，此也。如此諸法，正非有時，亦非無也。此就下，疏主釋也。

△《記》云，諸法無所有，即無妄法之有，是都亡，無句也。如是有此無，則有妄法之無，

是未嘗不立，有句也。此就無所有，即所離中，無定性實有也。前據如是有，即空之有，不思議之有也。

又前就相作門，此就相害門。一法二義，隨說無違。

《會要》云，此亦異門料揀也。前文色空相即，依相作門說。今此皆離，據相害門說。一法等者，於色空不二二法之中，有此相作、相害二義。遇相即，則約相作門釋之，亦不違於相害，以正相作時，無相離故。遇相離亦然，故云隨說無違。

△《記》云，一法者，一味無差別法也。二義，即空、有二門。隨說無違者，互融相是。不同空宗，空即是真，有即爲妄。清涼曰，性空，通於初、頓、終教，真如妙有，即是實教。若通於空有，交徹具德，即是圓教。

○合釋。《小鈔》云，從不生不滅，乃至無智亦無得，正當《法界》中第四泯絕無寄門。清涼云，今第四句，拂四句相，現真空相，真空觀備矣。故知此一段經文，乃是真空觀門之頂也。今約觀門言之，色空相望，總有四句，清涼、圭山，取文小異。圭山謂初句，當色即是空。次句，當空即是色。第三，當色不異空，空不異色。第四，即當不生不滅，乃至無智亦無得等。正以此一段，當泯絕無寄也。清涼，謂初會色歸空觀中四句。前三句，明色不異空。第四句，明色即是空。第二，明空即色觀中四句。前三句，明空不異色。第四句，明空即是色。第三觀，明但合前二。今第四句，拂四句相，亦正以此一段，當泯絕無寄也。又約第四觀門，順今經釋之。《觀》文云，謂此所觀真空，不可言即色不即色，亦不可言即空不即空。所觀真空，即諸法空相，不可言等，即不生不滅等六不之文也。《觀》文云，一切法皆不可者，清涼謂拂上結例。上云，色空既爾，一切法皆然。言非獨色法成其三觀，並皆拂之。受、想、行、識，萬化之法，皆同前色。今經言空中無色，無受、想、行、識，乃至無意識界，即其廣文也。《觀》文云，不可亦不可者，見彼等皆不可，亦同分別故。《經》言無無明，亦無無明盡，乃至無老死，亦無老死盡也。《觀》文云，此語亦不受，迥絶無寄，非言所及，非解所到者，如《大般若》云，色清淨故，般若波羅蜜多清淨。般若波羅蜜多清淨故，一切智智清淨。内外並冥，緣境但寂。故《經》言，無苦、集、滅、道，無智亦無得也。以第四泯絶無寄，泯前三故，故名真空絶相。故清涼曰，真空觀備矣。斯則真空一觀，正以第四泯絶受名。真空既顯，般若現前，行起解絶，展轉深玄。由是而心無罣礙等，事理炳現，不同前觀，未廣顯無礙之相故。由是而究竟涅槃，行果渾圓，不同前觀，但心冥真如之理故。賢首科《經》，今明所離，次明所得所離，則總拂前觀。所得，則雙照後門。以法界三門爲重關，以真空一門爲樞鑰，由《觀》通《經》，因《經》證《觀》，披文見法，妙極於此。由是思之，則空色無閡，自不應濫理事無閡。杜順曰，當深思之令觀明現，學者思得門而入，勿以繁文廣説，蕪没妙觀也。

○第四明其所得有二。初，牒前起後。二，正明所得。今初也。

《文句》云，承上文無得而言。此下第五節，引佛菩薩之行，知依般若而證真空不礙也。

經　以無所得故。

疏　初言以無所得者，牒前起後也。以者，由也。故者，因也。由前無所得爲因，令後有所得也。《大品》云，無所得故而得。

廣承云，以上諸法空相，無諸相故。諸佛菩薩，得菩提涅槃也。《論》云，若也無此空，一切無所作。以有此空故，能成道果也。

△《記》云，前云無智亦無得，故今躡爲因行，由是而得果。前明所離，是斷惑，今明所得，是證果也。清涼曰，無所得，即般若相，由得般若無得智慧，故方得也。《大品》又云，以無所得而爲方便。清涼曰，若不住事理，生死涅槃，則事理無礙之方便也。疏主云，由前真空，方成諸行。十度等因，皆由空成。菩提等果，皆由空立。從此真空無住，建立諸法，又令諸法得相即相入，無障無礙等。清涼曰，非但相有性無而已，謂諸宗計，多有此説，但空自性，不空於法。如法相宗，但無徧計，非無依他。設學三論不得意者，亦云法無自性，故説爲空，則令相不空矣。今無性緣生故有，有體即空。緣生無性故空，空而常有。要互交徹，方是真空妙有。其言大同，而旨有異。

〇《華嚴·迴向品》云，菩薩以諸善根，如是迴向時，用無所得而爲方便。《疏》云，用無所得爲方便者有二。一，以無所得，導前隨相，則涉有不迷於空，爲入有之方便。二，假無得以入有，不存無得，則此無得，亦是方便，此爲入空之方便。然略云無得，準《大般若》，亦以無生、無滅、無住等，皆爲涉有之方便也。《鈔》云，準大般下，例釋無得爲方便，如清淨歷一切法，則以清淨爲方便也。若云無生，即云行般若波羅蜜時，知一切法無生，所謂色無生，受、想、行、識無生。眼無生，耳、鼻、身、意無生等。今此猶是略舉，能入方便，廣更有多，故復有等言。等取無作、無依、清淨、不增不減、不垢不淨、不可取、不可見、不可動、不可壞等。

〇清涼云，無得者，智慧菩薩云，有諍説生死，無諍説涅槃。生死及涅槃，二俱不可得。真實慧菩薩云，佛法不可覺，了此名覺法。諸佛如是修，一法不可得。又云，一切法無住，定處不可得。諸佛住於此，究竟不動揺。般若宗中，無智無得，以無所得故。菩薩心無罣礙，諸佛則得菩提。《淨名》，天女云，若有得有證，於佛法中，爲增上慢等。無見無得，方能證得。得與無得，俱絶名言，非離有得而證無得，方爲真無得也。

○又云，如無所得是般若，羅漢得之，實無有法，名阿羅漢。緣覺得之，不得緣相。菩薩得之，心無罣礙。以無所得，能證菩提，故言三乘同宗般若。

○《圓覺鈔》云，空宗云，得即虚妄，無得乃真。《般若心經》説，無藴、處、界、緣、諦，乃至以無所得故等。如是等文，諸部般若、《中》《百》《門》論首末皆是。性宗有者，諸佛皆具常樂我淨，稱體之實德也。私謂，此經明真空具德，正同性宗。《覺鈔》引證佛德空者，但順智光。若云一味飡空，清凉所謂斯言可怖，非圭山之旨也。

○《智論》五十四，菩薩摩訶薩應薩婆若心，念色無常，念色若念色空，念色無我，以無所得故，受、想、行、識亦如是。觀色寂滅離，不生不滅，不垢不淨，受、想、行、識亦如是，亦無所得故。觀無明緣諸行，乃至老死因緣，大苦聚集，亦無所得故。觀無明滅，故諸行滅，乃至生滅，故老死滅。老死滅故，憂悲愁惱大苦聚滅，以無所得故。又八十三，菩薩行般若波羅蜜時，不住有所得中，從一地至一地。何以故。有所得中住，不能從一地至一地。何以故。無所得，是般若波羅蜜相。無所得，是阿耨多羅三藐三菩提相。無所得，亦是行般若波羅蜜者相。

○二，正明所得有二，先明菩薩得涅槃斷果，後明諸佛得菩提智果。前中亦二，先舉人依法，後斷障得果。今初也。

廣承云，智果者，無智而智，如白月漸盈。斷果者，無斷而斷，如黑月漸滅。

經　菩提薩埵，依般若波羅蜜多故。

疏　初，舉人依法，言菩提薩埵，舉人也，義如前解。依般若波羅蜜多者，明依此法行也。故者，起後也。

《記》云，依前無得般若，智慧行也。若無般若，餘度不到岸故。

△泐《注》云，菩提薩埵，能依之人也。般若波羅蜜多，所依之法也。

△《會要》云，依般若者，依無所得之般若也。然此菩薩，亦依法成人，故梁《攝論》中，名無分別菩薩。又，依猶用也，即用此心，離礙離倒，到究竟彼岸。

經　心無罣礙。

疏　二，斷障得果，中有三。初，行成。二，斷障。三，得果。今初也。言心無罣礙者，行成也。謂惑不閡心故，境不閡智故。

《記》云，謂煩惱障心，心不解脫，故造業輪轉。所知障慧，慧不解脫，故不了自心。不達諸法性相，縱出三界，亦滯下乘，不得成佛。今得般若深慧，二障種現俱亡，得二解脫，故言不閡等。

△《會要》云，行成者，謂般若功行成就也。惑不閡心者，謂真智現前，照惑本無，不能閡心，心善解脫也。又無間道中，一念相應慧，盡根本不覺，更無生相爲閡也。境不閡智者，謂真智無自，真諦無根，忘功合道，與道通同，亦慧善解脫也。又解，境有二種，真俗二諦，以色即空故，不閡如理之智，而會實相。如《華嚴》云，於一切法成正覺。以空即色故，不閡如量之智，而覺諸事。故《放光》云，不動等覺，建立諸法。然二諦互即，同時自在，兩俱兩非，爲無礙第一義真。亦令二智，一念無拘，雙遮雙照，爲中道融通之心也。

△《文句》云，罣如絲縣，礙如石阻。

經　無罣礙故，無有恐怖，遠離顛倒夢想。

疏　二，斷障也。言無罣礙故，牒前起後也。

無有恐怖者，外無魔寃之怖，即惡緣息也。遠離顛倒夢想者，内無惑障之倒，即惡因盡也。

《記》云，言寃魔之怖者，天魔外道，現形以怖行者，廣如《起信》，本末論説。顛倒夢想者，生住異滅，疏主例釋，以夢皆能眠衆生於我我所中，而不覺知，故夢所見境，無而謂有，故名顛倒。由本淨心，爲無明所眠，夢於四相，起諸煩惱。今得般若智日，破煩惱夢，了諸法空，故惡因盡也。

○《智論》云，知一切法，因緣和合故生，諸緣離故滅。無有起者，無有滅者，故不畏不怖。菩薩知一切法虚誑，無實無定。若死急時，若墮阿鼻泥犂，心猶不動，况聞虚聲而有怖畏，如人夢中見怖畏事，覺已則無所畏。知諸法但是虚誑，無有真實，菩薩得如是智慧，一切別相法中，皆得遠離，如色中離色，離色即是自相空。遠離者，是空之別名。

△《文句》云，顛，頂也。顛倒，首倒懸也。在寐爲夢，在寤爲想。

△廣承云，罣礙者，結業也。恐怖者，生死也。顛倒夢想者，無明也。菩薩依般若故，達結業即解脱，故無罣礙。達生死即涅槃，故無恐怖。達無明即智慧，故無顛倒夢想也。

經　究竟涅槃。

疏　三，得果也。涅槃，此云圓寂，謂德無不備稱圓，障無不盡稱寂。

《記》云，德無不備者，無住處大般涅槃，具足常等無盡故。菩提得果，不同無得，乃具佛德空也。惑障本如，無盡可盡，無斷可斷。

△泐《注》云，涅槃，梵語摩訶般涅槃那，華言大滅度。大，即法身。滅，即解脱。度，即般若。此之三德，非别有也，即三障是。迷即三障，悟即三德。然雖障即是德，自非般若之功，德不能顯，譬如磨鏡，垢盡明現也。

△古雲云，依妙空慧，了境性心，念念圓常，塵塵究竟。結業即解脱，故無罣礙。

生死即法身，故無恐怖。煩惱即菩提，故無顛倒夢想。三障非離而離，三德非圓而圓，寂滅涅槃，任運流入。

△廣承云，涅槃翻不生不滅，而有三種。一，性淨涅槃。性則不改，淨則本空。諸法當處皆實相，故無法可染，亦無法可淨。既無惑染，豈有法生。既非智淨，豈有法滅。故名不生不滅。二，圓淨涅槃。圓則智滿，淨則惑盡。據性而論，雖無染淨。約修而説，惑智宛然。惑本違理，智若契理。惑永不生，智既順理。若理全顯，智永不滅。惑盡智圓，亦名不生不滅。三，方便淨涅槃。方便則赴機，淨則無累。智冥寂理，即鑒羣機，故云寂而常照。照必垂應，機感即生，心常寂滅，故此生非生。緣謝即滅，應用常興，故此滅非滅。應機出没，非存非亡，是名不生不滅。菩薩依三般若，度三苦海，到涅槃清淨彼岸。

△李龍湖云，此自在菩薩，智慧觀照，到無所得之彼岸也。

簡異小乘，化城權立。今則一得永常，故名究竟。又釋，智能究竟盡涅槃之際，故云究竟。

《記》云，釋究竟言，但簡小乘。順慈恩三藏也。以即實相之觀照，照彼即智之如，如珠發光，光還自照，窮理盡性，故名究竟。此據自宗釋也。

△《會要》云，化城，喻小乘涅槃，非究竟也。今則下，即寶所涅槃，可知。又釋者，以究竟爲窮盡之義。前解，究竟屬涅槃。今解，究竟屬般若。此爲異也。

經　三世諸佛，依般若波羅蜜多故。

疏　第二，得菩提智果，於中二。初，舉人依法。二，正明得果。今初也。謂三世諸佛，更無異路，唯此一門，故云依般若波羅蜜多故也。

《會要》云，智果者，謂四智菩提之果也，即修生所得。依《起信》説，即究竟始覺，合本覺時，平等平等，無二覺異，爲智果也。

諸佛無異者，以發心起行，歷位斷障，成德證果，皆依般若以爲發行之本，果證之極也。《仁王經》云，一切如來，皆依此門而得成佛。

經　得阿耨多羅三藐三菩提。

疏　二，正明得果。阿耨多羅，此云無上。三藐者，此云正也。次三者，此云等也。菩提，此云覺也，即無上正等覺也。覺有二義。一，正覺，即如理智，正觀真諦。二，等覺，即如量智，偏觀俗諦，皆至極無邊，故云無上也。

《記》云，如理智觀真，非行理外，故云正覺。如量智觀俗，如彼性相，偏觀察故，故云等覺。得一切種智，過彼下乘下位，故無有上。

△《會要》云，正覺超邪，偏覺超小，三覺道圓，亦超十地，皆無上也。

△廣承云，無上者，真性菩提。正者，實智菩提。偏者，方便菩提。三覺圓融，名爲正覺。諸佛依三般若，證三菩提，次第可知。

△李龍湖云，三世諸佛，亦以此智慧，證入真空，得到彼岸，則信乎盡大地衆生，無有不是佛者。

○上來所得竟。第五，結歎勝能。

《文句》云，第六節，讚歎般若真空之勝。

經　故知般若波羅蜜多，是大神咒，是大明咒，是無上咒，是無等等咒。

疏　五，結歎勝能，於中有二。先別歎，後總結。今初也。言故知者，牒前起後也。由佛菩薩依般若，得菩提涅槃果，故知般若是大神呪等。歎其勝能，略敘四德，然有三釋。

《會要》云，由佛菩薩等者，釋《經》故字。略敘四德者，以所詮般若，義相恒沙，遂令能詮名言，功亦無量。今但示四，故云略也。即大神呪等四。

△《文句》云，言大神、大明，則已極矣。又重言無上等等，所以深著般若，溥博無際也。溥博無際，唯真空足以當之。

一，就法釋。一，除障不虛，名爲神呪。二，智鑒不昧，名爲明呪。三，更無加過，名爲無上呪。四，獨絶無倫，名無等等呪。

廣承云，方便般若，是大神呪。觀照般若，是大明呪。實相般若，是無上呪。諸法空相，不生不滅等，是無等等呪。

二，約功能釋。一，能破煩惱。二，能破無明。三，令因行滿。四，令果德圓。

《會要》云，就功能者，四呪皆就般若功用釋也。以般若神力，有破惑障之能，故曰神呪。有破智礙之能，故曰明呪。由般若力，歷進諸位，成就萬行，至等覺無間道中，即因滿位也。此位滿時，更無極上之因，故曰無上呪。對上因行，即解脱道中，萬德皆圓也。此果圓後，更無能等之德，與此等也。

三，就位釋。一，過凡。二，越小。三，超因。四，齊果。謂無等之位，互相齊等，故云無等等。《十地論》云，謂佛比餘衆生，彼非等故。重言等者，此彼法身等故。何故不但說無等耶。示現等正覺故。

《會要》云，就位者，通凡小因果之位釋也。以過凡故，名爲神呪。神猶聖也。般若神智，非凡有故。雖本智靈明，内外緣熏未具，無勢力故，故云過也。越小者，以羊鹿車人，雖有盡智，斷煩惱障，出於界繫，不除無明故，不斷智障故。今甚深般若，以反無明，所以明也。超因者，牛車之人，雖二障俱離，一心顯照，因行未滿，猶有加故。今般若究竟，更無加上，故云無上也。齊果者，謂果位相齊也。謂無等下，釋無等字，果位至極，名無等位。牙[三]相齊故者，再釋等字，則一佛與多佛道齊，新佛與舊佛平等，即無等之等也。問，等覺菩薩，豈非等耶。答，因位道窮，隣極亞聖，立等覺名，其實根本不覺未盡故。生相猶存故，見性未極故，師資異位故，乃至廣說，如何究竟齊等。《十地論》等者，舉果望因，雲泥異轍，染淨殊貫，等覺非等，況餘衆生，亦可等覺以還，皆有此名。以俱合動相未全破故，尚有微細生滅。又變易細蘊未捨，亦名衆生，故云無等。彼此法身者，約法身説，可知。何故下，又爲一解，依問答以顯示也。謂由示現等正覺故，再有等言。

○《智論》云，帝釋白佛言，諸呪術中，般若波羅蜜，是大呪術，何以故。能常與衆生道德樂故。餘呪術樂因緣，能起煩惱。又不善業故，隨三惡道。餘呪術能隨貪欲、瞋恚，自在作惡。是般若波羅蜜呪，能滅禪定、佛道、涅槃諸著，何況貪恚麤病。是故名爲大明呪，無上明呪，無等等明呪。是呪能令人離老病死，能立衆生於大乘，能令行者於一切衆生中最大。是故言大。能如是利益，故名爲無上。又有仙人所作呪術，所謂能知他人心呪，名抑叉尼。能飛行變化呪，名揵陀黎。能住過千歲萬歲呪，於諸呪術中無與等，於此無等呪術中，般若波羅蜜過出無量，故名無等等。諸佛法名無等，般若波羅蜜得佛因緣，故言無等等。諸佛於一切衆生中名無等，是般若呪術，佛所作，故名無等等。

○《宗鏡》云，竪無高蓋，故言無上。橫無儔例，故言無等。等於十方三世諸佛，故言無等等。

△紫栢云，此無得之光，菩薩依之而得無礙，諸佛亦依而得菩提。大哉心光，智不可知，識不可識，陰陽不能籠罩，有無不能形容。破障除昏，凡聖無與等者，謂之大神、大明、無上等等呪，不亦宜乎。

經　能除一切苦，真實不虛。

疏　二，總結勝能。謂三苦、八苦、一切苦也。又分段、變易，亦云一切苦也。除苦決定，故云真實不虛也。

《會要》云，三苦，謂三受能生三苦，

苦體即三界色心。一，苦受，能生苦苦，此唯欲界。二，樂受，能生壞苦，此通欲色二界。三，捨受，能生行苦，此通無色。八苦者。一，生苦。二，老苦。三，病苦。四，死苦。五，愛別離苦。六，怨憎會苦。七，求不得苦。總舉前七，方成第八五陰盛苦，亦云五取蘊苦也。若三八相攝者，苦苦，攝八苦中五，謂生、老、病、死、怨憎會，順苦受法。壞苦，攝八苦中二，求不得、愛別離，順樂受法。行苦，攝一，即五取蘊苦，順捨受法。若據三苦、八苦，但攝分段，不收變易，既屬生死，即是苦也。今總舉之。

△《疏鈔》云，《大經》云，苦有無量相，非諸聲聞緣覺所知，以二乘雖知苦相，不知無量相故。《瑜伽》説苦，有一百一十，即四十四論，增數明之。

△《記》云，變易者，方便生死，因緣生死，有有生死，無有生死也。

△《文句》云，能除一切苦，即度一切苦厄，非證真空者，不能也。恐衆生信心不及，又申言之，而決定告以真實不虛，慈閔有情，爲何如哉。

○上來廣略不同，總明顯了般若竟。自下第二段，明秘密般若，於中有二。初，牒前起後。二，正説呪詞。今初也。前云是大神呪，永[四]顯呪詞，故今説之。

經　故説般若波羅蜜多呪，即説呪曰：

揭諦揭諦　波羅揭諦　波羅僧揭諦　菩提薩婆訶

疏　二，正説呪詞，此有二義。一，不可釋，此是諸佛秘語，非因位所解，但當誦持，除障增福，亦不須强釋也。二，若欲强釋者，揭諦者，此云去也，度也，即深慧功能。重言揭諦者，自度度他也。波羅揭諦者，波羅，此云彼岸，即度所處也。波羅僧揭諦者，僧者，總也，衆也，溥也，即謂自度度他，總到彼岸也。言菩提者，到何等彼岸，謂大菩提處也。言薩婆訶者，此云速疾，令前所作，速疾成就故也。

《記》云，神呪雖秘密不翻，然如文殊五字呪，《般若》等經、《大智度論》，皆有解釋。《智論》曰，阿字是實相門，則顯三種般若，不相捨離。字，即文字般若。入般若波羅蜜門，即觀照般若。悟不生等，即實相般若。《大品》云，阿字門，一切法不生故。《智論》釋云，若菩薩一切諸法中，聞阿字，即時隨義，所謂一切法，從初來不生相。以阿提，秦言初故。阿耨波陀，秦言不生故。《大品》云，囉字悟一切法，離塵垢故。《論》云，若聞囉字，即隨義知一切法離垢相，以囉闍，秦言垢故。《大品》云，波者，第一義故。《論》云，若聞波字，即知一切法，入第一義。以波羅末陀，秦言第一義故。《大品》云，遮字，修不可得。《論》云，若聞遮字，即時知一切法諸行，皆悉非行。以遮利夜，秦言行故。《大品》云，那字門，諸法離名性相，不得不失故。《論》云，若聞那字，即知一切法不得不失，不來不去。以那，秦言不故。故知有因緣故，亦可强釋也。

△汹《注》云，《法華疏》云，呪，是鬼神王之名號。稱其王名，故能降伏鬼魅。或云呪如軍中密號，唱號相應，無所呵問。又呪者，願也。如蜾蠃之祝螟蛉，願其類我。佛菩薩説呪，願諸衆生，皆如我之得成正覺。能誦此呪，則所願無不成就也。

△《會要》云，《疏》不可釋等者，圭峯云，非器不傳曰秘，深隱難知曰密。此言雖解《圓覺》，亦含總持。以灌頂章句，甚秘密故，擇法器故。寄事顯理，甚難知故。如《華嚴》中五熱，即般若等也。然有顯中之密，謂顯教中説陀羅尼，如今《心經》《仁王護國》等，皆有密語。《大品》《華嚴》等，五十字源，四十字母等。有密中之顯，即前三部，謂總

持教中，復有三部爲顯。一，所作。二，所行。三，禪定，亦名修習也。有密中之密，即第四大禪定，亦名大修習也。昔義淨三藏，在西域那蘭陀寺，亦屢入壇場，受主戒法，自云希心此要，而爲功不並就，遂泯私懷。西來三藏，多以神功化物，如善無畏、金剛藏等，皆稟此業。覽諸藏記，知非孟浪，予老而信此，故示微塵許，以勉道流，無以王饍，棄如穢食，莫恃已見，以斥聖法也。

△紫栢云，呪如蜾蠃之祝螟蛉，念茲在茲，似我之聲，綿綿不絕，則諸蟲受熏，莫知然而化蜾蠃矣。諸佛如來，以慈悲顯密，熏一切衆生，故一切衆生，莫知然而化之。

○略釋絶筆，述懷頌曰，般若深邃，累劫難逢，隨分讚釋，冀會真宗。

○略疏後題

法藏，長安二年，於京清禪寺，翻經之暇，屬同禮部兼檢校雍州長史滎陽鄭公，清簡成性，忠孝自心。金柯玉葉之芳葩，九刊三王之重寄。羽儀朝序，城塹法門，始自青衿，迄於白首，持此《心經》，數千萬徧。心游妙義，口誦靈文，再三慇懃，令出《略疏》。輒以蠡管，詎測高深云爾。

般若心經贊序

張説撰

萬法起心，心，人之主。三乘歸一，一，法之宗。知心無所得，是真得。見一無不通，是玄通。如來説五蘊皆空，人本空也。如來説諸法空相，法亦空也。知法照空，見空捨法，二者知見，復非空耶。是故定與慧，俱空中法。入此門者，爲明門。行此路者，爲超路。非夫行深般若者，其孰能證於此乎。秘書少監附馬都尉滎陽鄭萬鈞，深藝之士也。學有傳癖，書成草聖，乃揮灑手翰，鐫刻《心經》。樹聖善之寶坊，啓未來之華業。佛以無依相而說，法本不生。我以無得心而傳，今則無滅。道存文字，意齊天壤。國老張說，聞而嘉焉。讚揚佛事，題之樂石。

般若心經序

唐釋慧忠撰

夫法性無邊，豈藉心之所度。真如非相，詎假言之所詮。是故衆生浩浩無窮，法海茫茫何極。若也廣尋文義，猶如鏡裏尋形。更乃息念觀空，又似日中逃影。茲經喻如大地，何物不從地之所生。諸佛唯指一心，何法不因心之所立。但了心地，故號總持。悟法無生，名爲妙覺。一念超越，豈在繁論者爾。

般若波羅蜜多心經略疏小[五]鈔卷下終

校勘記

〔一〕「若」，疑爲「苦」。

〔二〕「判」，底本原校疑爲「泮」。

〔三〕「牙」，疑爲「互」。

〔四〕「永」，底本原校疑爲「未」。

〔五〕「小」，底本作「少」，據文意改。

（陳永革整理）

〇三〇九

三註般若波羅蜜多心經〔一〕

重刊三註心經序

《三註心經》者，伏四魔之利劍，破諸昏之法炬。皇和雖既刊焉，蓋爲兵燹奪與，泯焉久之。師靜欲然死灰而繼光輝，誘化諸子，以壽梓焉。一任他具眼底咲殺瞿曇不潔，三師逐臭，餘臭再薰扶桑。

維旹寬政三年歲舍辛亥春，芙蓉遠孫師靜焚香稽首，譔於湖東玉川山常德禪寺。

校勘記

〔一〕底本據《卍續藏》。

般若波羅蜜多心經序

唐南陽國師慧忠著

夫法性無邊，豈藉心之所度。真如非相，詎假言之所詮。是故衆生浩浩無窮，法海茫茫何極。若也廣尋文義，猶如鏡裏求形。更及息念觀空，又似日中逃影。茲《經》喻如大地，何物不從地之所生。諸佛唯指一心，何法不因心之所立。但了心地，故號總持。悟法無生，名爲玅覺。一念超越，豈在繁論者爾。

三註般若波羅蜜多心經

唐南陽國師慧忠

本朝芙蓉禪師道楷　慈受禪師懷深

摩訶般若波羅蜜多心經

忠云：將釋經題，都有五句，以明衆生本心。第一，摩訶是梵語，此翻爲大。爲破凡夫妄執塵境，心著世間，故爲隔礙，名之爲小。欲令衆生攝諸妄念，不染世間，悟心境空，洞然含受十方世界，故名摩訶也。第二，般若是梵語，此名智慧。爲破凡夫背心取境，堅執我見，墮在愚癡。欲令衆生背境觀心，本來無我，故名般若。第三，波羅是梵語，此云清淨。爲破凡夫不悟自心，認六根覺，唯覽六塵，隨塵雜亂，墮於不淨。欲令衆生背境合覺，覺本清淨，故名波羅也。第四，蜜多是梵語，亦名和多，此云諸法。爲破凡夫妄心求法，執著名相，差別不同。欲令反照自心，本含萬法，和合無二，本來具足，爲所欠少，故名蜜多也。第五，心經是梵語，此名大道。爲破凡夫不識本心，唯覺多聞，分別名相，心隨境轉，輪迴六道，墮於邪見。欲令衆生反照心源，本來空寂，實無少法可得，無所分別，即皈大道，故名爲《心經》。已上經題，本意只令自悟，心源廣大，智慧清淨，和合無二，本來具足，無所分別也。

深云：梵語摩訶，此云廣大。梵語波羅蜜多，此云到彼岸。況般若者，乃智空之妙慧，波羅蜜多是出世之真修，包含萬像而無體，衆生日用而不知，雖欲真修而不可得也，真修非漸修也。欲令一切衆生，悟真空妙慧，不從人得，言下成佛，皆由般若而得度也。《大般若經》總六百卷，文多義廣，撮樞要於此經，故曰《心經》。

觀自在菩薩。

忠云：此破凡夫塵劫背心，唯觀諸法，被法所拘，不得自在，大意只令衆生背境觀心，悟心無法可得。何以故。且如色法因心而起，反觀起心無有處所，實不可得。心尚自無，色從何有。猶如夢幻，不念不著，方知於色法得自在。乃至一切法不可得，亦不被一切法所攝，於一切處得自在。如是之人悟心無心，了境無境，心境兩忘，無了可了，坦然無礙，故名自在。善〔二〕之言了，薩之言見。了見諸法本來空寂，故名菩薩也。

楷云：菩薩之人，以般若妙慧，照了前境，了無凝滯。所以觀空之時，不礙萬象燦然，涉有之時，自然一道清淨。心境融通，理智無二，故曰觀自在也。凡夫妙慧不明，六塵覩對，翳障心光，物物頭頭，皆成障礙，故名不自在也。

行深般若波羅蜜多時。

忠云：此重舉經題，意爲破小乘心外求法。小乘之人，不悟自心，本來具足，妄求言教，以爲智慧名爲般若，息諸妄念以爲清淨，故名波羅。所見本空，合成一體，名之爲蜜。通達諸法，懷念記持，名之爲多。此是背心求法，妄有修證，墮在聲聞，名淺般若。今更舉行深般若，以明大乘，對破前病。菩薩了見諸法本來空寂，實無生滅，故名深般若。心本清淨，內外圓明，故名波羅。心外無法，法外無心，心法不二，故名爲蜜。性含萬法，不假修證，故名爲多。如是悟者，名大乘，故名行深般若波羅蜜多。時者，過、現、未來心俱不可得，故名時。

深云：是大乘行深般若之時，非小乘淺般若之時。一切諸法，本無所行，亦無所住，利生不勸，譬如幻師作種種幻事，欲令衆生如幻即覺，故云行深般若波羅蜜多也。

照見五蘊皆空，度一切苦厄。

忠云：五蘊者，色、受、想、行、識是也。違背精明，因常觀境，故名爲色。貪求諸法，希望修證，故名爲受。攀緣諸法，流出不息，故名爲想。精持禁戒，行頭陀行，故名爲行。種種分別，隨法流轉，故名爲識。凡夫之人，被此五法所障，不悟本心，故名曰陰。不出三界，輪迴不停，故名爲苦厄。菩薩反照，了自心源，本來清淨，觀前五法，並無生處，本來空寂，實無纖毫可得，故云照見五蘊皆空，度一切苦厄。

楷云：行深般若波羅蜜多時，乃至度一切苦厄者，菩薩行觀照般若智慧，時無身見，然後諸苦厄無可託，即苦厄自度。

深云：五蘊者，色、受、想、行、識也。蘊者，能蘊藏其真性，令不顯現，妙慧已明，自性空寂，不待蘊謝方空，只於蘊上便見空也。已於蘊上見空，方會幻化。

舍利子。

忠云：此是身心二相，更有苦厄也。空身即法身，何二相，亦是重明五陰之法。舍者，是色。利子，是心。受、想、行、識，此是五蘊。又舍者，人。利子者，亦是法。人法二相，多義不可具宣，以要言之，此都是萬法之根本。今欲明萬法不離身心，故名舍利子也。

楷云：佛喚舍利子，如《金剛經》稱須菩提。

深云：舍利二字，是母名。子之一字，是尊者，乃舍利女之子。其母因懷[三]尊者，自然聰辨無敵，故立名，連母之稱。

色不異空。

忠云：凡夫妄執自心，更於心外見色，不知色因心有，推心本無，色因何立。故云色不異空。

空不異色。

忠云：凡夫背心取法，將謂心外有空，不知空因心生，但悟自心，無空可得，空色不異，故云空不異色。

深云：色不異空，空不異色者，幻有之色，故不異空，空本隨緣，故不異色。凡夫迷此色空之理，所以見空爲斷空，見色爲實色。今欲明一切諸法，與真空之理，其體本同。遂先舉色之一法爲首，餘四蘊可以例諸。

色即是空。

忠云：心起故即色，心不可得，故即空，故色即是空。空即是色。

忠云：前云心起故即色，心不可得故即空，猶是空色因心所生。今即不然。心正有之時，即是空。心正無之時，即是有。何以故。且如衆生之心，正生之時，實無生處，即是即色，即空。心正無之時，現能應用，即是即空、即色。先舉身心，一切萬法，例皆如是，故云空即是色也。

楷云：色不異空，乃至空即是色者，色、空二字，包一切法，混同一體，真不二法門。

深云：色即是空，空即是色者，色已當體是空，空亦當體是色。即色之空，所曰真空。即空之色，故曰真色。真色無形，處處華紅柳緑。真空絶跡，頭頭水潤山高。

受想行識，亦復如是。舍利子，是諸法空相。

忠云：非唯五蘊，但了心空，諸法自空，故云是諸法空相也。

楷云：受、想、行、識，亦復如是者，與色空不異，前説《心經》大意，至下文詳説老婆心如此。

深云：受、想、行、識，亦復如是者，不獨色之一法，以至受、想、行、識，咸皈真空之理。舍利子，是諸法空相者，再呼舍利子者，欲明不獨五蘊之法，以至生、滅、垢、淨，咸皈真空之理。

不生不滅，不垢不淨，不增不減。

忠云：諸法是心，心無體段，有何生滅、垢淨、增減。

楷云：舍利子乃至不增不減者，此再唤舍利子，明本圓自性同大虚，無所從來，生箇甚麽。亦無所去，滅箇甚麽。淨亦不主，垢從何來。垢本無依，淨從何立。增著，即頭上安頭。減著，即斬頭覓活。所謂萬法不修，元具足也。

深云：不生不滅者，諸法從緣生，真空不生。諸法從緣滅，真空不滅。佛云一切法不生，一切法不滅。若能如是解，是名真見性也。凡夫迷此空寂之體，内爲筋骸所桎，外爲山河所眩，故見有生滅也。不垢不淨者，生滅已，乃不真，垢淨安可得耶。不增不減者，譬如有人於虚空中，畫作種種色相，反作種種音聲。然彼虚空，終無受入變動之體。未畫之時，虚空體未嘗滅。已畫之後，虚空之體未曾增。故名不增不減也。

忠云：法性本空，故云空中求色不可得，是故空中無色，無受、想、行、識。

故云無色。推心不可得，故云無受、想、行、識。

楷云：無五蘊。

深云：是故空中者，是真空之中也。到者裏，生滅、垢淨、增減之法，纖塵盡淨。無色，無受、想、行、識者，生滅等之法已不可得，五蘊之法故不可知也。

無眼、耳、鼻、舌、身、意。

忠云：此名六根。凡夫確執妄繫爲實，種種惡業，因茲而生，故名爲根。一一根中，積業潤生，恒沙罪障，無有休息。此六知根，以心爲本。心若休伏，根境俱空，自然明徹，故云無眼、耳、鼻、舌、身、意也。

楷云：無六根。

深云：凡夫不了自心，心外求法，遂成流浪。若能一根已反源，六用成休復，然後在眼曰見，在耳曰聞，在鼻嗅香，在舌知味，在身覺觸，在意攀緣，又豈在閉智塞聰，然後爲無者哉。

無色、聲、香、味、觸、法。

忠云：此名六塵，因根所覽，引起成勞，坌汚真智，故名爲塵。但能反推一根，無有主宰。六根無主，塵境自亡，故名爲無色、聲、香、味、觸、法。

楷云：無六塵。

深云：六根已清，六塵自清。

無眼界，乃至無意識界。

忠云：此名十八界。經略舉眼界，即諸界可知。因六根生六塵，因六塵生六識，爲三六十八，故名十八界。流出分別，各各不同，名之爲界。從無量劫妄計造業，隨逐色聲，不覺不知，隨念流轉，不悟衆生性元無異，但能想念，不生塵根，識心應時消落，故名爲乃至無意識界。

楷云：無十八界。到此凡夫法盡，入聖位。

深云：六根、六塵、六識爲十八界，以隔礙爲義，已了諸法本空，又豈有眼界。眼界已空，餘界可知也。

無無明。

忠云：迷人執有，五蘊十八界，障覆本性，不覩光明，故名無明。性達本心，根塵本空，意識無用，有何障礙，故名無無明。

深云：謂無真知之明，故曰無明。今斯照徹萬法一如，靈光現前，明明不昧，安有無明，故曰無無明。

亦無無明盡。

忠云：塵境是有，即有可盡。本來是無，將何可盡。

深云：此句重釋上句也。無明體本來無有，爲貪深故，因妄侶[三]有。恐凡夫疑聖人，便而後無殊，不知無明本來自無，豈有無明可盡，故曰亦無無明盡。

乃至無老死。

忠云：從無明至老死，並是十二因緣。今但舉一緣以用，例諸無明。若是有老死，即不虛。無明從來無，故云無老死也。

亦無老死盡。

忠云：盡者，滅也。十二因緣若生，即有生死可盡。因緣本無生，即無老死盡。

楷云：無無明，乃至亦無老死盡者，無

緣覺法。

深云：乃至無老死，亦無老死盡者，從無明至老死，謂之十二因緣生法也。何名無明。爲闇心無知，如人夜行曠野，失於正道，故云無明。貪染世法，故名爲行。虛妄知見，故名曰識。神[四]入胎，向受生處，與不淨合，故名名色。現陰成根，通識去來，故名六入。根塵相對，故曰觸。法作違順，愛惡事成，故曰受。於順情中，生於貪染，故云愛。愛之不捨，故名曰取。取已屬身，成有漏業，故名爲有。有業已定，感後果報，故名爲生。生命不住，故名爲老死。老死復生，終而復始，千生萬劫，捨身受身，故名輪迴。若知無明體空，又豈有老死。老死已不可得，更有何法可盡。故云亦無老死盡。此空破十二因緣之見也。

無苦、集、滅、道。

忠云：此明四諦，心有所求，繫著於法，故名爲諦。精勤修證，心無間歇，名爲苦諦。廣尋經論，貪求妙理，名爲集諦。斷諸妄念，至求常寂，名爲滅諦。遠離煩亂，精研佛理，名爲道諦。今更明四聖諦，名之爲藥，對破前病。心本清靈，不假修證，名爲苦諦。性含萬法，豈藉尋求，名爲集諦。妄念無生，本自常寂，名爲滅諦。寂常無二，邪正不昧，名爲道諦。此對病説也。若了無心，四諦何有。故云無苦、集、滅、道。

楷云：無聲聞法。

深云：苦、集、滅、道，四諦也。一切凡夫，因集業相纏，受於苦惱。大乘之人，因修其道，能證寂滅之理。又曰一念染心生，名苦諦。念念相續，名集諦。了念無生，名滅諦。了滅無滅，名道諦。然而一切諸法，本自空寂，四諦從何而有。故云無苦、集、滅、道。此破聲聞四諦之見也。

無知亦無得。

忠云：推照諸法了無所得，名之爲智。諸法本空，何假推照，故云無智。自性清靈，實無一法可得，故云亦無得也。

楷云：無菩薩法。

深云：智之一字，是諸佛知空之智，非但空中無凡夫五蘊十八界，緣覺十二因緣，聲聞四諦之道，以至諸佛知空之智亦忘。智已忘，得亦安在。

以無所得故，菩提薩埵。

忠云：悟諸心不可得，故是菩提。了諸法不可得，故名爲薩埵。心法一如，並無所得，故名菩提薩埵。

楷曰：以無所得故者，無佛法。

深云：以無所得故者，以者，由也，再明無所得義。或云五蘊十八界、十二因緣、四諦諸法皆空，所照之智亦忘，莫成斷滅否，畢竟有何所證。答曰，無得之得，無證之證，是名真得也。《金剛經》云，若有法如來得阿耨多羅三藐三菩提者，然燈佛則不與我授記。以實無有法得阿耨多羅三藐三菩提，是故然燈佛與我授記，汝於來世當得作佛，號釋迦牟尼。故云以無所得故。

依般若波羅蜜多故，心無罣礙。

忠云：此是梵語，經題具釋。只衆生智慧清淨，亦無清淨可得，反照自心，離諸塵故。云依般若波羅蜜多，微有小法，即有罣礙。心境自空，誰念誰著，迥然無事，有何罣礙也。

楷云：菩提薩埵，依般若波羅蜜多故者，六凡四聖，一齊皆空，無可分別。《圓覺經》云，成道亦無得，本性圓滿故。

深云：菩提薩埵，依般若波羅蜜多者，此句明所證之人也。故者，連前起後之辭。梵語菩提薩埵，此云覺有情。覺者，所求果。情者，所度之境也。心無罣礙者，《涅槃經》云，無罣礙處，名爲虚空。如來得阿耨多羅三藐三菩提，於一切法無有罣礙。

無罣礙故，無有恐怖。

忠云：心無所著，有何所求。心不可得，恐怖誰生。故云無有恐怖。

深云：凡夫迷失本心，如人夜行險徑，常懷惶怖。今斯照徹，恐怖何來。

遠離一切顛倒夢想。

忠云：心外求法爲顛，心内觀空名之爲倒。無中計有，名之爲夢。心之所緣，名之爲想。忽悟心源，了無所得，故云遠離一切顛倒夢想。

楷云：心無罣礙，乃至遠離一切顛倒夢想者，此皆凡夫十八界事，判此，諸聖且無，何況凡夫也。

深云：顛倒夢想者，皆虚妄之法也。凡夫因迷此心，認無作有，如癡猿捉月，似狂犬吠雷，聖人已證妙慧，皆能遠離也。

究竟涅槃。

忠云：心若有生，即有可滅。心本無生，實無可滅。無生無滅，名爲涅槃。究者，窮也。竟者，盡也。三世塵勞妄念，本無生滅，故云究竟涅槃。

楷云：體如虚空，不受裝點。

深曰：梵語涅槃，此云圓寂。德無不備，曰圓。障無不盡，曰寂。不同小乘之人，化城權立。今則一得永得，故云究竟也。

三世諸佛，依般若波羅蜜多故，得阿耨多羅三藐三菩提。

忠云：過去、現在、未來，煩惱無明，塵勞妄念，本來清淨，故云三世諸佛。自達本智，無所染著，故云依般若波羅蜜多故。得阿耨多羅三藐三菩提者，此梵語，唐言阿之言無，耨多羅者上，三藐言正，三菩提言真，此云無上正真之道。若信自心本來是佛，故云得阿耨多羅三藐三菩提也。

楷云：三世諸佛，盡處不爲家，空處不爲座，向無心道上成等正覺。

深曰：梵語阿耨多羅三藐三菩提，此云無上正遍知覺，是聖人所證之極果也。三世諸佛，莫不皆依般若而成正覺也。

故知般若波羅蜜多，是大神呪，是大明呪，是無上呪，是無等等呪。

忠云：呪者，契也。如來密印，心行俱契，故名爲呪。又呪者，定也。自達本心，無有動靜。又呪者，無也。無心見心，故名爲呪。此有多義，不可具宣。衆生本心，無有邊際，往反無礙，實不動摇，故名爲大神呪。心本清淨，湛然常住，圓照法界，應現無窮，是大明呪。一切萬法，不出於心，無能超者，是無上呪。心之一字，不屬有無，罔測邊際，無能比者，是無等等呪也。

深云：呪者，是諸佛菩薩秘語也。能破諸累，故云大神呪。鑑照不昧，故曰大明呪。更無過者，故曰無上。超越絶倫，故曰無等等。

能除一切苦，真實不虚。

忠云：一切諸佛，依此呪心，獨超三界，不受輪迴，故云能除一切苦。直指本心，決定是佛，不假修證，故云真實。心無變體，離諸狂惑，坦然常住，故云不虚矣。

楷云：故知般若波羅蜜多，乃至能除一切苦者，呪者，不可言説，言語道斷，諸苦諸樂一時解脱。三祖云，一心不生，萬法無咎，真實不虚，唯此一事實。

深云：能除一切苦者，不了自心，向外馳求，皆名爲苦。謂此呪心，悉能除之。真實不虚者，佛語真實，決無虚妄。

故説般若波羅蜜多呪。

忠云：呪者，只是衆生本心。以言指心，故云般若波羅蜜多呪也。

即説呪曰。

忠云：發言詮性，故云即説呪曰。

深云：故説般若波羅蜜多呪，即説呪曰者，欲使一切衆生諦聞神呪，故曰即説。

揭諦揭諦

忠云：繫著名諦。揭者，除也。塵勞妄念，智慧蕩除，故云揭諦。又揭諦者，了心空悟身空寂，了悟身心空寂，無有二法，故云揭諦揭諦。

波羅揭諦

忠云：心已清淨，有何妄念可除，故云波羅揭諦。

波羅僧揭諦

忠云：清淨而對塵勞得名。塵勞本無，清淨不立。故云波羅僧揭諦。

菩提娑婆訶

忠云：菩提是道，薩婆訶是行。悟達本性，即是道行。菩提言了，薩婆訶言見。了見本心，實無生處，故云薩婆訶。菩提是心，薩婆訶是法，一切法本來是心，故云薩婆訶。如是神呪，直指本心，無動靜不可起心求心，心無生滅不可將心滅心。無内外中間求心。心非一切處，不可向一切處求心。心不可得故，即知無一切心。以無一切心故，即一切魔境攝不動。以不動故，即是際[五]一切。《魔經》曰，降魔是道場，不傾動故。切見時人，不了自心，以治佗病。心外見法，魔境現前。自心屬魔，云何救彼。經云，自病不能救，何救他疾。縱令治得，業繫幻身，即是不出魔境界，怕怖生死，未免輪迴，捨生趣生，互爲冤對。如來出世，爲度沈迷，令悟本心，號爲神呪。不起妄念，名曰受持。了本不生，故名持念。恒沙妙教，只爲息攀緣，一念不生，諸緣頓息，無邊病本，隨念消除，歷劫罪山，一時摧倒。如是功德，不可思議，拯拔群迷，頓超佛位，密傳斯法，故號大悲。智者心行，愚人口誦。經文具載，理甚分明。學者審詳，無差謬矣。

楷云：故説般若波羅蜜多呪，乃至菩提娑婆訶者，呪不譯者也。如鈴鐸聲，有聲不説，以明菩提離言説。諸佛固知無法可法，然寂默成誑，言説成謗，不誑不謗，向上有事，在此呪者，説時默也。判[六]此，結集經意，一大藏教，一齊掃盡，只留此經，故曰《心經》。

深云：揭諦揭諦，乃至菩提娑婆訶者，諸佛菩薩所説神呪，不許解説，唯許受持，自有靈驗。如來顯説密談，蓋有妙旨。或有解云：揭諦，自利再言利他也。婆羅者，彼岸也。僧，衆也。菩提者，處也。薩婆訶者，無所處無菩提可證也。輙以存之。

三注般若波羅蜜多心經終

校勘記

〔一〕「善」，底本原校疑爲「菩」。

〔二〕「懷」，底本後衍「因懷」二字，據文意删。

〔三〕「佀」，底本原校疑爲「似」。

〔四〕「神」，底本原校疑前脱「識」字。

〔五〕「際」，底本原校疑爲「除」。

〔六〕「判」，底本原校疑爲「到」。

（陳永革整理）

○三一〇

般若波羅蜜多心經注[一]

大宋國沙門道隆蘭溪述

摩訶[二]。

摩訶者，梵語，此曰大。諸佛衆生平等之自性也。日月不能照，虚空無容。亘十方無涯際，徹三世無際限。欲知此，可盡己小心。小心者，妄想識情，又有無、取捨、空不空、生佛、迷悟等二致也。若無小心，即大心也。在眼曰見，在耳曰聞。小心衆生，漆桶不會，可憐生向外求。咄，眉毛本在眼上。

般若。

般若者，梵語，此曰智慧。逐諸境界，心背真故，不知無我。我即愚癡全體也，離愚癡謂智，有其方便謂慧。智者，慧之體。慧者，智之用也。衆生本來具足矣。三世諸佛，歷代祖師，天下老和尚，繇之施妙用，現神通，下喝行棒。真般若，非文字，蠢動含靈本來真性也。即今且道，那箇是般若。良久曰，日面佛，月面佛。

波羅蜜多。

波羅蜜多者，梵語，此曰彼岸到。無生死是彼岸，有涅槃是此岸。離生死，出涅槃，即清淨本覺也。故曰，淨極光通達，寂照含虚空，却來觀世間，猶如夢中事。即今見聞覺知，起居動靜，歷歷分明，是夢耶，是覺耶，是生死耶，是涅槃耶，是垢穢耶，是清淨耶。諸人向自己命脉上自辨別看。良久曰，白鳥入蘆華。

心經。

心經者，大道也。無小礙，無差路，又無小法可得，故無心謂道。衆生不知，隨境分名相，增長我見，是故不行大道。古人曰，大道透長安。到長安了，當知王知了，豈有他哉。且道，即今起居動靜得誰恩力，野老不知堯舜力，鼕鼕擊鼓祭江神。

觀自在菩薩。

　司空山本淨禪師曰，若會應處本無心，始得名爲觀自在。

行深般若波羅蜜多時。

　行者，不行一切，是佛行也。深者，佛乘也，不見一法，即如來也。淺者，聲聞、緣覺，乃至著文字、行般若人等也。故《大般若·魔事品》云，或依文字執有般若波羅蜜多，菩薩當知，是爲魔事。又《功德品》云，於此般若波羅蜜多，受持讀誦，不爲毒藥所害，刀兵所傷，火所焚燒，水所漂溺，乃至不爲四百四病之所夭殁云云。外離諸緣，內不住根本，衆魔難窺，六賊無破，離四句，絶百非，無蹤跡可求，故曰深般若。般若鋒不立一塵，即是行也。

照見五蘊皆空，度一切苦厄。

　五蘊者，色、受、想、行、識也。起心見境，故曰色。希望色，故曰受。記憶不休，故曰想。心妄不止，故曰行。行不休，輪迴不免，故曰識。照見者，返照也。不染境緣，退步見性，謂返照。般若，真空也。度者，盡也。應五蘊空，苦厄盡，紅日三竿伸脚眠。

舍利子，色不異空。

　色本自空生，迷人向真。空外見色，了得從心起，心無色相，歸根得旨，隨照失宗，任他灰頭土面。

空不異色。

　空依色現，色即歸空。心起，故色也。心無所依，故空也。了悟心空，諸法自空。真空端的作麼生道，山上鯉魚，水底蓬塵。

色即是空。

　色即空用，空即色體。萬波不離水。喝一喝云，賓主歷然。

空即是色。

空即色體，色即空用。咄，云事從叮嚀起。受、想、行、識，亦復如是。舍利子，是諸法空相。

五蘊者，了得心源，自空覺心，空不滯覺，空所空滅。《佛藏經》曰，一切法空，無我、無人、無衆生、無壽命，此之謂也。諸法者，色、受、想、行、識六根等之十八界也。不生不滅，不垢不淨，不增不減。

心空，則諸法亦空也。有甚麼生滅、垢淨、增減哉。畢竟空，不立一塵一法。打禪床云，還聞麼。

是故空中無色，無受、想、行、識。

空本無相，不得求色。不會底人，元來不疑。

無眼、耳、鼻、舌、身、意。

六根者，諸善惡業窟宅也，六賊堅城也。愚人謂毀堅城，殺六賊，心地穩密無孔，鐵鎚現前。打禪床云，百雜碎。

無色、聲、香、味、觸、法。

元依一精明，分成六和合。一處成休復，六用皆不成。塵垢應念消，成圓明淨妙，餘塵尚諸學。明極即如來，大智還同愚。

無眼界，乃至無意識界。

總無十八界也。舉眼界與意識界，餘準之可知。六根無主，塵境自亡。通身是眼見不到，通身是耳聞不及，通身是心監不出，通身是舌説不得。芭蕉無耳聞雷開，葵華無眼向日轉。且道是有眼耶，是無眼耶。石虎吞却木羊兒。

無無明。

凡夫迷雲被掩，不知本地風光，但偏逐境迷己，故却物爲上，逐物爲下。直了心源則光明現，故云無無明。那箇是諸人本地風光。新羅夜半日頭明。

亦無無明盡。

塵勞本無，不加了知，盡此什麼。靈臺

一點不揩磨。

乃至無老死。

生死之二法，一心妙用。有無之二法，自性真德也。施一心用，則六根現前。迷用則生也，迷體則死也。存生死無明也，了生死無無明也。兩箇泥牛鬬入海，不知何人引得來。

亦無老死盡。

生死老病，本來無也。夢裡明明有六趣，覺後空空無大千。毫釐有差，天地懸隔。證實相理，一切衆生，同一清淨實相也。盡是什麼。良久曰，張公喫酒李公醉。

無苦、集、滅、道。

無此四聖諦法也。苦諦者，貪著世間相，無間歇也。集諦者，向經論之中求妙理也。滅諦者，厭諸善惡，求寂滅也。道諦者，真寂也。諸佛衆生，具足無欠餘。咦，恁麼會易，不恁麼會難。具衲僧眼目試甄別看。

無智亦無得。

道不在見聞覺知，而不離見聞覺知中。諸法從本無可得，東西不辨，南北不別，心法并亡，未夢見在。諸人要會麼。鐵蒺莉。

以無所得故，菩提薩埵。

普照寂滅，無一法可得，菩提也。了得諸法不可得，名菩提薩埵。故古人曰，一如體玄，兀爾忘緣。

依般若波羅蜜多故，心無罣礙。

色空不二，淨穢并亡。境依心起，有心空寂，境自不存。心境自空，迴然無事，有何罣礙。要知麼。八角磨盤空裡走。

無罣礙故，無有恐怖。

心心無所依，亦不可得，不礙於生死間。鑊湯爐炭吹教滅，劍樹刀山喝便摧。

遠離一切顛倒夢想。

心迷謂顛，堅執我凡夫謂倒。四大假和，合體爲我，六根境界爲心，故云夢想。智者，醒夢靜也，迷人，信夢忙也。直了心源，無一心可得，是遠離也。即今誰是遠離顛倒夢想。纔有言語，是揀擇，是明白。不在揀擇，明白底是何人。暗裡抽横骨，明中坐舌頭。若知此人有何顛倒夢想。佛法不現前，不得成佛道。

究竟涅槃。

究竟，窮極之義也。佛祖言不及，故云究竟。是云，理極忘情謂，如何得喻齊。當頭霜夜月，任運落前溪。

三世諸佛依般若波羅蜜多故，得阿耨多羅三藐三菩提。

阿者，無也。耨多羅者，上也。三藐者，正也。三菩提者，真道也。合云無上正真道。佛言知深行般若，即得菩提，是真解脱也。即身有佛性，故今得成阿耨菩提云云。

故知般若波羅蜜多，是大神呪，是大明呪，是無上呪，是無等等呪。

呪者，是契當句也。心與行相應之謂契，亦呪云心，故云神呪。衆生一心無有涯際，十方虚空皆在心性中，如空中有一片雲，故云大神呪。淘然明白無變易，在衆生不變，在佛祖不變，故云本分，又云心地。唯此一事實，餘二則非真，故云大明呪。萬法從一心生，無始無終，輭如金剛，堅似兜羅綿，誰分限量，故云無上呪。直行直用，與佛祖無差别，故云無等等呪。要見此呪麽。良久曰，鎮州蘿蔔從來大也。

能除一切苦，真實不虚。

諸佛依此呪得菩提，故云不虚也。君臣道合街頭，孤峰自在受用，家舍途中自由。現成現成，端的誰知。長憶江南三月裡，鷓鴣啼處百華香。

故説般若波羅蜜多呪，即説呪曰：

羯諦羯諦

始羯諦無妄想可除，次羯諦無真可求。

真妄俱寂，無有二法。今夜一輪滿，清光何處無。

波羅羯諦

此心元來清淨，無塵垢可染。珊瑚枝上撐著月。

波羅僧羯諦

清淨與塵垢，雙對言也。若離塵垢，清淨因何立。看看破鏡不重照。

菩提

即是道也。道者，無依也。日午打三更。

娑婆訶

畢竟空亦無，依空相亦無。三人稱龜作鼈。

般若心經

再犯不許。

般若波羅蜜多心經注終

校勘記

〔一〕底本據《卍續藏》。

〔二〕「摩訶」，底本原校云：「奘師所譯，題目不加『摩訶』二字。今加之者，以存注者深意也。」

（陳永革整理）

○三二一

般若波羅蜜多心經解義節要〔一〕

明無念居士集

引用諸家解義

唐三藏法師玄奘奉詔譯

唐賢首國師法藏疏

宋孤山沙門知圓疏

元古雲沙門元粹註

元佛海沙門性證註

大明天界禪寺住持宗泐奉勑註解

大明翰林學士潛溪宋〔二〕景濂文句

佛者，覺也，覺自性也。其法繇戒而定而慧，外不著相，內不著空，真見本來面目，虛靈要妙，清淨圓融，然後可以應用無染，而了出世間一大公案。又憫群生塵勞障重，煩惱根深，往往認賊爲子，迷妄爲真，故說此經以解脫之。其文古，其義奧，其語約，而其指趣綜括無遺。予燕處翛然，愛閱此經，病諸家解義之繁，乃掇其精切者録之，將以俟得佛書之三昧者質焉。

嘉靖癸巳夏五月既望無念居士書于紫微華下。

校勘記

〔一〕底本據《卍續藏》。

〔二〕「宋」，底本作「宗」，據下文改。

般若波羅蜜多心經解義節要

宗泐曰，此經即世尊所說大部般若之精要，故知菩薩之說即是佛說。傳至中華，凡五譯。今從玄奘所譯者，以中國盛行故也。般若者，梵語也，華言智慧。波羅蜜多者，華言到彼岸。衆生由迷慧性，居生死，曰此岸。菩薩由修般若，悟慧性，到涅槃，曰彼岸。心者，般若心也。此般若心人人本具。説此經者，欲令衆生斷除妄心，顯發本性故也。經者，法也，常也。此經以單法爲名，實相爲體，觀照爲宗，度苦爲用，大乘爲教，此五者皆經中所説之旨。單法者，即般若波羅蜜多也。實相者，即諸法空相也。觀照者，即照見五蘊皆空也。度苦者，即度一切苦厄也。大乘者，即菩薩所行深般若也。

賢首曰，般若是體，此云智慧，即神悟玄奥，妙證真源也。波羅蜜多是用，此云到彼岸，即由斯妙慧，翻生死過盡，至真空之際。

古雲曰，此慧離念，偏[二]覺極圓，即色即空，不生不滅。背之則心路頓絶，用之則法界彌綸。即由妙慧，從生死此岸，越煩惱中流，到涅槃彼岸。涅槃者何，達生死是。《經》是諸法空相，空一切妄故，即名實相，顯體宗照，即圓照也。經所謂行深般若，見五蘊皆空，空即實體，全此體以發照，即圓照以會體。體非實相，照則不圓。照若不圓，實相非有。

佛海曰，此是大部六百卷之文心，故云《心經》。非智慧心，非草木心，非肉團心也。然此心體寂照虚融，靈明洞徹，凡聖該括，真妄同源。秦[三]譯無多字，乃梵音之略。從觀自在下，至度一切苦厄，乃别序興致，又謂略標綱要，又謂據行標起。從舍利子色不異空下，至三菩提，乃正宗明空。

宋景濂曰，攝歸萬善於心源，貫穿諸經之骨髓。經以七種立題，此蓋因法喻所立也。梵語般若，此云智慧。梵語波羅，此云彼岸。梵語蜜多，此云到。西土俗言，以事畢者爲彼岸到。佛生其土，乃因俗言，以明教化故。謂此岸者，乃衆生作業，濁世生死受苦之地。彼岸者，乃佛菩薩究竟超脱，清淨極樂之邦。

心者，世間及出世間，萬法總相。其別有五：

一、肉團心。狀如蕉蕾，生色身中，係無情攝。

二、緣慮心。狀如野燒，忽生忽滅，係妄想攝。

三、集起心。狀如草子，埋伏識田，係習氣攝。

四、賴耶心。狀如良田，細種無厭，係無明攝。

五、真如心。狀同虛空，廓彼法界，係寂照攝。

此經名般若波羅蜜多心者，謂人能以智慧斷絶情想，如操舟渡到彼岸，始爲了此心也。

此經以心名，終篇只露出一心字，此是文字巧處。此經只言上達，不言下學，其工夫當觀《金剛》《楞嚴》《圓覺》三經。

觀自在菩薩，行深般若波羅蜜多時。

宗泐曰，觀自在菩薩者，能修般若之菩薩也。般若波羅蜜多者，菩薩所修之法也。菩薩用般若觀慧，照了自心清淨，圓融無礙，故稱自在，此自行也。復念世間受苦衆生，令其修習此法，改惡遷善，離苦得樂，無不自在，此化他也。菩薩者，梵語菩提薩埵，華言覺衆生。但稱菩薩者，從略也。行者，修行也。深般若者，實相般若也。非粗心淺智者所觀，故云深也。時者，菩薩修行般若時也。賢首曰，觀自在菩薩，謂於事理無礙之境，觀達自在，故立此名。菩者，菩提，此謂之覺。薩者，薩埵，此曰衆生。般若妙行有二種：一淺，即入空般若。一深，即法空般若。菩薩者，諸法王子之通稱。深般若者，窮源極際。

宋景濂曰，菩提，此云覺。薩埵，此云有情。有情則有衆生也。衆生而謂之有情者，以草木皆有生而無情。一切衆生有佛性者，皆有生有情，唯菩薩在有情之中覺悟者，故謂之覺有情也。

照見五蘊皆空，度一切苦厄。

宗泐曰，照者，觀也。五蘊者，色、受、想、行、識也。蘊者，積聚也。空者，真空也。色者，色身也。受者，領納也。想者，思想也。行者，造作也。識者，分別也。識即心王，受、想、行是心所作也。度者，度脱也。一切苦厄者，世間之衆苦也。菩薩由照五蘊空寂，離生死苦，復閔在迷衆生，顛倒妄想，悖理亂常，十惡五逆，到受衆苦，故説此般若法門，令其修習，皆得解脱也。已上一段，乃阿難結集法藏時，叙述觀自在菩薩度生之功行，此是別序也。下段自舍利子起，始是觀自在菩薩答舍利子所問也。

五蘊不空，性有障蔽不能虛，不虛故不靈。五蘊者，非本性所有。五蘊既空，則本性自然虛靈，如塵垢去而鏡明，如泥沙去而水清。度一切苦厄，先儒謂佛氏兼愛者，此也。張虛静曰，大道不遠，在身中。色相皆空，性不空。性若不空和氣住，氣皈元海壽無窮。

賢首曰，諸心俱空而唯觀五蘊者，以一切衆生，色心常現前故，止觀初觀陰境，意同此也。皆空者，以色由心造，全色是心，心但有名，色寧有實，故曰皆空。

一切雖多，不出心身二法。身爲衆苦之本，心爲群妄之原。伐樹得根，諸幻息矣。

古雲曰，五蘊者，即五陰。新云五蘊，積聚義也。舊云五陰，蓋覆義也。

佛海曰，照見乃能觀之智，五蘊乃所觀之境。《大莊嚴法門經》云，五陰體性即是諸佛體性。菩薩雖現五陰煩惱，不與五陰煩惱和合，體性無染故。菩薩雖現五陰生死，教化衆生，知一切法無去來故。

宋景濂曰，蘊以包含爲義。五蘊者，色、受、想、行、識也。色蘊，四大所成。受蘊，領納苦樂，又不苦不樂。想蘊，取種種境，奔馳不息。行蘊，諸心所法多，貪境弗止。識蘊，於所緣境，熾然了別。五蘊之中，識以分別居先，因其分別而領納在心，謂之受。

心既領納，相續尋思，謂之想。想之不已，遂成造作，謂之行。衆生沈迷於此，了不自覺。殊不知色如聚沫，受如水泡，想如陽焰，行如芭蕉，識如衆幻，並非實相。唯菩薩達見五藴自性皆空。二空理深，慧所見也。功者，如刀也，言斧也。苦厄者，諸苦也。蓋生者苦器，寒而不得衣則苦，飢而不得食則苦，勞而不得息則苦，病而不得愈則苦。又有所謂冤憎會苦，如骨肉喧爭是也。愛别離苦，如骨肉死亡是也。求而不得苦，凡有所營求，不得遂意是也。老苦，一切衰弱，徒慕强壯是也。死苦，生前萬端，盡皆捨離是也。然此諸苦，皆五藴使之也。菩薩證見真空，苦惱斯盡，遠離分段、變易二種生死，得菩提涅槃，故云度一切苦厄。此第一節，言五藴皆空，爲一經之綱[三]領。下文乃詳之。

舍利子，色不異空，空不異色，色即是空，空即是色，受、想、行、識，亦復如是。此即空觀幻觀。

宗泐曰，舍利子，佛之弟子，智慧第一。因其爲衆請問，故菩薩呼其名而告之。色即四大幻色，空乃般若真空。衆生由迷真空，而受幻色，譬如水之成冰也。菩薩因修般若觀慧，照了幻色即是真空，其猶融冰爲水。然色之與空，其體無殊，故曰色不異空，空不異色，如冰不異水，水不異冰。復恐鈍根衆生不了，猶存色空二見，故曰色即是空，空即是色，如水即是水，水即是冰。若受、想、行、識，莫不皆然。此乃一經之要，般若之心也。

此節當與《金剛經》凡所有相皆是虚妄，若見諸相非相，即見如涅槃[四]參見。

賢首曰，小乘中，即色非空，滅色方空。今則不爾，色即是空，非色滅空。

除雲橋曰，六塵中人，易著相者，色爲甚，餘次之，故佛氏摘此一字，首言之也。

宋景濂曰，凡有形者謂色，無形者謂空。色不異空者，明色乃幻也。所謂色不礙空，若礙空，即是實色，非幻色矣。空不異色者，明空乃一真顯露，必不妨色。若礙於色，即是斷空，非真空矣。此言色空不相礙也。色即是空者，明非色滅空也。空即是色者，明不可以取空也。此言色空無二也。大抵真空如圓鏡，應物現形而鏡中初無其形，所謂真空未常不有，即有以辨於空也。幻色如泡影電露，當其出現之時，何常無像。一刹那頃，變滅弗存。所謂幻有未始不空，即空以明於有也。受、想、行、識，亦復如是者，宜云受不異空，空不異受，受即是空，空即是受。若想，若行，若識，莫不皆然。恐文繁，故略之。但云亦復如是也。此第二、三節，詳言五蘊皆空也。

舍利子，是諸法空相，不生不滅，不垢不淨，不增不減。

宗泐曰，是諸法者，指前五蘊也。空相者，即真空實相也。菩薩復告舍利子云，既了諸法當體即是真空，實相之體本無生滅。既無生滅，豈有垢淨。既無垢淨，豈有增減乎。

此言性之本然，即孟子所謂分定故也。真空實相，即中觀。

賢首曰，不生不滅者，在道前凡位。謂凡夫，死此生彼，流轉長劫，是生滅位。真空離此，故云不生不滅。不垢不淨者，在道中菩薩等位。謂諸菩薩，障染未盡，淨行已修，名垢淨位。真空離此，故云不垢不淨。不增不減者，在道後佛果位中。生死惑障，昔未盡，而今盡，是減也。修生萬德，昔未圓，而今圓，是增也。真空離此，故云不增不減。色從緣起，真空不生。色從緣謝，真空不滅。又從隨流不染，出障非盡。又障盡非滅，德滿不增。翻此以顯真空之相，故云空相也。

孤山曰，色不異空，故不生。空不異色，故不滅。色不異空，故不垢。空不異色，故不淨。色不異空，故不增。空不異色，故不減。生死即涅槃，故不生。涅槃即生死，故不滅。煩惱即菩提，故不垢。菩提即煩惱，故不淨。結業即解脱，故不增。解脱即結業，故不減。

古雲曰，法既常寂，妄自奚生，不受一塵，故曰空相。空一切妄，亦名實相。昔本不生，今則無滅。煩惱非垢，涅槃非淨。處聖不增，在凡不減。究竟平等，徧一切處。作是觀者，即同諸佛。

宋景濂曰，此三節言五藴空相，初無生滅等，以足第二節之意也。

是故空中無色，無受、想、行、識。

宗泐曰，此真空實相之中，既不可以生滅、垢淨、增減末之，故總結云無色，無受、想、行、識也。無，即空也。

古雲曰，妙空混然，洞萬有於真如，蕩一無於畢竟，方是圓宗般若空慧。

宋景濂曰，是故承上文而言也。空中之空，即空相之空，謂真空也。謂真空之中，惡有五藴者哉。

此節至無智亦無得十三箇無字，文法亦奇特。自五藴至十二因緣、四諦，菩薩性中泯然俱無。然其下手工夫，當看《金剛經》曰云何降伏其心一句。不然，又看《圓覺經》三觀、二障、四失，方可了此十三箇無字也。

無眼、耳、鼻、舌、身、意，無色、聲、香、味、觸、法。無眼界，乃至無意識界。

宗泐曰，真空實相之中，亦無六根、六塵，此空十二入也。既無十二入，亦無十八界。十八界者，六根、六塵、六識也。乃至者，舉其始末，而略其中。如上五藴、十二入、十八界，不出色心二法。爲迷心重者説爲五藴，爲迷色重者説爲十二入，爲色心俱迷者說十八界。已上三科，修學之人，隨其根器，但修一科，即能悟入。

佛海曰，舊云十二入，謂六根、六塵互相涉入。新云十二處，謂內根、外塵各有處分。行者日用，照此根塵，體即般若，頓圓空覺，故言無也。

宋景濂曰，眼、耳、鼻、舌、身、意，謂之六根，猶草木之有根也，亦謂之六入。根則主內而言，入則主外而言。眼見爲色塵，耳聞爲聲塵，鼻臭爲香塵，舌嘗爲味塵，身染爲觸塵，意著爲法塵，是謂之六塵，謂如沙塵之障蔽也。根塵二者和合爲十二處。處，所也，言各有所在也。從見爲眼識，從聞爲耳識，從臭爲鼻識，從嘗爲舌識，從染爲身識，從分別爲意識，謂之六識。識謂妄生辨折，昏翳真智也。三者和合爲十八界。界者，限也，言各有限域也。乃至者，省文上舉無眼界，下舉無意識界，中間四識，可以例知也。衆生所以汩沒生死，爲三者互相鈎引，不能脱離。真空之中，初無是也。三者本一道，而有廣略之異者，蓋如來爲鈍根說十八界，爲中根說十二處，爲利根說五蘊，隨機施教，故不同也。

觸者，不盡也。佛氏謂之身根，即孟子所謂四肢。法者，事也。萬法皆從心起，佛氏謂之意根，即孟子行法，俟命之法。普庵禪師曰，捏不成團撥不開，何須南岳又天台。六根門户無人到，惹得胡僧特地來。徐士英曰，凡人有思則易入於邪，無思則又如土木。必也有思而非邪，無思而非土木。知此則知菩薩了十三箇無字之不易也。無字則空字要除根，結諸有必須閇其目。觀空，觀字即智慧也。凡夫動念著有，小乘息念沈空。

無無明，亦無無明盡，乃至無老死，亦無老死盡。

宗泐曰，此空十二因緣也。無明者，癡暗也。謂於本性無所明了，非瞢然無知，乃違理强覺之謂也。無無明等者，菩薩以般若智，觀此無明，其性本空，無生滅相，故云無無明，亦無無明盡也。乃至無老死盡者，義與前同。但舉其始末而略其中也。十二因緣亦名十二有支。一曰無明，亦名煩惱。二曰行，謂造作諸業。此二支乃過去所作之因也。三曰識，謂起妄念，初托母胎也。四曰名色，從托胎後，生諸根形也。五曰六入，於胎中而成六根也。六曰觸，成胎後，六根對六塵也。七曰受，謂領納世間好惡等事。此五支乃現在所受之果也。八曰愛，謂貪染五欲等事也。九曰取，謂於諸境生取著心也。十曰有，謂作有漏之因，能招未來之果。此三支乃現在所作之因也。十一曰生，謂受未來五蘊之身也。十二曰老死，謂未來身既老而死。此二支乃來世當受之果也。此十二因緣，該三世因果，展轉因依，如輪旋轉，無有休息。一切衆生迷而不知，良可悲也。此本緣覺之人所觀之境，大乘菩薩徹照此境，皆無實性，故云無也。

孤山曰，十二因緣生爲凡夫，十二因緣滅爲聖人。空無凡聖，故生滅俱無。

佛海曰，始無明，終老死，因緣生也。無明盡至老死盡，因緣滅也。盡即滅義。

宋景濂曰，無則順觀無明流轉門，以真空故云無也。盡則逆觀無明還滅門，以真空故無可盡也。乃至者，亦省文。上舉初支，下舉後支，中間十支，可以例知也。十二因緣，乃推五蘊之至詳者乎。

十二因緣即西域輪迴因果之説，菩薩性中則無此也。朱子未曾究竟此緣，乃以西方緣業貶駁大雄氏，過矣。禪之下者，説輪迴，蓋欲臨行一念不差，則可以投胎奪舍，再來修行也。禪之上者，則不説輪迴。或問趙州和尚曰，和尚百歲後向何處去。趙州曰，火燒後成一株茅葦。則是趙州和尚不説輪迴也。川禪師曰，這箇息皮袋，別了無罣礙。烈焰洪爐中，明月清風外。則是川禪師不説輪迴也。禪上者且然，况佛乎。佛之言，止有《心經》，不説輪迴。

無苦、集、滅、道。

宗泐曰，無苦、集、滅、道，觀四諦清淨也。苦即生死苦果，集是惑業苦因。此二[五]者世間之法也。滅即涅槃樂果，道即道品樂因。此二者出世間之法也。説此四諦者，欲令衆生，知苦斷集，慕滅修道，離苦得樂。此本聲聞之人所觀之境。大乘菩薩，照了此境，當體空寂，故云無也。

宋景濂曰，如是四諦，真空中皆無也。然四諦與十二因緣，亦名異義同，不過有開合之異耳。亦爲機宜不同，所以重説也。

道字即戒、定、慧也。當與《金剛經》非法非非法參看，不然終無捉摸。

無智亦無得。

宗泐曰，智者，般若之智也。大乘菩薩以智照境，既無五蘊及四諦諸法，即是人法界空，境智俱泯，如病去藥忘，故云無智亦無得也。

宋景濂曰，非但空中無前諸法，彼知空之智亦不可得。非但知空之智不可得，即此所知空理亦不可得。蓋一真之至性，湛然常寂，不假修證，了無一法故也。此總結上文，以起下文。此第四節，言空中本無五蘊，而詳及諸法，以終前三節之義第。前言五蘊皆空，以人而言。此言空中無五蘊等，以性而言。

真空之中，獨有本性，無佗物也。

傅大士曰，到岸不須船。六祖曰，菩提本無樹，明鏡亦非臺。本來無一物，何處惹塵埃。黄龍禪師曰，千江有水千江月，萬里無雲萬里天。川禪師曰，斬新日月特乾坤。既曰無智無得，則是橋木死灰，何能在覺。當看《金剛經》應無所住而生其心一句，又當看《圓覺經》諸幻雖盡，不入斷滅二句。則知無上正覺，自本性生出虚靈也。始覺但泯，而本覺朗然獨存。此正所謂離情遣著時也。始覺者，人也。本覺者，天也。無智即人泯天定也。

以無所得故。

宗泐曰，此結前起後之言。

宋景濂曰，無所得，承上文無得而言也。以無所得之故，菩薩依般若等，而得涅槃斷果。三世諸佛，依般若等，而得菩提智果。蓋諸法本空故也。詳見下文。

菩提薩埵，依般若波羅蜜多故，心無罣礙。無罣礙故，無有恐怖，遠離一切顛倒夢想，究竟涅槃。

無念子曰，菩薩與佛乃聖賢之分也。究竟涅槃者，當自識之。

宗泐曰，菩提薩埵者，能依之人也。般若波羅蜜多者，所依之法也。菩薩之人，依此般若法門修學，功成理顯，故得心無業縛。因無業縛，故無生死恐怖。既無生死恐怖，則無顛倒煩惱。此三障既空，三德乃顯，故云究竟涅槃。涅槃者，梵語摩訶般涅槃那，華言大滅度。大即法身，滅即解脱，度即般若。此三德非别有，即三障是也。迷即三障，悟即三德。所謂生死即法身，煩惱即般若，結業即解脱。然障即是德，自非般若之功德不能顯，譬如磨鏡，垢盡明現，斯之謂也。

賢首曰，無有恐怖，在外無魔冤之怖，即惡緣息也。遠離顛倒夢想，在内無惑障之到，即惡因盡也。

古雲曰，依妙空慧了境性心，念念圓常，塵塵究竟。結業即解脱，故無罣礙苦。道即法身，故無恐怖。煩惱即菩提，故離顛倒夢想。三障非離而離，三德非圓而圓，寂滅涅槃，任運流入。

宋景濂曰，罣謂如絲之懸，礙謂如石之阻，恐懼遠違。離，脱也。顛，頂也。顛倒，言倒懸也。在寐爲夢，在悟爲想，究窮竟盡也。梵語涅槃，此云圓滿清淨也。菩薩依此法修妙行，洞見自性清淨，證入真空，故心無罣礙。心無罣礙，自然無有恐怖，遠離顛倒夢想，而究竟圓滿清淨之際矣。

無恐怖則生死憂患不入其中。劉鐵漢平日受用佛書在也。

〇夢遊華胥，夢見周公，雖聖人不能離夢。思兼三王，終夜以思，雖聖人不能離想。遠離夢想，所以爲出世間法也。涅槃二字，世人誤認以爲死。非也。裴相國序《圓覺經》曰，寂静常樂，故曰涅槃。徐士英曰，梵語涅槃，此言無爲。又曰，涅槃即是不動無爲之義，無爲即楊雄所謂玄默也。無恐怖自處，變言。

離夢想自處，常言。無恐怖離夢想，惟心無罣礙者能之，心有罣礙者則不能也。

三世諸佛，依般若波羅蜜多故，得阿耨多羅三藐三菩提。

宗泐曰，三世者，過去、未來、現在也。阿耨多羅三藐三菩提者，華言無上正等正覺，此言非唯菩薩如是修證，而一切諸佛，莫不皆修般若，得成正覺也。

賢首曰，阿耨多羅，此云無上也。三藐者，此云正也。次三者，此云等也。菩提者，此云覺也。即無上正等覺也。

宋景濂曰，三世謂過去莊嚴劫、現在賢劫、未來星宿劫也。梵語佛，此云覺。覺者，迷之對。以佛之覺，見衆生之迷也。諸佛謂三世之中，各有千佛，不止於一也。三世諸佛，依此一門，言無異路。梵語阿，此云無。梵語耨多羅，此云上。梵語三，此云正。梵語藐，此云等。菩提，解見上文。三世諸佛，亦依此法修妙行，洞見自性清淨，證入真空，而得無上正等正覺。此第五節，引佛菩薩之行以實之，知依般若而證真空，不得也。五蘊之義，至是蓋無餘矣。

無上正等正覺，即《書》之睿作聖，即《孟子》之聖而不可知之謂神，即《中庸》之聰明睿智達天德者。知此，則知佛與吾儒體同而用不同也。

故知般若波羅蜜多，是大神咒，是大明咒，是無上咒，是無等等咒。

宗泐曰，前是顯説般若，後是密説般若。良由衆生根器不同，所入有異故也。四種咒者，蓋言般若功用，能破魔障，名大神咒。能滅癡暗，名大明咒。能顯至理，名無上咒。極妙覺果，無與等者，名無等等咒。

宋景濂曰，言故知者，結前起後也。咒者，佛説密語，即第一義也。神者，精妙不測之稱。明者，鑑照不昧之謂。然皆謂之大者，非小神小明比也。無上，無可加過也。無等等，獨絶無倫也。既言大，則以極矣。又重言無上等等者，所以深著般若，溥博無際。溥博無際，惟真空足以當之。

道家、佛家皆有咒，而儒不然之。然周人有司咒之官，秦人有呪楚之文，《毛詩》有出三物以咒之詞。下至漢有木人之咒，而成江充之禍，梁有臘䳘之咒，而成昭明之冤。則中夏之有咒，亦已久矣。求其用咒，神妙能役使鬼神，運用風霆，降伏龍虎。至今惟西域則然，此蓋天地間理之不可曉者也。昔在關中，聞士夫云，往年有西僧來此，呪大石即成灰。欲宰牛，念呪，牛即死，然後剥食之。長水禪師曰，苦海〔六〕無邊，迴頭是岸。

能除一切苦，真實不虚。

宗泐曰，此結般若功用廣大，除苦得樂，決定無礙。

古雲曰，結嘆不虚，勸令修進度苦，趣

極真實法船，願衆生速發智地。

宋景濂曰，能除一切苦，即度一切苦，非證真空者不能也。恐衆生不信心佛，乃第一節既言之。又如此申言之，而復繼以真實不虛者，謂能決定除苦也。真慈憫有情，爲何如哉。此第六節，承上文而言，讚咏般若真空之妙，如此之盛。自此以上，通謂之顯了般若。

六祖曰，迷則佛是眾生，悟則衆生是佛。其機在我，而無難者，此佛所以有真實不虛之嘆也。

故説般若波羅蜜多呪，即説呪曰：

揭諦揭諦波羅揭諦波羅僧揭諦菩提薩婆訶

宗泐曰，已上密般若，此五種不翻之一也。蓋呪是佛之密語，非下凡所知。《法華疏》云，呪是鬼神王之名號，稱其王名，則部落煞[七]王，故能降伏一切鬼魅。又呪者，願也。如蜾蠃之呪，螟蛉願其類我。佛菩薩説呪，願諸衆生如我之得成正覺。能誦此呪者，則所願無不成就也。

賢首曰，欲强釋者，揭諦者，此云度也，即深慧功能，重言所到處也。波羅揭諦者，自度度他。波羅，此云彼岸，即度所到處也。波羅僧揭諦者，僧者，總也，溥也。即謂自他普度，總到彼岸也。言菩提者至何等彼岸，謂大菩提處也。言薩波訶者，此云速疾，令前所伊疾速成就故也。

孤山曰，諸佛密語，不須解釋。凡當密語，例該不翻。深求其到，只是密説前般若無所得心耳。

宋景濂曰，前云是大神呪，未顯呪辭，故今説之。此第七節專説秘密呪辭，已上謂之秘密般若。佛家論性與吾儒論性不同。儒之論性，以理言。佛之論性，以虛靈知覺言。然究其所以，虛靈知覺者何也，神也。人若能於神字契勘得破，則知佛家所謂法身者此也，主人翁者此也，金剛不壞身者此也，本來面目者此也，父母未生前我是誰此也。在吾儒亦有然者。《戴記》曰，心之精神之謂聖。子思曰，至誠如神〔八〕。孟子曰，所存者神。周子曰，神應故妙。在道家亦有然者。《道德經》曰，元神。《南華經》曰，至道之精，抱神以静。魏伯陽曰，真人潛深淵。張平叔曰，嬰兒入聖機，皆此物也。類而徵之，鼎湖乘龍，乘此也。遼東化鶴者，化此也。嵩山面壁者，面此也。華山熟睡者，睡此也。天地間道之至妙至妙者也。其機在我，誰來著力。但恨予髮種種役志風波，豈所謂夢中夢者未覺耶。嗚呼，何日遠客還。仰天一笑。無念居士記。

般若波羅蜜多心經解義節要終

校勘記

〔一〕「偏」，底本原校疑爲「偏」。

〔二〕「秦」，底本作「奉」，據底本原校改。

〔三〕「網」，疑爲「網」。

〔四〕「涅槃」，底本原校疑爲「來」。

〔五〕「二」，底本作「三」，據底本原校改。

〔六〕「海」，底本作「梅」，據底本原校改。

〔七〕「煞」，底本原校疑爲「懼」。

〔八〕「神」，底本後衍「心之精神之謂聖子思曰至誠如神孟子曰」十七字，據底本原校删。

（陳永革整理）

〇三一二

般若波羅蜜多心經注解（存目）〔一〕

明真可撰

校勘記

〔一〕此本出《紫柏尊者全集》卷一一。《紫柏尊者全集》已收入《中華大藏經（漢文部分）》正編第八三册第一七五九號，此處存目。

〇三一三

般若波羅蜜多心經直談（存目）〔一〕

明真可撰

校勘記

〔一〕此本出《紫柏尊者全集》卷一一。《紫柏尊者全集》已收入《中華大藏經（漢文部分）》正編第八三册第一七五九號，此處存目。

〇三一四

般若波羅蜜多心經要論（存目）〔一〕

明真可説

校勘記

〔一〕此本出《紫柏尊者全集》卷一一。《紫柏尊者全集》已收入《中華大藏經（漢文部分）》正編第八三册第一七五九號，此處存目。

○三一五

般若波羅蜜多心經説（存目）〔一〕

明真可説

校勘記

〔一〕此本出《紫柏尊者全集》卷一一。《紫柏尊者全集》已收入《中華大藏經（漢文部分）》正編第八三册第一七五九號，此處存目。

〇三二六

般若心經釋義[一]

般若波羅蜜多心經略疏序

唐翻經沙門賢首大師法藏著

夫以真源素範，沖漠隔於筌罤；玅覺玄猷，奧賾超於言象。雖真俗雙泯，二諦恒存；空有兩亡，一味常顯。良以真空未嘗不有，即有以辨於空；幻有未始不空，即空以明於有。有，空有，故不有；空，有空，故不空。不空之空，空而非斷；不有之有，有而非常。四執既亡，百非俱遣。般若玄旨，斯之謂歟！若歷事備陳，言過二十萬頌；若撮其樞要，理盡一十四行。是知詮真之教，乍廣略而隨緣；超言之宗，性圓通而俱顯。《般若心經》者，實謂曜昏衢之高炬，濟苦海之迅航。拯物導迷，莫斯爲最。然則般若以神鑑爲體，波羅蜜多以到彼岸爲功，心顯要玅所歸，經乃貫穿言教。從法就喻，詮旨爲目，故云《般若波羅蜜多心經》。

此序，文約義豐，辭無枝葉，玩其「真空未嘗不有，即有以辨於空」。云云。十二轉語，撥出一個真空實相，親切嚴密，非具隻眼者莫能言也。愚每誦斯文，爽酥毛骨。得其印券者多矣，固不可掩師之善，亦不敢自私於心，敬録卷端，以公天下，爲後來同志者的。

觀光

校勘記

[一] 底本據《卍續藏》。

般若波羅蜜多心經釋義序

佛說《心經》，首尾五十三言，能了一十二部《大藏經》中之玅義，非他經可比，故謂之了義《心經》。經謂之心者，心所以至[二]宰乎一身，而運用乎百骸者也。夫心之時義大矣哉！何後之註解者，與經文無所發明？惟唐高僧賢首諱法藏者所註《心經略疏》，及真覺諱文才者註《慧燈集》，盡略疏之詳。此二家之註，不離本文，義理切實，但言淡意清，科條繁細。初機學者，神流氣躁，一時觀之，無入頭處。其次如潛溪宋先生，會賢首、宗泐、孤山、古雲等諸師之解，而爲解者，其義雖明，不無闕略。噫，甚矣！此經之不可以漫然註解，而註解者之難也。且佛經三藏，曰經，曰律，曰論。凡謂之經與律者，皆世尊金口宣揚，一入阿難尊者之耳，始終不訛一字。佛至雙林，勅阿難，將四十九年所説之法，彙集成經，凡諸經首，必用如是我聞四字，蓋示以述而不作之意也。又佛住世時，在會菩薩，如文殊、普賢、觀音、勢至等，爲十方無量菩薩之首，俱未見其説法。縱有所説，非佛之言，阿難安敢收攝入藏，以水參乳乎？爰是而知《心經》爲世尊所説無疑矣。不然，何《略疏》謂此一十四行之經，其文雖簡，而義悉備，即能統攝六百卷中之要妙？則此即諸經之總持也。《略疏》又以觀自在至度一切苦厄，目爲略標綱要分。舍利子已下，目爲廣陳實義分。據此條目綱領而詳之，始知《心經》之脉絡，所謂開萬古之群蒙者，此耳。蓋《心經》之旨，在於般若。三世諸佛依之，即得菩提；十地菩薩依之，即證涅槃。明般若者，四諦等法，皆不足憶也。故曰，千日學法，不如一日學般若。出世之流，可踰般若而慕他法乎？愚以淺見薄識，豈敢好異與老宿强辯？亦不敢妄爲註解，以愚後來。惟據賢首、文才二師之解而衍説之，間有竊附己意，補其闕略，亦乃一得之愚。庶使初機學者，不至如矮人觀場，未必無小補云。

旹萬曆丁亥春，福建延平[三]嘿壺謝觀光書于錢塘紫陽洞天深處。

校勘記

〔一〕「至」，底本原校疑爲「主」。

〔二〕「乎」，疑爲「平」。

般若波羅蜜多心經釋義

閩劍一笠道人嘿壺謝子觀光釋

武林有髮僧了幻前進士胡孝校

佛謂世間一切男女，無分貴賤，但肯一念觀心，則其人自性就在，不用擬議安排。何也？自性在窮，應物有主，則事不能擾，何安樂如之？此觀字法門，即萬行之樞也。清涼云，萬行束爲六度，六度攝歸三學，戒定慧也。三學攝歸止觀，止觀本乎一心。止乃伏結之初門，觀乃斷惑之正要。苟脩止觀，萬事畢矣。人若一念不觀，則心已惑於物。心既溺物，諸惱兢臻。自在之樂，安可得乎？今學觀者，勿觀之目，宜觀之心。心觀其體，即得自在；忘體觀物，即生煩惱。觸目皆物，孰能不觀？惟觀不悖體，用即靈妙。如是觀心，立成佛道。經云，平等真法界，無行無能到。若能間觀心，能行亦能到。《略疏》以觀自在菩薩爲句者，指觀心之人也，非實有一菩薩以承其名耳。儂謂觀自在一句，乃學佛之綱領也；行深般若者，乃脩菩薩之綱領也。今之欲脩菩薩之道者，其法頗繁，須要先行法空深般若之智慧，得波羅蜜多，到寂淨涅槃彼岸之時，然後始能照見五蘊之陰翳原無體質，依人之性而生。今證涅槃，則彼諸蘊，隨照皆歸空假，惟有涅槃獨露。蓋因先證涅槃，次破五蘊，然後始度脱一切罣礙恐怖顛倒夢想之苦厄，不是先度苦厄，故《略疏》云，證見真空，苦惱斯盡，始遠離分段、變易二種生死。今之學者，下手即泥閉目静坐，掃除妄想，希俟妄盡，而見真性。如是行者，大違佛旨。豈知妄若塵沙，以衆生知見，焉能出脱。儂謂欲除塵妄，須證涅槃。欲證涅槃，須行般若。般若不行，則涅槃不證。涅槃不證，則苦厄難除。所以《心經》，以般若爲宗矣。此上二節，《略疏》目爲略標綱要分，即學佛學菩薩之二綱領也。下文廣陳實義分，即其教中八條目也。《心經》義理，離諸禪、律，純粹輕清，非上智莫能了。佛會上智，舍利子其人也。彼時佛將廣陳條目，特呼智慧第一之弟子舍利子曰，夫色蘊不異乎真空，真空亦不異乎色蘊。此一節，《略疏》目爲空假無礙觀。佛又曰，色蘊即是真空。此節從假入空觀。真空即是色蘊。此節是從空入假觀。其餘四蘊，佛省文總括之曰，受想行識之四蘊，亦復如是。色蘊四轉語一般而轉矣。此節因上文，五蘊皆空，及觀字法門而發也。《略疏》曰，觀色即空，以成止行。觀空即色，以成觀行。空色無二，即止觀俱行，方爲究竟也。夫色空二字，學者自須明白，切勿隨聲附和。此色不異空之空，不是没有了，乃人人身中真性實有之名也。色者，非特眼見者是，聲、香、觸、法，皆色也，乃身外一切事物之名也。所謂不異，又曰即是，乃教人和光同塵，混色融空之意。切忌避喧趨寂，此是醫那除妄想，求真性者之病也。學者若悟般若，以般若涉事，即事亦成般若。若明事即般若，應物亦無妄矣。《慧燈》云，事虚而理實，以實應虚，如水奪波，波相自盡。解斯法者，不動步，可疾證菩提。但此心境一如之空如來藏，障重福薄者難當。佛憫我等不悟衣中之珠，重呼舍利子，形容此實相如來藏。佛告舍利子曰，是諸五藴之法塵，若空了之時，定要顯出一個空了之相狀出來，方契實際之理，不然，即墮在那法空之空中去矣。此相非空非有，甚難形容。佛於下文，提出不生不滅等兩頭機，證出中間之奇貨。儂謂此節，乃是直指實相門，《略疏》就位釋不生不滅，謂在道前凡夫位，以諸凡夫，死此生彼，流轉長劫，是生滅位。真空離此，故云不生不滅。儂就性釋，謂諸聲聞小乘，迷時逐物妄起則爲生，悟時離物妄息則爲滅。因其未證空相，不生即滅，不滅即生，動静只此兩頭忙。若具真空實相者，應物動時，見透物是外緣虚假，不隨物往，以其有空相表之耳。雖曰念生，其實生亦不生，應了念慮静時，似乎寂滅，彼滅中，却有實相，故滅亦不滅。《略疏》就位釋不垢不淨，謂在道中菩薩等位，障染之垢，雖未消盡，而清淨之行已脩，名垢淨位。真空離此，故云不垢不淨。儂就性釋，以緣覺中乘之人，厭喧求寂，故其知見有垢有淨。惟悟空相之人，應物居塵之時，亦不見其污垢，應了心性恬静之時，亦不見其清淨。《略疏》就位釋不增不減，謂在道後佛果位中，生死惑障，昔未盡而今盡，是減也。脩生萬德，昔未圓，而今圓，是增也。真空離此，故云不增不減。儂就性釋，謂上乘之人，悟則明生，似乎有增。迷即明失，似乎有減。若證真空實相之人，以實相非因聖有，故在聖位之時，不見其有所增長，性相本來具足，故在凡位，亦不見其有所減缺。夫證實相之相者，不淪空，不滯有，謂之清淨妙色身。佛謂惟此一事實，餘二即非真，孰能信踐此真空實相之形者。五藴不照而自空，六根不滌而自淨，六塵不掃而自清，六識不轉而自智。無量法門，皆爲此真空實相之相，一法之所攝也。是故此真空實相之中無諸色藴之障，亦無受想行識之障。有此實相之法，即不用餘法，故曰，亦無滌眼耳鼻舌身意六根之法，亦無掃色聲香味觸法六塵之法，亦無轉十八界中眼界之小法，乃至無轉意識等十八界之法。《略疏》目此節爲法相開合門。夫空相門中，非特無此數法而已，亦無十二因緣法中無明之可破。何也。夫無明一悟即是真空。真空一迷，復成無明。無明既因迷而右〔二〕，因悟而無。雖無定體，心若一迷，無明即至，固不可言其絶盡無矣，故曰亦無無明盡。夫此空相無明，原非兩物。永嘉曰：「無明實性即佛性，幻化空身即法身。」此言甚覺有味。苦厄生於無明，故無明，乃是十二因緣之首惡。今悟空相，既已無之，則其餘黨，緣行、緣識、緣名色、緣六入、緣觸、緣受、緣愛、緣取、緣有，亦皆無之。非但無此止矣，乃至無諸老死。人既有身，必有老死。今説無之，佛就性言。以人真性，萬劫不壞，無死無生，故曰無老死。本性雖無老死，色身未免有老死，豈可謂其絶盡無矣。故曰亦無老死盡此節，《略疏》目爲緣起逆順門。非但已上諸法，不若實相省力，至於四諦之法，雖爲大乘之法寶，真空亦能兼攝，故曰，實相門中，亦無苦集滅道四諦之法也。此節，《略疏》目爲染淨因果門，詳解在釋疑中。下文無智亦無得一節，《略疏》目爲境智能所門。外境，即所也；内智，即能也。學者由有般若内能之智，而見實相之理。因得此理，始無已上外境諸法之所。法所今既無之，猶存智理未去。此節甚難形容，爲設一喻。實見之理喻藥方，諸法之擾喻疾病，般若之智喻藥石。法空何用般若？即病愈不可復藥。無病服藥，恐因藥致生他病。法今既空，般若須罄，即無智也。般若雖罄，實見之理猶存，如藥去而方尚在。今者若併其所得之方，亦俱無之。正如剥芭蕉，始剥到此無下手處，惟露出那無病、無藥、無方之奇貨，故曰無

智亦無得。學者學到這箇無所得之田地，邃寂孤危，行人絶跡，實無問津處，自要抖擻精神，睜眼作個主張。不然即跌落那昏懵深坑去，萬劫不得出頭來。莫恨某甲今日不説破，要迯生死苦，須由這條路上過，躲閃不得。下文以無所得故一節，是牒前起後之句。《略疏》謂以者，由也；故者，所以也。謂了生死之學者，由前以無所得爲因，故後所以能得涅槃菩提之果。此二果伏〔二〕無所得而得也。學者若存少有得之心，即爲其所礙，二果不可得矣。此經以無所得三個字結於法末〔三〕，獨無旨乎？即瞿曇老婆心切處。圭峰云，《般若》以無所得爲方便，《圓覺》以離相爲方便者，是也。夫菩提薩埵，造無所得地，由依那般若波羅蜜多時，故其心中，始無一切名利、嗜欲、喜怒、愛惡之罣礙。因其無諸罣礙了，故纔無有患得患失、恐懼怖畏之心矣。菩薩工夫到此，惑不礙心，境不礙智。外無魔怨之怖，即惡緣息也。由此始能遠離聲色、顛倒醉夢之情想。到此地口，内無惑障之倒，即惡因盡也。這其間，始究竟窮盡，菩薩所證，無死無生，涅槃圓寂，自在之斷果。夫十方三世一切諸佛，造無所得之地，亦由依那般若波羅蜜多了，故纔證得本來之阿耨多羅三藐三菩提，無上正等正覺之智果。龍舒居士註：「梵語阿，此云無也；耨多羅，上也；三，正也；藐，等也；菩提，覺也。」詳言之，曰無上正等正覺；略言之，曰

覺也。以人人真性，無得而上之，故云無上。然上自十方諸佛，下至蠢動含靈，此性正相平等，故云正等。覺性圓明普照，無去無來，大周沙界，小入毫苦〔四〕，故云正覺。得此正覺之果者，所以爲佛，即此三界，而離三界，不復輪迴矣。

已上之文，乃是有義理之顯般著〔五〕，令人循文解義，依法脩持。篤信力行者，則魔網自裂，五蘊頓空，六根漸爭〔六〕，苦厄潛消，佛果必證。

已下所説之呪，謂之密般若。密者，秘密也。謂不可解説，但令信心持誦，自然災業除，福慧長，有陰助行人進道之功。若貪嗔癡鈍，宿業染習深重未除者，不藉此神呪之力，而能得脱其韁鎖者，決無是理也。佛於下文，先讚密般若呪力之勝妙曰，故知此密般若波羅蜜多之神呪，不比尋常之呪，乃是解宿世冤業，有大神力之呪，是豁人心一切愚鈍之大明呪。諸經皆有神呪，更無一呪高妙過於此呪者，故曰是無更有在此上之呪也。是無更有與此般若呪平等一般等平之呪也。此呪能除三界衆生一切煩惱災障苦厄之呪。我此讚呪勝妙之語，皆是真實之言，不是虚誑之語也。世尊讚此呪已故即説此密般若波羅蜜多之呪，即説其呪曰：揭諦揭諦，波羅揭諦，波羅僧揭諦，菩提薩婆訶。

默老所釋《心經》，理直義貫，甚利初機。由兹始達本文二百六十字，獨闡般若，實諸佛菩薩成果之正因，雖辟支緣覺聲聞，尚未知有其要，凡夫闡提外道，豈能傾信其神？又非高遠，在人一念轉間顯密，果能併行不悖者，非佛口所生之子而何？

了幻僧跋

般若波羅蜜多心經釋義終

校勘記

〔一〕「右」，疑爲「有」。

〔二〕「伏」，底本原校疑爲「杖」。

〔三〕「未」，疑爲「末」。

〔四〕「苦」，底本原校疑爲「末」。

〔五〕「著」，疑爲「若」。

〔六〕「爭」，底本原校疑爲「淨」。

（陳永革整理）

○三一七

般若波羅蜜多心經釋疑〔一〕

心經釋疑叙

默壺氏，閩産也。有囊括宇宙之志，慕司馬子長之爲人，足跡半天下，所過名山大川，并包胸臆。乃茲遊浙，上會稽，探禹穴，至止于武林。武林蓋都會，天下之多智多辯，與百家衆技之流聚焉，而遑以能自雄。默壺氏惟愚惟訥，若一無所能者。神泠泠然清，貌癯癯然古，心恂恂然實，蓋有道之士乎哉。叩之則博通今昔，而玄宗内典靡不參究，尤長於堪輿家言，壹稟於《易》故，輿圖形勝，如視諸掌。甞自言曰：《易》逆數也，風水之勢，亦取諸逆。金丹之道，又豈外於逆哉。然猶滯形軀，終歸幻化，不若無相氏之超脱輪迴，直登彼岸耳。其所著述，有《心經釋義》，意尤未盡。又著《釋疑》諸論，如呼寐者，而使之寤也。愚夫愚婦，皆可與知成佛作祖，循言可入。且世之詆佛者曰，佛説無心，心可云無。默壺氏謂，無諸妄心，即佛無心也。又詆佛教者曰，有體而無用，豈知色空不異之玅，亦不外於世法，果離世覔菩提者可同日語耶。闢佛道之蓁棘，爲後學之指南。有功空門，豈曰小補。予卒業是書，愧不能如空生之了悟，姑答有髮僧胡使君之請，而爲之叙。

萬曆丁亥春日瓊海浮槎生前進士錢塘許嶽撰。

校勘記

〔一〕底本據《卍續藏》。

般若波羅蜜多心經釋疑

閩劍一笠道人嘿壺謝子觀光釋

錢塘有髮僧了幻前進士胡孝校

觀自在。

諸家註解，皆以觀自在菩薩爲句。如宗泐之註，以觀自在菩薩，答舍利子所問。訪諸佛會，並無菩薩稱名觀自在者，惟觀世音菩薩，原名玅音，係男子身，乃東方淨光莊嚴世界淨華宿王智如來之侍者，奉師命來此娑婆世界，問安我佛，及觀多寶佛塔，兼聽《法華經》玅音，具足一切細行。無盡意菩薩以瓔珞供養，未蒙佛示，尚不敢受。未領佛勑，安肯越分，當説法之大任乎。即《普門經》，亦是世尊對無盡意菩薩所説。此觀自在，必非菩薩稱名，可知。而舍利子爲衆請問，亦無可據。奈何傳習滋久，體認不明。以觀自在三字，忽不加意。使佛説玄旨，晦蝕於千百世之下，良可痛傷。儂志《心經》，二十餘年，實知此經玅在般若。般若即觀自在之觀也。世尊譬如醫王，以一觀字爲通聖散玅藥，療衆生一切煩惱疾病，信而服之，必得自在之効耳。大抵佛法，以破相爲宗，了空爲義，而此觀者，舍身之外何以哉。蓋借假修真之法也。使無此身，則心無依附，藉何而修。但世尊恐衆生執著此身，好生惡死，故指爲幻化之物，係地水火風和合而成者也。生前爲饑寒嗜欲所誘，妄作貪嗔等業，是以不能脱三界輪迴之苦。然此幻軀終歸敗壞，惟一靈真性，亘古常存。人所當知當明者，反日用而不知。佛故説此破相之法，雖言不及身，而身已在其中矣。今之釋流，誤解其意，往往厭惡此身，謂無此軀即無煩惱，此輩已墮斷見深坑，故玄門嘲之爲没主孤魂者，是也。夫何玄門不明本性，下手即滯軀殼，又輸却禪家獨晋心本性者多矣。豈知積精纍氣，築基煉己，若不明本性，動輒爲妄念所驅，幻境所誘，因此念不息而心不寧，神不凝而氣不聚，氣不聚則丹不成，安可望夾脊雙關之有真造化乎。此輩已墮常見之羅網，佛嘗訶爲外道，衲子嘲之爲守屍之餓鬼也。是以紫陽翁云，未煉還丹先煉性，未修大藥且修心，心静自然丹性至，性清然後藥方成。未嘗不以心性之學捄其偏枯之失耳。二流之病，病則一般。若悟觀自在，與行深般若之法門者，豈有如是之病耶。此觀之觀，乃觀無所觀之觀，非迴光返照之觀也。葢纔著迴返，便有處所。既有處所，即内有能知之心，外有所見之境。心境對待，則行持易爲斷續。有不勝其疲者，安得自在之効哉。或有妄指身中，一穴一竅，而觀之者，俱患能所之病，皆非正大之觀也。惟有大觀，而無其所因，其無所始，得去住自由，縱横爽快。雖曰無所，惟不滯一切境物之所。孰不知自有撥不開，閃不得，生成真實正大之所存焉。出世者有此真所念，始定心，始虚欲，始澄身，始静心。虚身静則輕安之玅，不求自得，實相之所，不證自呈，所以謂之實所。能居其所者，則一切外緣事物，皆如衆星而拱之，此乃觀之體也。然外緣雖假不能不應，應之不忘其所，則物有所表，物自物而不能亂我之真。回視斷緣箇事者，落其下風矣。此乃觀之用也。若物無所表應之，即生情識。既成情識已，是認物爲真。認物爲真，則欲火交熾。塵勞蠭起，即無觀物之玅，而觀之體用，俱失之矣。此中之觀，盡大地山河，是沙門一隻眼，總内外之大觀。具此觀者，六根六塵，融作一大圓通，地水風火，翻成真如朦境。正謂神丹一粒，點鉄成金，至道一言，轉凡成聖。如是觀者，體用一如，始獲實相真空、自在圓滿之道也。

菩薩行深般若波羅蜜多時。

菩者，菩提，此云覺，覺即佛也。薩者，薩埵，此云有情，有情識即衆生也。詳言曰菩提薩埵，略言曰菩薩，此云覺有情也。夫衆生覺性，與佛無異，但衆生歷劫已來，因染習一切情識，混正覺之性，變作妄想，以其雜念，生生不息，故曰衆生。佛專謂之覺者，因其覺性圓明，純一無僞，絶盡一切情識。雖有情識，悉轉爲智，光明普照，如杲日當天，常無變易，惟佛所以獨謂之覺。夫菩薩在佛與衆生凡聖二者之間，何也。彼雖具正覺，覺而未純，尚有微細情識，未能淨盡，故名之曰覺有情之菩薩也。裴相國云，終日圓覺，未嘗圓覺者，凡夫也。具足圓覺，住持圓覺者，如來也。欲證圓覺，而未極圓覺者，菩薩也。夫三世諸佛之圓覺，個個相同。三界衆生之情識，人人各樣。十方菩薩之知見，大小不齊，故分爲一十一地。

初地菩薩，覺性光明，略露一線，象初三之月，名歡喜地，以其證聖位。第二地菩薩，名離垢地，如初四之月，謂其身心清淨矣。第三地菩薩，如初六之月，光又大些，以其大智已明，名發光地。第四地菩薩，妙解廓照，喻初七之月，智慧漸顯，名焰慧地。第五地菩薩，通達真俗二諦，名現前地，而其光明，如上弦之月矣。第六地菩薩之知見，若初十之月，明過於上弦，以其功行超群，名難勝地。第七地菩薩有隨方應化之能，名遠行地，猶十一夜之月也。第八地，忍智如意，名不動地。第九地菩薩，通力自在，如十三夜之月光，圓而未滿，名善慧地。第十地，大智圓明，蔭覆一切，名法雲地，猶十四之月也，光雖圓而未望。此十地菩薩，如佛會中迦葉等類，而其知見，又不及文殊、普賢、觀音、勢至等摩訶薩。諸大菩薩之光明普徧，無欠無餘，似十五之月也。此十一地菩薩，優劣之階，以其神通法力大小不同故耳。三界一切衆生，雖有貴賤賢愚，而知見全是，情識貢高，故遮却自性光明，即月之晦也。全體暗昧，如人無目，因此觸物即黏，皆成煩惱。噫，無緣得聞佛法，正所謂萬古如長夜者，此人也。一切衆生，若能行深般若之法，亦可由初地之彼岸，而至於十一地之涅槃也。夫般若有淺有深，淺者謂諸聲聞，惟能空其心中之雜念，不敢應物，應則必爲事物之法塵所礙，彼惟得人空慧一。深者是法空慧，惟修菩薩道者能之，謂其非但空心内一切煩惱，照見身外一切事物，塵勞之法，悉皆空矣，故曰法空慧。行此深般若者，心地瑩然，情見氷釋，居塵而不著有，離塵而不著空。如是之人，始達深般若。般若只是識得事物破，不爲其束縛，便是智慧也。夫塵世名利嗜欲，魔境甚多，非般若莫能碎。其爲戎首者，莫過女色。觀其艷質嬌姿，何異長鎗短箭，雲鬘霧鬟，恰如套索飛撾。秋波眼似鉄流星，絳桃口似吹毛劍。妖齒微微笑笑，愚夫魄散魂消，魔足悄悄摇摇，好漢心忙膽戰。究其敗德喪志之因，只愛其肌膚之媚，不覺已陷冶容之陣矣。可謂智乎。若具深般若之慧眼者，將其皮毛、爪齒、臟腑、觔骨、氣血、精津，逐件提出，細看一番，是何者有動人處。凡遇一事一物，皆以此破相之法，分而視之，識破他那些粧點和合的意思，始爲法空之深般若。縱到百年身後，彼此悉爲夢幻中人。何故眼前痴迷，留戀自污自累耶。此破相般若，始雖勉强，久則自然。迷則生死無窮，悟則直登實際。其玅在於行，不行則彼岸不能到，行字是此節之經眼。諺云，悟得一步行一步，不行枉了説長安。知之與行，不可混説。古人以知[二]喻目，以行喻足。有目無足，彼岸不到。有足無目，莫知所之。般若今既知了，若肯就行，即時就得，五蘊皆空之速效也。

照見五蘊皆空。

　　般若固在於行，而五蘊又在於照，不照則五蘊不空。照之一字，是此節著力之眼。色、受、想、行、識之五蘊，又謂之五陰。陰者有蓋覆義，又積聚義。常常籠絡人心，作貪嗔之業，乃識神次第之階，非五處所也。色蘊是身外六塵之總名，受、想、行、識之四蘊，是迷心次第之階級。身外六塵之色，人能先知而不受，則色亦不能爲心之蘊。若在不受上用工夫，第一省力，則外之六塵，內之六識，即時兩頭跌落了。此惟精進之人，常得此樂。懈怠之人，心與塵合。因與塵合，則色已受於心，故受爲第二蘊。受之不忘則想，想時已落第三蘊。想之不已則行，行則已落第四蘊。行則識其意味，識蘊第五。色已入心之深，識則難忘，觸境復起。經云，假使百千劫，所作業不忘，因緣會遇時，果報還自受。佛謂此五陰之身，以識爲本。又謂識是生死種子者，此也。若能照破乎色，則識根始斷，而覺之源始清。

或疑五蘊皆空，將謂身心事物，竟歸幻化，到底總是一箇空。將心著在空境上，牢牢搦住，必使心如死灰，全無知見，自謂已有所得。佛斥此輩，悉無醫之病，不思離了五蘊，又著此空，即此空亦是一蘊。永嘉云，棄有著無病亦然，猶如避溺而投火。六祖曰，第一莫著空。又曰，有等迷人，空心靜坐，百無所思，自稱爲大。此等迷人，爲邪見故，不可與語。此五蘊皆空之空，陷了許多人。悟不真者，執心癡住，而不若中鴆者鮮矣。大都後學，多墮此穽。佛嘗斥之，爲二乘者是。然此空甚難形容。儂謂譬諸瓶中，注水則曰水瓶，注茶則曰茶瓶。若無茶水，則曰空瓶。雖曰瓶空，但謂其瓶中無物，非并其瓶而無之也。夫人真心之中有五蘊，則曰妄心，無曰空心。雖曰心空，但謂其心中無五蘊，非并其心而無之也。佛家所謂無心者，無一切妄想之心。妄想無了，真心見前。但入門淺者，不能驟見，須陶冶日深，方能豁悟。

有等師家，離了五蘊，又不著空，却懸虚在那空有之間，自謂外不著有，內不著空，已證中道，可憐此輩已悉[三]子莫執中之病。夫五蘊空了，必要有箇實際方可，不然則無立命之所，以爲退藏之密。此流雖有登雲步月之才，終難逃此蘊，迷之生死矣。

佛與衆生，身心相類，知見無殊，五蘊皆同，飲啄不異。但衆生於五蘊中，逐境遷流，每被見思所惑，搆地獄之因，非不厭離，因其不知爲己之蘊，從嬰至老，認蘊爲真，蓋相緣相習，與之俱化。佛與菩薩，於此五蘊，隨流不染，即於蘊中，行戒、定、慧之佛事，故不厭離，亦不能離也。既有此心，必有五蘊。喻乎魚不能離水，離水即死，虎不可捨山，捨山即擒。吾心之依五蘊，亦猶是也。五蘊固是不好之物事，佛亦不能無，但諸佛菩薩，知見正大，皆變爲美德懿行，亦與之俱化也。六祖曰，佛法在世間，不離世間覺，離世覓菩提，恰如求兎角。要學佛者，須將從前一切所愛之事物，自今漸漸疎淡得下，則生死惡業，亦漸漸解矣。即是在家出家之佛子也。

度一切苦厄。

苦厄即是世間功名勢利，男女飲食一切嗜慾之境，人皆貪求無厭，遂有求不得苦，既得又有悉失苦，愛别離苦，寃憎會苦，生老病死，無非是苦。凡有身者，皆有此苦。惟具實相者，即不爲其所苦。何也。蓋預知其爲幻化，得固不喜，失亦不憂。與物同求，而不同貪。與物同得，而不同失。處世如斯，何苦之有。故曰度一切苦厄。

舍利子。

佛之弟子千二百五十人，内有十箇大弟子，各具一才之長，如須菩提則解空第一，阿難尊者聲[三]聞第一，目犍連孝行第一，羅睺羅密行第一。此舍利子則智慧第一，佛凡説深奥之經，及難信之法，即召舍利子爲問答也。舍利乃西天鳥名，其鳥眼見疾捷。尊者在母胎時，其母慧辯異常，衆即知其所胎者乃聖人也。故名其母曰舍利。尊者出世，辯才無侶，因其母名舍利，故曰舍利子，即舍利弗也。佛説《彌陀經》，乃是難信之法，亦召之而爲問答。或以身心喻者，皆非也。

色不異空，空不異色，色即是空，空即是色，受想行識，亦復如是。

小乘之人，疑此五蘊是實有之物事，因被他擾此心，不得自在。直須忘了他，心始輕快。此皆衆生之倒見，佛説此節以破其疑也。佛謂非但色蘊，就是真空之性，即受、想、行、識之四蘊，亦與真空之性一體。謂即此五蘊，就是真性，不用揀擇去取，又莫糊塗，全無分別。賢首曰，真俗雙泯，二諦恒存。此節因上文説五蘊皆空，恐人認作實有五蘊可空。夫蘊之爲眚，有名無實，變易無常，隨生隨滅，晝夜何可數計。但聲聞等人，爲其所苦，不能控制，故以其爲有也。豈知迷爲境轉，即是五蘊，悟則轉境，即是真空。因能轉境，則心不留一物。雖酹酢萬變，不爲累贅，故曰真空。真空却能空五蘊，五蘊不能壞真空。真空是實，蘊識是幻。幻依真有，真不幻無。幻中有真，真中無幻。後之學者，欲證真空之性，切勿憎嫌五蘊。要在二六時中，念念精詳，參究嚴查，即今一念看〔四〕，在那一蘊上著脚。即如捉賊，定要獲賍纔罷。如此操持，始能超脱生死關，身心不爲五蘊所礙，始謂之真空，又謂之實相。《法華》云，佛種從緣起，是故説一乘。未悟實相，未可便以蘊識爲性，古人謂之認賊爲子者是也。切勿驅遣蘊識，以求真性，古人謂之揑怪者是也。老宿嘲認識神者曰，無量劫來生死本，癡人認作本來真。儂續其末云，若離此識覓菩提，畢竟無由出六塵。六祖曰，煩惱即菩提。賢首序云，良以真空未嘗不有，即幻身之有以辨於實相之空。一切事物之幻有到底未始不空，即此事物之幻空以明其實相之真有。幻有之有有形，名爲常有，實相之有無質，乃是空有，故曰不有。虚空之空無質，名爲斷空，真空之空有象乃是有空，故曰不空。不空之空，空而非斷。不有之有，有而非常。四執既亡，百非俱遣。般若玄旨，斯之謂歟。

是諸法空相。

諸者，衆也。法者，即事物之總名。此節因上文色不異空而言，恐人執著斷空，故曰諸法，若是空了，定要顯出一箇實相纔好。若不見實相，即是斷空，又名無記空。世間有等利根外道，掃去一切塵緣現前，知見不過只是空境，遂執此境而爲真空。噫，認境爲真，非棄有著無而何。又有等師家，外不著有相，內不著空相，將心擴大，以含沙界，自謂佛性本來如此大。每舉古公案云，佛性多少，大量周沙界。云云。噫，此師雖知大，而不知小，又患曠蕩之病。豈不聞佛曰，大周沙界，小入毫芒，真性原無定量，圓即圓，而方即方。六祖曰，體同虛空，亦無虛空之量。大槩墮著有著無，曠大等之知見者，多是隨人脚跟轉，佛嘗訶之爲逐魂韓獹。若是獅子，則逐人矣。學者若能空了塵勞諸法，工夫已到百尺竿頭，危峻極地。若更進一步，不墮塵勞苦海，必墮茫蕩空坑，古人謂生死岸頭者此也。忻然撒手，孰敢承當。更進一步，要有一個快活安穩之道場，始有立命之處所，方能穿透一切之宗教。始知學者根器之大小，方可絶學罷參，接引未悟之人。倘或未然，安得不鑽故紙，而求出世之方乎。得此更進一步之階者，動靜寂寂，性相如如，去住自由，色空無礙，抱子弄孫，無非佛事，山林朝市，總是道場。《華嚴》云，上覺無來處，去亦無所從，清淨玅色身，神力故顯現。六祖曰，即此相離此相。儂曰，不即不離，即是真空實相，佛謂之空如來藏者此也。《寶性論》曰，有四種人，不識空如來藏，如生盲人。一，凡夫。二，聲聞。三，緣覺。四，初心菩薩。皆不識實相之空如來藏。昔黃梅會上，五祖要無相偈，秀師謂，身似菩提樹，身既爲樹了，却將何者爲菩提。心如明鏡臺，心既爲臺了，又將何者爲鏡。詳其似、如二字，已是不知本來面目。非但身心兩無下落，頭上安頭，且又露出身心兩字，非抱贓叫屈而何。予見秀師搭臺，待六祖來搬戲。倘非秀師先作一箇頑木，吾知六祖亦無施斧鑿處。撞著那個舂米漢，一生極會討便宜的，看他説得何等自在。菩提本無樹，渾身俱是菩提，又分何者爲樹。明鏡亦非臺，心爲明鏡了，更有什麽臺。本來面目，即是實相。實相之中，原無一物，何處惹塵埃。此偈解者，多作空猜，儂見句句切實。舉此二師故事，特證法空之相，此相人人本具，個個圓成，不勞訂議鋪排，在人善用不善用耳。

不生不滅，不垢不淨，不增不減。

思慮不滅，謂之生，生即不滅之異名。雜念不生，謂之滅，滅乃不生之假號。此不生不滅，因遣上文之疑而發也。謂五蘊皆空，

則念慮已滅。慮滅則空相已頓現了，惟初機莫能見，恐其偏執於滅，疑此念滅，即是空相隨。次即呼舍利子而説，色不異空，謂色等諸蘊，與空相不異，以遣其執滅之疑，不但色空不異。又曰，色即是空，謂五蘊就是真空，不要分别彼此蘊，乃生生之念。又恐學者偏執生生之念，即是空相，復於此節總遣二疑，故曰，是諸法空了之空相，雖不是生，亦不是滅，此乃世尊以不生不滅等直指實相。此法惟佛能知，惟佛能説。凡諸經中文字，譬如佛之手指，人之真性，譬如空中之明月，喻佛以指指月示人，人能離指觀月，則月在空，而不在指，雖不在指，所見月者，賴指之指也。倘若不知離指以觀空中之月，即執佛之手指以爲月者，斯人非但不識月，亦不識指耳。此生滅垢淨增減三段法端，若佛之手指也。以指人人身中空相之性，此真空實相，宗門言語道斷，一字不立，縱善言者，

亦直下無開口處。此相又非窈冥深奥難知難見者，却是個至簡至易，平平直直之物事，只要人自會自悟，不由師授，不因法得而得者，名衣中珠。若從師授法得者，由聲聞而得，古人謂之從門入者不是家珍，以其取之有盡，用之即窮故。佛於《金剛經》屢云，我於燃燈佛所，若有法得阿耨菩提，燃燈即不與我授記，汝於來世，當得作佛，號釋迦牟尼。以實無有法得阿耨多羅三藐三菩提，是故燃燈佛與我授記，作是言，汝於來世，當得作佛，號釋迦牟尼。古人謂，説一禪字，拖泥帶水，説一佛字，滿面慚惶。有等鈍根懶學之人，一聞宗門不用文字，即掃除一切佛法。噫，譬未識月之人，即棄指月之指，斯人雖歷沙劫，終無識月之期，悲哉。豈不聞總持雖無文字，文字能顯總持。外道每每以宗教分爲兩段，豈知教爲宗設，宗因教明。滯宗焉能達教，絶教無以明宗。宗教相須勿執爲上，孰云教内無宗。此中空相名爲何物，非特此也。凡有言説，皆説宗也。佛説不生不滅，以指空相。學者若悟空相之宗者，始知不生不滅，即空相之範圍也。若明不生不滅一隅之義者，則垢淨、增減二隅之理，觸類可知矣。

無眼、耳、鼻、舌、身、意。

此節乃形已下之法也。六根所謂無者，不是没有了見。今能食能言，六根如何無得。蓋百姓不知身中自有真心，只見有世上聲色臭味，故其心或隨目走，或逐耳去，終日只在門外奔忙。故有六根，道人既悟其空，則六根併作一根，不爲聲色所誘流轉。故曰，是故空相之中，無此眼、耳、鼻、舌、身、意六根之累也。

無色、聲、香、味、觸、法。

眼對色，耳對聲，鼻對香，舌知味，身能觸。身之爲根，乃形骸手足玉莖之總名。觸即蹴打衝撞也。意之根主思，思即法也。内而妄想，外而事物，及諸經文皆法也。法乃意根之塵，在他處，爲方法之法也。有身心而不自知者，即名衆生。衆生性迷，惟知身外之六塵。悟性之人，念念不離身心，雖不灑掃，六根清淨，則塵自塵，與我六根，全無干涉。故曰，是故空相之中，無此色、聲、香、味、觸、法六塵之擾也。

無眼界，乃至無意識界。

此節乃十八界之法，佛總略而言。若欲詳言該説，無眼界，無耳界，無鼻界，無舌界，無身界，無意界。此六根之界，又無色界，無聲界，無香、味、觸、法六塵之界，又無六識之界，眼識色是一界，耳識聲，鼻識臭，舌識味，身識觸，意識思想之法，此根塵識，總爲十八界。界者乃界限之界，如區也。即十八處也。一區各具一種才能，以其伎倆，不相兼混。譬眼之根，惟能與色對，與聲却無。千色之塵，惟與眼相知，不能令鼻見。耳之識，惟能識聲，不能識味。舉此數界，餘可例知。十八界中，皆是衆生作業之所，喻十八重地獄也。悟性之人，變地獄作天堂，改貪、嗔、痴，作戒、定、慧，界界皆化爲光明淨土。夫六塵六根喻水飦，六識喻麯蘗。水飯無麯，決不成酒。根塵無識，決不成業。世尊教人，變識爲智。智即真空。識既轉爲真空，則識已無矣。根塵若無情識，以媒合之，則根自根，塵自塵，安能顛倒真空乎。故曰，是故此空相之中，無十八界之法也。

無無明，亦無無明盡，乃至無老死，亦無老死盡。

此十二因緣之法，與五藴之法一般。但五藴只有五重，此十二因緣，從淺入深，有十二重。以無明爲始，無明者，乃是牽衆生入地獄第一個迷魂鬼。出世之士，若得此無明破時，則僊佛可期矣。人心纔有些些喜怒之情生，即是無明。心不着物，則喜怒由何而生。夫衆生之心，個個都是光明的，只爲着了聲色，就遮却那些光明。人若失了這般光明，眼睛雖是張開營營者，全是做夢，一切煩惱魚貫而來。縱使知得是夢，抖擻踊躍，亦不能醒，隨即睡去。此乃衆生入地獄之因也。無明可不破乎。欲破之者，須伏般若之慧劍在手，撞着來的聲色，無分好惡，一個一劍，揮爲兩段，直欲到無下手處，無明之網始碎矣。無明與智慧，一勝則一負，不相兩立，智慧略放從容，無明繼踵即至，故不可說無明無矣。無明既不可說無，則無明盡。盡之一字，更不可說也。無明既不可說盡，而老死可說其盡乎。故曰，空相之中，亦無老死盡。

無苦、集、滅、道。

此四諦之法，乃形而上之法，爲大乘人之法器也。苦、集乃處世間之惡因果，苦爲報受之果，集爲造苦之因。先示苦果，令人知而可懼。次示集因，令人斷而勿爲。譬諸積不善之家，是集因也。必有餘殃，是苦果也。因集聚不善，所以招餘殃之苦。此滅道二諦，乃出世間之善因果。滅是出世之果，謂得滅果者，一切妄想雜念，蕩然不生，謂之滅。先示滅果，令人慕此安淨。次示八正道，令人進修。八正道者，正語，心口相應。正業，無非佛事。正命，俗習已除。正思惟，無諸妄想。正方便，不逆人意。正念，心無異緣。正定，身心不亂。能修此八正道之因，則滅果不求而自得。此四諦之法，固爲輕便，優於諸法。佛謂若悟真空之人，集因不斷而自斷，苦果不懼而自無，自有菩提之智果，則滅果不足慕也。世間八萬四千塵勞，悉歸真空之正覺，何八正道之足言。故曰，空相之中，無四諦之法也。

無智亦無得，以無所得故，菩提薩埵，依般若波羅蜜多故，心無罣礙。云云。至三藐三菩提。

智即般若之慧，衆生內之妄想，外之塵

勞，皆賴般若之智以照破其爲虛幻，始得證空相之理。塵妄既空，空相錐現，尚有般若之智，及所得之理，以混之，似未伶俐，亦當漸次而去，則實相昭然，而無淆絆。故曰，無智亦無得。學者到此，則涅槃菩提之果已得。佛又說以無所得故菩提薩埵，作什麽。蓋恐其疑成佛成菩薩，乃大聖賢之果位，豈止只此無智亦無得，一言以蔽之耶。孰不知無諸妄想塵勞，已得人空之智慧了。今造至無智亦無得之地位，已得法空之智慧矣。到此不證貫相之果位，更待何時而證也。此無所得之地位，亦非尋常可到者，所以佛引菩薩及三世諸佛，原無所得果之因，皆以無所得之故，而得涅槃菩提之果也，以釋學者之疑。此乃世尊叮寧引證付囑之意，沾佛慈雨，以萌宿世善根者，可忘所自乎。此無所得之妙旨，學者宜潛神熟玩久之，始得其受用矣。夫佛說顯般若，前言已盡，而下文又說密般若，何哉。蓋世尊憫念行人，理造法明，而貪、嗔、殺、盜、淫業惡緣，厄難不消，屢屢明知，故作障亂。心由遷延歲月，直至皓首無成者，皆由宿生冤業，蔕固根深，芟而復萌，壞人善行，以妨進道。故又說此呪，令人持誦，即能暗遣前愆，直登覺岸爾。此猶世尊愛人無已之心，故稱爲三界之慈父也。

故知般若波羅蜜多，是大神呪，是大明呪，是無上呪，是無等等呪，能除一切苦，真實不虛，故說般若波羅蜜多呪，即說呪曰：

揭諦揭諦　波羅揭諦　波羅僧揭諦　菩提薩婆訶

凡謂之呪者，皆是諸天鬼王魔王，降其部屬之祕語。今焉護佛法會，無可以獻世尊，各將統馭部下之密呪，供奉我佛。倘其部屬鬼神，惱亂衆生，但誦其呪，則諸冤魔自退。其義如此，學者何疑此無解說。《雜藏》中有譬云，昔有長者，一奴逃於異國，國王以公主妻之，奴常作驕態。鄉人從其國歸，報長者知，因往視奴，迎入内庭，謂公主曰，此乃吾父也。自此奴態不作。一日長者欲歸，公主竊告之曰，爾兒出身富貴，甚難奉侍，乞示一法。長者云，我有一呪，去後復你態時，汝但以一手指前，一手向後，作個勢子，對他念呪二句，你無親往他國，誑惑一切人。態若不止，再念後二句，你俞合吃粗食，如何頻作嗔念。此態即止矣。公主求解説。長者云，祕語不可解，但念則有力。長者歸，奴復作態，公主如法念呪，奴態即止。奴意自謂，區之脚色出處，長者必告公主知。自此不復作態。凡呪之義，大槩如此。夫呪之音，不可曉，皆諸天龍神之梵音。當時譯經之師，但譯字而不譯音者何。蓋爲要此梵音諷動，始有神力。學者信而持之，必獲捍厄之効。梵音尚不敢譯，豈可更爲之解説乎。每見解者，悉以己意，妄註無稽。後之同志者，但當信受行持，以爲出世之怙恃，始不負世尊之慈旨云。

問：涅槃，又曰無餘涅槃，是死非死歟？

涅槃不是臨死時，謂之入涅槃。學者要除妄想、衆生之念，必須先立涅槃，然後始能度諸妄想。若死了是涅槃，則妄想又何用度。《金剛經》云，三界九地，四生六道，一切衆生，我皆令入無餘涅槃而滅度之。若涅槃是死，則佛死一切衆生，豈其心哉。又曰，涅槃心易了，差别智難明。詳此涅槃心、差别智，其不是死可知。此涅槃者，即是真空實相之體，乃法中之王。學者有此涅槃之法，則六度萬行、四諦止觀諸法，一總都在其中矣。但恐緣輕孽重根鈍，及從事未久者，莫能驟然即證。亦有言下即證者，在人疑信如何爾。夫涅槃有二種，若辟支、獨覺、羅漢二乘之人，了生死，亦有涅槃，謂之有餘涅槃，又曰小涅槃。彼之工夫，遠避喧嘩，斷棄人事，深居獨處，志在淡去一切妄想雜念，久久亦成個寂然不動，就謂之涅槃。雖曰涅槃，因其尚埋下有前件塵勞未服，嘗防聲色名利爲歒，故謂之有餘涅槃。亦猶永之詐死，終不能度鉛關。這様工夫，斷然不敢應酬人事。恐搖其寂寂之心，故防聲色如冦讐，畏人事如桎梏。一切事物塵勞之境，雖暫時不動，被其以寂定之氣，制住在那裡，如大石壓草苗，雖不茁，生意猶存。這様，涅槃只可逃生死，不能了生死，又不可全然説他不是。視凡夫、闡提輩，浮沉生死者，何啻霄壤之殊乎。

夫十一地諸菩薩所建大涅槃，謂之無餘涅槃。彼之事業，住寂而非趨寂，了喧而不避喧。處寂寂之涅槃，遊喧喧之世界，則世界亦寂寂，以其無有一切聲色塵勞可避可畏。如是則衆生之心，已度盡矣，始謂之究竟涅槃。或遺一事一物，微有留戀，即此一個衆生不度，亦是有餘。直到無一毫妄想衆生之念可度了，始謂之無餘。佛云若有一衆生不得度者，亦不成佛，正此義也。經云，如來證涅槃，永斷於生死。既斷生死，豈更有死乎。學者宜自研參，證諸佛典，慎勿隨人脚跟轉世間。菩薩間世而生，無處借問。各自打點津梁，不可因循度日，百年身世，有限光陰。噫，此身不向今生度，更向何生度此身。珍重，珍重。

問：何爲真空？又曰實相，又云空相，又曰真性。一與？二與？

答：詳言謂之真空實相，略言謂之空相，總是本來真性之異名也。身之形相，乃載道之器，無身則心無依，無心則身無主。心爲身主，故名曰性。身有心主則實，故謂之實相。佛經性字，以心主爲性，乃譯師特存大義耳。身若無心以主之則虛，虛則謂之幻相，又謂之妄身。心依乎身，自然離却一切聲色名利之妄，其心即空耳。心空即無幻僞以雜之，故曰真空。心空非但心真，心空則身無爲而安逸，渾無覊累，如是則身亦空矣。身心俱空，又有身心可以指實，非真空實相之性而何。二乘擯亡身心，而著空見之境，豈可與真空同日語矣。

夫四大色身，見在生成，不用打點，惟心難見難悟。因心不悟，則妄想蝟集。所以佛説一切法門，只是教人明其本心，則習氣妄業自消，而如來之藏即現，不行一切苦行，亦可脱生死之苦厄。佛恩高大，昊天豈足喻哉。然佛恩何以見其大。佛得實相之法，非是今生而得也。皆由前刧千萬世中，不論大小法門，逐件逐件，行過試過，始知此實相之法，爲法中之王。後學得此法者，則一切苦行，俱不用行。靜而思之，佛爲我等後世佛子，省了許多力氣，兑[五]了許多生死苦。得之者知其勞苦，始爲報佛之恩。譬如投身餧虎，割肉喂鷹，捐軀節節支解，捨身以換半偈之類，皆其苦行也。佛脩種種苦行，爲求出世之法。我等今得實相法王[六]，固當思其源也。古德云，將此身心奉塵刹，是則名爲報佛恩。不思佛恩者，即非佛子也。後學得遇此實相法門者，猶隻眼龜值浮木孔，何也。却有三難，人身難得，中土難生，佛法難遇。凡有血氣者，皆有身也，何獨以人身爲難得。蓋人身與佛同類，佛法有在人間，須得人身，然後得聞其出世之法耳。每見與佛無緣者，萬刧不聞佛名字，何由預聞其法乎。既得人身，又要生在中國，若生偏方下賤之地，則無佛法可聞，故曰中土難生。假饒得生，多爲世境牽纏，忙忙過了一世，無暇去聞佛法，亦無心去聞佛法，故曰佛法難遇。既聞佛法，法海無涯，略説其門，亦有八萬四千，惟此實相法門，又難遇中之難遇也。《金剛經》云，若復有人，得聞是經，信心清淨，即生實相。當知是人，成就第一希有功德。

天地之間，惟人爲貴。人之有生，身心爲重。休戚痛癢，内外相關，所謂切親莫過於此。世人不知可貴，悉以功名利欲之假，反累其身，營營汲汲，終日馳求，無時休息。所以世尊爲此一大事因緣，出見於世，憫諸衆生，説種種妙法，令其反邪歸正，背假從真。誠使知身是載心之寶，心是潤身之珍。一失人身，萬劫難得，日月云邁，雖悔可追。今之釋流，視此身如贅疣者，何哉。彼以《皮囊歌》曰，這皮囊多滯礙，與我靈臺爲悉害。隨行隨步作機謀，左右教吾不自在。要飯吃，要衣蓋，又要榮華貪世態。使我心驚不得閒，爲你結下冤家債。豈知六祖此歌，乃解衆生執身怕死之疑，説此破相之法，警人捨無常之身世，務存常住之真心。顧不悟祖意之由，以此皮囊真可厭惡，遂有投崖赴焰，蹈水就兵，輕生如敝屣者，意謂無此幻軀，便無衣食寒暑之累。殊不知心地未明而死，心上還有許多妄想情識未了，又要出殼入殼，復來人世四生之中，以了妄念。試將慧眼觀之，此等惟圖貴高之名，不師知識善友，流弊至此。又《不念歌》末有曰，尿屎渠，膿血聚，算來有甚風流處。九竅都爲不淨坑，六門盡是狼藉户。恍佛中間解悟時，皮囊變作明珠舖。斷慾心，須堅固，料我身從愛慾生。慾心斷絶無來去，内藏一顆大明珠，晝夜光明自認路。此六祖變大地作黄金，攪長河爲酥酪，假四大作化城，在行人迷悟如何耳。佛家所謂出世之法者，無他，蓋言人人皆可成佛。所以不成者，皆因身、口、意三根，常染貪、嗔、癡之三業。三業分之，則爲十惡。夫身根有三業，殺、盗、淫是也。意有三業，貪、嗔、癡是也。口有四業，綺言、誑語、兩口、惡舌是也。縱此十惡者，即是自種地獄之因。若能轉十惡爲十善者，報盡決生天堂，可不慎哉。有等僧家，通宗達教，知因識果，怜悧多能，外習僧儀，内心如俗。此等十惡，隨懺隨作，無有了期。自謂仗佛之力，必能爲其消滅。及至禍報臨身，惟恨佛無靈驗。噫，豈不聞佛手難遮業報乎。要在當人懺露其前愆，悔其將來不可復作。如是則佛果可覬耳。

有等師家，學得一部等韻者，搬得一場焰口者，記得幾則公案者，曉得幾卷經鈔者，搦住念頭不動者，各自謂已得宗門法要，得達磨不立文字之的旨，掃去一切佛法瞽惑無知，增其上慢，亦學老宿，拈搥豎拂，粧模作樣，賣弄伽陀，成群結黨，自立門墻，眼底無人。自若釋迦再生，方十之中，名利人我，俗業猶故。行狀如斯，教門不幸。因此被檀那覷破，致賤之如禽獸，斷他善根，損人信念，壞佛清規，良可歎恨。佛今示寂四千餘年，象教彫零已極，釋種固多，波旬不少。求其不貪不妬者，誠若沙裏覓金。十方善信，慎勿見他過咎，阻自己前程。此輩戒行雖虧，亦名佛子。既敬泥塑木雕之佛，紙印筆寫之經，此特二寶，更有僧寶，必要人作，以配佛經，方成住世三寶。此三寶者，乃衆信之福田，種慧之腴地，非修橋補路之福可比。恭敬三寶，福報無窮。今人但知敬佛與經，而槩以俗僧慢之，豈不是自家福田之缺典歟。即如俗僧，亦不可擯斥，亦不可盡謂無人也。六祖曰，他非我不非。又曰，若見他人非，自非却在左。諺云，僧來看佛面。彼雖不潔，亦是我之福田，安可自棄乎。古云，敬幻僧，致真僧說法。拜泥龍，感真龍行雨。經云，欲報白鵶恩，須施烏鵶食。寄語吾家法眷，降伏見在貢高。身既出家，心當離欲。精嚴戒行，誰不欽尊。一念不紛，五香自噴。退後一著，地步自寬。佛子家風，惟宜朴淡。飢寒之外，勿可有思。誠能安分如斯，庶幾自他兼利。

問：佛家亦續人倫否？

答：佛教謂之出世法，違離世俗，務在

存心，所以不能兼續綱常，甘受異端之貶。彼非不欲全其勢，不可兼得也。近有外道，妄議釋迦亦續人倫，妻曰耶輸，子羅睺羅。後世釋流斷倫續者，皆失其傳也。予試舉一二大端爲辯，則其詭詐觸類可知。佛既重倫，必當爲子婚娶，何使羅睺披緇斷髮，棄國嗣而爲首僧。此一不足信也。佛爲教主，衣鉢親傳迦葉，授受爲萬世之模，須置室家，以攻四業，何使圓頂方袍，孑侍佛座終身。此二不足信也。佛會天人雖多，不出四衆。落髮出家無妻之男子，謂之比丘。無夫落髮之女人，名比丘尼。在家有妻有髮之弟子，曰優婆塞。有夫有髮之女弟子，曰優婆夷。明有出家在家僧俗之分，盲師何可妄議。此不足信者三也。又見其掠取道家以神馭氣之權術，指作《太極》《河圖》鼓人。想圓腔於中脊，謂之艮背。運呼吸於臍輪，名曰行庭。以佛家萬法歸一，歸此一氣，種種宗教，捏入運氣。旁門妄大，自尊師稱三教，非惟援儒入佛，分明左道，惑人野狐，固自知其難媚叢林之獅象，孤螢不自揣，始銜耀欲齊於兎烏。後學毋穽其愚，各自猛加警醒。

般若波羅蜜多心經釋疑終

校勘記

〔一〕「知」，底本原校疑爲「智」。

〔二〕「悉」，底本原校云原本似作「迷」。

〔三〕「聲」，底本原校疑爲「多」。

〔四〕「看」，底本原校云原本似作「着」。

〔五〕「兑」，底本原校疑爲「脱」。

〔六〕「王」，底本原校疑爲「門」。

般若心經釋疑後序

唐貞觀間，釋玄奘使西域取經，至罽賓國，道險虎豹邪魅，無可誰何。忽見一僧瘡痍形穢，口授《心經》一卷，令共誦之，遂得山川夷曠，道路自通，虎豹藏形，魔魅潛跡。此《心經》之所從來。而般若呪力，神通廣大，能度一切苦者，居然足證云。予雅愛是經，其詞簡，其義精，口念心惟，茫無畔岸，罔知津涯，盡取諸家註解讀之，愈晦而愈疑，自愧性根鈍暗，皇皇如也。歲乙酉，幸遇延平謝默壺先生，悃愊無華，了無人我，蓋深於禪者。傾蓋語相視，莫遂叩之，儒已入愿中心學之室。予乃長跪，質疑曰，學人每誦《心經》，未了經義，但依文誦念而已。願先生發菩提心，爲鈍根者說。先生曰，君說依文誦念，恐文亦未明，依何誦讀。且世尊說經，皆以如是我聞爲首，此經云何。予曰，觀自在菩薩。先生囅然笑曰，君開口便錯。一得之愚，請以就正。夫此經二百六十個字，括盡藏中妙義，詠大小乘法。學者須字字句句，悉心體認世尊的傳心印之要訣，超脫生死之徑門。單闌般若爲宗，故以觀自在三字爲句，冠於經首。彼之般若，即此之智慧。慧即觀也。能觀之者，則真空實相之道，不在經文，在方寸中矣。何自在之不可得，何苦厄之不可度哉。古謂《金剛經》爲大藏經之骨髓，愚謂《心經》尤《金剛經》之血脉也。吾爲君敷衍經義，捃摭前聞，間亦竊附己意，名曰釋義。又撮可疑者，次第陳之，名曰釋疑。君能隨文理會，口誦心行，則胸中宿結，自爾豁然，始悟蘊識即是真如，真如不外識性。噫，能仁祖曰，此五陰身，以識爲本，識爲萬妄之根源，非十二因緣、十八界、四諦諸法所能轉，惟具般若深慧者，覺體圓明，自能了了。故曰千日學法，不如一日學般若。般若一門，能攝一切諸法。經中故指一切諸法，皆謂之無，惟此般若，爲法中之王。十一地菩薩，依之而證涅槃。三世諸佛，依之而得正覺。後世欲濟菩提之彼岸者，可捨般若之舟楫耶。是以經名《般若波羅蜜多心經》。予領先生玅旨，跪而誦之，朝夕不輟。乃因先生自敘巔末，以弁諸首，遂梓而傳之，願與善知識同登彼岸。

萬曆丁亥歲浴佛日，賜進士出身中順大夫直隸徽州府知府前禮部主客清吏司郎中仁和順所胡孝撰。

（陳永革整理）

○三一八

般若波羅蜜多心經直説（二）

明那羅延山海印沙門釋德清述

此經題稱般若者何。乃梵語也，此云智慧。稱波羅蜜多者何。亦梵語也，此云到彼岸。謂生死苦趣，猶如大海，而衆生情想無涯，無明不覺，識浪奔騰，起惑造業，流轉生死，苦果無窮，不能得度，故云此岸。惟吾佛以大智慧光明，照破情塵，煩惱永斷，諸苦皆盡，二死永亡，直超苦海，高證涅槃，故云彼岸。所言心者，正是大智慧到彼岸之心，殆非世人肉團妄想之心也。良由世人不知本有智慧光明之心，但認妄想攀緣影子，而以依附血肉之團者爲真心。所以執此血肉之軀以爲我有，故依之造作種種惡業，念念流浪，曾無一念回光返照而自覺者。日積月累，從生至死，從死至生，無非是業，無非是苦，何由得度。惟吾佛聖人，能自覺本真智慧，照破五藴身心，本來不有，當體全空，故頓超彼岸，直渡苦海。因愍迷者，而復以此自證法門而開導之，欲使人人皆自覺悟。智慧本有，妄想元虚。身心皆空，世界如化。不造衆惡，遠離生死。咸出苦海，至涅槃樂。故説此經。經即聖人之言教，所謂終古之常法也。

觀自在菩薩，行深般若波羅蜜多時，照見五藴皆空，度一切苦厄。

菩薩，即能修之人。甚深般若，即所修之法。照見五藴皆空，則修之之方。度一切苦厄，則修之實效也。以此菩薩，從佛聞此甚深般若，即思而修之，以智慧觀，返照五藴内外一空，身心世界洞然無物，忽然超越世出世間，永離諸苦，得大自在。由是觀之，菩薩既能以此得度，足知人人皆可依之而修矣。是故世尊特告尊者，以示觀音之妙行，欲曉諸人人人也。吾人苟能作如是觀，若一念頓悟自心本有智慧光明，如此廣大靈通，徹照五藴元空，四大非有，有何苦而不度，又何業累之牽纏，人我是非之强辯，窮通得失之較計，富貴貧賤之可嬰心者哉。此上乃菩薩學般若之實效也。言五藴者，即色受想行識耳。然照乃能觀之智，五藴即所觀之境，皆空則實效也。

舍利子。

此佛弟子之名也。然舍利亦梵語，此云鶖也。此鳥目最明利，其母目如之，故以爲名，此尊者乃鶖之子也，故云舍利子。在佛弟子中，居智慧第一。而此般若法門，最爲甚深，非大智慧者不能領悟，故特告之。所謂可與智者道也。

色不異空，空不異色，色即是空，空即是色。受想行識，亦復如是。

此正對鶖子釋前五藴皆空之意，而五藴中先舉色藴而言者，色乃人之身相也。以其此身人人執之以爲已有，乃堅固妄想之所凝結，所謂我執之根本，最爲難破者。今入觀之初，先觀此身四大假合，本來不有，當體全空，内外洞然，不爲此身之所籠罩，則生死去來，了無罣礙，名色藴破。色藴若破，則彼四藴可漸次深觀，例此而推矣。而言色不異空者，此句破凡夫之常見也。良由凡夫但認色身，執爲真實，將謂是常，而作千秋百歲之計。殊不知此身虚假不實，爲生老病死四相所遷，念念不停，以至老死。畢竟無常，終歸於空。此猶屬生滅之空，尚未盡理。良以四大幻色，元不異於真空耳。凡夫不知，故曉之曰色不異空，謂色身本不異於真空也。空不異色者，此句破外道二乘斷滅之見也。因外道修行，不知身從業生，業從心生，三世循環，輪轉不息。由不達三世因果報應之理，乃謂人死之後，清氣歸天，濁氣歸地，一靈真性還乎太虛。苟如此說，則絕無報應之理，而作善者爲徒勞，作惡者爲得計矣。以性歸太虛，則善惡無徵，幾於淪滅，豈不幸哉。孔子言曰，游魂爲變，故知鬼神之情狀，此正謂死而不亡者，乃輪迴報應之理昭然也。而世人不察，橫爲斷滅，謬之甚耳。然二乘雖依佛教而修，由不達三界唯心，萬法唯識，不了生死如幻如化，將謂三界之相以爲實有，故觀三界如牢獄，厭四生如桎梏，不起一念度生之心，沈空滯寂，淪於寂滅。故曉之曰空不異色，謂真空本不異於幻色，非是離色斷滅之空，正顯般若乃實相真空耳。何也。以般若真空，如大圓鏡，一切幻色，如鏡中像，苟知像不離鏡，則知空不異色矣。此正破二乘離色斷滅之空，及外道豁達之空也。又恐世人將色空二字話爲兩橛，不能平等一如而觀，故又和會之曰色即是空，空即是色耳。苟如此觀，知色不異空，則無聲色貨利可貪，亦無五欲塵勞可戀，此則頓度凡夫之苦也。苟知空不異色，則不起滅定而現諸威儀，不動本際而作度生事業，居空而萬行沸騰，涉有而一道清淨，此則頓超外道二乘之執也。苟知色空平等一如，則念念度生不見生之可度，心心求佛不見佛果可求，所謂圓成一心無智無得，此則超越菩薩而頓登佛地彼岸者也。即此色蘊一法能作如是觀，則其四蘊應念圓明，正如一根既返源，六根成解脫，故云受想行識亦復如是也。誠能如是，則諸苦頓斷，佛果可至。彼岸非遥，只在當人一念觀心成就耳。如此之法，豈非甚深者哉。

舍利子，是諸法空相，不生不滅，不垢不淨，不增不減。

此又恐世人以生滅心，錯認真空實相般若之法，而作生滅垢淨增減之解，故召尊者以曉之曰，所言真空之實相者，不是生滅垢淨增減之法也。且生滅垢淨增減者，乃衆生情見之法耳。而我般若真空實相之體，湛然清淨，猶若虛空，乃出情之法也。豈然之哉。故以不字不之，謂五蘊諸法，即是真空實相，一一皆離此諸過也。

是故空中無色，無受想行識，無眼耳鼻舌身意，無色聲香味觸法，無眼界，乃至無意識界，無無明，亦無無明盡，乃至無老死，亦無老死盡，無苦集滅道，無智亦無得。

此乃通釋般若所以離過之意。謂般若真空所以永離諸過者，以此中清淨無物，故無五蘊之跡。不但無五蘊，亦無六根。不但無六根，亦無六塵。不但無六塵，亦無六識。斯則根塵識界，皆凡夫法，般若真空，總皆離之，故都云無。此則離凡夫法也。然般若中，不但無凡夫法，亦無聖人法。以四諦十二因緣六度等，皆出世三乘聖人之法也。苦集滅道四諦，以厭苦斷集慕滅修道，乃聲聞法也。無明緣行，行緣識，識緣名色，名色緣六入，六入緣觸，觸緣受，受緣愛，愛緣取，取緣有，有緣生，生緣老死，乃十二因緣流轉門，即苦集二諦。無明盡至老死盡，乃還滅門，即滅道二諦。此緣覺所觀法也。般若體中本皆無之，極而推之，不但無二乘法，亦無菩薩法。何也。智即觀智，乃六度之智慧能求之心。得即佛果，乃所求之境。然菩薩修行，以智爲首，下化衆生，只爲上求佛果。良以佛境如空無所依，若以有所得心而求之，皆非真也。以般若真空體中本無此事，故曰無智亦無得。無得乃真得，方得爲究竟耳。

以無所得故，菩提薩埵，依般若波羅蜜多故，心無罣礙。無罣礙故，無有恐怖，遠離顛倒夢想，究竟涅槃。

良由佛果以無得而得，故菩薩修行依般若而觀。然一切諸法本皆空寂，若依情想分別而觀，則心境纏縣，不能解脱，處處貪著，皆是罣礙。若依般若真智而觀，則心境皆空，觸處洞然，無非解脱。故云依此般若故心無罣礙。由心無罣礙，則無生死可怖，故云無有恐怖。既無生死可怖，則亦無佛果可求。以怖生死求涅槃，皆夢想顛倒之事耳。《圓覺》云生死涅槃猶如昨夢。然非般若圓觀，決不能離此顛倒夢想之相。既不能離顛倒夢想，決不能究竟涅槃。然涅槃亦梵語，此云寂滅，又云圓寂，謂圓除五住，寂滅永安，乃佛所歸之極果也。意謂能離聖凡之情者，方能證入涅槃耳。菩薩修行，捨此決非真修也。

三世諸佛，依般若波羅蜜多故，得阿耨多羅三藐三菩提。故知般若波羅蜜多，是大神呪，是大明呪，是無上呪，是無等等呪。能除一切苦，真實不虚。

謂不但菩薩依此般若而修，即三世諸佛，莫不皆依此般若，得成無上正等正覺之果，故云三世諸佛依般若波羅蜜多故，得阿耨多羅三藐三菩提。此梵語也。阿云無，耨多羅云上，三云正，藐云等，菩提云覺，乃佛果之極稱也。由此而觀，故知般若波羅蜜多，能驅生死煩惱之魔，故云是大神呪。能破生死長夜癡暗，故云是大明呪。世出世間無有一法過般若者，故云是無上呪。般若爲諸佛母，出生一切無量功德故，世出世間無物與等，惟此能等一切，故云是無等等呪。所言呪者，非别有呪，即此般若便是。然既曰般若，而又名呪者，何也。極言神效之速耳。如軍中之密令，能默然奉行者，無不決勝，般若能破生死魔軍決勝如此。又如甘露，飲之者能不死，而般若有味之者，則頓除生死大患，故云能除一切苦。而言真實不虚者，以示佛語不妄，欲人諦信不疑，決定修行爲要也。

故説般若波羅蜜多呪，即説呪曰：

由其般若實有除苦得樂之功，所以即説密呪，使人默持，以取速效耳。

揭諦　揭諦　波羅揭諦　波羅僧揭諦

菩提薩婆訶

此梵語也。前文爲顯説般若，此呪爲密説般若，不容意解，但直默誦，其收功之速，正在忘情絶解不思議之力耳。然此般若所以收功之速者，乃人人本有之心光。諸佛證之以爲神通妙用，衆生迷之以作妄想塵勞。所以日用而不知，自昧本真，枉受辛苦，可不哀哉。苟能頓悟本有，當下迴光返照，一念熏修，則生死情關忽然瞭裂，正如千年暗室，一燈能破，更不別求方便耳。吾人有志出生死者，舍此決無舟筏矣。所謂滔滔苦海中，般若爲舟航。冥冥長夜中，般若爲燈燭。今夫人者，驅馳險道，泛濫苦海，甘心而不求此者，吾不知其所歸矣。雖然，般若如宵練，遇物即斷，物斷而不自知，非神聖者不能用，況小丈夫哉。

心經直説終

校勘記

〔一〕底本據《卍續藏》。

心經直説跋

《圓覺》云，智慧愚癡，通爲般若。又云，諸戒定慧，及淫怒癡，俱是梵行。修多羅奥要微義，指人於一切凡聖法中，得決定正位，此可與證者道，不足爲麤識言也。詎意狂禪撥無者，反藉爲口實，宗門流弊，今日爲甚。究其始，皆由浮慕之士，不從生死發心，以大道爲名聞之資，以名聞爲利養之實，持此心行，未有不錯會古人向上之語，謬謂無凡無聖，無古無今，明撤藩籬，暗滋情習。不知凡聖既遣，今古混同，此一著絶大總持，誰爲承當，誰爲轉變。決了慧用，甚深難辨，正謂以少方便，疾證菩提，從聲聞緣覺，以迄菩薩佛地，皆不能忘般若之功也。大慧云，擊石火，閃電光，引得無限人悟將去，傳將去，有什麽了日。圓悟爲之吐舌曰，祇要契證，若不契證，終不放過。以此觀之，則圓悟所謂契證者，證何等事耶。永嘉曰，無明實性即佛性，幻化空身即法身。會者曰，衆生根本無明，即是諸佛不動智。且詰之曰，何爲不動智。曰，淫怒癡。何爲根本無明。曰，不知淫怒癡。審爾則能知淫怒癡者，不可謂非般若也。迺有境緣相逼，若或與不知者同一流轉即不然。安之與勉，順之與逆，亦人各自知。始知理不能該事，悟不可當證，合斷德以成其智，舉一般若而三德具備，豈乾慧之足言哉。

是歸自捿賢，趨侍吾師，得捧讀《心經直説》，可謂深救禪病，因乞流通，以示來學。復承命跋，謹述見聞所欲言，願與吾人同具擇法，固不自知其淺昧也。

丹霞沙門釋天然函昰誌撰

（陳永革整理）

○三一九

心經提綱[一]

明李卓吾撰

《心經》者，佛說心之徑要也。心本無有，而世人妄以爲有。亦無無，而學者執以爲無。有無分而能所立[二]，是自罣礙也[三]，自恐怖也[四]，自顛倒也，安得自在。獨不觀於[五]自在菩薩乎。彼其[六]智慧行深[七]，既到自在彼岸矣。斯時也，自然照見色、受、想、行、識五蘊皆空，本無生死可得，故能出離生死苦海，而度脫一切苦厄焉。此一經之總要也。下文重重說破，皆以明此。

故遂呼而告之曰，舍利子，勿謂吾說空便即著空也[八]。如我說色不異於空也，如我說空不異於色也。然但言不異，猶是二物有對。雖復合而爲一，猶存一也。其實我所說色，即是說空，色之外無空矣。我所說空，即是說色，空之外無色矣[九]。非但無色，而亦無空，此真空也[一〇]。

故又呼而告之曰，舍利子，是諸法空相，無空可名，何況更有生滅、垢淨、增減名相。是故色本不生，空本不滅，說色非垢，說空非淨，在色不增，在空不減。非億之也，空中原無是耳。

是[一一]故五蘊皆空，無色、受、想、行、識也。六根皆空，無眼、耳、鼻、舌、身、意也。六塵皆空，無色、聲、香、味、觸、法也。十八界皆空，無眼界乃至無意識界也。以至生、老、病、死，明與無明，四諦智證等，皆無所得[一二]。此自在菩薩智慧觀照，到無所得之彼岸也。如此，所得既無，自然無罣礙恐怖與夫顛倒夢想矣。現視生死，而究竟涅槃矣。豈惟菩薩，雖過去、現在、未來三世諸佛，亦以此智慧，得到彼岸，共成無上正等正覺焉耳。則[一三]信乎盡大地衆生，無有不是佛者。

乃知此真空妙智，是大神呪，是大明呪，是無上呪，是無等等呪，能出離生死苦海，度脫一切苦厄，真實不虚也〔一四〕。

然則空之難言也久矣。執色者泥色，説空者滯空，及至兩無所依，則又一切撥無因果。不信經中分明讚嘆，空即是色，更有何空。色即是空，更有何色。無空無色，尚何有有有無，於我罣礙〔一五〕而不得自在耶。然則觀者，但以自家智慧，時常觀照，則彼岸當自得之矣。菩薩豈異人哉，但能一觀照之焉〔一六〕耳。人人皆菩薩，而不自見也。故言菩薩，則人人一矣，無聖愚也。言三世諸佛，則古今一矣，無先後也。奈之何〔一七〕可使由而不可使知者衆〔一八〕也。可使知，則爲菩薩。不可使知，則爲凡民，爲禽獸，爲木石，卒歸於泯泯爾矣。

心經提綱終

校勘記

〔一〕底本據《卍續藏》。

〔二〕「佛説」至「所立」，底本原校云一本作「世尊所説傳心之常法也心本空洞無物而六根總屬一心心惟無主令六根紛乘互用日用纏縛」。

〔三〕「也」，底本原校云一本無。

〔四〕「也」，底本原校云一本無。

〔五〕「觀於」，底本原校云一本作「見觀」。

〔六〕「其」，底本原校云一本後有「以」字。

〔七〕「行深」，底本原校云一本作「觀照自性」。

〔八〕「也」，底本原校云一本後有「世人多向色外覓空豈知空色一體」十四字。

〔九〕「矣」，底本原校云一本後有「我所説空即是説色空之外無色矣至於受想行識何莫不然」二十四字。

〔一〇〕「也」，底本原校云一本後有「則可見於色外覓空者皆斷滅空而非真空也」十八字。

〔一一〕「是」，底本原校云一本後有「故作纔説色空外無空世人又向空中覓色不知」十九字。

〔一二〕「四諦智證等，皆無所得」，底本原校云一本作「十二因緣空矣苦集滅道四諦空矣直至智證之菩薩云菩薩法一切掃盡方顯真空真相」。

〔一三〕「則」，底本原校云一本前有「言菩薩則人人一矣無聖凡也言三世則古今一矣無先後也」二十四字。

〔一四〕「也」，底本原校云一本後有「未説密語以讚之正般若不可思議處」十五字。

〔一五〕「我罣礙」，底本原校云一本無。

〔一六〕「焉」，底本原校云一本作「已」。

〔一七〕「故言」至「奈之何」，底本原校云一本無。

〔一八〕「者衆」，底本原校云一本無。

（陳永革整理）

〇三二〇

心經釋略[一]

林子《心經釋略》《槩論》總序

或問，釋氏之教，都無有法，若未離法，便不是佛，是耶，非耶。林子喟然嘆曰，此余《心經釋略》《槩論》之所由作也。而子曾見余之《釋略》《槩論》乎。未也。然佛之地步甚高，而必至於虛空本體。本體虛空，無有一法，乃可名佛。而曰若未離法，便不是佛，豈不然哉。然必由積久而後能致，如釋迦所謂，吾一劫至於千萬劫，而吾精進之心未嘗少退。子豈不聞之乎。而曰釋氏之教，都無有法者，余亦未敢以爲然。故始於有法者，筏喻以渡河也。終於無法者，舍筏而登岸也。他如《金剛經》所云應如是住，如是降伏其心，夫曰住，曰降伏，謂非有法而何。縱是聖賢，亦且有無爲法矣，況其下乎。至於《楞嚴經》所載二十五聖圓通，《圓覺經》之二十一漸教、三頓教、一圓教，天台《止觀》之十八觀，是皆釋氏之法，萬古不易之常經也。然則《心經》亦有法歟。林子曰，然。若首下一觀字，豈非十八觀之義乎。其曰菩提薩埵，依般若波羅蜜多故，是乃聖賢之無爲法也。然呪亦法也。揭之揭之，又復揭之，不謂之漸教而何。豈曰二十五聖，即三世諸佛，抑亦不能外法以成佛矣。

龍江兆恩

校勘記

〔一〕底本據《卍續藏》。

附《心經釋論》就正小柬

兆恩拜告諸善知識者。兆恩嘗以六祖而上，佛法明。六祖而下，佛法不明。法既不明，而其譚佛之最以爲得者，相傳密訣，只有空之一字，當下即能成佛，何其易也。似賢於釋迦遠矣。甚而儒門之士，亦有陰襲其言，互相告語，以爲孔子之道亦是如此。始之以亂釋迦之教，終之以壞孔子之學，此道之所以不明於天下萬世也。噫，兆恩不自揣分，漫著《心經釋略》《槩論》二帙。每竊以爲，釋迦復起，必從吾言。幸今佛法再興，而十室之邑，必有善知識者，若能不以兆恩爲愚，惠然遠臨，盡言相正，自當有以教我也。

心經釋略

門人王興重閱

表希朱校正

摩訶般若波羅蜜多心經

林子曰，梵語摩訶，華言大。梵語般若，華言智慧，其曰智慧者，乃余之所謂實地之真心也。梵語波羅蜜，華言到彼岸，其曰彼岸者，乃余之所謂真心之實地，而爲色空之所不到處也。多與少對，多多之也。行深而至於大智慧到彼岸，此其最上一乘之可多也。然彼岸實地中，本無一法可得，而萬法皆從此出者，多之也。《心經》者，吾心之真經也。一切現成，故從劫至劫，手不釋卷。從晝至夜，無不念時，乃所以持吾心之真經也。惟此真經也，以離一切色相，以離一切空相，而安此色空二字俱不可得也。若非親到彼岸者，其孰能知之。

《金剛經》曰，一切諸佛，及諸佛阿耨多羅三藐三菩提法，皆從此經出。昔有釋之者曰，皆從此經出者，非以指此一經文句語言。又曰，且道此經從甚處出，須彌頂上，大海波心。又曰，此經者，人人俱有，箇箇周圓，上及諸佛，下及螻蟻，亦具此經，即妙圓覺心是也。無物堪比。又曰，茲經喻如大地，何物不從地之所生，諸佛惟指一心，何法不從心之所立。

國初僧宗泐曰，此經即世尊所説大部般若之精要，故知菩薩之説，即是佛説。傳至中華，凡五譯。今從玄奘所譯者，以中國盛行故也。

國初宋潛溪曰，心者，世間及出世間萬法總相，其别有五。一，肉團心，狀如蕉蕾，生色身中，係無情攝。二，緣慮心，狀如野燒，忽生忽滅，係妄想攝。三，集起心，狀如草子，埋伏識田，係習氣攝。四，賴耶心，狀如良田，細種無厭，係無明攝。五，真如心，狀同虚空，廓彼法界，係寂照攝。

余所言者，皆最上一乘之第一義也。而於字訓，姑且略之，故曰釋略。今依諸生之請，而以昔人所訓字義，附於各章之後。

觀自在菩薩，行深般若波羅蜜多時，照見五藴皆空，度一切苦厄。

林子曰，觀與照别。未到彼岸，則不得不觀。既到彼岸，則亦照見之而已矣。故照見也者，猶俗所云看見者是也。盖既到彼岸之時，而看見此彼岸中，一無所有，故曰時照見五藴皆空，一切之現成也。菩薩而曰自在者，以其深處於彼岸實地之中，而爲色空之所不到處者。奚有於塵生之色，亦奚有於塵滅之空，無色無空，夫誰得而罣礙之。故曰自在菩薩。自在菩薩者，自性菩薩也。而真如之性，則徧於一切處。釋氏謂之無形無相，無背無面，六根四大俱無。只有一相，亦是無相。十方國土，無不現身。若非親到彼岸者，其孰能知之。行深有二義，皆不可不知也。若以行作去聲，而曰行深者，三千威儀，八萬細行，而功行則極其大矣。若以行作平聲，而曰行深者，應如是住，如是降伏，而修爲則極其至矣。摩訶般若者，大智慧而見性也。波羅蜜者，到彼岸而入頓也。故見性也者，以了知此無上正等正覺之佛性，悉備於彼岸實地中，五陰本空，一切之現成也。多，古語所謂有足多之多。時，到彼岸之時。度，度之也，度苦海以登彼岸也。而衆生則從生至死，從劫至劫，皆受此一切苦厄，不能出離。而彼岸實地，元無苦海，而又奚待於度耶。故照也者，照而無所於照也。空也者，空而無所於空也。度也者，度而無所於度也。若曰照而有所於照，空而有所於空，度而有所於度，即是未到彼岸，有假人爲，而謂之一切現成不可也。

林子曰，彼岸實地，而爲色空之所不到處者，乃自在菩薩之所住處也。然處猶家也，自在菩薩所住之處，即自在菩薩所住之家。曰處曰家，《壇經》所謂門内，甚深法界者是也。若能知此甚深法界，而爲自在菩薩之所住處，一超而入，便是到家之人。然而甚深法界，得而入之乎。自在菩薩，得而觀之乎。

林子曰，即心即佛，而真心元在於實地之中者，是真佛深處於彼岸之際也。故不詣實地，而談真心，不到彼岸，而談真佛者，豈非所謂門外漢耶。

林子曰，不登佛位，安能識佛。不知本來，安識無物。

林子曰，若離實地，便是離心。若離彼岸，便是離佛。

元古雲曰，五蘊，即五陰。其曰蘊者，積聚義也。其曰陰者，盖覆義也。

潛溪曰，五蘊者，色、受、想、行、識也。色蘊，四大所成。受蘊，領納苦樂，又不苦不樂。想蘊，即種種境，奔馳不息。行蘊，諸所心法，多貪境弗止。識蘊，於所緣境，熾然了別。五蘊之中，識以分別居先。因其分別，而領納在心，謂之受。心既領納，相續尋思，謂之想。想之不已，遂成造作，謂之行。

舍利子，色不異空，空不異色。色即是空，空即是色。受想行識，亦復如是。

林子曰，此呼舍利子而警之，而以色空二字對待言之，盖恐其有著於有無二見也。若所云五蘊皆空者，乃色空之所不到處本無空也。奚有於色，色空俱泯。《心經》之本旨，一切現成也。而歷代註解，皆曰色因空顯，空爲色亡。又曰，無空不顯色，無色不明空等語。如此見解，不謂之對待之義耶。故曰色不異空，空不異色。豈[二]曰不異，而又曰即是者。何也。以其不能見性，二者病在一般也。

三祖僧璨曰，圓同太虚，無欠無餘。此乃本體自然，一切之現成也。若非親到彼岸者，其孰能知之。又曰，莫逐有緣，勿住空忍。若逐有緣，即是迷空以爲色。若住空忍，即是泯色以爲空。二者盖胥失之，而非一切之現成矣。

林子曰，余嘗譬之石焉。火之性，蘊於石之中。而石之中，但惟有火之性已爾。本無火也，奚有於滅。既無火矣，而有色乎哉。既無滅矣，而有空乎哉。而人之性亦猶是也。然石擊之則火生，頃之而火滅。火生則有火之色，火滅則無火之色，而空矣。而生而色，而滅而空，都在石外，殊不知真性本不在外也。顧乃於塵之色空上做工夫，則亦何異於火之生滅上討分曉，而謂之能見性而入頓也。可乎哉。《壇經》曰，只在門外，未入門内。

林子曰，余嘗譬之鏡焉。塵來則色，塵去則空，是鏡之色空，皆由於外塵之去來如此。然而鏡之所以能照之本體者，抑亦其色空之所不到處者乎。

潛溪曰，凡有形者，皆謂之色。凡無形者，皆謂之空。

舍利子，是諸法空相。

林子曰，此呼舍利子而重警之，而專以空之一字言之，盖惟恐其不知《心經》之本旨，而有著於法，而有著於相，有所然而空之也。然真性上不容一物，彼岸中一切現成，而無有法，而無有相。而曰法曰相，便是有物，而非彼岸實地中之現成矣。《壇經》曰，常離法相，自由自在。又曰，離諸法相，一無所得。是字，指上文空不異色，空即是色句。

林生問曰，夫既空矣，安得有相。林子曰，豈曰色有色相，而空亦有空相矣。又問，何謂空相。林子曰，余嘗指諸空器而問之人曰，器中何物也。答曰，吾但見器中之空爾。夫空可得而見之，不謂之空有空相耶。有相則有見，無相則無見。余於是而知空相之空，是亦色相之色也。着空着色，亦有何異。故曰其爲失性均也。

林子曰，空之一字，最易惑人。然凡夫則易惑於色，而二乘則易惑於空。夫惑於色者，猶可得而言之。而惑於空者，則不可得而言之。而世之註解者，率皆不知佛無有法，空無有相，而執著於上文五蘊皆空句，而曰真空實相。謬之甚也。殊不知無空之空，是謂真空。無相之相，是謂實相。若曰空相，則是空也。亦可得而見之矣。而余之所謂色空不到處之真空，其有空乎，其有相乎，其可得而見乎。若非親到彼岸者，其孰能知之。大抵《心經》大旨，皆以彼岸實地中，本無五蘊可空也。而學佛之徒，乃不知彼岸實地之謂何，而謂有法可以空。五蘊而空之，終不免入於想像，而謂虛空無有相貌，以爲空也。豈曰色空俱忘，亦是知見。故曰是諸法空相，以深警之也。

不生不滅，不垢不淨，不增不減，是故空中無色，無受、想、行、識。

林子曰，若前所謂五蘊皆空者，蓋彼岸實地中，而爲色空之所不到處者，五蘊本空也。夫五蘊本空矣，則安有生。既不有生，則安有滅。垢淨增滅，亦復如是。故曰空中無色，無受、想、行、識者，一切之現成也。若非親到彼岸者，其孰能知之。此章應上五蘊皆空句。

無眼、耳、鼻、舌、身、意，無色、聲、香、味、觸、法。無眼界，乃至無意識界。無無明，亦無無明盡，乃至無老死，亦無老死盡。無苦集滅道，無智亦無得，以無所得故。

林子曰，此下詳言之，以彼岸實地中，一無所有，非特無色，無受、想、行、識焉已也。而彼岸實地，其有眼、耳、鼻、舌、身、意乎。其有色、聲、香、味、觸、法乎。其有無明乎。而無無明盡，其有老死乎。而無老死盡，其可以智而知，以苦以集以滅以道而得之乎。其有罣礙乎。其有恐怖乎。其有顛倒夢想乎。然此亦皆塵之生滅去來爾。而彼岸實地，乃其塵之所不到處，一切之現成也。若非親到彼岸者，其孰能知之。

林子曰，形骸中，有眼有耳，有鼻有舌，有身有意，而有六根矣。而彼岸實地，則超出於形骸之外，無眼無耳，無鼻無舌，無身無意，而無六根也。夫既無六根矣，而必於屬眼之色。而空之以爲空者，何歟。若余之所謂彼岸實地者，則自其真去處之無色無空者言之，而非謂外著於六根之眼，空其色而空之也。若外著於六根之眼，空其色而空之，則亦不免入山圜坐，避塵以求靜也。殊不知彼岸實地，而爲色空之所不到處者，而奚有於塵之可避，又奚有於靜之可求耶。若非親到彼岸者，其孰能知之。

《經》曰，得阿耨多羅三藐三菩提。而阿耨多羅三藐三菩提，得而得之乎。得而無所於得，無所得而得也。故曰以無所得故。若存無所得心，而自以爲得者，便是有修，有證，有所得，而不空矣。而色空之所不到處者，一切現成也。而奚有於脩，奚有於證，奚有於得耶。故故也者，故也。此無所得故，并下文二依般若波羅蜜多故，無罣礙故，是皆本體之自然，一切之現成也。故曰故，故故也者，謂我元所自有之，故物本如是也。

潛溪曰，眼、耳、鼻、舌、身、意，謂之六根，猶草木之有根也。亦謂之六入。根則主内而言，入則主外而言。眼見爲色塵，耳聞爲聲塵，鼻嗅爲香塵，舌甞爲味塵，身染爲觸塵，意著爲法塵，是謂之六塵，謂如沙塵之障蔽也。根塵二者和合爲十二處。處，所也，言各有所在也。從見爲眼識，從聞爲耳識，從嗅爲鼻識，從甞爲舌識，從染爲身識，從分別爲意識，謂之六識。識，謂妄生辨析，昏翳真智也。三者和合爲十八界。界者，限也，言各有限域也。乃至者，省文。上舉眼界，下舉無意識界，中間四識，可以例知也。

宗泐曰，此空十二因緣也。無明者，癡暗也。謂於本性無所明了，非懵然無知，乃違理强覺之謂也。無無明，無無明盡者，菩薩以般若智，觀此無明，其性本空，無生滅相，故云無無明，亦無無明盡也。乃至無老死，亦無老死盡，義與前同，但舉其始末，而略其中也。十二因緣，亦曰十二支。一曰無明，亦名煩惱。二曰行，謂造作諸業。三曰識，謂起妄念，初托母胎也。四曰名色，從托胎後，生諸根形也。五曰六入，謂於胎中，而成六根也。六曰觸，成胎後，六根對六塵也。七曰受，謂領納世間好惡等事。八曰愛，謂貪染五欲等事也。九曰取，謂於諸境生取著心也。十曰有，謂作有漏之因，能招未來之果。十一曰生，謂受未來五藴之身也。十二曰老死，謂未來身，既老而死。此十二因緣，該三世因果，展轉因依，如輪旋轉，無有休息。一切衆生，迷而不知，良可悲也。

菩提薩埵，依般若波羅蜜多故，心無罣礙。無罣礙故，無有恐怖，遠離顛倒夢想，究竟涅槃。

林子曰，梵語菩提，華言覺。梵語薩埵，華言有情。盖謂覺而有情也。梵語涅槃，華言無爲。依者，皈依，南無之義也。古所云南無佛，南無法，南無僧者是也。而涅槃無爲，是乃現成之公案也。但皈依之而已矣。故究竟之亦可入於涅槃。

《楞伽經》曰，涅槃乃清淨不死不生之地，一切修行者之所依皈。《華嚴經》曰，有諍説生死，無諍即涅槃。六祖曰，涅槃者，圓滿清淨義。又曰，三界九地，各有涅槃妙心。

三世諸佛，依般若波羅蜜多故，得阿耨多羅三藐三菩提。

林子曰，此與上章而並言之。不曰菩提薩埵皈依般若波羅蜜多，而究竟之可入於涅槃。而三世諸佛，亦皆皈依般若波羅蜜多，而成無上正等正覺矣。而無上正等正覺，是亦現成之公案也。若非親到彼岸者，其孰能知之。然菩提薩埵而曰依者，有法而無爲也。三世諸佛而曰依者，無法而無爲也。至於究竟涅槃，其歸一也。

唐僧宗密曰，佛者，梵云婆伽婆，唐言佛。佛者，覺也，自覺覺他，覺圓滿故。一切有情，咸具此道。悟者即名佛，迷者曰衆生。

宋王日休曰，梵語阿，此云無。梵語耨多羅，此云上。梵語三，此云正。梵語藐，此云等。梵語菩提，此云覺。而曰阿耨多羅三藐三菩提者，乃無上正等正覺，謂真性也。真性即佛，故略言之，則謂之覺。詳言之，則謂之無上正等正覺。以真性無得而上之，故云無上。上自諸佛，下至蠢動，性相平等，故云正等。其覺圓明普照，無偏無虧，故云正覺。

潛溪曰，三世，謂過去莊嚴劫、見在賢劫、未來星宿劫也。梵語佛，此云覺。覺者，迷之對。以佛之覺，見衆生之迷也。

故知般若波羅蜜多，是大神呪，是大明呪，是無上呪，是無等等呪。能除一切苦，真實不虛。

林子曰，彼岸中一切現成。若未到彼岸，夫誰得而知之。既不得知，必生驚疑。既生驚疑，心不信受。既不信受，必不皈依。而曰真實不虚者，此乃老婆心切。盖欲以釋其驚疑之心，而信受之，而皈依之也。

潛溪曰，言故知者，結前起後也。呪者，佛説密語，即第一義也。神者，精妙不測之稱。明者，鑑照不昧之謂。無上，無可加過也。無等等，獨絶無倫也。既言大，則已極矣。又重言無上無等等者，所以深著般若，溥博無際也。溥博無際，惟真空足以當之。

故説般若波羅蜜多呪，即説呪曰：

揭諦揭諦　波羅揭諦　波羅僧揭諦　菩提薩婆訶

林子曰，諦者，苦、集、滅、道之四諦也。曰揭諦者，揭此四諦也。而又曰揭諦者，揭此四諦之揭而揭之，揭之而復揭之，故能到彼岸。而清淨，而涅槃，而無上正等正覺矣。

唐大顛云，菩提是初，薩婆訶是末。

宋何無垢曰，若是有志底人，一刀兩段，更無退轉。忽然悟道，達本性空，即得菩提，超出三界，了無所了，得無所得，蕩然清淨，則到極樂之所，受用無盡，故曰薩婆訶。

宋僧道川曰，山華笑，野鳥歌。此時如得意，隨處薩婆訶。又曰，算盡目前無一法，方能隨處薩婆訶。

心經釋略終

校勘記

〔一〕「豈」，底本原校疑爲「既」。

自書《心經釋略》卷後

林子曰，釋氏極則之教，古今現成之一大公案也。無言無隱，故釋迦住世四十有九年矣，未嘗説一字，而最上一乘，豈其有關於言語文字哉。夫既不關於言語文字矣，則《心經》之作，已失之支〔一〕，而又釋之者乎。概自六祖而下，佛教微矣，而世之學佛者，孰不曰我已得正受南能之宗也。自悟自解，自性自度。然究其歸，則與北秀之拂拭塵埃者等爾。而所謂本來無物，而爲色空所不到處者，則鮮有聞之矣。故曰七祖如今未有人，然非惟六祖而下爲然也。而靈山會上，五千且退席矣。夫有佛出世，猶難與言如此，況後世乎。《壇經》曰，不宜速説，佛法難起。余委不知佛法，而亦强爲之説焉。既槩而論之，復略而釋之。余豈不知《心經》微旨，不可得而説，不可得而論，不可得而釋之者哉。而必欲説之，而必欲論之，而必欲釋之者，余敢曰能明佛法之第一義，《心經》之微旨邪。而二乘之著空，則庶乎可以遮其非。而最上一乘，或有所聞而知，自悟而興起之矣。

三教主人龍江兆恩

（陳永革整理）

校勘記

〔一〕「支」，疑爲「矣」。

○三二一

心經槩論[一]

門人游萬儁校正

《心經》曰：色不異空，空不異色。色即是空，空即是色。朱生曰：何謂也。林子曰：爾能知色空之不到處，則此四句當自明矣。又問色空之不到處。林子曰：色空之不到處，爾之真心，爾之實地也。夫既曰色空不到處，而又曰真心實地者，豈色空所不到處，尚有真心之實地耶。林子曰：色，色也。夫既得而色之，則亦可得而空之。空，空也。夫既得而空之，則亦可得而色之。此乃塵生塵滅，對待之義，殆非爾之真心實地也。而爾之真心實地，本無色也，夫誰得而空之。本無空也，夫誰得而色之。而色空之經，余嘗倣其辭而襲之曰：生不異滅，滅不異生。生即是滅，滅即是生。而爾之真心實地，豈得而色之乎。無色則無滅，又豈得而空之乎。無空則無生，色空都空，生滅都滅，此乃色空生滅之不到處也。佛書曰：生滅滅已，寂滅爲樂。余又嘗倣其辭而襲之曰：色空空已，真空爲樂。由是觀之，色空之空，塵生塵滅之滅也。然則何以謂之真空也。林子曰：不生不滅，不垢不淨，不增不減，此其所以爲空中而本無色，本無受想行識，一切現成，而又奚待於空而空之耶。故真心也者，我所本有之真性，自在之菩薩也。實地也者，我無所有之境界，不動之道場也。余於是而知真心實地，不二之門也。真心實地，三昧之地也。真心實地，無生之處也。真心實地，三世諸佛之母也。無取無捨，無依無倚。《金剛經》曰：若取法相，即著我、人、衆生、壽者。若取非法相，即著我、人、衆生、壽者。昔有釋之者曰：法相屬有，非法相屬無。其所謂有者，豈非色與。其所謂無者，豈非空與。有色有空，便是有取有捨。有取有捨，便是有依有倚。而真心實地，而爲色空之不到處者，其有法相乎，其無法相乎，其有我、人、衆生、壽者乎，其有取有捨，有依有倚乎。然真心實地，不可以言而顯，而孔子則罕言之矣。不可以聞而知，而子貢則不得聞之矣。不可以才而得，而顔子則欲從而末由矣。昔者唐之大通和尚，以不明乎極則之教，而示人見性成佛，則曰：汝之本性，猶如虛空。而六祖謂之猶存知見。而真心實地，其屬於知見乎，其不屬於知見乎。余嘗以此知見二字而觀之，則知大通之知見，乃是色空之空，而爲塵生塵滅，色空對待之虛空也，而非空中之空，而爲不生不滅，色空所不到處之虛空也。《金剛經》曰：不取於相，如如不動。色有色相，空有空相，而如如不動，我之真心實地，一切之現成也。真心實地，豈落於色空，塵生塵滅之二相耶。知此欛柄，到此地位，則亦著衣喫飯已爾，更有何事。而親到彼岸者，當自知之。

洪生問多字之義。林子曰：余所謂色空所不到處，而爲彼岸之實地者，具大智慧，我之真心也。而我之真心，則徧滿於彼岸實地中。而有如是其大者，一切之現成也。故彼岸實地，無有邊畔，亦無方圓大小，亦無青黄赤白，亦無上下長短，亦無嗔無喜，無是無非，無善無惡，無有頭尾，都在我彼岸實地中矣。而彼岸實地之分量，本如是之可多者，一切現成也。若胎生、若卵生、若濕生、若化生，若有色、若無色，若有想、若無想，若非有想非無想，都在我彼岸實地中矣。而彼岸實地之分量，本如是之可多者，一切現成也。山河大地，從什麼處來。而東方之虛空，豈其可得而思量之乎。南西北方四維上下之虛空，豈其可得而思量之乎。而彼岸實地，則盡東南西北四維上下，無盡之虛空而虛空之矣。而無盡之虛空，抑豈其可得而思量之乎。仰望不見天，低頭不見地，故曰：盡十方世界，是箇法王身。盡十方世界，是箇解脱門。盡十方世界，是如來一卷經。由是觀之，則盡十方世界，豈不在我之彼岸實地中耶。而彼岸實地中，其有我相乎，其有人相乎，其有衆生相乎，其有壽者相乎。而彼岸實地中，本無我、人、衆生、壽者，一切現成也。皈依法故皈依佛者，皈依此彼岸實地中而覺也。皈依法者，皈依此彼岸實地中而正也。皈依僧者，皈依此彼岸實地中而淨也。若舍實地，而求真心。若離彼岸，而觀自在菩薩，失之遠矣。然所謂真心者，自性也。而真心之實地者，心地也。故曰：心地無非自性戒，心地無癡自性慧，心地無亂自性定。真心實地，一切現成，三世諸佛，皆由此中出也。無上正等正覺，皆由此中出也。夫彼岸實地中之妙義，而無上甚深如此，而親到彼岸者，當自知之。

陳生問曰：若所云五蘊皆空者，豈曰色空之空乎，抑其空中之空也。林子曰：此所謂空，乃空中之空，而無有法，而無有相，無所待於空而空之，一切現成，本體之自然也。又恐其未明乎，照無所照之旨，以法空之，而落於空相也。故下文又兩呼舍利子，而警之以色不異空等語。又曰：是諸法空相，豈不以色相相耶，空相相耶。夫色相固非空矣，而以諸法之空以空之，則亦不離乎法，不離乎相，有所待於空而空之，豈曰現成公案，本體之自然乎。

《壇經》曰：善知識，莫聞吾説空便即著空，第一莫著空，若空心靜坐，即著無記空。又曰：又有迷人，空心靜坐，百無所思，自稱爲大，此一等人，不可與語，爲邪見故。此所謂空，乃是空相之空，豈曰空中之空。

道教《大通經》三章，其一《真空章》曰：先天而生，生而無形。後天而存，存而無體。然而無體未嘗存也，故曰不可思議。夫曰無形，而有生乎哉。夫曰無體，而有存乎哉。生於無生，無所生而生也。存於無存，無所存而存也。形於無形，無所形而形也。體於無體，無所體而體也。知此，則知真空之妙義，其殆不可以擬議而致思乎。其二《玄理章》曰：如空無相，湛然圓滿。其三《玄妙章》曰：如如自然，廣無邊際。由此觀之，其曰空相，則非空中之真空也，明矣。有相斯有見，有見斯有著，豈不落於邊際，而曰湛然圓滿如如之自然哉。故欲識真空，無空可識，既無可識，安識是空。是空非空，非空是空。若言是空，若言非空，皆有空相，不名真空。真空無空，無空真空。然道教亦有之曰：無空有空。又曰：不空中空。又曰：空無定空。又曰：知空不空。又曰：識無空法。又曰：不著空見。是皆空中之真空，真空之妙義也。

蘇生問曰：何以謂之空中。林子曰：汝獨不聞《中庸》所謂喜怒哀樂未發之中乎。未發之中者，空中也。現成公案，不色不空之謂也。惟其不色不空，故其不生不滅，不垢不淨，不增不減，而爲實地之本體者，未發之中也。

《中庸》曰：夫焉有所倚。豈惟空無其色，而不倚於塵生之色哉。而亦且空無其空，而不倚於塵滅之空也。若曰我空也，而稍倚於空焉，便是有所著於塵滅之空，而非空矣。

林子曰：喜怒哀樂未發之中者，余之所謂色空所不到處，我之本體，我之太虚也。我而致其中焉，以復還我之本體，我之太虚也。我之本體，既太虚而中矣，則和自生。和既生矣，而天地其有不位乎，萬物其有不育乎。而位而育，皆由此出，一切現成，豈其有所於倚而爲之者乎。

林生問曰：未發之中，豈非《詩》之所謂無聲無臭耶。林子曰：然。然而色空不到處之空，固曰無聲無臭而無塵矣。而色空對待之空，夫豈其有聲有臭而有塵耶。林子曰：色空之空，雖曰無聲臭之塵矣。然而揚其聲於色空之空焉，則色空之空，抑亦可得以聲而塵之矣。置其臭於色空之空焉，則色空之空，抑亦可得以臭而塵之矣。若天色空之所不到處，其可得而聲之乎，其可得而臭之乎，其可得而塵之乎。是乃聲臭之塵之所不到處，一切之現成也。而親到彼岸者，當自知之。

《中庸》曰：肫肫其仁，淵淵其淵，浩浩其

天。皆我真心之實地，一切而現成也。而天下之大經，於此而經綸之矣。天下之大本，於此而立之矣。天地之化育，於此而知之矣。凡有血氣，於此而尊之親之矣。而我之性，而人之性，而物之性，而天地之性，於此而盡之，參之，贊之矣。此其天地之所以爲大，而文王之所以爲文乎。而親到彼岸者，當自知之。

鄭生問曰：何者謂之真心，何者謂之實地。林子曰：未發之中者，真心之實地也。而發而中節，不謂之實地之真心乎。寂然不動者，真心之實地也。而感而遂通，不謂之實地之真心乎。

林子曰：真心之實地，一《河圖》也，本無聲臭之可言。實地之真心，一《洛書》也，即有端倪之可見。

林子曰：色可反而空者，塵而空也。空可反而色者，塵而色也。譬之器，本空也，實之則色矣。實之色也，而去其實焉，則又空矣。此空之所以有去有來者，塵生塵滅之謂，而非本來之無物矣。

林子曰：知色之空，而以爲空者，固未可以爲空矣。而知空之空，而以爲空者，則亦未可以爲空也。知空之空，而以爲空者，固未可以爲空矣。而知色空之不到處，而以爲空者，則亦未可以爲空也。林生問曰：夫知色空之不到處而以爲空者，豈其未可以爲空歟。林子曰：以其猶有知之者在焉，而况曰自以爲空乎。林子曰：夫色空之所不到，而曰處者，其有處乎，其無處乎。其在於吾身之内乎，其在於吾身之外乎。其在天地之内乎，其在天地之外乎。其可得而古之，可得而今之乎。其不可得而古之，不可得而今之乎。要而言之，何處而非我之實地乎，何處而非非我之實地乎。何處而非我之真心乎，何處而非非我之真心乎。而親到彼岸者，當自知之。

林子曰：色空之所不到處者，其有自在菩薩乎，其得而觀之乎。無自在菩薩、無無自在菩薩，無觀、無無觀，其有彼岸乎，其得而到之乎。無彼岸、無無彼岸，無到、無無到。

林子曰：《心經》一書，皆所以接最上一乘者，故觀也者，觀之也。觀雖有法，而無所爲也。蓋有爲則有相，有相則有著。有相有著，便不自在，而謂之觀自在菩薩可乎。

四祖道信，年始十四，來禮三祖僧璨曰：願和尚慈悲，乞與解脱。三祖曰：誰縛汝。曰：無人縛。三祖曰：何更求解脱。豈非所謂自在菩薩一切之現成耶。而親到彼岸者，當自知之。

林子曰：釋氏極則之教，既曰性門，又曰空門者，何也。蓋性本空者，真空也。故人法，塵也。而空其塵焉，空之者亦塵也。知見，塵也。而空其塵焉，空之者亦塵也。起心之謂妄。妄，塵也。心而空之，亦是妄心之塵。意之所向之謂欲。欲，塵也。意而空之，亦是所向之塵，豈曰極則之教，而爲性門之真空也哉。

經曰：是諸法空相。林子曰：色，塵也，固非空也，而以空之法，空其色而空之，乃是諸法之空相，塵也，而非空也；受，塵也，固非空也，而以空之法，空其受而空之，乃是諸法之空相，塵也，而非空也。而想，而行，而識，亦復如是。

佛書曰：於諸物中，不起無相。若認諸色滅之空以爲空者，即起無相。既起無相，便是有相。故起有相心者，塵也。起無相心者，亦塵也。

《三昧經》曰：心無心相，不取虚空，不依諸地，不住智慧，是般若波羅蜜。若也未知心本無相，而取虚空相以空之，豈可謂之大智慧能到彼岸也哉。釋氏亦有言曰：阿耨多羅三藐三菩提謂真性也。又曰：蠢動含靈，皆同一性。而一切萬物，無不是他露其色相，豈非實地之無所不偏，真心之無所不該，一切之現成耶。而親到彼岸者，當自知之。

黄生曰：真心之實地，其有定在乎，其無定在乎。林子曰：是惡得而定在之，是惡不得而定在之。何處不是太虚，何處不是我之實地，何處不是我之實地，何處不是我之真心。真心一舉，具大總持，不謂之網之提其綱也，而其目有不張乎。故我之實地，譬之網也，可以包羅天地萬物之大而無外矣。我之真心，譬網之綱也，可以總持天地萬物之大而不違矣。然則真心實地，豈其若是其大與。《中庸》曰：致中和，天地位焉，萬物育焉。而真心實地，則固若是其大，一切之現成也。而親到彼岸者，當自知之。黄生曰：夫大總持之旨，則吾既得聞命矣。敢問何以謂之具也。林子曰：具也者，具之也，而其具固在我矣。然而其有所於具乎，其無所於具乎。其有所具而無不具乎，其無所具而無不具乎。其具於真心實地，而大總持之乎。其不具於真心實地，而大總持之乎。然則真心實地，豈其若是其神與。《中庸》曰，如此者，不見而章，不動而變，無爲而成。則亦若是其神，一切之現成也。而親到彼岸者，當自知之。

《易》曰：變動不居，周流六虚。夫曰六虚者，非余之所謂實地乎。然而六虚則非實地也明矣。而謂之實地者，何也。以無實地，乃是實地；以有實地，即非實地。豈不以有形有相，即有壞時耶。既有壞時，何名實地。

道書曰：虚空粉碎，方露全身。夫虚空者，虚空而已矣。而曰粉碎虚空者，虚空得而粉碎之乎。而其所以粉碎虚空者，蓋不以色空之空以爲空也。曾生曰：色空之空，空矣。而色空所不到處之空，不亦空乎。林子曰：夫色空之空，則有其空矣。而色空所不到處之空，則無其空矣。無空而無不空，故曰有無俱不立。無有有，又安有色。無有無，又安有空。

釋教有曰：當用大智慧，打破五蘊煩惱塵勞。又曰：打破虚空只一拳。夫既具大智慧而到彼岸矣，豈其有著於虚空邪見哉。即此不著虚空邪見，便謂之打破虚空。虚空且打破矣，而況於五蘊煩惱塵勞者乎。蓋言彼岸實地中，本無虚空，本無五蘊煩惱塵勞。今既到彼岸矣，而昔日之所謂五蘊煩惱塵勞，與夫虚空邪見，果安在耶。故曰打破。丘生問打破之義。林子曰：打破之義，蓋謂無也。如以其辭而已矣，則所謂五蘊煩惱塵勞，得而打破之乎。然五蘊煩惱塵勞，猶可得而言之。而所謂虚空，得而打破之乎。而曰打破五蘊、煩惱、塵勞、虚空、邪見者，蓋以復吾之本無也。而親到彼岸者，當自知之。

道川曰：色聲不礙處，親到法王城。夫曰親到法王城者，不謂之到彼岸乎。然彼岸中，本無眼耳。既無眼耳，安有色聲。

釋氏曰：罪福無主。而彼岸實地，乃其罪福之所不到處也。

《圓覺經》曰：有大陀羅尼門，名爲圓覺，流出一切真如涅槃。其曰大陀羅尼門者，非余之所謂實地者乎。其曰真如涅槃者，非余之所謂真心者乎。

林子曰：余嘗聞《楞嚴》之遺旨矣。有色則有見，色滅則無見。有聲則有聞，聲銷則無聞。若將以色滅無見以爲空矣，則亦何異於聲銷無聞以爲空也。然色與聲，皆塵也。塵而色也，則爲聲爲色。塵而滅也，則爲空。而彼岸實地中，何有於見，何有於聞。而惟有見聞之實性者在爾，若也不知見聞之有實性，而曰我能不爲色聲之塵之所轉也。是乃蔽目以避色，塞耳以逃聲，而佛之法似不如此矣。

潘生問曰：夫曰真心實地，無生之處也，而又曰三世諸佛之母者，何也。林子曰：夫母以生生爲義，而生以不生爲大也。古人有言曰，諸法無生。夫諸法既無生矣，則亦將何以爲三世諸佛之母乎。然真心實地，諸法咸備，其三世諸佛之所由以生乎。而其所以生者，其生於真心實地，有所生而生乎。不可得而知也。其生於真心實地，無所生而生乎。不可得而知也。蓋真有不可說，不可說，說亦不得矣。故不有拈華微笑之迦葉，倚位而立之慧可，豈能默契於其所難言而真入不二之法門者哉。

林子曰：色其不屬於有乎，空其不屬於無乎。

故指諸有色而説之曰，此色也，色其不可得而説乎。指諸無色而説之曰，此空也，空其不可得而説乎。而甚深法界，而爲色空之所不到處者，其有色乎，其得而色之乎。其有空乎，其得而空之乎。惟其不得而色空之也，故其不得而有無之也。無色、無空、無有、無無，此其所以説亦不得矣。到此甚深法界，不有以深明乎無生之微，生於不生之妙，其孰能知之，其孰能知之。

翁生曰：先生每曰色空不到處，非所謂不二法門耶。敢問何以謂之真入不二法門。林子曰：昔者維摩會上，文殊曰，我於一切法，無言無説，無示無識，離諸問答，是爲菩薩入不二法門。於是文殊又問維摩，維摩默然。文殊讚曰，乃至無有言語文字，是菩薩真入不二法門。翁生愕然異之。林子曰：不足異也。然非惟釋氏爲然也，至於孔門則亦有之。故授者不在於言，而不知所以授之也。而受者不以爲隱，而不知所以受之也。若以維摩之默然以爲異矣，則孔子之無言無隱，亦不足異乎。然而真心實地，終不可得而言乎。林子曰：若或可得而言之，則亦可得而隱之，豈曰人人具足，一切現成耶。

余生問曰：先生每曰真心之實地者，非所謂如來地與。林子曰：然。然而一超而直入於如來地者，非所謂頓教與。林子曰：然。曰：何以能入頓也。林子曰：其先之以見性乎。昔者六祖既悟本性矣，而五祖便傳之以頓教者，此也。又問：先生嘗曰見性性見，知性性知，微乎其微，願先生明以告我也。林子曰：夫既曰不可得而見矣，不可得而知矣。而不見不知，其可得而言乎。余將何以語汝也。然不見之中，則自有真見而不昧者在焉。不知之中，則自有真知而不昧者在焉。故曰性由自悟，余將何以語汝也。

《壇經》曰：念念若行，是名真性。悟此法者，是般若法。修此行者，是般若行。又曰：用自真如性，以智慧觀照於一切法，不取不捨，即是見性成佛道。又曰：但於自心常起正見，煩惱塵勞，常不能染，即是見性。又曰：故知萬法，盡在自心，何不從自心中，頓見真如本性。又曰：若不自悟，須覓大善知識，解最上乘法者，直示正路。其曰行，曰修，曰法，曰智慧觀照，曰常起正見，皆所以教人以見性成佛也。若非有大善知識，解最上乘法者，其誰能示人以正路，見性而成佛耶。

《壇經》曰：此事須從自性中起，於一切時，念念自淨其心，自修自行，見自己法身，見自心佛，自度自戒始得。夫曰自性者，乃余所云真心實地，色空所不到處也。其有垢乎，其有淨乎。而曰自淨其心者，心其有垢而可淨乎，心既無垢之可淨矣。其有待於修於行，於度於戒者乎。大凡言自者，皆自性義也。乃所謂自性戒，自性定，自性慧者是也。故曰須從自性中起，最上一乘之宗旨也。六祖又曰：佛向性中作，莫向身外求。又曰：只此不汚染，諸佛之所護念。故欲見性，而不從自性中起者，其能見自己法身，自心佛者乎。

黄生問曰：何以謂之自者自性義也。林子曰：自性自淨，自性自修，自性自行，自性自度，自性自戒。然性本淨也，無待於淨，而世人必欲淨之者，豈不謂之汚染不得，而反生淨妄耶。而修而行，而度而戒，亦皆從自性中起爾。若必求之身外，則惑矣。

二祖慧可，來禮初祖達磨曰：我心未寧，乞師與安。初祖曰：將心來，與汝安。二祖求心，了不可得。初祖曰：我與汝安心竟。林子曰：心本無心，豈有未寧。而曰與汝安心竟者，乃所以復其無心之本體矣。然而六祖隨方解縛之旨，則又不可不知也。

初祖達磨，居少林寺九年，爲二祖慧可説法，祇教外息諸緣，内心無喘，心如墻壁，可以入道。慧可種種説心性，曾未契理。初祖祇遮其非，不爲説無念心體。慧可忽曰：我已息諸緣。初祖曰：莫成斷滅去否。慧可曰：不成斷滅。初祖曰：此是諸佛所傳心體，更無疑也。其曰無念心體者，非余之所謂色空所不到處，一切現成乎。然息也者，息也，息而無所於息也。若息而有所於息焉，豈不起心是妄，而成斷滅去耶。而曰心如墻壁者，正所以外息諸緣，無所於息而息也。故曰可以入道。三祖僧璨曰：欲取一乘，勿惡六塵。六塵不惡，還同正覺。然彼岸實地中，本無六塵。而曰惡六塵者，則是心也，豈不與外之六塵相爲敵哉。便屬對治。四祖道信曰：境緣無好醜，好醜起於心。蓋心本自在，若必起心以對六塵，不謂之失其自在之本體耶。又曰：觸目遇緣，總是佛之妙用。而曰觸目遇緣者，緣固不在我也。隨心自在，妙用現前。六祖慧能曰：佛法在世間，不離世間覺，離世覔菩提，恰似求兎角。若惡六塵，便生厭世。厭世離世，不名智慧。豈能見性入頓，而曰無上正等正覺也哉。

三祖僧璨曰：遣有没有，從空背空。其曰從空之空者，非所謂空相之空乎。其曰背空之空者，非所謂空中之空乎。又曰：歸根得旨，隨照失宗，須臾返照，勝却前空。夫曰根曰宗，我之本來，空中之空也。而曰返照者，返照此空中之空也。既知返照此空中之空也，豈不勝前之空，而有空相者乎。而空門者流，其可不知所以返照以入門，而妄爲從空以背空耶。

何生問曰：三祖返照之照，與《心經》照見之照，有不同與。林子曰：返照之照，觀自在之觀也。故照見也者，以既到彼岸，而照見此彼岸中，五蘊皆空也。而返照也者，以未到彼岸，而反觀内照，欲以見性也。

《壇經》曰：離迷離覺，常生般若，除真除妄，即見佛性。余於是而知離迷而覺，覺即是迷。除妄而真，真即是妄。故覺迷不二，真妄平等。此又欲見性者之所當知也。

昔者世尊因有外道問：不問有言，不問無言。世尊良久。外道讚歎曰：世尊大慈大悲，開我迷雲，令我得入。乃作禮而去。世尊謂之良馬見鞭影而行。其曰世尊良久者，非六祖所謂不思善，不思惡，本來之面目耶。而余所謂色空之不到處者此也。故知此者謂之門内，迷此者謂之外道。

林子曰：余之所謂實地者，乃釋氏之所謂明心之心，心是地也。余之所謂真心者，乃釋氏之所謂見性之性，性是王也。如或不能明心之地，而又安能見性之王耶。然心性一也，而真心之所在處，即名之爲心，故曰心是地也。孔子曰中心安仁，而心亦以地言之。其曰中心者，猶言所謂中央者，地也。余曾考二氏之典，而附之鄙見，故以其心性而對言之。心之未萌之謂性，性之既萌之謂心。若專以其性言之，有天命之性，有氣質之性。又專以其心言之，有五行之心，有中之心。阮生問曰：先生嘗言，心與天地孰大，曰心大。而載之心性教言，此又何心也。林子曰：此乃所謂無方無體之真心者。真心是性，真性是心，而偏滿於虚空界，無乎其不包矣。然而虚空其有界乎，其無界乎。其可得而界之乎，其不可得而界之乎。而親到彼岸者，當自知之。故見性者，見此而已矣。入頓者，入此而已矣。

心經槩論終

校勘記

〔一〕底本據《卍續藏》。

自書《心經槩論》卷後

夫曰《槩論》也者，蓋以《心經》之第一義，不可得而名言之者，槩而論之爾。余初作《槩論》，以示性門之善知識者，則甚喜，乃請余分章釋之。余嘗以六祖而下，佛法不明，而於所謂最上一乘，而爲現成之一大公案者，鮮有知之。以故苦空頑空，避塵枯坐，而以斷滅爲寂滅者，比比皆是也。遂使釋迦之至教，不明於天下萬世，而每爲儒流之所非者，余竊悲之。故復譔《心經釋略》，與此《槩論》，别作二帙。余今老矣，精力亦有所不逮，而二書中，豈曰複語，且失倫次，不惟不暇校，抑亦不能校。三教主人龍江兆恩。

（陳永革整理）

〇三三二

心經說 一

雪浪釋洪恩述

《般若心經》，是世尊以人顯法，照見蘊空，而明甚深般若也。恐人不解，故自釋之曰：照見五蘊皆空，度一切苦厄。何爲蘊空？以其色即是空，空即是色，而受、想、行、識，莫不皆空也。恐人不知色即是空之旨，而復釋之曰：是諸法空相。即五蘊之中，生而本自不生，滅亦元無有滅，不垢不淨、不增不減者。既此空相雖具五蘊諸法，而原無生滅、垢淨、增減，則無色，無受、想、行、識明矣，是爲照見五蘊皆空。五蘊既空，則世之根、塵、識三，出世之四諦、十二緣，以至能證、所證，莫不皆空。既無世之陰界，則亦無出世智得也。能所既忘，五蘊何有。故都無所得，方名甚深般若。菩薩依此，而心無罣礙恐怖，遠離顛倒夢想，能至究竟涅槃。三世諸佛依此，而阿耨菩提可得，五住結盡，二死俱忘，何苦惱厄難而不度耶？皆由照見蘊空，而能如是，故讚嘆之曰：而此蘊空甚深般若，是大明呪神呪。以其能革凡成聖，如果裸之呪螟蛉，而不自知。恐人不信，復曰：能除一切苦，真實不虚。後說密呪，使人斷言語，息思想，而契此蘊空般若也。此則但離妄緣，即如如佛。而觀世音能行此耳，故名自在。以至六百卷大經，以此爲心，如人之有心，以爲一身之主耳。何等簡易直截明白，而世之裨販之徒，自衒自媒，妄談般若，迺横生穿鑿，牽枝引蔓，礙正知見。一盲唱之於前，百盲從而和之於後，瞎人眼目，徒增業苦。予憫無聞後進，蔓草難除，佛燈欲滅，故不得已，隨筆略記經之首尾之旨如是，以俟知言。大似揚聲止響。予欲無言，可乎。

心經說終

校勘記

〔一〕底本據《卍續藏》。

（陳永革整理）

般若心經註解[一]

心經註解序

夫虛空本無也。有氣而有形，有形而有心，有心而有言，有言而有經，則心者有而有，孰疑其爲無也。然而虛空心體，仍然自在，故名曰無。而經中所言，從無眼界起，至以無所得，連綿一十三字，珠聯貫引，不可阻遏，亦復何有乎。人既無，法自應無，故曰諸法空相。人法俱空，則心本無心，而經亦無經。觀空入定，我與天一，而天反不勝其有矣。惟天不勝其有，所以爲天。而佛不勝其無，所以異天。善學者悟其與天同，又悟其與天異，則有而非有，無而非無，非有無，非非有無。斯動靜互根，而可以歸儒，可以入道矣。

萬曆丁巳中秋日來雲居士繼明諸萬里序。

校勘記

〔一〕底本據《卍續藏》。

心經註解

來雲居士山陰諸萬里註

摩訶般若波羅蜜多心經

摩訶，大也。般若，智慧也。波羅，彼岸也。密，和也。多，衆也。心，本也。經，徑也。本諸心，而經諸行也。然智慧非聰明情識之謂也。識有生而有死，悟無得而無失。動則不被境瞞，靜則不滯莽蕩，方是智慧也。又何謂彼岸也？言迷生死者在此，超生死者在彼，原無涯岸，任心而分也。又何謂密多也？言煅成一味清淨真心種性，和而無參雜也。心經者何？言靜乃心體，靜外無心，而心外無徑也。是命名之義也。

觀自在菩薩，行深般若波羅蜜多。

　菩薩即佛祖也。心無罣礙，何其自在。反觀内照，時時皆然。此舉其號而稱之。行者，修也。深者，微也。言菩薩脩行，到微妙處。此作經者之起語也。

時，照見五藴皆空，度一切苦厄。舍利子。

　時，現在也。五藴，色、受、想、行、識也。色者，空礙。受者，領納。想者，妄思。行者，流動。識者，辨别。藴，藏也。五藴因積習不散，妄認色身是我，故長劫輪迴。惟菩薩識得色身是幻，常自反照，照見五藴淨盡，清辨本然，見境逢物，不著不染，聲色二境，心不領納，過去不思，未來無計，不被物轉，不逐境留，物無分别，一槩平等，自然四大非我，六根總虚，出生死，免輪迴，成真仙子矣。舍者，屋。舍利子者，舍中之本來。言衆妄皆空，而虚靈不昧[二]也。宋景濂謂，苦厄者，諸苦也。寒而不得衣則苦，饑而不得食則苦，勞而不得息則苦，病而不得休則苦。云云。恐菩薩亦無此等苦也。度一切，言其度彼而守此舍利也。舍利佛採以爲珠，故曰子。想佛祖時亦携之在也。

　按宗泐註，舍利，佛之弟子，爲衆請問，故呼而告之，是以舍利爲人矣。又按第二尊阿羅漢前，有琉璃瓶，貯舍利數十，又非人也。愚謂前後文皆無弟子等語，而突出此一段，文理覺不通，且下文又呼弟子名，更無謂矣。

　然《筆乘》載，《淨名經》諸菩薩論不二法門，舍利弗默然，天女不之許，是亦以[三]舍利爲弟子也。更詳之。

色不異空，空不異色。色即是空，空即是色。受、想、行、識，亦復如是。舍利子。

　五藴者，色、受、想、行、識也。五藴以色爲首，故色字該得四藴。五藴既空，則色不異空，既空五藴，則空不異色。然非特不異已也，色即是空，空即是色。原無二相，彼此實一而已。蓋色蘊雖空，然無色處，乃是真色，則下四蘊可知。眼是色不能見，惟妙性能見，是見見處爲真見，則下四蘊，又可知真便不妄，妄便是真，真色復無色，色何異空，無色乃真色，空何異色。受、想、行、識，亦復如色，皆以空爲色也。此言五蘊本空，而一切苦厄之所以度也。乃以起諸法空相之句。

宗泐謂，衆生迷真空，而受幻色，譬如水之成氷也。菩薩因脩般若，而識真空，其猶融氷爲水。然色之與空，其體無殊，故曰色不異空，空不異色，如氷不異水，水不異氷。復恐鈍根衆生不了，猶存色空二見，故曰色即是空，空即是色，如水[三]即是水，水即是氷也。如此譬喻亦切然分明，曰衆生迷真。又鈍根衆生不了，則非菩薩之自修，可知矣。

是諸法空相，不生不滅，不垢不淨，不增不減。是故空中無色，無受、想、行、識。

五蘊雖是妄念，然法身只此五蘊，故名爲諸法。色即是空，可見諸法皆空相，相即色也。相既空，生滅皆空也。生即是滅，何所增而又何所減。垢淨皆空也，垢即是淨，何所垢而又何所淨。增減皆空也，增即是減，何所增而又何所減。生滅、垢淨、增減，皆空中色相。無此六相，又有何色。無色又安有受、想、行、識。到此只了得五蘊皆空一句。

賢首曰：不生不滅者，在道前凡位。凡夫死此生彼，流轉長劫，是生滅位。真空離此，故云不生不滅。不垢不淨者，在道中菩薩等位。謂諸菩薩障染未盡，淨行已脩，名垢淨位。真空離此，故云不垢不淨。不增不減者，有道後佛果位。生死惑障，昔未盡而今盡，是減也。脩生萬德，昔未圓而今圓，是增也。真空離此，故云不增不減。

愚按，生滅、垢淨、增減六字，分生滅垢淨，佛果亦得，但既從諸法空相上來，則是萬德已圓，自然而然，又何有三位。蓋三不即是三無，無者，渾然之不，不者，有痕之無。空虛世界，何不何無，從何處分界限也。此又對鈍根人言也。不可從。

無眼、耳、鼻、舌、身、意，無色、聲、香、味、觸、法，無眼界，乃至無意識界。

蘊與根相連，蘊是種根的土，根是華木的本。五蘊空，故六根亦空。如眼雖看，不著色上。不著色上，便與無眼一般。下五根皆然。六根清淨，便自六塵不染。既六塵不染，有何色、聲、香、味、觸、法。六塵皆從根上起。只從根上，反照六根滅，六塵亦滅，眼意二根亦無不滅。緣眼是障道魔軍，著境自迷迴路。眼界淨，意界安，十八界自然寧靜。此又是斷絕六根要訣，故曰，眼觀意動，著物迷真。

宗泐曰：真空是相之中，亦無六根、六塵，此空十二入也。既無十二入，亦無十八界。十八界者，六根、六塵、六識是也。乃至者，舉其始末，而界在其中也。如上五蘊、十二入、十八界，不出色、心二法。爲迷心重者，說爲五蘊。爲迷色重者，說爲十二入。爲色心俱迷者，說爲十八界。已上三科，脩學之人，隨其根器，但脩一科，即能悟入。

宋景濂曰：眼、耳、鼻、舌、身、意，謂之六根，猶草木之有根也。亦謂之六入。根則主内而言，入則主外而言。眼見爲色塵，耳聞爲聲塵，鼻臭爲香塵，舌嘗爲味塵，身染爲觸塵，意著爲法塵，是謂之六塵，謂如沙塵之障蔽也。根塵二者和合，爲十二處。處，所也。從見爲眼識，從聞爲耳識，從臭爲鼻識，從嘗爲舌識，從染爲身識，從分別爲意識，謂之六識。三者和合，爲十八界。界者，限也。衆生所以汩没生死，爲三者互相鈎引，不能脱離。真空之中，初無是也。

愚按，六根、六塵、六識，名十八界。能悟之者，便是十八尊阿羅漢。不能悟者，便是十八重地獄。何以悟之？從無而無。何以迷之？見有執有。執著之者，終身不有。舍彼岸而阿鼻，非特十八重矣。

無無明，亦無無明盡。乃至無老死，亦無老死盡。

無明是不光明，百般煩惱，皆從此起。因有無明方有行，因行有識，因識有名色，因名色有六入，因六入有觸，因觸有受，因受有愛，因愛有取，因取有有，因有有生，因生有老死。憂悲苦惱，皆因無明爲始。若能親見無明降伏，自然三毒滅，惡根除矣。然無明是實性，即是佛性。實性一轉即佛，如轉慳貪爲歡喜，愚痴執著爲圓融脱洒。如此一轉，無明安得而盡。言不到盡處而轉故，併無之也。

人有無明，只是懼怕生死。既無無明，更憂甚生老病死。既無老死，常劫如然，豈有窮盡。有窮盡者，是幻境色身。無窮盡者，是真空法相。幻身轉爲法身，豈能盡得。盡處是空無老死，盡處是惟見於空，總之只一句空中無色而已。蓋有固是無，而無亦是無也。

宗泐曰：此空十二因緣也，亦曰十二支。一曰無明，亦名煩惱。二曰行，謂造作諸業。此二支乃過去所作之因也。三曰識，謂起妄念，初托母胎也。四曰名色，從托胎後，生諸根形也。五曰六入，於胎中而成六根也。六曰觸，成胎後六根對六塵也。七曰受，謂領納世間好惡等事。此五支乃現在所受之果也。八曰愛，謂貪染五欲等事也。九曰取，謂於諸境生取著心也。十曰有，謂作有漏之因，能招未來之果。此三支乃現在所作之因也。十一曰生，謂受未來五藴之身也。十二曰老死，謂未來身，既老而死。此二支乃來世當受之果也。此十二因緣，該三世因果，展轉因依，如輪旋轉，無有休息。一切衆生，迷而不知，良可悲也。此本緣覺之人所觀之境，大乘菩薩，徹照此境，皆無實性，故云無也。

按，此段正是輪迴之説，然有而實無者也。輪迴有無，豈爲利鈍兩根而分乎。有則俱有，無則俱無。大抵宗泐多爲鈍根一等，故其言分析支離如此。

無苦、集[四]、滅、道，無智亦無得。以無所得故，菩提薩埵，依般若波羅蜜多故。

既忘其形，即得生死斷絶，更無窮盡，有甚苦、集、滅、道。苦與樂對，空中之樂，其樂自在，苦從何處集也。不曰度一切苦厄乎？滅即是盡，既無有盡，又何有滅無滅，而道常自在也。不曰萬劫不磨乎？如此則智無所用，而得亦無其得矣。得字不帶智字，以得即智之得也。到得處又何消智乎？蓋智慧有不可無時，有不可有時。進道便須有，得道便須無。所謂實無所得，爲化衆生，名爲得道也。既無所得，一體空虛，自然人空法空，以得大智慧力，故登彼岸，而復太虛無有能及之也。蓋從人見爲有得，從我見爲無得。無即得也，得其所無而已。此正是無苦、集、滅、道地位。

宗泐曰：無苦、集、滅、道，觀四諦清淨也。苦即生死苦果，集是惑業苦因，此二者世間之法也。滅即涅槃樂果，道即道品樂因，此二者出世間之法也。説此四諦者，欲令衆生知苦斷集，慕滅脩道，離苦得樂也。此本聲聞之人所觀之境，大乘菩薩照了此境，當體空寂，故云無也。

愚謂從空中無色説起，一連十個無字，可謂無之極矣。至此不應又説世間因果二字。蓋無苦無滅，智已盡矣。若有所得，而不知其無得也。緣智只爲得，既無所得，而又何用智乎。所謂空中無色也。宗説還不是。

宋景濂曰：非但空中無前諸法，彼知空之智，亦不可得。非但知空之智不可得，即此所知空理亦不可得。蓋一真之性，不假脩證，了無一法故也。愚謂此便是人法俱空的説話。

心無罣礙，無罣礙故，無有恐怖，遠離顛倒夢想，究竟涅槃。三世諸佛，依般若波羅蜜多故，得阿耨多羅三藐三菩提。

想念不斷謂罣，若鏡不面謂礙。既然登彼岸和種性，諸緣脱洒，又何罣何礙，何恐怖，何顛倒，何夢想？無生無死，寂滅爲樂。併三世諸佛，一切盡無矣。三世者，過去莊嚴一千佛，未來星宿一千佛，現在賢劫一千佛也。人身中亦有之，如心無其心，便是過去佛。寂然不動，便是未來佛。應現三昧，隨機變化，便是現在佛。各各諸佛，自身俱有，如虛空，不異相，不自相，不他相，非無相，非取相，不此岸，不彼岸，不中流。觀其寂滅，永不斷滅，方是究竟，方是究竟涅槃。依智慧登彼岸，調和種性，故能圓滿成等正覺也。阿，無。耨多羅，上。三藐，正。三菩提，真。東土翻爲無上正真，又云成等正覺也。廓然頓悟，親見無上正真，自知當作仙佛，直超聖果矣。此脩行之極，觀自在菩薩，只是觀此而已。

故知般若波羅蜜多，是大神呪，是大明呪，是無上呪，是無等等呪，能除一切苦，真實不虛。

依般若波羅蜜多，便得無上正真，是這一句呪。是大神呪，神者，神通。是大明呪，明者，光明。是無上呪，諸法此爲第一。是無等等呪，言上之極也。此呪人人皆有，明心見性，皆出於此。既得見性，有甚苦厄。是真實法語，非虛華之言也。

宗泐曰：四種呪者，蓋言般若功用，能破魔障，名大神呪。能滅癡暗，名大明呪。能顯至理，名無上呪。極妙覺果，無與等者，名無等等呪。此言亦是。但能破魔障，自能滅痴暗。能滅痴暗，自能顯至理。能顯至理，便是極妙覺果。若一直説下，自覺穩當，而於理末，常不脩也。宗説還非。

故説般若波羅蜜多呪，即説呪曰：揭諦揭諦，波羅揭諦，波羅僧揭諦，菩提薩婆訶。

般若神呪之功最大，只此一句，便不宜輕易，必須舉起。下文四句偈，擁護持經。揭諦者人空，又揭諦者法空，人法俱空，二空全忘也。波羅揭諦者，空無所空，彼岸亦空也。波羅僧揭諦者，言諸佛清淨境界，千聖千賢，所共受也。菩提薩婆訶者，言起初發菩提心，更無轉念，忽然悟道，達本性空，即得菩提，也無奧旨。

孤山曰：經師善解義趣，縱然説得天華亂墜，衹爲空門塞路耳。故以神呪終焉。然則雖有善解者，無所容其喙矣。愚謂空門塞路之言，最爲有理。門本空，而土塞之有，不爲無障者乎。最妙。

心經註解終

校勘記

〔一〕「妹」，底本原校疑爲「昧」。

〔二〕「以」，底本後衍「以」字，據文意删。

〔三〕「水」，疑爲「氷」。

〔四〕「集」，底本作「業」，據文意改。

（陳永革整理）

〇三二四

般若波羅蜜多心經斲輪解[一]

心經斲輪解序

泰昌元年，余于雲門結冬，時值雨雪，以寂寥中，與二三法友聚話，道及諸經，吾輩輒演却，《心經》一種，未嘗措辭，他日倘爲人天座主，不可于此徒默而去也。余遂命筆註成，厥工十日乃竣。越明年，天啟辛酉春，聞一雨師開演《楞嚴》，敬將此《解》往就正焉。師既一覽，卷而懷之，承允作序。乃講席内交際旁午，其約不果。以後再晤無期，閱今不覺已七稔矣。是《解》于囊包中檢出，亦成故物矣。然昔之所作，今之所觀，有不翅富歲之見凶歲，燼之可矣。乃聞五百比丘各解佛言，而問，誰當佛意。佛云，皆非我意。衆曰，既非佛意，將無得罪。佛云，雖非我意，各順正理，堪爲聖教，有福無罪。據此則舊解存留，而有新意，不妨後録，以明先後，皆解佛言耳。且註經之志，有欲就其廣博而樂多聞者，有欲就其好簡而從略者，亦欲就其彼此偏長得所宗者。故講肆看解，務要虚心，不可是此以非彼。故曰：所惡執一者，爲其賊道也，舉一而廢百也。雖然，《心經》之解如汗牛充棟，其有金聲而玉振，則余此《解》亦不復論量矣。茲因福嚴蔡居士請梓，以志其歲月如此。

別峰通容識

校勘記

〔一〕底本據《卍續藏》。

般若波羅蜜多心經斲輪解

明福州後學釋費隱通容述

般若，梵語，此云智慧。波羅蜜多，梵語，

此云彼岸到，義取到彼岸。般若之義尊重，智慧之義輕薄。今依尊重不翻，故存梵語以立名焉。且般若之義，有其五種，一曰實相，二曰觀慧，三曰文字，四曰境界，五曰眷屬。言實相般若者，以所證之理，元本真實，當體實相也。觀慧般若者，以能證之智，了諸法空，更無障礙，頓契心源也。文字般若者，以能詮教體，稱理無遺，非世俗文字不情之具也。境界般若者，以境緣了無好醜，不興憎愛，了了常如也。眷屬般若者，以理與神御諸所有法，妙契寰中，不悖不背，統爲一理也。今觀此經，實該五焉。蓋所證之理真空，一法不存，如五蘊、六入、十二處、十八界、四諦、十二緣、六度等法，當體全空，元本實相，即實相般若也。如觀自在菩薩，行深般若波羅蜜多時，照見五蘊等，即觀慧般若。以能一念照見萬法根元，頓入無生，即觀慧般若也。佛泊菩薩，能所神會，觀根逗教，隨時闡義，就此一經，文字縱横，作大利益，非世俗不情之具，即文字般若也。如後文，菩提薩埵，依般若故，心無罣礙，無有恐怖，遠離顛倒夢想，究竟涅槃，則唯四真，無四顛倒，即境界般若也。如後文，般若是大神呪，是大明呪，是無上呪，是無等等呪，則知般若妙契三德，如環無端，即眷屬般若也。解義現後。然般若唯一，隨其功能，有此五義，隨五義功能之上建立彼岸。蓋不明般若，則無明妄想、名言習氣、恐怖顛倒，總言三惑羈縻，皆生死業，望無生死，名爲此岸。一明般若，無明即非無明，妄想即非妄想，名言即非名言，恐怖即非恐怖，總言幻滅都盡，慧光渾圓，所謂生滅滅已，寂滅現前，對諸生滅，名爲彼岸。到此則名之不得，狀亦不得，以隨教途流布，與世標準，名之曰心。此心之妙不可知知，亦難識識，獨許悟入。若悟此心，身心一如，心外無餘，乃知如來所説一代時教，百千三昧，無量妙門，皆是此心分量。至于博地凡夫，經營産業，作務施爲，見色聞聲，莫若不是。此箇消息，但欠一囧悟而已，故曰，此心獨許悟入。經者，道也。以此經所詮心法，可入大道故。又經者，常也。以此經所詮心法，古今不易之常法也。按五重玄義，此經單法爲名，實相爲體，觀照爲宗，度苦爲用，大乘熟酥爲教相。

○昔者桓公讀書于堂上，輪扁斲輪于堂下，釋椎鑿而上，問桓公曰：敢問公之所讀者何言耶。公曰：聖人之言也。曰：聖人在乎。公曰：已死矣。曰：然則公之所讀者，古人之糟魄已夫。桓公曰：寡人讀書，輪人安得議乎。有説則可，無説則死。輪扁曰：臣也以臣之事觀之。斲輪，徐則甘而不固，疾則苦而不入，不徐不疾，得之于手，應之于心，口不能言，有數存焉于其間，臣不能以喻臣之子，臣之子亦不能受之于臣，是以行年七十而老斲輪，古之人與其不可傳者死矣。然則君之所讀者，古人之糟魄矣夫。

觀自在菩薩。

觀有二義，一者能觀觀慧，二者所觀實相。能所契證，名爲自在。以此契證之理而導衆生，即名菩薩。以一切衆生妄知莫返，而起三毒，造種種業，輪迴三界，昇沈上下，窮劫無有。得自在者，唯此菩薩，了諸法空，境智如如，在生死不爲生死根絆，在涅槃不爲涅槃果縛，乃至凡夫界，如聲聞界，如外道界，如魔王界，如此世界，如他世界，如實爲大獅子王，無畏自在也。然此教家常途，若在自己分中，無物當情，内不放出，外不放入，心身如牆壁，即入于無生，便乃通身手眼，何生死之根絆，何是非之作障。然則能頓悟自心，承當自己，即名觀自在菩薩也。

行深般若波羅蜜多時。

行者，乃能契入之智也。深般若者，乃

所契入之智理也。時，乃能所雙忘，智理俱泯之時也。然此般若，何以言深。蓋此般若，無形無相，無方無所，無内無外，無邊無表。求之于有相，有相無也。求之于無相，無相無也。實爲石火電光，無容擬議，直得深之又深。深，猶相也。徹之又徹。徹，猶名也。非名非相，能使闡提惡性見之，如大火聚，四邊莫能入也。能使大乘真子見之，如清涼池，四門皆可入也。是知般若之功大，强名之爲深，實有以哉。又般若有五，契一即契五，契五即契一，如環之無端，何乖方之有。然則即行即深般若，即深般若即行，實爲一念一時一際，頓入于無生也。此如棗栢大論，五位法門，八相成道，只在一時一際一刹那，不容第二念第二時作遠近也。又如禪宗，擬議則白雲萬里，思量則黑山鬼窟，直得開口成雙橛，無言落二三。默契于此者，可謂行深般若也。

照見五蘊皆空，度一切苦厄。

此釋前以謂此菩薩契入甚深般若，何由致耶。此釋云蓋此菩薩最初便能以觀照力，徹見一念之中生滅。五蘊，亦名五陰。蘊，即蘊積業行。陰，即蓋陰真理。由此業行蓋陰真理，所以聽不出聲，見不超色，而入輪迴，爲大害也。且此五蘊，有一念中五蘊，有實果五蘊。今此照見五蘊皆空，即徹見一念之中，五蘊徹底全空，命根斷也。以一念中見理堅固，即名色蘊。領納此理，即名受蘊。思惟此理，即名想蘊。遷變此理，即名行蘊。了别此理，即名識蘊。此五蘊者，言雖前後，其實只在一念，以行人二六中時，取捨功夫，不離此念。若離此念，禪門所謂斷命根矣。命根若斷，報果五蘊，自然得解脱矣。所謂皮之不存，毛將安附。今此菩薩最初撩著便行，不顧前後得喪，是非取捨，如握一柄金剛劍，以斬一絲綟相似，更無有斷不斷者，實謂頓契真空，證入無生者矣。然則何業果而不徹，何苦厄而不度。故曰度一切苦厄。予謂苦厄即實果五蘊。解在下文。以有實果五蘊，必有三界報苦。報苦雖多，不出八苦。此八苦者，實爲危厄哉。如玄沙謂直如寒潭月影，靜夜鐘聲，隨扣擊以無虧，觸波瀾而不散，猶是生死岸頭邊事，須知到此猶屬生死，則今隱隱取捨之念，非五蘊而何。唯過量大人，如德山、臨濟，不在此限也。

舍利子，色不異空，空不異色，色即是空，空即是色。

梵語舍利，此云鶖。蓋此尊者，其母目利，如鶖鳥之目，時人借以贊稱也。尊者因母得名，故呼爲舍利子。此尊者聲聞衆中智慧第一，以智慧堪入般若，故世尊特召告之。蓋聲聞人，不知固質色蘊，如幻不實，將以析色明空，多件去取，而作種種厭離。觀三界如牢獄，視色身如桎梏。是以鹿野苑中，多有棄身如蔽箒，殆不得已，欲入戕之者。世尊當時不敢與伊説破萬法本空，蓋恐諸子忽生怕怖，退失其心，故漸漸與伊淘汰，經歷多年，到此般若會上，根機頗熟，漸相體信，故敢于人天衆前，特呼告之，以謂汝聲聞之人，不知萬法本空，妄修妄證，妄取涅槃，始不知如是妄修妄證，于真空之理不相應也。且汝觀此菩薩行深般若，何曾用許多辛苦安排而得。他只一念徹見五蘊當體全空，而便度脱。既爾汝當省覺，須知萬法皆從緣起，本無實體。汝不知，將謂此堅固色身蘊積，有異于真空，其實不異于真空。將謂真空有異于色質，其實真空不異于色質。何也。蓋此色空皆從緣起，既皆從緣起，則色空豈有異乎。故曰色不異空，空不異色。然則色空俱從緣，空則色起，二種在吾心之中，唯是名相，無實體也。如此則目爲《心經》者，有旨哉。又色空皆從緣起，則色空之性無二。性既無二，不須色外覓空，空外厭色，是空是色，是色是空。故曰色即是空，空即是色。然而不須忻界外爲涅槃，厭界内爲牢獄，即此業報色藴，完全大解脱矣。何勞析色而後然哉。問：異之與，即又何辯耶。曰：不異。言者如不識燈明者，將謂燈不是明，明不是燈。有人與伊點，曰，燈不異明，明不異燈。由是始會燈元來即是明，明元來即是燈。須知不異之言啟理之初，即是之言會理之元。此推色藴先竟，以下推四藴。蓋此色藴堅固我執，凡夫猶重，所以執有家財産業，乃至一言相觸，懷忿没世者，亦不可勝數。此實色藴堅執所由過也。問：舍利弗智慧第一，豈復爾耶。曰：告舍利弗，意警凡夫也。曰：若然者，何不親告凡夫，并告菩薩乎。曰：若告凡夫，凡夫自愚，何能即解。若告菩薩，菩薩已了。而今忽告，則凡下生疑。蓋世尊在方等會上，贊褒菩薩，呵叱聲聞。今若告之，寧不生疑。有此二緣，故不告也。唯告之聲聞，以聲聞在上更有菩薩地位，令其昇進。在下超凡夫種類，易竟曉也。且凡夫人因生渴仰，以謂舍利弗尚然未了，况我不勉乎。

受、想、行、識，亦復如是。

此以四藴例推，前之色藴亦復緣生也。所言受者，領納爲性，以領順、違、俱非之三境。故起愛爲業，在于順境，則起愛合。在于違境，則起愛離。在于俱非未至之境，則愛不合。已至之境，則愛不離。然此性業，皆無實體。若有實體，領納于順，終有順性。遇違境時，理不應起，云何復遇違境，而生嗔恨。違、順既爾，俱非可返，則知三境，互無體性，既無體性，非空而何。是知受即是空，又能領納三境，非受而何。是知空即是受，然則空不自空，因受而空，受不自受，因空而受。是知空、受二者，互從緣起，此緣又是自心之妙應也。雖然，推此受藴，亦名相也。自心何由而有哉。所言想藴者，于境取像爲性，施設種種名言爲業。以于境上安立分齊，方能隨起種種名言，然此性業亦無實體。若想前境，前境有體，不復想後。既復想後，則知無體。若無有體，非空而何。是知想即是空。又能想像，隨施名言，非想而何。是知空即是想。然亦空不自空，因想而空。想不自想，因空而想。是知空、想，亦互緣起。推此則自心之中亦名相也。所言行蘊者，遷流造作爲義，刹那無常，念念遷謝，生死死生，如旋火輪，無暫停息。然此亦無實性。若性在内，不應遷外。性若在外，不應遷内。是知内外無得，非空而何。是知行蘊即空，又能熾然遷變，非行而何，是知空即行蘊。然則空、行，亦從緣起，在吾自心，空、行名相也。所言識蘊者，識有其三，一曰阿賴耶，二曰末那，三曰了境。且從了境，或名色識，乃至法識，隨境立名，順識意故，謂于六境，了別名識。且此三識，其性元虚，互起互滅，猶如交蘆，本無可得。既無可得，非空而何。則知識蘊即空。又能了別諸境，非識而何。則知空是即識。以是觀之，空、識亦從緣起。在我自心元是夢幻，空、識但名相耳。總而言之，受、想、行、識，四即真空，真空即四，故受、想、行、識，亦復如是，意謂舍利須知五蘊如是虚幻，何勞肯綮而妄除蘊哉。問：若不能會緣起性空，將何方便而誘之哉。曰：但看父母未生前，此身在什麽處安立。不許測度計校，作道理解，念茲在茲，久久自然打失鼻孔。

舍利子，是諸法空相，不生不滅，不垢不淨，不增不減。

前推空蘊緣起無體，此當會歸自心，始顯此經以心爲主。蓋前空蘊對顯，則知蘊屬緣生。蘊既屬緣，則知空非蘊外。空非蘊外，則此真空亦從緣生，到此自心之中，蘊法不可得也。其真空之法，亦不可得也。蓋真空猶名相也，藴法亦名相也。此二者既屬名相，則在我自心之中，本不可得者也。故曰是諸法空相。既爾則寧非會心耶。問：此心豈不隨緣耶。若不隨緣，何顯此心之妙耶。曰：此心非隨非不隨，即隨即不隨，非即非不即，非不即非即。直得離四句，絶百非，口欲言而辭喪，意欲緣而慮亡。揚眉也白雲萬里，瞬目也鷂過新羅。世尊到此亦無下口處，但不得已，爲説不生不滅、不垢不淨、不增不減數言爲註脚耳。須知此四句經，實闡自心體性，如此能不勉乎。以此自心，本無無明生相，本無無明住相，本無無明異相，本無無明滅相，故曰不生不滅。以不生不滅，而略異住也。又此自心，本無貪、嗔、癡，本無殺、盜、婬，本無五欲生死，本無三界六道，本無邪見外道，本無戒、定、慧，本無六度萬行，本無聲聞、緣覺，本無諸佛、菩薩。總而言之，一切染法不可得，一切淨法不可得，故曰不垢不淨也。然而此心又能隨應無方，顯四聖界，顯六凡界。然且此心在四聖界不增一毫，在六凡界不減一毫，實爲平等。平等，無有高下者，故曰不增不減也。問：此經以心爲主，當以心爲宗，何以觀照爲宗。曰：此有二意，不以心爲宗，一者遵于古人，不敢擅改，以古人判觀照爲宗故。如愚意以實相爲體，以自心爲宗，以觀照爲用，以醍醐爲教相。曰：心宗照用則且置，如何般若之教爲醍醐乎。若是醍醐，應在《法華》，何爲般若稱耶。曰：約時般若，約教味是醍醐，以五時之中有不定教故。且此心宗，萬法之源，諸經之主。所謂心也者，總持之大本，萬法之洪源，是以不肖判爲醍醐。試決諸高明，意何如耳。問：心既如此，顯勝爲何。世尊茲不言心，獨言空者，其義何在。曰：世尊之意，以一切衆生，皆妄認昭昭靈靈爲自心者，或執在内在外，在諸六根，如是等處，而强主宰，實爲偏著邪謬。今若直説心言，恐就其執，返此妙心而爲妄心，復何益哉。惟後文結歸以心，足見意之妙也。故此惟以空言，提醒與人，要人自己領會，物外知歸，言先識旨耳。所以經家以心目題，則又知佛之微意也。可不依乎。問：文中謂諸法空相，諸之爲言，豈獨空蘊之二不可得乎。曰：有二意故。一者以蘊有五及所顯之空共言諸耳。二者以空蘊例諸根身及諸器界種種不一皆可互推，故謂之諸。向下顯出。

是故空中無色，無受、想、行、識，無眼、耳、鼻、舌、身、意，無色、聲、香、味、觸、法，無眼界，乃至無意識界。

此以五蘊、六根、六塵、十二處，而顯叵得也。蓋前推蘊空緣起，次會自心一體。然且會歸自心，實由緣起而後至也。故今又顯萬法緣起，至後結歸自心，則見前後意之微也。蓋初若不推空蘊，凡夫未免妄執爲謬，故必先推空蘊也。次若不會歸自心，則恐般若惟空，似有不涉緣之妙，而聲聞人依舊坐落無爲床上，亦不見得，故次必當會歸自心，始見圓妙也。此中若不廣顯緣生，則恐萬法有不盡之疑，故此必廣顯萬法，始見徹底無疑矣。至後結歸自心，始乃究竟圓滿，以是因緣，所以前後文意有隱顯者，端在此耳。此中廣顯緣生者，先五蘊、六根、六塵、十二處、十八界。此中五蘊，即前所推之蘊，不須重解。問：五蘊前既推竟，此復出之，何故。曰：只借前意以例後耳，故不再解。所言六根者，眼根如蒲萄朶，惟奔于色，且此眼根，本無所有，蓋由明暗二塵，于妙圓中黏湛發見，見精映色，結色成根，則知眼根除其妄見妄境，此根本無所有，然則此根即是緣起，無復得也。耳根如新卷葉，惟奔于聲，且此耳根本無所有，蓋由動靜二塵，于妙圓中黏湛發聽，卷聽映精，卷聲成根，則知耳根除其妄聽妄聲，此根本無所有，然則此根即是緣起，無復得也。鼻根如雙垂瓜，惟奔于香，且此鼻根本無所有，蓋由通塞二塵，于妙圓中黏湛發齅，齅精映香，納香成根，則知鼻根除其妄齅妄香，本無所有，然則此根即是緣起，無復得也。舌根如初偃月，惟奔于味，且此舌根本無所有，蓋由恬變二塵，于妙圓中黏湛發嘗，嘗精殃味，絞味成根，則知此根除其恬變妄嘗，本無所有，然則此根即是緣起，無復得也。身根如腰鼓顙，惟奔于觸，且此身根本無所有，蓋由離合二塵，于妙圓中黏湛發覺，覺精映觸，搏觸成根，則知此根除其離合妄覺，本無所有，然則此根即是緣起，無復得也。意根如幽室見，惟奔于法，且此意根，本無所有，蓋由生滅二塵，于妙圓中黏湛發知，知精映法，攬法成根，則知此根除其生滅妄知，本無所有，然則此根即是緣起，無復得也。所言色塵，雖有多種，究惟一義，且如佛問阿難，汝觀祇陀樹林及諸泉池，此即色塵也。彼文廣推，不能俱引，今取略自作釋，以下例此。且此色塵本無所有，蓋由眼識眼根分別而有，除其眼識眼根，則此色塵無復有也。此又色塵惟從緣起。所言聲塵，雖有多種，究竟一義，且如佛問阿難，汝更聽此祇陀林中，食辦擊鼓，衆集撞鐘，此即聲塵也。且此聲塵亦復無有，蓋由耳根耳識分別而有，若無根識，聲從何得，是知聲塵無復有也。此又聲塵亦從緣起。所言香塵，雖亦多種，究歸一義，且如佛告阿難汝，又齅此鑪中旃檀，此即香塵也。且此香塵本無所有，蓋因鼻根鼻識分別而有，若無分別，香無復得，則知香塵惟從緣起。所言味塵，亦復多種，且如世尊告阿難言，汝常二時衆中，持鉢其間，或遇酥酪醍醐，名爲上味，此即味塵，由根識有，亦如前例。所言觸塵，如告阿難，汝常晨朝以手摩頭，此即觸塵，亦由根識所有，並如前例。所言法塵，如世尊言，汝常意中所緣善、惡、無記三性生成法，則此即法塵，亦如前例，無復有也。所言界者，梵語馱都，此云界。界是因義，根、境、識三，互爲因故。又種族義，根、境、識三，各一種族。又眼等六種族别故，此十八界亦復無有。蓋此界言以根、境、識三因爲界，一根有三，六三十八。此十八者，究無有體，且根、境、識，自無有體。此三無有，界從奚立。然則此十八界，亦惟緣起。此解取意《楞嚴》，令人易解，然不録全文，惟取摘句義者，望人嘗臠以知全鼎耳。或曰此中與《楞嚴》不同，予謂實相同耳。但《楞嚴》多種推破，此中直告文意，雖有不同，其旨實爲一也。問：此中但直説無有便了，何必以緣生之理而推窮也。曰：若不推緣生，則凡夫之人何由開解，必應爾也。只如阿難多聞第一，尚然以多方辯究，況吾儕乎。

無無明，亦無無明盡，乃至無老死，亦無老死盡。

此顯十二因緣，緣覺之道，亦是緣生也。且此十二因緣，有其生起，亦有還滅。言生起者，良由真性之中，一念不覺，真性不明，則曰無明。以不明故，而妄發動，則曰行。以發動故，而有分别，則曰識。以有分别，而有入胎、羯邏藍、遏蒲曇、蔽尸、羯南等，則曰名色。以有名色，漸長六根，則曰六入。以有六入，而便觸境，觸境即六塵，則曰觸。以有觸故，而便領納，領納違、順、俱非之三境，則曰受。以有受故，而起愛心，違境愛常離，順境愛常合，于俱非未至愛長離，已至愛長合，則曰愛。以有受故，而便執取，則曰取。以有取故，而便有業果相繫，則曰有。以有業果，即屬衆生，則曰生。以有生故，便有老死，則曰老死。此俱以十二資始爲因，十二助因爲緣，故名曰因緣。且此十二因緣猶係三世無明緣行，過去二支因，識緣名色，名色緣六入，乃至觸緣受。現在五支果，以有無明之行，必感如是之果。愛緣取，取緣有。現在二支因，以有報果在先，必造如是惑因，生緣老死。未來二支果，以有現在之因，必感未來之果，如是三世輪環，頭出頭没，真可厭離者也。所以緣覺之人，聞此十二因緣，便欲厭離，而修觀行以斷滅之。猶如斬樹先要斬根，根若斬矣，枝葉必不存也。今欲滅此十二因緣，亦復如是。若欲滅根，先滅無明。無明若滅，十二因緣亦復無矣。故曰無明滅則行滅，乃至老死亦復滅矣。此所謂無明盡也，老死亦盡也。因緣既滅，便入有餘涅槃，此乃緣覺之道也。然此緣覺之道實亦無性。蓋生起因緣，由還滅而顯還滅，因緣由生起而顯，既因互顯，俱無體性，則緣覺之道實由緣起，俱不可得，故曰無無明乃至無無明盡等。

無苦、集、滅、道，無智亦無得。

此顯四諦，聲聞及菩薩之道，亦緣起也。且四諦者，苦集，屬世間因果也。滅道，出世間因果也。世間因果者，集是招感性，苦是逼迫性，以貪嗔癡招感報業而逼迫也。此逼迫性不出八苦，其八苦有無量危厄，真可厭之。唯聲聞人知此苦，故便修戒定慧道而入寂滅涅槃，此所謂捨世間因果，修出世間因果也。然此二種因果，亦無實性，如緣覺道例之。又菩薩之道，廣有無量，總之則萬行，略之則六度，約之則智得。二言而該之，以有智故，則自利利他，亦謂得矣。然菩薩之道，亦從緣起，若無緣起，行將安施，是知菩薩之道，從緣無可得也。亦如上例。又智之爲言屬菩薩，得之爲言屬諸佛，以菩薩屬因智故，以諸佛屬得果故。然而心、佛、衆生，三無差别，是知諸佛，亦爲緣起不可得也。須知萬法無量，不出聖凡二界，攝該盡矣。故今雖文字作四段，顯其緣生，推意實有無量，故曰廣顯緣生，抑可知矣。顯生已竟，向下結歸。

以無所得故，菩提薩埵，依般若波羅蜜多故，心無罣礙。無罣礙故，無有恐怖，遠離顛倒夢想，究竟涅槃。

此所謂結歸自心也。蓋前廣顯緣生，即是性空般若，一無所得，故曰以無所得故。且此故之爲言，即有結顯意也。下故字倣此。菩薩依此性空般若，圓證自心，了無遺餘，故標曰依般若波羅蜜多故，心無罣礙。且此心刹那不住，如大火聚，纖毫不存。如閃電光，無容擬議。居有有壞，居空空敗，直得言思道斷，心行處滅，更無一物當情，可作障礙。然則心法如是之勝，何恐怖而不除，何顛倒之不遠，何夢想之可亂，何涅槃之可得。故標曰無罣礙，故無有恐怖，遠離顛倒夢想，究竟涅槃。是亦逕迮語哉。且此恐怖，本無有體，由人不了一切境法而生惶恐畏怖，以有恐怖，便有種種夢想不實，妄取涅槃其實，涅槃何從而可得耶。然此皆凡夫法耳。以凡夫人不了萬法，惟心起惑造業，或造世間地獄三途法，或造出世間聲聞緣覺道法，乃至希取大涅槃法，此皆起惑恐怖之所致耳。以正理觀之，皆是夢想，幻興幻滅，無有實體，如昔者盃弓幻影，妄惑恐怖，不亦虚誣乎。今此菩薩了證自心，如是夢想悉皆無矣。問：夢想無之則信何。乃涅槃亦復無耶。若無菩薩，何處究竟乎。曰：此又不了自心，作是疑也。若了自心，佛之一字，尚是名相，何況涅槃乎。盡虚空，徧法界，渾淪一箇自己，那容名相于其間耶。不見張拙秀才是箇俗人，一悟自心，便云光明寂照徧河沙，凡聖含靈共一家。一念不生全體現，六根纔動被雲遮。斷除妄想重增病，趣向真如亦是邪。隨順世緣無罣礙，涅槃生死等空華。依此信去，自然相應也。

三世諸佛，依般若波羅蜜多故，得阿耨多羅

三藐三菩提。

此結顯諸佛亦依般若性空，而圓證自心也。蓋阿耨多羅雖然果稱，亦實自心之別名也。阿云梵語，此翻爲無。耨多羅梵語，此翻爲上。三云梵語，此翻爲正。藐云梵語，此翻爲等。菩提梵語，此翻爲覺。即此無上正等之覺，便是自心分量。蓋萬法至心而極，名曰無上。更無邪正等差，名曰正等。無法不了，名曰覺。實覺昏迷之識性，能照萬法之重衢。是知三界無別法，惟是一心造，寧不然乎。此又一解，以前廣顯萬法緣起性空，一法不存，惟是一心。若了惟心，便名菩薩。不但菩薩而已，亦即是諸佛，故此結歸之文，而以菩薩諸佛結之者，實有以哉。問：此心之中一法無有，何以有諸佛菩薩哉。曰：此心刹那不住，能有能無，非有非無，無容擬議，何聖凡之可得。今云菩薩諸佛者，以對凡夫而說，除凡夫諸佛亦不可得，何況菩薩乎。以菩薩不自云菩薩，諸佛不自云諸佛，知此則諸佛無得也。雖然，此之所論，皆屬理具法身，以法身惟從證得。未論果上報身，以報身惟修感得。若執理具法身，撥無報身，是爲大謬。慎之慎之。

故知般若波羅蜜多，是大神呪，是大明呪，是無上呪，是無等等呪，能除一切苦，真實不虛。

既云般若，又云呪者，蓋呪祕密不容解說之意，如軍中密令，無容外傳，是知呪是祕密之義。今云般若是大神呪，是大明呪，是無上呪，是無等等呪，須知般若是祕密也。蓋由前來推性空般若，會歸自心，恐人作疑，將謂般若之外有心，自心之外有般若，則成兩箇，何通融之。此如來末後，極則開示，又一重要關也。意謂不可作此見解，以般若元與法身解脫聯絡不斷，牽連自在，如∴字三點，不縱不橫，不並不別，舉一即三，言三即一，但不可心思言議可也。故曰般若是大神呪，以呪之爲言，不解可也。神之爲言，推功有在，説之可也。言其大神，即是法身之德，以法身神而莫測，故曰大神。此以般若即是法身，然不可以言説，但可以默契，故曰般若是大神呪。般若之德，猶如千日，能破萬惑，亦不可以言説，故曰般若是大明呪。然般若能破萬惑，則是解脱之德，且此解脱，非二乘凡夫可上，故名無上。然亦不可以言説，故曰般若是無上呪。然則三德如是明顯而云呪者，正以三德祕密，互爲相攝。文雖般若即法身、解脱意，實亦有解脱即是般若、法身。例此，故此三者連環自在，直出思議之表，無有一法過之者，實爲三世諸佛共相祕受，故結贊曰，般若是無等等呪。既爾三德圓融之功大，何變易生死、分段生死之有苦哉。真爲終古真實之法也。故曰，能除一切苦，真實不虚。然則般若與心，又何如哉。

故説般若波羅蜜多呪，即説呪曰：揭諦揭諦，波羅揭諦，波羅僧揭諦，菩提薩婆訶。

此正顯能除諸苦，真實之功德也。特呪宣者，以出思議表耳。且呪無理路，無義解，不容思量，不許擬議，直得無言可伸，無語可説，正當恁麽時，千差路絶，不通凡聖，何苦不除，何業不脱。可謂般若平等中平等之功德也。禪門所謂無味之談，塞斷人口，此雖通理，亦須通義。蓋一切經呪，元初皆屬梵語，而譯師獨翻其經，不翻其呪者，以有四義故：一是佛密語，祕密之法，惟佛與佛乃能知之。二是總持門，一一字句含多義故，如婆伽婆具六種義。三是佛蜜印，如王印信，所往無所不通，幽顯遵奉，佛佛相傳，不移易故。四是不思議力所加持故，但能密誦，即得滅過。有此四義，所以不翻，此所謂祕密不翻。應知。問：此經亦具三分否。曰：有之。觀自在菩薩至度一切苦厄，此屬序分，蓋因菩薩而序起法門也。告舍利子洎至般若是大神呪，是無等等呪，此屬正宗分，正以性空會心，與聲聞説也。後語呪文，意屬流通。蓋此流通非同他經，以他經專勸贊弘持功德爲主，獨此經惟以密呪爲流通者，蓋謂此經無相般若，非可文言贊説弘持而盡其意，直于無言無説，無思無解，以默契于言先，領略于物表，是爲真弘通般若，真流傳正宗。故以密呪，宣在經末，實有以也。是以自心現量，只可自悟，非從他得，所以不肖以斵輪爲解者，意在此耳。

般若波羅蜜多心經斵輪解終

（陳永革整理）

〇三二五

般若波羅蜜多心經正眼（一）

唐三藏法師玄奘譯
明武林後學大文述

將釋此經，大段分十。一、釋名題，二、能修人，三、明般若體，四、明般若用，五、正示三觀工夫，六、承諸法本不生滅，七、述空中本無諸法，八、無得而得，九、讚深般若，十、密説般若。

△一、釋名題。

般若波羅蜜多心經

天台大師嘗以名、體、宗、用、教相五章釋一切經題。此經法喻爲名。前六字梵語，此翻智慧到彼岸，是法。心之一字，是喻。般若有三，實相、觀照、文字。實相之體，聖凡平等，生佛一如，各各圓具，不曾少欠絲毫。無始無明覆蔽，所謂法身流轉五道也。以觀照之用照破諸法，當體全空，初無罣礙，立登彼岸，坐證菩提矣。實相即法身，觀照即般若，到彼岸即解脱。三德秘藏，不離當人也，要一回親見始得。心乃撮粹精要，統一身四肢百骸之主，喻此少文而該八部七百余卷之全義，故云爾也。實相爲體，諸大乘經皆以實相爲體故。照見蘊空爲宗，以智破諸法故。度苦爲用，疾超二種生死故。熟酥爲教相，是《法華》之前矛故。經者，常也，法也，聖賢之常道，出塵之軌則，貫線攝持，具如別説。

△二、能修人。

觀自在菩薩。

如來拈圓修頓證之人，勉諸凡小修行者而作榜樣。萬有交陳乎前，不滯一情，不住一法，中流兩岸不居，即此岸而登彼岸，以無緣慈，泛應群機，無刹不現。如月印千江，故名自在。

△三、明般若體。

行深般若波羅蜜多時。

此舉實相體也，是法身德行，揀有解無行，深揀凡外邪智二乘，偏真權教，但中三觀一心，故云深也。圓解之時，即觀隨觀，即證無時之時，揀非次第也。

△四、明般若用。

照見五蘊皆空，度一切苦厄。

此明深般若之實效用也。是般若、解脱二德，以圓照之功照破，了了徹見，故曰照見。衆生執根身器界，對待形顯，以爲實有，名色。領納違順俱非，起苦樂中庸，名受。摇動妄情，攀緣計較，名想。運運密移，新新不住，名行。明了分別，名識。此五蓋覆真性封蔀妙明爲蘊。二乘雖破我執、法執，猶存權乘，次第漸斷，猶未之竟。菩薩以大智慧光，逆推其源，無來去之迹，向不曾迷，本自空寂，何須宰割。其體原無，頓超乎六道四生之分段，長劫勤劬之變易，故曰一切苦厄。般若淵微，盡情吐露矣。下告當機者重拈之注脚耳。

△五、正示三觀工夫。

舍利子，色不異空，空不異色。色即是空，空即是色。受、想、行、識，亦復如是。

鶖子是衆中智慧第一之人。彼即當機，故如來呼其名而告之。色不異空，空觀也。破凡外執，根塵實有是色，起惑造業，誠生死根株也。故曉之曰：此所執色，不異于真空，勿滯著也。空不異色，假觀也。破二乘之人，雖用體析之空破彼假色，猶保偏空，而爲涅槃。故曉之曰：此所證空，不異于假色勿取證也。色即是空，空即是色，中觀也。恐權乘之人，聞説不異，終成二物，謂智外有如可證不解融即猶存空有二見。故曉之曰：妙有之色，即是真空。實相之空，即是真色。所以爲大空第一義空也，何生死之不超哉？何苦厄之不度哉？言不頓彰，文不累書。其實般若菩薩三觀一心，三諦一境也。色爲五蘊首，故詳其色而略其余焉。若具言之，則受不異空，空不異受，受即是空，空即是受。想、行、識三，亦復如是。

△六、承諸法本不生滅。

舍利子，是諸法空相，不生不滅，不垢不净，不增不減。

此承上文。色空不異即是之旨重申揭而示之。諸法即是世出世，有八十一科。所言即是真空實相者，諸法本不曾生，亦無有滅。生死即涅槃，本不曾垢，亦何須净？煩惱即菩提，智亦不增，惑亦不減。諸法寂滅，即是真空，何生滅垢净增減乎？此六不字，即是一空字。若具而言之，不來不去、不斷不常、不一不異、不有不無等，亦然也。

△七、述空中本無諸法。

是故空中無色，無受、想、行、識，無眼、耳、鼻、舌、身、意，無色、聲、香、味、觸、法。無眼界，乃至無意識界。無無明，亦無無明盡。乃至無老死，亦無老死盡。無苦、集、滅、道，無智亦無得。

此述成諸法空相中本無生滅等，不但無生滅，即真空實相體中本無世出世八十一科諸法。故云是故諸法空相之中，本無五蘊，眼等六根，色等六塵，眼識等六識，即十八界各有種族界畔。故此無世間法也。無明至老死是十二因緣流轉門，緣覺人所觀之境。無明盡至老死盡是十二因緣還滅門，以智斷無明盡則一切皆盡也。苦、集是世間因果，滅、道是出世間因果，是聲聞人知苦斷集，慕滅修道。菩薩以智觀之，諸法真空實相體中，原無二乘所修證之法也，亦無藏通别菩薩斷惑之智，亦無菩提可得。有得有證，不了義故，俱爲戲論。此無出世間法也。

△八、無得而得。

以無所得故，菩提薩埵依般若波羅蜜多故，心無罣礙。無罣礙故，無有恐怖，遠離一切顛倒夢想，究竟涅槃。三世諸佛依般若波羅蜜多故，得阿耨多羅三藐三菩提。

上乃以空慧之水洗蕩執情廉纖搭，滯四句百非，凡情聖解。所謂但盡凡情，别無聖解。掃至不可掃處，離至不可離處，本體如如之真佛，原來不曾動著纖毫。譬如水清月現，歇即菩提，始知從前頭頭蹉過矣。可謂無修是爲真修，無得是爲真得，無證是爲真證。故云以無所得故。依此真空實相，不妨而到涅槃彼岸。何以能到？以不住一法，不滯一情，心即無礙，無礙即自在也。以無礙故，何恐怖之有？若有住著，就不自在，即有無量恐懼怖畏，以無常計常，以苦爲樂等八種顛倒，晝爲想心，夜爲諸夢，攀緣妄境，無時休息，生死長夜，永無解脱之期，如來説爲可怜憫者。以此真空，達此實相，何等自在。永離恐怖，焉有顛倒夢想而不遠離耶？可爲涅槃彼岸頓證究竟歟？菩薩因人，諸佛果人，莫不依此般若而得無上正等正覺，所謂從因以至果位也。菩提智果，涅槃斷果，互有無者，是影略説。

△九、讚深般若。

故知般若波羅蜜多是大神呪，是大明呪，是無上呪，是無等等呪，能除一切苦，真實不虚。

此讚般若不可思議之意。神即靈知不測，明即朗鑒洞徹爍昏衢之智炬，越苦海之迅航，故皆云大。此法最尊，無所過上，九界三乘，更無與等，而等諸究竟。最上一乘呪即讚此法不可心思言議，豈限量所及哉？與下呪義不同，故能除二種生死之苦。如來所説真實之語，并無虚謬之談，可勿信乎？顯説般若已竟，下乃密説般若，可謂顯密圓通。

△十、密説般若。

故説般若波羅蜜多呪。即説呪曰：揭諦揭諦

波羅揭諦波羅僧揭諦菩提娑婆訶。

呪即秘密真詮，如王密旨，似軍中號令，豈容漏泄乎？顯教則聞解而修，修而克果。密教則尊重受持，冥益加被，不容解釋。故不翻譯，即五不翻中秘密不翻也。

般若波羅蜜多心經正眼終

校勘記

〔一〕底本據《卍續藏》。

跋

我故篋中有《心經正眼》一卷，點倭訓流通于世。若看閲者因文字發觀，炤契實相矣。于茲書於所願于餘紙而已。

雒下知空拜。

（陳永革整理）

〇三二六

般若心經開度[一]

心經開度説

修心萬行，智慧爲先。罔明般若，臨流失筏。故初祖西來，直指人心，見性成佛，以續慧命。以五傳而至黄梅，則專指人受持《金剛般若》。以《般若》之所建言，即初祖之所直指，宗、教無有二也。但於教之所説，到者用到，爲祖心老婆。于宗之所用，到者説到，爲佛舌廣長。是以有宗、教之殊名耳。慨自古人，分别如來禪、祖師禪，以行縱奪。迷言者流，遂尊奉祖師禪爲極則，如來禪置之不問。且所奉爲祖師禪者，非古之祖禪，特不過機語新奇，文字别調，較之學語座主，如畫家焉，一畫禽鳥，一畫鬼怪，俱畫也，未嘗離丹青能别有神伎也，何所詫異。且禽鳥，人素見之，畫之似不似，難以欺人。鬼怪，人所罕見，畫之似不似，無所辨謬。故今宗風之衰，尤甚講壇也。望一誇宗禪者了然於如來禪，正不可得也。設起潙山于今日，則將曰，祖師禪許汝了也，如來禪未夢見在。不將又高如來禪而低祖師禪耶。法門如此，慧命誰寄。慧命無寄，今天誰度。山居無事，間拈大乘經教以示參徒。蓋以且未説到，何能用到。苟欲説到，非廣長舌語不能。依經指示，聊以借用廣長舌語，進諸人于如來禪，以達祖師禪。亦非肯縱諸人於如來禪，不奪諸人於祖師禪也。若便有人取此擔荷去，熱棒無情，未放汝在。今經因新發心弟子名開度者，時在誦持，爲之指釋，故即以開度名之。竊取般若乃六度萬行之首，西乾四七、東震二三之所傳持，實在于此，苟欲開度來學，舍此奚將。本開度聽説，以開度標名，得當焉。

新安沙門羅峯墮道人書

校勘記

〔一〕底本據《卍續藏》。

心經開度

明新安沙門釋羅峯弘丽著

般若波羅蜜多心經

般若，梵語，此云智慧。此二字，是功、是因。波羅蜜多，梵語，此云彼岸到。此三字，是驗、是果。有功即有驗，有因即有果，有智慧即於彼岸到。蓋以生死此岸，總由無明妄見。無無明，則無生死此岸，即是彼岸到，非别有個彼岸爲所到者。以有最初無明，由失本明智慧，迷無執有，發妄知見，成立生死此岸，故成隔越彼岸。若其不失智慧，何有無明，何有生死此岸。寧不於涅槃彼岸，人人臻到哉。故必以智慧爲因，斯有彼岸到之果，是爲般若波羅蜜多。重文句義如此。若問何爲智慧，則後經文開示明了，臨文自當剖析。今要言之，照蘊空無所得則爲智慧，不照蘊空無所得則非智慧，則是無明。無明者，無智慧之明也，故不能安忍無得，而迷無見有也。能不有有，則明矣。喻如天無雲則明朗，户開窓則光亮，人無著則通達，皆以能無，得明之證。今人念念著有，何以能明哉。故衹是無明衆生，衹是輪迴生死，不能於彼岸臻到也。聞經者可以悚然醒矣。心之一字是喻，喻此經於般若部四百卷中該括終始，爲般若全部之宗本。如心在人身中爲百骸萬竅之主宰，人能制心則能御形。若能通達此經，即通達全部般若，無有異義，故心字喻明之。經字有貫攝義，如線貫華，攝群花朵，成縵莊嚴，彰佛言教，攝衆法門，成佛修證。又訓常訓法，指佛言教爲終古之常法，所不可違背者，是爲加讚諸佛所有名句文身之辭。

用斯解了，則觸目經題，而向後經文便可思過半矣。

觀自在菩薩，

此因人彰教，爲衆生立個榜樣，令之如菩薩，行於甚深般若也。夫般若，爲佛果之因，一切菩薩之所通行者，何以獨本此菩薩彰教。以菩薩本耳根圓通，證性無生，寂滅現前，是無明之所從破，是智慧之所從生。見此菩薩，即見智慧矣，故所獨本。何言之。一切萬法，但有言說，都無實義。迷之不了，循聲流轉，是爲無明。悟之能了，聞復翳除，是爲智慧。今菩薩本名觀世音，觀世如音響，何有於攀緣，尋聲救衆苦，豈其迷真實。便此無明破，便此智慧生。故云：此方真教體，清淨在音聞。不本此菩薩，而誰本哉。噫，諸人欲得觀自在麽，觀世音去。抑或以觀蘊空之得，心無罣礙，即爲觀自在，亦可。此則觀自在即是般若，無有二法，故獨本之以彰教。

行深般若波羅蜜多時，

此本菩薩因地修心時出法名也。云深般若者，即色即空觀照，是現前寂滅、究竟涅槃、直達佛果之正徧知，非權小乘淺鮮觀知可及。行者，依於般若，入流忘所，不落有爲，不住無爲。時者，因地修證，初、中、後心之時。

照見五蘊皆空，

此實出深般若之觀照也。此照見字，即上行字，然非别照一空以行般若，但了五蘊無實體性，不因之出生妄想分别，立能所法，造輪迴因果，是爲照空智鏡，是爲行於般若。五蘊，色、受、想、行、識也。本八識相、見二分，立色、心二法，於心分受、想、行、識四者，立五蘊名。以五蓋覆有情，失本性覺妙明，故名蘊。色者，内外根身器界，一切所有形相。受者，内而根身染著，外而器界愛增。想者，内而用心思量，外而依境分别。行者，内而心數生滅，外而相狀變遷。識者，內而主宰覺知，外而影像形色。從心生境言之，則有識斯有行，有行乃成想，有想以爲受。從境生心言之，則受以起想，想以爲行，行以現識。四者相爲終始，所謂根本潤生無明，即此也。若不有四，即無於色，若無於色，復何有四。此又相、見二分之相爲終始也，今云皆空，則照見一法妄而法法皆妄，法法皆妄，實無一法之有出生也。包攝根塵界空，無諸生死法在內。既無衆生生死法，何有聲聞緣覺二乘法。既無聲聞緣覺二乘法，何有菩薩一乘法，俱包攝在內，故此照見爲深般若。當如何觀照，説在後文。

度一切苦厄。

此實出依般若之於彼岸到也。苦厄是此岸，度苦厄是脱離此岸，到乃彼岸。一切，該諸分段、變易生死。蓋輪轉凡夫有分段生死之苦厄，以迷藴空成立，淺證聖人怖變易生死之苦厄，以未究竟藴空成立。今深照藴空，是乃究竟涅槃，故一切苦厄之皆度。然則今人之不離苦厄者，皆自縛之也。苟能觀照藴空，且不作二乘之怖畏生死，隨類度生，況作凡夫之住著生死哉。此爲發明度苦厄實理。然須知當經所度之苦厄，是菩薩度一切衆生出於苦厄也，若專作自度苦厄説則失之。齊此爲因人彰法正文，後皆佛爲舍利子發明開示之辭，令了悟於照藴空、度苦厄之深般若也。

舍利子，

此呼當機弟子名也。舍利，梵語，此云鶖，乃鳥也。此鳥目最明利，尊者母目如之，故以爲名。尊者依母立名，故云舍利子。居佛聲聞弟子中，智慧第一，可了悟於深般若者，故特呼而告之。

色不異空，空不異色，

此爲開示藴空實理本自寂滅現前，令不迷於菩薩照藴空之照見也。一句指空空色，一句指色空空。指空空色，令無迷色，指色空空，令無迷空。蓋迷色則失空，迷空則礙色。失有礙之境即有變遷之心，握照不恒即是生滅知見，非深般若之圓明照見也。故今兩示不異，令知無色外之空、空外之色，則見皆色皆空，皆空皆色，照無二，用一道，涅槃當前顯現矣。而所以不異之旨，示在下二句，臨文釋之。迷色屬生死凡夫知見，迷空屬外道二乘知見，入般若堂，都無是事。

色即是空，空即是色。

　此爲開示不異之理。何以不異哉，即是之耳。夫色者，堅固妄想所凝結之根身器界也。四大宛然，山河可見，何以即是空哉。《圓覺》有言之：我今此身，四大和合，所謂髮毛、爪齒、皮肉、骨筋、髓腦垢色，皆歸於地，唾涕、濃血、津液、涎沫、痰淚、精氣、大小便利，皆歸於水，暖氣歸火，動轉歸風，四大各離，今者妄身，當在何處。即知此身，畢竟無體，和合爲相，實同幻化。解此經義，便於現前四大身色，直達即空理性。蓋見爲身色有者，以有和合之身，故經直示無和合之身，以除迷執。夫諸物和合成體，則不得本物留形。若得本物留形，則便是未始和合。如將青、黃、紅、黑、白五色，和合成色，還分得開，青色歸青，黃色歸黃等否。今執四大和合爲身，却於身中，地大堅相，可指歸地大，水大濕相，可指歸水大，火大暖相，可指歸火大，風大動相，可指歸風大，既可各歸，豈不各離。既在各離，於何和合。乃當以知此身畢竟無體，乃當以知此身實同幻化。幻化之身，如夢身也。夢中人物，在有非有。若在有有，醒來時，所夢人物何不現相。若曰：夢生醒滅，滅乃以無。然夢之生，既有生相，現諸人物，則醒之滅，當有滅相，見於枯殘。諸人夢醒時，枯殘人物何在。既無滅相，則是無有生相。無生相身，有生相色乎。色其不即空乎。今人難語此者，蓋是夢人不聞雷音耳。獨怪圭峯當年讀《圓覺》此段經句，痛哭流涕，當下知歸。洪覺範謂其證到石頭之所云四大性自復。然何在疏《圓覺》，失經圓理甚多。即釋四大各離句，亦復不能當前直指，把各離疏作觀照分析，得非於即空實理猶麻迷耶。諦思其故，必由當時於經句中，但能達妄，未得證真。若但達妄而不證真，則未説得四大性自復，亦未説得色即是空。曷不再思富樓那尊者當日疑四大之相陵奪，不容圓滿週遍。我今此身四大週遍，無處不堅、無處不濕、無處不煖、無處不動，曾無相陵奪者，何哉。必其大性，如彼燈光，滿室而不礙室，故一室能容多燈光也，故一身可四大同週也。更即病人證之，一大受病，失其自性，餘大俱不安，常冒風而發熱流涕身痛，蓋乃風大有而大大各有，便相陵奪也。豈不可知無病之身，諸大之不相陵奪，乃諸大之不有復性歸源也。何此即空之色，當前了然，而人迷迷，執身爲有也。噫，亦睡之忒煞矣。若夫山河外色之即空，則《楞嚴》有言之，汝觀地性，麤爲四大，細爲微塵，至鄰虛塵，析彼極微，色邊際相，七分所成，更析隣虛，即實空性。言實空性者，非因緣生，析出之空性也，是即空性也。今人觀微塵合相之山河，不觀微塵自性之山河，故見其質礙耳。豈知一微空故衆微空，衆微空故一微空，一微空中無衆微，衆微空中無一微。山河寂滅，理本如斯，諸人試靜觀默究之，何如。苟能得於色之即是空，而空之即是色，不待言矣。若不解了於如此之空色，烏乎能發空色不異之觀照哉。故此二句，是爲開示不異之旨。

受、想、行、識，亦復如是。

此例心法四蘊如色蘊，令一一解了於蘊空之相，即發不異空蘊之觀照也。受之即是空者，如眼見色，領會色像時爲受，然一眼見衆色，衆色一時領會，若非當領會，即無領會，則此色在受，彼色如何容納，今一眼見衆色，一一皆領會，曾無不領會、礙領會者，故知受之即是空也。想之即是空者，一念憶無量事，事事明記爲想，若想不空，則一事在記，餘事誰爲緣擬，而乃驢事未去，馬事到來耶。譬如有人作客，久離家鄉，忽然生念，便覺原本家鄉父子親戚，種種事務，一時現前，苟非想之即是空，能有此融通耶。受想本空，行識可知。以營受想者爲行，主行者爲識，四者異名不異體，達一蘊空，可悟蘊蘊皆空矣。倘欲法説明了，《楞嚴》有五蘊、六入、十二處、十八界，本如來藏妙真如性，文可檢。今不引彼文者，以彼爲言妄顯真，彰于離義，此當了真無妄，方得即義。雖能離即能即，然離，得斷妄清淨，即，得證真清淨。不證真，無能斷妄。指修心學人，當指之從即得離。若但説離，彼別作離想，蚤是妄了，如何得永離諸妄。是故法門修心，寥寀其人，大乘般若，罕聞于世。當經即色即空之觀照，亦久塵埋。而全即全空，全空全離，全離全覺，全覺全明，全明全妙，在人日用現行中者，總語之而不覺矣，悲夫。

舍利子，

此將開示以真空實相，令不迷相以迷照也，又重呼當機者名而告之。蓋以衆生失照之原，由不了達實相清淨，見有諸相發生，發妄攀緣，知見不息，乃失自性般若，顛倒輪迴，迷妄修學，故有凡夫生死，三乘漸次，不入大乘種性。今語之以深般若之照諸法空，令悟大乘修學，若但爲説法空，不示以法空實相，彼必有計是諸法空。是諸法空，爲何相者。求相不得，又生疑念，不能行深般若，朗照諸法皆空矣。故下空相開示尤爲關要，特重呼名而告之，令警心諦聽，聞諸法空相，而了然于諸法空得無迷照也。

是諸法空相，不生不滅，不垢不淨，不增

不滅。

此直示以真空實相。是諸法者，指所示照之蘊空法也。空相者，諸法空之相也。蓋有真實空，自有真實相。衆生不悟真實空，正以不覩真實相，故乃迷明失照，空晦暗中，結暗成色，見有根身器界，種種諸相，不入淨覺，故此指出令曉。不生者，空非作故有。不滅者，空無所壞裂。不垢者，空不受染污。不淨者，空不受潔白。不增者，空無可加尚。不減者，空無可脱離。是故離因果、離修證，平等遍滿之爲真空實相。達斯實相，自能不即色而發照，亦不離色而發照，唯不異空、不異色而發照矣。蓋以即色爲相，實相之相，不生、不垢、不增，于何即色。以離色爲相，實相之相，不滅、不淨、不減，如何離色。無可即，無可離，圓明無住，在斯時乎。故此實相開示，正所以成照般若也。若分指，則不生滅，離凡夫因果，不垢淨，離二乘修證，不增減，入性覺圓常。下文開示，本此推明。然此爲標指一真，下爲示離諸妄。知所照之真，又知所離之妄，後能依真旋妄，離妄即真，兩不迷於明照也。

是故

此本上文諸法空相，指示明顯，用廣推言，本覺實相，爲大寂滅海，爲生佛一源，究竟清淨，離諸妄相，故此承接。是故者，是此不生不滅等，爲諸法空相之故。

空中無色，無受、想、行、識，無眼、耳、鼻、舌、身、意，無色、聲、香、味、觸、法，無眼界，乃至無意識界。

此至無智亦無得句，總彰實相所離之諸妄相法也。空中者，空實相中。此二字連是故二字，直貫至無智亦無得句，蓋顯空實相中，一切妄相之遠離，一切衆生皆本成佛，無不以般若光，住涅槃岸也。今此爲無蘊處界三，凡夫輪迴法。無色、受、想、行、識者，實相中無五藴法相也。無眼、耳等者，實相中無六根法相也。無色、聲等者，實相中無六塵法相也。六根六塵，又名十二處。若遇多迷色法，少迷心法人，則指此十二處開示之。以眼、耳、鼻、舌、身皆内色，色、聲、香、味、觸皆外色，今分名指出，彼得不迷也。意法兩者爲心法，此則約言心法，以彼少迷故。若遇于心法迷人，則指五藴開示之，以受、想、行、識分指心法故。意，意根也。法，外五塵影也。以意根無别有體，依眼、耳等五根立相，故所對根之塵，即眼等五家塵。但眼等對别，意根對總，眼等對現在塵，意根對落謝塵，故别立法名。無眼界，乃至無意識界者，無十八界法相也。乃至者，包攝色界、眼識界、耳界、聲界、耳識界、鼻界、香界、鼻識界、舌界、味界、舌識界、身界、觸界、身識界、意界、法界在内，全彰十八界法也。界者，有局限，不能超越之義。眼界者，眼以色爲界，眼不能見聲香等故，眼不能越色見故。色界者，色以眼爲界，聲香等不能對眼故，色必眼所見故。眼識界者，眼家識，以眼色爲界，依根始發識故，眼不能發聲香等識故。耳等界義，俱如之，是所謂盡落名言數量也。爲無明妄相法，實相之所都無也。蓋藴處界諸法，爲凡夫輪迴因果，乃生滅因緣，實相不生不滅，何有於此。是故無之。

無無明，亦無無明盡，乃至無老死，亦無老死盡，無苦集滅道，

此無因緣覺悟，四諦修證，緣覺聲聞法。無明至老死，爲十二流轉門。無明盡，至老死盡，爲十二還滅門。蓋於流轉得還滅者，爲緣覺觀法，今無流轉，何有還滅，故曰無無明，亦無無明盡，云云。是無緣覺法也。乃至者，包舉無明緣行，行緣識，識緣名色，名色緣六入，六入緣觸，觸緣受，受緣愛，愛緣取，取緣有，有緣生，生緣老死，無明

滅則行滅，行滅則識滅，識滅則名色滅，名色滅則六入滅，六入滅則觸滅，觸滅則受滅，受滅則愛滅，愛滅則取滅，取滅則有滅，有滅則生滅，生滅則老死滅之辭。無苦集滅道者，無厭苦果、斷集因、慕滅果、修道因之聲聞法。蓋聲聞人見三界生死盡是苦果，此苦果總由諸妄因緣集熏成種，若無集因則無苦果，乃慕于滅，而修遠離塵勞妄想之道。此則即於緣覺所見流轉門之因緣法，立苦、集二諦，還滅門之因緣法，立滅、道二諦。分門別諦，總爲見有垢淨。空實相中，不垢不淨，何所依立。是故無之。

無智亦無得，

　此無能所修證，菩薩法也。無智者，無能修。無得者，無所證。蓋有證得則有增，有修除則有減。空實相中，生佛平等，圓滿清淨，不增不減，何修何證。是故並諸菩薩能觀之心，所求之果境，而皆無之。甚哉，般若照觀，非爾炎識之明見門生滅心數、能所功用。是故初告之色空不異，中道性境，以發照用。中告之真空實相，平等常住，以立照體。後告之究竟清淨，冥絶諸妄，以除照所，庶可獲入性覺，朗圓明照，同諸菩薩之照見諸法皆空，而行深般若也。文齊此止，統前色不異空起，爲開示菩薩之所行於般若者，不得作前淺後深，以照空之照，爲所起幻智，此無智無得，爲除於幻觀也。

以無所得故。

　此爲開示清淨本覺爲因地心、果地覺之所原本，以究竟始覺，圓滿妙覺者，令之必依般若之彼岸到，乃苦厄度，而不迷因、不違果，於修無修，得證無證也。蓋無所得爲本覺淨性，般若爲本覺淨光，非淨性不發淨光，非淨光不照淨性，一道之法，相爲體用，無自無他者也。故此開示，令知菩薩所行之般若，乃稱性照觀，非因緣生法也。

菩提薩埵，依般若波羅蜜多故，心無罣礙。無罣礙故，無有恐怖，遠離顛倒夢想，究竟涅槃。

此原上句推本，開示菩薩如性發照，如照解脱，成立因修，始覺究竟。菩提，梵語，此云覺。薩埵，梵語，此云有情。乃求佛智、度衆生者之名目也。依般若者，依自性淨光也。波羅蜜多者，淨光所照之淨性境也。故心無罣礙者，空照圓妙，不立能所知見、分别取捨也。無有恐怖者，無諸分段、變易生死之恐怖諸妄境界也。遠離顛倒夢想者，永斷無明之諸妄知見也。究竟涅槃者，寂滅現前，證圓覺海，不同二乘之有餘灰斷也。涅槃，梵語，此云寂滅，又云圓寂，謂圓除五住，寂滅永安，乃佛所歸之極果也。合文無罣礙，無恐怖，離倒想，竟涅槃，是所謂度一切苦厄也。

三世諸佛，依般若波羅蜜多故，得阿耨多羅三藐三菩提。

此原上句推本，開示諸佛如性圓照，如照明妙，成立果證，妙覺圓滿。阿耨多羅三藐三菩提，梵語阿，此云無。耨多羅，此云上。三，此云正。藐，此云等。菩提，此云覺。乃佛果之極稱。此中一故字，及上節兩故字，以無所得句一故字，皆是推本之辭。然無得句一故字，又下三故字之所由本，蓋由清淨性發清淨光，依清淨光還照清淨性，乃無照生所，無所生能。故除諸妄境，永斷無明，當前寂滅，爲諸菩薩之所修行也。依清淨光，常照清淨性，乃無妄覺明，圓覺徧滿，爲諸如來之所果證也。則夫欲該覺果、徹覺因，捨般若波羅蜜多之不修學，於何修學哉。有志佛道者，思之。

故知般若波羅蜜多，是大神咒，是大明咒，是無上咒，是無等等咒，

此本般若波羅蜜多，徹因該果，法本深奥，而推讚之，以令知菩薩所行之深般若波羅蜜

多，非對淺爲深之深，乃無對無待，不落名言數量之甚深法性，以云深也。故知者，於究竟始覺、圓滿妙覺之故而知也。是大神呪者，無量塵勞煩惱，依于般若，刹那頓破，豈淺鮮神力之可能。是大明呪者，遠劫無明癡暗，依於般若，總成慧用，豈微劣知照之可及。是無上呪者，般若淨光，蓋聲蓋色，圓裸虚空，包羅法界，世出世間更無有物能加上之。是無等等呪者，法法清淨，法法般若，隨緣應現，祇此一物，更無他物，何所與等而等等之耶。故云上天下地，唯我獨尊。故云不與萬法爲侣。噫，唯我獨往，更莫逢渠，庶可言於般若矣。呪字，向後經文訓釋明白。

能除一切苦，真實不虚，故説般若波羅蜜多呪。

此爲發明般若波羅蜜多之所爲呪也。先言除苦真實，後言故説呪者，以一切苦厄，塵勞萬法，俱名言戲論之所成立。今破除塵勞，度苦厄，依于般若。般若非呪，爲清淨元音，何以能破除戲論名言哉。正所謂聞復翳根除也。故先告以除苦之真實，後告以故説般若爲呪。故説者，真實除苦之故也。真實不虚者，言般若真實能除苦厄，究竟涅槃，非擬空華結空果也。夫般若既爲呪，則亦唯有名言，都無實義。故《金剛般若》云：知我説法如筏喻者，法尚應捨，何況非法。《圓覺》云：修多羅教，如標月指，若復見月，了知所標畢竟非月。若不解此，聞説般若，又執真實，別求法相，更迷亂矣。齊此文正[二]，從初呼名起，發明開示竟。

即説呪曰：揭諦揭諦，波羅揭諦，波羅僧揭諦，菩提薩婆訶。

此直示般若之呪也。令末世衆生緣念於此，則不隨逐世間戲論名言，循聲流轉，則乃圓聞清淨，達耳圓通，遊涅槃路，有斯利益，故即説呪，故呪之所以爲般若也。存本梵語，無有翻譯，蓋爲般若不落名言義諦，雖有説而未嘗説，即可聞而無所聞也。在前經文爲顯説般若，此爲密説般若。諸大乘經多有顯密雙彰者，同此旨也。噫，此經首本聞思修菩薩彰法，後有呪言存教。今人終日求般若而迷般若者，迷于何哉。名言圈繢，跳不出耳。願諸有情，急宜知返。

心經開度卷終

校勘記

〔一〕「正」，疑爲「止」。

（陳永革整理）

〇三二七

般若波羅蜜多心經發隱[一]

般若波羅蜜多心經發隱序

般若之爲教也，廣博充虚，周窮萬物。種種法門，該詮此也。種種行因，該修此也。括十界依正之森羅，收色心之二字，開無量方便之多途，照五蘊之一空，蕩人心之多執，遣六道之昏迷。曰境，曰心，俱融不異。是凡，是聖，咸共一如。正謂諸法從本來，常自寂滅相，豈可語言文字跂及者哉？昔日世尊陞座，默然良久，文殊白衆云：諦觀法王法，法王法如是。此如來無説，海衆無聞，斯乃真説般若之時也。奈何鈍淺之流，更煩世尊，摇唇皷舌，無風起浪，觀小大機，説漸頓教。由是開演五時之異，咸會一乘；設施九界之别，同臻佛界。然此經者，文最約而義最廣。難盡其奥説者，染指而已。釋其名，如人百體四肢，惟心最靈，故曰《心經》。又則般若是衆生本有之靈心，向被五蘊覆積多劫，説此照見之方，開示悟入，意登彼岸，故曰《心經》。然此經者，自古及今，遞代以來，註述甚多，或泛然而混融，或畫蛇而添足。今之饒舌，多附臆説，是中既以人法各四，派分演義，名曰發隱，而於足上又添足焉。敢露一班，覽者哂叱。

時崇禎八年歲在乙亥五月下澣比丘正相體如識。

校勘記

〔一〕底本據《卍續藏》。

般若波羅蜜多心經發隱

繩天台教後學比丘正相解

△初、釋經題。

山家大師，凡釋經題，先立五重玄義。一、釋名。二、辨體。三、明宗。四、論用。五、判教相。夫如來説法，法必有名，名必顯體，體顯由宗，宗成有用，以判教相，有此五重，如網得綱，如衣得領，一經之旨，灼然在目。今經以單法爲名，實相爲體，大乘因果爲宗，度苦爲用，熟酥爲教相。

○一、釋名者，而有通別。通者，十二分教，總名曰經。別則有七，或單或複，或具足三，而立名也。今經以單法爲名也。梵語般若，華言智慧，又云淨慧。智慧者，以照了爲義，通乎凡聖。淨慧者，出纏爲義，直照理故。此慧破諸妄念，稱理圓極，無分而分，三種名別。一、實相般若，所觀理體是也。二、觀照般若，能觀妙慧是也。三、文字般若，即所詮顯密句義是也。分而不分，唯是一體，用有三名，非三非一，而三而一，宛然有此三義，故不飜也。又般若者，果上證得，極理甚深，不同因中輕薄，係尊重不飜也。波羅蜜多者，華言到彼岸，對此而言彼也。此般若聖凡一體，物我同根，彌滿清淨，本無彼此，即以清淨心中照而不寂，一念妄動而生人我，起乎煩惱，依煩惱而長生死。立生死爲此岸，煩惱爲中流，涅槃爲彼岸。四教四門，各論彼此。抱長迷而不覺，居衆苦而自甘者，凡夫，此岸也。解三空而自脱，修諦緣而取證者，聲聞與緣覺也。雖脱分段，由居變易此岸，而爲塵沙界斷。依智照理，分破無明，分證三德者，菩薩也，仍居變易岸頭。至等覺已，仍曰到而未極。此通前三教，而論彼此。若從圓教勝説，生死即涅槃，無滅可證，此則無到而到。却而觀之，生死、涅槃俱爲幻夢，所謂圓滿菩提，歸無所得也。心者，即所辨之體也，而有三別：一曰肉團心，二曰緣慮心，三曰靈知心。肉團心者，父母血氣所生，今現在五臟中者是，爲二心之附托而已。緣慮心者，今對六塵境上緣而分別者是。靈知心者，混千差而不濫，亘萬古以長今，竪窮三際而無來無去，横徧十虚而無欠無餘，在聖不增，處凡不減。爲前二心之所混者，爲之迷。識此三心而不雜者，爲之悟。融二心爲一體者，爲之證。凡夫認肉團心爲心，尚迷緣慮，而況靈知。外道以緣慮心爲靈知，以昏擾擾相以爲心性，一迷爲心決定，惑爲色身之内，而不知外洎虚空，山河大地，咸是妙明心中之所現物。衆生在湛湛靈知之中，枉受生滅之苦。如來在區區生滅之中，恒居涅槃。所以詮種種法門，莫非爲此心也。經者，一代之總名，梵語修多羅，飜爲契經，契理契機故也。又經者，訓法訓常，十界同軌之謂法，三世不易之謂常，又金口所宣之聖訓，故云經。

〇二、辨體者，即一經所詮之理體。《經》云：是諸法空相。空即無也，無相之相名爲實相，三般若中實相般若是也。後之宗歸極於此，用則起發於此，六度之源首，諸法之正印。故實相，此經之體也。

〇三、明宗者，即觀照之智爲能到之因，究竟涅槃爲所到之果。全性起修，宗即體家之宗。全修在性，體即宗家之體。行始爲因，行終爲果。行始則照蘊空爲因，行終即究竟涅槃爲果。故大乘因果，爲此經之宗也。

〇四、論用者，即文字般若。因文顯理，因理發行，超二死，越中流，度一切苦厄，得究竟涅槃，皆由此經。所以度苦厄，爲此經之力用也。

〇五、判教相者。教者，聖人被下之言也。相者，分别同異也。而有五時之異。華嚴兼，阿含但，方等對，般若帶，法華、涅槃純一無雜。今經屬第四時，通具衍門三教，而正意在圓。題竟。

△二、釋經文，三。初、科段。

諸經常儀，三科分經，謂序、正、流通。今經文略義廣，始不見序分，終不見流通。今欲解釋，擬分三段，大約如《遺教經》之例也。

初、序分。此經無通序，但有別序。或者通序在大部，譯師略也。別序，從「觀自在」下至「度一切苦厄」，別序也。且賢首、孤山二疏之中，一云略標綱要，一云據行標起，其意均此。

二、從「舍利子色不異空」至「是無等等呪」，是正宗。「能除一切苦呪」，盡爲流通也。此經說處。一云甚深祕藏中說，如《圓覺》之類也。一云王城鷲嶺，若約大部《般若》，當在鷲山。

△二、譯師。

唐三藏法師玄奘奉詔譯

此七佛譯經之師也。相傳謂旃檀佛之化身，但未考的。大師俗姓陳氏，潁川人，仲弓之後裔，生而知之，過目不忘，幼學儒典，壯討竺墳，尋論一十七周經，歷百有餘載。貞觀十九年，松稍東向，法衆迎歸，勅命弘福寺飜譯，具如傳載。凡經五譯：一、羅什，譯名《摩訶般若波羅蜜大明呪經》；二、奘師，即此是也；三、般若利言，譯名與奘師同；四、法月，譯名《普偏智藏般若波羅蜜多[一]經》；五、施護，譯名《佛說聖母般若波羅蜜多心經》。今所釋者，俱照奘師譯本。有二意故，何者？一、奘師西竺去來途中，以此經爲濯障之資。二、世間傳持者，俱依此本。彼國經歷具載《本傳》，此不繁引。

△三、正釋經文。初、序分，三。初、出能修之人。

觀自在菩薩。

此經家序，先能修之人，有因有果，有通有別。觀自在者，修因美號也。三智一心中發，三諦一心中照，在空不離假、中，在假不別空、中，在中雙照空、假，圓融無礙，俱非作意，故云自在。自在即真我，真我無我，而無所不我，即是實相，故云自在。此釋因也。又觀世音者，觀即能觀之智，從實相體，發中道智，以中道智，照法界理。故云觀音者，所觀之境即十界之機，類音殊唱，應以何身而得度者，即現何身而爲説法，三十四聖容，非前非後，一時普現，如一月在天，影臨萬水，故云觀世音。此釋果號也。通者，凡修般若之人，念念照常理，心心息幻塵，境觀一如而無差忒，故云自在。别者，菩薩已修已證，遺軀鑑於像季，使後人當修當證，繩摸範於末世也。

△二、約所修法。

行深般若波羅蜜多時。

行者，修行也。修是止善自利，行是行善化他。此示修證之法也。此般若，非淺識凡夫乃至二乘人之所能解，謂之深。時者，機理契會之時也。若約教釋者，般若有二，共、不共之别也。此般若迭論淺深，前前爲淺，後後爲深，大意唯在圓教，徹法底源，圓修、圓斷、圓證，故云深。《圓覺經》云：知幻即離，不假方便。離幻即覺，亦無漸次。是也。

△三、示正修，四。初、照見。二、五蘊。三、皆空。四、度苦厄。

初、照見。

照見五蘊皆空，度一切苦厄。

照者，能照之智，見即所照之境。以四智照之。一、道慧智。見道實性，破諸色相，開佛知見故。二、道種智。知十法界，諸道種别，解惑之相，蕩十法界，依正之色，示佛知見故。三、一切智。知一切法，一切寂滅，離諸動相，悟佛知見故。四、一切種智。知一相法，一相寂滅，平等無二，離差别相，入佛知見故。前前爲粗，後後爲細。

五蘊者，色、受、想、行、識，是智所照境。

蘊以積聚爲義，慧性空寂，五蘊聚積，使窄塞故。陰以覆蓋爲義，般若靈明，五陰覆蓋，使昏迷故。色者，依、正二報，凡可著眼謂之色，領色影響入心謂之受，逐一思念謂之想，欲生取著謂之行，分別妍媸謂之識。初陰屬身，餘四屬心，合而觀之，但有名色二字。佛爲迷心重者，開心爲四，受、想、行、識也。迷色重者，開色爲六，即六根也。色心俱迷者，開十八界。所以《論》云：一切世間中，但有名與色，若欲如實觀，但當觀名色。

皆空者，即照見也。五蘊生起，如水成冰。照見皆空，如湯消氷。其氷消已無別，能消惟是一水，故云皆空。

度一切苦厄者，一切衆生爲五蘊覆閉慧性，以昏擾擾相而爲心性，匍匐三界，没二死海，枉受諸苦，雖終日行，而不自覺。今觀五蘊皆空，般若内熏，發本明耀，卓然爍破，生死涅槃，俱爲幻夢，非到而到，非度而度，何苦厄之實有也？此經家敘下正宗，正示照見之方法也。

△二、正宗分，八。初、召當機。二、正示方規。三、總例四蘊。四、直顯性空。五、空無五蘊。六、爲鈍根開色別照。七、印證。八、四呪牒結。

初，召當機[三]。

舍利子。

舍利，此云鶖子，即唐言，此華梵雙舉，即對告之人也。一云身子，以母身形得名。二云珠子，以母美目得名。此經正化菩薩，旁兼二乘。今身子，衆中智慧第一，呼而告之，正顯深般若非智莫授，而况下凡也。

△二、正示方規，四。初、貼文。二、約人。三、約教。四、三觀釋。

色不異空，空不異色。色即是空，空即是色。

此照見五蘊皆空之文也。法有四句，人有四種，根有利鈍，智有淺深，障有厚薄，力不及處，階級自分。色者，依正之幻色。空者，般若之性空。色是空之相，空謂相之性。相從性起，相得性融，故照之皆空也。

△二、約人，三。初、凡夫。二、二乘。三、菩薩。

色不異空者，照見凡夫五藴皆空也。如來之法藥，應衆生之執病。迷於色者，示之以空。味[三]於空者，還以色破。使乎情塵盡蕩，法執俱忘，般若真心於兹獨露矣。且凡夫自有識神已來，執幻色爲真體，不但迷真空，亦不識幻色，何者？執幻爲真。故而示之曰：色不異空。使觀色、空不異，與法相應，迷情自遣，度同居土分段生死之苦厄也。

空不異色者，照見二乘五藴皆空也。然色不可著空，亦不可著體，色明空，無色可棄。若厭色趣空，居然執爲兩楹，不知性具矣。而示之曰，空不異色。令觀諦緣中空、色不異，法執銷忘，與法相應，度有餘土變易生死之苦厄也。

色即是空，空即是色者，照見菩薩五藴皆空也。前云不異空，今云即是空者，進趣真理，異乎凡夫，色空相即，異乎二乘，燠然本智，爍破群昏。苟非三觀圓融，焉能即粗而妙，而示之曰，色即是空，境即心也。空即是色，心即境也。色空互即，心境皆空，雙忘人法，事盡理圓，度實報土變易生死之苦厄也。

三、約教者。色不異空者，藏教析色明空，小乘中鈍根聲聞也。空不異色者，通教體色入空也。色即是空者，別教次第入中也。空即是色者，圓教雙照真俗而入中也。

四、約三觀。色不異空者，從假入空也。空不異色者，從空出假也。後二相即圓妙中道也。今經衍門，境智絶待，始終不二，三觀一心，説有次第，對境修觀，三一圓融，敵破小乘及偏菩薩，使其心意通泰，入後《法華》也。

△三、總例四藴。

受、想、行、識，亦復如是。

此四藴屬心，依前色藴，次第而生。凡有十六句，今云亦復如是，而略之也。

△四、直顯性空。

舍利子，是諸法空相，不生不滅，不垢不淨，不增不減。

上文明照見五藴竟，今示皆空二字，故重告當機。言諸法空相者，所示真空實相也。諸法者，十界依正之法也。空相即無相，無生滅、垢淨、增減等相。其體常住，故無生滅。其體虚融，故無垢淨。其體周圓，故無增減。又則，前五陰等，乃般若之相。所謂青青翠竹，盡是真如，鬱鬱黄華，無非般若。又云：諸法從本來，常自寂滅相。是以不異而異而見諸法，異而不異世間相常。

△五、顯空無藴。

是故空中無色，無受、想、行、識。

謂空無五藴也。幻相既空，體性自顯。一色一香，無非中道，一動一静，直露本真也。

△六、爲鈍根開色别照，九。初、六根。

無眼、耳、鼻、舌、身、意。

照見六根皆空也。《楞嚴經》云：元依一精明，分成六和合。今則稱體而觀，由性成修，因根顯性，如冰是水，無非般若，故無六根。

△二、六塵。

無色、聲、香、味、觸、法。

照見六塵皆空也。根塵遞相涉入，爲十二入，又名十二處。十處半屬色，謂五根五塵及法半分。一處半屬心，謂意處全，法處一分是也。此塵元是澄湛海中，粘湛發見等而起。今則稱體而觀，惟一般若，故無六塵也。

△三、六識。

無眼界，乃至無意識界。

照見十八界皆空也。界者，種族義，又界別義，爲色、心俱迷者，開十八也。本是一識，隨根成異，前根塵既空，識亦成智，故無六識。此三科照見凡夫五蘊皆空，承上色不異空之句也。

△四、十二因緣。

無無明，亦無無明盡，乃至無老死，亦無老死盡。

照見十二因緣皆空也。因緣者，展轉感果爲因，互相由藉爲緣。始從無無明至無老死，十二因緣生相。無明盡至無老死盡，十二因緣滅相。了此生滅之法，當體即是，不生不滅，故云無也。

△五、四諦。

無苦、集、滅、道。

照見四諦皆空也。苦則三相遷移，謂生、異、滅。集則四心流動，謂貪、嗔、癡、等分。滅則滅有還無，道則對治易奪。苦、集是世間因果，道、滅是出世因果。此係藏教生滅四諦也。更有無生無量。今就圓教無作四諦結，業即解脱。無苦可厭，塵勞本清淨。無集可斷，煩惱即菩提。無道可修，生死即涅槃。無滅可證，故云無也。此則照見二乘諦緣皆空，承上空不異色之句也。

△六、六度。

無智亦無得。

照見六度皆空也。六度以智爲體，智度既空，五度亦空，故云無。又智者，觀智。三智圓融，爲一切種智。得謂三諦理體周徧，能所俱泯，故云無。承上色即是空，空即是色之句也。

△七、結前生後。

以無所得故。

以由也。無所得三字，結前故之一字，起後文也。前文言空，或言無，或言不，今無所得結之。

△八、修證人法。

菩提薩埵，依般若波羅蜜多故。

菩提薩埵，梵語，具稱。今稱菩薩者，略去提埵二字。華言大道成。衆生自證般若，復以教人，故此在焉。斯能修人也。般若等，所依法也。菩薩冠於三教，巧拙不同，今就圓教而顯。

△九、障除果圓。

心無罣礙，無罣礙故，無有恐怖，遠離顛倒夢想，究竟涅槃。

此度一切苦厄也。若以有所得心爲本，修因如穿破絮於荊棘中行，觸處罣礙。以無所得心照圓融諦理，似清風遊於大虛，縱横自在。無罣礙而成解脱德，無恐怖而成法身德，離顛倒夢想成般若德。三道非離而離，三德非證而證，一一無著，方離顛倒，故云究竟涅槃也。

△七、印證。

三世諸佛，依般若波羅蜜多故，得阿耨多羅三藐三菩提。

顯此般若，不惟一佛二佛，三四五佛而修證之，十方三世諸佛，莫不依之而修證。梵語阿耨多羅，此云無上。三藐三菩提，此云正等正覺。福慧圓極，故言無上。揀偏小而不離偏小，故云正等。三諦並照，故云正覺。

△八、四呪牒結。

故知般若波羅蜜多，是大神呪，是大明呪，是無上呪，是無等等呪。

結上五蘊皆空之實効也。凡夫被五蘊繫縛，如蠶自蠒，不得其神。今稱般若照見，色不異空，心無罣礙，如鳥出籠，可謂神矣。故云是大神呪，獲破惡益，對治悉檀也。大明呪者，結二乘五蘊皆空之實効也。二乘雖破見思，伏乎塵沙，出乎三界，由其無明全在，故如長夜。今稱般若照見空不異色，無明將破，涅槃性天稍有曙色，可謂明矣。故云是大明呪，獲歡喜益，世界悉檀也。是無上呪者，結上通、别二教，菩薩五藴皆空之實効也。菩薩所修色即是空等，望前爲勝，故云無上。比圓爲劣，所顯三德殊勝。獲生善益，爲人悉檀也。無等等呪者，結六度皆空之實効也。等覺無明未盡，如十四夜月菩薩涅槃，證未圓極。今稱般若無明頓空，三德圓顯，世出世間無物與等，故云無等，而能出等與萬物。故云是無等等呪，獲入理益，第一義悉檀也。

△三、舉周勸流通，二。初、舉用。

能除一切苦，真實不虚，故説般若波羅蜜多呪。

中道觀智，照破三惑，即成三德。除九法界之苦，故將實語以訂之。如來有五語，舉三隱二，故云真實不虚。正謂日可令冷，月可令暖，如來所説無有異也。欲令衆生誠信而入，真實而修，勿使疑惑也。又恐惡世弘經，魔强法弱，説呪護之，令前四種實効智慧，無所損減，是故説呪。

△二、説呪。

即説呪曰：揭諦揭諦波羅揭諦波羅僧揭諦菩提薩婆訶。

此五不飜中祕蜜不飜也。又呪者，祝也。如來祝願一切衆生，欲使人人契會，個個圓修，不使錯悞也。又呪者，如軍中密號，唱號相應，無所訶問，不相應者，執以訶戮。般若之法，亦復如是。相應者咸是菩提，不相應者即是魔外。又則，前是顯説般若，此是密説般若。顯密兩説者何？機有不同故。宜顯則顯説，宜密則密説，無非令他獲益耳。且如顯説中獲益者，一向著文字語言，名相不除，想心不絶，處於是非場中，何日了期？是謂不相應處。兹聞密説，無所湊泊，離名字相，離言説相，言語道斷，思慮寂滅，斯合般若無説無聞之旨。密説中獲益者，如禪家單參一句無意味語，如銀墻鉄壁，使人頓斷心路，擬議思量。如栗棘蓬，使人吞不得。如金剛圈，使人透不得。但如此參去，直待識窮疑盡，豁然如桶底脱落，所謂推門落柏，不勞他力。到這裏，敲鑼擂鼓，共演真常，打户搥門，同歸般若，方可隨緣放曠，任意逍遥。與前明頭入者，各路同居，方得照見五藴皆空，度一切苦厄也。

般若波羅蜜多心經發隱終

校勘記

〔一〕「多」，底本原校云後脱「心」字。

〔二〕「機」，底本脱，據文意補。

〔三〕「味」，底本原校疑爲「味」。

（陳永革整理）

○三二八

般若心經際決[一]

心經注題辭

壯禪量虛慧公，操家三十年，耳無雜聽，口無雜言，飯食雲水，至者如歸。子野懷、孫熙遠亦皆精苦出群，爲吴中知識。野懷早世委院事於遠公，輒枯坐一室，六時禮佛，寒暑不輟。晚參三峰，相得甚驩。峰之門得法如某某者，俱以長老相目，不敢傲之以其所不知，峰順世獨居如故，莫得窺其涯涘。余所知者如是而已，初不以文字相遇也。冬春間，時時相過，袖中謏謏有聲，輒出一編，乃其《心經注解》，持用見示。余於此茫然，又不敢如他文字漫然置賞，以滋口業，勸其急就正於今之所謂大法師，如華山、中峰、崇光諸公，一一皆首肯矣。遂謀付梓，爲不朽計，亦情所必至也。夫佛法得之筆墨附會者淺，心地領會者深。公坐臥覃思，朝夕吟味，凡以爲此而已。固能上契佛旨，下不謬於注家，則此一編足矣，更無事求多也。世界滄涼，賢人隱伏，公但澄瑩心神，保持願力，來生必爲大宗師，演暢般若，覺悟群迷。今年事畹晚，餘炤無多，良賈深藏，不求聞達，是有厚望於公也。

崇禎十四年八月二十三，弟子徐波書。

校勘記

〔一〕底本據《卍續藏》。

般若際決題辭

嘗聞，一人得道，自有一番教法宣揚。譬之燈發乎焰，自能炤物，理不容己。以故明星悟後，金口歎之，葢歎此智慧德相，使一切咸得聞知，非憒蘊而作。若夫知之者既有淺深，宣之時不無頓漸，詎令聲聞緣覺，但止化城，菩薩行深，直趣寶所，此在他部所帶，非此中正説也。此則有無中道，緣捐九界，聖凡情盡。唯以是而造，雖挂礙顛倒，靡不咸離，菩提涅槃，果果俱就，經王開此，全是髻珠，更無他耳。北禪老宿量虚慧公，三十年來，一唯爲此，忽然漏逗，借舊吐新，宣此本際，非無所得而學語者比也。頃因付梓，敬題其簡若此。

崇禎辛巳中秋前一日，桐溪退院頭陀正性，書於淨梵壇東之天龍別室。

般若際決

唐三藏法師玄奘奉詔譯

明吴門北禪沙門大慧釋

釋般若波羅蜜多心經

般若者，即智慧也。此智慧於不思議中出現，收放總不離一微塵，何故？以此般若是本際施設，故世尊覩明星時便曰：奇哉，一切衆生皆具如來智慧德相。豈是一刹那覩星外更有身心？凡聖淨穢國土，一切有情，同證而謂之曰具也。波羅蜜多者，云到彼岸，到本際之彼岸是也。此本際是一切衆生自處舊居，不從修得。今人妄謂有彼岸可到，直至徒勞祇劫，到於涅槃，元來寸步無移。可見正當直下歸源，不須向外求真，否則必有彼此對待，不泯生死，於此經之宗趣失矣。此般若心者，聖凡所同稟共賦者也。以凡夫執著妄想，故有種種差別。賢聖執著修行，亦有種種差別。若論本法中，凡聖心行，總歸一刹那際裏，許施設。是故《經》云：一切賢聖，皆以無爲法而有差別。經者，常也，貫通義也。此一經之文章，前後句義，塵説刹説，一語一默，一動一靜，真常捷徑之法，總歸一刹那際中，一道貫通也。按：世尊入刹那際三昧時，不離菩提場而升忉利天，乃至七處九會，亦不離菩提場，此即無時也。無時者，不歷須臾，不遺三世，隨緣赴感，不失本際故。

觀自在菩薩。

觀者，智用。自在者，法性無爲故。以能所對待而觀，則不自在。必須能所俱忘，溷融無雜，方爲自在。菩薩者，即覺有情也。又云普濟。智身普遍於法界，普濟衆生，能度所度，總歸於智身、法身是也。

行深般若波羅蜜多時。

行深般若等者，蓋般若凡聖共有，無論正報智身相好，依報微塵剎土，衆寶莊嚴，及衆生依、正，總歸到本際法身，常寂光土，無彼無此，乃爲到彼岸耳。時者，即觀自在菩薩修此般若之時，從古至今，中間無時可移，無法可説，無動無靜，亦不住於無動靜，超世出世間法，乃名深也。

照見五蘊皆空。

五蘊皆空者，此空乃般若離心意識寂滅之空也。既離心意識，唯心可見矣。所謂透過唯心，方始舊居，舊居不居，便起大用現前，不拘規則耳。

度一切苦厄。

一切苦不出三苦，三苦本無，故無苦即寂滅，寂滅即自心，迷此一心而有衆苦，悟此一心但是淨佛國土，遊戲神通也。

舍利子，色不異空，空不異色，色即是空，空即是色。受、想、行、識，亦復如是。

梵語舍利，此云鶖。連母稱名，故曰鶖子。舍利子在二乘空智中推爲第一，今於甚深般若機將熟故，所以詔告之。不異者，色空同體，不異時之本際也。正所謂離雙眸而見青黄，絶色空而見是非也。即色即空者，非是析法明空，亦非混而不分，其空色空，了然明著，即是無時中現相，無字中説法，無門中出入，獨存不異，無二之門，豈非深般若乎。受想行識等者，例同心法四蘊也。

舍利子，是諸法空相，不生不滅，不垢不淨，不增不減。

諸法，即前五蘊等法。空相者，即實相也。實相體上，不生不滅，不垢不淨，不增不減，如是會五蘊歸實相也。所言不生不滅者，只此實相中無起滅。故《經》云：當處出生，隨處滅盡。非但刹那際中如是，即世尊從兜率降王宫，入胎出胎，至于涅槃七十有九，亦是當處出生，隨處滅盡。古德云：未離兜率已誕王宫，未出母胎度生已畢。誠哉是言也。此一際中，最寂靜處，無容心識，心識尚無，豈得以垢淨增減而言哉。

是故空中無色，無受、想、行、識。

空中無色等者，在一刹那，無容少許法，故曰無也。此際即是實際，如來之根本智也。又在刹那際中，説法度生，即是差别智也。差别與根本智，同時施設，故不言其空，但言無耳。

無眼、耳、鼻、舌、身、意，無色、聲、香、味、觸、法，無眼界，乃至無意識界。

無眼耳鼻舌等者，根塵識無出物外之像也。祖云：靈光獨耀，迥脱根塵，體露真常，不拘文字，但離妄緣，即如如佛，佛祖只是一箇鼻孔出氣。此經直指心源，以衆生不能直下承當，乃將三觀以推到其理。龍樹尊者云：因緣所生法，我説即是空，亦名爲假名，亦名中道義。此四句一口吐出，契證般若之妙，寧有過哉。衆生迷此，故曰無明。聖人悟此，名曰超數量。何以故？所謂三觀歸一心，一心歸刹那，一刹那中只無思慮，無思慮則不能自立刹那心者，故曰超數量。數量外淨心中湧出法界，體用緣起之法，豈不是如來藏中塵沙妙用耳？

無無明，亦無無明盡，乃至無老死，亦無老死盡。

此無十二有支緣生法也。此三世緣起，因果同時，非但二乘菩薩尚不能盡其理，唯佛同時具足因緣，故稱微妙大用也。論云：一支具十二支，支支具十二支，共一百四十四支，支支具真俗二諦。何以故？緣覺悟此，便爲滅諦。凡夫具此，成八萬四千塵勞，便有無量生死。聖人具此，成八萬四千陀羅尼，便有無量法門也。何以故？塵沙數門，總歸一刹那際，此一刹那際，無容一法。一切聖凡，心盡此際，亦能周遍法界。一切智身，無處不出現耳。

無苦、集、滅、道。

　　無小乘四諦者，直指聲聞，即涅槃故。何以故？即苦即涅槃，即集即一切種智。然而會取此兩箇即字，不費一毫許力，頓契般若之理。何以故？無三世故，既無三世，無我、人、衆生、壽者，不修而證。是故衆生即佛，衆生與佛本一相。故《經》云：是法住法位，世間相常住。何必轉也。

無智亦無得。

　　此經中無住法也。能證智慧，所證涅槃，亦是寄言，無實法故。《經》云：智慧愚痴，皆名般若，淨穢彼此，無異境界。然世尊所言三科七大，聲聞、緣覺、菩薩修證總非者，不可便謂之無也。此正世尊所謂一切事究竟堅固也。今人有志進道者，莫離事相中別立修行。若離事相而別立修行，則必有差訛，非究竟矣。是故正宗分中獨言無字，即事相上不立言說文字，心緣之旨，正所謂達摩教外別傳，最上宗之般若也。古云：在事相上覷，則捷意根上卜度，只摸索不著耳。

以無所得故。

　　即本有智慧，無依無住，以本法不可思議，故云無得也。

菩提薩埵，依般若波羅蜜多故。

　　菩提薩埵，指修此人。依者，賴也，仗也。

乃仗此刹那本際也。

心無罣礙，無罣礙故，無有恐怖，遠離顛倒夢想，究竟涅槃。

此是入刹那際三昧，觀六道衆生，三乘賢聖，能證智慧，所證涅槃，總名顛倒夢想耳。若能如是會取，不失此經之旨，方名大究竟，大寂滅海中耳。向下讚此經，顯般若真實。

三世諸佛，依般若波羅蜜多故，得阿耨多羅三藐三菩提。

引能證人，以證此經之不虚，令聞者生實信故。得阿耨多羅三藐三菩提者，即是無上正等正覺也。世尊入刹那際時，無一法加之於上，故曰無上。本際中諸佛衆生平等無二，故曰正等。正覺者，即本覺也。迷此覺者，名不覺悟。此覺者，名始覺。此覺本無迷悟，故曰本覺。三覺是假名，本無實法，寄言正覺耳。

故知般若波羅蜜多，是大神呪，是大明呪，是無上呪，是無等等呪。

般若，秘密者，無作無止，無任無滅，無無亦無，智慧光明本一相故。則知此經非心所測。大神呪者，諸佛用不思議神變故。大明呪者，法界平等，用無分別，智了衆生故。無上呪者，若大心衆生悟此法者，十住初心，便與諸佛果位，平等無異故。無等等呪者，佛所證無上之法，一切所不及故。

能除一切苦，真實不虚，故説般若波羅蜜多呪，即説呪曰：揭諦揭諦，波羅揭諦，波羅僧揭諦，菩提薩摩訶。

此經與呪，顯密交參，智者直悟，塵塵三昧，方契此經之髓也。何以故？聖凡共見，大地森羅，人畜等物，無非般若現形，揭諦、娑訶句裏出没。是經以深般若爲要綱，色空不異爲宗，諸法空相爲體，提無字當人爲用。無者纖塵不立，以賴無字種能含萬有，無色無受等，乃至無智無得者，豈不是離言絶意，教外深般若乎？色受空等諸法者，初授與比丘，至於佛果，亦容受於無字中。何也？諸法以空合空故，得容受無礙耳。今時人欲空見者，十中有六七。此般若畢竟離文字空色外，悟得容受不容受，故一切顛倒即涅槃也。

般若波羅蜜多心經終

論曰：如上所説刹那者，是本際之妙用也。何以故？本際無來去故。能攝三世故。刹那無住無性，大機大用，大自在故。如是二法本無異故。若將此際體上教化衆生，立一字爲體，三科七大爲用。若將此際用上教化衆生，立一字爲用，三科七大爲體。佛祖皆不離刹那際故，假如有人入蘭若中，初步踏著一塊磚，數百磚皆到矣。若次第經行百磚已，原至初步磚者，竝無移動。此般若之體用，亦復如是。末法時人，有執此心有者，有執空者，執常者，執非常者，執知者，執不知者，執常與無常、知與不知融通者，執一切總非者，執心中無色者，執色中無心者，執心中有色者，執色中有心者，執遍與不遍者，執喻者，執法者。如是等執，不能枚舉，皆爲戲論。如斯所論，盡歸與一刹那際中，不攝不散，不來不去，無住無依。何以故？性齊，時齊，行齊，體用齊，因果齊，此心於佛齊，衆生齊，法界亦齊。此心非即四句是，亦非離四句有，所謂一心三世，三世一心，舉起一毫端，放上周沙界。如斯會者，方契般若心宗也。

世尊不二中，將無字《心經》指示迷人。今人緣此無字對有字論之，便有建立誹謗之語。云何建立？非有性建立性，非無性建立性，非有無俱性建立性，非有無非性建立性。云何誹謗？非有言説而生常見言説，非無言説而生斷見言説，非即有無言説而生共見言説，非離有無言説而生滅見言説，是名建立誹謗法。除圓頓教，餘教修行俱不能免，以外道魔類等，於中取著。故在佛祖用處，團得攏擘得開，隨手拈來，無不自在，雖有種種差別，而於一刹那際，法法平等，稱性無二，故曰自在也。

夫般若靈明，體非一異，當人舉用差別，非無大要，用智者一切即一，用慧者一即一切，然而一多、同異、半滿，不出無字大用中，漏七珍八寶也。所謂當陽拈出，覿體無私，非常人之所論也。乃至幽冥人畜，橫竪屈伸，語默靜慮，左右見聞等，先會得此中面孔，後一隻眼，能除一切苦，真實不虛，故說般若波羅蜜多呪。

般若鋒兮難描畫　金剛焰裏豈安身
不覺昏沉親切處　回光一炤隔千層

般若心經際決終

北禪量公二注跋尾

吾人學問，得於授受者淺，得於天機者深。世學且然，而況佛法？量公體敦龐之質積嚮往之，誠矻矻乎，欲以悟入處舉似世人，葢自千山萬水，艸鞋邊拾得，并初中後夜蒲團上拈來，非如世間阿師，食人涕唾，從烟黄本子尋活計者也。去年有《般若心經際決》行世，未幾《彌陀已決》又出，夫從智慧門而收歸淨土，溯流窮源，因枝得本。昔文殊大智發願，求生西方，量公述作，本意與之暗合，當是諸佛憫念其勤嘿爲贊助耳。

壬午小除夕弟子徐波題

若人識得心，大地無寸土。般若是心智，淨土是心地。二經是心之常理，二註是心之指南。是故，除心則無般若，亦無淨土，況有二經與二註哉？二註之中，說道微塵際、刹那際者，所謂一念未興心源也。操持此心源，謂之行深般若。尋到此心源，謂之往生淨土。行也，往也，必可依指南以知方所。是二經之不可無二註也，如此矣。我禪定老人月舟胡禪師偶得此書，且誦且喜，欲與衆共之，乃令印生飜刻流通。是大慈心也，是般若心也，是淨土莊嚴心也。三心即一心，從彼微塵、刹那之二際，流出葢天葢地，浩無邊際。此心既無邊際，此書流通亦豈有邊際哉？不肖幸在衆先而看閲之，不知感喜何如也。因落禿筆於卷尾，聊記年月云爾。

貞享五戊辰歲三月穀旦，加州椙樹林大乘護國禪寺白卍山和南跋。

（陳永革整理）

〇三二九

般若波羅蜜多心經添足[一]

心經添足序

如來出世，本爲衆生發明心地。然心無跡，難以形容，不已，於虚空中畫出一條鱉鼻蛇，首尾宛然，可觀而不可觸。今不自量，爲蛇添足，得無取嘯於人乎。咦，蓋欲令人知足識蛇，如標月指。讀是解者，見蛇遺足，得意忘蛇，方爲善用其智，且不噎余。如或不然，未免毒氣所中。切忌切忌。

時崇禎壬午秋日鼎湖山摻道人識。

校勘記

〔一〕底本據《卍續藏》。

心經添足科文

- 釋此經文大科分二
  - 初釋題目二
    - 初正釋經題
    - 二釋譯人名
  - 二釋經文二
    - 初顯説般若四
      - 初因人顯法三
        - 初能修之人
        - 二所修之法
        - 三修證之位
      - 二正示法空二
        - 初明蘊空
        - 二顯空德二
          - 初總標
          - 二別釋四
            - 初釋蘊處界
            - 二釋十二因緣
            - 三釋四諦
            - 四釋智得
      - 三依法修證二
        - 初明菩薩得涅槃
        - 二明諸佛得菩提
      - 四結讚功能
    - 二密説般若

心經添足科文終

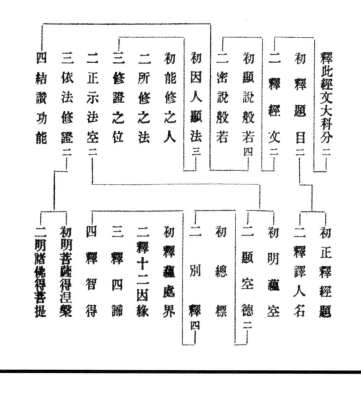

般若波羅蜜多心經添足

唐三藏法師玄奘奉詔譯

明粵東鼎湖山沙門弘贊述

釋此經文，大科分二：初、釋題目，二、正釋經文。初、釋題目，分二：初、正釋經題，二、釋譯人名。

初、釋經題。

般若波羅蜜多心經

經題八字，有通別二義。上七字是別，別於諸經，以諸經名號不同故。經之一字是通，通於諸經，以如來所説同名經故。就別題中，復有二義。上六字是所詮之法，心之一字是所引之喻，故此經以法喻爲名。或言單法爲名，以心字是結集人借義彰要，非正喻也。大乘爲教相，是深般若。以空爲宗，是諸法空相。涅槃爲趣，究竟涅槃。實相爲體，色即是空。觀照爲用。照見五蘊。若通題釋，以神鑒爲體，般若。運到爲用。波羅蜜多。若以因果釋，般若爲因，無分別智。波羅蜜多爲果。到彼岸。般若之義有三，謂實相、觀照、文字。實相般若者，謂法身真空之體，元無名相，今於無名相中，建立假名而談實相，故名實相。以心源湛寂，無相而相，名爲實相。是所觀之真性，即吾人虛靈不昧本覺真心，非寂非照，理性常住，體離生滅、染淨、虛妄等法。觀照般若者，乃實相體所起之用，即能觀之妙慧。良由法性幽玄，非此莫鑒。諸佛以此而妙契法身，菩薩以此而頓證真空，即吾人無分別智，非照而照，照了一切諸法皆即真空。無明即是實相，故云色即是空。文字般若者，文字是諸佛詮理之教，而文字性空，性空之體即是般若。故台教云：文字是色，是色即實相。《天王般若經》云：總持無文字，文字顯總持。是以能顯了實相、觀照二種般若之德。般若雖三，原同一相，所謂無相，無相即是大覺圓常。真空之體，具此三名，如世∴字。若能一念正觀圓修，照了諸法皆空，是爲圓證究竟涅槃。梵語般若，華言智慧。智乃實相無分別之智，慧是無分別智中之妙慧，亦名淨慧，亦名無相慧。又，慧即智，故《成實論》云真慧名智。此之智慧，體性圓融，照用自在，能窮諸法實性之邊底，是超情離見玄妙之絶稱，非同世智之智，聰慧之慧。世之智慧，從識心生，分別塵境，執取名言，發妄知見，爲有漏根，生死株，不能破無明惑，顯實相理。恐人濫此，故存梵音，而不直翻華言。究其實，則無物可當其體，無法可字其名，乃强名爲般若也。梵語波羅蜜多，此翻彼岸到，若順此方之文，則云到彼岸，是究竟諸法實際無餘之義。以生死爲此岸，煩惱妄念爲苦海中流，真空之際爲彼岸，般若如船[二]筏。故其行深般若者，照蘊空，無明滅，見煩惱即實相，生死即涅槃，越二死海，至三德岸，名到彼岸。其迷般若者，種種分別，妄執身心爲有，遂失慧光，不了諸法實相，名住此岸。故《華嚴》云：我觀一切衆生俱有如來智慧德相，但以妄想執著而不證得。以要言之，但有纖情未盡，便隔彼岸，凡聖情忘，即彼岸到，無別以爲到也。心者，譬如人心爲四大百骸之要，喻此經爲六百卷般若所歸之宗要，若達此經，則六百般若朗焉。有以此字爲中心之心，謂此經在六百卷之中心，謬也。或有以爲真心之心，然六百般若皆談真心，非獨此經，以般若即心也。心有體用，實相是體，觀照是用，以用歸體，即名到彼岸。故《起信論》云：自心起信，還信自心，自心即體，起信即用。還信自心，即是以用歸體。《華嚴別行鈔》云：智是理用，理體成智，還照於理，智與理冥，方曰真智。真智即實相般若，理即真空之理。

故《經》云：無有如外智能證於如，亦無智外如爲智所入。入是以用歸體，況性相空宗各異，寧容渾濫。而六百般若皆一無相空宗，是般若即真空體。故《涅槃》云：佛性者名第一義空，第一義空名爲智慧。故説智慧足矣，更不別説心性。若説心性，則成實法，一涉實法，便非空也。或謂是薩婆若心，原非經題，以心外無般若，般若外無心，心無形相，故説般若，是爲最玄最妙，何用更言心乎。經者，梵語修多羅，此翻爲契經，謂上契諸佛之理，下契衆生之機。今人尚略，故單言經。經即教也，是佛所詮之教，而訓常、訓攝。常以不變爲義，謂古今雖殊，覺道不改，群邪不能沮，衆聖不能異。攝謂貫攝玄微，以開未悟，同出苦津，而登覺岸。故有悟此經題，則彼岸到矣。《別行鈔》云：若有解《華嚴》經題七字之義，即一部之功已過半矣。∴，音伊。

△二、釋譯人名。

唐三藏法師玄奘[三]奉詔譯

唐是國號。三藏即經、律、論也。法，軌也，師，範也，謂能爲軌範，以法訓人也。玄奘是師法號，本名褘，俗姓陳，乃漢太丘仲弓之後，慧英處士之子，母夢白衣人而誕。年十一，從兄長捷法師出家，日授精理。二十三，便昇講座，詞理妙盡。自惟此土經法未殫，遂往西天，學通三藏，齎經、律、論梵夾歸唐，奉詔譯爲華言。此《心經》前後共有六譯，今所釋者，正奘師所譯之本。言譯者，傳也，謂傳彼西天之語，而爲東華之言也。

△三、正釋經文，分二：初、顯説般若，二、密説般若。初、顯説般若，分四：初、因人顯法，二、正示法空，三、依法修證，四、結讚功能。初、因人顯法，分三：初、能修之人，二、所修之法，三、修證之位。

初、能修之人。

觀自在菩薩，

此五字，有通有別。上三字是別名，別諸菩薩故。下二字是通號，通諸菩薩故。梵云婆盧枳底濕伐羅，華言觀自在。若云阿耶娑婆吉低輸，華言觀世音。梵本自有兩名，亦經各旨所宗不同。若從耳根悟入，如《楞嚴經》菩薩從聞、思、修入三摩地，《大悲經》菩薩聞呪即超八地，斯皆從耳根悟無生忍，名觀世音。從體起用，故云觀其音聲即得解脱。六根互用，故現千手眼，照護群生。今經從眼根證入，故云照見五蘊皆空，度一切苦厄，名觀自在。然此有能所、自行化他之義。觀字若作平聲，即屬能觀，世音屬所觀，即所化機。故《法華經》云：一心稱名觀世音，即時觀其音聲，皆得解脱。此即能所化他也。《楞嚴》云：由我觀聽十方圓明，故觀音名，徧十方界。此兼眼耳二根，故云觀聽，並屬自行。《大悲經》，兼觀音、自在二號，即屬自他。若準温陵釋，觀音者，觀世言音，圓應圓悟之號，此亦兼自行化他。然自行邊，觀字應作去聲。謂此菩薩用般若觀慧，照見五蘊身心空寂，度諸苦厄，即生死解脱，得大安樂，故云自在。交光云：觀字隨俗雖作平聲，理實去聲。良以納聲爲聞，達理爲觀，特取達理，故於音聲不言聞而言觀也。復須知因中名自行，果上是化他。然菩薩以利生爲要，必兼化他，方應菩薩之號。菩薩者，梵音具云菩提薩埵，菩提此翻覺，薩埵翻爲有情，就中亦有自行化他二義。自行邊，則菩薩已具覺悟之智，尚有餘習之情未盡。習情若盡，則名爲佛。若化他邊，謂菩薩以悲愍心，開覺一切有情，令見大道。二義合名，故稱菩薩。有情，即衆生別稱。

△二、所修之法。

行深般若波羅蜜多時，

行是修行，即所入觀行也。深是甚深，

即真空般若，非心所知，非識能識。般若約教有二，一深，二淺。淺者名人空般若，是二乘所證。深者即法空般若，是菩薩所入。今此真空實相，非二乘偏空小智所踐，故云深也。時者，證入真空體，在一剎那時也。乃菩薩以無分別智，照了五蘊身心，廓然寂滅，性相皆空，即最後一剎那頃，證入真空體之時。而稱體起用，度一切苦厄，亦在一剎那時。《大般若經》云皆以無性而爲自性，用一剎那相應妙慧，證得無上正等菩提是也。若據不空所譯本，即非因地時，乃菩薩入慧光定時說。今按本譯，以因地釋，令行人有所措心也。如《心地觀經》云：一剎那心，般若相應，悟三世法無餘。是知以因地爲正。言體用皆在一剎那時者，由五蘊本空，苦厄斯無，故體用同時也。言無分別智者，亦名根本智。若最初一念聞聲見色，得聲色自性時，是現量當前，即無分別智照，不屬生滅有無。此智纔發，分別之心頓泯，當體即是真空。若見真空，名見佛性。若剎那流入意地，起第二念，分別事理，即是生滅心。生滅妄想相續，念念不住，隨他聲色流轉，即智而成識。若不起分別，境自如如，即識而成智矣。剎那者，時之極速也，一念中有九十剎那，又云一彈指頃六十五剎那。

△三、修證之位。

照見五蘊皆空，度一切苦厄。

照見，是能入之觀。五蘊，是所觀之境。正以妙慧照見五蘊自性，當體皆是真空，故異二乘滅色求空。若證真空時，能所俱忘矣。照字，在果即觀自在之觀字，在因即吾人率爾心時不起分別之現量。故此照之一字，是修般若最初下手工夫之要術，即無分別智，照而了了者。見，非眼根及眼識所見，乃現量當前，於一切法，得法自性，不見纖塵可得。所謂不見色，不見受、想、行、識，非曰不見，見即無見，由五蘊本空，即是實相，實相無相，故不可見。不可見而見，洞徹法界。非唯不見世間諸法，於出世間一切禪定、智慧、解脫、三昧、無上正覺菩提、涅槃等法，悉空，故皆不見。都無所見，名爲照見，是見諸法實相也。瞥有少見，即墮妄想無明窟宅矣。五蘊者，色、受、想、行、識也。蘊以積聚爲義，謂諸衆生由此五法積聚成身，復由此身積聚無量塵勞煩惱，而受無量生死輪迴之苦。又名五陰，亦由積聚妄想煩惱，而陰覆本明真性也。色以質礙爲義，謂此身假合地、水、火、風四大因緣，而成幻質。洎外山河大地器界，凡有形者，皆名爲色。受以領納爲義，謂眼、耳、鼻、舌、身、意之六識，納彼色、聲、香、味、觸、法之六塵。想以審思取像爲義，即意識緣想六塵之境。行以造作爲義，即意識思惟塵境，造作善惡行業。識以了别爲義，名爲心王，受、想、行是心所。故此五蘊總名身心二法。此之身心，如幻如化，從因緣生，原無實性。故佛爲瓶沙王説喻，色如聚沫，因風吹水成聚，體相無實。受如水泡，水因物擊成泡，起滅無常，衆生所受苦樂之事亦爾。想如陽燄，遠望曠野，日光發燄如水，渴者思飲，衆生因念成想，終爲虚妄。行如芭蕉，蕉體危脆，中無有實，衆生造作諸行亦爾。識如幻事。幻術幻作人馬，本無實體，衆生識心分别諸法，隨境生滅，如幻無實。菩薩以般若智，觀此五蘊，色從四大假合而有，受、想、行、識由妄想境界而生。四大妄想，本無自性，當體即空，故曰皆空。非謂絶然滅無爲空，亦非有法能令彼空，以彼本自空故。衆生不了水月空華，故執五蘊幻有之色，而迷自性之真空。真空幻有，體無有二，但隨凡聖，所見不同。若以妄心分别，則見五蘊而遺真空。若以般若觀，則真空現而五蘊亡。是故真空一顯，幻有都滅，即五蘊斯空，而苦厄斯度，是爲到彼岸矣。言度者，脱也，超越也。一切苦厄者，世出世間諸苦也。此上序述觀自在菩薩修證之旨，乃一經之綱領，使人傚而修之。若有上機之人，覩此便悟無生。如其上上根者，聞觀自在名，即頓證真空，何假後語。如或未然，須詳下文。上言證者，乃證悟之證，非同二乘取證果位之證，故《經》云無智亦無得。下皆同也。鎮國云：生死之本，莫過人法二執。迷身心總相，故計人我爲實有。迷五蘊自相，故計法我爲實有。智眼照知五蘊和合，假名爲人，一一諦觀，但見五蘊，求人我相，終不可得，先觀色蘊，是觀身，了知堅是地，潤是水，煖是火，動是風。觀餘四蘊，則是觀心，了知領納爲受，取相爲想，造作爲行，了别爲識。依此身心諦觀分明，但見五蘊，求人我相終不可得，名爲人空。若觀一一蘊，皆從緣生，都無自性。求蘊相不可得，則五蘊皆空，名爲法空。是以照五蘊，而二空理現矣。言世間苦者，所謂八苦，生、老、病、死、冤憎會、愛别離、求不得、五陰盛也。出世間苦者，變易生死也。謂聲聞、緣覺、菩薩，雖離世間分段生死，而有方便等土變易生死。如初位爲因，後位爲果，又後位爲因，後後位爲果，以其因移果易，故名變易。言分段者，謂三界内衆生，隨其作業，所感果報，身之形段則有長短，命之分限則有延促，是名分段生死，以照見蘊中我人空故。滅煩惱障，即度分段苦，以照見五蘊自性空故。滅所知障，即度變易苦，苦厄雖衆，而二死收盡。今見真空，則度厄已盡矣。

△二、正示法空，分二：初、明蘊空，二、顯空德。

初、明蘊空。

舍利子，色不異空，空不異色，色即是空，空即是色。受、想、行、識，亦復如是。

此正釋明五蘊真空，顯非離色明空及斷滅空，以即色之空爲真空，即空之色爲幻色。而色是一切法相之首，故舉初攝後，以色義既彰，則萬法昭然。色，即四大幻有之色。空，即般若真空之理。衆生因迷真空，而成幻有之色。幻有緣生，元無自性，本是真空，如波外無水。由衆生以妄想風，擊彼真源，遂迷源逐浪，沉溺苦津。如來教以般若觀慧，照了幻有，無異真空，如悟波不異水，故云色不異空。如誌公曰：有相身中無相身，無明路上無生路是也。空不異色者，真空爲萬法之體，故本具一切諸法，如水出生波濤影沫，及隨器方圓等相。而衆生因執幻相，故迷真空，如愚夫觀波迷水。如來教修般若觀慧，達真空體，無異幻相，如悟水不異波。故云空不異色，色即是空。空即是色者，正發明不異之旨，以不異故，即是之也。又恐人因法成執，猶存色空二見，如世謂玉石相似，仍存二物，故言不異。今欲泯此二見，使人妙契色空不二，全體即是，如波即水，如水即波，動靜似分，體無二致。由迷真空，故令識幻即真，權立二名，元無二物。故永嘉云：無明實性即佛性，幻化空身即法身。是知幻境本真，不由修習。今因迷重，故須般若智照。不假智照，不知本真。不知本真，致見各異。凡夫執有身心，故見生滅，受於生死。外道著空，撥無罪福，故墮輪迴。二乘妄見五蘊實有其相，不了緣生，心起厭離，故墮聲聞。雖了五蘊諸法緣生，不達無性，故墮緣覺。若了五蘊諸法無性緣生，緣生無性，無性故空，空即真空，是名爲佛。法身真空之體，原非斷滅，故須於幻有中求。幻外無真，故曰真空。真外無幻，故曰幻色。此真空幻色，不異相即，是一經之極旨，般若之真宗。舊依教釋，佛爲執有之徒破色立空，故云色不異空。爲執空之徒破空立色，故云空不異色。爲諸菩薩顯中道觀，示實相理，俱立俱破，故云色即是空，空即是色。今經幻色當體即是真空，全非破空有之旨，故非舊釋。色蘊既爾，四蘊皆然，故云受、想、行、識亦復如是。若具説者，應云受不異空，空不異受，受即是空，空即是受。餘三蘊，例之可知。是名五蘊皆空。今如來今觀此現前五蘊身心爲所觀境，不假別求他法爲境，是爲最切最要。若能觀一蘊空，則蘊蘊皆空。故《圓覺經》云：幻身滅故幻心亦滅，幻心滅故幻塵亦滅，幻塵滅故幻滅亦滅，幻滅滅故非幻不滅。但彼經以破幻顯真，此經即幻是真。旨雖不同，色心無異，既知此心，真妄同源，空有不二，即此現前一念妄想起處，便是真空獨露呈前。當下以智觀察，見妄無體，便是真空。即凡心而見佛心，詎可棄茲幻妄而別想真如，如棄波求水，烏可得哉。此之空有不二，真妄同源，非智莫達，故呼舍利子而告之。舍利是梵語，子是華言，乃如來第一智慧弟子，本南天竺大論師提舍婆羅門所生，母名舍利，從母受稱，故名舍利子。此譯云身子，以母好形身故。又譯云鶖子，以其母眼明淨如鶖鳥之目。或言其母才辯，喻如鶖鳥。鶖即春鶯，又云百舌鳥是。按：此經六譯，而施護所譯本謂觀自在菩薩在靈鷲山爲舍利子說。既爾，菩薩下當有言字。今據經文勢及大部般若中，應是佛說。以文非全部，故無緣起及流通二分。然智者但取其義，勿泥其跡。若佛說，若菩薩說，皆可。離色明空者，謂空在色外，如墻處不空，墻外是空。斷滅空者，謂滅色明空，如穿井除土出空，以先有後無，是爲斷滅。此二非真實心，無知無用，不能現於萬法。然外道二乘，皆有斷滅，外道斷滅，歸於太虛，二乘斷滅，歸於涅槃。有以此經如餘經三分分釋，從觀自在至度一切苦厄爲緣起序分，舍利子至三菩提爲正宗分，故知以下皆爲流通分，如此亦强爲穿鑿。然此既云《心經》，即大部般若之心，故無序分等。慈恩云：録大經妙最，別出此經，三分二序，故皆遺闕。餘譯雖自有緣起之文，而不合衆譯。但得其旨，不可於此妄生是非。

△二、顯空德，分二：初、總標，二、別釋。

初、總標。

舍利子，是諸法空相，不生不滅，不垢不淨，不增不減。

是諸法者，即五蘊等法也。空相者，即諸法之真空實相也。蓋前示五蘊幻有，即是真空，而未説其相。故今示云：是諸法空相。既云諸法空相，則不可離諸法而別言空相。此直指諸法當體即是真空之相，譬如水月鏡像，體離生滅、垢淨、增減，故不可作之令生，壞之使滅，染之令垢，治之使淨，加之令增，損之使減。何以故。以彼影像無實，當體即空。亦如虛空，不可以生滅、垢淨、增減[三]名之，真空之相亦爾。故不可得而名之，乃强名曰實相。實相之相，非五眼能窺，心智所測，唯證者能知。蓋生滅，約指蘊處界。垢淨，約指四諦因緣。增減，約指智得。以蘊等是迷真逐妄，故見生滅。十二因緣，有流轉、還滅二門。其流轉門，是苦、集二諦，乃世間因果故垢。其還滅門，是道、滅二諦，乃出世因果故淨。菩薩修行，道有所增，而惑有所減，故云增減。今言不生滅、垢淨、增減，是發明諸法真空相中，本無凡聖、修證、因果等法，直顯般若一真空體，使人諸見脱落，一絲不掛，獨露真常，即如如佛。《還源觀》中云：隨流加染而不垢，返流除染而不淨，在聖體而不增，處凡流而不減。《略疏》云：色從緣起，真空不生，色從緣謝，真空不滅。又隨流不染，出障非淨。又障盡非減，德滿不增。此生滅、垢淨、增減，是有爲法相，翻此以顯真空之相，故云空相。

△二、別釋，分四：初、釋蘊處界，二、釋十二因緣，三、釋四諦，四、釋智得。

初、釋蘊處界。

是故空中無色，無受、想、行、識，無眼、耳、鼻、舌、身、意，無色、聲、香、味、觸、法，無眼界，乃至無意識界。

是故者，承上起下之詞，以發明諸法空相不生滅等之故，故無色受等也。空中者，即空相之中，以真空實相本離一切凡聖等法，故無蘊處界因緣修證之相。至於般若空中，空性尚不可得，況有蘊處界等法。故云無也。蓋無，非同龜毛兔角之無，乃即一切相，離一切相爲無。以妄情一息，凡聖見銷，真空獨露，故無蘊處界等可得。無色至行識，是無五蘊也。無眼耳至觸法，是無十二處也。無眼界至無意識界，是無十八界也。此合六根六塵，爲十二處。根以能生識爲義，塵以染污情識爲義。合六根六塵六識，爲十八界。在内爲六根，在外爲六塵。根塵相對，識生其中。所謂眼識、耳識、鼻識、舌識、身識、意識。界以界別爲義，謂此十八法，各有別體，義無渾濫。如眼以色爲界，耳以聲爲界，乃至意以法爲界。眼不能越色有見，耳不能越聲有聞，乃至意不能越法有知。色以眼爲界，以色必眼所見，非聲香等能對眼故。乃至意以法爲界，以法必意所知，非聲香等能對意故。眼識界，是眼家之識，必依眼根始發，非依餘根能發，而眼亦不能發聲香等識，故此爲別。餘可例知。乃至者，是舉其始末而包括其中也。此蘊、處、界，名爲三科法門。法門雖三，總色、心二法，開合不同。佛爲迷心不迷色人説五蘊法，合色爲一分，開心爲四分。受、想、行、識，皆心分故。爲迷色不迷心人説十二處法，開色爲十分半，謂内五根，外六塵，法塵半分故。合心爲一分半。謂意根一分，法塵半分。爲心色俱迷人説十八界，開色爲十分半，準上應知。開心爲七分半。謂眼耳鼻舌身意之六識，加意根一分，法塵半分。如來逗衆生機，説此三科法門，各隨根性，任修一法，即能悟入。今此般若真空門中，都無是事，是故言無。正顯真空實相，體非質礙、領納、審思、造作、了別、積聚之相，故無色、受、想、行、識也。真空實相，體非根塵，能入所入之相，故無十二處也。真空實相，體非根塵識別之相，故無十八界也。

△二、釋十二因緣。

無無明，亦無無明盡，乃至無老死，亦無老死盡。

此名十二因緣，亦名緣起，亦名緣生。所謂無明緣行，行緣識，識緣名色，名色緣六入，六入緣觸，觸緣受，受緣愛，愛緣取，取緣有，有緣生，生緣老死。言無明者，昏暗義也。謂過去世煩惱之惑，覆蓋真性，無妙覺之明，妄認四大爲自身相，六塵緣影爲自心相，故名無明。《大般若經》云：如無所有，如是而有，若於如是無所有法，不能了達，説名無明。何等法無所有。謂蘊處界，乃至十八不共法、一切智、道相智、一切相智。彼由無明及愛勢力，分別執著斷常二邊，由此不知不見諸法無所有性。行者，造作也。謂過去身口造作善、不善業，故名行。識者，心王也。真妄和合，名之爲識。由過去惑業相牽，致令此神識，投托母胎。名色者，名即心，色即身也。從托母胎，至第五箇七日，生諸根形，四肢差別，是爲名色。六入者，六根也。從名色後至第七箇七日，六根開張，有入六塵之用，故名六入，亦名六處。觸者，觸對也。從出胎已來，至三四歲時，六根雖觸對六塵，然未能了知生苦樂想，故名爲觸。受者，領納也。從五六歲，至十二三歲時，因外六塵，觸對六根，即能領納前境好惡等事，然猶未能起婬貪等心，故名爲受。愛者，貪愛也。從十四五歲，至十八九歲，貪於姓欲諸境，及勝妙等事，然猶未能廣徧追求，故名爲愛。取者，求取也。從二十歲後，貪欲轉盛，於五塵境，廣徧馳求，故名爲取。有者，後有也。因馳求諸境，起善惡業，積集牽引當生三界有漏之果，故名爲有。生者，受生也。今現世所作善惡之業，後世還於六道四生中受生，故名爲生。老死者，衰壞也。謂來世受生已後，五蘊之身，衰已還壞，是名老死。此十二法，展轉感果，故名因。互相由藉，名爲緣。三世相續循還無有間斷，如輪迴轉，故曰輪迴。始由過去世無明行爲因，招感現在識、名色、六入、觸、受五者爲果。由現在果，起愛、取、有三者爲現在因。由現在因，而感未來世生、老死之果。此是生相，即凡夫法，名流轉門。若緣覺人，悟此諸法緣生，而無明滅則行滅，乃至老死滅。此是滅相，即緣覺法，名還滅門。若以般若觀慧，照了無明體性皆空，無生滅相，故云無無明，亦無無明盡，乃至無老死，亦無老死盡。言無無明，是舉流轉初相空。亦無無明盡，是舉還滅初相空。乃至無老死，是舉流轉末相空。亦無老死盡，是舉還滅末相空。盡即滅也。此蓋舉其始末空，而該其中，以顯般若真空體非流轉還滅之相，故無十二因緣也。

△三、釋四諦。

無苦集滅道，

苦即生死苦果，集是惑業苦因，此是世間因果。滅即涅槃樂果，道是道品樂因，此是出世間因果。《智度論》云：世間及身，是苦果。貪愛、瞋、癡等諸煩惱，是苦因。煩惱滅，是苦滅。滅煩惱方法，是名爲道。如來説此四聖諦法，蓋爲凡夫二乘不知三界五蘊諸法如幻如化，本自無生，性相寂滅，生死涅槃，猶如昨夢，而於無生法中妄見生滅，横受輪迴。譬如陽燄無水處，妄作水想，徒自疲勞。是故如來令彼知苦斷集，慕滅修道，暫息苦本。聲聞不了，躭寂滅樂，以爲實證。大乘菩薩，修般若觀，見真空理，無生滅修證之法。生滅修證自性空故，故云無苦、集、滅、道。諦者，審實也。凡夫雖有苦集，而不審實，不得稱諦。無倒聖智，審知境故，故名聖諦。道品者，即三十七品菩提分法，詳餘經論。

無智亦無得。

△四、釋智得。

智即能觀之智，得即所證之理。意明不但無蘊處界諦緣諸法，即三乘人能證所證，及修般若菩薩空諸法之智，與空智之所得理亦無。蓋法性如空，以眼病故，於空見華而取證。故《大般若經》云：欲知説如來不能證諸佛法秘密義趣，當學如是甚深般若波羅蜜多。何以故。所證佛法及能證者不可得故。又云，於一切法勝義諦中，能證、所證、證處、證時，及由此證，若合若離，皆不可得，不可見故。菩薩於諸法空，不應作證。謂觀法空時，先作是念，我應觀法諸相皆空，不應作證，我爲學故。觀諸法空，不爲證故。觀諸法空，乃至我於無上正等菩提，今時應學，不應作證。故《智度論》云：菩提深入空故，知空亦空，涅槃亦空，故無所證，以證不證法不可得故。始從五蘊，終至四諦，乃三乘人修道所觀之境。今修般若，如大火聚，無論淨穢，觸處皆燒，是故真空理顯，凡情蕩盡，真如聖境，一切智智，悉不可得。故世之蘊處界，出世之四諦因緣，以至能證所證，莫不皆空，是則人法兩忘，境智雙泯，如病去藥除，故云無智亦無得。

△三、依法修證，分二：初、明菩薩得涅槃，二、明諸佛得菩提。

初、明菩薩得涅槃。

以無所得故，菩提薩埵依般若波羅蜜多故，心無罣礙。無罣礙故，無有恐怖，遠離顛倒夢想，究竟涅槃。

以無所得故者，承上諸無字而言，謂由前諸法無所得之故，菩薩因依之而修，得究竟涅槃。故此無字乃統一經之旨。蓋由法性如如，體本寂滅，若以有所得心，即迷本真，失於般若觀慧，何由遠離顛倒，得於究竟涅槃。《涅槃經》云：無所得者，則名爲慧。菩薩得是慧故，名無所得。又無所得者，名大涅槃。菩薩安住大涅槃中，不見一切諸法性相，故名無所得。又無所得者，名爲大乘。菩薩不住諸法，故名大乘。清涼云：無所得即般若相，由得般若無得智慧，故方得也。《大品》云：以無所得而爲方便。《智度論》云：有二種空。一、無方便空，故墮二乘地。二、有方便空，則無所墮，直至無上菩提。復有二種空。一、但行空，墮二乘地。二、行不可得空，空亦不可得，則無處可墮。故諸菩薩以般若方便觀慧，照諸法空，故於蘊處界因緣諦相，及能證所證，皆無所得。以此無所得心故，而依般若修行，則業累解脱。由依此修行故，則惑不礙心，境不礙智，故心無罣礙。由無罣礙，則業累解脱。以業脱故，則外無三界果報之恐怖。由無果報，則内永離煩惱之顛倒夢想。以離煩惱，則真常獨露，是爲究竟涅槃。斯顯般若真空體非生滅，違因失果。故諸菩薩，於一切法無所得，是得究竟涅槃。然一大部般若，皆以無所得而爲宗致，設有一法過涅槃上者，亦如夢如幻，悉不可得。故《大般若經》云：雖達一切法自性皆空，而諸菩薩因此般若波羅蜜多，證得無上正等菩提，轉妙法輪，度無量衆。雖證菩提，而無所證，證不證法皆不可得故。以不可得，即無能證所證，諸忘知見。由無妄見，故無顛倒之煩惱。若有所證，即是顛倒夢想，豈得涅槃菩提。《金剛般若不壞假名論》云：若論菩薩證真實時，乃至法身亦無得故。菩提薩埵者，是能依之人。般若波羅蜜多者，是所依之法。心無罣礙、顛倒夢想，是能空之障。究竟涅槃，是所證之果。究竟涅槃者，五住究盡，二死永亡，名爲究竟，亦名無餘，以究盡涅槃之際故。復名無住處涅槃。非同二乘，但離見思惑，名爲解脱。權得化城之涅槃，誠非究竟。梵稱涅槃，華言圓寂，圓謂德無不備，寂謂障無不盡。亦翻大滅度，大即實相，滅即蘊空，度即越苦。又大即法身，滅即解脱，度即般若。菩薩修般若，觀諸法空，實相理顯，了生死幻身即本法身，煩惱即般若，結業即解脱，此則三障頓空，三德斯圓，是謂究竟涅槃。三障者，即業障、報障、煩惱障也。業能縛衆生，在生死獄，不得解脱，故名罣礙。三界果報，猶如火宅，是可畏相，故名恐怖。無明體性，是顛倒法，猶如夢想，故名顛倒夢想。由離煩惱，則不起惑結業。由離結業，則無果報矣。五住者，即五住地惑，此惑能令衆生住著生死故也。一、一切見住，即三界見惑也；二、欲愛住，即欲界思惑也；三、色愛住，即色界思惑也；四、有愛住，即無色界思惑也；五、無明住，即根本無明惑也。二乘未了此惑，故沉滯於空，即住方便土。大乘菩薩，方便斷除，猶餘惑未盡，故住實報土。今修般若，餘惑頓破，故名究竟。

△二、明諸佛得菩提。

三世諸佛，依般若波羅蜜多故，得阿耨多羅三藐三菩提。

三世者，過去、未來、現在也。阿耨多羅三藐三菩提者，華言無上正等正覺，即諸佛所證之道。意明非獨菩薩以無所得心，依般若而得涅槃，三世諸佛亦以無所得心，依般若而得無上菩提。菩提、涅槃原無二路，皆依般若而得，捨此般若，而無有得之者。故《大般若經》云：一切如來應正等覺，乘如是乘，行如是道，來至無上正等菩提。此乘此道，當知即是甚深般若波羅蜜多。《摩訶般若經》云：諸法自相空，即是阿耨多羅三藐三菩提。又云：菩薩行般若作佛已，變名爲阿耨多羅三藐三菩提。菩提是智德，涅槃是斷德。菩提涅槃，其名雖二，而皆是極聖所證二轉依果，以惑非智而不斷，智非斷而不圓。故《大般若經》云：菩薩於菩提道，及一切波羅蜜多，已圓滿故，由一剎那相應妙慧，證得如來一切相智。爾時一切煩惱習氣相續永不生故，名無餘斷，則名如來應正等覺。是知如是二果，皆依般若波羅蜜多而得成就也。佛者，梵音具云佛陀，華言覺，乃窮理盡性之稱。所謂悟性真常，了惑虛妄，運無緣慈，度有情界，行滿果圓，故謂之大覺也。《大般若經》云：於一切法，自然開覺，故名佛陀。如實開覺一切有情，令離顛倒惡業衆苦，故名佛陀。以何義故，名爲菩提。證法空義，及證真如義，是菩提義。諸佛所有真淨妙覺，故名菩提。諸佛由此現覺諸法一切種相，故名菩提。如來者，謂乘先佛道來成正覺，故名如來。又然諸法相，有佛無佛，法界法爾，佛於此相，如實現覺，故名如來。又如來依般若波羅蜜多，如實覺一切法真如，不虛妄，不變異，由此覺真如相故，説名如來應正等覺。言智德者，謂以平等智慧，照了諸法圓融，通達無礙，隨衆生機，爲其演説，而無差謬也。斷德者，謂斷除一切煩惱惑業淨盡無餘，隨所化住處，惡不能染，縱任自在，而無累縛也。二轉依果者，以悟煩惱即菩提，故轉煩惱而依菩提，乃諸佛所證之道。以生死即涅槃，故轉生死而依涅槃，是諸佛所證之果也。

△四、結讚功能。

故知般若波羅蜜多，是大神呪，是大明呪，是無上呪，是無等等呪，能除一切苦，真實不虛。

故知者，承上菩薩諸佛，皆依此深般若而證得涅槃菩提。由是故知般若功用，不可思議，非名言數量能宣，乃以四種呪而讚喻之。神以不測爲義，明能破暗，謂此般若神功妙用，非心量所知。能滅無明癡暗，而顯真空智理，證得菩提涅槃，更無有法出於其上，故云無上。是諸佛秘密之心印，故亦無有法與之比倫，故云無等等。又此般若名無比法，復無有無比法與之比，故名無等等。五住結盡，二死俱亡，四生果謝，萬累都損，故云能除一切苦。

如是般若，妙用難思，了妄即真，即凡成聖，決定息苦無疑，特令衆生信受奉行，故云真實不虛。《大般若經》云：學此般若波羅蜜多大呪王時，於我及法，雖無所得，而能證得無上正等菩提。《智論》云：何故名般若爲大明呪。謂諸外道俱有種種呪術，利益人民，能隨意所欲，使諸鬼神，大得名聲，人民歸伏。般若波羅蜜，於諸呪術中，是大呪術，常與衆生道德樂故。諸餘呪術能起貪瞋煩惱，自在作惡，墮三惡道。是般若波羅蜜呪，能滅禪定、佛道、涅槃諸著，何况貪瞋麤病。是故名爲大明呪、無上呪、無等等呪。又是呪能令人離老病死，能立衆生於大乘，能令行者於一切衆生中最大，是故言大呪。能如是利益，故名無上。古有仙人，所作能知他人心呪，名抑叉尼。能飛行變化呪，名揵陀梨。能住壽過千歲萬歲呪，於諸呪中無與等。於此無等呪術中，般若波羅蜜，過出無量，故名無等等。又諸佛法名等，般若波羅蜜，得佛因緣，故言無等等。又諸佛於一切衆生中名無等，是般若呪術佛所作，故名無等等呪。

△二、密説般若。

故説般若波羅蜜多呪，即説呪曰：揭諦揭諦，波羅揭諦，波羅僧揭諦，菩提薩婆訶。

此密説般若，是不思議境，體即真空，無異顯説。但以顯説，恐人依文解義，依説起見，復執真空實有其體，遂成實法，還同生滅，不知真空亦空，而反生執著，復墮無明。故《大般若經》云：一切法自性空，空性不應執著空性。空中空性尚不可得，况有空性能執著空。所以不了真空本如，便以智求智。智則成解，解即失真。起於照心，照則立境。隨照失體，返成影事。是以大智居於目前，翻爲名相之境。故永嘉云：不離當處常湛然，覓則知君不可見。今此密説般若，正使人情忘智泯，不假尋求，真空現前，倏然默證，蹈於符契，故謂之曰呪，即如來難思秘密真實之語。呪願衆生如佛無異。是故持誦者，當空其心，而一其念。念念無間，如蜾蠃之呪螟蛉，自然冥妄契真，即凡成聖。或云顯説令解生慧，滅煩惱障。密説令誦生福，滅罪業障。或有强釋，以揭諦翻爲度，波羅爲彼岸，僧爲衆，謂自度度他，與衆同到菩提彼岸。如是翻釋，有乖至理，全非聖意。既云密説，人寧解之，尚非小聖因位菩薩能測，況容凡愚可以義釋。名言雙絶，理事兩忘，爍迦羅眼，窺摸不著，一落心思，便成知見渣滓。知見立知，即無明本，無明斯立，萬劫汩沉，一切苦厄，何由度哉。心思若絶，知見是泯，無明斯破，而彼岸斯到矣。薩婆訶，即娑婆訶，翻速疾成就，又云是圓寂義。其義衆多，詳如餘處。

般若波羅蜜多心經添足終

校勘記

〔一〕「船」，底本作「般」，據文意改。

〔二〕「奘」，底本作「契」，據文意改。

〔三〕「滅」，底本作「滅」，據文意改。

（陳永革整理）

〇三三〇

般若心經貫義〔一〕

心經貫義

此經本觀自在菩薩所修之妙行，所證之究竟涅槃。妙行即行深般若。涅槃體具三德，所謂法身、般若、解脱。般若即照見，法身即蘊空，解脱即度苦。故曰照見五蘊皆空，度一切苦厄。而佛欲人之得，同菩薩之得，故曰色不異空，空不異色。復恐空色名生，不知當體即是，故曰色即是空，空即是色。其有欲得此者，直下一念不生，體露真常，即名觀自在。其迷此者，身心熾然，是爲六道四生。如或於此未能一念相應，即當秉起大丈夫志，截斷心意識路，不落卜度知見，以無分别智凝然在前，照此如幻身心，當處寂滅，即是真空。真空獨露，是曰法身。法身無著，名爲解脱。法身體離生滅虚妄等相，故無世之根、塵、識。法身前後際斷，故無三世十二因緣。法身不屬世出世間因果，故無苦、集、滅、道。法身本自圓成，初離能所修證，故無智亦無得。法身離一切相，而非斷滅，故以無修而修，是依般若波羅蜜多，以無證而證，是證究竟涅槃，以無得而得，是得阿耨菩提。出入六根門頭，周遍法界，靈而莫測，故曰是大神呪。靈光獨耀，故曰是大明呪。出於數量之表，故曰是無上呪。非三賢十聖可比，故曰是無等等呪。離名絶義，故曰揭諦揭諦，波羅揭諦，波羅僧揭諦，菩提薩婆訶。

心經貫義終

校勘記

〔一〕底本據《卍續藏》。

附大般若經受持功德

佛告善勇猛菩薩言：若諸菩薩手執如是甚深

般若波羅蜜多方便善巧相應法教，是諸菩薩設不現前蒙佛授記，當知已蒙佛授記，或復不久當蒙佛現前授記。如是菩薩，若手執如此甚深般若波羅蜜多，當知鄰近所求無上正等菩提，定無疑惑，速坐妙菩提座，又速獲一切智智。乃至云，菩薩若以般若波羅蜜多相應法教，施有情類，心無悋惜，當知不久得爲法王，於一切法皆得自在。又菩薩現得般若波羅蜜多，精勤修學，是諸菩薩，當知不久，一切智智之所潤沃，善能趣入一切智智，常能開顯一切智智，由斯潤洽一切有情，分別開示無上法寶，善勇猛，如日輪出，蔽諸光明。如是菩薩所學般若波羅蜜多出現世間，一切外道悉皆隱没。若諸菩薩所學般若波羅蜜多出現世間，與有情類作法明照。若諸菩薩出現世間，作諸有情善根明照，與有情類作淨福田，一切有情皆應供養，一切有情皆應歸趣，一切有情皆應稱讚。若學般若波羅蜜多，於諸學中，最勝第一，爲妙爲微妙，無上爲無上，無等無等等。又能令一切學皆到究竟，普能受持一切所學。於一切學皆能開示，摧伏一切他論邪學。若諸菩薩能學般若波羅蜜多，則能修行三世諸佛、諸菩薩行。

又佛告憍尸迦：若善男子、善女人等，於此般若波羅蜜多，至心聽聞，受持讀誦，精勤修進，如理思惟，書寫解説，廣令流布，是善男子、善女人等，現在不爲毒藥所害，刀兵所傷，火所焚燒，水所漂溺，乃至不爲四百四病之所夭殁，除先定業現世應受。憍尸迦，是善男子、善女人等，若遭官事、怨賊逼迫，至心誦念如是般若波羅蜜多，若至其所，終不爲彼譴罰。何以故。憍尸迦，如是般若波羅蜜多威德勢力法令爾故。憍尸迦，是善男子、善女人等，若有欲至國王、王子、大臣等處，至心誦念如是般若波羅蜜多，必爲王等歡喜問訊，供養恭敬，尊重讚歎。何以故。憍尸迦，是善男子、善女人等，常於有情發起慈悲喜捨心故。憍尸迦，是善男子、善女人，常得成就如是等類現在功德。憍尸迦，若善男子、善女人等，於此般若波羅蜜多，至心聽聞，受持讀誦，精勤修學，如理思惟，書寫解説，廣令流布，是善男子、善女人等，隨所生處，常不遠離十善業道，若四靜慮，四無量心，四無色定，若布施波羅蜜多，乃至十八佛不共法，若一切三摩地門，陀羅尼門，若一切智，道相智，一切相智。不墜地獄、傍生、鬼界，除願往彼，成熟有情。隨所生處，常具諸根，支體無缺，永不生在貧窮下賤、工師雜類、屠膾漁獵、盜賊獄吏，及補羯娑、旃荼羅家，若戍達羅，貿易卑族。隨所生處，具三十二大丈夫相，八十隨好，圓滿莊嚴，一切有情見者歡喜。多生有佛嚴淨土中，蓮華化生，不造衆惡。常不遠離菩薩神通，隨心所願，遊諸佛土，從一佛國至一佛國，親近供養諸佛世尊，成熟有情，嚴淨佛土，聽聞正法，如説修行，漸次證得一切智智。憍尸迦，是善男子、善女人等，當成就如是等類未來功德。以是故，憍尸迦，若善男子、善女人等，欲得如是現在未來殊勝功德，乃至無上正等菩提者，應常不離一切智智心，以無所得而爲方便，於此般若波羅蜜多甚深經典，至心聽聞，受持讀誦，精勤修學，如理思惟，書寫解説，廣令流布。復以種種上妙華鬘，塗散等香，衣服瓔珞，寶幢旛蓋，諸妙珍奇，伎樂燈明，而爲供養。天帝，姓憍尸迦，名釋提桓因。此云能天主，俗稱玉帝。

復次，憍尸迦，若善男子、善女人等，於此般若波羅蜜多，至心聽聞，受持讀誦，精勤修學，如理思惟，書寫解説，廣令流布，是善男子[二]、善女人等，隨所居止國土城邑，人及非人，不爲一切災横疾疫之所傷害。何以故。憍尸迦，是善男子、善女人等，隨所住處，爲此三千大千世界及餘十方無邊世界所有四大王衆天，乃至色究竟天，并諸龍神、阿素洛等，常來守護，供養恭敬，尊重讚歎，不令般若波羅蜜多有留難故。復次，憍尸迦，若善男子、善女人等，書此般若波羅蜜多大神呪王，置清淨處，供養恭敬，尊重讚歎，雖不聽聞受持讀誦，精勤修學，如理思惟，亦不爲他開示分别，而此住處國邑王都人、非人等，不爲一切災横疾疫之所傷害。何以故。憍尸迦，如是般若波羅蜜多大神呪王，隨所住處，爲此三千大千世界，及餘十方無邊世界，所有四大王衆天，乃至色究竟天，并諸龍神、阿素洛等，常來守護，供養恭敬，尊重讚歎，不令般若波羅蜜多大神呪王，有留難故。憍尸迦，是善男子、善女人等，但書般若波羅蜜多大神呪王，置清淨處，供養恭敬，尊重讚歎，尚獲如是現法利益，况能聽聞，受持讀誦，精勤修學，如理思惟，及廣爲開示分别。當知是輩，功德無邊，速證菩提，利樂一切。復次，憍尸迦，若善男子、善女人等，怖畏怨家，惡獸災横，厭禱疾疫，毒藥呪等，應書般若波羅蜜多大神呪王，隨多少分，香囊盛貯，安寶筒中，恒隨逐身，供養恭敬，尊重讚歎，諸怖畏事，皆自銷除，天龍神鬼常守護故。阿素洛，即阿修羅。憍尸迦，若善男子、善女人等，或諸天子，及諸天女，此甚深般若波羅蜜多，一經其耳，善根力故，定當漸次證得無上正等菩提。何以故。憍尸迦，過去、未來、現在諸佛，及諸弟子，一切皆學如是般若波羅蜜多，證得無上正等菩提，入無餘依涅槃界。何以故。憍尸迦，如是般若波羅蜜多，普攝一切菩提分法，若諸佛法，若菩薩法，若獨覺法，若聲聞法，皆俱攝故。

若善男子、善女人等，暫聽如是般若波羅蜜多，聞已書寫，讀誦受持，思惟修習，是善男子、善女人等，速出生死，證得涅槃。《摩訶般若經》云，若人爲佛起七寶塔，滿三千大千世界，皆高一由旬，盡壽以香華、瓔珞、伎樂供養，所得福德，不如有人書寫受持是《般若經》，恭敬、尊重、讚歎，華香乃至伎樂供養，其福甚多。時，諸天及天帝釋白佛言：世尊，若人受持般若波羅蜜，乃至正憶念，我等視是人即是佛，若次佛。佛言：若人受持般若波羅蜜，乃至正憶念，書持經卷，華香供養，是人爲父母所愛，宗親知識所念，諸沙門婆羅門所敬，十方諸佛、菩薩、辟支羅漢乃至須陀洹所愛敬，一切世間，若天，若魔，若梵，及阿修羅等愛敬，乃至三千大千世界中所有諸天發菩提心者，皆來到書持經卷所在之處，見《般若經》，讀誦供養，禮拜而去。若有但書寫此經卷，於舍供養，不受不讀，不誦不説，不正憶念。是處，若人若非人，不能得其便。若受持供養般若，勝於供養十方諸佛及弟子衆。復有人書《般若》經卷，與他人令學，其福甚多。又人欲見十方無量世界中現在佛法身、色身，應聞受持般若，讀誦，正憶念，爲人廣説。是人行般若，亦應以法相應，修念佛三昧。若求佛道、緣覺道、聲聞道，皆應供養恭敬，尊重讚歎般若波羅蜜。若化恒河衆生，令得六通，不如書《般若》，令他讀誦。又以此令他讀誦《般若》之福，不如正憶念般若波羅蜜。又此正憶念般若之福，不如爲他説令易解。天帝釋白佛言：菩薩但行般若波羅蜜，不行餘波羅蜜耶。佛言：菩薩盡行六波羅蜜法。以無所得故，行施波羅蜜，乃至行般若波羅蜜。又若菩薩不發阿耨菩提心者，不能學六波羅蜜，乃至十八不共法。若不學六波羅蜜，乃至十八不共法，不能得阿耨菩提。《智論》釋云，視是人即佛者，法性身住不退轉地，得無生法忍，乃至十地。次佛者，肉身菩薩，能説般若及其正義。問曰：般若在佛身中，若供養一佛，則供養般若，何以言供養十方佛，不如供養般若。答曰：供養著心。若供養佛，取人相，人畢竟不可得，以取相故，福田雖大，而功德薄少。供養般若者，則如所聞般若中，不取人相，不取法相，用是心供養，故福德大。又般若是諸佛母，及諸佛師。諸佛得三十二相，八十種好，無量光明神通變化，皆是般若波羅蜜力。以是等因緣，故勝供養十方諸佛，非不敬佛。帝釋意念：若般若是究竟法者，但行般若，何用餘法。佛答：菩薩行六波羅蜜，以般若波羅蜜，用無所得法和合故，此即行般若波羅蜜。若但行般若，不行五波羅蜜，則功德不具足，不美不妙。譬如愚人，不識飲食種具，聞醬是衆味主，便純飲醬，失味至患。行者亦如是，欲除著心，故但行般若，反墮邪見，不能增進善法。若與五波羅蜜和合，則功德具足，義味調適。雖衆行和合，般若爲主。若布施等諸法離般若，則有種種差別。至般若波羅蜜中，皆一相，無有差別。問曰：行般若波羅蜜，受誦乃至正憶念，此事爲難，書般若經卷，與他人爲易，功德尚不應等，云何言勝。答曰：獨行誦讀，正憶念雖難，或以我心，故功德小。以經卷與人者，有大悲心，作佛道因緣，無吾我故，功德爲大。復有人於大衆中，廣解其義，其福勝前，當視其人如佛，若次佛。

如是種種讚歎、受持、讀誦般若，現世他生，所獲功德善根，不可備録，廣如《大般若經》說。昔玄奘法師，往天竺，路經莫賀延磧，長八百餘里，古曰沙河，上無飛鳥，下無走獸，復無水草。是時顧影，唯一心但念觀音菩薩，及《般若心經》。初，法師在蜀，見一病人，身瘡臭穢，衣服破污，愍將向寺，施與衣服飲食之直。病者慚愧，乃授法師《心經》，囑曰：凡遇難緣，當誦之。師因常誦習，至沙河間，逢諸惡鬼，奇狀異類，遶人前後，雖念觀音，不得全去，及誦《心經》，發聲皆散。在危獲濟，實所憑焉。

音釋

補羯娑即除糞、担屍，賤類人也。

旃荼羅家殺人家。

戍達羅農人。

六波羅蜜一布施，二持戒，三忍辱，四精進，五禪定，六般若。

校勘記

〔一〕「子」，底本作「字」，據文意改。

（陳永革整理）

○三三二

般若波羅蜜多心經釋要（二）

明菩薩沙彌智旭述

此直指吾人現前一念介爾之心，即是三般若也。夫心、佛、衆生，三無差別，但以生法太廣，佛法太高，初心之人惟觀心爲易。是故大部六百餘卷，既約佛法及衆生法廣明般若，今但直約心法顯示般若。然大部雖廣明佛法及衆生法，未嘗不即心法，今文雖直明心法，未嘗不具佛法及衆生法，故得名爲三無差也。以吾人現前一念介爾之心，虚明洞徹，了了常知，不在内、外、中間諸處，亦無過、現、未來形迹，即是觀照般若。以吾人現前一念介爾之心，炳現根身器界，乃至十界假實國土，平等印持，不前不後，同時頓具，即是文字般若。蓋山河大地、明暗色空等一切諸境界性無非文字，不但紙墨語言爲文字也。以吾人現前一念介爾之心，所有知覺之性，及與境界之性，無分無劑，無能無所，無是非是，統惟一法界體，即是實相般若。實相般若，非彼岸，非此岸，達此現前一念之實相，故生死即涅槃，名波羅蜜。觀照般若，亦非彼岸，非此岸，照此現前一念即實相，故即惑成智，名波羅蜜。文字般若，亦非彼岸，非此岸，顯此現前一念即實相，故即結業是解脱，名波羅蜜。是故此心即三般若，三般若祇是一心。此理常然，不可改變，故名爲經。依此成行，三世諸佛菩薩之所共遵，故名爲經。説此法門，天魔外道不能亂壞，故名爲經。

觀自在菩薩，行深般若波羅蜜多時，照見五藴皆空，度一切苦厄。

要知山下路，須問過來人，故舉觀心行成者爲榜樣也。觀者能觀之智，即一心三觀，通名觀照般若也。自在者，繇證實相理諦，於諸境界得大解脱也。菩薩，翻覺有情，乃自利利他之號，智契實相則自利滿足，智宣文字則利他普徧，故名菩薩。此明能行之人也。深般若波羅蜜多者，三智一心中得，權教三乘所不能共，故名爲深。此總明所行之法也。時者，追指曠劫以前而言，從此一得相應，則直至盡未來際，終始不離深般若矣。照見者，别明能觀之智，即觀照般若。五藴者，别明所觀之境，即文字般若。皆空者，别明所顯之諦，即實相般若。五陰無不即空、假、中，四句咸離，百非性絶，强名爲空耳。度一切苦厄者，自出二死苦因苦果，亦令法界衆生同出二死因果，即是行法之效，亦即波羅蜜多也。

舍利子，色不異空，空不異色，色即是空，空即是色。受、想、行、識，亦復如是。舍利子，是諸法空相，不生不滅，不垢不淨，不增不減。是故空中無色，無受、想、行、識，無眼、耳、鼻、舌、身、意，無色、聲、香、味、觸、法，無眼界，乃至無意識界。無無明，亦無無明盡，乃至無老死，亦無老死盡。無苦、集、滅、道，無智亦無得，以無所得故。

此廣釋五藴皆空之境諦，而觀照自在其中。以非觀照不能了達此境諦，故夫心者，不起則已，介爾有心，則必頓現根身器界，名爲色藴。則必領納諸苦樂境，名爲受藴。則必取相施設名言，名爲想藴。則必生滅遷流不停，名爲行藴。則必了了分别諸法，名爲識藴。是知隨其所起介爾之心，法爾具足五疊渾濁。今以甚深般若照之，了知色惟是心，别無實色，一切根身器界，皆如空華夢物，故色不異空。空亦惟心，别無異空，設有一法過涅槃者，我亦説爲如幻如夢，故空不異色。既云不異，已是相即，猶恐封迷情者，尚作翻手覆手之解，故重示云色即是空，空即是色。謂隨拈一微塵色體，即法界橫徧竪窮，故即是空。所謂全事即理，無有少許理性而不在此事中。即此微塵所具真空全理，還即頓具法界全事，故即是色。所稱全理即事，無有少許事相而不在此理中，斯則當體絶待，更無二物。既於色蘊了達此實相已，受、想、行、識，例皆可知。又恐執迷之人，謂此五蘊實相，從照見生。故更申示之曰，是五蘊諸法，當體即是真空實相。本自如斯，非實相生而五蘊滅。以五蘊本自不生不滅，故名爲空相耳。又恐迷者謂此五蘊空相，雖非生滅而有垢淨，謂凡夫隨於染緣則垢，聖人隨於淨緣則淨。故更申示之曰，凡夫五蘊亦即空相，聖人五蘊亦即空相，何垢淨之有哉。又恐迷者謂此五蘊空相，雖無垢淨而有增減，謂凡夫迷故生死浩然爲增，德相隱覆爲減，聖人悟故照用無盡爲增，惑業消亡爲減。故更申示之曰，迷時亦只此諸法空相，悟時亦只此諸法空相，何增減之有哉。既向五蘊發明此妙諦已，遂即廣歷一切差别法相，融絶聖凡情見，而曰是故空中無色，乃至亦無得也。然所謂無色乃至亦無得者，豈俟融絶而後無哉，良以本無所得故也。本無所得名之爲諦，了此無得名之爲觀，而總不離五蘊爲所觀境。若境若諦若觀，又總不離現前一念介爾之心，一心宛具三義。諦即實相，觀即觀照，境即文字，不縱橫並别，亦非一異，故名爲深般若也。

菩提薩埵，依般若波羅蜜多故，心無罣礙。無罣礙故，無有恐怖，遠離顛倒夢想，究竟涅槃。三世諸佛，依般若波羅蜜多故，得阿耨多羅三藐三菩提。故知般若波羅蜜多，是大神呪，是大明呪，是無上呪，是無等等呪，能除一切苦，真實不虚。

此徧舉菩薩諸佛爲證，而明此深般若真能度一切苦厄。所謂過去諸如來，斯門已成就，現在諸菩薩，今各入圓明，未來修學人，當依如是法，非惟觀世音也。無罣礙，則結業即解脱，究竟方便淨涅槃。無恐怖，則苦果即法身，究竟性淨涅槃。遠離顛倒夢想，則煩惑即智明，究竟圓淨涅槃。依實相般若，得真性菩提。依觀照般若，得實智菩提。依文字般若，得方便菩提。菩提是如如智，智必冥理，涅槃是如如理，理必契智，故影略而互言之。此深般若，即大神呪，具妙用故。即大明呪，智照相故。即無上呪，實相體故。即無等等呪，無有一法能等此心，此心能等一切諸法，令其同歸實相印故。此之心呪，的的能除自他分段、變易諸苦因果，真實不虚，應諦信也。

故説般若波羅蜜多呪，即説呪曰：揭諦揭諦，波羅揭諦，波羅僧揭諦，菩提薩婆訶。

前之顯説既指般若即呪，此之密説，須知呪即般若。然顯説而又密説者，顯密各具四悉檀益故。正以不翻爲妙，不宜穿鑿。

般若波羅蜜多心經釋要終

（陳永革整理）

校勘記

〔一〕底本據《卍續藏》。

〇三三二

般若心經小談（存目）〔一〕

明觀衡述

校勘記

〔一〕此本出《紫竹林顓愚衡和尚語録》卷一四。《紫竹林顓愚衡和尚語録》收入《中華大藏經（漢文部分）·續編：漢傳撰著部》，此處存目。

〇三三三

般若波羅蜜多心經一貫疏〔一〕

心經一貫疏序

咄哉！心兮，成佛之種子，造業之根株。打開兮，萬象森羅。把定兮，一塵不立。勞我釋迦老子，指東話西，説了四十九年，却未嘗言著一字。無聲無臭，非色非空。達磨問著不識，直得面壁如愚。歷代祖師，頭出頭没，説真説妄，究竟龍頭蛇尾，疑殺若許豪傑，埋却多少英靈，驀地撞著，依舊眼横鼻直。當時般若會上，被那黄面老漢，話作七華八裂，説什麼五蘊、六入、十二處、十八界，截不斷的葛藤，却有六百卷。傍出個不平之人，唤作觀自在，向鶖子道了幾個無字，且喜掃踪滅跡。傳至中華，故有《心經》遺世，我太祖高皇帝御製序等。兹因存空法主問著，不免打個之遶，爲公科出註出，名曰《心經一貫疏》。更勞存公點綴倭文，爲之剞劂，散乎斯邦，以誨初學。倘明眼者覷著，不妨一咲咦，切不可放過始得。故序。

旹正保戊子之秋，書於長崎興福左寮客寓。

明南都勅建寶華山護國聖化隆昌寺，末法比丘益證自新謹識。

校勘記

〔一〕底本據《卍續藏》。

心經一貫疏科義

天台智者大師未釋經之初，首判五重玄義者，以其易曉旨趣故也。復以科而科其文，以其易知分際也。余遊講肆時，目其諸經科疏，唯此經義周而文簡，雖註釋者頗多，而科之者無幾。故學者不免泥於尋墨，蔓然而失其一貫焉。今不揣管見，斆古而科之。俾初學者因科而得義，得義而忘言，忘言則體真，體真則融物，融物則一貫，豈非依文字而起觀照，緣觀照而證實相，三種般若備矣哉？雖然，此尤被其中下。若其上根睿智者，猛然生信，向未展卷之先，横金剛王寶劍，脚跟下一揮百雜碎，便乃昂然而去，豈非快哉！説甚麼文字、觀照、實相、色空乃至三科七大、菩提涅槃。此乃真持揭諦揭諦，波羅揭諦之人也。其或未然，姑且依科尋經，自有忘言之日在。或曰：世尊應機説教，初非有意而成章段，今乃剛編支離，豈非拘律乎？曰：是何言耶？佛爲法王，於法自在，不然而然，自有意義融通焉。故茲刹説、熾然説，三世諸佛一時説，言辭句義無不脗符，此豈有意而契哉？又如我土漢魏以來，世智之人雖閭閻巷陌，風景歌謡出乎不意，皆中黄鍾大吕之音，亦有起承轉合之四法。世智尚然，矧佛智乎？問：此經佛説耶，菩薩説耶？曰：按施護譯本，世尊在靈鷲山中，入甚深光明定，説三摩提。鶖子請問，觀自在菩薩説也。即如法華會上，大通智勝佛説法，而十六王子覆講之義。故知此經是《大品》之要，即佛説也。《大品》雖六百之廣，無非説個蘊、處、界、入。此經該而綜之，無不備矣。此經以單法爲名，無人喻故。真空實相爲體，空一切法故。照見爲宗，因照而見有因果故。度苦爲用，能除一切苦故。大乘般若爲教相，般若同時味故。其餘玄談，廣載諸疏，今繁不述。

△此經大科分爲三段。初，立義分。二，解釋分。三，密結分。立義分，二。初，釋題。次，釋文。初，釋題。

般若波羅蜜多心經一貫疏

唐三藏法師玄奘奉詔譯
明楚護國寺比丘益證一貫疏

舊説般若者，智慧也。波羅蜜者，到彼岸也。亦云度彼岸，義含幽遠，置而不翻。謂生死此岸也，涅槃彼岸也，煩惱中流也，假以智慧爲楫而度之，是謂智慧度彼岸。按諸經論註疏有數十翻解釋，般若之義，無非聖人攝化，假立名言也。故曰但以假名字引導於衆生。若膠乎度義，而釋者且生死即涅槃，煩惱即菩提，智慧即無明，無明即解脱，又作麽生説度？是故今按本經而推之，即是深行觀行用力之名也。蓋大乘用力之際，離意識心，絶凡聖解，不落念慮，非假思惟，故無可名而名之，强名謂之般若也。波羅蜜多者，即覺悟之號也。覺悟即到彼岸，欲達覺悟之理，要在單提空印，直趣直入，忽然踢脱五蘊牢關，拂散色空幻翳，直得虚空粉碎，大地平沉，兩眼打開，不見奚真奚妄，孰聖孰凡，固無生滅可得，無垢淨可分，無四諦可修，無無明可盡，無智得可得，得涅槃之證斯時也。佛亦不知名字，而何强名唤作波羅蜜多？到這田地，唤般若作無明也，得唤波羅蜜作生死也，得唤生死作涅槃也，得唤此岸作彼岸也。得無適無莫，隨處安名，故曰佛説般若波羅蜜，即非般若波羅蜜，是名般若波羅蜜也。心者，即般若之本，稱般若即心之異號。有解此經是《大品》之心，非也。本經未言故。此經至我中華，凡五譯，名各稍異，其義無殊。有本名《般若波羅蜜多大明神呪經》，有本名《摩訶般若波羅蜜多佛母經》，總言大智慧心也。今從奘師所譯，故名《般若波羅蜜多心經》。經者，徑也。行必由徑，故又常也。

般若非斷滅，故又歷也。故曰，也須從這裡過始得。又曰，此經深固幽遠，無人能到。又仁王賢哲所説謂之經，經緯天下五常，故佛菩薩所説謂之經，經緯至道真常故。一貫者，如線貫華。故佛説法，語如空華之亂墜，所詮旨趣似貫而貫之，故首尼跌宕，靡不周遮，今慮睹華而失貫，故以科綸而引之，庶使緣科而獲旨也。疏者，搜也，通也。搜其隱微之奥旨，通乎曲渠之町畦，俾得水無留滯焉。故名《一貫疏》。

△次，釋文，四。初，舉能行之人。二，序所行法時。三，明因宗顯體。四，顯依法力。用此四科大科，科爲立義分者，立其一經之義旨也。自觀自在菩薩至度一切苦厄句，一卷《心經》備矣。向下重釋前文，故科爲解釋分。問：餘經皆有序、正、流通之説，此經無者何耶？曰：譯人從簡故也。《大品般若》云：爾時世尊在靈鷲山中，入甚深光明定，宣説三摩提竟。舍利子白觀自在言，若有人欲修學甚深般若法門者，當云何修學。此乃序也。今經乃觀自在菩薩告而答之，正宗也。餘有流通，具在《大品》詳焉。

初，舉能行之人。

觀自在菩薩。

觀自在者，有二説。一，化主以自而言。二，指他言。若自若他，無非行人也。猶言：舍利子，若有人欲修般若之法門，但看那觀自在之人。他不以境觀，不以智觀，以觀觀者，故得自在。所謂將聞持佛佛，何不自聞聞。此以入流忘所之觀，至於生滅既滅，寂滅現前，有大自在，故得名焉。菩薩者，梵語菩提薩埵，華言道心衆生，又云覺有情，故凡有發六度萬行之道心，覺念有情者，均以此名而稱之。

△二，序所行法時。

行深般若波羅蜜多時。

行謂能行之智，深般若是所行之法，此

法深固幽遠，非初心淺智，彷彿而入之。故曰行深時者非時候〔二〕之時，所謂正恁麼時之時也。般若波羅，見前註。

△三，明因宗顯體。

照見五蘊皆空。

因照而見，是謂因果爲宗。破蘊顯空而得實相之體，故科爲因宗顯體。照見者，以微密之觀照，破五蘊之銀山，得見真如之性也。夫蘊也者，梵語塞健陀，唐言陰，謂色等五種陰覆真空，故不得而洞徹焉。以其智眼瞶昧，故將菩提爲煩惱，以涅槃作死生，黯然而莫求解脱焉。今乃憤決然之智，高提般若之空印，印破五蘊之華，覺悟真常之實性，則若蘊若性，本如來藏性，真常中求於去來，迷悟生死，了無所得，況五蘊乎？故曰皆空。

△四，顯依法力用。

度一切苦厄。

度者，渡也。一切苦厄者，衆生處於五濁惡世，依乎瓦礫荊棘之報土，入乎四大革囊之報軀，逐乎憎愛坑坎之識心，故耳身心動作，無非苦厄耳。舊説八苦，可知也。此苦皆緣五蘊，區宇而覆之，起貪嗔山，積癡愛海，所以隔絶大道焉。今依般若之空智，披露當陽之性天，踢倒貪嗔山，塞却癡愛海，一道坦然，無罣無礙，何苦之有哉！斯乃般若之力用，得度究竟於涅槃，故科爲依法力用也。立義分竟。

△二，解釋分，三。初，釋五蘊皆空。二，辯釋空字，以示真空。三，釋度一切苦厄。初，釋五蘊皆空，二。初，召名。二，告釋。

初，召名。

舍利子。

舍利子者，佛之大智第一之弟子也。母名舍利，故曰舍利之子。亦名身子，又名鶖子，其義可知。此經貴乎智，破五蘊故耳。當機欲釋前文，召名而告之。

△二，告釋，二。初，釋色蘊即空。二，合四蘊不異。初，釋色蘊即空，二。初，比量。二，覿體釋。

初，比量釋。

色不異空，空不異色。

何以知其解釋耶？蓋前文秖説個照見五蘊皆空，然觀照之功，密而難曉，故落第二門頭，重加解釋，俾依文字而悟入焉。猶曰：舍利子，我説五蘊皆空者何？且將色之一字誨汝知之，餘則可知也。蓋此四大之身，元是真空之中妄生之勞相，猶如目視空華，瞪勞而有，空起空滅，故曰色不異空。色既依空而起，當知空是色之體性。既色其色，則空亦不空，故曰空不異色也。此乃色空比量而釋，故曰不異。無空不體色，無色不顯空。空色相推，方便對待而釋也。

△二，覿體釋。

色即是空，空即是色。

此乃覿體指出也。猶曰：舍利子，我説色空不異者，蓋是比類而言，汝勿惑其析色入空之義，待其色滅顯空，以落小乘之見，其實體即色即空，即空即色也。何則？且汝觀此四大之軀，雖有百骸四支，無非色也。即此色身，手舞足蹈，出作入息，就裏而推之，求個影跡不可得，況色質乎？豈非色即是空耶？復觀此空性之理，視而弗見，聽而無聞，體物而不可遺。既體其物矣。則百骸四支，手舞足蹈，出作入息，無非色質，而轉動於中，求個空性，了不可得。又豈非空即是色乎？身色如是，餘色皆然。是故佛説五蘊六入，乃至山河大地，明暗色空，皆是如來藏中，常住妙明，不動周圓，妙真如性。汝以色空相傾相奪，於如來藏而如來藏，隨爲色空，周遍法界。觀相元妄，無可指陳。觀性元真，唯妙覺明。妙覺明心，先非水火。故曰色即是空，空即是色。

△二，合四蘊不異。

受、想、行、識，亦復如是。

當云，受不異空，空不異受。受即是空，空即是受。而不言者，從略也。此四者蓋緣妄認四大之身，六塵緣影之心。故耳領納前境，則有受。造作思惟，故有想。想念奔流，如波相續，謂之行。含藏種子，隨業死生，謂之識。此皆依色身妄，執爲有色，既即空，四蘊奚立？故如前之色蘊然。

△二，辨空字，以示真空，三。初，標真空體相。二，辨真空不空之妙。三，直説真空無一切法。

初，標真空體相。

舍利子，是諸法空相。

此又將五蘊皆空之空字辨，立個真空之體相，以起下文也。猶曰：舍利子，我説五蘊皆空者，汝將謂空其五蘊，而更有餘法可空耶？殊不知其五蘊空，則諸法皆空。諸法空，則全真露。全真露，則知真空亦有體相焉。

△二，辨真空不空之妙。

不生不滅，不垢不淨，不增不減。

此猶空其諸法，又執頑空之見，則躭空滯寂而不捨，以成焦芽敗種焉。故又説出六個不字，以顯真空不空之妙。何謂不生，且一念方生之際，返觀生生之體性，不見有能生之性，亦不見有所生之情。雖覺有生，其實無生，故曰不生。如一念方滅之際，亦未見有滅之去鄉，故曰不滅。方生方滅，方滅方生，皆是性清〔三〕之中生生之理。真空詎有情性哉？儒謂性是情之生生之理，而情是性中生生之意。性具乎情，而情含乎性。性動是情，而情靜是性。性情二法，尚不可得而聞焉，矧有生滅可析乎？故曰，言妄顯諸真妄，真同二妄，真妄難分，生滅何辨。故曰不生不滅，不垢不淨者，且人之一念之間，莫非具乎善、惡、無記之三法。此乃生成法則，故不思善而即思惡，不惡而即善也。善惡俱不思，則墜於昏昏之無記。今以善惡二法分垢淨者，循其源也。且一念興惡之際，便有貪、嗔、癡、愛，詭譎奸淫面赧身浮聲佯語，悖此乃修惡之生，是謂垢也。然此垢心雖惡，固非真常之性，緣情生故。若實有之，何故正興之際，返推本性，不見有惡聲惡臭而得耶？故曰不垢。若一念興善之時，便有親親賢賢。存誠閑邪，慈語柔音，安詳徐步，心爽身輕，此乃善業之生淨也。然此善心雖淨，固非真常之法，緣想生故。何則？此心若有，善境現前，見佛聞法，緣善生想，覺有淨心。善境若無，心非淨相，故曰不淨。此對俗諦而釋，說此不垢不淨。若在衲僧門下，坐斷善惡兩途，踏破死生關鍵，直向毗盧頂上屙矢放尿，有何垢淨可分耶？不增不減者，舊有在聖不增，處凡不減之說。若以聖凡而論之，亦曰在聖不淨，處凡不垢也。蓋聖人雖聖，其聖但以妙明不滅不生合如來藏，而如來藏唯妙覺明圓照法界，滅塵合覺，故發真如妙覺明性而已。於此性中，又何常有增乎？而衆生迷悶，背覺合塵，故發塵勞，有世間相窒礙而矣。於性又何常有減乎？故曰：具足聖人法，聖人不知。具足凡夫法，凡夫不會。聖人知即同凡夫，凡夫會即同聖人。故知性等虛空，隨量而現，器方則空亦方，器圓則空亦圓。虛空豈有方圓乎？故知但出器，心何有不聖。噫，真空之妙至矣哉！固非言可及者也。釋至此不覺投筆而笑曰：即今生也，垢也，增也，又說甚麼不生不滅，不垢不淨，不增不減？復自一摑曰，又添一點。

△三，直說真空無一切法，二。初，無凡夫法。二，無賢聖法。初，無凡夫法，四。初，無五蘊。二，無六入。三，無六塵。四，無六識。

初，無五蘊。

是故空中無色，無受、想、行、識。

自此以下，又將十一個無字，掃却聖凡之法，以顯諸法空相也。猶言：舍利子，我説諸法空相者，蓋此真空之體性，元具隨緣不變之妙，故曰隨衆生心，應所知量，其實際理中，元無一切法可得，況五蘊乎？故曰無。

△二，無六入。

無眼、耳、鼻、舌、身、意。

何謂六入而無耶？且以眼入爲言，餘則可知。如眼見色之時，因明而有。若無明來，徒眼非見。既無明來，見亦非無。若見性無，云何見暗？見明見暗，明暗及色，同是真空妙真如體，因明暗等故，發眼見緣。眼見者，故有明暗。明暗二無，見依何所？是知明則同明，暗則同暗，空則同空，色則同色，何有眼入可分耶？既無可分之眼，五根皆然。是故空中必無六入之實也。

△三，無六塵。

無色、聲、香、味、觸、法。

六根既無，六塵不偶。雖聞見分明，無非一體實性。鳥飛空無跡，谷響石無聲。雖有而無實也。

△四，無六識。

無眼界，乃至無意識界。

此無十八界也。如眼色爲緣，生於眼識，故有眼、色、識三種疆界立，然不紊，故眼不别聲，色不交聽，識性參差，各分疆界。故曰，元依一精明，分成六和合，故有三六合成一十八界。今乃根塵既無，識性不生，故無六識界也。

△二，無賢聖法，二。初，無賢法。二，無聖法。初，無賢法，二。初，無緣覺法。二，無聲聞法。

初，無緣覺法。

無無明，亦無無明盡，乃至無老死，亦無老死盡。

此無十二因緣也。三科掃盡，已得人空，尚有法在，猶落法執，故又掃出一切賢聖所修之法，令得法空。猶曰：舍利子，我前所説蘊處界入一切皆無者，汝知之矣。然有法見未忘，將謂諸佛所説，一切法門實有可修可證而執乎胸次間，故難達其空理。豈不聞佛説法者，即非説法，是名説法乎？即如緣覺所修十二因緣之法。蓋三世諸佛所説，雖有三乘，無非黄葉止啼而已，其實了知自性之實體，於中尚不可加諸一字，矧百千法門乎？故曰諸法寂滅相，不可以言宣。且如無明緣行之説，蓋無明與真如同體，如第二月真妄難分，故曰真非真，恐迷我常不開演，秖緣最初不覺，忽起動心，成業識之由，爲覺明之咎故耳。因明立所見分，由興隨見立塵相分安布，是謂無明不覺，生三細境界，爲緣長六麤妄本無，因著者是妄，故著即無明，不著即解脱也。既悟真空之理，如杲日之麗天，何無明之有哉？行由無明之晦昧，霾遂生風，動摇不息，如波相續，是謂無明緣行。動則有息，生機發識，故曰行緣識。由此識性入胎住胎，藉以赤白二滴而成名色，名謂識。心色謂色質，故曰識緣名色。有此名色故有百骸四支。眼如葡萄朵，耳如新卷葉，鼻如雙垂瓜，舌如初偃月，身如腰鼓顙，意如幽室。見六相具足，識性得入，故曰名色緣六入。及至出胎，眼色耳聲六處相觸，故曰六入緣觸。觸此六塵，領納妍醜而有受，受之於識心，愛妍惡醜而有愛，故曰受緣愛。貪愛不捨便生取著，而有取，故曰愛緣取。取著世間不出二十五有，故曰取緣有。既有其有，必招未來之生，故曰有緣生。生則必有老死，故曰生緣老死。死死生生，生生死死，蓋緣一念之無明，妄想受生，想妄受滅，似轆轤之上下，故成十二因緣。若無無明，則十二絶兆，故曰無明滅，則一切滅。於性空中，求個智愚不可得，況無明乎？既無無明，何盡之有？故曰亦無無明盡。吁，無明之過大矣哉！行人豈不慎乎？

△二，無聲聞法。

無苦、集、滅、道。

此無四諦法也。苦者，三界二十五有之中，隨業所受之報也。集者，三界八十八使，百八煩惱造業之因也。滅者，出四住證偏真，二乘之涅槃也。道者，念處正勤根力如意足，三十七品助道法也。此乃三界中人，實因實果，實修實證之法，故曰四諦。諦者，誠然也。蓋大乘真空實相之中，元無苦可知，集可斷，滅可證，道可修，故曰無。何則？若達真性之人，即入塗炭之際，無非一介色身而受之。矧此色身本空，何苦之有哉？即一念煩惱，而起返觀煩惱之性，元是真空，幻然而起，幻起幻滅，真心不變，何集有之？如有所證之偏真，何故又說化城非實耶？即如實所，亦是真空寂滅之場，萬劫不曾動著，不曾離却，何證之有？道者，方便建立，對治法門。如夢求蘇，設諸方便。夢破境忘，方便烏用。故無道可修。雖然如是也，須到那田地始得，不可草草便恁麼去，以致悔後無及矣。

△二，無聖法。

無智亦無得。

智乃菩薩能行之智德，得者所證之斷德也。因中無智，則至道難精。果上無得，則涅槃成謬。其實際理中，三世諸佛未許隻眼覷著，那有許多名言習氣？古云，知是般事便休，直得修證雙忘，寂照不二，何智得之有哉？

△三，釋度一切苦厄句，五。初，結前起後。二，引依法度苦，證真之人。三，引諸佛依法自證，以顯法不虛說。四，讚般若甚深。五，合前度一切苦句。

初，結前起後。

以無所得故。

此結上文。蓋緣一切無所得故，證真常之樂，是知懸崖撒手，自肯承當之句，決不浪施也。

△二，引依法度苦，證真之人。

菩提薩埵，依般若波羅蜜多故，心無罣礙，無罣礙故，無有恐怖，遠離顛倒夢想，究竟涅槃。

此般若之法門，豈非無字話頭乎？何則？蓋此法門是個没滋味的鐵酸餡，使人嚼來嚼去，將從前一切惡知惡見盡底吐却，忽然嚼破舌根，翻轉面皮，方知此法不從人得。提不起，放不落。把不定，拋不却。萬慮千思，如湯沃雪，唯菩薩能而行之，故得心無罣礙，乃至顛沛造次，覔起無踪，豈非涅槃乎？故曰究竟涅槃。

△三，引諸佛依法自證，以顯法不虚說。

三世諸佛，依般若波羅蜜多故，得阿耨多羅三藐三菩提。

過、現、未來，得證無上正等正覺，無非依此空印而已，亦以此印，印一切人，豈謬説耶？

△四，讚般若甚深。

故知般若波羅蜜多，是大神呪，是大明呪，是無上呪，是無等等呪。

故知此法，有權有實，有照有用，能縱能奪，能殺能活。貴乎當人自肯耳，能起猛然之信，摧伏魔軍，故曰是大神呪。照破諸法皆空，故曰是大明呪。無生滅垢淨之對待，故曰是無上呪。究竟至於涅槃，是無等等呪。稱理而談，不過如此。且呪之一字，又作麼生解説？頌曰：

兩口無一舌　諸佛難分説
教中强明之　烏龜喚作鱉

△五，合前度一切苦厄句。

能除一切苦。

猶曰：舍利子，我前説度一切苦厄者，

汝猶疑而未信，直至説到此間，始知諸佛菩薩利己利人，度苦證真，無不承此般若之力，是謂能除一切苦。解釋分竟。

△三，密結分二。初，至囑起信。二，正説般若祕密之法，總攝文字。

初，至囑起信。

真實不虛。

諸佛所説有五語，今所説者是諸佛之真語、實語，其如語、不誑語、不異語亦在其中矣。聞者當深信而行之。

二，正説般若祕密之法，總攝文字。

故説般若波羅蜜多呪，即説呪曰：揭諦揭諦波羅揭諦波羅僧揭諦菩提娑婆訶。

余釋此經，未嘗不以意解而度之，識見而索之。故每註中皆有猶曰二字者，以猶豫而得意也。至此呪中直得口掛壁上，故科爲般若祕密之法，無可釋焉。何則？蓋般若實相之法，非以文字義理而入也。貴乎保而行之，自達其體，故曰諸法寂滅相，不可以言宣。柰何世人重言而不重行，故吾佛世尊成道之初，經行樹下，三七思惟，尋念過去，佛皆説三乘法，故出廣長舌相，説了若許不乾不淨的道理，殃及兒孫。蓋爲中下者導入信門焉。故曰：但有言説，都無實義。説到至矣、盡矣處，方開無舌之口，露出牙根，吐露真言，名之曰呪。如金剛圈、蔾棘蓬，使人吞吐不下，可謂般若之極唱也。每見註者，或以神名而註之者，有以軍中之密令而註之者，有以蜾蠃之祝螟蛉而註之者。此雖寓言而談恐非確意，唯王索仙陀婆之喻稍近義焉。今乃寘而弗釋者，蓋有自也。若呪有如許之義，譯者胡不譯耶？蓋五種不翻者，正是教中之直指三乘之捷徑也。無汝湊泊處，無汝穿鑿處，又不可謂無法無義也。何則？若作無法無義會，何故又呪病得瘳，呪符得靈耶？既不是，無法無義，畢竟説個甚麼道理聻？若是具大信力者，不妨疑著。然而執法者頗多，今準此土五宗之義，以明此呪焉。惟明眼者，證之可也。如禪宗中雖有千七百則建立門庭，無非無孔鐵錘擊碎虚空，安容擬議卜度乎？如僧問雲門：十方薄伽梵，一路涅槃門，未審路頭在甚麽處？門拈扇子云：扇子撲㊂跳上三十三天，觸著帝鼻孔。東海鯉魚打一棒，雨似盆傾。如此之言，可解説得麽？可作無義而會得麽？若作無義語會，不啻謗却雲門老漢，亦謗却三世諸佛之法也。又臨濟喫棒，靈雲覩華，香巖擊竹，皆悟其道。且道華、竹、棒等爲他説個甚麽法？若道無法可説，何故平日不悟耶？豈以此呪有別乎？若禪宗能持此呪，則不假話頭而疑之，他日自有悟頭在。是故禪宗不出此呪也。天台宗者，始於智者大師誦《法華經》至《藥王品》云，是真精進，是名真法供養如來，忽然大悟，見靈山一會，儼然未散，是稱法華三昧。然此數句經文，秖説個精進供養，尚未説著靈山之義，何故得悟？不契經旨耶？真乃疑殺天下人，悟後自謂得旋陀羅尼法門，豈非呪乎？然後以龍樹之偈而立宗，故曰因緣所生法，我説即是空，亦名爲假名，亦名中道義。故立三止三觀，三諦圓融爲觀行，教人行之如一中一切中，無假無空無不中，雙遮雙照，又作麽生説個道理？用何心思入此觀門？若能一心持此呪者，則不假止而常寂，不假觀而常照，豈非省力乎？故台宗不出此呪也。律宗者，佛爲七衆同制輕重、開遮、止作、持犯，是謂戒也。初坐菩提樹下，首説菩薩波羅提木叉，十重四十八輕，呼爲心地法門。又曰光明金剛寶戒，此乃大乘戒也。次爲羅睺羅説沙彌十戒，復因七群等比丘集制二百五十戒，爲彼小乘束縛其身，歸乎心地也。犯者莫非用呪而懺之，豈非以呪爲戒乎？故律宗不出此呪也。淨土宗者，佛爲韋提希夫人説十六重觀門，俾伊變垢心而成淨土。始以日輪懸鼓，即心光之輪也。終觀法身之佛，即心佛也。故稱無量壽，即不生不滅之法身。琉璃地，即洞然瑩徹之心地。何有外佛土而可得耶？是知唯心淨土，本性彌陀，秪在當人一念耳。蓋緣衆生妄念多途，故指西方一路而繫念之，無非萬法歸一耳。又緣勢至不入圓通，但以一心念佛，故曰憶佛念佛，現前當來，必定見佛。此乃以一佛之名，融多途之妄，使彼直入菩提焉。若一切持呪，豈與彌陀有別耶？故淨土宗不出此呪也。真言宗者，蓋世尊説法有頓、漸、祕密、不定之四教，普攝群機，故有顯説、密説、説説、不説説，無非開、示、悟、入佛之知見耳。以密説爲真言者，固非僞言也。口誦心忘，直超漸次。惜乎末世以真言爲外術，或呪持符水，或呪藥餌，或呪屍鬼，乃至呪持木石蠱毒等，無不應驗。此乃隨心所現，固非呪力也。若知此驗之靈，胡不呪佛成佛，呪祖成祖耶？呪來呪去，偶然囮地一聲摸著鼻頭，方知我之真言，非釋尊之真言也。若誠然之，真言宗者，不妨入陀羅尼門，開佛之知見也。故知真言宗者，即此呪也。如上五宗，攝入一門者，蓋緣法住、法位、法幢隨處建立，固非强言也。若識法者，自然不執門庭，不擅宗旨。故耳一爲無量，無量爲一。小中現大，大中現小。於一毛端現寶王刹坐，微塵裡轉大法輪，無入而不自得焉。豈以名言而滯哉？咦，呪之利大矣哉！其可不盡心乎？《一貫疏》以此。

般若波羅蜜多心經一貫疏終

釋自新，法諱益證，大明湖廣荊州府江陵縣人，受具戒於隆昌三昧和尚，參禪宗乎黄檗隱元禪師。奇哉！遠逾數萬里，航海得得而來乎？我大日本居二載，於茲袖德山行棒之手，藏黄檗陷虎之機。余正保年中，抵肥邦之長崎縣，客居大光，一日遊戲乎南京廟裡，幸相見于此公。觀夫浮華消盡，真實獨存，久讀間偶爲相知，所謂針芥相投也。談於道常至夜半，或頳顔而攘袂，復一咲而冰泮，加之續續尺鯉，已垂數百，好是所以爲知己者也。既而自公謂今年歸唐，予茫然乃曰：嗚乎，世情之變態，恰似一場傀儡；昨擬東，而今向西，不覺令人好笑哉！用捨進退，一任兄之情逸，雖然，又不知一生何地再得相逢也。余今有所望，謂勞公註之，而與一卷於《心經》，蓋欲令是心益清淨，而別後無去來之相，無東西之異也。旹此公出這乎《一貫疏》。余靜觀其一文一字，徹上徹下，盡表裏精麤，視昔人或偏于理，或偏于事者，皆當北面矣。余喜而曰：明明佛日照破昏衢，朗朗慧燈至今不滅，是生平之志而矣。於中猶有箇銘于鉄肝，何謂蓋般若實相之法，非以文字義理而入也？貴乎保而行之，自達其體，世人奈何重言而不重行矣。果此公顛沛造次，念佛讀經，無行而不修，可謂妙用無行而行，真智無作而作。故覩其相，則生慚愧。想聞其語，則發菩提心。噫，余咄哉！先賢古聖之行，實雖目之於傳記，尚且不修，如今也乎？即聽其言而觀其行，於公與改是寔。余所以加和點以爲學士也，豈愧其固陋？是以書之末簡云。

明覺存空沙門釋宗信謹識

校勘記

〔一〕「候」，底本作「侯」，據文意改。

〔二〕「清」，疑爲「情」。

〔三〕「撲」，底本原校云一本作「踍」。

（陳永革整理）

〇三三四

般若心經指掌[一]

般若心經指掌序

般若無知，諸法本寂。根由一真之妙體，影現二諦之浮名。似實似虛，非虛實之所能擬。亦離亦合，非離合之所能明。所以空而非空，有而非有，互成不妨互奪，並存亦可並亡，泯立無閡，隱顯自在，是謂般若之玄宗也。怎柰凡心易惑，智火難然，如舉網以張風，似從波而捉月，徒歷艱辛，翻成障礙。由是百苦交纏，千殃並集，都由此一念之執耳。茲《般若心經》者，文約而義寔豐，詞顯而理殊奥。首開空色兩門，專破有無二執。有無盡而實相可顯，色空合而妙義方圓。日用明此般若之道，思過半矣。嘗見諸家註釋，罕臻其奥，唯贒首、孤山二疏果彌法壇老將，但廣摭經論，侈布筌罤，非初學之所可通。故茲特爲《指掌》，使其易見，所以便初學也。然萬里之行起於跬步，觀者幸毋忽焉。

歲在甲午孟秋佛歡喜日

鼓山比丘元贒稽首和南序

校勘記

〔一〕底本據《卍續藏》。

贊

老漢行年今八十，世間事事皆收拾。唯這影子遍諸方，敗露重重遮不及。會麼？有相身中無相身，低頭方見明歷歷。

永覺老人自題

般若心經指掌

鼓山傳法沙門元賢述

般若波羅蜜多心經

般若，此云智慧，即神悟玄奧，妙契真源也。波羅蜜多，此云彼岸到，即由此妙慧，翻生死過盡，至真空之際也。般若是體，波羅蜜多是用。必合體用以成名者，乃是簡不到彼岸之慧也。心是喻，喻此經乃大部六百卷之精要，如人之一身，雖有五官百骸，而心爲之主也。上六字是所詮之法，下經字乃能詮之教。經訓正，訓常，亦訓徑，謂此所詮之法，乃聖凡同稟之正軌，今古不易之常道，亦即是出凡入聖之要路也。

觀自在菩薩，行深般若波羅蜜多時，照見五蘊皆空，度一切苦厄。

此乃據行而略標綱要也。觀自在菩薩者，以此菩薩妙慧，圓照空有，了無罣礙，所以能有能無，可空可色，得大自在，故得此名。菩薩，梵語菩提薩埵，華言覺衆生。稱菩薩者，從略也。行深般若者，謂所脩行之般若，乃是人法雙空，惟一實相，非同二乘偏淺所觀也。照見五蘊皆空者，謂達見五蘊自性本空，即二空理深慧所見也。五蘊，色、受、想、行、識也。色即五根、五塵，及法塵之半分，非止幻身也。受謂幻身領納外塵，而得受用有苦有樂，及不苦不樂之殊也。想者，謂心緣外境而成相也。行謂造作，念念生滅遷流不息也。識謂分別前境也。識是心王，受、想、行皆心所合之一妄心也。度一切苦厄者，謂證見真空，苦惱斯盡，當得遠離分段、變易二種生死之苦也。原夫凡夫之人，執五蘊爲我、我所，由是起惑造業，輪迴六道，甘受諸苦，無有出期。二乘雖不執爲我、我所，而猶執蘊爲實有，所以躭空滯寂，視三界爲牢獄，不發度生之願，是謂焦芽敗種，無成佛分。佛深愍之，故爲説此般若之法，使其知五蘊本空，則身心如幻，世界如化，二執永亡，三障頓消，可以長御白牛，廣運衆生，同至彼岸，而佛與衆生之名俱不可得矣。

舍利子，色不異空，空不異色。色即是空，空即是色。受、想、行、識亦復如是。

此下至三藐三菩提，皆就機而廣陳實義也。舍利子，佛之弟子，智慧第一，權現聲聞爲衆上首。故佛呼其名，而告之曰，吾所謂照見五蘊皆空者，非是離蘊之空，乃即蘊之空也。汝宗中但知蘊中無人，而不知蘊亦非實，必欲滅色方可見空，是取斷滅空也。當知色不異空，空不異色，未可差殊而觀。蓋空之與色本是一體。色乃空之色，未嘗不空，故不異空。空乃色之空，未嘗不色，故不異色。豈可於色外取空，滅色見空哉。佛復恐人猶存空、色二見，故又告之曰，色即是空，空即是色。二諦恒存，一味常顯，非一非二，亦一亦二，涉有而不累于有，觀空而不醉于空，存亡無礙，圓通無寄，般若玄旨盡在斯矣。受、想、行、識雖非質礙之物，但均屬幻有，其望真空，與色無殊，故曰亦復如是。此乃般若之要義，學者宜盡心焉。問，舊解有水氷之喻，世多相襲，今何不用。答，以其法喻之不齊也。空色雖有相成之義，然非壞色以顯空，亦非壞空以顯色。今水結爲氷，則水相壞也。氷融爲水，則氷相壞也。壞一顯一，是全不知空色之義。故今不用也。

舍利子，是諸法空相，不生不滅，不垢不淨，不增不減。

是諸法指前五蘊也。空相即五蘊空之相狀，乃二空理顯也。蓋有法則有生滅，有垢淨，有增減。今法既亡，惟一真空，豈復有生滅等之可言哉。古有作道前、道中、道後釋者，非是。愚意真空相顯，即佛亦且不立，況道前、道中、道後乎。又諸法空相，有師作真空實相釋者。愚意不敢襲用，以經既明言是諸法空相，何得改作實相。彼將謂諸妄既銷，不真何待，則空相便是實相也。不知幻色、真空，俱以實相爲體，若悟實相，非獨真空是實相，即幻色亦實相也。故《法華》云，是法住法位，世間相常住。今但認空相爲實相，則其爲實相不亦偏乎。且空相雖是實相，而實相中著不得空字，不若但依經文爲正。

是故空中無色，無受、想、行、識，無眼、耳、鼻、舌、身、意，無色、聲、香、味、觸、法，無眼界，乃至無意識界。

空中即前諸法空之中也。真空相現，萬法俱泯，故皆無之。非是壞法，性本無故。下並準此，可知五蘊、十二處、十八界，總是色心，二者隨機開合，故不同也。

無無明，亦無無明盡，乃至無老死，亦無老死盡。

此明真空中無十二因緣也。此十二本緣覺所觀之境。一曰無明，謂昏迷覺性也。二曰行，謂作業也。此二支乃過去所作之因。三曰識，謂起妄念，初託母胎也。四曰名色，謂母胎中漸生諸形相也。五曰六入，謂胎中成六根也。六曰觸，謂出胎後六根對六塵也。七曰受，謂領納世間好惡等事也。此五支乃現在所受之果也。八曰愛，謂于世間生貪愛也。九曰取，謂于諸境生取著心也。十曰有，謂作有漏之因，能招未來之果也。此三支乃現在所作之因。十一曰生，謂受未來五蘊之身也。十二曰老死，謂未來之身老而死也。此二支乃來世當受之果。此十二支該三世因果，一一相因，而生名流轉門亦相因，而滅名還滅門，真空之中悉皆離之。生滅何有，亦以性本無故也。

無苦集滅道。

此明真空之中無四諦也。四諦本聲聞所觀之境。苦即世間衆苦，世間果也。集即造作諸業，世間因也。滅即涅槃，出世果也。道即八正道，出世因也。真空之中悉皆無之，亦以性本無故。

無智亦無得。

此明真空之中非但無前諸法，即知空之智亦不可得，非但能空之智不可得，即所知空理亦不可得。至此則藥病兩亡，心境俱泯，唯一實相而已，是爲般若之極功也。問，前色空雙立，今何一切皆無。答，前之所立，立而未嘗不盡，今之所無，無而未嘗不存。蓋言有者，但有其相，而性元無也。言無者，但性本無，而相非壞也。故存而正泯，亡而恒立。般若之旨，本如是也。

以無所得故，菩提薩埵，依般若波羅蜜多故，心無罣礙，無罣礙故，無有恐怖，遠離顛倒夢想，究竟涅槃。三世諸佛，依般若波羅蜜多故，得阿耨多羅三藐三菩提。

此下因言無所得而顯有所得也。依此無得之光，即得心境皆空，觸處洞然，而解脱無礙矣。既無礙，則隨其所向，無生死苦厄之障，故無恐怖，非獨無恐怖也，即無始以來顛倒夢想亦可遠離矣。顛倒夢想乃無明煩惱也，既無煩惱，則究竟可至涅槃之地。涅槃，此云圓寂。德無不備謂之圓，障無不盡謂之寂，此言其因能竟果也。非獨菩薩依此而得至涅槃，即三世諸佛亦無異路，惟依此而證無上正等正覺也。涅槃是佛之斷果，正覺是佛之智果。今菩薩言涅槃，佛言正覺者，乃佛語互略，意必俱備也。問，前既言無所得，今又言有所得，何也。答，此有所得正得無所得而已，非別有所得也。

故知般若波羅蜜多，是大神呪，是大明呪，是無上呪，是無等等呪，能除一切苦，真實不虛。故説般若波羅蜜多呪，即説呪曰，羯帝羯帝，波羅羯帝，波羅僧羯帝，菩提薩婆訶。

前是顯説般若，後是密説般若。既顯説而又密説者何。良由衆生根器不同，所入有異故也。又顯説能生慧滅煩惱障，密説令誦持生福滅罪業障，爲滅二障成二嚴，故兩説也。今將説密呪而先嘆其功能者，所以勸進行人，使其樂持以取速効耳。能破魔障，名大神呪。能破癡暗，名大明呪。能顯至理，名無上呪。能齊極果，名無等等呪。佛不與衆生等，故稱無等，然能與諸佛等，故重言等也。能除一切苦者，三苦、八苦、一切苦也。即説呪等者，前未顯呪詞，故今顯之。此不可强釋，以是佛之密語，非因位所知，但當信受持誦，以求除障增福可也。

般若心經指掌終

（陳永革整理）

〇三三五

般若波羅蜜多心經事觀解（一）

序

事有殊塗而同指，人有異趨而同行。今儒者稱不朽，必曰立德、立功、立言，而釋氏亦有禪宗、學宗、律宗之説，禪近於德，律近於功，學近於言。然欲昭德象功，以信今而垂後，非言不著。顧儒之立言，吾知之矣。當其發憤於始也，必參之經史百家，以盡其變，考之天人性命，以通其要。歲月以濡之，而弗預期其速效，夫而後其有獲矣。而猶未能貫也，則實體諸當躬，而心解神會，以合乎其原，乃無弗化也。始得上下千百年，抉微剔奥，或近言焉，或遠言焉，復爲之旁通曲喻，俾天下曉然於作之者之聖，而我不媿於述者之明，斯其言以立，立可以傳。乃不謂浮圖灌頂師竟有合焉者。師學佛者也，其言與吾儒殊，而生平廢寢忘餐，以求至乎立言之地，其用心亦與吾儒同。師九歲入空門，十九受戒律，二十習講經，越七載，受德水師付囑，爲雲棲五世法孫，今行年幾八十矣。固嘗應士大夫之延請，歷聚光、天竺諸刹，宣玅諦以昭示聾瞽，仍然草衣木食，幽棲斗室中，手不停批者，凡五十年。所著《華嚴》《金剛》等解，書二十六種，卷一百五十，皆深入性海，發導師之所欲發，再發其所未發。余窃欲其立意之堅，積功之久，而苟肆力於儒書，將與昌黎、廬陵諸君子後先並峙，而獨惜其以浮圖終也。然精修梵行，闡宗風於五濁惡世，而廣開其覺路，是誠法王之嗣子，所謂無盡燈明明終不盡者也。京師愍忠寺義學僧景雲與余交，不憚數千里，參學於師，因悉師生平，裒其鋟木若干，入楞嚴古刹之大藏釋典，而囑寺僧居守，以見師之立言爲可傳也。故序之。

康熙五十八年己亥清和月，嘉禾守三韓吴永芳撰并書。

校勘記

〔一〕底本據《卍續藏》。

序

唐三藏元奘大師，慨經文訛謬，周游西宇，十有七年，取經六百五十七部，翻譯于玉華宮。太宗勑諸文臣，爲之潤色，以《心經》爲首，作《聖教序》以紀之。譯師皆西域人，唯師以唐人譯西經，爲慈恩相宗之祖。《心經》尤爲一大藏之主，非倒瀉一大藏經者，不能註隻字。唯伯亭大師，卧心藏教者五十年，諸經解畢，始及《心經》，一解理性爲體，一解事觀爲用，體用融通，性相雙貫，洵慈恩之大功臣也。

法弟邵泰衢拜題

序

大聖説《心經》者，爲度一切心也。衆生迷心，受五藴體，溺於愛河，中隨風浪，漂入苦海，不得解脱，徒悲傷也。菩薩悟心，駕般若航，來於此岸，不住中流，度到彼岸，自在逍遥，真常樂也。迷悟既殊，苦樂各别，因果染淨，生佛一異。如來憫之，帶果行因，爲九界人重轉法輪，直指般若靈知之心，點出波羅密行之性，心歸妙覺真空，性還涅槃寂滅，無凡無聖，何佛何生。諸法空相，《心經》説竟，義固如是，文猶未然。然文字般若，必須觀照，始證實相，成第一空。是以今家解經，盡用觀門而釋。事相難明，聖教正量，性宗相宗，小乘大乘，一一採摘，句句消清，祖語佛語，論義呪義，法法遵依，章章典據。然後會事歸理，融相通性，文字性空，佛經心註，名事觀解，不亦宜乎。故曰《心經事觀解》。

時康熙癸未年十月小春望旦慈雲教觀沙門續法題。

般若心經解總目

般若波羅蜜多心經事觀解卷上

清浙水慈雲寺顯密教觀沙門續法述

△將解此經，十門分別。一、教起因緣。二、藏乘分攝。三、時會判定。四、教觀分齊。五、所被機宜。六、能詮體性。七、宗趣通局。八、翻譯傳流。九、總釋經題。十、別解文義。

△一、教起因緣者，然有總別。

總者，如來唯爲一大事因緣，出現於世，欲令衆生開佛知見。今經直指衆生，以般若真空心，入佛之知見故。

別者，開十。一、爲闡不共般若故。經云，行深般若。二、爲度一切苦厄故。經云，照五蘊空，度一切苦。三、爲離四性相即故。文云，色不異空，空即是色。離四句，絕百非也。四、爲無六相不立故。生滅垢淨增減俱無，纖塵不立也。五、爲明諸法如幻故。蘊處界，世間法，諦緣智，出世法，盡如幻影，空無實也。六、爲顯法性真空故。文云，諸法空相，空中無色等。七、爲究涅槃三德故。心無罣礙恐怖夢想，業報惑障悉除，安住涅槃三德。八、爲證菩提三覺故。自覺離心，異凡夫。覺他離色，異二乘。圓覺識境二俱離，異菩薩也。九、爲示顯密融通故。前顯了經，後祕密呪，二皆融通無礙。十、爲圓福慧果德故。經義解理發慧，呪語離障生福，福慧二嚴，定智兩足，果位功德，圓滿究竟。依經敘十因緣，令此教興起也。

△二、藏乘分攝者。經律論三，經藏所攝。顯密四藏，經呪二攝。非律論故。大小乘内，大乘所攝。三一乘中，一乘所攝。十二分教，長行、重頌、授記、孤起、自説、因緣、譬喻、本事、本生、方廣、未有、論義。經分教攝。

△三、時會判定者，三照先、轉、還。時中，轉照時説。三轉初、中、後。照時，後轉照説。五會華嚴、阿含、深密、妙智、法華。之中，妙智會説。十儀之中，差別、起末、歸本、無礙、不定、顯密、頓演、寂寞、該通、無盡。無礙、寂寞二儀門收。

△四、教觀分齊者。教類有五。一、小乘教。二、大乘始教，亦名分教。三、終教，亦名實教。四、一乘頓教。五、圓教。今此經者，正屬頓教，總不説法相，唯顯真空性故。經云，空中無色，無所得故，心無罣礙。初云，行深般若，五蘊皆空，兼通始終二教。是諸法空相，無智亦無得，始也。依般若故，究竟涅槃，得三菩提，終也。

觀道有三。一、三諦觀。《瓔珞經》明真、俗、中。《仁王經》明空、色、心，亦名真、世、第一義。《梵網》明實、世、第一義，亦名空、有、中道。今經色不異空，空觀，真諦也。空不異色，假觀，俗諦也。即色即空，中道觀，第一義諦也。又不生等，真諦觀。不滅等，俗諦觀。諸法空相，第一義空，中諦觀也。二、三空觀。《唯識》云，一、我空慧，二、法空慧，三、俱空慧。《楞嚴》明人空法空俱空。《梵網》謂内空外空空空。經云，照見我。五蘊法。皆空。俱。三空觀也。又云，無智亦無得，以無所得故。又云，心無罣礙。無罣礙故，智心，内人空觀。無得無礙，外法空觀。無所得故，無罣礙故，空空俱觀。

三、三無觀。《唯識》《燈論》謂，徧計無性觀，依他無性觀，圓成無性觀。彼頌云，初即相無性，次無自然性，後由遠離前，所執我法性。是則初名無相觀，次名無生觀，後名無性觀。經云，能除一切苦，真實不虚。除苦厄，徧計觀。除一切，依他觀。真實，圓成觀。又云，是諸法空相。相即無相觀，法即無生觀，空即無性觀。又不生不滅，心無恐怖，實性無性觀。不垢不淨，心無罣礙，起性無性觀。不增不減，心無倒想，執性無性觀。餘例思之。

△五、所被機宜者。衆生機類，不出三聚，及五乘性。於三聚正定、邪定、不定。中，正爲不定，以破凡外，徧計空有，迴彼二乘，令向大乘。告舍利子。令權菩薩，不迷於空。空即色等。令三乘人，入一乘中道。色不異空，及不生不滅等。兼爲正定，令增妙行。及爲邪定，作遠因緣。

於五乘人、天、聲聞、緣覺、菩薩。中，唯被菩薩，菩薩行深般若故。

於五性中，聲聞、緣覺、如來、不定、無性。正被如來種性，及不定性。文云，菩薩究竟涅槃。諸佛得三菩提，兼爲餘性，作遠因緣。

是知聞與不聞，情及無情，凡具般若性者，莫非所被機也。

△六、能詮體性者。一、隨相門。文云，説般若呪，聲名文義，皆爲體也。二、唯識門。經云，心無罣礙。前能所詮，皆自識變。三、歸性門。下云，是諸法空相，遠離顛倒夢想，則心識亦空，唯真如性故。四、無礙門。如云，空不異色，色即是空，不增不減等。故知般若，

是大神呪等，則前心境事理，同一緣起無礙。

又行深般若，説般若呪，文字也，初一門體。照見蘊空，離顛倒想，觀照也，二三門體。度一切苦，真實不虛，實相也，後一門體。故此一經，四皆攝盡。

△七、宗趣通局者。通途有六。一、小乘宗，二十部異。二、法相宗，唯識論師護法等。三、破相宗，智度論師清辯等。四、藏心宗，起信論師馬鳴等。五、真性宗，楞伽論師龍樹等。六、法界宗，華嚴論師天親等。今此經者，三五門攝，以般若部，空性雙通，智光論師，合一宗故。

別局此經，明宗趣者，又有總別。總以三種般若，而爲宗趣，謂依文字教，起觀照智爲宗，證得真空實相爲趣。別開五對。一、教義。崇文字教説爲宗，不取有無諸法義意爲趣。二、事理。空去世出世法事相爲宗，顯最上乘第一義空理性爲趣。三、境智。緣諸法空相非相理境爲宗，起般若照見無見觀智爲趣。四、修證。以無心無智，行深般若修因爲宗，即無得無取，證入涅槃果德爲趣。五、體用。圓滿菩提，歸無所得本體爲宗，隨緣赴感，度一切苦大用爲趣。此五生起，後先相由者也。

△八、翻譯傳流者。此經前後七譯。一、後秦鳩摩羅什譯，名《摩訶般若波羅蜜大明呪經》。二、唐三藏法師玄奘譯，名《般若波羅蜜多心經》。三、唐天竺三藏大廣智不空譯，名《梵本般若波羅蜜多心經》。四、宋天竺三藏達磨戰濕羅譯，法月。名《普徧智藏般若波羅蜜多心經》。五、罽賓沙門般若共利言等譯，《般若波羅蜜心經》。六、宋三藏慈賢譯，名《梵本般若波羅蜜多心經》。七、宋天竺三藏施護譯，名《佛説聖佛母般若波羅蜜多心經》。今世所傳，七中第二譯也。至於古今疏註，唐翻經沙門賢首國師略疏，

明天界寺僧宗泐如玘註解，翰林學士宋濂文句。餘不繁録。

△九、總釋經題。二。先題目。

般若波羅蜜多心經

此經單法爲題，般若體，蜜多用，不離一總相心。依略疏，亦可法喻爲題。六百卷大部，喻如身。十四行小本，喻如心也。

梵語般若，此云智慧。智，決斷義。妙證真源，但唯決定，朗然獨照故，般也。慧，揀擇義。明了諸法，必須揀擇，修行斷惑故，若也。略開三種。一、實相，所觀真空法性也。二、觀照，能觀本覺妙慧也。三、文字，詮上二者言教也。

梵語波羅，此云彼岸，即大涅槃。翻大滅度，大即法身，滅即解脱，度即般若，三德祕藏也。梵語蜜多，此云到，影含三義，一離，二度，三到，謂離生死此岸，度過煩惱中流，竟到涅槃彼岸也。上約因，此約果。又《大論》云，阿羅蜜，秦言遠離。波羅蜜，秦言度過。波羅伽，秦言到至。《華嚴》云，以波羅蜜船，不依此岸，不著彼岸，不住中流，而度衆生，無有休息。上約智，此約悲。

心有四種。梵語紇哩馱耶，此云肉團心，人身中心藏也，色法所攝。梵語質多耶，此云緣慮心，八識各能緣慮自分境故，妄想所攝。梵語阿賴耶，此云集起心，即第八識，集諸種子，起現行故，種習所攝。梵語乾栗陀耶，此云堅實心，即如來藏真如性也，寂照所攝。約法，第四，以般若波羅蜜心，是萬法之體故。約喻，第一，以一十四行之略，能攝二十萬頌之廣，爲般若部中之心，如人心藏，是一身之要也。約果，揀非緣慮集起之心，下云心無罣礙，究竟涅槃。約因，後三俱通。《唯識頌》云，金剛道後，異熟空故。又般若因，名觀智心，無相無爲，下云無智之智是也。蜜多果，名真空心，無住無動，下云無得之得是也。

梵語欲底修多羅，此云契經。契謂上契三世之佛，中契三空之理，下契三聚之機。經謂常住所證覺性，貫穿所知法義，攝持所化衆生。開爲三對。初教義，般若心是所詮義，經是能詮之教。二就義中，分總別對，心是諸法之總，稱爲總相法門，般若因，蜜多果，是別相法也，亦名法喻對。般若等，法也。心，喻也。即般若内，統歸要妙之義，況人心藏，爲主爲要，統極之本。三就別法中，分因果對，或智悲對，般若是因修觀智，波羅蜜多是果地悲化。亦名體用對。般若是體，此智慧體，神悟玄奧，妙證真源也。波羅是用，此到彼岸功用，翻盡生死之處，超至真空之際，即揀不到彼岸用也。具三對義，故立斯名。

△次譯人。

唐三藏法師玄奘奉詔譯。

唐洛州緱氏人，俗姓陳，隨兄長捷法師，出家淨土寺。年十一，誦《維摩》《法華》。二十一，講《心論》，時號神人。貞觀三年仲秋朔，往西域取經，至罽賓國，道險虎豹，不可過。遇一老僧，面瘡體血，衣服被污，懇將向寺，施與衣服飲食之具。獨坐床上，口授《心經》。因常誦習，遂得山川平易，道路開通，虎豹潛形，魔鬼遁跡。經歷百五十國，至舍衛城，取經六百五十七部。以貞觀十九年春正月還京，於玉華臺，翻譯經論，總一千三百三十卷，共成七十五部。年五十六，臥疾見大蓮花，鮮白光色。及見佛相，右脇而逝，葬於白鹿原。此與什本，大同小異。

△十、別解文義。二。初顯了般若，謂經是顯了明説，令解生慧滅煩惱障故。於中分三。

一、序自行深般若。同諸經序分。

觀自在菩薩，行深般若波羅蜜多時，照見五蘊皆空，度一切苦厄。

初句，能觀人。

梵語縛嚕枳帝濕伐囉，此云觀自在，或云觀世音。實相觀照，救世自在，此約智悲釋。又觀音救苦，恒在那伽，此約慧定釋。又《法華》，真、淨、智、慈、悲五觀，定也。妙、觀、梵、潮、勝五音，慧也。均等自在。又五觀中，前三智也，後二悲也。五音中，三四悲也，餘三智也。正顯智悲並運，真俗融通，上同下合，得大自在。此是帶果行因號也，果地號正法明如來。

菩謂菩提，翻覺。薩謂薩埵，翻衆生。以智上求菩提，用悲下救衆生也。

上三字別號，此二字通名。菩薩西輔彌陀化主，來住普陀香山，廣度衆生，同歸樂土，觀音自在，良有以也。

二句，所行行。

深對淺言。共般若，淺也。不共般若，深也。人空般若，淺也。法空俱空般若，深也。《大品》云，欲求聲聞乘者，當學般若波羅蜜。欲求辟支佛者，當學般若波羅蜜。欲求無上菩提者，當學般若波羅蜜。《金剛》云，一切賢聖，皆以無爲法而有差别。涅槃明三獸度河，謂象、馬、兔。《華嚴》云，諸法實相，三乘皆得，而不名佛，則知斷證理行，有淺深也。至於説法度生，《法華》云，應以聲聞身得度者，即現聲聞身，應以佛身得度者，即現佛身等。《金剛》云，爲發大乘者説，爲發最上乘者説，則知度三乘人，三空觀，度一乘人，俱空觀入矣。今揀淺行，故云深時。

三句，觀行境。

照見者，觀照般若也。又因地識强智弱，照屬六識，見屬八識，兼慧心所。果位智强識弱，照屬妙觀察智，見屬大圓鏡智也。五藴，境也，自他凡聖俱攝。梵語塞犍陀，此云藴，積聚義，或翻陰，蓋覆義。積聚有爲，蓋覆真性故。嚕伴，翻色，乃堅固想成，質礙爲相，謂四大所成根塵等法，色空爲際。尾也難喃，翻受，乃虛明想成，領納爲相，謂領納苦樂，不苦樂境，觸離爲際。三倪也喃，翻想，乃融通想成，取像爲相，謂取種種像，與念相應，記忘爲際。三塞歌囉，翻行，乃幽隱想成，遷流爲相，謂心心所法，川流不息，生滅爲際。尾野喃，翻識，乃罔象想成，了別爲相，謂於所緣境，熾然了別，合六和。湛一精。爲際。皆空者，梵語秫達，翻空，實相般若也。上之照見，三空無分別慧。此之蘊空，三空法性理境。蘊中無我，即人空。蘊本不生，即法空。蘊空亦空，即俱空。故什本云，色空故無壞相，受空故無納相，想空故無知相，行空故無作相，識空故無覺相。《大品》云，色如聚沫，受如泡珠，想如陽燄，行如芭蕉，識如幻化，並非實相。《楞嚴》云，幻妄稱相，緣有合離，妄成生滅故。真體爲性，一切法性，本自不生故。蘊中三空法性，唯深慧所能見也。

四句，明利益。

超脱曰度，如刀斬物曰切。一切，統攝自他九法界也。苦，謂五苦，即生老病死、一。求不得、二。愛別離、三。怨憎會、四。五陰熾盛五。苦也。廣則二苦三苦、八苦十苦、《楞嚴》。百一十苦《菩薩善戒》。等。厄，謂七難，即水、火、風、刀、鬼、枷、賊也。廣則三災六災、大三災，小三災。八難十難、《楞嚴》。百萬障《華嚴》。難等。證見第一義空，二死障惱斯盡，二種果得，一真理顯也。又衆生不修，見有蘊苦，如水結冰，受寒困厄，菩薩修觀，蘊空無苦，如冰化水，得陽和樂，則行止功過，可勿思乎。

宋譯云，爾時世尊，即入甚深光明，宣説正法三摩地。時，觀自在菩薩，在佛會中，已能修行甚深般若波羅蜜多，觀見五蘊自性皆空。唐不空云，菩薩白言，我欲於會中，説諸菩薩普徧智藏般若波羅蜜多心，蒙佛聽許，入慧光定，照五蘊空，度苦厄等。故此一節，爲諸經序文。

△二、教第一義空，同諸經正宗分。於中二。先修因。三。一、觀五蘊空。

舍利子，色不異空，空不異色，色即是空，空即是色。受想行識，亦復如是。

施護本云，舍利子，白觀自在菩薩言，若有人欲修學甚深般若門者，當云何修學。時，觀自在菩薩，呼名而告之。故此節去，皆屬正宗文也。

初句，舉行人。

梵語舍利弗呾囉，連父母稱名。舍利，母名，翻身，身端嚴故。又云珠，云鷺，眼如明珠，鶖鷺故。弗呾囉，父名，翻圓滿，論義圓滿故，論師也，亦翻子，是舍利女之子也。連爲號者，不忘親故。佛弟子中，智慧第一，般若轉教，四弟推尊。

次色四句，明觀法。

宋譯云，觀自在菩薩，告尊者言，若欲學此甚深般若，當觀五蘊自性皆空。伏疑難云，色是有法，云何皆空。故答釋曰，色不異空，以色幻相，不異空無相故。又色即是空，以色本無生性，即空無生性故。初句約相，二句約性。又伏難云，空是無法，云何容色。故又答曰，空不異色，以空無相，不異色幻相故。又空即是色，以空無生性，即色無生性故。二句通問，四句通性，間隔以釋。亦可順次解釋。人天疑色實有，故告色不異空，謂色幻相，不異空無相也。二乘疑空實無，故告空不異色，謂空無相，不異色幻相也。人天小乘，明生滅法，作析空觀，故説不異。相宗菩薩，疑色爲法相，故告色即是空，謂色本無生性，即是空無生性也。空宗菩薩，疑空爲無相，故告空即是色，謂空無生性，即是色無生性也。空相大乘，了法無生，作體空觀，故説即是。賢首疏云，色是幻色，必不礙空。色不異空。空是真空，必不礙色。空不異色。順釋明色空不異也。又云，若礙於色，即是斷空，非真空故。色即是空。若礙於空，即是實色，非幻色故。空即是色。反顯明色空相即也。

又初句，即杜順會色歸空觀，天台從假入空觀。二句，即杜順明空入色觀，天台從空入假觀。三四句，即杜順色空無礙出《法界觀》。觀，天台空假平等出《纓絡經》。觀。

經云，般若非有相，亦非常相、異相，及計色大我小，我在色中，乃至非我相，自性等，色不異空故。非無相，亦非斷相、一相，及計我大色小，色在我中，乃至非人相，他性等，空不異色故。非亦有亦無相，三句非雙存，亦非即蘊是我，乃至非衆生相，共性等，色即是空故。非非有非無相。四句非並泯，亦非離蘊是我，乃至非壽者相，無因性等，空即是色故。若能離四句，有無存泯句也，四相四性俱攝在內。絶百非，方是甚深般若觀門，故以四句曉之也。

《楞嚴》云，汝原不知如來藏中，性色真空，色不異空，色即是空。性空真色，空不異色，空即是色。清淨本然，周徧法界，隨衆生心，應所知量。菩薩告以四句，不其然乎。若以水喻，應云，冰不異水，水不異冰，冰即是水，水即是冰，冰水皆幻相，濕性是不異。又以金喻，亦云器不異金，金不異器，器即是金，金即是器，器金亦幻相，堅性同無異。設遇沙冰泥水，鍍器鑛金，是異不即矣。凡聖迷悟若此。

後受二句，例餘蘊。

色空無相，性本寂滅既爾。餘四蘊法，遠離性相亦然。

色法四句三觀如此。餘受想等，四句三觀，亦若是也。

受不異空，乃至識不異空，空觀也。空不異受，乃至空不異識，假觀也。即受即空，乃至即空即識，中觀也。

以真空性識，即離無礙故。

△二、明六相空。

舍利子，是諸法空相，不生不滅，不垢不淨，不增不減。

是諸法者，望上五蘊，望下處界等。空者，謂第一義空、二空、《唯識》。三空、《楞嚴》。七空、《楞伽》。十空、《梵網》。十八空、《大品》。二十空等。相者，謂生滅等六相。約觀釋之，是即我空，法即法空，空即俱空。又諸法，假觀，空相，空觀，合爲中道觀也。

生滅，約體，以真空體，非前際生，非後際滅，絶常絶斷，故云不生滅也。垢淨，約相，以真空相，非迷時垢，非悟時淨，離有離無，故云不垢淨也。增減，約用，以真空用，非聖位增，非凡位減，超異超一，故云不增減也。

又生滅，世間蘊處界法。垢淨，出世諦緣智法。增減，上上菩提涅槃法。就世法言，蘊是生滅，處是垢淨，界是增減。出世法言，十二因緣、生滅、四諦、垢淨、智得、增減、真空離此，故云不也。

又不生，實諦觀。不滅，世諦觀。合名第一義諦觀。《梵網》。不垢，空性觀。不淨，色相觀。兼則中心觀。《仁王》。不增，無爲觀。不減，有爲觀。連成性空觀。《梵網》。又不生滅，生空觀也。不垢淨，法空觀也。不增減，俱空觀《楞嚴》。也。六相既遣，空理自顯。

如冰未銷，自有凝散、污潔、巨細等相。今既化爲一水，便歸不生不滅體矣。真空亦然。

△三、示諸法空。

一、世間法三科，共三十五。二、出世法三門，共十八。總五十三。若加六入，名四科。因緣中，開生起、還滅二門。智得前加十度，即成八十一法。就經文明，一、五蘊，二、五苦，三、七厄難，四、六相，五、十二處，六、十八界，七、十二因緣，八、四諦，九、二空行，十、三心，十一、二果，十二、五呪，亦有八十一法，皆是般若真空相也。

中分爲二，先世間法空。

是故空中無色，無受想行識。無眼耳鼻舌身意，無色聲香味觸法，無眼界，乃至無意識界。

是故空中，承上接下之詞。以是六相俱盡，始成般若真空。又真空中，不但空彼六相，即此色蘊等法亦空，故云空中無色等也。所謂瀰滿清淨，中不容他。

世間法相有三。

一、五蘊門。此爲愚心不愚色者，利根而説，故合色爲一，開心爲四也。

而云無者，《楞嚴》明色如空中眼花，受如空手摩觸，想如空談酢梅，行如空泡瀑布，識如空餉孔瓶，理實皆悉不壞色等，以自性空，不待壞故。《楞伽》云，謂一切法，自他共相，皆不生故，名爲相空，謂一切法，自性不生，名自性空。下並準知。

二、十二處門。内六根，外六塵，名十二處。處者，所也。根塵各有内外所在也。乃爲愚色不愚心者，中根而説，故合心爲一分半，謂意處全，法處半分，開色爲十分半，謂五根五塵，法處半分也。

眼等名六根，能生爲義，生識性故，亦名六入，吸取爲義，吸塵境故。斫芻，翻眼，如蒲萄朶，見精暎色。戍嚕怛囉，翻耳，如新卷葉，聽精暎聲。喝囉拏，翻鼻，如雙垂爪，齅精暎香。時吃縛，翻舌，如初偃月，嘗精暎味。歌野，翻身，如腰鼓顙，覺精暎觸。摩囉，翻意，如幽室見，知精暎法，亦云無者。《楞嚴》云，因緣和合，虚妄有生，因緣别離，虚妄名滅，殊不知生滅本真空性，性真空中，求於生滅，了無所得也。

色等名六塵，染污爲義，染根識故。路伴，翻色，青黄長短也。設没囉，翻聲，男女絃管也。獻馱辣，翻香，沉檀龍麝也。佐塞，翻味，甜酸飲食也。佗囉瑟吒耶，翻觸，冷煖衣服也。達哩摩，翻法，過現影像也。據《楞嚴》，色屬明暗，聲通動靜，香該通塞，味兼恬變，觸連離合，法統生滅。

俱曰無者。經云，觀相元妄，無可指陳，猶邀空花，結爲空果，觀性元真，惟妙覺空，妙覺空心，先非色法。

三、十八界門。内六根，外六塵，中六識，名十八界。界者，界畔，種族義。識與根塵，共相隣界，各有種族也。斯爲心色俱愚者，鈍根而説，故心色俱開，謂開心爲七分半，即六識意根，法界心所半分，開色爲十分半，即五根五塵，法界無表半分也。

根塵名義，如上。六識者，了别爲義，眼色爲緣，生於眼識，分别明暗等色，乃至意法爲緣，生於意識，分别生滅等法。

無眼界者，《楞嚴》云，當知眼色爲緣，生眼識界，三處都無，乃至者，超略之詞，影略耳鼻舌身四識界也。無意識界者，《楞嚴》云，當知意法爲緣，生意識界，三處都無。《瑜伽》云，蘊處及界等，遠離諸性相，能取所取二取。執，二執。諸法悉無我，平等如虚空，我空。自性本不生，法空。空性圓寂故。纖界不立，真第一空。

此如冰人五蘊六根，外觀六瓶六色之冰，如處界等。今遇火日之時，總成一汪水矣，不空何待。

△次出世法空。

無無明，亦無無明盡，乃至無老死，亦無老死盡。

無苦集滅道。

無智亦無得。

以無所得故。

出世法相亦三。一、因緣門。此爲中乘緣覺而説。

一、無明。迷暗也。煩惱障，惑道。二、行。造作也。業障業道。此二支，屬過去因。三、識。分别也。初托母胎，起一心意妄念。

四，名色。名是心，受、想、行、識四蘊也。色是身，色蘊也。五、六入。胎中成六根也。六、觸。出胎後，三四歲，六根對六塵也。七、受。五六至十三歲，領納前境，違順苦樂也。此五支，報障苦道，屬現在果。八、愛。十四至十八九，貪戀男女、銀錢、五欲等事也。九、取。二十已後，於五塵境，廣徧追求也。此二煩惱障惑道。十、有。既有塵欲，作有漏業，當生三有也。此一業障業道，兼上爲三支，成未來因。十一、生。四生六道中受生也。十二、老死。既生五蘊身後，畢至熟壞時也。此二支，報障苦道，屬未來果。

然十二支，作二門觀。一、生起門。謂無明緣行，乃至生緣老死，今云無無明，乃至無老死者，以其緣生性空故也。二、還滅門。謂無明滅則行滅，乃至生滅則老死滅。今云亦無無明盡，乃至亦無老死盡者，以其無生真空故也。《楞嚴》云，真性有爲空，緣生故如幻，無爲無起滅，不實如空花。

喻一氷凍支佛，獨宿雪峰，朝看十二氷城雪園，至昏暮時，並不可得。

二、四諦門。此爲小乘聲聞而説。

一、苦諦。是生死報，果也。令彼厭。二、集諦。是煩惱業，因也。令彼斷。此二世間因果。三、滅諦。是涅槃理，果也。令彼欣。四、道諦。是正助行，因也。令彼修。此二出世因果。觀四諦空，成羅漢道，然與前門，開合異耳。謂無明、行、愛、取、有五支，合爲集諦。餘識、名色、入、觸、受、生、老死七支，開爲苦諦。觀因緣智，即爲道諦。十二支滅，即爲滅諦。

盡云無者，出世對世間説。既無苦集，何有滅道。因緣尚空，四諦安寄。《金剛》云，實無有法，名阿羅漢。

喻雪目連，降一冰龍，暑天想起，影迹無踪。

三、二法門。此爲大乘菩薩而説。

據《楞嚴》，智、得，通前徹後。今經，義可上下，法專衍門。智謂二空觀智，得即二空理境，豈不小大俱通。智乃六度中一，得是波羅密果，豈不局一大乘。

並云無者，二空對治二執，智慧爲度愚癡。愚執不立，空智何有。《楞嚴》云，猶非真非真，云何見所見。《金剛》云，佛説般若波羅蜜，即非般若波羅蜜。又云，實無有法，名爲菩薩。

如冰文殊，烘火觀氷盤珠，頃刻洋去，有何跡耶。

以句，終歸一空也。因由曰以，不但無智無得，即諦緣蘊界，皆空無法。非但空中無法，即此空亦無得。《楞伽》遣二無我，《維摩》空病亦空，《楞嚴》俱空不生，《仁王》法空故空，正此義也。故者，牒前起後之詞。

問，前云空即是色，今何空滅色耶。答，前雖存而未嘗不盡。論云，因緣所生法，我説即是空。今都亡而未嘗不立。論云，以有空義故，一切法得成。審前後上下文，自知義意。

△次，證果。二。一、菩薩究竟真空涅槃。

菩提薩埵，依般若波羅蜜多故。心無罣礙，無罣礙故，無有恐怖，遠離顛倒夢想。究竟涅槃。

先舉人依法。菩提云覺道，薩埵云有情。一、約境。所求所度，有情之中，稱覺悟者。二、約心。能證能斷，有覺悟之智，去情慮之識。三、約能所。所求是佛覺果，能求有情因也。略稱菩薩，大乘人名。

般若，真空智。波羅，解脱境，最上乘法。《金剛》云，第一波羅蜜，即非第一波羅蜜。《梵網》云，第一義空慧門，空空慧門，空空復空慧門，空空復空空慧門，斯之謂也。

次斷障得果。罣礙，有爲無爲業障，染

淨善惡等，現在心也。恐怖，有漏無漏苦報，分段變易等，未來心也。倒想，有相無相煩惱，見愛無明等，過去心也。

對前法言，結縛礙也。色，塵處諦，不垢不淨觀斷，生死怖也。受、行，蘊根因緣，不生不滅觀斷，癡惑夢也。識，想界智，不增不減觀斷，三心既不可得，故無而又離也。

涅槃，斷果究竟，得入無餘也。梵語摩訶般涅槃那，華言大滅度，大是法身滅，是解脱，度是般若。此之三德，非别外有，迷即三障，悟即三德，三障若空，三德乃顯。所謂生死即法身，煩惱即般若，結業即解脱，自非般若觀照，功德不能開顯。譬如磨鏡，垢盡明現。

猶氷彌勒，朝陽放布袋水，流入大寂滅海，澄渟皎潔也。故此涅槃，亦空無相。《法華》云，究竟涅槃，常寂滅相，終歸於空。

△二、諸佛圓證無相菩提。

三世諸佛，依般若波羅蜜多故。得阿耨多羅三藐三菩提。

先舉人依法，前屬大乘因地，此局一乘果位。過、現、未曰三世，三劫各有千佛，故云諸也。梵語佛陀，華言覺者。一、自覺真諦，離心識，超人天。二、覺他俗諦，離色塵，超二乘。三、圓覺中諦，二俱離，超菩薩。具三覺義，稱佛世尊，能依人也。般若，所依法也。謂於三性，立三無性以觀。一、徧計執性，作無相觀。二、依他起性，作無生觀。三、圓成實性，作無性觀。以此三無性，顯彼真空相，成相三覺德，更無别門也。

次得果成覺。菩提，智果也。得字貫下，菩提徹上。阿耨多羅，此云無上。三藐，此云正等。三菩提，此云正覺，内含三義。一、正覺。即如理智，正觀真諦，揀凡外之不正。二、等覺。即如量智，徧觀俗諦，揀權小之不等。三、無上覺。即無礙智，統觀中諦，揀因地有上。此菩提果，得實無得。故《大品》云，無得而得。《金剛》云，我於阿耨菩提，無有少法可得。又云，實無有法，如來得三菩提。《圓覺》云，妙圓覺心，本無菩提，及與涅槃，亦無成佛，及不成佛。

如晒彩色冰佛，洋到妙莊嚴海，森羅自現，非外寶光爲美飾也。

問，前云以無所得，今何得二果耶。答，由前真空，有後實相，故得二果。又由後實相，始成前真空，故二果無得。《楞嚴》云，圓滿菩提，歸無所得。詳上二段密多故字，意自可知。以上正宗竟。

△三、結通祕密真言。同諸經流通分。

故知般若波羅蜜多，是大神呪，是大明呪，是無上呪，是無等等呪。能除一切苦，真實不虛。

先，別開五呪。連般若呪，成五名也。

故者，躡前起後，結後成前之意。謂由前觀照般若，方流後文字般若，故生五呪祕密神章。又由後文字般若，方顯前觀照般若，故起五蘊真空妙行。

佛般若呪，如蜾蠃。苦惱衆生，如螟蛉，教祝七日，化爲佛子，故稱爲呪。除障不虛，名神。智鑒無昧，名明。更無加過，名無上。獨絕無倫，名無等等。徹果該因，名般若波羅。此就法釋。

能破煩惱，曰神。能破無明，曰明。令因行滿，曰無上。令果德圓，曰無等等。逆流度生，曰般若波羅蜜。依功能釋。

又約教明。神者，呪凡成聖。小教，超凡也。明者，呪染成淨。始教，超小也。無上者，呪妄成真。終教，超權也。無等等者，呪相成性。頓教，超漸也。般若波羅蜜者，呪生成佛。圓教，超偏也。

次總顯多能。一切苦，如前釋，略言之，滅除分段、變易二生死苦，證得菩提、涅槃二種果樂也。實不虛者，般若勝益，爲作保任，令諸衆生，信受奉行，如有所疑，觀佛菩薩，非般若外別得樂果也。

對五呪顯。破色蘊惱，超劫濁苦，如舠渡過溪澗一百由旬，到彼安養界中，依正二報色相莊嚴，歷劫不壞一種清樂，神呪功益也。

破受蘊惱，超見濁苦，如艇渡過河港二百由旬，到彼安養界中，三寶功德受用樂境，真知灼見二種清樂，明呪功益也。

破想蘊惱，超煩惱苦，如艨艟渡湖過三百由旬，到安養界，十六觀門想念奥妙，毫無煩惱三種清樂，無上呪功益也。

破行蘊惱，超衆生苦，如艬艞渡江過四百由旬，到安養界，七日十念行爲淨業，好善衆生四衆清樂，無等呪功益也。

破識蘊惱，超命濁苦，如艆艒渡過大海五百由旬，到安養界中，三輩九品識心快活，上妙壽命五種清樂，般若呪功益也。

又佛說五呪利民，比如大海水，潛流四天下，沖成江湖河澗，民實生活，豈困苦耶。

如斯離苦得樂，非般若不能，觀自在能行，故能自度度他一切苦也。

上顯了竟。

△二、祕密般若。謂呪是祕密真言，令誦生福，滅罪業障故。

故說般若波羅蜜多呪，即說呪曰。

先標名，神明上等，別顯般若蜜多，總結。

故者，承上起下也。名多益廣已彰，呪詞語句未出，故爲陳說。梵語怛你也他，此翻即說呪曰，或云所謂。

揭諦揭諦，波羅揭諦，波羅僧揭諦，菩提薩婆訶。

呪有二義。一、不可說。以諸佛密語，具多意義，非因位所解，但當誦持，除障增福。二、亦可說。以佛祖經論，自爲解釋，今依教詮量，令人悟入，斷惑證真。

揭諦，此云去度，深慧功能，復重言者，

自度度他也。波羅，此云彼岸，度去所到處也。僧者，云總，普衆，謂自他普度，九界衆生，總到彼岸也。菩提，此云覺道，謂至何等彼岸，乃大菩提涅槃處也。薩婆訶，此云速疾成就，令前所作，速成疾就也。

初言揭諦，是大神呪，除生老病死苦，即以文字般若，度人天小教也。

重言揭諦，是大明呪，除求不得苦，即以觀照般若，度始教三乘人也。

波羅揭諦，是無上呪，除愛別離苦，即境界般若，度終教大乘人也。

波羅僧揭諦，是無等等呪，除怨憎會苦，即眷屬般若，度頓教一乘人也。

菩提薩婆訶，是般若波羅蜜多呪，除五陰熾盛苦，即實相般若，度圓教最上乘人也。

對顯般若。初一揭諦，觀自在序分也。次復揭諦，正宗中，舍利子，色不異空等也。波羅揭諦，諸法空相四句也。波羅僧揭諦，是故空中無色，下去文也。菩提二字，從菩提薩埵，至三菩提是也。薩婆訶，故知般若，是大神呪，流通文也。

配釋經題。揭諦二句，般若也。波羅羯諦二句，波羅蜜多也。菩提薩訶，《心經》也。

故知經即顯呪，呪即密經，隱顯融通，第一義心徹矣。佛語心妙，爲何如哉。

閣筆頌曰：甚深般若，絶相真空。依教讚釋，事義重重。普願來學，宗通説通。

般若心經事觀解卷上

（陳永革整理）

○三三六

般若波羅蜜多心經理性解[一]

序

觀音即我人，我人即觀音，不二法也。《心經》即自性，自性即《心經》，實一道也。般若心，蜜多心，該因徹果。五藴空，諸法空，越聖超凡。空不異色，相作之用隨緣。色即是空，一真之體不變。不滅不生，騰今耀古。離夢離想，麗日明星。無眼識界，無意識界，泯自他之根相。是大神呪，是大明呪，絶生佛之假名。除一切苦，揭諦密力難思。得三菩提，薩訶神功叵測。如斯會取，真看《心經》。向外馳求，非《心經》矣。蓋由菩薩心内衆生，墮自藏識風浪海中，昧却良心，忘念本經，枉受苦惱，都無解脱。故勞衆生心内菩薩，坐我肉團蓮花峰頂，提起真性，大轉法輪，度一切苦，成二果樂。心佛衆生，既無別體，佛經語心，豈有二致。故今釋經，並稱理解。觀音，表心王。舍利，表心所。五藴，宗法相。界處，宗法性。依教觀心，窮理盡性，心性解名，良有以也。欲明心者，請究斯文。不求見性，自負心矣。悲夫。

時康熙癸未年十月十一成誕慈雲教觀沙門續法題。

校勘記

〔一〕底本據《卍續藏》。

般若波羅蜜多心經理性解卷下

清浙水慈雲寺顯密教觀沙門續法述

△先經題。

般若波羅蜜多心經

梵語般若，此云智慧，本來靈知照了也，

因中慧心所，果上擇滅無爲無漏智也。

梵語波羅蜜多，此云到彼岸，究竟事理底源也，因中定心所，果上非擇□無爲一真法界也。

梵語阿賴耶，此云藏心，亦云紇哩陀耶，此云肉團心。《起信論》云，依如來藏故，有生滅心。所謂不生不滅與生滅和合，非一非異，名阿黎耶識心。此心人人本具，心背般若，迷智慧性，居生死岸，稱曰愚迷人天凡夫。心向般若，悟智慧性，到涅槃岸，號曰覺悟三乘聖人。

經者，法也，常也。十方同軌謂之法，三世不易謂之常。説此經者，欲令衆生，斷妄想心，依斯文字，起深觀照，證實相空，覺本心源，同佛菩薩，真常法樂也。如是本經，自心常轉。

△次文呪。

觀自在菩薩，行深般若波羅蜜多時，照見五藴皆空，度一切苦厄。

事理普觀，救苦自在，稱觀自在。菩薩，翻覺士，開士，揀衆生不覺，不開悟也。當人心中第八主人公。欻註，靈知之心，棲止肉團心内。

聞思修入曰行。起諸法空俱空無分別慧，揀非人空無分別慧，故云深也。當人心中良知良能。

照見，觀照般若也，即慧心所。皆空，實相般若也，虚空無爲。五藴，自他色心法也。根塵名色，是心所現影。領納名受，念慮名想，造作名行，是心所。分別名識，是心王。皆屬有爲生滅之法。

苦厄，不相應行。度苦厄者，謂自他一切生死苦惱無不超脱，如氷鎔水，不受八寒厄也。三乘七趣，不能觀空，受諸藴苦，如蠶作繭，似蛾赴火，自縛自燒，實爲可傷。故《瑜伽》云，覺花蒙照脱苦惱，便同菩薩觀自在。

舍利子，色不異空，空不異色，色即是空，空即是色。

受想行識，亦復如是。

舍利，翻珠，母名，眼如珠故。是其所生，故稱子也。即解心所。施護譯云，世尊在靈鷲山，入甚深光明，宣說正法三摩地。舍利子白觀自在菩薩言，若人欲修甚深般若法門，當云何學。時觀自在菩薩，即告尊者舍利弗言，若欲修學甚深般若，當觀五蘊自性皆空，佛即真如無爲。尊者疑云，色是有法，云何皆空。故答釋曰，色不異空，以色即是空故。謂四大幻色假相，不異般若真空無相。當知色無生性，即空無生性故。如冰不異水，冰即是水，相雖凝泮，性實一濕。又疑問云，空是無法，云何有色。故又答釋，空不異色，以空即是色故。謂般若真空無相，不異四大幻色假相。當知空無生性，即色無生性故。如水不異冰，水即是冰，鎔結相別，濕性一同。此四門觀，如大火聚，四面嬰之，物無不爛。如清涼池，四邊臨之，生無不樂。行者若能如是四句觀心，即轉八法色四，空四、成四智四門矣。《瑜伽》云，菩薩思惟有情身，各具覺悟之蓮花心花，清淨法界無惑染，八葉心有八竅各有一如來。八識轉智。生迷真空，受幻色苦，水成冰也。佛悟幻色，得真空樂，冰化水也。至於受、想、行、識，亦不異空，非比籠盒函蓋，二物相逗者。然理實空即受、想、行、識，猶如金具泥團，絕無二體可得，故云亦復如是。萬法唯心，心生萬法，誠哉言也。《楞伽》云，心受、想、行、識亦是唯心空，非心色亦心空起，種種諸色相九界心色，通達皆唯心第一義空心。

舍利子，是諸法空相，不生不滅，不垢不淨，不增不減。

諸法，五蘊也。當體即是真空無相，唯第一義，有何生滅、垢淨、增減。其猶冰還成水，求其融結明暗厚薄，不可得也。此即想受滅無爲。

是故空中無色，無受想行識。

無眼耳鼻舌身意，無色聲香味觸法。

無眼界，乃至無意識界。

第一義空體相，本來不生不滅，云何於中更容處界生滅諸法，故云空中無也。此即不動滅無爲。蘊空，如上。結色成眼，黏湛發見。卷聲成耳，黏湛發聽。納香成鼻，黏湛發齅。絞味成舌，黏湛發嘗。摶觸成身，黏湛發覺。攬法成意，黏湛發知。此是內六根也。無者，《楞嚴》云，一根既返源，六根成解脱。又云，由器形異，名之異空，除器觀空，説空爲一，彼太虛空，何同不同，況一非一。由明暗形，眼見奔色。由動靜形，耳聞奔聲。由通塞形，鼻齅奔香。由恬變形，舌嘗奔味。由離合形，身覺奔觸。由生滅形，意知奔法。此是外六塵也，合前名十二處。無者，楞嚴云，由塵發知，因根有相，相塵也見根也無性，同於交蘆。又云，如來藏中，性覺真空，性色真空等。眼識別色，耳識別聲，鼻識別香，舌識別味，身識別觸，意識別法，此是中六識也。眼色爲緣，中生眼識等，合名爲十八界。無者，《楞嚴》云，識性虛妄，猶如空華。又云，內外性空，中云何立，則汝識生，從誰立界。是知蘊入處界，相盡幻妄，性實真空矣。喻識六色冰盤彩鳥，日午乾一空汪水耳，智者悟歎，愚者驚笑而已。

無無明，亦無無明盡，乃至無老死，亦無老死盡。

無苦集滅道。

無智亦無得，以無所得故。

因緣法有十二。一，無明。二，行。三，識。四，名色。五，六入。六，觸。七，受。八，愛。九，取。十，有。十一，生。十二，老死。觀作二門。一、生起門，謂無明緣行，乃至生緣老死。

二、滅盡門，謂無明滅則行滅，乃至生滅則老死滅。盡，猶滅也。乃至者，超略中間十支，但舉初後二支也。並云無者，應知有無明老死生，則有無明老死滅，既無無明老死生，實無無明老死滅矣。良以緣生性空，都無實義得也。《楞嚴》云，本覺妙明，性非因緣。苦等，四諦法也。苦以逼迫爲義，三有報也。集以招感爲義，見思惑也。滅以空盡爲義，偏真性也。道以趣向爲義，覺支法也。而云無者，若有苦集，則有滅道，苦且不生，滅道何立。故《涅槃》云，世諦者，即第一義諦。《仁王》偈云，法性本無性，第一義空如。智得，二空法也，二無我攝。人無我觀，法無我觀，曰智。生空理境，法空理境，曰得。亦云無者，非但能知空智不得，而所知空理亦亡。《楞伽》云，五法二無我，皆悉不可得。又云，遠離智所知，轉依即解脱。以句，結也。謂空中世出世法一一無者，以第一義諦空，本無性相有所得故。《大品》二十空中，一切法空，不可得空。《楞嚴》空藏心中，七大六根，六塵六識，緣諦智度，乃至十號四德，莫不皆非。《楞伽》云，一切法不生，是第一義性。但觀十二雪山，城中四隣兩舍，冰霜朝存暮泯，求形迹也何有。此即虚空無爲。

菩提薩埵，依般若波羅蜜多故，心無罣礙。無罣礙故，無有恐怖，遠離顛倒夢想。

究竟涅槃。

菩薩依此般若真空第一波羅蜜多心故，起觀照行，故得心無業障罣礙，如解戰袍，心無生死恐怖，如赦死刑，心無惑惱倒想，如覺柯夢。梵語摩訶般涅槃那，此云大滅度。大即法身德，轉生死成。滅即解脱，轉結業成。度即般若，轉迷惑成。此涅槃果，亦寂滅空。故《圓覺》云，生死涅槃，猶如昨夢。即非擇滅無爲。

三世諸佛，依般若波羅蜜多故，得阿耨多羅三藐三菩提。

諸佛依者，唯此一事實，餘二則非真也。

阿耨多羅三藐三菩提，唐言無上正等正覺。正覺，理智證真也。正等，事智了俗也。無上，無障礙智，直徹中道第一諦也。契合曰得。故《圓覺》云，成道亦無得，本性圓滿故。又云，凡夫及諸佛，同爲空華相。此即擇滅無爲。

故知般若波羅蜜多，是大神呪，是大明呪，是無上呪，是無等等呪，能除一切苦，真實不虛。

諸佛菩薩因果，依之修證了義，則般若是祕呪，波羅是密呪，故開五呪名也。猶彼兵符，王命恩詔，應勑寶璽，各有離苦得樂利益。一、變化極頂，曰大神，即文字般若，呪凡成聖，除色想劫濁苦，度小教人，成所作智真實法樂。二、徧照無礙，曰大明，即觀照般若，呪小成大，除受想見濁苦，度始教人，妙觀察智不虛法樂。三、人天高過，曰無上，即境界般若，呪權成實，除想想煩惱濁苦，度終教人，平等性智真實法樂。四、凡聖共尊，曰無等等，即眷屬般若，呪漸成頓，除行想衆生獨[一]苦，度頓教人，大圓鏡智不虛法樂。五、徹法底源，曰般若波羅蜜多，即實相般若，呪偏成圓，除識想命濁苦，度圓教人，法界清淨智，真如不誑不異大法樂也。如蒲盧等，豈虛教祝哉。

故說般若波羅蜜多呪，即說呪曰：

揭諦揭諦，波羅揭諦，波羅僧揭諦，菩提薩婆訶。

前四名是別，此般若是總，兼成五也。名相在《唯識》。不相應行，名句文攝，體用在《仁王》。真如法性，長行如，重頌如，一切法皆如也。於中先略標，次正說。揭諦，去度也。謂自去執障，度入三空，離去此岸，度至中流也。此即文字，大神呪語。次復重言揭諦者，謂令他去執障，度彼三空，離生死岸，煩惱流也。此即觀照，大明呪語。波羅，到彼岸也。謂自去二執三障，度入二空三空，不住中流，究竟到彼岸也。此即境界，無上呪語。僧者，普也，衆也，總也。謂普令自他，去盡二執三障，度入二空三空，九界衆生；總皆不住四流，直到涅槃岸也。此即眷屬，無等等呪。菩提，正覺果也。謂到彼岸之處，得何等報，乃令法界怨親，盡成無上菩提果也。此即實相，般若波羅蜜多心呪。薩婆訶，速疾圓成也。謂三覺成，五智圓也。《楞嚴》云，十方如來，誦此呪心，成無上覺。則知《心經》心呪，功德巍巍乎，民無能名焉。

閣筆頌曰：般若呪經，百法唯心。本如來藏，妙真如性。一眼觀去，大地歸真。

般若心經理性解卷下終

（陳永革整理）

校勘記

〔一〕「獨」，疑爲「濁」。

〇三三七

心經大意〔一〕

《心經》《金剛經》兩大意引

佛説諸經，爲法中王。所説《心經》《金剛經》二經，更爲經中王。凡具眼、耳、鼻、舌、身、意，得號爲人者，亦知聞是經典，信心不逆。亦知書寫、受持、讀誦，爲人解説。無論緇白男女，梵刹市廛，有不知尊重此二經者，必非人矣。人人具足，法法圓成，即此便信，衆生與佛，了無有二。黄梅以之印心，《壇經》以之發口。宗門正眼，舉不外此摩訶般若也。今日之王止菴，與當日之龐居士，各具手眼勝因。東魯談經，則臯比據席。西乾轉藏，則靈鷲登峯。特特拈提二經大意，讀之正如水入乳，如芥投鍼。如如意珠，循環無端，牽挽不斷，無假揉和，貫串自然，徹底圓明。緣無始劫來，受持讀誦者，出而爲人解説，所謂妙契佛智，善入佛慧。佛本以其能，遍許善男子善女人，匪獨以其能專許比丘，經言更自了了。則現白衣居士身而爲説法者，吾以信之止菴。

曹溪受法福徵譚貞默槃談書

校勘記

〔一〕底本據《卍續藏》。

心經大意附撮緊

秀水止庵王起隆述

或問於王子曰，子述《金剛大意》，則然矣。不識《心經大意》云何。王子曰，難言哉。《金剛》，八部般若之一種也。《心經》，以少文攝多義，爲八部般若之提綱。六百卷雄文浩瀚，收盡於連題二百六十八字之中。佛語精要，極盡於斯。若論大意，則《心經》大意，與《金剛》大意亦無二無別。或曰，何以明之。曰，梵語般若波羅蜜，華文智慧到彼岸也。佛説此經，專以度衆生苦厄爲心。衆生苦厄，本於愚癡。愚癡破於智慧，真如和合無明，不思議變，不思議薰，而有五蘊。五蘊愚癡，即五濁也。亦名萬苦根株，亦名生死有海。凡夫戀苦，愚癡而執有，流浪苦海者也。小乘怖苦，愚癡而耽空，但自求出苦海，不肯度人同出苦海者也。執有礙有，不得自在，耽空礙空，亦不得自在，總無智慧也，有智慧而小也。繇是萬劫千生，墮分段生死苦，墮變易生死苦，墮界内界外三苦、五苦、八苦，塵沙羅縠粗細諸苦。將人人本具、個個圓成一段智慧光明，或沉埋不現，或偏現不全。涅槃彼岸，誕登者鮮矣。我佛慈悲重深，哀痛憐憫，於談般若時，爲揭得大自在力、無畏施衆生之觀音，呼告智慧第一、不樂小乘、可與慈運悲之鶖子，示人出苦之方，教之登岸之法。觀音具耳根圓通，圓照三昧，又具救苦尋聲三昧，以觀自在，得名自在。自觀則智慧不同凡夫，行深般若，則行解又逈殊小乘。上與諸佛同慈力，下與衆生同悲仰，則不但能自出五蘊苦海也，又能迴入塵勞，救度衆生，同出苦海。究其神通，作用簡捷，無他，不過照見五蘊皆空，度一切苦厄而已。五蘊統之一無明，析之則曰色、受、想、行、識。色賅根身器界，居般若八十一科之一，爲堅固第一妄想，我相也。受、想、行、識，係虚明妄想，融通妄想，幽隱妄想，顛倒精想，純以攀緣心爲自性，我見也。所謂形爲罪藪，心爲賊煤[二]，一切苦本，不但能障凡夫，并能障賢聖者也。然先佛有言，妄想無性，則五蘊如幻翳，不實如空華。觀音菩薩寂照含虚空，洞徹源底矣。其照見蘊空，非五蘊有，而菩薩以照見空之也。五蘊而有，菩薩雖照見之，安能空之。實五蘊原無，而菩薩獨具此照見，即爲五蘊消亡，即爲虚空銷殞。所謂真如無始無終，無明無始有終也。五蘊不照見，盡相見一妄，亂起亂滅，生死無休，是名煩惱海。五蘊能照見，則一真嘗湛，原無生死，萬法圓融，是名真空界。因煩惱海巾，因色有根，因根有塵，因塵有識，因識有十二因緣，有四諦，有智得，有生滅，有垢淨增減，有凡夫法，有圓覺、聲聞法，種種罣礙也，恐怖也，顛倒夢想也。凡聖熾然，轆轤上下，微雲不淨，亦點太清。所謂迷之則業苦集，無一得自在也。真空界内，無六根故，則無六塵。無六塵故，則無六識。無六識故，則無十二因緣，無四諦，無智得，無生滅，無垢淨、增減，無凡夫法，無緣㊂覺聲聞法，無罣礙，無恐怖，無顛倒夢想心。佛、衆生一道齊平，鑄有陶空，如屈伸臂。所謂悟之則萬苦息，無一不自在也。佛憫凡、小愚癡，約此色、空二法，作破蕩前矛業，爲揭出照見五藴皆空六字，又從六字中，開出照見實義曰，色不異空，空不異色，色即是空，空即是色，爲一十六字。色不異空，耑破凡夫執有。空不異色，耑破小乘耽空。色即是空，空即是色，耑表空非異藴，離藴之頑空，之斷滅空，之小乘偏空，乃藴空互融，爲即空即假即中。無則不掛一絲，有則森羅海印之勝義空，之第一義空，之二十大空，之真空。是諸法空相，真療衆苦之靈丹，度二死之艟筏。所謂諸佛説空法，破除於有相。若復執於空，諸佛不能化。此也。所謂因緣所生法，我説即是空，亦名爲假名，亦名中道義。此也。按之，《金剛經》曰，佛法無實無虛，非色空，空色乎。一切有爲法，如夢幻泡影，如露亦如電，應作如是觀，非照見五藴皆空乎。我於三藐三菩提，無少法可得，非無智無得乎。無人、我相見，無衆生、壽者相見，節節支解，曾無嗔恨，刀割香塗，了無二視，有何苦厄乎。滅度一切衆生，實無衆生滅度，非究竟涅槃乎。如如不動，非自在乎。此自在二字，即般若嘗㊂光，真如佛性。諦觀法界，人天具此自在，二乘具此自在，相似分真，菩薩具此自在，諸佛具此自在，一切外道魔羅蛸翹含識，無不具此自在。但不觀則自在隱，智慧化爲愚癡。觀則自在呈，愚癡轉爲智慧。然觀而自在在也，即不觀而自在原在也。衆生，不自在之佛也，汨然煩惱，此岸也。佛，自在之衆生也，超然智慧，彼岸也。夫如是則照見五蘊皆空，度苦到彼岸。又只觀自在三字，收之無餘三字。又佛語精中之精，要中之要。《心經》精要，極盡於斯矣。苦厄衆生，欲學觀自在菩薩修行甚深般若，畢竟如何，乃到彼岸。怖五蘊苦海逃之者，不得到彼岸也。處苦海中，而看破原無苦海，當念升躋，乃可到彼岸也。畏避五蘊苦海衆生，若將浼焉者，不得到彼岸也。五蘊苦海誓先入，如一衆生未出苦，誓不於此取泥洹，乃真能乘智慧到彼岸，圓通廣大，無量無邊，爲善學觀自在菩薩者也。要之，不但觀自在菩薩乘此智慧到彼岸也，凡爲菩薩如觀自在者，俱乘此智慧到彼岸也。不但權居菩薩乘如觀自在之一佛乘此智慧到彼岸也，凡爲過去莊嚴劫、現在賢劫、未來星宿劫，當陽諸佛，俱乘此智慧到岸也。宜乎《楞嚴》選擇圓通，獨讚觀自在菩薩，爲離苦得解脱。良哉，觀世音也。成就菩提心，觀世音爲最也。

《大般若》全經，數百萬字，冠此二百六十八字，靈文祕文，顯説密説。循其首尾，三科亦備。觀自在菩薩起，至度一切苦厄止，可當序分。舍利子色不異空起，至真實不虚止，可當正宗。故説般若波羅蜜多呪至末，可當流通。其義細演之，何但八部六百卷，殆海墨書而不盡，大千界莫能容。精收之，則八部六百卷，收爲二百六十八字。二百六十八字，收爲色不異空一十六字。一十六字，收爲照見五蘊皆空六字。六字，收爲觀自在三字。退藏於密，愈簡愈該，類寶絲網，懸大摩尼，盡十方三世，吸入一珠，毫無滲漏，萬道寶光，綺互交疏[四]，聯絡不紊，非佛流出妙明心廣長舌，後來聲聞弟子，能有此結集耶。而受持此《心經》者，非深達我佛被機被器，特提觀音鶖子，亦如金剛會上善現當機，啐啄本懷，將同泛海，□失斗杓，迷針路莫知歸宿也。究竟《心經》，歸宿安在。曾不出《金剛》所具，秉六如之觀智，掃五蘊之空華，表生佛之一如，達真空之實相，而至矣盡矣。般若波羅蜜多，爲智慧到彼岸，無剩義矣。臆見所云，與《金剛》大意，無二無別也。等而推之，如《維摩》曰，斷諸邪見有無二邊。《楞伽》曰，若有若無有，是二悉俱離。《楞嚴》曰，圓滿菩提，歸無所得。《圓覺》曰，知是空華，即無輪轉。《法華》曰，衆生處處著，引之令得出。少室曰，廓然無聖。《壇經》曰，於相離相，於空離空。青原曰，聖諦亦不爲。南嶽曰，修證則不無，汙染即不得。永嘉曰，百千世界海中漚，三世聖賢如電拂。凡此俱與《心經》破色破空，智慧到彼岸，同一諦義。作如是觀，則總一大藏，五時八教，俱此物此志，經即佛心，佛心即經，誰得二之。智慧愚癡，本無異性，此岸彼岸，本是同源，誰得礙之。迷時累劫，悟即刹那。金口所宣，盡大神、大明、無上、無等等之圓頓真宗，正法眼藏也。獨《心經》《金剛》爲然哉。

王子述《心經大意》竟。或曰，子言則斷矣。非曾讀般若大經，人未必盡解，柰何。王子不禁心惻也。經意有須宛轉發明者，有只須隱括了然者。《心經》經之心也。心在經中，如日在天上，方便初機，簡之彌貴。又撮大意之槩，而爲言曰，《般若波羅蜜多心經》，開衆生佛見，度苦海慈航也。九界衆生，各有身心。身心苦厄，萬千總名，不出五蘊。五蘊若能看破，當下元自真如。其如凡、小謬迷，不能開此智眼。或戀五蘊，而執色爲實色。或怖五蘊，而墮空爲偏空。所以常囿死生。菩提遥遠，西方聖人，憫苦海之流浪，約空色以破明。恐固蔽之難除，先引援爲證據，舉行深般若之菩薩，係過去正法明如來，告智慧第一之聲聞，乃現前最上乘根器。從一心以觀自在，照五蘊而説皆空。使知色不異空，祛凡夫之我執。空不異色，醒二乘之耽枯。色即是空，顯菩提薩埵，即五蘊以證究竟涅槃。空即是色，明三世諸佛，即五蘊而成正等正覺。真空不幻，但非生滅、垢淨、增減之可參。諸法無名，了無四諦、十二緣、智得之留滯。生死一如，夢醒一如，有甚罣礙、恐怖、顛倒、夢想。凡聖齊平，因果齊平，何分生佛、菩薩、緣覺、聲聞。但莫墮空墮有，一心不生。自見無欠無餘，萬法無咎。不動步而到彼岸，符大士以證圓通。二百六十八言，於八部般若，若網在綱，有條不紊。一十八字神呪，胥萬靈呵護，如王有令，靡不遵從。昔裝[五]師西遊，魔鬼阻途，惟持《心經》，應念消散。持者當淨其意，猶如虛空。以十喻六如，觀五蘊。以一子地視，興慈悲。以聞薰聞修，修一心三觀。以人空法空，證四智菩提。了知真空之體，無性緣生，如明鏡漢胡俱現。幻有之色，緣生無性，如鏡像於鏡原無。於法無一法當情，無一法違礙，縱橫大用，不動微塵。凡小牢籠，忽然超越保任，剋期度苦，靈應無方。否則空誦循聲，念到舌生毛，有何交涉哉。大意慮難開蒙，敬復成斯撮槩。空中打橛，何辭謗法罪愆。禦木成文，竊當發露懺悔云爾。

《心經》，經之心也，亦心之經也。諸經一經，自爲一經《心經》管攝般若大部爲經，不但已也，實管攝一大藏諸經爲經。蓋佛以一大事因緣出現，除却度凡小衆生，同度一切苦厄外，謂佛別有剩懷，是真打空中橛，討水底天也。佛説一切法，總度一切心，一任宗門教門舌頭千丈，另有開口處乎。説是經之雄偉者，近無如紫柏尊者之《三説心經》，李卓老之《心經提綱》，靈峯素大師之《般若觀心釋》。余爲《大意》，並不敢一摭入。正以寧淺，無深方便。讀者直見佛心，如舒拳見掌耳。若夫般若大經，八十一科，欲通其義者，自有古今之疏釋在。

佛弟子王起隆又識

校勘記

〔一〕「煤」，底本原校疑爲「媒」。

〔二〕「緣」，底本作「圓」，據底本原校改。

〔三〕「嘗」，底本原校云通「常」。

〔四〕「疏」，底本原校疑爲「流」。

〔五〕「裝」，疑爲「奘」。

心經大意自跋

或又曰，儒禪淆濫，持世道者之憂也。子儒衣談佛，且爲分疏，非惟攙行之譏，實蒙二本之責。子自救不了，奚呶呶之贅歟。余應之曰，朝聞夕死，先聖之言也。此心此理，同先儒之言也。鄒子輿氏，惡二本之夷之，亦惡執一之子莫。儒佛參同，大明於世界已久，不待今日也。自悲智慧尠劣，發蒙小言，其於闡揚性道類，置紙燈於二曜之下，戛瓦缶於八音之間，焉能爲有無哉。惟違心作誑，好名爲欺之語，自信操筆時，凜凜佛菩薩聖賢，舉頭鑒照，不敢隻字蹈焉。然則儒衣談佛罪，知不顧者，非二本也，惡執一也。儒禪諸書，有詳説，有反説，約《心經》《金剛》，約之約者，偶因酬答機緣，謬各述爲大意。目底法門龍戰，道術羊岐，原爲明道。用東魯之學疏經，匪云背儒。與西乾之徒奪席，從此余且爲杜口毗耶矣。

己未孟秋，東海止庵王起隆識於楞嚴之般若堂。

善信汪裕助銀四錢，沈純祉、錢甲徵、王顯之、黄承蒼、高佑釲各助銀五錢，尤天祚助板二錢，刊此《心經大意》，比丘受付、真境各助印四錢，謝文英書，繆時化梓。同祈開佛知見，破除凡小愚癡，證性菩提，度脱塵勞苦厄。

王起隆敬識　板寄楞嚴流通

（陳永革整理）

○三三八

心經解（二）

無依道人徐昌治覲周父解

男徐升貞　徐乾貞　徐拱樞　徐顒貞同挍

般若波羅蜜多心經

此梵語也。般若，云智慧，即人之本心，超情離見，湛寂圓悟之稱。波羅蜜，云到彼岸。多，即衆生。心，即人心。經，常也，法也。心是般若之體，般若是心之用。彼岸，是般若心中所詣之實境。

觀自在菩薩，

觀有二義，一者能觀觀慧，二者所觀觀相，能所契證，名爲自在。以此契證之理，而導衆生，即名菩薩。以一切衆生妄知莫返，而起三毒，造種種業，輪迴三界，昇沈上下，窮劫無有得自在者。唯此菩薩了諸法空，境智如如，在生死，不爲生死根絆，在涅槃，不爲涅槃果縛。自者，顯物物頭頭，無非自己。在者，顯塵塵刹刹，靡不充周。

行深般若波羅蜜多時，

行者，乃能修習之行也。深般若者，乃所契證之智也。時者，能所雙忘，智理俱泯之時也。此般若，無形無相，無方無所，無内無外，無邊無表，無容擬議，故曰深。時字，追指曠劫以前而言，從此一得相應，則直至未來際，始終不離深般若矣。

照見五藴皆空，度一切苦厄。

此釋前菩薩契入甚深般若。何由致耶。以一念中，見之所及，即名色藴。領納所見，即名受藴。思惟不已，即名想藴。遷變流動，即名行藴。了别剖斷，即名識藴。五者陰隱沉淪，纏縛人心，故謂之藴。一切苦厄，指衆生也。言能修般若之菩薩，自心清淨圓融，略無一點罣礙，便能度世間衆生之有罣有礙而有苦厄者。和盤遡出心字，而不顯明心字，所以爲妙。一切五蘊，本來清淨，常住一心，原是如來藏之真空。○守口攝意身莫犯，亦度世法也。出世三乘，亦不過依五蘊，破除深淺建立，離五蘊，亦無三乘諸法也。凡夫無智，爲五蘊所縛。二乘智淺，爲斷空所縛。深般若，照見五蘊本來自空，即五蘊離五蘊，不必屏除五蘊，而後見其空也。這五蘊就是苦，五蘊既空，誰爲苦者。

舍利子，色不異空，空不異色，色即是空，空即是色。

梵語舍利，此云鶖。蓋此尊者，其母目利，如鶖鳥之目，時人借以贊稱也。尊者因母得名，故呼爲舍利子。此尊者，聲聞中智慧第一。以智慧堪入般若，故世尊特召告之。觀自在菩薩，照見五蘊皆空，這不是蘊自爲蘊，空自爲空，乃一體而即是的。色是法相之首，五蘊之初，故諸經欲釋空義，皆約色說。一則以色是堅固妄想凝結而成，是衆生最易執著處。二則與虛空體相敵對角立，是最難和會處。若於此勘破，則其餘四蘊瓦解氷消，所謂一根既返源，六根成解脱也。小乘認色爲實，有異於空之虛無，遂見色能障空，而空爲色礙。菩薩見一切色俱無自性，此無性之色，即是無我空理。初不見有一絲毫，可以點染得空，亦不見一絲毫，可以夾雜得空，色相與空相，初無差別，故云不異。二乘與初心菩薩，見空爲斷滅，異於色之染污，遂致滅色證空，而色爲空礙。菩薩見自性空爲真空，周遍法界。此無我空理，徧在一切色中，不見空外有個染污的色相，亦不見空中有可斷滅的色相，空體與色體，了無變動，故云即是。

受、想、行、識，亦復如是。

此以四蘊，例推前之色蘊，皆從緣生也。所言受者，領納爲性，領順違俱非之三境，皆無實體。若領納于順，終有順性，遇違境時，理不應起，是知受即是空。所言想蘊，亦無實體。若想前境，前境有體，不復想後，既復想後，則知無體，非空而何。所言行蘊，念念遷謝，無有寔性。若性在內，不應遷外，性若在外，不應遷內，是知內外無得，非空而何。所言識蘊，識有其三，一曰阿賴耶，二曰末耶，三曰了境。此三識其性元虗，互起互滅，本無可得，非空而何。所謂五蘊皆空者如此。不離五蘊而空五蘊，非行深般若到彼岸之菩薩，能如是乎。

舍利子，是諸法空相，不生不滅，不垢不淨，不增不減。

前推空蘊，緣起無體，此直會歸自心，顯此經以心爲主，而亦未涉心字。上文已説明五蘊皆空，恐人不能領略，認作觀照功夫邊事，信不及實相本然，所以就諸法中，指出空相來，使知本來實相。尋常看色空，是個相反的，那知便是真如自相，故復呼舍利弗而告之曰，五蘊即空。其實不獨五蘊，一切諸法，都是即空的。諸法從緣而生，緣生無性。其實法本無生，諸法緣離則滅，滅惟緣滅。其實法本無滅，是不生不滅的。雖在有漏色中，而體空不染，雖在無漏色內，而空體如故，是不垢不淨的。此諸法空相，從來修證不到，德滿不增，本來變壞不得，障盡非滅，是不增不減的。

是故空中無色，無受、想、行、識，無眼、耳、鼻、舌、身、意，無色、聲、香、味、觸、法，無眼界，乃至無意識界。

此以五蘊、六根、六塵、十二處而顯真空也。蓋將萬法緣起，結歸自心，而亦未顯言心。眼根，由明暗二塵，相牽相引，除其妄見，還其本明，都無所有。耳根，由動靜二塵，相攝相援，除其妄聽，還其本聰，都無所有。鼻根、舌根、身根，俱由生滅諸塵，自離自合，除其妄知，還其本分，都無所有。意根，由出入二塵，相起相伏，除其妄想，還其本覺，都無所有。六塵，又從根與識，分別而有，所謂若從耳聽終難會，眼裏聞聲始得知。身安意肯，觸處皆恬，根塵識俱無，界從奚立。總爲迷心重者，説五蘊。爲迷色重者，説十二入。爲色心俱迷者，説十八界。此三科，有則爲三有業障，無則爲萬象俱空。三有者，三世也，亦三界也，即欲界、色界、無色界。五蘊，只是色心二字。眼、耳、鼻、舌、身，色、聲、香、味、觸，爲色法，意爲心法。佛性真空，有二種用，一自性用，一隨緣用。譬如明鏡空懸，不問物之來否，鏡光具能現之功，曰自性用。忽有物至，隨物現形，曰隨緣用。十二處，以内根外塵，各有處所，故六識分別六塵，執妄成差，各有界限，名十八界。雖三六並舉，重在六識，六識本唯一識。

無無明，亦無無明盡，乃至無老死，亦無老死盡。

承上言，凡人有明有不明，皆眼界爲之累耳。眼界既空，明到盡處，何無無明，不抵于盡，到此纔是眼之真空本相。生老病死，極是意中牽纏，不能忘情處，意識界既空，生到盡處，何無老死不抵於盡，到此纔是意之真空本相。真空中，本來常覺，覺則不動。當其動時，原是堪然不動，純一大光明藏，何從而有無明。自行識以至老死，當處發生，隨處滅盡，緣無可緣，起原無起，本性空，六根之身且無，將甚的爲老死，而謂有老死盡耶。

無苦、集、滅、道，

苦、集，屬世間因果也。滅、道，出世間因果也。世間因果者，集是招感性，苦是逼迫性，以貪嗔癡，招感報業，而逼迫也。此逼迫性，不出八苦，唯聲聞人，知此苦，便修戒、定、慧道，而入寂滅涅槃。十二緣既是大光明藏，那有流轉還滅種種差别次第耶。中下根，則須説苦方畏，説滅方忻，説集方厭，説道方修，故説四諦法，此方便中之方便。若是真性空中，生死即法身，結業即解脱，煩惱即般若，有何苦、集可以厭離，亦無滅、道可以修證。四諦亦是無有的。四皆名諦者，以如來實語，永無變易故也。説此四諦，而先果後因者，欲令衆生，知苦而斷集，樂滅而慕道，始可離苦得樂也。

無智亦無得。

此世尊，直以無智無得，統結上意。始焉以藴與空，參觀著力，猶知有法有相。至於根塵識界都斷，而苦、集、滅、道盡消，渾身世兩忘，心境俱融，真空真理，妙應無窮，又烏知夫般若而有智，與度一切苦厄而有得哉。知空智與所知空理，皆不可得，曰無智無得。

以無所得故，

承上起下。

菩提薩埵，依般若波羅蜜多故，心無罣礙。無罣礙故，無有恐怖，遠離顛倒夢想，究竟涅槃。

至此纔揭出一個心字，所謂結歸自心也。葢前廣顯緣生，即是性空般若，一無所得，故曰以無所得故。菩薩依此性空般若，圓證自心，了無遺餘，故曰依般若波羅蜜多故，心無罣礙。且此心，刹那不住，如大寶聚，纖毫不存。如閃電光，無容擬議，更無一物可作障礙。心法如是之淨，何恐怖而不除，何顛倒之不遠，何夢想之可亂，何涅槃之不得。其自在爲何如。菩提薩埵者，能依之人也。般若波羅蜜多者，所依之法也。菩薩於此無所得的真空，著個依字，色空生滅，淨垢增減，藴界處入，緣諦智得，種種都是罣礙人心的法相。惟般若照見真空，到無所得處，則蕩然一無罣礙，何等自在。觀至此，業性都亡，一切所作，無有作者，依而無依，盡十方世界，在自己光明裏，安有一法與我爲緣爲對。正智既明，顛倒自息，無端夢想，消歸淨盡。所謂眼若不睡，諸夢自除，心若不異，萬法一如也。無恐怖，則出息不涉衆緣。無夢想，則入息不居陰界。生滅既滅，寂滅現前，無餘涅槃，方得究竟。

三世諸佛，依般若波羅蜜多故，得阿耨多羅三藐三菩提。

此顯諸佛，亦依般若性空，而圓證自心。蓋阿耨多羅雖然果稱，亦實自心之別名也。萬法至心而極，名曰無上。更無邪正等差，名曰正等。無法不了，名曰正覺。實覺昏迷之識性，能照萬法之重衢。是知三界無別法，惟是一心造。不惟菩薩如是修證，三世諸佛，莫不皆依般若得成正覺。

故知般若波羅蜜多，是大神呪，是大明呪，是無上呪，是無等等呪，能除一切苦，真實不虛。

故字，緊接上文。可見般若波羅蜜多是諸佛菩薩之托命，而六百卷之真諦也，其妙義豈易言哉。慧性降魔，是大神呪。心燈破暗，是大明呪。莫可踰越，是無上呪。無可等倫，是無等等呪。其神通廣大，果報無邊。此結般若功用廣大，除苦得樂，決定無疑。

故説般若波羅蜜多呪，即説呪曰：揭諦揭諦，波羅揭諦，波羅僧揭諦，菩提薩婆訶。

揭，去也，度也。重言揭諦者，自度而普度他也。波羅揭諦者，慧筏也。波羅僧揭諦者，普願同登彼岸也。菩提薩婆訶者，慈航無滯礙也。佛説此呪，天龍八部等衆護持。此係密諦，夫非護善遮惡之意。呪者，願也，願諸衆生皆如我之得成正覺也。〇亦云鬼神王之名號。此經亦具三分。觀自在菩薩至度一切苦厄，屬序分，蓋因菩薩而序起法門也。告舍利子至般若是大神呪，屬正宗分，正以性空會心，與聲聞説也。後説呪文，意屬流通。

蓋此流通，非同他經，以無相般若，非可文言贊説弘持，直於無言無説，無思無解，以默契於言先，領略於物表，是爲真弘通般若，真流傳正宗，故以密呪宣在經末。

《般若》六百餘卷，獨此名《心經》者，以其不説枝葉，而單説根本也。奘師爲性相二宗法主，其於相宗，集成百卷，獨譯此卷，掃盡諸相，單説真空。此是文殊智門，却首舉觀自在者何。正以諸佛説法，單爲衆生度苦，若不發大悲心，縱具根本智，自救不了，觀音是度苦厄大悲菩薩，故首舉之，以爲真空妙智的榜樣。

此經凡六譯。一、東晉姚秦鳩摩羅什譯，名《摩訶般若波羅蜜大明呪經》。二、唐玄奘譯，名《般若波羅蜜多心經》。三、唐般若利言譯，名與奘師譯同。四、宋法月譯，名《普遍智藏般若波羅蜜多經》。五、宋施護譯，名《佛説聖佛母般若波羅蜜多經》。六、元達里麻剌怛柰譯，名《出有壞聖母智慧到彼岸心經》。

古傳奘師，至罽賓國，道險，宿空室中，忽有僧口授《心經》，遂得降伏虎豹，避遠魑魅，達西域。

賢首以此經爲釋迦牟尼佛説。尋珠云此觀自在菩薩所説也。施護本云，世尊在靈鷲山中，入甚深光明，宣説三摩提竟，舍利子白觀自在菩薩言，若有人欲修學甚深般若法門者，當云何修學，而觀自在菩薩説此經。此經乃世尊所説《大品般若》之精要，故知菩薩之説，即世尊之語也。觀自在，即觀世音。

一、釋名。二、辨體。三、明宗。四、論用。五、判教相。今題以法喻爲名，實相爲體，觀照爲宗，度苦爲用，大乘爲教相。

校勘記

〔一〕底本據《卍續藏》。

附楞嚴經七處徵心

先示三觀，爲開佛知見之根本，次破妄心不在内，而靈知之心，在六根門頭，明明不昧，了了常知。

二、掃除執心在外。

三、破心不隨根。心見山河，亦應見眼。若使心能見眼，眼反爲心所緣之境，不是能生之根。

四、破見暗不成見内。合眼見暗之時，名爲反觀身中，是則開眼見明之時，應反觀己面。若不見面，内對不成。

五、破心不隨合。謂法有定相，心無定體，既無定體，則無合處。

六、因執中間，先爲審定中間，在身在境，而後兩破其中，俱無定在。

七、破無著。世尊在般若會中，談無著真宗，不在内外中間，正言心無處所，無處住心，不應復有所著。

法身無在，而無不在，始阿難計心在内在外，潛根雙計，隨合中間，是以心爲有在，故世尊以無在破之。及至第七，又計心爲無在。世尊復以相有則在破之，總顯無在無不在之旨。

如來十大弟子

迦葉頭陀，阿難多聞，舍利弗智慧，目連神通，羅睺羅密行，阿那律天眼，富樓那説法，迦旃延論義，優波離持律，須菩提解空，皆稱第一。

大千世界

相傳以須彌山爲中，分東、西、南、北四大洲，南閻浮提，東弗于逮，西瞿耶尼，北鬱單越。一州分八所，又有一中所，爲三十三天，即謂忉利天，成一小世界。如此一千小世界，曰小千。如此一千小千世界，曰中千。又如此一千中千世界，曰大千。三次言千，故謂三千大千。至日月在此山半腰中，繞山而行，照處爲晝，背處爲夜。

無餘涅槃

涅槃已登彼岸，超出輪迴，是修行極地。無餘有三，一煩惱餘，一業餘，一果報餘。非大乘最上乘，未易臻此。

三乘

一、聲聞乘，羅漢得道，全賴佛語指示。二、緣覺乘，辟支佛得道，緣有感觸而心悟。三、菩薩乘，不惟修行六度，通修萬行，志在廣濟，是登大乘。

六度

一、布施，爲檀波羅蜜。二、持戒，爲尸羅波羅蜜。三、忍辱，爲羼提波羅蜜。四、精進，爲毘離耶波羅蜜。五、禪定，爲禪波羅蜜。六、智慧，爲般若波羅蜜。六者全，則登彼岸，故云六度。

十地

一歡喜地，達佛境界。一離垢地，同異性滅。一發光地，淨極明生。一現慧地，明極光滿。一現前地，同異不生。一難勝地，性淨明露。一遠行地，盡真如際。一不動地，合真如心。一善慧地，發真如用。一慈雲地，覆涅槃海。

（陳永革整理）

〇三三九

般若波羅蜜多心經請益説[一]

鼓山沙門道霈説

弟子太光　源深等同録

康熙庚戌臘月八日，爲諸戒子説戒畢。次日，室中方焚香靜坐，與空王老子打葛藤，而孤月、毒海、玄印、德光諸禪人扣關作禮，請益《心經》大旨。余陵憑應曰：《心經》大旨，照見五蘊皆空即了，更説箇什麼？衆皆屏息默領。余各令就坐，良久乃曰：般若，梵語，此翻智慧。不云智慧而言般若者，智慧輕薄，乃世人之常稱也。般若尊重，何也？經云：菩提薩埵，依般若波羅蜜多故，心無罣礙，乃至究竟涅槃。三世諸佛，依般若波羅蜜多故，得阿耨菩提。是知般若不獨菩薩所師，亦爲諸佛所師，故尊重也。然般若有三種：一、實相般若，即真空心體。二、觀照般若，即心體上本有大智慧光明。三、文字般若，即自心如來後得智中流出聲名句文，詮顯自心，若法若義，淺深次第也。行人若於實相體上起大智慧，反照實相，見實相已，然後復照如來所演一切法義，冥合自心，無二無別，是以自心爲智燈，燭經幽旨也。若行人先由文字般若而發起觀照，由觀照而洞見實相，是以古教爲明鏡照見自心也。二者各隨根異，非法有定相也。波羅蜜多，此翻彼岸到。西方語倒，若順此方文勢，應云到彼岸。此乃般若功能，謂由智慧故到彼岸也。彼岸對此岸而言。所云到者，但照見此岸本空，此岸即是彼岸，非別有彼岸可到也。然般若又有二種：一、共，二、不共。若依共般若，聲聞以苦、集二諦爲此岸，道諦爲舟航，滅諦爲彼岸，是聲聞智慧到彼岸也。緣覺以十二因緣三世流轉循環無盡爲此岸，觀智爲舟航，緣生性空即寂滅相爲彼岸，是緣覺智慧到彼岸也。菩薩以六蔽爲此岸，六度爲舟航，佛果爲彼岸，是權乘菩薩智慧到彼岸也。若依不共般若，總以凡夫蘊、處、界及三乘聖賢所修所證爲此岸，以觀照般若爲舟航，實相真空爲彼岸。此經智慧到彼岸，即不共般若，謂不共三乘人所説，唯令大心凡夫，於五蘊中直下頓見，即蘊即空，即空即蘊，一空一切空，而真空體上本無蘊、處、界及諦、緣、度等諸法，是謂究竟智慧到彼岸也。心者，直指法體。上云彼岸，原非他物，即一切羣生本有真空心體是也。諸般若中廣説空義，而不云空即是心乃如來之密意，惟此經直下指出，分明顯露，更無覆藏。謂此智慧所到彼岸，非是別法，即是當人本有真空心體也。經即文字般若，乃心佛所説，能詮如上智慧到彼岸真空心體之義，謂之爲經，具貫、攝、常、法四義，俱如常解。

觀自在菩薩，行深般若波羅蜜多時，照見五蘊皆空，度一切苦厄。

此四句，乃一經大綱，猶諸經之發起序也。初句舉能修之人。次句顯所修之法。三句明所照見之理，此理即深般若，乃真空實相也。四句驗所斷苦果，舉苦，業、惑在其中矣。初、觀自在者：觀謂能觀之智，即經中照字。自在謂見理斷惑，即經中見蘊空而度苦厄。故受以自在之名菩薩，如常解大心凡夫，即是其人也。次、行深般若波羅蜜多時者：行即修行。深者對淺而言，以是不共般若超出三乘，故深也。時謂正當修般若之時，即照見之，非前後也。三、照見五蘊皆空者：照乃觀照工夫，即觀照般若也。五蘊皆空，乃所觀理境，即實相般若也。見者，以照之既久，豁然洞見五蘊緣生，雖幻有其相，而性本空寂也。四、度一切苦厄者：謂未見蘊空時，認蘊爲實，起惑造業，苦報牽連，相續不絶。一見蘊空，人法俱喪，無造業者，無受報者，一切苦厄，如湯消氷，故云度也。不唯度凡夫分段苦，而三乘變易苦，悉皆度脫，故云一切也。此經所以爲深般若者，以其不依三乘漸次修習，唯令大心凡夫，於五蘊中，直下頓見真空實相，一切生死苦厄，即時度脫，直截痛快，莫逾於此。讀者毋忽。

舍利子，色不異空，空不異色。色即是空，空即是色。受、想、行、識，亦復如是。

照見五蘊皆空一句，釋迦老子已劈腹剜心，傾盡無餘，更復何説？但蘊空之旨，理會尤難，毫釐有差，天地懸隔。凡夫著有，二乘耽空，地前空亂意菩薩，猶疑滅色取空，或云空在色外，或云空是物，不能克證真空心體，故世尊呼舍利弗而宣明之。舍利弗，乃如來大弟子，智慧第一。欲説大般若法，須告大智慧人。苟非其人，浪授何益？所云照見五蘊皆空者，須知蘊之與空，原非二物。且舉色而言之。色者，即真空中幻出，何異於空？空者，即幻色之空，何異於色？然云不異，猶似兩物相比，而云不異，恐迷者依然看作兩橛，故又反覆申明云：幻色舉體，即是真空；真空舉體，即是幻色。如波即水，金即器，原非兩物，只是一法也。色法既爾，受等四蘊亦然，故云亦復如是。此中雖唯舉五蘊，而根、塵、識、諦、緣、度及佛果菩提，乃至八十一科，皆在其中。故《大般若》云：一切智智清淨，無二、無二分、無別、無斷。故誌公和尚云：以我身空諸法空，千品萬類悉皆同。而壽昌無明師翁亦云：色即是空，空即是色。受、想、行、識，亦復如是。空即心也，色、受、想、行、識亦心也，所以凡所見色，皆是見心。《首楞嚴》云：一切世間，諸所有物，皆菩提玅明心體。此心一悟，無色，無受、想、行、識，無眼、耳、鼻、舌、身、意，乃至無智亦無得。一即一切，一切即一。

若能如是，何慮不畢？又被這老子一口道盡矣。

舍利子，是諸法空相，不生不滅，不垢不淨，不增不減。

上明即色即空，意已玄極，而世尊又呼舍利弗，告以諸法空相者，欲發明真空之體，令人深進，徹法源底也。是諸法，指上五蘊等諸法。空相，即五蘊等空相。空而言相者，乃無相之相，是諸法實相也。生滅等三對，意謂五蘊。空相本無有生，云何有滅？本來不垢，云何有淨？本不曾增，云何有減？不變不易，性相常然。衆生見諸法緣會而生，緣散而滅，迷之則垢，悟之則淨，在凡則增，（謂五蘊熾盛。）在聖則減者，（謂五蘊空。）乃翳眼見空華，而諸法空相中，本來無有，故皆以不字不之。

是故空中無色，無受、想、行、識，無眼、耳、鼻、舌、身、意，無色、聲、香、味、觸、法，無眼界，乃至無意識界，無無明，亦無無明盡。乃至無老死，亦無老死盡。無苦、集、滅、道。無智亦無得。

是故空中者，承接上文而言。上云諸法空相，無生、滅、垢、淨等，以是之故，空中本無色、受、想等，無五蘊也。無眼、耳等，無六根也。無色、聲等，無六塵也。根、塵合爲十二處。無眼界，乃至無意識界，無十八界也。此首舉眼根界，而末舉意識界。乃至二字，含攝中間十六界，乃文之巧也。已上蘊、處、界三科，乃凡夫法，真空中本來無也。無無明等，無十二因緣也。無無明，無流轉法。無無明盡，無還滅法。乃至無老死二句，亦然。上句流轉，下句還滅也。此中流轉、還滅二門，皆舉首尾二緣。乃至二字，該攝中間行、識、名、色、六入、觸、受、愛、取、有、生等十緣。此乃緣覺所修之法。真空中不唯無流轉，而還滅亦無也。無苦、集、滅、道，無四諦也。苦、集，世間因果；

滅、道，出世間因果。謂知苦斷集，證滅修道，乃聲聞所修之法。真空中不唯無世間苦、集，而出世滅道亦無也。無智亦無得，無菩薩法也。智即能修六度之智。以智修度，故達彼岸。六度因也，得即果也，以修六度，故得菩提、涅槃二果也。真空中不唯無六度，而菩提、涅槃亦無也。夫無凡夫法，無緣覺法，無聲聞法，無菩薩與佛法。《大般若》云：設有一法，過於涅槃，我亦説如夢幻。此其所以爲深般若也。六祖大師云：本來無一物，何處惹塵埃？永嘉云：了了見，無一物，亦無人，亦無佛。大千沙界海中漚，一切聖賢如電拂。此離心意識境界，唯真智方能照見，非言説可了也。

問曰：上云：色即是空，空即是色，可謂圓且玅也。乃又進舍利弗，而告以諸法空相，云無生、滅、垢、淨，無藴、處、界、諦、緣、度等諸法，得無似撥去諸緣，而取色外之空，與上即色即空之旨相背戾乎？

答曰：子不達真空也。何者？葢藴等乃一期幻緣，空乃究竟實際。藴等生於空中，譬如片雲，點太清裏，雖太清的體是雲，雲當體即是太清，而太清究竟清淨，豈受點染乎？雲居膺禪師云：如人頭頭上了，物物上通，只唤作了事人，終不唤作尊貴。將知尊貴一路自别。噫！可爲智者道也。雖然，《維摩詰經》云：若見無爲入正位者，不能復發阿耨多羅三藐三菩提心。所以大智之士雖至此而不作證。何者？此是學位，非證位也。

以無所得故，菩提薩埵依般若波羅蜜多故，心無罣礙。無罣礙故，無有恐怖，遠離顛倒夢想，究竟涅槃。三世諸佛依般若波羅蜜多故，得阿耨多羅三藐三菩提。

此一節乃學般若菩薩轉位就功，爲法門之大關棙，不可不知。以者，由也。無所得者，即無智無得也。故者，起後之辭。若未到此無所得之地，只是博地凡夫。苟至此而便作證，則墮二乘窠臼。惟大心凡夫親至無所得之地，而即於那邊轉身，用無所得而爲方便，入世出世，即事即理，了無罣礙。無生處度生，而究竟無生可度；無佛處作佛，而究竟無佛可成。圓滿菩提，歸無所得。此所謂世出世間勝丈夫，即菩薩諸佛是也。菩提薩埵，乃具足梵語，今略去提、埵二字，而但云菩薩，葢順此方文勢也。依般若波羅蜜多故，心無罣礙者：依者，遵用也。般若波羅蜜多，即無所得也。心無罣礙者，回真入俗，權實雙流，事理竝運者也。《大般若經》云：如金翅鳥，飛騰虛空，自在翱翔，久不墮落。雖依於空戲，而不據空，亦不爲空之所礙。夫依空而不據空，則不盡有爲，不住無爲也。不爲空所礙，則不爲有礙。可知《華嚴》所謂甚深無礙智是也。若未得此智，居空空礙，涉有有礙。以有礙故，便生恐怖。恐怖有五：一、不活怖，二、惡名怖，三、死怖，四、墮惡道怖，五、大衆威德怖。以有怖故，便起顛倒夢想。無中見有，有中見無，妄興苦樂，生顛倒見。以得此無所得般若故，則心無罣礙，無恐怖，離顛倒夢想，而證究竟涅槃。涅槃，此翻圓寂，謂德無不備，障無不盡，乃諸佛之斷果也。

三世諸佛，依般若波羅蜜多故，得阿耨多羅三藐三菩提者，謂不獨菩薩依之而究竟涅槃，諸佛亦依之而得菩提也。阿云無，耨多羅云上，三藐云正等，三菩提云正覺，乃諸佛之智果也。菩提薩埵，乃三世諸佛之因，舉因驗果也。三世諸佛，乃菩提薩埵之果，舉果驗因也。菩提涅槃，各舉一種，互相該攝。至此果滿因圓，究竟窮極，方始克證。何者？此是證位，非學位也。二者皆依般若無得之功也。

故知般若波羅蜜多是大神咒，是大明咒，是無上咒，是無等等咒，能除一切苦，真實不虛，故說般若波羅蜜多咒。

故知者，承接上云：諸佛菩薩皆依般若，得智、斷二果，以此故知般若是大神呪等。神者，不可思議，能證煩惱爲菩提，證生死爲涅槃，非神乎？能照見五蘊皆空，非明乎？爲諸佛之所師，寧有上乎？凡夫三乘，佛果雖無與等，而能等爲凡夫三乘佛果所依止，非無等等乎？上云般若，此云呪者，顯密之稱也。呪即般若，般若即呪，顯密圓通，不可思議。故極其功力而申讚之。能除一切苦，真實不虚者，有二義：一、約法真實不虚，即般若能照見蘊空，度一切苦厄。二、約人真實不虚，即世尊説法，言無虚妄，故叮嚀告誡，令人諦信勿疑，依之修行，決不相賺也。即説呪曰：揭諦揭諦，波羅揭諦，波羅僧揭諦，菩提薩婆訶。

此正説呪辭。呪者，諸佛心法，不可思議，諸天鬼神，悉皆敬奉，猶諸經之流通也。若善持之，則觀智益明，功力益驗。上顯説般若，此蜜説般若。顯以慧通，蜜以定入。定慧圓明，立臻彼岸矣。孤月、毒海、玄印、德光，諸禪人歡喜踊躍，得未曾有，合掌稱頌，作禮而去。余亦嗒然忘言矣。次日，諸禪人同録其説呈覽，且將謀災木以公諸人人。余嘉其志，乃爲釐正而歸之。遂名其説曰《請益》云。

附補喻彌陀集《般若心經》句爲頌。有引。

宋杭州淨思律師，俗姓喻，善畫彌陀，楊無爲以喻彌陀稱之。嘗集《心經》句爲頌，今亡矣，乃竊取其意而補之。

自在行深般若時　照見蘊空度苦厄
不異色空即色空　受想行識亦如是
身子欲知法空相　生滅垢淨了無有
是故空中陰界無　諦緣度亦不可得
以無得故得菩提　般若神明無上力

般若波羅蜜多心經請益説終

校勘記

〔一〕底本據《卍續藏》。

般若心經指掌請益説合刻跋

古今疏《心經》者，不爲不多，然求其好疏不可得。永覺大師以天縱知見，爲此《指掌》，光前絶後，獨揭斬新日月。其子爲霖禪師著《請益説》一篇，探賾鈎深，説破他人説不到處。余視此二注希有，如優曇華，不敢輒擅其美，刊行于世，以貽後學。若有英靈衲僧，悟空華之無蔕，知玄珠之有光，庶幾不辜他説經作注之心矣。

貞享歲次丁卯季夏十八日薩州福昌住持覺海叟澄圓謹題。

（黄桂蘭整理）

〇三四〇

摩訶般若波羅蜜多心經註疏[一]

心經註疏序

佛祖西來，不立文字，云何唄梵之書，富有五千。蓋不立文字，恐依藤附葛者，一滋言詮，便墮纏結，昧却性宗。其五千唄梵，正大闡性宗，斬絶藤葛。要唄梵雖繁，其指歸不外《心經》一集。《心經》者，誠諸經統會之源也。其曰不生不滅，言過去未來性固存存也。不垢不淨，言狂愚聖哲性自惺惺也。不增不減，言壽殀福極性本如如也。奈彼蟦蟦不解無始本旨，妄起生滅垢淨增減諸想，由是五蘊六識顛倒于中，則藤葛已甚，纏結已劇，欲證般若，是猶南馳而北轅。舍樹若仲子，滙唄梵五千之旨，全孕以經，爰爲註疏，註者釋彼藤葛，疏者解彼纏結。試讀此編，是即五千餘卷之要領，不立文字之祕藏，則知《心經》乃諸經之指歸，而註疏又《心經》之指歸也。具慧照者辨諸。

康熙十四年冬仲下浣今釋合十題

校勘記

〔一〕底本據《卍續藏》。

摩訶般若波羅蜜多心經註疏

清嘉興仲之屏樹若甫纂註

秀水沈浤潤思甫校梓

《神僧傳》載，唐僧玄奘於貞觀間，奉使詣西竺，取諸經及圖像。屆罽賓國，道險難前，見有老僧伽，頭面瘡痍，支牀獨坐，謐如也。奘知其有道，遂拜禮於前，冀有所示。僧口授《心經》一卷令誦之，得山川平易，虎豹潛迹。

云摩訶者，極大之稱，心體寥廓，四方上下所不能拘。

般若者，心之智慧。

波羅者，彼岸，即涅槃也。言其巨細該貫，經緯分明。

蜜者，包含萬法，猶蜜之醞釀太和，藏納萬卉也。蜜未成則爲華，味有鹹苦酸辛之别，色有青黄赤白之殊。到得成蜜，衆味融爲一味，諸色化爲一色。菩薩以般若性調伏身心，化衆習氣，歸一圓通，其恬適無異。

因般若乃六波羅蜜之大總持，故曰多。多者，衆也。一云，波羅蜜三字相連，西方樹名波羅蜜，其果甘美，食之能消一切苦。一切，即多義也。般若是圓覺妙心，故又直指爲心。

經者，常也。此聖凡同具之常心，故稱《般若波羅蜜多心經》。

觀自在菩薩，行深般若波羅蜜多時。

自此至苦厄，是阿難結集法藏時，敘述觀自在菩薩度衆生之功行。此是别序。第一句是通篇總冒。行深句，申所修内觀之因。照見句，申所得自在之果。度一切句，申所證菩薩之位。行深三句，是通篇總承。

觀者，覺也。自則寂照自然，在則如如不動，覺而自在斯成菩薩。自在菩薩，人人皆是，只因六根障蔽，不能觀省，萬情所牽，不得自在。若智慧人，一心清淨，靜觀本性，覺自己斷絶法緣之菩薩，優游自在矣。故觀自在者，能修般若之菩薩也。般若波羅蜜多者，菩薩所修之法也。菩薩用般若，觀慧照了，圓融無礙，故稱自在。此自行也。

復閔在迷衆生，令其修習此法，改惡遷善，離苦得樂，無不自在。此化行也。

菩薩者，梵語菩提薩埵，此言覺衆生有情，但言菩薩者，從略也。行者，修行。深者，幽微淵邈，不可測識也。深般若者，實相般若。

菩薩諸行，無不波羅蜜多，綜貫萬善，到徹底地位，非粗心淺智者所觀。時，是見本性之時，即古德所云忘忽憶、夢忽醒之時也。

照見五蘊皆空，度一切苦厄。

　　虚靈之極，自然纖毫不眩，照破種種愚癡，故曰照見五蘊皆空。照者，觀也。蘊者，積聚凝結之謂。五，即下文色、受、想、行、識也。五者蘊積不散，能蔽真性，惟菩薩能無時不照見，任五蘊之因應往來，無纖毫得而侵擾，故曰皆空。諸苦依蘊而生，既無五蘊，便出生死輪迴，皆得解脱，故曰度一切苦厄。度者，解脱也。一切者，衆也。厄者，窒礙不通之謂。能度苦厄，則行深之妙用矣。

舍利子。

　　舍利，是佛之弟子，智慧第一。佛呼其名而告之。舍如屋舍，比四大五蘊色身。利子者，舍中之本來主張形骸者是也。

色不異空，空不異色，色即是空，空即是色。受、想、行、識，亦復如是。

　　此發明五蘊本空，所以詳行深之義，以應觀字意也。凡有形者，謂之色，即六根之色。六根中人易著相者，色爲甚，故摘一色字反覆言之。無形者，謂之空。勿謂我説空，便向色外覓空，其實色不異空也。此句撥轉凡夫倒見，言心不可著色也。空不異色句，唤醒二乘人偏見，又不可著空也。然不異之者難會，色空之見猶存，隨釋之曰，色不異空者，色即是空也；空不異色者，空即是色也。知色空之不異，而不著色，又不著空。一蘊既然，受、想、行、識亦如色空之不著也。心所領納曰受，思惟曰想，造作曰行，分别曰識。此一經之要，般若之心也。

舍利子，是諸法空相，不生不滅，不垢不淨，不增不減。

　　此菩薩復告舍利子也。是諸法者，指前五蘊而言，推明真空本來無蘊也。空本非相，今因論諸法，亦可借諸法之空以明相，故曰空生乃無相之相也。如此，則非斷滅之空，而爲真空實相耳。是真空實相中，妙覺常通，如如不動，有何生滅？一塵不染，求其淨相尚不可得，而況於污？是無垢淨。聖無所加，愚無所損，有何增減？真空實相之體，原如是耳。若從色外覓空，將不生即滅，不滅即生，不垢即淨，不淨即垢，不增即減，不減即增矣，豈所語於真空實相乎？可見：能空則衆生即是菩薩，不能空則菩薩即是衆生也。

是故空中無色，無受、想、行、識。

　此至無得，見自初地至大乘，皆當了此蘊空法，以復真體。蓋詳申真空本來無蘊，以應自在意也。無即空也，是故空中四字，貫至亦無得句。纔説色外無空，世人又向空中覓色，不知空中無色，必掃盡一切，方顯真空實相、般若神通。是故空中無色，無受、想、行、識，五蘊空矣。

無眼、耳、鼻、舌、身、意，無色、聲、香、味、觸、法。

　凝而爲六根，則有眼、耳等。浮而爲六塵，則有色、聲等。而究之眼與色合、耳與聲合、鼻與香合、舌與味合、身與觸合、意與法合，觸即感觸，法即籌畫心也。無眼耳等，六根空矣。無色聲等，六塵空矣。此空十二入也。入者，六塵六識互涉入也。

無眼界，乃至無意識界。

　界，境界也。見到處爲眼界，分別是非處爲意識界。無界者，不生於心之謂也。既無十二入，即無十八界，則十八界空矣。十八界者，六根、六塵、六識也。乃至者，謂從此而登天堂往極樂，其所造不可量也。

無無明，亦無無明盡，乃至無老死，亦無老死盡。

　性體湛然，但因一念妄動，迷於本性，故爾癡愚，無所明了。入乘菩薩，由是進緣覺乘，不貪念嗔癡而無無明，且并無無明之念而盡無之，乃至無生死苦惱，真性萬劫不磨而無老死，且并無老死之念而盡無之，則十二因緣空矣。乃至者，舉始末而略其中，本性雖空，而其間之層次非一也。十二因緣與五蘊一義，但略則爲五，詳則十二，該三世因果，展轉因依，如輪旋轉，無有休息也。

無苦、集、滅、道。

既超生死，并形體亦忘，有甚苦、集、滅、道？苦，謂生、老、病、死諸苦果。集，謂貪、嗔、癡集聚惑業諸苦因。二者世間法也。滅，謂滅盡貪欲生死諸苦，即涅槃樂果。道，謂戒、定、慧及三十七道品，是樂因。二者出世間法也。由是進聲聞乘，而無知苦斷集，慕滅修道，空一切煩惱而得大自在也，則四諦空矣。

無智亦無得。

由是入菩薩乘，既無五蘊及四諦諸法，可謂智矣。而空則忘諸所有，不自覺其爲智，是無智也。到此境界，行道而有得矣。而空則仍是初體，未嘗益所本無，則又何所見爲得耶？

以無所得故。

真空無相，人法雙忘，諦空俱遣，欲求其故，亦莫知其所以然。何也？自性本無物，以無所得故也。此結前真空無相，又起後菩薩諸佛得果之文也。

菩提薩埵，依般若波羅蜜多故，心無罣礙，無罣礙故，無有恐怖，遠離顛倒夢想，究竟涅槃。

此與下段，詳申度一切苦厄，以智慧觀空，到彼岸也。菩薩之行，不惟空有，亦且空無；不惟空妄，究且空真。是真行之深，而爲菩提薩埵矣。菩提者，覺也。薩埵者，有情也。衆生皆有情，惟菩薩在有情中覺悟者，故云覺有情也。薩埵是能依之人，般若波羅蜜多是所依之法。菩薩依此般若法門，修學功成，理足覺性，波羅而圓通，蜜多而曠達，真空湛寂，萬境自如。以下推極言之也。思惟不斷謂之罣，著境不回謂之礙，菩薩内外清淨，諸緣洒脱，心無業縛，更何罣礙之有？凡人憂恐驚怖，皆緣有所執著。罣礙既去，則生死平等，惡緣屏息，復何有恐懼而怖畏乎？夢因想生，想因念起，菩薩忘情絶愛，永遠斷絶迷悟之顛倒，妄憶之夢想，而惡因盡矣。窮盡寂靜，常樂不生不滅之佛果，豈不爲大自在乎？所謂度一切苦厄者如此。

三世諸佛，依般若波羅蜜多故，得阿耨多羅三藐三菩提。

　此波羅蜜多之法，非惟菩薩如是修證，而一切諸佛亦皆共由。上文究竟涅槃，即是佛乘。佛性不二，故過去、現在、未來三世諸佛，無不依此般若法而修妙行，洞見自性清淨，證入真空，得成無上正等正覺也。菩薩舉涅槃，諸佛舉菩提，互文見意耳。

故知般若波羅蜜多，是大神呪，是大明呪，是無上呪，是無等等呪。

　呪，真言也，又祝願也，所求皆遂其願也。佛因衆生習氣深重，不能頓除，故假呪力令得解脱也。夫菩薩之證涅槃，諸佛之成正覺，皆不外般若而修。故知此般若波羅蜜多法門，能破魔障，是爲大神呪，謂變化莫測之真言也，指前空五蘊言。能滅癡暗，是爲大明呪，謂照了諸妄之真言也，指上無無明等言。大者，非小神小明者所可比也。能顯至理最上一乘，無可復加，是名無上呪。極妙覺果，獨絶無倫，是名無等等呪，指上正等正覺言，言大極矣。重言無上等等，深著般若溥博無際也，此惟真空足以當之。

能除一切苦，真實不虛。

　此結般若功用廣大，依此修行，則永覺不迷，能斷除一切煩惱生死及顛倒夢想等。此真實不虛之語，衆生當奉而行之也。

故説般若波羅蜜多呪，即説呪曰。

故佛菩薩説此般若波羅蜜多，乃是佛之密語，非下凡所知。呪願其類我，佛菩薩説呪，願諸衆生皆如我得成正覺。呪，即後四句偈也。能誦此呪，則所願無不成就也。試以真言言之。

揭諦揭諦波羅揭諦波羅僧揭諦菩提薩婆訶

呪語總收前文也。揭者，昭示。諦者，蘊義。波羅，彼岸也。僧者，身心清淨之義。菩提者，佛果。薩婆訶，即摩訶莫大之稱也。昭揭謂全經之旨，無非昭揭菩薩之諦義也。所以揭諦者，何哉？蓋爲彼岸而昭示佛諦也。然此亦非名相可滯，爲到彼岸極清淨之地而揭其諦也。由此而證佛果，得菩提，則菩薩莫大之境界，又何可限量耶？

般若波羅蜜多心經註疏終

（黄桂蘭整理）

○三四一

般若心經論[一]

丹霞沙門釋天然函昰撰

梵語般若，此云智慧，以智慧解諸法空，而至于彼岸，是矣。又曰，《心經》何謂也。《華首》曰，心是體，智是用。體則通凡聖而皆徧，用則分迷悟以各成。天下無無用之體，體即徧，而用安得不偏歟。曰偏而迷悟異致，故曰各成，各成則不可均言智慧矣。此所謂本覺則聖凡無二，迷本爲妄，悟本爲始，妄與始無二體，而有二用也。當其迷也，見色而不見空。迺至見受、想、行、識，而不見空。行于日用，欲求其毫釐解脫，而不可得矣。及其悟也，即色是空，更無別空；即空是色，更無別色。迺至即受、想、行、識是空，更無別空；即空是受、想、行、識，更無別受、想、行、識。行於日用，欲求其毫釐凝滯，而亦不可得矣。是迷悟之用各異，而皆原于本覺之心，固無有異也。通凡聖而無有異，故曰體也。自無始來，無佛名、無菩薩名、無二乘凡夫名，唯渾然藏識而已。藏無自性，不覺成識，識成而根身器界名相臚。然而藏性不失，識滅而三明六通。智證詣極，而藏性不加。所謂無生滅之謂心，無垢淨之謂心，無增減之謂心，此心空相本自如，然而非深于般若，則未有能徹見。而返本歸源者，此三世如來所讚歎尊重，無異旨也。般若生于本覺，而要迷情淨盡然後現。妄覺亦生于本覺，而要當體知歸然後泯。故知翻其妄而自照之爲智，智生即無妄，妄成智也。智解諸法空，還其本覺之無動搖之爲心，心返則無智，智盡心也。涅槃三德，非縱非橫，而悉始于明見佛性，融根本差別，而一至于是，所謂佛性爲因，而涅槃爲果也。由是而造焉，之謂經也。

般若心經論終

校勘記

〔一〕底本據《卍續藏》。

（陳永革整理）

○三四二

般若心經彙纂(一)

《心經》辭寡而道大，言微而旨深，實衆生長夜之明燈，諸佛之慧命也。參之而得其旨，則宰制一身，統馭萬變，自利利他，入世出世，無所不宜。究其關鍵，在照見五蘊皆空一句，爲全經之扼要。大抵道之不明，心之難治，總根於我相。如來知我相之毒害甚大，故即一性而開色心，即色心而開五蘊，即五蘊而開十二入、十八界，且詳之爲十二因緣，究其指歸，不出色、心二法也。而心法之精，則以智、得俱無爲究竟。奈凡夫無識，輒云佛教空虚不實，不知佛法乃真實不虚，葢所言正欲去愚迷之虚，立本性之實也。所言之空，乃相空耳。所存者，本性也。性相不明，執諸幻相，遂愚及世人，禍及今古，恣情縱識，飄淪苦海，出没無常，改頭換面，横竪毛羽，寧有已哉？所以我佛欲人去愚迷之虚，立本性之實，説法指示，密譚實相。心光不發，則性海弗澄。心非異功，經非異教。以觀照爲宗，而歸於智、得俱忘，則真實了義也。夫見地明而不修觀行，何異有田不耕，觀行不修？必致心有罣礙，不得自在，無明熾燃，情識固結，而本有之智光埋没盡矣。念劬早參教乘，幸未沈落坑塹，黑頭俄白，悲境奪歡，靜溯平生，宛如一夢。纂録此經，不覺涕淚横集。雖來日苦少，猶欲痛自鞭策於末路，而一拔長劫之情根焉。是編之纂，廣搜博採，亦久歷歲時，理精説備，觀者玩索而熏習之，不無小補。與《金剛經》並刻，募印五千零四十八卷，用廣流傳，以不負我佛慈悲普度之意。三教聖人，皆未外心以言教。無量衆生，皆可因教以成功。讀者因教明心，轉諸識以成正智，空幻相而悟真宗，即心即佛，真常無礙，妙覺圓明，尚何有苦厄之不度哉？

乾隆五十九年歲次甲寅七月朔日述甫孫念劬謹識。

校勘記

〔一〕底本據《卍續藏》。

原起

賢首以此經爲釋迦牟尼佛説。《尋珠》云：此觀自在菩薩所説也。施護本云：世尊在靈鷲山中，入甚深光明，宣説正法三摩提竟，舍利子白觀自在菩薩言，若有人欲修學甚深般若法門者，當云何修學。而觀自在菩薩遂説此經。此經乃世尊所説《大部般若》之精要，故知菩薩之説，即世尊之語也。觀自在即觀世音，昔已成佛，號正法明，退居等覺，輔佛行化，於深般若久已修行，將説心要，經文先敘其自行，以表説之不虚。

《心經》至東土，凡經五譯：第一、後秦鳩摩羅什譯，名《摩訶般若波羅蜜大明呪經》。字句與玄奘本多寡稍有不同。二、唐玄奘譯，名《般若波羅蜜多心經》，即今所流通者。共五十四句二百六十八字，五譯獨此流傳。三、唐利言譯，名與奘師同。四、宋法月譯，名《普遍智藏般若波羅蜜經》。五、宋施護譯，名《佛説聖佛母般若波羅蜜多經》。藏本惟秦與玄奘二譯，餘譯不載。五譯惟奘譯流通者：一、順古，以文義尤善，古來皆宗此本故。二、從用，奘師往回西域，惟憑此本，遣魔障故。《神僧傳》云：奘師西行，至罽賓國，道險不可過，遇一老僧，口授此經，令奘誦之，遂得山川平易，道路開通，虎豹藏形，魔鬼潛跡，得至佛國，取經而歸。（《慈恩傳》與此少異。）

經有五義：一、釋名。二、辨體。三、明宗。四、論用。五、判教相。夫法有名，名必詮體，顯體由宗，宗成有用，判以教相，則區以別矣。今題以法喻爲名，實相爲體，觀照爲宗，度苦爲用，大乘爲教相，五者皆經中之旨。般若波羅蜜多是法，心字是喻。此經是般若中統要之妙義，喻人心藏爲主要統極之本。實相，即諸法空相也。觀照，即照見五藴皆空也。度苦，即度一切苦厄也。大乘，即菩薩所行深般若也。

諸經題不出人、喻、法三。單人，則《佛説

阿彌陀經》等。單法，則《大般若涅槃經》等。單喻，則《梵網經》等。人法兼，則《文殊問般若經》等。法喻兼，《妙法蓮華經》等。人喻兼，則《如來獅子吼經》等。人法喻三，則《大方廣佛華嚴經》等是也。見《義句詮》。

實相般若，是萬行指歸，諸佛正印，故以爲體。諸法空相，即實相也。照五蘊空，是觀照般若，非照則實相不顯，故以爲宗。觀照是因，度苦是果。度苦是般若之力用，故以爲用。

四教，藏、通、別、圓，此經捨藏，具通、別、圓三教，而文意在圓，不妨帶麤顯妙，故指蘊界處入等，皆即實相。辨教是約法，大乘似約人說，蓋此法乃菩薩所行，三世佛所依，故云大乘耳。

讀法

觀者，内照。自在者，解脱無礙。觀是所修之因，自在是所得之果，菩薩是所證之位。首句通篇總冒。行深，申所得内觀之因。照見，申所得自在之果。度苦，申所得菩薩之位。三句通篇總綱。

賢首云：初略標綱要，自色不異空下，廣陳實義，於中有五：一、拂外疑。二、顯法體。三、明所離。四、辨所得。五、結歎勝能。

經説蘊空，先有箇照見，有箇行深般若，有箇觀自在，此處正須契悟。蓋佛者，覺也。原非以空立教，若徒認空字作把柄，其病不細。《楞伽經》曰：空生大覺中，如海一漚發。紫栢謂空只是對病之藥，病去即藥無所施。後人目釋氏爲空門，非佛菩薩心，此言不可不知。

經以智、得兩忘爲究竟，即空覺極圓，寂滅現前之旨。《楞嚴》二十五圓通，獨進觀世音，從聞、思、修入三摩地，爲行人標準，是此經的證。學者惟自識此心，則教乘皆爲我有，否則從文字牽轉，終無入頭處。《經註》云：心即本覺真性，常住真心也。一切攀緣内心，妄念分別，立知立見，是心生滅意識，非復本覺之心矣。

昭昭靈靈，六、七、八識聚影於內，謂之內心。見聞覺知，緣起塵境，發現於外，謂之外心。皆非本覺妙心，妙覺本心也。本妙明心，不在內，不在外，不在中間。非有真悟，不能契也。是以《楞嚴》七處徵心，都無是處。

六根是五蘊的根蒂。六塵合六根爲十二處，是五蘊的處所。六識并前十二處爲十八界，是五蘊的界分。雖種種分別，各異其名，總不出色、心二法。眼、耳、鼻、舌、身、色、聲、香、味、觸，爲色法，意爲心法。法乃心色各半，蓋以心中之意，分別五塵而生法相也。自空中無色，至無智亦無得，明自初地至大乘，皆當了此蘊空法以復真體。

《質言》論四諦：諦者，實也。謂三界內實苦，三界外實樂，實有滅可證，實有道可修，未悟大乘如幻三昧之理，故曰四諦。

《尋珠》云：或問，智、得正是實證，何故言無？答云：正照空時，照外無空，空外無照。如空合空，似水投水，若有智得，路便生矣。故般若以無得爲宗。智慧非有名相，著一智相，即屬妄相，存一智見，即屬妄見。此經本爲上根人修最上乘者説，若初修之士，正須依此發心，求智求得，未可以爲妄念而空之。

經言除苦而申之以真實不虛，總爲世人聚焚於火宅中，輾轉受苦，總無出期。佛在覺中，哀憫慘切，冀人因言悟道，以脱離苦趣。又恐教法雖行，不信者仍多，故復愷切提撕，以真實不虛示之也。人耽著現前幻境，造種種業，其作樂處，皆是作苦處，迷真喪本，萬劫隨落，人禽關頭，力爭只這些子。佛轉法輪，所以先説苦諦，人能知苦，畏苦不植苦因，即不受苦果矣。

凡例

此經分爲七節，乃照依古本。賢首亦如此分。每節標四字以揭其旨，釋於上方。使讀者易於尋繹，與《金剛經》三十二分同例。

此經註解雖多，可宗者只有數種。唐國師賢首有《略疏》，明天界寺僧宗泐名如玘。有《註解》，金華宋濂有《文句》，紫栢老人名真可，字達觀。有《論説》，毛子晉刻《略疏小鈔》係明季人所纂。乃採集各家，以爲賢首《略疏》之註，訓詁極備，於理事精蘊尚少發明。大圓居士張有譽有《義句詮》，纂集各説最爲詳備，提綱揭旨，於理事精蘊極有發明。近今龍興寺僧雯瑀。有《正解》，其餘所見，不足流傳，亦不列其名目。

各經註解或詳或略，不出訓詁之體，闡發理蘊者罕見，惟《義句詮》超出諸本。是編採各帙之精言，全以發明理蘊爲主，而提綱揭旨，逐節詳疏，尤使觀者易於得力。

此編所集各註，俱各冠以書名姓氏。其低頭之總註，【解】〔一〕低頭注，中文首附△印者。所以不列姓氏者，乃《義句詮》所集，散見於各説之中，或摘數行，或摘數句，以鄙意錯綜顛倒而貫串之。説不一説，書非一書，故難冠以書名姓氏，非掠美也。

上方所釋，乃爲各節標其要旨，析微抉奥，精義攸存，兼補《註》中之所不逮。

《註》中所集各説，凡有論説冗長者，俱係節録，觀者幸弗以割截爲嫌。

校勘記

〔一〕「【解】」以下，底本録於頁下，據注碼位置及文意移至此，下同。

全經大旨

此經世尊所説，乃《大部般若》之精要，故以心名。掃去諸相，單説真空，不及枝葉，獨標根本。此是文殊智門。首舉觀自在者何。正以諸佛説法，單爲衆生度苦，觀世音是度苦厄的大菩薩，故特首舉之，以爲真空妙智的榜樣。度苦厄，並不説他十四無畏、三十二應種種神通，只説照見五蘊皆空一句，可見苦厄無量無邊，究其根本，只爲不見蘊空耳。所以深般若只觀真空，又不在自心中觀，而教舍利子從色上觀起。只爲二乘人與初心菩薩觀門，多落在斷空一邊，或離色觀空，或滅色名空，總喚作斷空。此空虛豁斷滅，無知無用，不能現出萬法，如何度得衆生苦厄？所以教人從色上勘破。菩薩觀色，不是實色，是隨緣幻現而與真空無兩樣的。觀空不是斷空，遍在一切色中，而與幻色無兩樣的。體既兩不相離，用亦兩不相礙，故曰不異，然猶是二件。殊不知色以空爲體，空以色爲用，不是兩件融合而成的，不是一件分析得開的。如鏡現影，影即是鏡。如波在水，水即是波。這是不二法門，照見到這裏，方得自在，觀照無餘藴矣。因何又説諸法空相四句？蓋不異即是，照境猶存，恐人認此空相是照功所顯，人力修成的，所以説此空相，即是人人具足的真如自性。不生不滅，即真如中恒常不變義也。不垢不淨，不增不減，即真如中淨法滿足，畢竟平等義也。就諸法中表出空相，令人識實相般若，真空既是真如自性，所以一切俱離。下文緊接是故空中無色，便出法界量外也。從五藴空説起，直説到無智無得，一無所得田地，這無所得三字，是深般若的骨子。實相不到這裏，不是非相的實相。觀照不到這裏，不是絶照的真照。所以特提出一句，以作上文真空的歸著，下文證果的根蒂。心無罣礙，根無所得來，無恐怖夢想，根無罣礙來，無罣礙便是行成，所以又疊一句無罣礙。故直下究竟涅槃。菩薩與佛，證涅槃，得菩提，皆是依此無所得的般若波羅蜜，以爲因也。謂之大神、大明、無上、無等等不亦宜乎？不可思議，惟呪爲然。般若豈不是呪？能除一切苦，真實不虚，正言般若功用廣大也。然只説得般若波羅蜜多經，未説般若波羅蜜多呪，不能顯般若離言絶相之妙，故説經以示其修，又必説呪以顯其妙。揭諦四語，可以文字解説否？可以心思擬議否？若可説可議，不可以言呪，即不可以言般若，直到心思路絶，文字性離，方與是無智無得、諸法空相相應，此全經之大略也。欲求自在，宜細參之。

般若波羅蜜多心經

【解】此經以單法爲名，實相爲體，觀照爲宗，度苦海爲用，大乘爲教相。法者，即波若波羅蜜多也。

實相者，即諸法空相也。觀照，即照見五蘊皆空也。度若(二)，即度一切苦厄也。大乘，即菩薩行深般若也。○按，《義句詮》及紫柏《論》謂心是喻，經題法，喻兼取，存參。實相般若即生佛性體，觀照般若即行人工夫，文字般若即佛祖言教。衆生迷慧性，溺情欲，即是入苦海。不得般若，不見真諦。不見真諦，不名般若。○以般若智慧得到彼岸，不外自識此心。題兼華、梵兩言，顯標宗旨。諸説各有是處，然宗鉢柄爲是。不空云：菩薩有波若波羅蜜多心，名普遍智藏。圭山云：般若之心是萬法之體。《疏》云：題有三釋。初教義分二，謂般若心是所詮之義，經是能詮之教。二就所詮義中法、喻分二，謂般若是所顯之法，心是能顯之喻，即般若内統攝要妙之義。三就前法中體、用分二，謂般若是體，波羅蜜多是用。二轉依果，謂轉煩惱爲菩提，轉生死爲涅槃。

梵語般若，華言智慧，即人之本心，超情離見，湛寂圓明之稱。

《尋珠》云：不翻智慧者，即五不翻中尊重不翻。

《大論》云：般若不可稱，甚深極重。智慧輕薄，不足以當之。慧乃別境五所之一也。

般若無二無分，無別無斷，體用清淨，如如圓滿，一味真常，故云第一波羅蜜。若翻智慧，是雜染，非清淨。是有二，非如如。是可分，非圓滿。是有別，非真一。是有斷，非真常矣。故仍般若，則無比無儔，獨尊獨貴之義始具。

細分有三：一、實相般若。萬法虚僞，全無有體，惟此實體，不可破壞。無相之相，名爲實相。所謂本來面目，即五蘊根塵、諦緣諸法之空相是。經云不生不滅等，即一切種智也。二、觀照般若。離念而知，離相之照，名爲觀照。乃聖凡等具，鑑物無礙之智。經云行深照見等，即一切智也。蓋實相即所照真理，觀照即能照妙慧。實相是體，觀照是用。三、文字般若。即顯密文句，詮顯般若者是。

《集解》云：非文字無以起觀照，非觀照無以鑒實相，非實相則菩薩無所宗極也。極者何？證之謂也。

《素華》云：實相常住爲體，體即法身。

觀照契理爲宗，宗即般若。文字斷疑爲用，用即解脱。

《尋珠》曰：般若不外無明。凡夫迷之，即般若而名無明。菩薩悟之，即無明而成真智。諸佛證之，即無明而成果覺也。

○波羅蜜多，此云到彼岸，乃究竟義。

《集解》云：彼岸即是道岸，對世人苦海言之也。有智慧者，照破煩惱，不溺情波，生死超然，妙契本有。所謂登彼岸，即是憑此般若之妙用，究竟諸法之實相也。

《質言》云：凡夫著有，二乘著空，三賢權位。七地前淺位，雖能自他兩利，而幻化降心，猶存能所，不能消落二邊，悉爲理智未圓，無明未盡。即等覺雖到岸，猶未免滯於彼岸。惟佛一位，空五住，盡二死，證菩提涅槃，已到彼岸而不滯彼岸，返運慈航，於生死海中，濟拔羣生，名爲妙覺。

○《質言》云：此經義理精要，復能統攝八部般若，並該五時教義，如人身具五官百骸，惟心能管轄無遺，故喻如心。又觀經文，前無證信發起序文，後無信受奉行等語，亦是節其繁文，獨揭精要，皆取喻如心之證。

《蒙求參》云：舊解心字，作證明心地之經，凡經皆證明心地，豈獨此經？且經中並無另明心字義理處，只以作喻爲確當。

《鉢柄》云：心字若作喻説，則般若無處安立。心是諸佛之性體，即般若心，非肉團粗淺之謂。上該果海，具不生不滅波羅蜜多之體。下徹因源，具三界二十五有世間出世間之相用。

《彙解》云：心是般若之體，般若是心之用，彼岸是般若心中所詣之實際境。

○紫栢云：此經是大部之綱骨，如人心藏爲主爲要，乃統極之本也。經訓常，又訓路。常則天魔外道不能阻壞，路則凡聖皆所共由。

《尋珠》云：經具貫、攝、常、法四義，

謂貫串所應説義，攝持所化羣機，常則千聖不易，法則衆生共軌。又經者，徑也。修行直徑。古云：不踐階梯，徑登佛地。

提綱。經無序分及流通分，不列問答，起止皆是佛語。首四句爲一經之綱，是世尊將明般若，特舉大士自行化他之功行，以爲標準也。色不異空四句，明空理即觀照般若。是諸法空相四句，顯空體即實相般若。是故空中至無智亦無得，是明空體之離諸相，正見般若之深。以無所得下至三菩提，是舉佛菩薩之行，以明般若之能度苦厄也。故知般若下，是極贊般若功用妙密，而末乃説密呪以結之。

〇《正解》云：此經爲大藏之總鑰，衆生之指南。文僅二百六十字，能攝如來一代時教。蓋三藏所詮，雖浩渺難窮，然究其指歸，不越三觀法門，爲成佛度生之本。此經色不異空句，是破凡夫有見，正明空觀義。空不異色句，是破二乘偏空，兼凡外斷空，正明假觀義。色即是空，空即是色二句，是融權淺菩薩邊見，正明中觀義。是故空中無色至乃至無意識界，攝盡世間六趣衆生一切染垢色心諸法無遺。無無明至無智亦無得，攝盡出世間三乘賢聖一切修斷法門無遺。以無所得故至三藐三菩提，是證二轉依果，究竟成佛。辭廉義富，旨約理該。

觀自在菩薩。【解】第一段原行標綱。觀自在四句爲一經之綱。首句是示能觀之人，次句是標所修之法，三句是標所斷之惑，四句是標所證之果。

是示能觀之人。

〇觀，即下照見。自在，即心無罣礙。

《疏》云：謂於理事無閡之境，觀達自在，故立此名。又觀機往救，自在無閡，故以爲名。前釋就智，後釋就悲。

《淺説》云：自其聞聲赴感之用而言，稱觀世音。自其不見一法之體而言，曰觀自在。

《義詮》云：自在者，無畏義，又離苦得樂義，觀成而解脱也。一則觀理自在，真俗中三諦圓照，不縱不横，此就自行説。一則觀機自在，世出世十界等化，無前無後，此就利他説。

《疏》云：菩，謂菩提，此謂之覺。薩者，薩埵，此曰衆生。謂此人以智上求菩提，用悲下救衆生也。

《大論》云：佛道成衆生。謂自行修諸佛道，化他成就衆生也。

《義詮》云：菩薩二字，華言覺有情，謂能以此自在觀智，自覺而并覺一切有情衆生也。

初標觀行。行深般若波羅蜜多時。【解】《尋珠》云：般若言行者，日用行持，非數寶算沙可及。言深者，無上甚深，非淺夫劣智可窮。

是標所修之法。

○行者，功行也，亦修行也。深者，窮微極妙，徹骨徹髓處也。

《疏》云：般若妙行有二種。一淺，即人空般若。二深，即法空般若。今簡淺異深，故云行深般若。

宗泐云：觀自在者，能修般若之菩薩也。菩薩用般若觀慧，照了自心清淨圓融無礙，此自行也。復念世間受苦衆生，令其修習此法，改過遷善，離苦得樂，無不自在，此利他也。深般若者，實相般若，非初心淺智者所觀也。

《質言》云：行字，即聞思修之修慧。般若，兼實相觀照。波羅蜜多，即是到彼岸。謂觀照般若，契合實相，乃全體究竟之義，所謂入三摩地也。當斯之時，方是甚深。

二標斷惑。照見五蘊皆空。【解】照即般若深智約體。言見，即無相慧眼約用。言皆空者，一切法無我也。五蘊攝盡根、塵、識等染法，爲萬苦之根。○舊云五陰，陰者，蓋覆義。新云五蘊，蘊者，積聚義。

是觀中智境。

〇照者，般若之靈光，體也。見者，無相之慧眼，用也。即上文所云觀也。五藴者，即下文所云色、受、想、行、識也。照見乃能觀之智，五藴是所觀之境。藴，謂積聚。空，謂真空。色，謂幻色。受，謂領納。想，謂妄想。行，謂遷流造作。識，謂明了分别。

宗泐云：識，即心王。受、想、行，是心所也。色，獨是色。餘四皆心。

《義句詮》云：凡人一身，不出色、心二法。色藴惟一，心藴有受、想、行、識四種。以其能積聚有爲，蓋覆真性，故名五藴。衆生受生死苦，俱從此五藴法不得解脱來。此菩薩行深般若，證知色、受、想、行、識各無自性，徹底是箇真空也。下文無五藴等，是言空中無相，此皆空，是言五藴無自性也。

《質言》云：空字有二義。一者真空義，顯五藴惟一真心故，如依金造器，器器皆金也。二者空無義，顯五藴畢竟非有故，如器雖金造，金本非器也。然此處只渾標重真空邊，至後空中無色，空無之義始顯。

三標證真。度一切苦厄。【解】一切苦厄皆自執五藴生，菩薩憫衆生迷於其中，故説此般若，令其修習以度。〇度苦，即是自在。

是觀成利益。

〇度，謂度脱也。度字根空字來。逼迫爲苦，被困爲厄。

《疏》云：謂證見真空，苦惱斯盡，常得遠離分段、變易二種生死，證菩提涅槃，究竟樂果。

宗泐云：苦厄者，三苦，八苦，世間諸苦也。菩薩照五藴空寂，離生死海，復憫在迷衆生，顛倒妄想，受諸苦惱，故説此般若法門，令其修習，皆得解脱也。

紫栢云：五藴爲萬苦根株，千殃之本。衆生未能空此，故縈纏苦厄，如蠶作繭，於百沸湯中，頭出頭没，絲無斷日。菩薩既斷藴絲，故得空色兩融，智悲並運，若事若理，圓融洞徹，一無隔閡，故稱自在。

《義詮》云：度苦句，顯觀成破障，即到彼岸義。

△此四句，爲一經之綱。佛要與舍利子説深般若，教之發大乘心，悲智俱修，而證無上菩提之果，特舉箇能行之菩薩爲證據，欲其照樣而行也。這菩薩所行之般若，不是二乘所證人空般若，乃徹骨徹髓一切法空，空見亦空之深般若。此深般若，他人不能到，惟菩薩終日在裏面行履，直到究竟實相田地，這箇時節，真照現前，照見五蘊之法，本來清淨，常住一心，原是如來藏不生不滅之真空。蓋凡夫無智，爲五蘊所縛。二乘智淺，爲斷空所縛。深般若照見五蘊本來自空，即五蘊離五蘊，不必屏除五蘊而後見其空也。這五蘊就是苦，五蘊既空，誰爲苦者，誰爲受者。故不動此岸而躋彼岸，方知苦即法身，障即般若，厄即解脱，豈非大自在境界乎？蓋般若既到彼岸，則大悟大徹，妙理現前，隨一切時，無非此深般若之運用。由是得身自在，心自在，法自在。自利利他，世出世法，無往不是一大自在道場，而一切苦厄，無不盡度矣。菩薩行深般若之功用若此，學般若者，可不以之爲準的乎？【解】《質言》云：觀自在三字是依修證所顯之名。○反觀自在之性，依修而名，觀聽圓明，徧十方界，自在無礙。依證而名，又自者顯物物頭頭，無非自己在者，塵塵刹刹，靡不克周。照見句是明深等義。

○《尋珠》云：照見句，望上，則釋出般若，望下，則生起空中無諸法及大明等文。度苦句，生起無恐怖，離顛倒，及能除一句文。一經大旨，總此二句括盡。

舍利子。【解】第二段詳示蘊空。此段色不異空六句是明空理，正説觀照般若。

舊説云：舍利弗母，聰慧頴脱，其眼如鶖鳥，轉動明徹，故母因鳥立名，子由母彰字。舍利是鳥名，此翻爲鶖鷺。梵語弗，此云子，是彼之子，連母爲號也。

《義句詮》云：舍利子於千二百聲聞中，

智慧第一。惟是菩薩大悲行智，智遂深廣，尊者雖智，猶缺悲心，智因淺少。今欲發起二乘人入菩薩深智，佛故特呼其名而告之。

色不異空。【解】自此直至無智無得是廣釋五蘊皆空之境，而觀照自在其中，以非觀照不能達此境地也。圭山《觀門註》云：色空雖對説，本意惟歸於空，以色是虛名、虛相，無纖毫之體故，修此觀者意在此故。疏云，此段文有四釋：一、正釋小乘疑。二、兼釋菩薩疑。三、顯正義。四、釋觀行。○《寶性論》曰：空亂意菩薩有三種疑：一、疑空異色，取色外空。二、疑空滅色，取斷滅空。三、疑空是物，以空爲有。舍利子聰慧第一，故對之釋疑也。

此句是破凡夫有見，正明空觀義。

空不異色。

此句是破二乘偏空，兼凡外斷空，正明假觀義。

色即是空，空即是色。

此二句是融權淺菩薩邊見，正明中觀義。

○《玄鏡》云：色是法相之首，五蘊之初，故諸經凡欲説空義，皆先約色。如《大般若》從色以上，種智已還，八十餘科，皆將色例也。

宗泐云：色即四大幻色，空乃般若真空。衆生由迷真空而受幻色，如水之成冰也。菩薩修般若觀慧，照了幻色，即是真空，其猶融冰爲水也。然色之與空，其體無殊，如冰不異水，水不異冰。復恐鈍根衆生不了，猶存色、空二見。當知冰即是水，水即是冰。若受，若想，若行，若識，莫不皆然。此乃一經之要，般若之心也。

《文句》云：色不異空者，明色乃幻化所爲，必不礙空。若礙於空，即是實色，非幻化矣。空不異色者，明空乃一真顯露，必不妨色。若礙於色，即是斷空，非真空矣。此言色空不相礙也。

色即是空者，明色非滅空也。空即是色者，明不可以空取於空也。此言色、空無二也。真空如大圓鏡，應物現形，鏡中初無其物，故曰真空，未嘗不有，即有辨空。幻色如泡影電雲，當其出現，何嘗無像？一刹那頃，變滅歸空，故曰幻有，未始不空，即空明有。受、想、行、識等，具云受不異空，空不異受。受即是空，空即是受。准此例解。

受、想、行、識，亦復如是。【解】四蘊皆是一心，識即心主，受、想、行是心所發，五蘊只是色、心兩項。○妄想六名曰見《楞嚴經》。

先言色空，次言受、想、行、識者，五蘊之法，生則先從識起，滅則先從色除。經準滅門，明智起惑亡，色隱空顯，故先以色明。受等例知。

《正解》云：此四蘊本是一心，約有四種功能差別，故開而爲四。亦復如是者，亦例上色蘊，復作如是觀也。

《蒙求參》曰：五蘊只是色、心二者。佛與愚心者開出五蘊。色以質礙爲性，染污爲義，是衆生堅固妄想所成。受以領納爲性，苦藥[三]平等爲義，是衆生虚明妄想所成。想以思慮爲性，緣念三世爲義，是衆生融通妄想所成。行以遷流爲性，次第改變爲義，是衆生幽隱妄想所成。識以含藏執持爲性，了別境界爲義，是衆生顛倒細微精想所成。

○色即十一色法，不出依、正二報。一是五根四大，有形可見，名爲根身世界，又名衆生有情世界，正報也，在阿賴耶識爲親相分。一是外境，凡在十界内有形可見，有相可名者，名爲器世界，依報也，在阿賴耶識爲疎相分。凡夫爲五蘊所覆，執色爲真色，著常見而迷空，是色與空異。二乘離五蘊而觀空，著斷見而滅色，是空與色異。菩薩去凡夫之我相，除二乘之偏空，知幻色非色，真空不空，而明其不異。舍空别無色，而色即空。舍色别無空，而空即色，而明其即是。

△觀自在菩薩，照見五蘊皆空，這不是蘊自爲蘊，空自爲空，兩件而有異的，乃一體而即是的。色是法相之首，五蘊之初，故欲釋空，先舉

色。一則以色是堅固妄想凝結而成，是衆生最易執著處。二則與空體相敵對角立，是最難和會處。若於此勘破，則其餘四蘊，瓦解氷消。所謂一根既返源，六根成解脱也。【解】《正解》云：五蘊爲萬法之總，萬法皆五蘊之所變現。五蘊既作如是觀，則凡根身器界、無名煩惱泊(三)、生死涅槃，無不與真空實相平等無二，亦同作如是觀也。返源解脱非撥棄根塵之謂，只是轉識成智，即情復性。空觀破見思惑，證一切智，成般若德。假觀破塵沙惑，正道種智，成解脱德。中觀破無名惑，證一切種智，成法身德。《文句》云：此第二節言五蘊皆空。《正解》云：已上三觀是示真見，破妄見。下三諦是示真相，破妄相。

○凡外二乘，看色、空作兩樣。色是生，空是滅。色是垢，空是淨。色是增，空是減。異見競生，於是生出向背取舍，分出凡聖迷悟來。故説箇不異，以破色、空之異見。權淺菩薩雖已知色、空之不異矣，猶未免看色、空作兩件。色是事，空是理。色是相，空是性。色是用，空是體。二見恒存，於是費幾許融通攝入，用幾許會合銷歸。理體未得圓融，照用不得泯絶，故説箇即是，以破色、空之二見。

○凡外小乘認色爲實有，異於空之虚無，遂見色能障空，而空爲色礙。菩薩見一切色是幻色，俱無自性，此無性之色，即是無我空理，初不見有絲毫可以點染得空，亦不見有絲毫可以夾雜得空。色相與空相，初無差別，是不異空的。此句是即俗明真之空觀，顯真諦也。二乘與初心菩薩，見空爲斷滅，異於色之染污，遂致滅色歸空，而色爲空礙。菩薩見自性空爲真空，周遍法界。此無我空理，偏在一切色中，不見空外有箇染污的色相，不見空中有可斷滅的色相。空體與色體，了無變動，是不異色的。此句是從體起用之假觀，顯俗諦也。

識得色空不異，則不受一法，不捨一法，便不墮凡小境界，然即俗明真，從體起用。權淺菩薩，未免分作兩件，或融或分，或照或遮，終不能到平等普融、一相一味田地，故又以一體不二絶待之，即以中之。

不異空之色，非待會色歸空也。全色即空，所稱全事即理，無有少許理性而不在此事中。不異色之空，非待從空現色也。全空即色，所稱全理即事，無有少許事相而不在此理中。既了色即是空，正照時不妨有遮。既了空即是色，正遮時不妨有照。遮照不二，是名中道，禪那第一妙觀，顯第一義諦也。亦名中諦。色蘊既破，其餘四蘊，亦如是不異的，亦如是即是的。所謂五蘊皆空者如此，不離五蘊而空五蘊，非行深般若到彼岸之大菩薩，能如是乎？

舍利子，是諸法空相。【解】第二段就空釋體。此段是顯出空相，正明實相般若。○《疏》云：此顯法體。

即是真如自相也。

《疏》云：謂蘊等非一，故云諸法。顯此空寂，故云空相。

宗泐云：空相者，真空實相也。菩薩復告舍利子云，既了諸法，當體即是真空實相，實相之體本無生滅。既無生滅，豈有垢淨？既無垢淨，豈有增減乎？

《會要》云：真空相，即以不生不滅等爲相。

紫栢云：此空相，照見五蘊之空也。

廣承云：是諸法者，略則指上五蘊，廣則十界法也。空相者，實相也。經云：無相不相，名爲實相。又云觀一切法空如實相，即此意。

不生不滅，不垢不淨，不增不減。【解】此即是空相之相，即般若實相，即真如自性也。

《句詮》云：上文説蘊即是空，其實不獨五蘊，一切諸法，都是即空的。諸法色相，人人能知。諸法空相，可還知否？在凡夫法上看來，似乎緣至即生，緣散即滅，不知此以諸法色相言也。若是諸法空相不然，諸法從緣而生，緣生無性，其實法本無生，諸法緣離則滅，滅惟緣滅，其實法本無滅，是不生不滅的。

在聲聞、緣覺法上看來，似乎有垢可去，有淨可修，不知此以諸法假相言也。若諸法空相，則雖在有漏色中，而空體不染，雖在無漏色內，而空體如故，是不垢不淨的。在菩薩法上看來，萬德俱圓似增，惑障俱盡似減，不知此以諸法修相言也。若是諸法空相，從來修證不到，德滿不增。本來變壞不得，障盡非減，是不增不減的。【解】增減有兩義：一約真理，則聖增而凡減。二約妄染，則凡增而聖減。

則諸法空相，即是般若實相，即所謂常住不動，無有變壞之真如心也。即所謂清淨本然，周遍法界之如來藏也。即所謂是法平等，無有高下之正等正覺也。

《尋珠》云：若約直明空體釋之，十界五蘊，通名諸法，從本以來，常自寂滅，强名實相，實相無相，故曰空相。以生滅、垢淨、增減求之，皆不可得。不生，故無生死相。不滅，故無涅槃相。不垢，故無煩惱相。不淨，故無菩提相。不增，故無結業相。不減，故無解脱相。

△《義詮》云：上文已説明五蘊皆空，隱然顯出一箇真空相貌，恐人不能領略，認作觀照工夫邊事，信不及實相本然，所以就諸法中指出空相來，使知本來實相，原是如此。若此空相，不能時時現前，照起即生，照過則滅，照明則淨，照亡則垢，照現即增，照絶則滅。只管道即色即空，總是光影邊事，算不得真智照，故特明之。

○《尋珠》云：此就空釋體也。廣明五蘊本空，空即實相。以六不字就此本空釋出其體。是者，直指之詞。諸法，涵下入、處、界、諦、緣、度等也。空相乃真空妙相，是靈明絶待，本來無物之真空，即諸法之自性也。

○附《正解》：諸法當情，故有生有滅。凡夫見得根身有生、老、病、死，塵界有成、住、壞、空，識心有生、住、異、滅，惟此真空之體，本來寂靜，究竟堅固，故云不生不滅。此示真諦。

【解】《文句》云：此第三節言諸法空相、無生滅等，以足上第二節之意。

○二節、三節總是釋行深般若。

躭空厭有，故分染淨。二乘見得三界内流轉門，及苦、集二諦是垢相，三界外還滅門，及滅、道二諦是淨相。由是避五濁惡境，趨無爲偏空，惟此真空妙有之中，十界平等，故云不垢不淨。此示俗諦。

二邊對待，故有增有減。菩薩修斷，所謂布施度慳貪，智慧度愚痴等。因見得真理漸圓，惑障漸消，惟此真空妙有之體，凡聖渾融，真妄俱泯，故曰不增不減。此示中諦。

而科爲觀境，於理未協。存參。

○《正解》云：前節三觀，是示真見，破妄見。此節三諦，是示真相，破妄相。

是故空中。【解】第四段明空離相。此段是廣明真空離相以顯空性也，初離六凡，次離三聖。賢首判爲明所離。

是故，承上文而言。空中者，是前不生不滅等真空之中也。彼真空之中，無五蘊以下等諸法，明真空離相也。

《尋珠》云：此結上起下，廣明般若真空，無世間出世間諸法也。結上者，此中無字，根上六不字來。起下者，是故空中四字，一氣貫到無智無得句，正根上不生不滅等之真空説，故著是故二字。

《集解》云：空，無極也。空中，無極而太極也。

無色，無受、想、行、識。【解】無五蘊。

此空五蘊也。

○宗泐云：此真空實相之中，既不可以生滅、垢淨、增減求之，故總結云無色，無受、想、行、識等。

《集解》云：空，即不生不滅之真體。

真體中何來有色、受、想、行、識等之名相耶？

《尋珠》云：前照五蘊空，就人而言。此云空無五蘊，就性而言。

賢首云：無色等無字，指與空義相違説。理實皆悉不壞色等，以自性空，不待壞故。下並準知。

無眼、耳、鼻、舌、身、意，無色、聲、香、味、觸、法。【解】無十二入。

既無五蘊，亦無六根六塵，此空十二入也。

《文句》云：眼、耳、鼻、舌、身、意，謂之六根，猶草木之有根也。眼見爲色塵，耳聞爲聲塵，鼻嗅爲香塵，舌嘗爲味塵，身染爲觸塵，意著爲法塵，是爲六塵，如塵沙之障蔽也。以其污人之淨心，故曰塵。

塵根和合爲十二處。處猶所也。言各有所在也。

佛海云：舊云十二入，言六根六塵，互相涉入。新云十二處，言內根外塵，各有處所。行者日用，照此根塵，體即般若，頓空圓覺，故言無也。

無眼界，乃至無意識界。【解】無十八界。

既無十二入，亦無十八界。十八界者，六根、六塵、六識也。舉首末二界，超略中間十六，故用乃至二字，省文耳。【解】以上三節明無蘊處界法，是斷凡情。

《文句》云：從見爲眼識，從聞爲耳識，從臭爲鼻識，從嘗爲舌識，從染爲聲識，從分別爲意識，謂之六識。識，謂妄生辨根，昏翳真智也。界，謂限域也。

《尋珠》云：六識分別六塵，執妄成差，各有界限，名十八界。雖三六並舉，重在六識。六識本惟一識，但隨見聞覺知六用不同，如一猿猴，應於六窗，遂名六識界。

《楞伽經》謂人有八識，眼、耳、鼻、舌、身爲前五識，五蘊之受，是此五識功能。意識爲第六，五蘊之想，是此意識功能。七識、八識有名字而無體質，即寄在六種内。蓋七爲傳送識，即是意根，乃此心之動，而遷流不住者，五蘊中之行，是其功能。八爲含藏識，五蘊中識字，下文十二緣中識字，俱屬此識，即是六種識的根本，所謂本以一精明，分成六和合也。【解】《楞伽經》八識附録。

○宗泐云：如上三科，不出色、心二法。【解】根塵識只色、心二字盡之。爲迷心重者，説爲五蘊。爲迷色重者，説爲十二入。爲心、色俱迷者，説爲十八界。修學之人，隨其根器，但修一科，即得悟入。

○《正解》云：以上三節，明無蘊處界法，是斷凡情。

無無明，亦無無明盡，乃至無老死，亦無老死盡。【解】無緣覺法。

此空十二因緣也。無明緣行，行緣識，識緣名色，名色緣六入，六入緣觸，觸緣受，受緣愛，愛緣取，取緣有，有緣生，生緣老死憂悲苦惱，亦名十二支。互相繇籍，名緣。支派分别，名支。亦舉首末而略其中，故亦云乃至。始無明終老死，因緣生也。次第而生即一大苦蘊生，釋典名爲順觀流轉門是也。無明盡至老死盡，因緣滅也。以次而滅即一大苦蘊滅，釋典名爲逆觀還滅門是也。滅即是盡。【解】一切業因俱自無明而起，順則緣生，逆則緣滅。順則生者，謂前能生後順生死也。逆則滅者，逆觀以生無有故逆生死也。約流轉還滅以爲順逆。無明爲長夜之體，生死爲長夜之業。無明爲流轉之首，老死爲流轉之尾。無明盡爲還滅之首，老死盡爲還滅之尾。依三世説，過去有二，現在有八，未來有二。《義句詮》謂此三有之業，説前世爲前有，今生爲中有，後世爲後有。

宗泐云：此十二因緣，該三世因果，展轉因依，一念無明心，鼓動真如海，生死旋洄，如輪旋轉，一切衆生迷而不知，此本緣覺人所觀之境。大乘般若，洞徹真空，純一大光明藏，安有所謂流轉還滅，種種差别次第耶？

故曰無，曰盡也。

按《義詮》《尋珠》等説，性智本明，妙湛瑩淨，由妄念瞥起，俄成晦昧，故名無明。從此遷流不住，見之行事，造種種業。故緣行識者，因行而起業識，了別境界爲來生種子。由此三支爲根本，引起後九支成三世之緣。無明與行二支，爲過去之因。而識又爲現在果之托始。幻形方謝，神識即馳，投托母胎，具受、想、行、識等名，及形質之色，故曰識緣名色。既有名色，胎中遂具六根，有入塵之用，故曰名色緣六入。既有六入，出胎便與六塵相交接，故緣觸。既有覺觸，便有苦樂在心下領略，故緣受。已上五支，乃現在所受果也。心既領受，便貪種種勝妙資具，及婬欲等事，故緣愛。既有貪愛，便馳求不息，於境生取著心，故緣取。由愛而取，著意馳求，便造種種三有之業，故曰取緣有。此三支乃現世所作之因也。由諸有結爲三界生因，來世復於四生六道中受生。既有生，則必有老有死，由此輪迴無了期矣。此二支，乃來世當受之果也。

上文蘊入處界横説，乃一時具足的，是説十二緣的本質。此十二緣竪説，乃三世相因的，是説蘊界等的因果，名爲流轉門。知流轉起自無明，當從無明滅起，直至老死相因俱滅，名還滅門。

這流轉門，是緣覺觀空的悟因。這還滅門，是緣覺證空的修因。此亦是從悟入修方便之法，空中則無此法也。

〇緣覺乘則從此悟道超出三界。

無苦、集、滅、道。【解】無聲聞法。

此觀四諦清淨也。

《尋珠》云：苦以逼迫爲相，廣如八苦，略如三苦等，即生死也，是苦果。集以招感爲相，廣如八萬四千亂想，略如見思，即惑業也，是苦因。此二者世間法也。滅以可證爲相，即有餘涅槃也，是槃果。道以可修爲相，即三十七助道品，是樂因。此二者出世間法也。說此四諦，而先果後因者，欲令衆生知苦而斷集，慕滅而修道，始可離苦得樂也。此本聲聞小乘人所觀之境，真空中亦無苦樂，亦無因果，安有四諦？

以上緣諦境中，流轉苦集，俱是垢相，還滅滅道，但是淨相。空中垢、淨兩忘，以故一切無有。【解】諦緣之法雖爲二乘，實通大乘。其要皆爲斷生死本，滅無明因，復歸淨明妙性而已。廣開爲緣，總攝爲諦，其實一理。但聲聞、緣覺、大乘所證有淺深耳。

《義詮》云：緣覺比聲聞人根器較高。一悟緣生，便知空理。一悟流轉，便知還滅。不必以苦悚之，以滅忻之。中下根，則須說苦方畏，說滅方忻，說集方厭，說道方修。故佛與聲聞人說四諦法，比緣生法更說得簡確詳切，此方便中之方便也。諦者，審實之義。

○聲聞乘則從此起悟，超出三界。

無智亦無得。【解】無菩薩法。

此智、得俱無也。此句總結上文，以起下文。

《正解》云：智爲六度之主，即能證之智也。得即二空所顯真如，此所證之理也。然能證所證，即是對待增損之法，而有邊見，非大乘教，故在所當遣。【解】智得正是實證，何以言無？蓋正照空時，照外無空，空外無照，如空合空，似水投水，若有智得即落邊見，非真空矣。故般若以無得爲宗。《涅槃論》云：無得是有得之真名，有得是無得之僞號。《正解》云：菩薩斷惑至無智無得，正是生滅滅已，寂滅現前之時，非甚深般若曷能臻此？

宗泐云：智者，般若之智也。大乘菩薩，以智照境，既無五蘊及四諦諸法，即是人法皆空，境智俱泯，如病去藥忘，故云無智亦無得。

《尋珠》云：乃智圓照之妙心，即是般若。得乃所證寂滅之理境，即是彼岸。初心菩薩慧淺，有照可用，有理可得。般若真空，乃二空所顯，空見亦空。所照之境既忘，能照之智亦寂，境智能所俱無，則真空實相，歸於無所得而已。有法可得，則有增減。無可得，又有何德可增，何妄可減乎？所謂般若即非般若，實相即是非相，此其所以爲深般若乎？

《淺説》云：心體本明，智不外假。心體本足，得不外求。無智斯無不智，無得斯無不得。空中者，既無五藴而淨羣業，無根塵而絶外緣，無知見煩惱而息内障。生死不繫，迷悟兩忘，究竟不過，還其本來，止於自在，固非有加益者，故終之以無得云。

〇《正解》云：已上三節明無緣覺、聲聞、菩薩，諸法是斷聖解，合前三節，總爲斷惑，總是釋五藴皆空。

《集解》云：自初地至大乘，皆當了此藴空法以復真體。

△上文雖云不生不滅、不垢不淨、不增不減，只是顯真空自相，而未明真空無相。若不一一深明，則智照不得泯絶，實相非相不得現前，所以歷歷推之，直到無智無得，然後深般若無遺藴，而彼岸始得究竟也。生滅、垢淨、增減在諸法上見，人若未見空相，則見有一切諸法，及乎既見空相，真常性中，求於去來生死迷悟，了不可得。是故一分法相，俱無所有。但上根人，一聞藴空，一了即一切了。中下人與他説色，不知色藴是何相狀，與他説受、想、行、識，不知四藴如何區分。於是佛將五藴的根蒂處所界分，詳開出來。眼、耳、鼻、舌、身、意爲六根，是五藴的根蒂。色、聲、香、味、觸、法爲六塵，合六根爲十二處，是五藴的處所。眼識、耳識、鼻識、舌識、身識、意識爲六識，并前十二處爲十八界，是五藴的界分。五藴只是色、心二字，【解】即所謂十一色也，意無形質，故不在色例。識力最能爲害。眼、耳、鼻、舌、身，色、聲、香、味、觸爲色法，意爲心法，以心中之意分别五塵而生法相。法乃心、色各半者也。又於識字内，分别出受、想、行三字的界分來。五藴之受，

五蘊之想，五蘊之行，皆識爲之，其功能各有分屬，已見前註。【解】以上三節明無緣覺、聲聞，諸法是斷聖解。

緣覺法，聲聞法，菩薩法，皆對治蘊入處界歸空之法。蘊入處界種種名色，皆惟依妄念而有，真性中本無有念，誰辨根塵？所以菩薩既識真空面目，便知空中諸法相，一切俱離。蘊界處入，流轉苦集，此就世間諸法，推廣言之，以見真空中之無所得也。還滅滅道，智，得俱無，此就出世間諸法，推深言之，以見真空中之無所得也。智照若不到這裏，如何得凡聖情忘，心識路絶？只是空中却也不容易到，果然到這裏，則色不異空，直至無智無得，只作一句看，如大海印，一時現前。不然一落落在階級心量裏，一句是一箇位次，則真空實相圓頓之理，如何融會？

以無所得故。【解】第五段從行顯法，此段顯般若之法能度一切苦厄。○無得故能有得，下明所得有二。承上無得而言。

清涼曰：無所得即般若相，由得般若無得智慧也。

《記》云：前云無智亦無得，故今躡爲因行，由是而得果。前明所離是斷惑，今明所得是證果也。

《尋珠》曰：無所得雖近疊無得二字，亦即遠束前七空字、六不字、十三箇無字來，以生下佛菩薩皆用之爲因也。

《釋要》云：空中無蘊界，以至無智得者，豈俟融絶而後無哉？良以本無所得故也。本無所得，名之爲諦。了此無得，名之爲觀。此即所謂深般若也。以無所得句，當連上段看。

賢首曰：以者，由也。故者，因也。由前無所得爲因，今後有得也。

菩提薩埵，依般若波羅蜜多故，心無罣礙，行成。無罣礙故，無有恐怖，斷障。遠離顛倒夢想，究竟涅槃。得果。【解】此段科爲證真是顯圓成實性，寂滅現前，釋明度苦，此言菩薩依此般若之法得涅槃斷果。斷者，斷苦因也。菩提薩埵廣指一切菩薩言，而觀音在其中。〇到得心無罣礙便是行成。

此明菩薩證理果。

宗泐云：菩提薩埵，能依之人也。般若波羅蜜多，所依之法也。菩薩依此般若修證，功成理顯，故得心無業縛。因無業縛，故無生死恐怖。既無生死恐怖，則無顛倒煩惱。三障既空，三德乃顯。故云究竟涅槃。梵語摩訶般涅槃，華言大滅度。大即法身，滅即解脱，度即般若，此之三德，非別有也，即三障是。迷即三障，悟即三德，【解】迷即三障，悟即三德。所謂生死即法身，煩惱即般若，結業即解脱也。然雖障即是德，若非般若之功德不能顯，譬如磨鏡，垢盡明現也。

賢首《疏》云：心無罣礙，行成也。離罣離倒等，斷障也。究竟涅槃，得果也。涅槃，此云圓寂。德無不備稱圓，障無不盡稱寂。一得永得曰究竟。無罣礙，是惑不礙心，境不礙智。

《蒙求》云：罣者，有所繫縛，如罥之罣。礙者，有所挽礙，如石之阻。失真曰顛，逐妄曰倒。夢乃想之果，想乃夢之因。

《義句詮》曰：不到智、得俱無田地，心中罣礙不能全空。心礙未空，雖能斷惡修善，不能無恐怖，根塵脱不盡也。雖觀空入定，不能無夢想，種識消不盡也。無恐怖夢想，根無罣礙來。無罣礙，根無所得之深般若來。如此，涅槃方得究竟。

三世諸佛，依般若波羅蜜多故，得阿耨多羅三藐三菩提。【解】此言諸佛依此般若之法得菩提智果。智果，謂四智菩提之果也。依《起信論》，即究竟始覺合本覺時，平等無二覺異爲智果也。佛得菩提亦只依此，並無別法。

此明諸佛證智果，言非惟菩薩如是修證，而一切諸佛，莫不皆修般若，得成正覺也。三世，謂過去、未來、現在。阿耨多羅三藐三菩提，華言無上正等正覺，佛果之極稱也。

《疏》云：覺有二義。正覺是如理智，正觀真諦。等覺即如量智，偏觀俗諦。皆至極無邊，故云無上。

《記》云：如理智觀真，非行理外，故云正覺。如量智觀俗，如彼性相，偏觀察故，故云等覺。得一切種智，過彼小乘下位，故無有上。

《會要》云：正覺超邪，偏覺超小，三覺道圓，亦超十地，皆無上也。

廣承云：無上者，真性菩提。正者，實智菩提。偏者，方便菩提。三覺圓融名爲正覺。諸佛依三般若，證三菩提，次第可知。

《蒙求》云：得不是從外取得，亦不是原無而今始有得之得。只是自有自證，返本還源，得無所得之得也。

○《釋要》云：無罣礙，則結業即解脱，究竟方便淨涅槃。無恐怖，則苦果即法身，究竟性淨涅槃。遠離顛倒夢想，則煩惑即智明，究竟圓淨涅槃。

依實相般若，得真性菩提。依觀照般若，得實智菩提。依文字般若，得方便菩提。菩提是如如智，智必冥理。涅槃是如如理，理必契智。故影略而互言之。【解】依，猶杖也。界乎中間，變通人法。然亦不可竟謂佛祖有實法與人，無依而依方是真依。

《正解》云：此明諸佛亦依三觀般若，盡五住煩惱，得無上菩提。諸佛不言斷苦因者，以初證涅槃時，諸苦久遠已斷，菩薩始證涅槃，故必表其斷因。

△此二段，正舉佛菩薩之行，顯般若之法能度一切苦厄也。

○上文從空中無色説起。

直推到智、得俱無，正見真空中一無所得。這無得，是實相般若的骨裏印，亦即是觀照般若的骨裏印，所以提出一句，作下文空觀的結底，作下文證果的根蒂。言惟此真空之理，原是一無所得的，所以佛菩薩，皆依此真空之智，照見到一無所得處，而能得真空之理，證涅槃、菩提二果也。由以無所得爲因，故能有所得。【解】得涅槃，得菩提，即是無得之得，故云無得乃能有得。

色空生滅，垢淨增減，蘊界處入，緣諦智得，種種都是罣礙人心的法相。【解】這罣礙二字正説著二乘的痛處。惟般若照見真空，到無所得處，則蕩然一無罣礙。心中求業性，如芥子許不可得。境上極大的恐怖，心上無端的顛倒，皆從一絲一屑之罣礙而起。心中既無罣礙，則業性都忘，安有一法與我爲緣爲對？無罣礙三字，【解】無罣礙即是行深之時。是真中現前光景，到得真空現前，便是圓頓法門，更不用別樣修爲漸次。所以又疊一句無罣礙故，便直接箇無有恐怖，他色蘊已空，不見有心外之色，恐怖箇甚麼？受、想、行、識的心蘊已空，不見有心内之心，有甚夢想顛倒？直下便到涅槃究竟田地，只是依這無所得的深般若耳。

不特菩薩爲然，就是三世一切諸佛，他五住地無明俱盡，正覺已到無上田地，一切種無功用智圓滿，一切法皆是佛法，等覺已到無上田地，又非菩薩可比。而究其本根，亦只依此無所得的般若波羅蜜，並無別法。所謂以無所得而得，得歸無得也。【解】《正解》云：已上釋明首節證真之義。以無所得句總約凡情聖解俱空，承上起下之辭，言菩薩與佛證涅槃得菩提，皆以此爲因也。

德備塵沙曰涅，體絶相累曰槃。無有少法可得，是無餘涅槃。

色即空處是正等，不生滅處是正覺，無所得處是無上正等正覺。法既如是，人人有分。何故不得受用？只爲無智慧，不能照見到無所得處。何以不能到無所得處？只爲不能行深般若。所以説佛菩薩行深般若，向無依處著兩箇依字，要人識得把柄，全在這裏。前邊從色即空，説到無智得，可謂鴛鴦繡出從君看，兩箇依般若波羅蜜多，已是手把金針度與人。

故知般若波羅蜜多。【解】第六段結讚顯密。此承前文顯説般若而讚其密。賢首曰：先别歎，後總結。

《疏》云：言故知者，牒前起後也。

《尋珠》云：故字承上，佛菩薩依之證果來。

是大神呪，是大明呪，是無上呪，是無等等呪。

《疏》云：歎其勝能，略敘四德，然有三釋。若就法釋，除障不虛名神，智鑒無昧名明，更無加過名無上，獨絶無倫名無等。就功德釋，能破煩惱，能破無明，令因行滿，令果德圓。就位釋，過凡，越小，超因，齊果。

《義詮》云：無等，謂無儔例。重言等者，謂無等而又能等物，不與諸法爲侣，而法法全該，平等不二，正應三藐二字。

六觀氏云：所言呪者，非别有呪，即此般若便是。然既曰般若而又名呪者，極言神速之效也。

廣承云：方便般若，是大神呪。觀照般若，是大明呪。實相般若，是無上呪。諸法空相不生不滅等，是無等等呪。

紫栢云：此無得之光，菩薩依之而得無礙，諸佛亦依而得菩提。大哉心光，智不可知，識不可識，陰陽不能籠罩，有無不能形容。破障除昏，凡聖無與等者，謂之大神大明，無上等等呪，不亦宜乎？

能除一切苦，真實不虛。【解】此極讚般若功用之廣大。○真實不虛單承度苦，有兼證果、度苦兩項，説者非是。證果即是度苦，不分二項也。

《文句》云：能除一切苦，即度一切苦厄，非證真空者不能也。恐衆生信心不及，又申言之，而決定告以真實不虛。慈愍有情，爲何如哉？

宗泐云：此結般若功用廣大，除苦得樂，決定無疑，令諸衆生信受奉行也。苦謂三苦、八苦、一切苦也。

《會要》云：三受能生三苦，苦體即三界色心。一、苦受，能生苦苦。此惟欲界。二、樂受，能生壞苦。此通欲、色二界。三、捨受，能生行苦。此通無色界。

八苦者。一、生苦。二、老苦。三、病苦。四、死苦。五、愛別離苦。六、怨憎會苦。七、求不得苦。總舉前七，方成第八五陰盛苦，亦名五取蘊苦。

若三八相攝，苦苦攝八苦中五，謂生、死、老、病、怨憎會，順苦受法。

壞苦攝八苦中二，求不得、愛別離，順樂受法。

行苦攝一，即五取蘊苦，順捨受法。

《疏鈔》曰：《大經》云，苦有無量相，非聲聞、緣覺所知。以二乘雖知苦相，不知無量相，故《瑜伽》説苦有一百二十，即四十四論增數明之。【解】《正解》云：此節是結前斷證之功，讚般若之德，用難思勸人受持獲益也。

賢首曰：除苦決定，故云真實不虛。

《義詮》云：一切世間修行功修德除苦之法，總是權巧方便，不是真實究竟法門。惟此般若力用，乃能究竟離苦，真實不虛也。欲度一切苦厄者，可不從此法門入乎？舊解大神大明，即將掃蕩煩惱窟穴，降伏生死魔軍，轉凡入聖等語入講，似侵度苦厄意，至度苦句，便似重複無味。大神大明，只照無智、得以前，虛虛論理，而以涅槃菩提二段，入度苦内講，較清楚。真實不虛，緊接度苦説。

《集解》云：此經歸到除一切苦，真實不虛，【解】真實不虛，《集解》謂般若乃真實不虛之理，即周子所謂無極之真。只是不落生滅境，得箇實落受用耳。

○《義詮》云：是大神呪四句，根色不異空，至無智無得，就意義深廣處説，以勸人之修持。能除一切苦二句，根涅槃菩提二段，用功切近處説，以勸人之信受。

○《文句》云：此段讚歎般若真空之勝，是急切勸勉之辭。

△承上文言：諸佛菩薩，皆依此般若而證極果，故知此般若波羅蜜多，不是語言文字可求，不是思量分別可及。單以經言，未足以形其神妙光明，未足以顯其高上等偏。佛法中機用之最秘密最靈應者，莫如呪。般若波羅蜜多，其即呪而已矣。呪乃佛説密語，即第一義，有轉變罔測之力。人莫知其機，物莫知其故，故以之讚般若也。真實不虚以上，承前文顯説般若，而結讚爲密。説呪以下，承本文顯中具密，而正説密呪以通結之。大神四句，約體讚密。能除二句，約用讚密。

故説般若波羅蜜多呪，即説呪曰：

揭諦揭諦　波羅揭諦　波羅僧揭諦　菩提薩婆訶

【解】第七段正説密呪。此段承上，以四呪字贊前，顯説般若經之功德是不可思議境界，故復宣不可思議之密呪，令人顯密兼持也。此呪是密説般若以結經，即以證經。顯説般若所以破其昏迷，令人生慧。密説般若所以攝其散亂，令人生定。定慧兼持，方能速到彼岸。

△承上文言，惟般若有如是功用，則般若即呪矣。然不説呪，不能顯般若離言絶相之妙，故既説經以示其修，又説呪以顯其妙。他處經是經，呪是呪，經顯呪密。故經有經名，呪有呪名。今則般若即呪，即顯即密，呪即般若，即密即顯。經名即是呪名，不分顯、密二義也。呪是諸佛秘語，非因位所解，但當誦持，除障增福，不可强釋。若欲强釋，姑就舊義略解之。揭，去也，度也。諦，真實不虚也，即深慧功能，謂去一切業障，度一切苦厄而歸真實也。重言揭諦者，自度度他也。波羅羯諦者，波羅，此云彼岸，即度所處也。波羅僧羯諦者，僧，謂總也，衆也，溥也，即謂自度度他，總到彼岸也。言菩提者，到何等彼岸，謂大菩提處也。言薩婆訶者，此云速疾，以此般若而得菩提，乃迅速而無

阻滯也。

○《尋珠》云：《法華疏》云，説呪之義，諸師或説鬼神王名。稱其王名，則部落敬主，故能降伏一切鬼魅，此世界悉壇。或云，呪如軍中密號，唱號相應，無所呵問，此爲人悉壇。或云，呪者，密默治惡，惡自休息，餘無識者，此對治悉壇。或云，呪如軍中密令，惟秉帥者知，餘皆莫測，喻呪惟佛知，餘位莫解，此第一悉壇。又呪者，願也。如蜾蠃〔四〕之祝螟蛉，願其類我。佛菩薩願諸衆生，悉如我之得成正覺也。

孤山曰：深求其致，亦只是密説此般若無所得心耳。與諸法空相，無智無得相應。人能以心特〔五〕，勿以口持。專一持，不雜念特〔六〕。勿忘勿助，持到無所得田地，默契此蘊空般若無所得心，是則令人生大智慧，無得而得。祕密之道，莫加於此。持呪者應如是，行深般若者，亦復如是。

般若波羅蜜多心經彙纂終

校勘記

〔一〕「若」，疑爲「苦」。

〔二〕「藥」，疑爲「樂」。

〔三〕「泊」，疑衍。

〔四〕「贏」，底本作「蠃」，據文意改。

〔五〕「特」，底本原校疑爲「持」。

〔六〕「特」，底本原校疑爲「持」。

（陳永革整理）

〇三四三

般若心經如是經義（二）

摩訶般若波羅蜜多心經

摩訶，梵語，華言大也。此大法即聖凡共有般若心也。梵語般若，華言智慧。此大智慧體，乃聖凡同具，但其中有迷悟之差，迷者即愚，悟者即智。然般若本無迷悟，若人能言外了然，則迷悟本虗，又□□□□□。波羅蜜多，梵語，華言到彼岸。一切衆生，不□□□□□□無明所蔽，輪迴生死苦海，不得到□□□□□□觀自在，能行之人，以告身子，智慧□□□□□□身中本有摩訶般若大智慧□□□□□□□若而越煩惱中流，竟到波羅蜜多□□□□□□大智慧菩提涅槃玅心。經者，猶徑也。□□□□□□道，所謂誰能出不由户，何莫由斯道也。

觀自在菩薩，行深般若波羅蜜多時，照見五蘊皆空，度一切苦厄。

觀自在菩薩一句，總顯能行甚深般若之人，爲下一經綱領。觀字，即大智根本之體。自在二字，即般若相也。以根本智體，照見五蘊色心等法，無有少法可得，無有少法不可得，真俗渾融，交涉無礙，即此般若大相自在法門也。菩薩，梵語，華言有覺有情。以有覺故，依般若波羅蜜多，而心無罣礙，遠離顛倒夢想，究竟涅槃。以有情故，依般若波羅蜜多，得阿耨多羅三藐三菩提，能除一切苦，真實不虗。由是因果交涉，萬德咸備，纔得此觀自在菩薩之名也。行深般若波羅蜜多，有二義，一理深，二事深。事深者，謂觀自在行斯般若，深無不極，道者以之而歸，大無不包，乘者以之而運。所以舉一行深之言，以醒凡夫，□□□□□□行而錯徑者，二乘雖是正行，尚滯□□□□□□

在菩薩行深般若波羅密多，意正□□□□□□□學菩薩行深，使其頓破煩惱，頓斷□□□□□□□槃，故曰事深也。理深者，以圓照法界無盡□□□□般若甚深法門，體用無方，猶澄江一月，三舟共覩，一舟停住，二舟南北，南者見月千里隨南，北者見月千里隨北，停舟者見月不移。自在之行，類此可知。即體之用，無不普應，去住皆緣，心無動靜，故曰理深也。照者，指觀智而言。見者，指心性而言。五蘊，即色、受、想、行、識，凡夫執五蘊爲實有，二乘又執之以沉空趨寂，俱不達妙有真空。觀自在菩薩，以觀智照之，以心性見之，故當下了達五蘊等法，即是妙有真空實相般若，故曰照見五蘊皆空也。六道衆生，妄起三惑，搆造生死苦緣。二乘亦被無明所蔽，愛見所纏，雖斷輪迴生死，尚住偏空厄緣。自在菩薩，行深般若波羅蜜多時，以金剛證定，頓斷生相無明，頓入妙覺果海，五住皆盡，二死永亡，故曰度一切苦厄也。

舍利子，色不異空，空不異色，色即是空，空即是色。受、想、行、識，亦復如是。

此承觀自在菩薩所行甚深般若體用，以召□□□子而授之。佛以無有聽者，終無有説，故特告□□□言顯示，令一切凡衆皆知自有甚深般若，非第一智慧身子不能修也。色不異空以下二十四言□□□機，頓悟頓證甚深般若妙旨。謂舍利子所説照見五蘊皆空者，是何五蘊，謂即是色不異空，空不異色，色即是空，空即是色。又謂汝既已知蘊空之初，堅固色體，如是而已，即知虛名之受，融通之想，幽隱之行，罔象之識，亦復如是也。

舍利子，是諸法空相，不生不滅，不垢不淨，不增不減。是故空中無色，無受、想、行、識，無眼、耳、鼻、舌、身、意，無色、聲、香、味、觸、法，無眼界，乃至無意識界。無無明，亦無無明盡，乃至無老死，亦無老死盡。無苦、集、滅、道，無智亦無得。

此一段總説五藴以擴充諸法。同一真空實相圓明心體，本無生滅垢淨，聖凡增減惑智等法也。是□□前五藴諸法，由空觀中照見聖凡等法，纖毫絶迹無有少法不是實相，故云是諸法空相。不生者，□□□所有俱是妄想。一切諸法，俱是幻言。心生即□□□即佛，亦無佛無不佛，無生無不生。不滅者，□□□□法無一不是真空般若，本無有生，又何可滅。□□□云：云何説諸藴，諸藴何有性。藴性不可滅，是故説無生。分別此諸藴，其性本空寂。空故不可滅，此是無生義。衆生既如是，諸佛亦復然。佛及諸佛法，自性無所有。平等同一相，即是不滅義。故曰不生不滅也。不垢者，謂真空法性，本無有染，何垢之有。《大經》云：如淨摩尼寶，本性無染垢。隨緣生諸藴，不爲藴所覆。譬如青蓮華，雖居於淤泥。根性恒清淨，故云不垢也。不淨者，謂諸佛雖知自性本來清淨，於清淨法中，無有一念可淨，故云不淨也。不增不減者，謂法性既同，設一切衆生，一時成佛，生界不減，佛界不增也。是故空中者，承上無垢淨增減般若心體，而標出所以諸法之名。謂何等諸法即是無色、受、想、行、識等。真空體中，既無五藴色心，焉有六根。故曰無眼、耳、鼻、舌、身、意。既無六根，則知内根寂寂，外境如如，何有色藴六塵。故曰無色、聲、香、味、觸、法。有根方有境，境具方發識。既然根境尚無，則所發識界，從何而有。故云無眼界，乃至無意識界。真空實相體中，本無凡夫等法，則三乘之法，從何而有。若在大乘，説惟心爲因，癡愛爲緣。若在小乘，説癡愛爲因，業等爲緣。今真空絶相，心境兩忘，直顯本體，故曰無無明。既然真空體中本無流轉之無明，又以何無明而盡哉。故曰亦無無明盡。生死苦因無明而起，可翦可除，貪愛垢從妄想而生，可塞可拔。塞拔由乎性假，除翦由乎體妄。知體妄者，息妄而證涅槃。達性假者，棄假而歸寂滅。於是控御一乘，浮航六度，出生死苦海，越火宅樊籠，迥登般若之臺，妙入涅槃之苑。湛然常樂，與虛空而並存。嶷爾圓明，混境智而雙寂。是故空中本無三行之因，何有二種之果。故曰無老死。真空之中既無流轉之果，則斷無明之因。生死苦果方盡，無復繫累。永絶生死之鄉，獨澄無爲。蕭然淡泊，即煩惱而爲大悲之因，即生死而爲大悲之緣。於此因緣，當體即是妙有真空，何有還滅老死而盡哉。故曰亦無老死盡。上爲中根所修因緣等法，於真空實相體中，本無所有，則知下根所修四諦等法，焉有實哉。故曰無苦、集、滅、道。苦以逼迫爲義，集以增長生死爲事，滅以無累爲名，道以除患爲功。所以二乘有苦可知，有集可斷，有滅可證，有道可修。

迷則苦集生而真道滅，悟則苦集滅而真道生。今般若觀智，頓然五藴皆空，頓斷生死苦厄，故云無苦集滅道也。無智者，從凡夫起智破惑，乃至聲聞緣覺自然智、無師智，菩薩一切智，佛果一切種智，真空理中，本無一照，故云無智也。無得者，亦從凡夫所得，乃至諸佛所證法界真理，於般若真空尚空空也，何理可得乎。故《佛頂》云：知見無見，斯即涅槃，故云無得也。

以無所得故，菩提薩埵依般若波羅蜜多故，心無罣礙。無罣礙故，無有恐怖，遠離顛倒夢想，究〔三〕竟涅槃。

無所得故者，以真空體中，無有少法可得，即是一切諸佛菩薩不生不滅。故《中論》云：諸佛説空法，爲離於有見。若復見有空，諸佛所不化。故知非有非無，非無非有。又云：無中無有二，無二亦復無，三界一切空，是則諸佛見。此即以無所得故也。菩提薩埵者，即觀自在是也。依般若波羅蜜多者，即依此無所得而得行深般若，至度一切苦厄者也。由依此甚深般若，故下纔得心無罣礙等功效。心無罣礙者，謂菩提薩埵依此甚深般若，所以空一有即絶，心方行隨滅。《經》云：了知諸法性空寂，如鳥飛空無有迹。心行隨滅，不礙於相，故云心無罣礙也。無有恐怖者，以菩薩依甚深般若，得心無罣礙之故，所以不同凡夫爲三毒驅役，起惑造業，生有無量驚恐，死有無量怕怖。法界之内，凡屬有知，無能免者。亦不同二乘之人，畏三界生死之恐，懼佛道長遠、久受勤苦之怖。又不同道前菩薩，於真空而有三疑之恐，畏佛果難以疾證之怖。由是菩薩，以緣心自在，圓照法界，如是多種恐怖俱悉離之，故曰無有恐怖者也。遠離顛倒夢想者，《經》云：於諸世間法，不生分别見。善離分别者，亦不見分别。無量無數劫，解之即一念。知念亦無念，如是見世間，無量諸國土，一念悉超越。經於無量劫，不動於本處，由是自在者，因離顛倒見。又謂世間出世間，聖凡染淨，雖有多種差别，其實能想之念，所想之境，俱爲一夢想。《普賢行品》云：了達諸世間，假名無有實，衆生及世界，如夢如光影。此因衆生未能了達五藴色心等法如夢故，不能遠離夢想。今菩薩了達衆生實法如夢影等，則何夢想而不遠乎。故云遠離顛倒夢想也。究竟涅槃者，承上般若無所得之功，遠離顛倒夢想之效，以證涅槃。究者，窮究。竟者，畢竟。涅者，不生。槃者，不滅。因自在菩薩窮究生死畢竟之地，即是不生不滅之涅槃，故曰究竟涅槃。

三世諸佛，依般若波羅蜜多故，得阿耨多羅三藐三菩提。

三世諸佛，總攝三際，統該十方。依般若至得菩提，總言法界諸佛，得菩提者，莫不由斯依深般若而得也。阿耨多羅三藐三菩提，梵語，華言無上正等正覺，謂真性也。以真性無得而上之，故云無上。然上自諸佛，下至蠢動，此性正相平等，故云正等。其覺性，不爲業染纏縛不墮邪妄，故云正覺。得此性者，爲得佛果，故三世諸佛，皆依甚深般若，而得阿耨多羅三藐三菩提。

故知般若波羅蜜多，是大神呪，是大明呪，是無上呪，是無等等呪，能除一切苦，真實不虚，故説般若波羅蜜多呪。

故知般若波羅蜜多一句，承般若觀行因果，以結體、相、用三大義。自在菩薩，行深般若，觀照世間五藴等法，皆是真空實相，故知般若波羅蜜多，是大神呪。又見出世間三乘因緣，四諦智理等法，俱不可得，故知般若波羅蜜多，是大明呪。此二句，結體大義也。因此菩薩以觀照之智，照見世間出世間等法俱不可得，故即能度一切苦厄。由是以無所得故，菩提薩埵依之，即能遠離諸苦而得涅槃真樂，故知般若波羅蜜多，是無上呪。此句，結相大義也。因知般若是無上呪，所以三世諸佛亦依之而得無上正等正覺，故知般若波羅蜜多是無等等呪。此句，結用大義也。能除一切苦，真實不虚二句，總結般若之功，令衆決疑，頓信廣大甚深般若也。能除有二義，謂如來説一切衆生，定有世間輪迴等苦，非妄非虚。又説以摩訶般若甚深之智，能除一切苦，非妄非虚。由是三世諸佛，知般若是大神呪，乃至是無等等呪。復知此呪能除一切苦，能得一切樂故，方説此般若波羅蜜多呪。

即説呪曰：揭諦揭諦，波羅揭諦，波羅僧揭諦，菩提薩婆訶。

此呪，不訓字解釋，乃五不翻中尊重不翻也。忘文絶義，不生情解，如摩尼寶鏡，體本無持無受，不妨萬像森羅，無法不持，無法不受。是以無受爲受，無持爲持，鏡何受像，像何入鏡耶。○學般若人，當知本心本體，本來是佛，不假修成，不屬漸次，不落邊見，無有一法可得，所謂本來無一物，何處惹塵埃。故佛云，我於菩提實無所得，默契而已。若人能觀五蘊皆空，四大無我，心本太虛，無往無來，湛然圓寂，心境一如，但能如是，直下頓了，不爲三世所拘繫，便遠離一切苦厄，爲出世人也，切不得有分毫趣向。若見勝妙善相來迎及種種現前，亦無心隨去。若見惡相種種現前，亦無心怖畏。但自忘心，同於法界，便得自在，此即是要節也。

○張拙因禪月大師指，參石霜和尚，霜問秀才何姓，曰姓張名拙。霜曰：覓巧尚不可得，拙自何來。張忽省悟，隨呈偈曰：光明寂照徧河沙，凡聖含靈共一家。一念不生全體現，六根纔動被雲遮。破除煩惱重增病，趣向真如亦是邪。隨順世緣無罣礙，涅槃生死總空花。

校勘記

〔一〕底本據《卍續藏》。

〔二〕「究」，底本作「空」，據文意改。

（陳永革整理）

般若心經註講（二）

般若波羅蜜多心經

觀自在菩薩，

阿難説，我教有觀自在者，變化從心，達觀自得也。觀聽圓明，智慧無礙，觀有不住有，觀空不住空，心不能動，境不能隨，動隨不亂其真，得大自在圓通也。菩薩即菩提薩埵之省文，菩提曰覺，薩埵曰有情，謂能覺一切有情，自覺以覺衆生也。曰菩薩，曰大士，皆尊稱佛號之名也。觀自在菩薩，即觀世音大士也。

行深般若波羅蜜多時，

行深者，謂清淨因地之法，行已深也。功行最深，具大智慧，造到彼岸之時。多者，定也。時者，時候也。菩薩妙覺圓明，超出世間，具足三昧慧定之時也。

照見五蘊皆空，

照者，本心智慧，妙覺明照也。見者，本心智慧，明圓真見也。五蘊者，色、受、想、行、識之五陰也。空即本心性體，寔相之真空也。照見蘊空，則本心妙明，而性體洞見也。

度一切苦厄。

謂解脱一切執著，生死煩惱之苦厄，成就一切圓通也。

舍利子，

即舍利弗母名舍利，因母立名，乃佛之弟子舍利弗，于佛弟子之中智慧第一。而不能如觀世音菩薩，究竟得證圓通，而成正覺者，蓋因滯于智慧也。滯于智慧，有我相我見，空相空見。佛故覺觀自在菩薩之行深般若，真空無相之法，以證菩提彼岸，得爲圓明普照之標榜。呼舍利子而告之，欲其不滯于我相我見，空相空見，而究竟于人空法空空之境界，以證無上道也。

色不異空，

色乃夢幻泡影，故不異于空也。

空不異色，

空乃一真顯露，故不異于色也。

色即是空，

色有形相，凡所有相，皆是虛妄，終有壞期，故色即是空也。

空即是色。

空性虛無，無形無聲者也。道以虛無之體，視之不見，聽之不聞，能生有色有聲之天地萬物，故空即是色。

受、想、行、識，亦復如是。

因色而有六根之領受。六根領受于心，而生思量擬度之想。懸相六塵，而生運用施爲之行。行動遷流，而生分辨精粗美惡之識。色、受、想、行、識，五者相因也。色有壞時，而受、想、行、識終歸虛妄，亦復如是，色即是空也。能了悟色即是空，逢色不受，則無受、想、行、識諸雜念，一心清淨，空若太虛，以無相而生真空之寔相，亦復如是，空即是色也。

舍利子，是諸法空相，

佛呼舍利子之名，進一層以告之也。意謂，不但五藴皆空，一切修證菩提之法，莫不皆空。

不生不滅，

真性累劫不壞，故不生不滅。

不垢不淨，

真性本來無染，故不垢不淨。

不增不減，

真性不著一物，自然恰好，不增不減也。

是故空中無色，

是故，承上起下之詞。是故真空之中，本無我相，何色之有。

無受、想、行、識，

既無我相，自無我見，一切聲色，何能

入我真空妙明之心。自無受、想、行、識矣。

無眼、耳、鼻、舌、身、意，

既無我相，則六根亦非我有，無耳、鼻、舌、身、意矣。

無色、聲、香、味、觸法，

六根既無則六塵無，安頓之所，自無色、聲、香、味、觸、法矣。

無眼界，乃至無意識界。

亦通目之所見，爲眼界。心之所之，爲意識界。眼爲六根之先鋒，意爲六識之主帥，而六根六塵，無識不顯。無眼界乃至無意識界，則六根六塵六識之十八界，皆無界矣。今眼界既空，則萬緣悉泯，而意識胥忘，將見由定而靜，由靜而慧。

無無明，亦無無明盡，

無無明，亦無無明盡。無無者，無昏昧之慮也。

乃至無老死，

由久而固，由固而貞。無老死者，常存不壞也。

亦無老死盡。

無明至老死，乃佛所説三世十二因緣也。一曰無明，謂過去世，妄識迷性也。二曰行，謂過去世，一切結業，隨無明妄識流轉也。三曰識，謂現在世，托胎識靈種子也。四曰名色，謂現在世，識靈在胎，心但有名，而色身已有質也。五曰六入，謂現在世，識靈在胎，已成六根之體，已具六入之用也。六曰觸，謂現在世，色身出胎之後，六根但有所觸，尚未了知六塵之涉入也。七曰受，謂現在世，色身日漸長大，已能納受六塵諸境，尚于貪淫等，心未起也。八曰愛，謂現在世，色身日益長成，貪淫等心已開，而生種種愛欲，尚未寔愛欲之境也。九曰取，謂現在世，色身强壯，愛欲日盛，而馳求恣取色、聲、香、味、觸等，以寔愛欲之境也。十曰有，謂現在色身，因馳求恣取，六根積集欲界、色界、無色界三界之因，成就欲有、色有、無色有三界之業果也。十一曰生，謂因果不亡，識靈又隨業流轉，受生衰老，又壞而死也。因無明緣行，因行緣識，因識緣名色，因名色緣六入，因六入緣觸，因觸緣受，因受緣愛，因愛緣取，因取緣有，因有緣生，因生緣老死。十二因緣生滅無常，有起有盡，盡而復起，起而復盡，循環三世，生滅輪轉。若觀此十二因緣，皆明無爲妄識流轉，忽然覺悟十八界皆空，則本妙明心，如如不動，無有生滅之妄識，則無無明明矣。既無無明明，無起無盡，亦無無明盡矣。乃至者，色㈢無行亦無行盡，無識亦無識盡，無名色亦無名色盡，無六入亦無六入盡，無所觸亦無觸盡，無受亦無受盡，無愛亦無愛盡，無取亦無取盡，無有亦無有盡，無生亦無生盡，無老死亦無老死盡。

無苦、集

苦謂生死煩惱諸苦，集謂積聚。人生在世，心爲形役，形爲世勞，積聚五蘊中之根塵處界，十二因緣，生死煩惱種種苦因。今既無五蘊根塵處界，十二因緣，則無苦因之積聚也。

滅、道，

滅謂集滅，道謂真常不息之道。五蘊中一切苦因，一一皆生滅無常。今生滅既滅，寂滅現前，而當體妙明，寂靜之真性，洞徹圓通，以入真常不息之大道。

無智亦無得。

謂既無苦、集、滅、道，則已入佛慧。明了無礙之智，已得菩提之果。然雖入佛智，乃本心般若真空之本智。般若無智，無所不知，無漏之智，如無智也。雖得菩提之果，亦是本心現量。即心即佛，不假外求，亦無所得也。若知有智，乃曲心推測之知見，非真空無漏之本智也。若云有所得，即有所失，亦有漏本心，具足本智，故云無智亦無得也。

以無所得故，

此承上起下之詞，謂一心之本智本法，本自具足，無心外之法可得。若有一法可得，即有一分識心結習未盡。識心結習若盡，則萬法本具一心。一心本具萬法，一心與萬法不二，萬法與本心本一，復何有所得哉。

菩提薩埵

菩提薩埵，梵語菩提薩埵，華言菩薩。

依般若波羅蜜多故，

以般若波羅蜜多，爲修行之法，守其六根，絶其六塵，依因也。謂依般若之本智本慧，自悟自修，以登彼岸之故。

心無罣礙。

罣者，懸掣。礙者，窒塞。依一心之本智，不依緣起之業識，不住客塵之妄法，則心是空心，法皆空法。所謂不依一法，而心常住，已得大自在矣，復何罣礙之有乎。

無罣礙故，

故心無牽罣滯礙。

無有恐怖，

恐怖如地陷風飄，火燒水溺，及殺害惡死。五蘊非有，常清常靜，不動不搖，一切如如，復何驚恐怖畏之有乎。

遠離顛倒夢想，

顛倒謂六塵惑亂，妄想成業，生滅施復，虛妄輪轉，種種顛倒也。夢想謂惑于見思客塵，而迷夢妄想也。若既無恐怖，則障垢已盡，本性不復更迷，虛妄不復更生，復何三界感業，而輪轉顛倒，復何見思惑亂而迷夢妄想乎。

究竟涅槃。

涅云不生，槃云不滅。謂本心本無罣礙，本無恐怖，顛倒夢想，一切種種，皆緣起於無始無明，虛妄業識耳。今既依當身一心本智，外息諸緣，內心無喘，心如墻壁，外不放入，內不放出，真常真樂，真我真靜，究竟直到不生不滅涅槃之大道，至于不生不死而後已，不但菩薩爲然也。

三世諸佛，

即三世諸佛，欲得無上菩提。

依般若波羅蜜多故，

亦無有不依般若波羅蜜多。

得阿耨多羅三藐三菩提。

阿耨多羅云無上也，三藐云正等，三菩提云正覺。絶諸對待，無有而上之者，故名阿耨多羅無上也。本心本智，各自具足，故名三藐正等也。本心般若智慧，本不爲塵勞所蔽，故名三菩提正覺也。謂行深般若之本心本智，到波羅密之彼岸，而證菩提之果，不但觀自在菩薩而然，即過去現在未來三世諸佛，莫不依般若波羅密多故，得無上正等正覺之大道也。

故知般若波羅蜜多，

是知般若波羅蜜多。

是大神呪，

是變化不測之密語，統妙萬法，不可思議，之謂神。呪者，秘密心印也。

是大明呪，

是神光普照之密語，普照一切，而無所不遍，之謂明。

是無上呪，

是至極無加之密語，最極一切，而無上可上，之謂無上。

是無等等呪，

是獨絶無倫之密語，一切平等，無等可等，之謂等等。

能除一切苦，

謂度脱一切生死煩惱苦厄也。

真實不虚。

佛無妄語，如來所説，是真語、寔語、如語、不誑語、不異語也。

故説般若波羅蜜多呪，

更有密呪，如其誦之，可以生智慧，可

以到彼岸矣。

即説呪曰：揭諦揭諦，

揭出妙諦，以度人也。

波羅揭諦，

重言之，自度度他也。

波羅僧揭諦，

欲到彼岸，必須賴此妙諦也。僧，衆也。

薩婆訶，疾速也。謂疾速成就一切衆生也。

菩提薩婆訶。

大凡一切呪語，乃諸佛總之密呪。雖修行之徑路，而徑路不外于此心。人能空其五藴，則主翁常定，而客感自清，豈有不得無上菩提者哉。微妙秘密心印，不可以意識思議，而妄下注解。不但不能下注解，亦不必下注解。惟當沉沉靜靜，無思無慮，一心持念，無記無數，即呪是心，即心是呪，不復以知見立知見。如此持念一心，至于知見無見，則群魔于此以降，真如此以住，罣礙恐怖于此而解脱，顛倒夢想于此而遠離，本智本慧于此而開發，無明煩惱于此而盡泯。即無明是大智，即煩惱是菩提，即菩提是五藴，即五藴是法身，即法身是諸法，即諸法是空相，即空相是當身一心，即當身一心是如來藏也。《般若波羅蜜多心經》心呪之功德，寧可思議哉。

願以此功德，普及於一切。我等與衆生，皆共信奉行。

南無祇園會上佛菩薩三稱

校勘記

〔一〕底本據《卍續藏》。

〔二〕「色」，底本原校疑爲「既」。

金剛神呪

唵齒臨，唵部臨，諸佛現身。遮羅神，護羅神，念佛千遍。鬼離身，身離床，病離身，一切邪魔化爲塵。也有草神陀羅尼，也有鬼神陀羅尼，諸惡鬼神謗不得。奉請十地金剛滅，南無動地金剛，南無出山走水金剛，南無天降四海金剛，南無父母金剛。有人念得金剛呪，免了身邊災，天光地光，晝夜神光，神佛自至，邪魔消亡。若有善男子善女人，每日靜心念一卷。如轉《金剛經》三十萬卷，又得神明加護，衆神提携，智慧知天地。若有人書寫一本，與人流傳，功德高如須彌山，深如大海，無量功德，永世不踏地獄門，處處難聽達摩耶，娑婆訶。

（陳永革整理）

○三四五

摩訶般若波羅蜜多心經句解易知〔一〕

般若波羅蜜多心經句解易知序

《般若心經》者，《大般若》之中心，六百卷之綱要，五千大藏之骨髓，成佛作祖之根源也。然則欲了生死、脱輪迴者，舍是無徑矣。此所以誦持之盛，盈於環海歟。顧誦者雖多，明者實少。非是經之難曉，亦非衆生之多愚，患在註無善本，耳目淆亂故也。盖此經自入中夏以來，註釋者不下數十餘家，然或借徑遺經，自抒胸臆，其與佛之本旨，相去不啻千里而遥。即有與經意合者，又或略説大意，字句鮮釋，初學難通，甚爲未便。間有鑒此弊而反之者，又或誇多鬬靡，遠引博徵，蕪詞愈繁，真旨愈晦，覽者茫然，不知所謂，此明是經者之所由鮮其人也。泩憫是苦，爰發大願，誓成善註，用啓羣蒙。於是廣搜衆疏，扃户澄觀，抉擇務精，取舍惟慎，善者從之，不善斯改。研思三載，始克成編。如舊註科判瑣碎，概從節省。不煩不漏，亦淺亦粗，但取理明，無嫌詞鄙，盖欲人人易曉也。書成，名曰《句解易知》，仍用余《金剛經解》之舊名而不易者，以余之素志然也。夫達摩西來，不立文字，直指人心，見性成佛。是經猶糟粕，註更贅疣，而余之不憚疲勞，不辭譏謗，以作此蛇足語者，誠欲初機之士，一覺即知。如迷津之得寶筏，則苦海易渡，彼岸易登。脱輪迴而了生死者，未必不由此愈多也。惓惓之心，實難自已。或曰，子發明此一段大道理，殊勝人間富貴功名萬億倍也。然余何敢云然，亦聊爲新學行遠自邇，登高自卑之一助耳。

旹乾隆廿九年甲申三月穀旦歸一居士王澤泩謹序。

校勘記

〔一〕底本據《卍續藏》。

摩訶般若波羅蜜多心經句解易知

摩訶，梵語也，華云大。般若，亦梵語，華云智慧。波羅蜜多，亦梵語，華云到彼岸。是對衆生生死苦，同於大海，而將如來涅槃樂，立爲彼岸。須用智慧作船筏，方可渡過苦海，得到彼岸也。心者，乃《大般若》之中心，該六百卷之奥義。如人之一心，能統四肢百骸也。經者，徑也，入道之徑路也，言此經乃以廣大智慧得到諸佛彼岸之徑路。而此一卷又《般若經》之中心，寔六百卷之扼要也。

△此經以單法爲名，空相爲體，觀照爲宗，度苦爲用，大乘爲教相。

蓬萊王澤浩巨川一註解

頌曰：這點靈光道上來，只因逐妄墮塵埃。君今要見還鄉路，悟得心經道眼開。

△分顯。通經分顯、密二大分。自首至三菩提爲顯説，顯中分七。自故知至末爲密説，密中分三。共十分。

○初，菩薩修證分。十分乃一寬法師所科，今仍之。其餘小分煩多，一槩删去。

觀自在菩薩，

菩薩，梵語也，華言覺衆生。觀自在，即是觀世音。以其用甚智慧，觀見自心清淨，圓通無礙，優游自在，故又名觀自在菩薩。

行深般音鉢若音野波羅蜜多時，

行者，修行也。深般若者，實相般若也。非粗心淺智者所觀，故云深也。般若，云智慧，即生佛同具本覺本明之心也。波羅蜜多，云到彼岸。○此菩薩修行深廣智慧，得達涅槃彼岸的時候。

照見五藴皆空，

照即觀也。照見者，看破也。藴者，積聚也。五者，色、受、想、行、識也。色者，色身。受者，領納。想者，思想。行者，造作。識者，分別。有此五件，積聚蓋覆，不能看破，妄認色身是我，所以長劫輪迴，永無出期。惟菩薩修行般若既深，自能觀照，洞見吾身中色、受、想、行、識，這五樣蘊積，本來無有，盡屬虛妄而非真實，知無一法不從性幻有，而無一法不同性本空也。

〇問，五蘊怎得皆空。答云，如頭目腦髓，俱可捨施，割截侵凌，總無嗔恨，便是色蘊空也。如遇一切境物，心不領納，見如不見，便是受蘊空也。如過去不思，未來不念，現在無心，便是想蘊空也。如不被物轉，不隨境遷，全無動作，便是行蘊空也。如見一切境物，都無分別，平等視之，便是識蘊空也。既見蘊空，便能拔去輪迴根本，斷絕生死種子，永脱娑婆苦趣矣。

度一切苦厄。

度者，脱也。一切者，大凡也。一切苦厄者，世間衆生之一切困苦災厄也。菩薩既空五蘊，是自己已離生死苦海矣。又憫在迷衆生，被五蘊蒙蔽，不能照破，致受衆苦，故説這般若法門，使一切衆生，皆得聞而修習之，以度脱其困苦災厄。如駕大船，載渡衆生送過苦海，直登彼岸而後已焉。觀自在句，是通篇總冒。行深句，申所修内觀之因。照見句，申所得自在之果。度一切句，申所證菩薩之位。此三句，是通篇總承。明初僧如玘奉詔註曰，已上一段，乃阿難結集經藏時，敘述觀自在度生之功行，此是別序也。下段自舍利子起，始是觀自在答舍利子所問也。

〇二，色空正義分。

舍利子，

舍利，梵語也，華云鶖鷺，其鳥眼利，尊者母目如之，故名舍利子，亦云鶖子。佛之弟子，智慧第一。竺法護尊者所譯本云：爾時世尊，在靈鷲山，入甚深光明三摩提，舍利子白觀自在菩薩言，若有人欲修學甚深般若法門者，云何修學。菩薩承佛威神，爲宣般若部中精要之義曰，舍利子，你聽著。

○無垢子註云：舍者，屋舍。利子者，舍中之本來。大謬。

色不異空，

欲修甚深般若者，當明色空正義。如四大幻身謂色，般若真體謂空。凡夫執著色相，則見以爲色與空異矣。不知色從妄生，還從妄滅，則其生相全是滅相。既是滅相，何異空相。色與空，體固無殊也。蓋色猶冰，而空猶水，如悟冰因水有，則知色不異空。何以故。色由空生也，色固不可執矣。

空不異色，

外道斷見，謂無因果，二乘偏空，灰身泯智，則見以爲空與色異矣。不知至虚而納天下之至實，至無而涵天下之至有。空與色，體亦無殊也。蓋空猶水，而色猶冰，如悟水由冰融，則知空不異色。何以故。空因色顯也，空亦豈可執乎。

色即是空，空即是色。

然但言不異，猶是二物有對。其實色非窒礙之色，幻色全體是空，色之外別無空矣。空非斷滅之空，真空大用即色，空之外別無色矣。如冰即是水，水即是冰，不必存色空二見。非但無色，而亦無空，此真空也。

受、想、行、識，亦復如是。

不但色蘊如是空也。至於受蘊、想蘊、行蘊、識蘊，亦復當作如是不異空，即是空觀焉。夫而後五蘊乃得皆空矣。蓋蘊無自性，本幻有故，故皆空。空無別體，無不體故，故皆真也。此段示人以空五蘊，詳申行深句，以應觀字意。

○三，空生生滅分

舍利子，

舍利子，我再告汝。

是諸法空相，

道五蘊諸法，其真空的實相，尚無空可名，何況更有生滅、垢淨、增減等名相。

不生不滅，

真空本無生起，非緣合初際，幻現有生者比也。真空亦無寂滅，非緣離后際，變壞有滅者比也。如珠現五色，而珠體未嘗有生。五色遽亡，而珠體未嘗有滅。

不垢不淨，

垢者，塵垢。從染緣結業，而有六道輪迴爲垢，真空從不受染。淨者，清淨。隨淨緣而斷無明，成涅槃淨德爲淨，真空亦不受淨。

不增不減。

雖三智同圓，萬行俱足，亦體所本具，在聖不能增益分毫。縱在六凡，淪没四生，皆具佛性，在凡亦未嘗減損少許。非臆之也，真空原無是耳。此段推真空本來無蘊。

○四，法離染淨分

是故空中無色，無受、想、行、識，

因這空無生滅之故，所以説真空之中，本無色身，無領受，無思想，無造作，無識別，此五蘊皆空也。

○以下諸無字有二義，一本無之謂，一不有之謂。

無眼、耳、鼻、舌、身、意，

然不但空五蘊已也，真空中亦無眼根，無耳根，無鼻根，無舌根，無身根，無意根，六根亦皆空也。

無色、聲、香、味、觸、法，

然不但空六根已也，如眼有色塵，耳有聲塵，鼻有香塵，舌有味塵，身有觸塵，意有法塵，真空中俱無此等，六塵亦皆空也。根塵俱空，所謂空十二入也。

無眼界，乃至無意識界。

然不但空十二入已也。真空中，無眼、耳、鼻、舌、身、意六根界，亦無色、聲、香、味、觸、法六塵界。又見爲眼識，聞爲耳識，嗅爲鼻識，嘗爲舌識，染爲身識，分别爲意識。真空中，亦無眼識界，無耳識界，無鼻識界，無舌識界，無身識界，乃至無意識界，此無六識界也。合之是空十八界也。以上是無衆生法。十八界者，六根、六塵、六識之境界也。乃至云者，舉始末而略其中也。此譯者之省文，恐初學難曉，故爲一一補出。

無無明，亦無無明盡，乃至無老死，亦無老死盡。

然不但空十八界已也，即十二因緣，亦皆空焉。十二因緣者何。《法華經》云，無明緣行，行緣識，識緣名色，名色緣六入，六入緣觸，觸緣受，受緣愛，愛緣取，取緣有，有緣生，生緣老死。緣者，互相由藉之謂也。無明者，謂性智本明，妙湛精了，由妄塵瞥起，俄然晦昧，名無明，過去一切煩惱皆是，體即是痴，失其本明，入於迷惑也。行者，於過去世造作諸業，名爲行。由惑造業，有無明，因以生行，故曰無明緣行。此二者屬過去世之因也。行緣識者，晦昧動摇，則失彼精了，粘湛發知，故轉智名識，有了别義。以行之善惡種子，熏入第八識，隨其業牽，致令此識投托母胎，即人之魂識。有行，因以有識，故曰行緣識也。識緣名色者，名即受、想、行、識四心法，以有名無形質也。色即父母赤白二滴，加己靈種子，攬其赤白，染愛爲因，納想成胎，形爲幻質。則名色者，識初投胎凝滑之相。有識，因以有名色，故云識緣名色也。名色緣六入者，胎由凝滑而其六根，以根有入塵之義，名爲入。有名色，因以成就六根，故云名色緣六入也。六入緣觸者，根成出胎，至三四歲，根與境交，未能了知，但兩相對觸而已。有六入，因以有觸，故云六入緣觸也。觸緣受者，領納爲受。從五六歲，至十二三，因六塵對觸六根，即納前境，雖未能起貪愛之心，然好惡等事粗能了别。有觸，因有領納，故云觸緣受。此五者屬現在之果也。受緣愛者，從十四五，至十八九，貪於種種勝妙資具，及色欲等境。由領納故，即起貪愛，故云受緣愛也。愛緣取者，從二十歲後，見一切欲境，皆生取著心，思欲廣徧追求。由愛生著，故云愛緣取也。取緣有者，既著諸境，惑業相結，善惡有狀，因果不亡，名有。由愛取故，積聚牽引，因生諸有，故云取緣有。此三者屬現在之因，又以致未來生死之果也。有緣生者，謂六道中受生也。既因果不亡，隨善惡業相，結爲來世之生，故云有緣生也。生緣老死者，受生之身熟壞，名老死。既有生，終歸老死，故云生緣老死。此二者屬未來世之果也。此十二者，緣覺所修之法，乃學道之要旨，故解之不厭其詳。要之，諸緣雖多，皆因無明而起。是無明者，乃生死之根，輪迴之本也。欲修行般若者，當以滅無明爲先。惟以般若智觀，照見無明，其性本空，非實有體，則智性真淨，復還妙湛，洞徹精了，是爲無明滅。滅則無有無明，亦無無明到淨盡處。無明既盡，則自行識以下，莫不皆盡。盖本既不存，末安所附。吾知無行，亦無行盡。無識，亦無識盡。無名色，亦無名色盡。無六入，亦無六入盡。無觸，亦無觸盡。無受，亦無受盡。無愛，亦無愛盡。無取，亦無取盡。無有，亦無有盡。無生，亦無生盡。乃至無老死，亦無老死到淨盡處。盖無明既滅，則諸漏自盡，煩惱自斷，三毒自消，萬劫塵沙數罪一時頓息，生死輪迴根本一時頓除矣。此空十二因緣也，是無緣覺法。

無苦、集、滅、道，

然不但空十二因緣也，如生死苦果曰苦，謂生、老、病、死、五陰熾、求不得、寃憎會、愛别離，八苦現前逼惱也。惑業苦因曰集，謂煩惱結業，召致八苦。過去集，致現在苦。現在集，致未[三]來苦也。此二者世間之因果也。

涅槃樂果曰滅，謂結業盡，則生死八苦永盡也。道品樂因曰道，謂治結業，須修三十七道品也。此二者出世間之因果也。三十七道品，詳見卷末。説此四諦者，欲令衆生，知苦斷集，慕滅修道，離苦得樂也。此本聲聞之人所觀之境。大乘菩薩，照了此境當體空寂，不但無苦、集，亦無滅、道。此空四諦也，是無聲聞法。

無智亦無得。

不但空四諦也，如能觀之慧爲智，所照之理爲得，此二者菩薩法也，以法而言，智理全是空的，不容別有，有即是妄，是本無也，以人而言，則修般若人，能所兩忘，智理俱泯，是能無也。能無既盡，與本無已契，尚何智得之有乎。此人法皆空也，是無菩薩法。真空之無，所得如此。此段自是故空中至此，明初地至大乘，皆當了此蘊空法，以復真體。詳申五蘊皆空句，以應自在意。

○五，標顯無得分

以無所得故，

因這一無所得的緣故。

○此句雖承上起下之文，然無所得，是入般若之要門，而修般若之大途，故特立標顯無得爲一科，學者宜知所鏡也。

○六，明菩薩依分

菩提薩埵

梵語也，略云菩薩，華言覺有情。埵，音垜。

故菩薩起初。

依般若波羅蜜多

遵依著以智慧到彼岸的法門修學，洞見自性清淨，證入真空。

故，

因這緣故。

心無罣音卦礙。

所以不爲蘊等諸法所牽罣，不爲生滅等諸相所窒礙，清淨本然，周徧自在。

無罣礙故，

因這心無牽卦，無窒礙的緣故。

無有恐怖，

怖，音布。畏也。世間衆生，由貪戀迷惑爲罣礙，故恐生死之尋，怖煩惱之障。雖修出世法者，由虚妄希求爲罣礙，於本幻之生死而生恐，於非真之果報而生怖。情存勝見，心希妙境，天魔伺便，爲作侵擾，令人俱畏。既無罣礙，則心無業縛，如太虚空，更有甚麼可怕，有甚麼可畏。

遠離顛倒夢想，

迷真曰顛，逐妄曰倒。夢者，神遊妄境，夙習未亡也。想者，攀緣亂想，識性妄行也。皆是妄爲五蘊所纏，凡夫之倒想也。二乘所修諦緣之法，亦同顛倒，期虚幻之果，亦同夢想。總由不能無罣礙之心耳。遠離者，諸障本從罣礙而生，罣礙既空，則顛倒夢想諸障，自遠遠離去矣。

究竟涅槃。

到底得箇大滅度、大清淨，而直登諸佛彼岸矣。○涅槃，云大滅度，乃大清淨處，無生無滅之地。

○七，明諸佛依分

三世諸佛

不但菩薩如此修證，即過去、現在、未來，這三世的諸佛。

依般若波羅蜜多故，

起初，亦皆依著這以智慧而到彼岸的法門修行，因證真空故。

得阿耨多羅三藐三菩提。

所以得成這無上正等正覺的果位。○梵語阿耨多羅，華云無上。梵語三藐，華云正等。梵語三菩提，華云正覺。○菩薩依般若而得涅槃，諸佛依般若而得菩提，爲佛佛大同之道，萬法流出之宗者，惟般若之法哉。

△密分。自故知至末，爲密説。密中分二。

○初，呪義結經分

故知般若波羅蜜多，

因這緣故，乃知以智慧而到彼岸的法門，秘密神妙，有呪義焉。

是大神呪，

衆生自無始以來，妄結五蘊根塵等法，迷强難破，一時空於觀照之智，則般若功用，如勇猛之神兵，能破衆魔，是大神之密呪也。

是大明呪，

靈鑒全彰，真理洞徹，諦緣俱遣，智得雙亡，則般若功用，如長夜之明燈，能破幽暗，是大明之密呪也。

是無上呪，

菩薩依之而究竟涅槃，則般若功用，既神且明，能臻至詣，是無以加上之密呪也。

是無等等呪，

諸佛依之而得菩提，則般若神功，無與同者。非特無上，是並無與之齊等的密呪也。

○二，先出呪益分

能除一切苦，

般若呪之功用廣大如此，自能消除世間一切苦厄，令衆生得大快樂。

真實不虛。

我所説的，都是真實話，不比虚妄，衆生所當歡喜信受，而奉以爲脱苦之良方者也，而要非證真空者不能。自以無所得至此段，詳申度一切苦厄，以應菩薩意。

○三，標名説呪分

十分畢。

故説般若波羅蜜多呪，

般若呪之能除苦如此，所以要把這呪，明白説出，令大衆得知，以便持誦。○呪以秘密爲體，以神妙爲用，以感應不可思議爲相。但令人受利受樂，不令人生知生見。此呪義也。

即説呪曰：

即便説呪，與衆生共聽曰。

揭諦揭諦，波羅揭諦，波羅僧揭諦，菩提薩婆訶。

此呪語也。呪語古皆不翻，略有五義。一是諸佛密語，惟佛與佛，能相解了，非下凡所知。二是總持，一一字句，含藏多義。三或是鬼神王名，呼之勅以守護行人。四是諸佛密印，如王印信，無往不通。五不思議力所加持，但能密誦，即獲密益。故皆不翻，註者亦都不加解釋，恐其獲罪故也。

寬大師曰，近有將楞嚴、大悲等呪，杜譔謬解者，破壞佛法，可笑可嘆。彼自詡能闡秘密，不知正是謗毀如來正法輪也。抑聞之賢首曰，梵語揭諦，此云度。又言揭諦者，自度度他也。梵語波羅，此云彼岸，言彼岸可度而到也。梵語僧，此云衆也，普也，言自他普度，總到彼岸也。菩提者，到何等彼岸，謂大菩薩處也。梵語薩婆訶，此云疾速也，言願令所作疾速成就也。或又曰，揭諦揭諦者，即大神之意也。波羅揭諦者，即大明之意也。波羅僧揭諦者，即無上之意也。菩提薩婆訶者，即無等等之意也。此二説似可從，姑存以饜求解者之心，然違不翻之例，故不敢編入正註也。要之，呪語不翻者，一明言説相空，一明心緣相空，欲令人斷言語之道，息思想之心，萬法歸一故也。又呪者，將全經大意，總括於幾句密語之中。經即是顯説的呪，呪即是密説的經兼持則雙美俻具，單誦亦交攝不遺。持呪即持經，知經即知呪，固不必强求解説也。

末段呪語，總收全文。

〇補遺

三十七道品，謂四念處，四正勤，四神足，五根，五力，七覺支，八正道也。四念處者，身也，受也，心也，法也。蓋佛示權機入觀之智，當須觀身不淨，觀受是苦，觀心無常，觀法無我。此乃從凡入聖最初一步下手工夫，念念無間，故云念處也。四正勤者，已作之惡，勤令不增，未作之惡，勤令不起，已作之善，勤令增長，未作之善，勤令得生也。四神足者，集也，心也，進也，我也。集即煩惱定斷，心即如常在念，進即一刻無間，我即打成一片也。五根者，信根、進根、念根、定根、慧根也。謂信而不疑，進而不退，念而不息，定而不散，慧而不沉也。五力者，即信力、進力、念力、定力、慧力也。七覺支者，念、擇、進、喜、輕、定、捨也。念謂心心不住，一刻不停也。擇者揀擇真僞，能辨緇朱也。進者直而不枉，勇猛無曲也。喜者得乎禪悦，通身踴躍也。輕者頓歇塵勞，心得自在也。定者埋根千尺，八風不動也。舍者根塵解脱，不復緒生也。八正道者，見、思、語、業、命、進、念、定也。正見者，無一異、有無、斷常等見也。正思者，六識空空，意清淨也。正語者，歌佛法僧，口清淨也。正業者，無殺盜婬，身清淨也。正命者，緒佛之慧，入乎聖流也。正進者，精而無雜，不憚疲倦也。正念者，一心不亂，切之又切也。正定者，超乎四禪、四空一切諸有也。

校勘記

〔一〕「未」，底本作「末」，據文意改。

（陳永革整理）

〇三四六

般若心經解義[一]

清徐槐廷解義[二]

註 般若，華言智慧，即人之本性，超情離見，湛寂圓明之稱。般若體用清淨，如如圓滿，細分有三。一、實相般若。無相之相，名爲實相，即經云不生不滅是也。二、觀照般若。離相之照，名爲觀照，經云行深照見是也。實相即所照真理，觀照即能照妙慧。實相是體，觀照是用。三、文字般若。即言説章句，能詮般若者是。波羅蜜多，此云到彼岸，對苦海言之也。多字作梵音語助詞。有智慧者，照破煩惱，不溺情波，生死超然，妙契本有，即憑此般若之真體妙用，以超登彼岸也。心是般若心，乃諸佛之性體。以般若到彼岸，不外自識此心。經者，徑也，是修行之徑路也。題兼華梵兩言，顯標宗旨。

論 此經總爲世人耽著現前幻境，造種種業，迷真喪本，萬劫墮落，輾轉受苦，總無出期。佛在覺中，哀憫慘切，冀人因言悟道，以脱離苦海，特説此觀照妙法，揭醒心無罣礙大自在之真境。六百卷《般若》義蘊，都該括於二百六十字之内。大意秉六如之觀智，掃五蘊之空華，表生佛之一如，達真如之實相。括《金剛經》之奥旨，而歸簡易者，此經是也。

觀自在菩薩，行深般若波羅蜜多時，照見五蘊皆空，度一切苦厄。

註 觀，即下照見。自在，即下心無罣礙。自其聞聲赴感而言，稱觀世音。自其不見一法之體而言，曰觀自在。菩薩，華言覺有情，謂能以此自在觀智自覺，并覺一切有情衆生也。行，功行也，亦修行也。深，窮微極妙也。般若，兼實相、觀照説。波羅蜜多，即是到彼岸。謂觀照般若，契合實相，乃全體究竟之義。時，謂功行圓滿之時。照者，般若之靈光，體也。見者，無相之慧眼，用也，即上文所云觀也。蘊，藏也。以其伏藏陰覆，纏縛人心，故名蘊。五蘊，即下文色、受、想、行、識也。色謂幻色，受謂領納，想謂妄想，行謂遷流造作，識謂明了分別。識即心主，受、想、行是心所發也。凡人一身，不出色、心二法，色蘊惟一，心蘊有受、想、行、識四種。衆生受生死苦，俱從五蘊不得解脱來。菩薩行深般若，證知五蘊各無自性，徹底是個真空也。度，度脱也。逼迫爲苦，被困爲厄。菩薩照五蘊空寂，離生死海，復憫衆生顛倒妄想，受諸苦惱，故説此般若法門，令其修習，離苦得樂也。

論　此序能行般若之大菩薩，自度度人，以爲修行之標準也。四句爲全經之綱。佛説此經，專以度衆生苦厄爲心。五蘊爲萬苦根株，衆生未能空此，故縈纏苦厄，如蠶作繭，於百沸湯中，頭出頭没，絲無斷日。菩薩既斷蘊絲，故得空色兩融，智悲俱運。不但能自出苦海，又能救度衆生，同出苦海。究其神通，祇此慧覺虚含，洞徹源底，照見五蘊皆空而已。六字是全經要旨，最重。不照見，則妄念起滅，生死無休，是名煩惱海，無一得自在也。能照見，則一真常湛，萬法圓融，是名真空界，無一不自在也。菩薩自心清淨圓融，略無罣礙，故能自度度人。此經誠療衆苦之靈丹，渡迷津之寶筏也。

講　阿難説，我教有觀自在菩薩者，功行最深，具大智慧，造到彼岸之時，照見自己之五蘊，與衆生之五蘊，皆屬空虚。於己則修無上菩提，於人則多方接引，俾一切苦惱之厄，盡歸解脱。

舍利子，色不異空，空不異色。色即是空，空即是色。受想行識，亦復如是。

註　舍利子，即舍利弗尊者，聲聞乘中智慧第一，在如來十大弟子之列，佛故呼而告之。色即四大幻色，空乃般若真空。色不異空，是破凡夫有見，執色爲實色也。空不異色，是破二乘耽枯，墮空爲偏空也。知幻色非色，真空不空，故曰不異。舍空別無色，而色即空。舍色別無空，而空即色，故曰即是。色空雖對舉，本意惟歸於空。五藴先言色者，以色是堅固妄想，凝結成象，最易執著。若於此勘破，其餘四藴，胥冰消矣。亦復如是，例上色藴，亦作如是觀也。

論 此明空理，即觀照般若也。衆生由迷真空，而受幻色。菩薩修般若觀慧，照了幻色即是真空。幻色如泡影露電，當其出現，何嘗無像。一刹那頃，變滅歸空，色不異空也。真空如圓明大鏡，當其虛懸，何嘗有物。一有照見，隨成形色，空不異色也。變色爲空，色即是空也。隨空見色，空即是色也。不異、即是，總言色與空無二見處。

講 弟子舍利子，正是欲脱離苦厄者，菩薩呼其名而告之曰，舍利子，爾知世間有形者爲色，無形者爲空，不知色乃夢幻泡影，不異夫空也。空乃一真顯露，不異夫色也。色不即是空乎，空不即是色乎。夫因色而有受，因受而有想，因想而有行，行之不得則識於心而不忘，五者相因而見者也。今色既是空，則受、想、行、識亦復如是矣。

舍利子，是諸法空相，不生不滅，不垢不淨，不增不減。

註 是字，直指之詞。諸法，涵下根塵處界諦緣度等。空相，乃真空妙相，即般若實相，即真如自性也。以其如如不動，非有非非有，故曰空相。六不字，就此本空釋出真體。緣至爲生，緣散爲滅。五濁惡境爲垢，無爲偏空爲淨。真理漸圓爲增，惑障漸消爲減。惟此真空之體，原自無生，何復有滅。自來不垢，淨亦强名。在聖不增，處凡不減。

論　此顯空體，即實相般若也。上文已明五蘊皆空之理，隱然顯出一箇真空相。恐人第認作觀照工夫，而未知真空實相，所以就諸法中，指點出空相來，言法證於空，離妄即真。真性歷劫不毀，故不生不滅。真性本來不染，故不垢不淨。真性不著一物，故不增不減。不生，故無生死相。不滅，故無涅槃相。不垢，故無煩惱相。不淨，故無菩薩相。不增，故無結業相。不減，故無解脱相。

講　舍利子，是真性常清常淨，毫無法相可名，不誠爲諸法中之空相乎。言乎其妙，則常存不敝，不生不滅也，湛然清虚，不垢不淨也，自然恰好，不增不減也。

是故空中無色，無受、想、行、識，無眼、耳、鼻、舌、身、意，無色、聲、香、味、觸、法，無眼界，乃至無意識界。無無明，亦無無明盡，乃至無老死，亦無老死盡。無苦、集、滅、道，無智亦無得。

註　是故，承上文而言。空中者，是前不生不滅等真空之中也。十三無字，根上六不字來。是故空中一頓，以下一氣貫到無智無得句。色、受、想、行、識爲五藴，眼、耳、鼻、舌、身、意爲六根，色、聲、香、味、觸、法爲六塵，以其汙人之心，故曰塵。根塵和合，爲十二處，言各有處所也，亦云十二入。從見爲眼識，從聞爲耳識，從臭爲鼻識，從嘗爲舌識，從染爲身識，從分别爲意識。合六根、六塵、六識，爲十八界，界謂限域也。舉首末二界，超略中間，故用乃至二字，省文耳。無明至老死，爲十二因緣。性智本明，由妄念瞥起，俄成晦昧，故名無明。因無明鼓動，而妄念遷流，故無明緣行。因行而造業，識了别境界，爲來生種子，故行緣識。此三支，乃前世所作之因也。幻形方謝，神識即馳，投托母胎，具受、想、行、識等名，及形質之色，故識緣名色。既有名色，胎中遂具六根，有入塵之用，故名色緣六入。既有六入，出胎便與六塵相接，故六入緣觸。既有覺觸，便有苦樂在，心下領略，故觸緣受。以上四支，乃現在所受之果也。心既領受，便貪種種淫欲事，故受緣愛。既有貪愛，便馳求不息，於境生取著心，故愛緣取。由愛而取，著意馳求，便造種種之業，故取緣有。此三支，乃現在所作之因也。由諸有結爲三界生因，來世復於四生六道中受生。既有生，則必有生有死，由此輪囘，無了期矣。此二支，乃來世當受之果也。此十二因緣，該三世因果，亦舉首末而略中間，故亦云乃至。始無明，終老死，次第而生，即一大苦蘊生，是爲流轉門。無明盡，至老死盡，以次而滅，即一大苦蘊滅，是爲還滅門。此是緣覺人所觀之境。苦、集、滅、道爲四諦。苦即生死苦果，集是惑業苦因，二者世間法也。滅即涅槃樂果，道即道品樂因，二者出世間法也。此是聲聞小乘人所觀之境。智乃圓照之妙心，即是般若。得乃所證寂滅之理，即是彼岸。真空之中，無五蘊，自無十二處，亦無十八界，是斷凡情，由是空十二因緣，無緣覺法也。觀四諦清淨，無聲聞法也。智、得俱空，并無菩薩法也。是斷聖解。合之總爲斷惑，總是釋五蘊皆空。自初地至大乘，皆當了此蘊空法，以復真體也。

論 此明空體之離諸相，正見般若之深也。上文只是顯真空自相，而未明真空無相。若不一一深明，則實相非相，不得現前。所以歷言之，直到無智無得，然後深般若無遺蘊，而彼岸始得究竟也。蘊處界種種名色，皆依妄念而有。真性中本無有念，誰辨根塵。所以菩薩既識真空面目，便知空中諸法相，一切俱離。蘊界處入，流轉苦、集，此就世間諸法推廣言之，以見真空中之無所有也。還滅滅道，智得俱無，此就出世間諸法推深言之，以見真空中之無所有也。智照若不到這裏，如何得凡聖俱忘，心識路絶。但是空中境界，却不易到。果然到這裏，則色不異空，直至無智無得，只作一句看，如千潭一月印，一時現前。若一句是一個地位，則真空實相圓頓之理，如何融會。

講　是故真空之中，既無色、受、想、行、識，則六根俱淨，無眼、耳、鼻、舌、身、意也，六塵不擾，無色、聲、香、味、觸法也。六根之累，以眼界爲先，今眼界既空，則萬緣悉泯，而意識胥忘，將見由定而靜，由靜而慧，無無明，亦無無明盡也。由久而固，由固而貞，無老死，亦無老死盡也。煩惱之苦果，作業之苦因，涅槃之樂果，修持之樂因，一時俱盡，則真空未嘗無智慧之可名，即到彼岸亦屬虛假，而又何所得哉。

以無所得故，菩提薩埵依般若波羅蜜多故，心無罣礙。無罣礙故，無有恐怖，遠離顛倒夢想，究竟涅槃。三世諸佛，依般若波羅蜜多故，得阿耨多羅三藐三菩提。

註　以者，由也。故者，因也。無所得，雖近疊無得二字，亦即遠束前七空字，六不字，十三無字來，以生下佛菩薩皆用之爲因也。了得人空曰菩提，了得法空曰薩埵，即菩薩也。菩提薩埵，能依之人也。般若波羅蜜多，所依之法也。至此揭出心字，所謂結歸自心也。有所繫縛曰罣，有所阻滯曰礙。恐怖，畏懼也。顛倒，失真也。夢乃想之果，想乃夢之因。涅槃，此云圓寂，德無不備稱圓，障無不盡稱寂。一得永得曰究竟。心無罣礙，行成也。無恐怖夢想，斷障也。究竟涅槃，得果也。三世，謂過去、現在、未來諸佛也。阿，無也。耨多羅，上也。三，正也。藐，等也。菩提，覺也。謂無上正等正覺，佛果之極稱也。諸佛不言斷苦因者，以初證涅槃時，諸苦久已斷也。

論　此舉佛菩薩之行，以明般若之能度苦厄也。上文從空中無色起，直推到智得俱無，正見真空中一無所得。所以提出一句，作上文空觀結底，作下文證果根原。蘊界處入緣諦智得，種種都是罣礙人心的法相。惟般若照見真空，到無所得處，則寂靜一真，毫無罣礙，何等自在。既無罣礙，則業性都忘，安有一法與我爲緣爲對。無罣礙三字，是真空現前光景。到得真空現前，便是圓頓法門，更不用別樣修爲節次。所以又疊一句，便直接個無有恐怖。他色蘊已空，不見有心外之色，恐怖箇甚麼。受、想、行、識心蘊已空，不見有心内之心，有甚夢想顛倒。直下便到涅槃究竟地位，只是依此般若耳。不特菩薩爲然，即三世諸佛，亦只依此般若波羅蜜多，並無別法。兩依字，要人識得把柄，全在這裏，正是把金針度人處。

講　空中無蘊界，以至無智得者，良以本無所得故也。了此無得，即深般若。所以菩提薩埵以般若波羅蜜多爲修行之法，守其六根，絶其六塵，故心無牽罣滯礙，自無生死之恐怖，遠離夫夢想之顛倒，至於不生不死而後已。不但菩薩爲然也，即三世諸佛，欲得無上菩提，亦無有不依般若波羅蜜多者。

故知般若波羅蜜多，是大神呪，是大明呪，是無上呪，是無等等呪，能除一切苦，真實不虛。

註　故字，承上佛菩薩所依之證果來。呪，密語也。除障不虛爲神，智鑒無昧爲明，更無加過爲無上，獨絶無倫爲無等。惟神能破煩惱，惟明能破癡愚，惟無上令因行滿，惟無等令果德圓。重言等者，謂無等而又能等物，法法全該，平等不二，正應三藐二字。所言呪者，非別有呪，即此般若便是。然既曰般若，而又名呪者，極言神速之效也。苦，謂生苦、老苦、病苦、死苦、愛別離苦、怨憎會苦、求不得苦、五取蘊苦也。真實不虛，緊根度苦説。是大神呪四句，根色不異空，至無智無得，就意義深廣處説，以觀人之修持。能除一切苦二句，根涅槃菩提二段，就用功切近處説，以勸人之信受。

論　此極贊般若功用之廣大也。承上文言諸佛菩薩，皆依此般若而證極果，故知般若波羅蜜多，不是語言文字可求，不是思量分別可及。單以經言，未足以形其神妙光明，未足以顯其高上等倫。佛法中機用之最秘密，最靈應者，莫如呪。般若波羅蜜多，其即呪而已矣。呪乃佛法密語，有轉變罔測之力，人莫知其機，物莫知其故，故以之讚般若也。此承上文顯説般若，而結讚爲密，以下承本文顯中具密，而正説密呪，以通結之也。

講　是知般若波羅蜜多，是變化不測之密語，是神光普照之密語，是至極無加之密語，是獨絶無倫之密語。所云能除一切苦，斯言誠真實不虚矣。

故説般若波羅蜜多呪，即説呪曰：揭諦揭諦，波羅揭諦，波羅僧揭諦，菩提薩婆訶。

註　揭諦，揭出妙諦以度人也。重言之，自度度他也。波羅，此云彼岸，欲到彼岸，必賴此妙諦也。僧，衆也，謂令衆生共登彼岸也。言菩提者，到何等彼岸，謂大菩提處也。言薩婆訶者，此云速疾，以此般若而得菩提，乃迅速而無阻滯也。

論　此揭般若密義，示人奉持，速證菩提而登彼岸也。承上文言，惟般若有如是功用，則般若即呪矣。然不説呪，不能顯般若離言絶相之妙，故既説經以示其修，又説呪以顯其妙。呪是諸佛秘語，非因位所解，但當誦持，除障增福，不可强釋，深求其致，只是密説此般若無所得心耳。人能以心持，勿以口持。專一持，勿雜念持。持到無所得地位，默契此蘊空般若無所得心，令人生大智慧，無得而得。秘密之道，莫加於此。

講　更有密呪，汝可時時誦之，可以生智慧，可以到彼岸矣。總之，密呪雖修行之徑路，而持行不外乎此心。人能空其五蘊，則以觀照而得實相，豈有不得無上菩提哉。

總解　此經賢首以爲釋迦牟尼佛說。尋珠云，此經觀自在菩薩所說也。施護本云，世尊在靈鷲山中，入甚深光明，宣說正法三魔提竟，舍利子白觀自在菩薩言，若有人欲修學甚深般若法門者，當云何修學，而觀自在菩薩遂說此經。此經乃世尊所說大部《般若》之精要，故知菩薩之說，即世尊之語也。是經凡分七段。觀自在至一切苦厄，是指能行般若之菩薩，以爲標準也。舍利子色不異空至亦復如是，是明空理，即觀照般若也。是諸法空相至不增不減，是明空體，即實相般若也。是故空中至無智無得，是明空體之離諸相，正見般若之深也。以無所得至三菩提，是舉佛菩薩之行，以明般若之功能也。故知般若以下，是極贊般若功用妙密也。末乃說密呪以結之。大意以般若爲真性，涅槃爲理境，觀照爲功夫，自在爲證得。若廣爲演說，何但八部六百卷。今將精要，約爲二百六十八字，大旨不外照見五蘊皆空六字，而其妙諦又只是心無罣礙一句。退藏於密，愈簡愈該，非佛流出妙明心，廣長舌，後來聲聞弟子能有此結集耶。要之，真空不幻，妙法無名，是在持經者，以信心生實相而已。

般若波羅蜜多心經終

校勘記

〔一〕底本據《卍續藏》。

〔二〕底本無責任者，據跋文補。

跋

余少習舉業，歷名場，既而奔走四方，利鎖名韁，無能解脫。辛亥歲出宰粵東，正值海內多事，莽戎蜂聚，萑盜鴟張，日事誅鋤，傷心慘目。歎塵緣之未淨，恨苦海之甚深，煩惱糾纏，悲痛曷既。因思度困濟厄，佛教宏深，拔生死於火坑，扇清涼於煩暑，莫如《金剛》一經。取而讀之，始猶枘鑿，繼彙數十家註　解，反復研究，便覺塵氛盡滌，心境曠如。第昔賢所註　，頭緒紛繁，未能一覽即了。爰不揣鄙陋，將經文前後，提其綱領，序其節次，條理貫串，脈絡分明，取各註　精華，闡大乘宗旨，名曰《解義》，是取須菩提言解佛所說義也。蓋已五易稿矣。嗟余鬢染霜華，途愁日暮，浮沈宦海，未能遽離。仗佛祖之慈悲，冀苦纏之度脫，心持半偈，萬念皆空。非敢謂能種善根，庶幾罪業消除，免墮惡道云爾。

咸豐七年歲次丁巳嘉平月，淨如居士徐槐廷謹識。

（陳永革整理）

○三四七

般若波羅蜜多心經註解（二）

世尊在靈鷲山中，入甚深光明，宣説正法三摩提。舍利子白觀自在菩薩言：若有人欲修甚深般若法門，當云何修學？觀自在遂説此經，即佛説《大般若》精要。傳至中華，今從玄奘所譯。般若者，智慧也。波羅密多者，華言到彼岸。衆生由迷慧性，居生死，曰此岸。菩薩因修般若，悟慧性，到涅槃，曰彼岸。心者，般若心也。此般若心，人人本具。説此經者，欲令衆生斷除妄心，顯發本性故也。經者，法也，常也，經路也。此經以單法爲名，實相爲體，觀照爲宗，度苦爲用，大乘爲教相。此五者，經中所説之旨也。單法者，即般若波羅密多也。實相者，即諸法空相也。觀照者，即照見五藴皆空妄也。度苦者，即度一切業報苦厄也。大乘者，即菩薩所行甚深般若也。

觀自在菩薩，行深般若波羅密多時。

觀自在，能修般若之菩薩也。般若波羅密多者，菩薩所修之法也。菩薩因修般若，觀慧照了，自心清淨，圓融無礙，故稱自在，此自行也。復念世間受苦衆生，令其修習此法，改惡遷善，離苦得樂，無不自在，此化他也。

照見五藴皆空，度一切苦厄。

照者，觀也。五藴者，色、受、想、行、識也。藴者，積聚也，謂日積月累，妄想衆惡，藏於性内爲藴。空者，真空也。色者，色身也，即人身也。受者，領納也。想者，思想也。行者，造作也，謂造作諸惡也。識者，分别也，謂分别一切境界好醜也。識即心王，受、想、行是心所。度者，度脱也。一切苦厄者，世間業報衆苦厄也。菩薩由觀照五藴空寂，離生死苦，復憫在迷衆生，顛倒妄想，悖理亂常，不忠不孝，十惡五逆，致受衆苦，説此法門，令其修習，皆得解脱也。

舍利子。

佛之弟子，智慧第一。因其爲衆請問，故呼其名而告之。

色不異空，空不異色。色即是空，空即是色。受、想、行、識，亦復如是。

色即四大幻色身也。空乃般若真空性也。衆生由迷真空性體，而受幻色妄身。譬如水之成冰，堅固無用。菩薩由修般若觀慧，照了幻色即是真空法體，猶如融冰爲水也。然色之與空，其體無二，故曰「色不異空，空不異色」，如冰不異水，水不異冰。復恐鈍根衆生不明了，猶存色空之見不忘，故曰「色即是空，空即是色」，如冰即是水，水即是冰。若受，若想，若行，若識，莫不皆然。此一經之要，般若之心也。

舍利子，是諸法空相，不生不滅，不垢不淨，不增不減。

諸法者，指前五藴也。空相者，即真空實相也。菩薩復告舍利子云，既了諸法，當體即是真空實相。實相之體，本無生滅。既無生滅，豈有垢淨？既無垢淨，豈有增減乎？

是故空中無色，無受、想、行、識。

此真空實相之中，既不可以生滅、垢淨、增減求之，故總結云：無色，無受、想、行、識。無即空也。

無眼、耳、鼻、舌、身、意，無色、聲、香、味、觸、法。

真空實相之中，既無五藴，亦無六根六塵，此空十二入也。

無眼界，乃至無意識界。

既無十二入，亦無十八界。十八界者，六根、六塵、六識也。有六根對六塵，成六識也。五藴、十二入、十八界，不出色、心二法。爲迷心重者，説爲五藴。爲迷色重者，説爲十二入。爲色、心俱迷者，説爲十八界。以上三科，修學之人，隨人根器，但修一科，即能悟人。

無無明，亦無無明盡，乃至無老死，亦無老死盡。

此空十二因緣也。無明者，癡暗也。謂於本性，無所明了。非瞢然無知，乃違理强覺之謂也。無無明等者，菩薩以般若智，觀此無明，其性本空，無生滅相，故云「無無明，亦無無明盡」也。「無老死，亦無老死盡」者，義與前同。生相者，無明緣行，乃至生緣老死是也。滅相者，無明滅則行滅，乃至生滅則老死滅是也。此十二因緣，亦名十二有支。生從無明生，則一切生。滅從無明滅，則一切滅。若無無明種子，根莖何來？因此十二因緣，妄想生滅，纏縛自性，受苦無有休息。頭名無明，亦名煩惱，亦名種子。二名行，謂造作諸業。此二支，前世所作惡業種子也。三名識，謂起妄念，初托母胎也。四名名色，從托胎後，漸生諸形相也。五名六入，於胎中成六根，而通竅也。六名觸，謂出胎後，六根對六塵而生喜好也。七名受，謂領納世間好惡等事也。此五支，現在所受之果也。八名愛，謂貪染世間五欲等事也。九名取，謂於諸境好醜，生取著心也。十名有，謂作惡業，造有漏之因，能招來世之果。此三支，現世所作之惡因也。十一名生，謂受來生五蘊之身也。十二名老死，謂來世之身，既老而死。此二支，來世當受之果也。蓋此十二因緣，該通三世因果，何見人生禍福，已定此善惡因緣。不肯脩行，妄求富貴安樂何益？不造無業無縛，即得清淨法身。若造惡業，展轉因依，如輪旋轉，無有休息。一切衆生，迷而不知，良可悲也。故菩薩説此《心經》，勸誘於人。依而行之，可出苦輪。此本緣覺之人所觀之境，大乘菩薩徹照此境，皆無實性，故云無也。

無苦、集、滅、道。

無苦、集、滅、道者，觀四諦清淨也。苦即生死苦果，集是惑業苦因，此二者世間之法也。滅即涅槃樂果，道即道品樂因，此二者出世之法也。説此四諦者，令衆生知苦斷集，慕滅脩道，離苦得樂也。此本聲聞之人所觀之境，大乘菩薩照了此境，當體空寂，故云無也。

無智亦無得。

智，般若之智也。菩薩以智照境，既無五蘊及四諦諸法，即人法皆空，智境俱泯，如病去藥忘，故云「無智亦無得」也。

以無所得故。

此結前起後之言。

菩提薩埵，依般若波羅蜜多故，心無罣礙。無罣礙故，無有恐怖，遠離顛倒夢想，究竟涅槃。

菩提薩埵者，能依之人也。般若波羅蜜多者，所依之法也。菩薩之人，依此法門修學，功成理顯，故得心無業縛。因無業縛，故無生死恐怖。既無生死恐怖，則無顛倒煩惱。此三障既空，三德乃顯，故云究竟涅槃。涅槃者，華言大滅度。大即法身，滅即解脱，度即般若。此三德非別有，即三障是。迷即三障，悟即三德。所謂生死即法身，煩惱即般若，結業即解脱。然雖障即是德，自非般若之功德不能顯，譬如磨鏡，垢盡明現，斯之謂也。

三世諸佛，依般若波羅蜜多故，得阿耨多羅三藐三菩提。

三世，過去、未來、現在也。阿耨多羅三藐三菩提者，華言無上正等正覺，此言非惟菩薩如此修證，一切諸佛，莫不皆修般若，得成正覺。

故知般若波羅蜜多，是大神呪，是大明呪，是無上呪，是無等等呪。

前是顯説般若，後是密説般若。然既顯説，而又密説者何？良以衆生根器不同，所入有異。曰神呪者，葢言般若功用，能破魔障，名大神呪。能滅癡暗，名大明呪。能顯至理，名無上呪。極妙覺果，無與等者，名無等等呪。能除一切苦，真實不虛。

此結般若功用廣大，除苦得樂，決定無疑，令諸衆生信受奉行也。

故説般若波羅密多呪，即説呪曰：

揭諦揭諦　波羅揭諦　波羅僧揭諦　菩提薩婆訶

校勘記

〔一〕底本據《卍續藏》。

（陳永革整理）

〇三四八

般若心經易解[一]

聖人立世間法，以維持風化。吾佛説出世法，以化導群迷。世出世間，同歸于善，但世間法不外日用倫常，出世法乃能轉凡成聖，是尤善中之善也。《心經》爲般若之精華，而出世之捷徑，依此而脩，乃能離苦得樂，非妙法乎。茲因《金剛經易解》註成，爰類列此經而並註之，庶幾稗益兼資，以成出世因緣。普願見聞，同登覺路。

時光緒己丑春杪貫三謝承謨書於混勞處。

校勘記

〔一〕底本據《卍續藏》。

般若波羅密多心經

唐三藏法師玄奘譯

毗陵謝承謨貫三氏註釋

真州劉紹南圓覺氏

刊上蔣春同蘭言氏校訂

刊上錢松齡覺之氏

此經以單法爲名，寔相爲體，觀照爲宗，度苦爲用，大乘爲教相，五者皆經中所説之旨。單法者，即般若波羅蜜也。寔相者，即諸法空相也。觀照者，照見五藴皆空也。度苦者，度一切苦厄也。大乘者，即菩薩所行甚深般若也。經題稱般若，華言智慧。波羅蜜多，華言到彼岸。衆生由迷慧性，居生死，曰此岸。菩薩由修般若，悟慧性，到涅槃，曰彼岸。心者，般若心也。此般若心，人人本具。

爲説此經，令見本性。經者，常也，法也。

按施護譯本，世尊在靈鷲山中，入甚深光明，宣説正法三摩提，舍利子白觀自在菩薩言，若有人欲修學甚深般若法門者，當云何修學。觀自在菩薩遂説此經，即世尊所説《大般若經》六百卷之精要也。傳至中華，凡五譯，今從玄奘所譯者，以中國盛行故也。

觀自在菩薩，行深般若波羅密多時，

行，音恨。般若，音鉢惹。

○觀自在即觀世音也。由其用般若智慧，照了自心清淨，圓融無礙，故稱自在。言菩薩於己道行甚深，乘般若智慧，而到涅槃彼岸之時。

照見五蘊皆空，度一切苦厄。

照者，觀照也。五蘊者，色、受、想、行、識也。蘊者，積聚。色者，色身。受者，領納。想者，思想。行者，作造。識者，分别。由有色身而有受、想、行、識。度者，度脱。

一切苦厄，世間之衆苦也。言菩薩用觀照之力，而見向之五蘊，皆空非有，由是而度脱世間一切衆苦焉。以上皆集經人語。

舍利子，

即舍利弗，佛之弟子，智慧第一。因其爲衆請問，故菩薩呼其名而告之。自此至終，觀自在語也。

色不異空，空不異色。色即是空，空即是色。

色乃世間一切色相，皆屬幻妄。空乃真空，永無壞滅。言世間幻色，固是虚妄，然亦不必起心厭離。真空固應修習，亦不必起心取著。若生分别，兩俱成病。當知幻色不異真空，真空不異幻色，不當分别取捨。又幻色即是真空，真空即是幻色。要當如此體會，方是正道。

受、想、行、識，亦復如是。

復，去聲。

○夫色之與空，既不生分别，則受、想、

行、識，亦莫不皆然。自色不異空至此，乃修行之首要。

舍利子，是諸法空相，不生不滅，不垢不淨，不增不減。

相，去聲。

○是諸法者，指前五蘊而言也。空相者，真空寔相也。菩薩復呼舍利子云：若能了知五蘊諸法，即是真空寔相，則寔相之體，本無生滅。既無生滅，豈有垢淨。既無垢淨，豈有增減哉。

是故空中無色，無受、想、行、識。

夫真空寔相之中，既無生滅、垢淨、增減，則亦無五蘊，可知矣。

無眼、耳、鼻、舌、身、意，無色、聲、香、味、觸、法，

眼、耳、鼻、舌、身、意，謂之六根。色、聲、香、味、觸、法，謂之六塵。如色由眼見，故眼爲根而色爲塵也。六根六塵，合之爲十二入。言真空之中，既無五蘊，則根塵亦應無也。無根塵，是爲空十二入。

無眼界，乃至無意識界。

此爲六識，謂眼、耳、鼻、舌、身、意，各有識也。界者，如眼見處，至不見處爲界。乃至者，舉始末而略其中也。此六識，合上十二入，爲十八界。已上根、塵、識三科，隨修一科，皆能悟入。

無無明，亦無無明盡，乃至無老死，亦無老死盡。

此謂十二因緣也，亦名十二有支。一曰無明，亦名煩惱。二曰行，謂造作諸業。此二支，乃過去世所作之因也。三曰識，謂起妄念，初托母胎也。四曰名色，從托胎後，生諸根行也。五曰六入，於胎中而成六根也。六曰觸，出胎後六根對六塵也。七曰受，謂領納世間好惡等事。此五支，乃現世所受之果也。八曰愛，謂貪染五欲等事也。九曰取，

謂於諸境，生取著心也。十曰有，謂作有漏之因，能招未來之果。此三支，乃現世所作之因也。十一曰生，謂受未來五蘊之身也。十二曰老死，謂未來之身，既老而又死。此二支，乃來世當受之果也。此十二因緣，該三世因果，展轉因依，如輪旋轉，無有休息。衆生迷而不悟，良可悲也。盖無明者，痴暗也。謂於本性無所明了，非昏然無知，乃背理强覺之謂也。無無明者，謂以般若智，觀此無明，其性本空，無生滅相，故曰無無明。亦無無明盡也，乃至無老死，亦無老死盡。義與前同，亦擧始末而該其中也。

無苦、集、滅、道，

此爲四諦。苦即生死苦果，集是惑業苦因，此二者世間之法也。滅即涅槃樂果，道即道品樂因，此二者出世間法也。説此四諦，欲令衆生知苦斷集，慕滅修道，離苦得樂也。菩薩照了此境，當體空寂，故亦云無也。

無智亦無得。

自五蘊以至四諦，悉皆了知無真寔相。良由般若智慧，觀照之功，方能臻此。然若自見爲有此智慧，而能空諸境界，於道爲有得，倘存此見，即能礙道，故云無智亦無得。工夫至此，則人法皆空，境智俱泯，如病去葯忘矣。

以無所得故，

此結前起後之辭也。

菩提薩埵依般若波羅密多故，心無罣礙。

菩提薩埵者，梵語，略云菩薩。般若波羅密多，解現經題，言菩薩依此般若波羅密多之法而修之，則心體圓明，自無妄想。妄想不起，則其心有何罣礙哉。

無罣礙故，無有恐怖，遠離顛倒夢想，究竟涅槃。

菩薩之人，其心既無罣礙，自無驚恐怖畏。既無恐怖，則一切顛倒夢想，亦自不生。

此爲三障皆空，然迷即三障，悟即三德，所謂煩惱即菩提也。故終至於涅槃之地，而無生死可名焉。倘非般若觀照之功，烏能及此。是則譬如磨鏡，垢盡而明現矣。

三世諸佛，依般若波羅密多故，得阿耨多羅三藐三菩提。

三世者，過去、現在、未來也。言如上之法，不惟菩薩依之修證，即三世諸佛，亦莫不因此而成正覺也。阿耨多羅三藐三菩提，華言無上正等正覺也。

故知般若波羅密多，是大神呪，是大明呪，是無上呪，是無等等呪，

是故當知般若正法，即是四種呪。蓋般若功用，能破魔障，即名大神呪。能滅痴暗，名大明呪。能顯至理，名無上呪。極妙覺果，無與等者，名無等等呪。呪者，密語，持之即隨意獲益。言此般若功德，顯密俱該，誠爲殊勝正法門也。

能除一切苦，真寔不虚。

言般若功用廣大，遵而行之，必能除苦得樂，決定無疑，令人生信也。

故説般若波羅密多呪，即説呪曰：揭諦揭諦，波羅揭諦，波羅僧揭諦，菩提薩婆訶。

以上乃顯説般若，此爲密説。蓋呪是佛之密語，非下凡所知，惟佛與佛，乃能知之，故不譒譯。《法華疏》云：呪是鬼神王之名，稱其王名，則部落敬主，故能降伏一切鬼魅。又呪者，如軍中密號，唱號相應，無所訶問。又呪者，願也，如蜾蠃之祝螟蛉，願其類我，佛菩薩説呪，願諸衆生，皆如己之得成正覺。能誦此呪，則所願無不成就也。

往生淨土神呪

曩謨阿彌多婆夜　哆他伽哆夜　哆地夜他　阿彌利都　婆毗　阿彌唎哆　悉躭婆

毗　阿彌唎哆　毗迦蘭帝　阿彌唎哆　毗迦蘭哆　伽彌膩　伽伽那　枳多迦隷娑婆訶

若誦經薦亡者，兼誦此呪，即得往生，靈驗異常，附録於此，以備行持。

（陳永革整理）

○三四九

般若波羅蜜多心經註解[一]

大顛祖師註解

波羅者，到彼岸也。經云：渡河須用筏，到岸不須船。若一人發真歸源，窮理盡性，親見本來面目，頓悟無生，便登彼岸，一得永得，一悟永悟，更不復生。輪迴永息，生死永斷。作一箇物外閑人，任性逍遥，寂然快樂。

密之一字，喻於太虚，能包萬法。太虚之中，森羅萬象，情與無情，總在太虚之内。萬法是心之異名，分爲八萬四千，廣則無窮無盡。心生種種法生，心滅種種法滅。這一箇字，人人盡有，不能自見，説亦不信，唤作一字法門。衆生不信是心是佛，佛有多動方便，指衆生見自本性。青青翠竹盡是真如，須是親見真如；鬱鬱黄華無非般若，須是親見般若。夾山道：道無乎不在。又道：見色便見心。衆生只見色不見心。若能窮究，步步行行，念茲在茲，縲著合著，忽然親見，名曰見性。此性不可以智知，不可以識識，須是左顧右盼，回頭轉惱[二]，處處逢渠，渠今正是我，我今不是渠，若能如是會，方得契如如。此性無形無相，於不見之上親見，於親見之上不見，離種種相，見自本性，是名玅道。

經是衆生脩行之徑路。此經人人本有，亘古亘今，只爲衆生不悟，所以信之不及。若信於此，舉心動念，有一真人，常在赤肉團上，出出入入，這裡親見此菩薩，優游自在，行脩行也。欲行千里，一步爲初，看這一步，從何而超[三]。若知超處，便知生死之根源，深者徹骨處也。五藴頓徹，絲毫不掛，如父母未生相似。般若云智慧，大智之人，知有生，便知有死，當自坐觀生從何來、死從何往。若有人發此一念，便能親近知識，決擇生死之法。

五藴者，色、受、想、行、識。今人依此脩

行，常自反照，照見五蘊淨盡，淨躶躶，赤洒洒，到這田地，自然休歇。若不得五蘊空，依舊墮落生死界。四大五蘊身如客店，主人暫住；主人既離，屋舍到[四]壞，利子常存。

色與空一種，上至諸佛，下至螻蟻，各各本來總是空。眼是色不能見，只是真空能見。耳是色不能聞，只是真空能聞。分爲四萬八千見聞覺知，總歸六根，色空不異，真空玅理。

因有眼故，便受其色。因有色故，便受其想。因有想故，便受其行。因有行故，便受其識。因有識故，便有六根名相，隨聲逐色，流浪生死，終無止住。若要生死斷，但從一根照破，當下空寂，直下承當空劫以前自己。寂而常照，照而常寂。寂無所寂，唯見於空。空無所空，八萬四千塵勞妄想，一時頓息。人亦空，法亦空。言語道斷，心行處滅，動念即乖，安排即錯。若能徹底無依，直下承當，亦無人，亦無佛。

四大五蘊從它虛生虛没，於自己法身總無交涉。和光塵不染，三界獨爲尊。此長劫虛空不壞之身，會麽？竹影掃堦塵不動，月輪穿海水無痕。

衆生法身清淨，無瑕無染無污，壞不得，燒不得。如蓮華不著水，心清淨虛空之體，在聖而不增，在凡而不減，如如不動，無欠無餘。棒打虛空，空不痛。刀碎虛空，空不斷。繩縛虛空，空不住。火燒虛空，空不著。虛空之體，安色空不受色，安聲空不受聲。六道四生一切假名，都無所受。

有此六根隨順衆生，衆生具足法身。法身有名無形，在眼曰見，在耳曰聞，在鼻曰嗅，在舌談論，在手執持，在足運奔，全體起用，全體法身。非是六根引導衆生，須是親見法身。若得親見，轉凡成聖。

此六塵皆從一根上起，但去一根，反照從何而起？若識起處，身非我有，我身既無，十八界頓然清淨。此十八界因執有眼界，連累十八界起諸惡業。但去眼界反照，虛假六根皆歸敗壞，總無真實。爲虛空之體，湛然常寂，亦無脩證。那伽常在定，無有不定時。無散無亂，孤明獨照，猶如秋月，普天匝地，光明洞耀，逈脱根塵，體露真常，不拘文字。心性無染，本自員〔五〕明，但離妄緣，即如如佛。

一切衆生展轉流浪，皆因無明，歷劫受苦。忽然自覺，掃除心地，不見有身。身盡無明盡，萬劫塵沙之罪，一時頓息。有身即有無明，惡業昏暗，背覺合塵。若能於此一一轉得，凡夫即是聖人，聖人即是凡夫。居塵不染塵，在欲而無欲，形影不存，纖毫不立。古云：無卓錐之地，喚作無心道人。莫道無心云是佛，無心猶隔一重關。會麽？一片白雲横谷口，幾多歸鳥盡迷巢。

既得無明盡，便無老死。衆生顛倒，隨物流轉，因執人我，妄心不滅，迢迢塵劫，人我不除，執著聲色，墮落生死，對境目前，亦有生滅。若是見性之人，目前無法，亦無衆生心。脱體全忘，不存踪跡；通身手眼，不立纖塵。十二因緣，六度萬行，一時頓脱。無苦無樂，無集無滅，無道無德。到這裡，脩證即不無，染污即不得，一超直入如來地。會麽？密竹不妨流水過，山高豈礙白雲飛。

離種種見，脱體無依，自性清淨，實無一法。歸根得旨，念念空寂，太虚之體，聲色不存，如世界，如虚空，是了事清淨道人。了得人空，名曰菩提。了得法空，名曰薩埵。人法俱空，名曰玅覺。

依此解説，得大智慧。隨機利物，引導羣迷，同到彼岸。三界唯心，萬法唯識，體用雙行，混融歸一。外清淨，内清淨，外空内空，當體即空。天地未有，先有此空。無名天地之始，有名萬物之母。太始太初，視之不見，聽之不聞，迎之不見。其首隨之，不見其後，如千燈照室，其光遍滿，一切幻化，總無障礙。東去無窮，西去無極，縱横自在，拘係不能得，千聖不奈何。若要遠離，先斷貪欲。衆生輪迴，顛倒不息，如夢幻泡影，流轉世間，終無了期。若有人打得透，永免顛倒夢幻。竟者，盡也，窮盡之法，廓徹無也，萬緣頓息。離四句，絶百非，知見無見，斯則涅槃。如何是涅槃？咫尺之間不睹師，迢迢空劫盡在如今，放光動地，人法俱妄，不見有過去、未來、現在。三世自空，非識滅空，識性自空。

不生謂涅，不死謂槃。

波羅蜜多，正法眼藏，十方諸佛依此修行，員成正覺，自悟自性，不容記授。若有傳授，盡是外道邪見。六代祖師自脩自證，亦無一法與人。

阿言無，耨多羅言上，三藐三菩提正真也。依此四箇字脩證，直超聖果圓頓之位，不立名字。若自學解，就人馳求，終不成就。此呪亦是衆生具足心。得此法門，有大神通，反真歸源，魔宫震動，心光發現，普照十方。一切萬法無能越者，是大明無上呪。揭諦者，人空。又揭諦者，法空。到空無所空，生死永斷，同到彼岸，永不受生，故曰波羅揭諦。五欲塵勞染污不得，及本還源，歸根得旨，故曰波羅僧揭諦。菩提是初，薩婆訶是末。發菩提心，勇猛修行，迢出三界，了無所了，得無所得，蕩然清淨極樂之所，故曰薩婆訶。看讀至此，廓然頓悟。三界，欲界、色界、無色界也。

般若波羅蜜多心經注解終

校勘記

〔一〕底本據《卍續藏》。

〔二〕「惱」，底本原校疑爲「腦」。

〔三〕「超」，底本原校疑爲「起」。下一「超」字同。

〔四〕「到」，底本原校疑通「倒」。

〔五〕「員」，底本原校云通「圓」。

（黄桂蘭整理）

○三五○

般若心經註解（一）

摩訶般若波羅蜜多心經

松溪道人無垢子註

這點靈光道上來　只因逐妄墮塵埃
君今要見還鄉路　悟得心經道眼開

摩訶

西天梵語也。東土翻爲大。且大者，廣無邊際之謂也。廣大無邊者，莫過虛空大道也。川老云：虛空境界莫思量，大道清幽理更長。又云：十方無壁落，八面亦無門，大道無邊際，虛空難度量。道云：迎之不見其首，隨之不見其後。儒云：仰之彌高，鑽之彌堅，瞻之在前，忽錯（三）在後。諸賢聖皆如此稱揚廣大也。日月雖明，難比其光。乾坤雖大，難包其體。能生萬有而不見其形，徧周沙界而不覩其跡。雖是如此廣大玄妙，誰知更有一物過於此者。且道是何物？還識這箇○麼？寬則包藏法界，窄則不立纖毫。顯則八荒九夷無所不至，隱則纖芥微塵無所不入。今者不避罪愆，分明漏泄，乃人之本源也。僊師有云：爲甚此心開大道？只因元向道中來。世人不能返本者，蓋因錯認色身爲己，被六根所瞞，七情遮蔽，自失本真，以致流浪生死也。要見本真麼？尋不見，覔不見，十二時中遶身轉。省得麼？

法身體若太虛空　性道元來總一同
只因逐妄迷真性　所以輪迴六道中

般若

西天梵語也。東土翻爲智慧。且智慧者，正知正解審察之謂也。脩行之人須用智慧之力，降伏身心，不令放肆，以習靜定。道云：能以智慧之力，攝伏諸魔精。《蓮經》云：慧日破諸闇，能伏災風火。儒云：智能破邪，慧能破暗。且無智愚人，作事麤惡，不肯三思。惟務廣學多聞，念在誇談講論。不究自家生死，好覔他人是非。不親真實道人，愛近虛頭禪客。空談聖人經典，心地全不用功。圖名貪利，我慢貢高。只説眼下時光，不想腦後之事。如此之人，乃聰明外道也。古德有云：外道聰明無智慧。

僊師云：口説心不行，非是精細漢。儒云：先治身心，後治家國。且有智慧之人，作事安詳，不肯造次。識因果，顧罪福。親近知識，參問至人。窮性命之根元，究生死之大事。制伏身心，收斂神氣。念念在道，息息歸真。一日功成行滿，囫地一聲透出三界，此虛空混爲一體。若到此地，造化不能移易，陰陽不能陶鑄，四時不能遷，五行不能役，鬼神不能拘，劫火不能壞，作箇逍遥自在、物外閑人。要見物外閑人麽？六座門頭常出入，雖然相近不相親。開著眼，休得蹉過。省得麽？

智慧聰明路兩差　聰明枝葉慧根芽

若改愚痴生智慧　多年枯木自開華

波羅

西天梵語也。東土翻爲彼岸。此岸者，生死之際也。彼岸者，出生死之岸也。迷者，此岸。悟者，彼岸。世人若迷本性，即愚痴顛倒，認四大、六根爲己，爭名競利，謀千年之活計，積萬劫之寃愆。背覺合塵，迷真逐妄。忙忙而不知休息，念念而心境不除。忽朝大限到來，臨行手無所措。這裡脱下濕布衫，那裡穿上虱虱襖。去去來來，改頭换面，似蟻循環，何日是了？生死苦海，幾時得渡？如是之者，只在此岸。若有人猛然自悟，從前所爲所作，盡是虛假。棄假循真，窮根究本，常近至人，常親知識。求過岸之舟，覔方便之篙，渡過愛河苦海，而登彼岸。得脱生死洪波，更不拖泥帶水。作箇脚乾手燥、清淨自在閑人也。

且道如何得達彼岸？咦，他人難用力，自渡自家身。會麽？

智慧爲船精進篙　靈臺用力出波濤
翻身直上菩提岸　撒手歸來明月高

蜜多

西天梵語也。東土翻爲無極。又蜜者，和也。多者，衆聚也。且無極者，至高至大，難極之謂也。釋云無極，道云太極，儒曰皇極，皆謂○此也。今分明説開蜜之一字，亦比於大道虚空。多者，謂萬彙也。譬道能包含萬類，有情無情，盡在大道之中。人之真性一同，亦能包藏萬法。萬法盡在一性之中、太虚之内。有八萬四千異類種性，説不可盡，皆在人之一性之内。一性譬如蜜種性，喻於多情行人。以一性均和，種性合而爲一，故曰蜜多。道云：識得一萬事畢。釋云：萬法歸一。儒云：吾道一以貫之。且道如何是一？還識這個○麽？咄，五行不到處，父母未生前。雖然説破，不行難到。直須去盡塵垢方見。省麽？

一性爲蜜衆爲多　先將覺性普均和
坐成一片真如性　一性圓明赴大羅

心

心者，人之本源也。一切萬法盡在一心之内，有八萬四千等，動則無窮無盡，定則不變不移。釋云：心生種種法生，心滅種種法滅。道云：心死則性月朗明，心生則慾塵遮蔽。儒云：制之一心則止，謀於多事則亂。是以古聖教學人收攝其心歸於一處，唤作萬法歸一。又名一字法門。因人不信，是心是佛，是心作佛，所以多種方便指示世人，見自本性。豈不見古云，三點如星象，横鈎似月斜。披毛，從此得作佛也。由他是也。上天入地，皆在自心所爲，非他處所得。經云：在於閑處，收攝其心。

又云：制之一處，事無不辦。不能歸一者，因識心者少，亂性者多，故失真道矣。

爲何不識其心？因其多惑其性，皆緣失神昏昧，逐境迷心，六根内盲著物亂性，不生智慧愚暗之故也。若肯脩心，窮性命，究生死，親近明師，參求法藥，療治心病，念茲在茲，步步行行，坐臥不忘，語默動靜，不離這箇○。忽然眉毛竪起，眼睛露出，便見本來面目。且道本來面目如何形狀？川老有云：火不能燒，水不能溺，風不能飄，刀不能劈。軟似兜羅，硬如鐵壁。天上人間，古今不識。咄，知道麽？終朝常對面，不識是何人。

這輪心鏡本無塵　因塵難照本來真
塵盡鏡明無一物　自然現出法王身

經

經者，徑也，是世人脩行之路徑也。學人得此不疑擬，休要悮了工程。驀直便行，須有到家時節。只怕路頭不真，差行錯認。且道向甚處去是？予今明説向寸草不生處，纖塵不立處，無泥水、無坑坎、淨躶躶、赤洒洒、平穩穩處去。猛然逢著一顆○，圓陀陀，光爍爍，亘古不壞，如意光明寶珠。親手拈來，得大利用，不受困苦。釋云摩尼寶珠，道云黍米玄珠，儒云九曲明珠。要見此珠麽？一心象外覔，休向世間求。

這卷真經本在心　自家藏寶不須尋
猛然檢著無生品　迸出明珠耀古今

觀自在菩薩，

自在菩薩人人皆有，只因六根諸境遮障，不能觀看。情欲萬緣所牽，不得自在。若有智慧之人，信得及，放得下，但於幽靜閑處，打併身心，坐令極靜，靜中更靜，無纖毫異念，一心清淨，守至靜極，猛然一動，有一真人，在自己靈宫，往往來來，縱横無礙。這裡方見自己菩薩，優滿[三]自在，一刹那間，徧周沙界，隨處現法身，到處不留跡，光明普照，觀之不見。諸人若要見此菩薩，觀之不用其目，聽之不用其耳。去耳目之用，纔識自在菩薩。道云：視不見我，聽不得聞，離種種邊，名爲妙道。《金剛經》云：若以色見我，以音聲求我，是人行邪道，不能見如來。儒云：視不用目，聽不用耳。離耳目之用，自然得性。

如是之者，方知一切處，此真仙菩薩未嘗不在，同坐同行，同歡同笑，寸步不曾相離，只是自家昧了。要見此菩薩麼？咦，雖然出入無踪跡，爍爍光明見也麼？

菩薩從來不離身　自家昧了不相親

若能靜坐回光照　便見生前舊主人

行

行者，脩行也。路徑崎嶇，不脩難行。且脩是脩心向道，行是行善歸真。如人修路相似，去凝路荊棘，除當道頑石。高者斷之，低者填之。打掃潔淨，便坦然平穩。人之心地亦要如此下功，去一切損人利己之心，如去礙路荊棘相似，礙[四]登途穩步。除一切襍念障道因緣，如除當道頑石，一同得進身平正。損大過補不及，令得均平，屏垢心，絶染污，打併清淨。此乃脩行初入門之要也。非在口説，亦非足行，全憑心地下功。仙真云：心地下功，全拋世事。

釋云：心地法門，非在舌辨。儒云：説不如行，行不如到此也。又要看這一步，從何而起。若知起處，便知生死根源。昔日劉海月參白雲師父，拜而問曰：弟子念慮降伏不住，如何？師問云：是誰念慮？答：弟子。師云：是誰降伏？海月似省不省，沉吟微笑。師云：來去都由你，鬧好没主宰。若是敵他不過，即便放下，更要知他放下的是誰。若識得，自有主宰，便不被他瞞過。海月遂省，禮謝而已。又石霜和尚問石頭和尚：舉念不停時，如何？石頭咄云：是誰舉念？石霜於此大悟。但只如此體究，念念不離於當處。舉意思慮，語言知覺，細細審觀，從何而出？古云：欲知佛去處，只這語言是。道云：要知本性根由，不離言語動靜。寶公云：未了之人聽一言，秪這如今誰動口？然雖如是説開，向上更有妙處，不脩不行不能自到。若果到家鄉，則罷問程矣。且道家鄉遠近？迷則千山萬水隔，悟則回頭便是家。理會得麽？

起初行處認教真　若還失脚喪其身
踏得故鄉田地穩　做箇逍遥自在人

深

深者，幽微玄妙，徹骨徹髓處也。若要到此田地，須是打併輕快方可。道云：損之又損之，以至於無爲。釋云：放下又放下，自然身心輕快。儒云：苟日新，日日新，又日新。要如此者，須去静坐，日夜打掃，直至掃無可掃，寸絲不掛，如父母未生前燒了一般。古云：貼體汗衫都脱却，反求諸己廓然無。自然到家。且道不得還家者，何也？呀，日晚程途遠，身困擔兒沉。省也麽？

大道家鄉本不深　世人擔重自難尋
若能放下渾無物　便見靈山佛祖心

般若

般若者，西天梵語也。東土翻爲智慧。大凡爲人，須要自生智慧。若無智慧，真是愚人。空過一生，甘伏死門。有一等無智之人，以聰明謂之智慧。大錯矣。且聰明之人，賣弄精細，役使心神。出言如飛龍俊鶻，行持如跛鱉病龜。貪利圖名，以麤作細。看世財如骨如髓，棄性命若糞若土。只知明日後日，今年後年，不知老之將至，死限臨頭。可惜空過時光，虚勞一世。似此所爲生死輪迴，如何脱得？有智之人，外如愚魯，内默安詳。識有生有死，悟無得而無失。常自諦觀，生從何來，死從何往。發此一念，親近知識，參問至人，求出世之法，逃生死之路。避過惡如避錐刀，顧性命如顧寶貝。動則安人利物，亦不被境瞞。静則入定觀空，更不滯莽蕩。如是之者，一日果完，擺手還家，得大自在。

先師云：一日得還鄉，不作飄蓬客。釋云：撒手到家人不識，更無一物獻尊堂。川老云：孤舟到岸，遠客還鄉。且道如何是鄉？咄，遠後十萬八千，近後不離當處。會得麽？

智慧聰明總是心　智人脩内蠢傍尋

若人有智超三界　無智愚夫生死臨

波羅

波羅者，西天梵語也。東土翻爲到彼岸。且迷者有生死，墮輪迴，只在此岸也。悟者超生死，脱輪迴，到彼岸也。若要到彼岸，須是自生智慧，過此生死苦海。如人過水，水深難過，須用船橋，或用木牌竹筏。多種方便，盛載過此苦海而到彼岸。既達彼岸，前者船、橋、木牌等物，盡皆無用。見性悟道者，亦復如是。大顛云：如盲人求醫，遠路不能自行，須假人牽兼手中有杖方可，無此二物，不能得到。既到醫家，醫師與他點眼，大見光明，其杖與牽人都無用處。頓悟涅槃正道，亦復如是。且道甚是牽人、柱杖？予今説破。信者便行不得，外行難成，内功須用，廣作福田，福至心靈，自然有箇道徑，只此便是牽人也。然後可以坐禪脩道，辨取内功，求見性之法，了生死大事，一日功圓，得見本來面目，便是柱杖也。更要參訪明眼師，真大德高僧，求其印證。印證師真便是醫人也。一日頓悟，從前多種方便，盡皆無用，惟柱杖不可棄。道云：得魚忘筌，得兎忘蹄。釋云：過河須用筏，到岸不須船。儒云：得意忘言，得米忘田。且道，都教忘却，因甚只不教棄了柱杖？未到水窮山盡處，且存作伴過時光。理會也未？

這根柱杖本無相　元與虚空無兩樣

若人提起透三天　遍界邪魔不敢望

蜜多

蜜多者，西天梵語也。東土翻爲無極。且無極者，無極而太極者，○乃虚空妙道也。

古云：無極而太極，太極分二儀，二儀分三才，三才生四象，四象生五行。因有五行，漸漸滋生萬類，萬類盡在妙道之中包含也。是以蜜之一字，喻於虛空妙道。多者，比於諸品衆類，有情無情皆屬道之含攝。且如蜂採百華，醞造成蜜。未成之時，有鹹、酸、甘、苦、辛之衆味，青、黄、赤、白之衆色，其味不等，其色不一。一日功成蜜就，種種之味釀成一味，般般之色混同一色，馨香美味一無差别，到此則蜂得養生，人得受用。脩行之人，亦復如是。且如脩行之人，調伏身心，朝磨暮煉。功行未成之際，有慳貪心、利名心、嫉妬心、計較心、勝負心、貢高心、我慢心、殺害心、狼毒心、三毒心、怕怖心、邪心、妄心、無明黑暗心，種種不善之心。又有暴惡性、麤躁性、風吹性、隨邪性、愚濁性、見趣性、乖劣性、虚詐性、好鬪性、撅强性、顛狂性、浮華性、諂曲性，自無始劫來一切習性，八萬四千有餘，説不可盡。一日功圓，頑心自盡，煆成一味清淨最上無礙真心，種種自和，煉就一片萬劫不壞圓明法性，到此並無差别之心，亦無異類之性，衆惡自消，衆惡自滅，一真獨露，得大自在。古德云：衆星朗朗，不如孤月獨明。道云：百川流不盡，一海納無窮。仙師云：千思萬慮終成妄，獨守一真道自親。且道如何得見一真？咄，開眼被他瞞，諸人拿不著。省也未？

若干種種恐難同　休教差别走西東
收來安放丹爐内　煉得金烏一樣紅

時，

時者，正見之時也。言見亦無可見，言時未可定時。仙師云：一陽纔動之時，自有無窮消息。古德云：清風颯颯透心懷，此時快樂人難識。玄之又玄，無東西南北，無四維上下，無過去、未來、見在。虚空平等，與大道混然，無有二處，共歸一時。川老云：

時時清風明月鎮相隨，桃紅李白薔薇紫，問著東君總不知。且道東君在何處安身？○見麽？打不離，割不死。在桃紅李白，在薔薇黄紫。呵呵，模得著也未？

若問端的是何時　清風明月自家知
東君昨夜傳消息　綻出紅梅第一枝

照見五藴皆空，

五藴者，色、受、想、行、識也。此五等因積習而不散，妄認色身是我，故長刼輪迴。若人猛省，借此幻身，須教脩行，常自返照，照見五藴淨盡，清淨本然。且道如何是色、受、想、行、識？怎生得此五藴皆空？予今直説分明。若有解悟之者，休生疑惑，信受奉行，必有契道之日。且色者，窒礙之義。若見境逢物，不著不染，是無窒礙，色藴自空也。受者，領納之義。若遇一切聲色境界，心不領納，得受藴空也。想者，妄想思慮之義。若過去不思，未來無想，現在自如，得想藴空也。行者，心念不停，遷流之義。若十二時中，心不外遊，念不煩亂，不被物轉，不被境留，一念不離當處，得行想空也。識者，别無親疎之義，亦乃著物之理。若見一切境物，一無分别辨認，一槩平等，見如不見，識如不識，無親無疎，來則應之，去則不思，得識藴空也。既得到此田地，自然照見五藴皆空，六窓明淨，淨躶躶，赤洒洒，没可把。又有甚四大五藴？名字亦不可得。道云惟見於空，釋云虚空獨露。昔歌利王遊獵，遇一仙人，問語不答，先刼左膊，次卸右膊，節節支解。仙人面無懼怒之色，與恒常一同，並不改顏。罽賓國王問獅子尊者曰：在此做什麽？尊者答曰：在此藴空。王問：得藴空否？尊者答曰：已得藴空法。王曰：求師頭得否？尊者答曰：身非我有，何况頭乎？又肇法師云：四大元無我，五藴悉皆空，將頭臨白刃，猶如斬春風。又舍利弗見天女問云：

何不變却女身去？天女荅曰：我十二年覔女身了不可得，教我變個什麼？從上祖師皆得蘊空法。又鏡清和尚住院三年，本院土地要見師顔，不能得。又太古郝真人在趙州橋下辦道，忽一夜，聞衆鬼於河畔共語云：明日有一戴鐵帽人替我。言訖，杳無音耗。至次日將暮，大雨忽作，見一人頭頂一鐵鍋遮雨，至橋下，欲洗脚過橋。太古一見，喝云：不可洗。其人聽真人之言，扶欄上橋而去。至夜，衆鬼皆至。一鬼言：我三年等得一箇替頭，被這先生將我底來破了。衆鬼欲害真人，來往尋覔不得，不知真人在於何處。嗟嘆而去。其時，真人只在橋下，鬼不能見。又弘覺和尚住菴，天厨送食。及再參洞山和尚，後皈菴。天神三日送食，到菴不見菴主。菴主只在菴中，爲何不見？皆得圓頓之法，隱身之訣，所以神鬼俱不得見。且道，四大不實，色身非有，五蘊盡空，甚是本來面目？咄，這一句從那裏出來？照見五蘊空底是阿誰？瞎漢當面蹉過。咦，一心只在絲綸上，不見蘆華對蓼紅。

○見麼？

識破回頭便下功　了然脱洒悟心空
從他四大都零落　其中別有一神通

度一切苦厄。

若得五蘊空，便出生死界，得免輪迴苦。太上云：吾有大患，爲吾有身。及吾無身，吾有何患？釋云：身是衆苦之本。儒云：有身有患，無執無憂。經云：三界無安，猶如火宅，衆苦充滿，甚可怖畏。若是有智之人，反照自己，悟得自身皆虚幻，非爲真實，何況他物？一日無常，盡皆抛撒，百無一用，念念如此，心境自除，襍念自少。更須參訪知識，親近智人，求出身之路，了生死大事。忽朝爆地一聲，脱下漆桶底，便見本來面目。要見本來面目麼？○古今無改變，人自認不真。

若得心空苦便無　有何生死有何拘
一朝脱下胎用襖　作箇逍遥大丈夫

舍利子，

舍者，屋舍也，比四大、五藴色身。利子者，舍中之本來一點真靈，即主張形骸者是也。如客店主人暫住，主若離，舍屋即倒塌。利子常在，只是换了房舍居住。道云：身是氣之宅，心是神之舍。久而神氣散，又是移屋住。釋云：無始劫來賃屋住，至今誰識主人公？藥山又云：皮膚脱落盡，惟有一真實。要見真實底麽？還識這箇〇也未？來來往往幾千遭，只是世人模不著。

莫道房兒又不多　包藏天地及山河
其中有箇真仙子　不染纖塵鎮大羅

色不異空，

道性無二，色空一等，只在目前，應物現形，人皆不識。長者長空，短者短空，方者方空，圓者圓空，白者白空，赤者赤空，小者小空，大者大空，遠者遠空，近者近空。道云：人人本有，箇箇不無。釋云：蠢物含靈，皆有佛性。儒云：一切含靈，各具一太極。古德又云：塵塵是道，塵塵是佛。仙真云：何物不稟道生？何處不是道化？隨處現形，隨所自在。道不遠人，人自遠之。反觀自身是色，色中須有真空。覺性應現種種相，即是真空覺性所現。永嘉云：幻化空身即法身，法身覺了無一物，本源自性天真佛。僊真云：有形假相内包無相真形。寶公云：有相身中無相身。咄，理會得麽？桃紅柳緑紅柳緑〔五〕梅華白，總是東君造化成。

虚空造化自然工　大地山河體混融
隨處現形人不識　自家昧了主人公

空不異色。

色空無一種，世人自分别。道云：大方無隅，混然一體。釋云：總三千界，成一世界。儒云：登東山而小魯，登泰山而小天下。

撒去藩籬，何彼何此？

古云：賢聖常行平等智，不生分别相。三教賢聖亦是空，四生六道亦是空，上至仙佛，下至混蟲草木，各各元本總是空。且大朴未散，陰陽未判，二儀未分，三才未立，有甚作我？元來皆一箇道理。因大朴散，天地合，三才成立，萬有滋生，直至如今，不能返本，爲何？只因衆生執著，不知元來是空，迷己逐物，心生倒見，隨物流轉，不能歸一，機見不同，著色著空，隨色空二見。若人於此廓然悟空，平等身心，内外無餘，不見空色，不被物使，不被境瞞，一槩平等，有何一也？便得歸一，只這一也是多了。重陽祖師云：抱元守一是功夫，地久天長一也無。古德云：萬法歸一，一何歸一？歸之處要君知。且道一歸何處？咦，狗舔熱油鐺。理會麽？

人牛不見杳無踪　盡道空來不是空

一片白雲歸去也　惟留明月照玄穹

色即是空，

空在色中，世人難見。眼是色，不能見物，只是真空妙性能見。耳是色，不能聽聲，只是真空妙性能聽。鼻是色，不能知香臭，只是真空玅性能知。舌是色，不能言語，只是真空妙性能言。身是色，不能覺觸，只是真空妙性能覺觸。脚是色，不能行走，只是真空妙性能行走。手是色，不能拈掇，只是真空妙性能拈掇。且去真空妙性，無眼能見，無耳能聞，無鼻能嗅，無舌能言，無脚能行，無手能拈。意根有名無形，分爲八萬四千，見聞知覺，總歸六根，偏身互用，神通玅用。古云：通身是，偏身是。道云：不須他處遠搜尋，十二時中遶偏身。色空不異，妙理全彰。色可色，非真色。空可空，非真空。總歸大空。且道此理如何？川老有云：有相有求皆是妄，無形無影墮偏枯。堂堂密密何曾間，一道寒光爍太虛。道經云：知空不空，知色不色，名爲照了。予今不免饒舌説破。若見一切有相境物，休教染著。若到情忘念絶之處，休教迷真。著相則著有，迷真則落空。若不著空不著有，方是了事底人。省麽？休得瞌睡，惺惺著。

萬竅都因一竅通　一竅能納太虚空
若還拿住玄中竅　擺手皆歸大道中

空即是色。

色在空外，人被境瞞。僊真云：道無萬彙則不能顯，萬彙無道則不能生。釋云：見色便見空，無色空不見。是以三教聖賢，不見有色有空，色空雙泯，内外無分别，如如常自然，光明洞耀，周徧沙界。世人則不然也，分内分外，論彼論此，著相分别，見種種相，隨聲逐色，迷真不覺，出殼入殼，展轉不知，改頭换面，無有了期。非干他事，是自尋得底，何不及早回頭自救？且道怎生救得？咄，放下從前惡水瓶，楝著痛處便金鍼。

一槩均平有甚差　本來元是一人家
只因著在枝稍上　迷了從前太道芽

受、想、行、識，

因眼見，故受色。因受色，心有思想。因思想，念行。因念行，有識解，有六根。因六根，生六塵。一識便有四大、五蘊。有此五蘊色身，便明著相分别，隨聲逐色，憎愛憂恐，從兹而起，以致流浪生死而無停息。若要生死斷，輪迴止，但從起處一根照破，令四大、五蘊淨盡，廓然無我，當下空寂，直下承當，空劫已前自已。○寂而常照，照而常寂。太上云：寂無所寂，慾豈長生，慾既不生，即是真靜。又云：唯見於空，觀空亦空，空無所空。所空既無，無無亦無。無無既無，湛然常寂。釋云：人亦空，法亦空，二相本來同。且道，人法俱空，必竟何處住？○諸境萬緣留不住，混然隱在太虚空。

眼界牽連衆界忙　不見可欲萬緣忘

忘無可忘全身出　便見靈山大法王

亦復如是。

既無我，則萬法皆無。復歸於空，便得返本還元也。佛家喚作萬法歸一，道家喚作復命歸根，儒家喚作復遂元初。天理到這裡，言語道斷，心行處滅。若動念即乖張，安排即不是。所以川老云：退後退後，看看頑石動也。理會得麼？咄，休得胡走，動著三十棒。

一念纔興相便成　述真逐妄昧歸程
若能放下空無物　穩向如來藏裡行

舍利子，

當面不識，火不能燒，水不能溺，箭不能傷，刀不能劈，風不能飄，日不能炙，雨不能洒，描畫不出，毒藥不能害，惡蟲不能螫，只因行走路頭差，所以失却波羅蜜。見舍利子麼？亘古到今，不曾改變，只是來往，賃屋居住。或時朱樓畫閣，或時草舍茅堂，或時金屏朱户，或時破廟窑龕。省得麼？川老云：雲起南山雨北山，馬名驢子幾多般。請看浩渺無情水，幾處隨方幾處圓。若要不來不去，須得諸漏已盡，以歸寂滅。如此者，未出三界外，天地不能拘，作箇物外閑人。會麼？向前不如退步，紐捏不如自然。

自家房内主人公　同居共住不知踪
若能退步回頭望　物物頭頭總得逢

是諸法空相，

諸法皆空，本非實際。仙真云：法本無法，形本非形。有形終是假，無相是真人。《金剛經》云：法尚應捨，何況非法？又云：一切有相，皆是虛妄。若見諸相非相，即見如來。從上諸師，一味談空者，只爲衆生直下是空，擔負不行，起種種假名，引導有情無情皆歸空寂，得返本原。若信未及，但去靜坐反照，照見五蘊實無所有，自然忘形忘體，得其人空。既得人空，如病安去藥，其法亦空，人法俱空，自然休去歇去。經云：我身本不有，憎愛何由生？既得忘形忘體，有甚念慮可牽？到這地面，自然放下。無仙佛可做，無生死可斷，無脩無證。若更有絲毫可脩可證，則墮生死界，永劫受沉淪。若能徹底脫洒，無所依倚，不落有無二邊，如虛空獨立，直下承當，空劫已前〇圓陀陀、光爍爍底有何不可？會麼？乾坤兩朶海中蓮，一切衆生虛出没。

人法皆空心自休　也無歡喜也無愁
風平浪靜雲歸去　月照寒江一色秋

不生不滅，

有成有壞是事相，不生不滅是理性。此直言直說，衆生具足法身，真空妙性，亘古今，不曾生，不曾滅，不變不移，無來無去，無舊無新，巍巍如是。大[六]上云：寂兮寥兮，獨立而不改，周行而不殆。又云：寂然不動，感而遂通。四大、五蘊任他虛生虛没，於自己法身總無交涉。且道，既無交涉，如何步步不離？古德云：和光塵不染，三界獨爲尊。

川老又云：得優游處且優游，雲自高飛水自流。只見黑風飜大浪，未聞沉却釣魚舟。如是者，且道有交涉也？無交涉。若得五蘊皆空，有甚離與不離？理會得麼？水流常不住，青山鎮日閑。

任他四大往來奔　雲來雲去鎮常存
竹影掃堦塵不起　月穿潭底水無痕

不垢不淨，

亦說衆生本來清淨法身，無名無相，無痕無瑕，無染無活，不長不短，不方不圓，壞不得，燒不得。如虛空，似蓮華不著水也。不垢穢，亦不淨潔。常劫如然，如水中月。要見麼？隨處放光，幾人能得見？

清淨無瑕一法身　如蓮出水不沾塵
分身應現千江水　千月還同一月真

不增不減。

謂混沌虛空之體，迢迢空劫之身，如何增得，如何減得也。害不得也，益不得。道云：

在聖而不餘，在凡而不欠。釋云：如如自然，無欠無餘。又云：經歷劫而不壞，至亘古而不遷。古德云：體似虛空没崖崖。上乘菩薩信無疑，中下聞之必生恠。且道因何如是？呵呵，自家繩子短，倒怨井水深。正是自家味了。咄，靈山會上曾相識，今日因何不認人？

法身與色身　不必論疎親
皆賴東君力　華柳一般春

是故空中

妙法真空，不生不滅，無垢無淨。增不得，減不得，清淨本然，古今不改，萬劫常存。刀割不斷，箭射不穿，繩繫不住，火燒不燃，雨洒不濕，推擁不偏，擊之不痛，捉之難拈。因何如是？物不礙虛空，虛空不礙物也。仙真云：真空不掛物，大道不沾塵。川老云：虛空不閡絲毫念，所以彰名大覺仙。《文始真經》云：天地雖大，不能芽空中之核。陰陽雖妙，不能卵無雄之雌。且道天地因何不能生發陰陽？其生不能造化？空中之物不能生芽者，不沾地土不著境界也。無雄之卵不能造化者，内空無物也。省得麼？内外徹底空，鬼神拿不著。

真空元不立纖塵　纔有微塵便不真
泥水布衫都脱下　分明便見裡頭人

無色，無受、想、行、識，

既是空中，有甚五藴積習？虛空之體，安色不受色，安聲不受聲，安受不受受，安想不受想，安行不受行，安識不受識。六道四生，一切假名假相，都無納受清虛妙道，纖塵不立，必竟無形，行如鳥道，坐若太虛。且道如何謂之鳥道太虛？咦，鳥道雖行而不見跡，真空雖露而不見相。會麼？

五藴俱無便見空　何須他覔主人公
既得水清魚自見　頭頭不昧有神通

無眼、耳、鼻、舌、身、意，

且道無眼、耳、鼻、舌、身、意是箇甚麼？

休呆看蹉過了。予今明説，有此六根是色身，無此六識名法相。如此之者，只是數脩行人。眼雖看，不要著在色上。耳雖聽，不要著在聲上。鼻雖嗅，不要著在香臭上。舌雖甞，不要著在滋味上。雖有身體，休要著在相上。須要忘形忘體，意雖應事，不要著在境物上。要應應常靜。道云：眼不觀色，耳不聽聲，舌不躭味，鼻不嗅香，身不妄動，意不狂亂。儒云：非禮勿視，非禮勿聽，非禮勿言，非禮勿動。便是無眼、耳、鼻、舌、身、意也。亦是六根清淨，便是六塵不染，又是六識皆空。總而言之，十八界靜也。又名六耗消亡六賊死，一真不動六門關。總而言之，十八獄空也，斷也。若此則天堂近也，便見本來法身。要見本來法身麽？在眼曰見，在耳曰聞，在鼻曰臭，在舌談論，在手拈掇，在足運奔。全體起用，全體法身。非是六根、四大、五蘊見聞知覺，切忌休認四大、六根爲己。《金剛經》云：凡所有相，皆是虛妄。道云：悟者忘念歸真，迷者著相失本。盡是假名，引導衆生，不可知得便了，須是親見法身。若得親見，轉凡成聖。若聽人言説，或文字上知解，如畫餅充饑，似説酒止渴，終不濟事。虛實云：華藥欄，莫顢頇，星在秤弓不在盤。重陽祖師云：休教錯認定盤星。且道此句如何説？謂盤只可等物，知輕別重者，皆在星上。祖師又恐人錯認定盤星，討準定盤星是死物，不知輕重，是以休教錯認定盤星。一般都是星，有用得著底，有用不著底，此皆喻法，精細審察，休執著一邊。且道此理如何？真性與識性，真神與識神，一般同住止，一假一成真。牢著眼，鷺鷥藏雪内，飛起却纔知。

六箇門頭一箇關　五門不必更遮欄
從他世事紛紛亂　堂上家尊鎮日安

無色、聲、香、味、觸、法，

此乃六塵也。皆從一根上起，但去一根

上反照。從何而起？若識起處從根本生，起處是妄，休教生苗。仙真云：揚湯點沸，不如釜底抽薪。釋云：要伐其樹，先去其根，枝稍自墜。既識根本，棄假歸真，識得我身非有。我身尚無，萬法皆空，自然清靜。觀身無身，觀法亦然，都歸空寂，更去靜坐。觀過去所作多種色、聲、香、味、觸、法，在於何處？既無所有，還如昨夢。我心本空，福罪無主。何者是罪？何者是福？經云：諦觀心罪本來空，是則名爲真懺悔。且道懺箇甚麼？悔箇甚麼？懺則懺其前非，悔則再不重犯。咄，既得諸根斷，何處可生苗？只有虚空在。要見虚空麼？看不見，模不著，對面如常光爍爍。認得也未？

萬法皆空罪福無　更須靜坐嘴羅都
驀然拿住毗盧手　做箇男兒大丈夫

無眼界，乃至無意識界。

若眼界淨竟識安，十八界自然平安。此十八界因執有眼界，連累十八界不安。但去眼根，反究虚假。古德云：眼是障道魔軍，著境自迷回路。仙真云：眼觀心動，著物迷真。吾身非入，六根皆歸敗壞。靜審四大都無實義，惟有真空妙性、長劫不壞之體，湛然常在，亦無脩證。釋氏云：那伽長在定，無有不定之時。先師云：定中境界，靜裡乾坤，自然而然，做作又不是也。既得定力，有甚散亂？如同秋月，圓陀陀，光爍爍，普天匝地，無有不照著處。説箇照著，亦是自然，非安想故。拾得又云：吾心不比月，比月有圓缺。一盞無油燈，照得十方徹。山河大地不能隔礙，光明洞耀逈脱根塵。體露真常，太無染污。但離諸緣，便是仙佛。理會麼？○光明無少欠，只怕起雲遮。

遇境無心眼便明　反觀自己見前程
靈光射透長安道　獨向蓬萊路上行

無無明，

無無明者，萬緣不生也。無明是黑暗不停之念，一切衆生盡有無明。因有無明，起多種差別，百般煩惱，皆是暗昧之心。故令如是。道云：暗昧心不止，地獄畜生本。釋云：無明不見菩提路，不覺將身落火坑。儒云：寸心不昧，萬法皆明。又廣成子云：木去火則不灰，人去情則不死。大顛云：心處六情，如鳥投網，造罪惡業，如蛾赴燈。出殼入殼，轉轉不覺，流浪經劫，皆因無明而起。因有無明有行，因行有識，因識有名色，因名色有六入，因六入有觸，因觸有受，因受有愛，因愛有取，因取有有，因有有生，因生有老死，憂悲苦惱，皆因無明爲始。於此親見無明，降伏令死，死中更死，欺人不得，諸漏自盡，煩惱永斷，三毒自滅，惡根自除。須是直截根源，莫顧枝稍華葉。根若截斷，華葉自死。掃除心地，不見其身。身盡無明盡，塵垢亦盡。萬劫塵沙數罪，一時頓息。輪迴生死，一時脱免。且道似個什麼？嗄，蜣蜋離糞彈，脱殼化金蟬。會麼？

心間不昧性圓明　偏界空空一坦平

寸草不生塵土盡　一輪日向海中生

亦無無明盡。

既掃除心地，十八界必然清淨。身尚忘却，更有甚無明盡。迷則顛倒妄想，是無明業心。悟則轉凡成聖，是圓明覺性。都是一般心地，只曾明與不明。

太上云：同出而異名。永嘉云：無明實性即佛性，幻化空身即法身。若執幻身是我，即有無明。有無明即生三毒，起三惡業。三業昏暗，六根内盲，因此不見不知，背覺合塵，墮三惡道。如有智慧之人，能轉慳貪心爲喜捨心，轉瞋怒心爲歡喜心，轉愚痴執著心爲圓融脱洒心，更改六賊爲神通。於是一一轉得改得，自然轉凡成聖，凡夫即是聖人。若轉不得、改不得，聖人即是凡夫。如何凡人被物轉，聖人能轉物？百姓日用而不知，終日忙忙，被物所引。日久月深，離家漸遠，不得還鄉。迷真失本也。若是會萬物歸於自己，豈得迷失真本矣？川老云：終日忙忙，那事無妨，不求解脱，不樂天堂。但能一念歸無念，高步毗盧頂上行。又云：終日吃飯，不曾咬著一粒米。終日著衣，不曾掛著一縷絲。道云：居塵不染塵，在慾而無慾。身心一如，内外無餘，須是打成一片，與空劫齊，形影不存，體露堂堂，纔有纖塵偏界，空生便墮生死，但去反觀己身，我身不實，餘者皆空。我身尚假，有甚無明？且道如何迷失真道？咦，雪迷樵子路，雲遮採藥人。

前途路逕黑漫漫　無限江河萬嶺巑
若解轉身些子力　堂堂大道坦然寬

乃至無老死，

既得無，更有甚憂苦老死？脩行之人，須要忘形忘體。我身既無，有何無明？無明既無，生死亦斷。太上云：内觀其心，心無其心。外觀其形，形無其形。遠觀其物，物無其物。三者既悟，惟見於空。《金剛經》云：無我相，無人相，無衆生相，無壽者相。三者既無，四相皆空，有何無明老死？萬法自空，即是仙佛。只這仙佛兩字也，是多了，亦乃强名。且衆生顛倒，被目前幻境所惑，習性所牽，形影變動，不能作主，隨物流轉。因執有我，妄心不滅，人我不除，執著聲色，墮落生死。若是見性之人，目前無法，亦無衆生。心佛及衆生，本無差别，平等真法界，一體同觀，萬法歸一。且道怎地同觀爲？仙真云：雖則枝分稍異，到了萬葉歸根，然則派列流差，必竟百川還海。且太極未判，混然一氣，豈有二耶？天地既分，而有高下。一生二，二生三，三生萬物，皆一無所化天也。是道地也。是道人也。是道有情無情，皆受道氣所生。觀梢末則萬彙不等，知根本則一槩無殊。釋云：是法平等，無有高下。仙真云：平等不二，老是全真之丈夫。若識破這個道理，生則從他生，老則從他老，病則從他病，死則從他死，生老病死不曾礙著我。漚生漚滅，○波飜浪瀼，水本常然。大顛云：到家底人不見有生死，亦無生滅。天堂地獄，六道四生，一切幻化於徹底人，總無交涉，自然全身放下。古云：諸行無常。一切空即是如來大圓覺。且道死了向其處去？會得麼？一輪無影日，端在太虛中。

既太執分身　無明幻境盡
觀空亦是空　生死無由近

亦無老死盡。

既無老死，常劫如然，豈有窮盡？有盡者是幻境色身，無老死者是真空法相。既不著有，亦不滯空，活鱍鱍地，轉轆轆地，圓陀陀地，光爍爍地，豈有盡耶？且初行行人，先要打當乾淨，方有些兒相應處。太上云：

損之又損之，以至於無爲，無爲而無不爲。大顛云：學道之人如剥芭蕉一般，去一層又去一層，直至去盡無下手處，自然返本還源，得五蘊空，如未生相似，燒了一般。到空不空處，脱體全忘，不存踪跡。要通身手眼，不立纖塵。名字猶不可得，何況其他？十二因緣，六度萬行，頭陀苦行，一時頓脱，如枯木死灰，如百無一會底人。古云：不是息心除妄想，都緣無事可思量。若更説生説死，説因説果，説心説性。永嘉云：心是根，法是塵，兩種猶如鏡上痕，痕垢盡除光始現。心法雙忘方到無生死之地。且道，人法俱忘，復是何物？理會麼？灰飛烟滅家何處？水遠天長一色秋。

人法雙忘萬事休　百川四海會源流
猛然迸出寥天月　照徹乾坤四大川

無苦、集、滅、道，

既忘其形，即得生死，斷更無窮盡，有

甚苦、集、滅、滅〔七〕、道？先師云：因有身心招衆苦，能忘心體苦何生？釋云：身是衆苦之本，心是惡業之根。若能放下身心，便登菩提彼岸。大顛云：小乘之人，日夜精進，六度萬行，心外求法。免此四諦，出三界免輪迴，無有是處。諸佛爲大事因緣出現於世，不以小乘法濟度於衆生。大乘之者，學無爲法，端坐念實相，衆罪如霜露，慧日能消除。存於閑處，收攝其心，端坐不動，觀一切法，皆無所有，及觀四大有身，非覺體無相。乃明真，自知空寂，頓觀淨盡，無功之功，長劫不壞，無爲之爲而不爲，如如不動，湛然常寂。

《蓮經》云：諸法從本來，常自寂滅相。佛子行道已，來世得作佛。定慧力莊嚴，無迷無悟，無苦無樂，無集無滅，無道無得，無慧無失。本來無一物，明鏡亦非臺。到這裡，翛證即無，染污不得，一超直入如來地。要見如來麼？如來似來不來，似去不去。送之即不得，留之亦不住。會麼？竹密不妨流水過，山高豈礙白雲飛。

無苦集滅道幽哉　頓然淨盡見如來
愚人外覓三十二　共汝同行你不猜

無智亦無得。

自身尚假，豈有得乎？道云：實無所得，爲化衆生，名爲得道。釋云：亦無人，亦無佛，大千沙界海中漚，一切聖賢如電拂。又云：不是心，不是佛，不是物。大顛云：到這般田地，如賊入空室，無物得偷。道經有云：離種種邊，名爲妙道。釋又云：自性清淨，實無一法可當情。本來付有法，付了然無法，各各心自悟，悟了無無法。無得無失，無進無翛。胸次纔有絲毫有得有失，我能我會，我悟我達，我聰明我智慧，盡是增上慢，人我不除，皆墮生死。若是真實道人，總不如是，自有出身之路。且道如何是出身之路？

打教四邊淨，自好向前行。

本來這箇没纖塵　只怕時人錯認真

放下了然無一物　何方不是武陵春

以無所得故，

得無所得，一體空虚。脩行人到這裡，入大乘之位。衆生因甚輪轉，不能休息？因不曾見性尠於智慧，不能廣悟無量空義，執著自己胸次，學解悮却本心。大顛云：從外入者，不是家珍。仙真云：學他心内言，終是别人語。衆生被乾慧學解廣覽，積習在心，遂成我慢。古云：若有絲毫便是塵。塵若不消，只知傳説事。塵若消盡，諸境親見，諸事親知，如明眼人，登高山無所見。脩行人須是究竟到空刼齊，不落第二見，歸根得旨，方有相應。若是執著人我，便生輕易。善星比丘講得《維摩經》，增上慢，人我不除，生陷地獄。雲光法師講得天華亂墜，貪嗔不改，墮落堰牛。若要超佛越祖，須是念念空寂，世間幻化，一切客塵，惟太虚之體，聲色不存，纖塵不立，如虚空相似，便是了事清淨安樂道人。要見清淨安樂道人麽？不掛一縷絲，頭頭自相遇。

赤髆條條不掛絲　同行同坐阿誰知

只認張三并李四　不識你是甚家兒

菩提薩埵

菩提薩埵者，西天梵語也。東土翻爲人空法空。

大顛有云：了得人空，名曰菩提。了得法空，名曰薩埵。人法俱空，名曰尠覺。若四果小乘，著相脩行，精進苦行，及至脩無漏，斷塵沙惑，果行圓滿，得四果阿羅漢。如獐獨跳，神通狹劣，墮在聲聞辟支佛果，不能接物利生。若不見性，不得到圓頓之位，須是見性。若見性已，反掌之間，轉凡成聖，自然機緣，悟佛三昧，知大道根源。惟無師智，自然智多，種種方便，度諸迷悟，同登彼岸，更不受生，教外别傳，不勞寸刃，入圓頓無礙法門。且道如何是無礙法門？緬平一等，七通八達。

衆水相合不分清　衆火相聚一同明

果必到家無異路　坦然大道一般平

依般若波羅蜜多故，

此中間六箇字，依前涅槃，解説脩行，得大智慧。既有智慧，必登彼岸，而復太虚最尊最勝，悟性般若，天上天下，無有及之。道云：一日有爲，不如一時無爲。又云：一年學教，不如一日脩道。古德云：千日學慧，不如一日學般若。大顛云：般若通透大光明藏，如人入海，轉入轉深，開佛知見，悟佛知見。有大神通，變化多般，方便應現種種相，隨機利物不落第二，一體同觀，平等真法界。無衆生可度，亦無佛可做。理會得麼？水流異派，到海同源。呵呵，只怕漫散了，收拾不來。破鏡不重照，落華難上枝。

了得般若波羅蜜　調和種性皆歸一

默然參透一何歸　半夜虚空如白日

心無罣礙。

依此般若波羅蜜多脩行，即得心無罣礙。即悟真如妙理，廓徹太虚，清淨本然，常得自在。仙師云：心若太虚，不染一物。釋云：心同虚空法，示等虚空法，證得虚空時，無是無非法。既然與虚空混爲一體，有何差别，是與不是？外清淨，内清淨，内外清淨。外空内空，當體即空。未有天地，先有此空。

太上云：有物混成，先天地生。又云：無名天地之始，有名萬物之母。視之不見，聽之不聞，搏〔八〕之不得。迎之不見其首，隨之不見其後。五目不覩其蹤，二聽絶聞其響。川老云：堂堂大道，赫赫分明。人人本具，箇箇圓成。只因差一念，現出萬般形。六祖云：我有一物，上拄天，下拄地，無人識得。若親見一面，超過佛祖，出三界不墮輪迴。爲人自肯自信，自能保養，得無碍法，决定無礙。

理會麽？扯破幔天網，去了當頭召。

虚空難著物　有甚罣與礙

打破沐桶底　便見觀自在

無罣礙

想念不斷謂之罣，著境不回謂之礙。重説無罣礙者，内外清淨，諸緣脱洒也。如麗天杲日，光滿大千，無所不照。一切虚妄境界，總無罣礙，東去無窮，西去無極，縱横自在。幻境不能所拘，本源自性天真，長劫不壞之體，無去無來，無變無異。要見長劫不壞之體麽？霧散暘初見，塵盡鏡自明。

本來空没礙　著相自家迷

若人回得轉　儞佛一般齊

故，

故之一字，圓滿極則，亦是真常之理，不可言説，因説不得，故曰故。《金剛經》云：無法可説，是名説法。儒云：道本無言，言生理喪。仙師云：道難説，須當自悟。且道如何得悟？咦，一撞金鐘響，驚醒夢中人。

真常圓滿極則故　到處周圓難染活

應變隨機有萬千　坦蕩逍遥常獨步

無有恐怖，

既心無罣礙，真常自然圓滿，更有甚麽恐怖之心？若到此地，悟得性空。東西不辨，南北不分。不被明暗所瞞，不被坊隅所當，不被陰陽所拘，不被造化所役。似此，有甚憂苦可怕？有甚生死可怖？不與萬法爲伴，當自獨行獨步。上天仰之無窮，入地去之無極。山河石壁，地水火風，於此往來，總無罣礙。側掌行千里，回程轉似飛，天地莫能拘，鬼神莫能測，唤作自在大覺金仙。要見自在金仙麽？不須覓火把燈尋，渴飲饑飡常對面。

去來自在任優游　也無恐怖也無愁

幻化境中留不住　獨行獨步是瀛洲

遠離顛倒夢想，

若罣礙無，恐怖絶，自然遠離顛倒夢想。

仙師云：日間無想念，夜後少夢寐。釋云：夢因想生，想因念起。世人只知合眼有夢，不識開眼也有夢。如何是開眼有夢？先師有云：假饒金銀過北斗，大限來時一夢中。豈不是開眼也做夢？若要夢覺，直待無常方省。生前所作所爲，所愛所貪，一切萬緣，盡是一場春夢。只是自己一身也。顧官不得，到此省時晚矣。若是有智之人，忽然自省自覺，無常到來，此貪欲愛樂，盡是輪迴之種，地獄之因，遠離顛倒，悟本性空，即知此自必無。古云：聖人無己無固，無必無我，無依無倚，無晦無明，無名無相，無强無弱，無穢無淨，無止無作，無任無滅，無默無言，絶思絶慮，一切語言道斷，心行處滅。太上曰：實無所得，爲化衆生。釋云：道妙幽微，不可得見。大顛云：死了燒了，無饑無渴，無寒無熱，無起無倒，無坐無眠，無六根無九竅，無四百四病，無八萬四千蟲，永無顛倒夢想。

若不如是悟去，清淨界中纔一念，閻浮早通八千年。會得刹那間，不會塵沙劫。死死生生，展轉不覺睡，長夢而不醒，萬劫顛倒而無止。顛顛倒倒，死了又生，生了又死，夢醒又夢，睡覺又睡，迷中更迷，終無了期。若有人打得徹透得過，永免顛倒，夢幻頓脱。且道頓脱了向甚處去？脱籠俊鷂撲天飛，一任諸人近不得。

日間無想夜無夢　不被顛倒境物弄

一拳打破上頭關　飜身直上朝元洞

究竟涅槃。

究者，反自窮究己身，盡是虛假，一日無常，盡皆敗壞，難以留戀。如是究竟則何矣？本來無此四大，因世人皆執有身，迷己逐物，棄親向疎，認賊爲子，妄將四大、六根爲實，作種種業，受種種苦，輪迴萬劫，不覺不知，不能解脱。默然自省，於此日夜不離，當念自覺自照，細細參究，此六根、五藴從塵劫已來，本自無有名相，皆不可得，亦無成僊成佛，亦無六道四生，種種皆不可得。老者，盡也。到這裡一槩平等，盡底掀翻，萬緣頓息，餘外無餘。川老云：如斬一握絲，一斬一齊斷。又云：一拳打破化城關，一脚趯翻玄妙塞。南北東西任往來，休覔大悲觀自在。大顛云：離四句，絶百非，知見無見，斯到涅槃。且涅槃無生非死也，乃是寂滅無生無死之謂也。太上云：湛然常寂。佛經云：生滅滅已，寂滅爲樂。寂者，寂然不動。滅者，諸法不生，實無生死也。且道無生無死底怎生模樣？咄，莫聽聲不是相，識得虛空還一樣。

究竟自身元不有　便須放下莫愚痴

涅槃路上無朋伴　大道無人我是誰

三世諸佛，

大顛云：過去莊嚴劫一千佛，未來星宿劫一千佛，現在賢劫一千佛，三世三千佛，更有窮劫佛，不可説，不可説，數量不可盡。此諸佛皆從脩證所得。

川老云：種瓜得瓜，種菓得菓。又云：一佛二佛千萬佛，各各眼横兼鼻直。昔年曾種善根來，今日依前得渠力。道經云：種蘭得香，種粟得粮。爲善降祥，作惡降殃。且三世諸佛，不脩不得，成人身中，亦有如此。諸佛變化不一，因習氣所昧，境物所障，自家迷了，却不認得。若於心無心，便是過去佛。寂然不動，便是未來佛。應物不昧隨機又，便是現在佛。清淨無染，便是離垢佛。出入無礙，便是神通佛。到處優游，便是自在佛。一心不昧，便是光明佛。道念堅固，便是不壞佛。各各諸佛，自身俱有，説亦不能盡，變化多般，惟一真耳。但去靜坐，觀過去、現在、未來，皆同一體，如虛空不異相、不自相、不他相，非無相、非取相，不此岸、不彼岸、不中流。觀其寂滅，永不斷滅。若人於此頓悟，直下承當，迢迢空劫，盡在如今，放光動地，人法俱忘，不見有過去、未來、現在，究竟到盡無盡地，即是空空我，無我我，我尚不可得，空色亦無。三世自空，非識不滅，識性自空。前際、後際、中際亦空，不落空見。要見三世諸佛麼？咄，沿河休害渴，把餅莫言饑。

過去未來并現在　近在人身人自昧
千變萬化少人知　混合虚空成一塊

依般若波羅蜜多故，

脩行人須要智慧，百種方便去，無始劫來習性，調和成一真之性，而登彼岸。若不見性，卒難成就。此句是三世諸佛之母。十方諸佛，依此脩行，果行圓滿，成等正覺。若離此句修行，雖經多劫，久守勤苦，望成大道者，鮮矣。屬小乘法，墮在聲聞、緣覺、辟支佛、鬼、仙人、僊地仙。有爲之法，終不成就。一切聖果，須當精進，存有能所，依般若波羅蜜多法，得無上正真之道。唯此一事，若別脩行，過此法者，無有是處。此是教外別傳，此法親見自性，方乃傳授，千聖不傳，自悟自信，不容授記。圓頓之位，獨孤標法，參善知識，求問至人，憑師指示，有緣契悟。圓頓教没人情，若有私心傳授，是外道法。有分咐，有傳授，有得即有失，有教有授，盡是外道邪見，生死根本。仙師云：法有三千六百門，修行路徑此爲真，須知有箇玄微處，不在三千六百門。仙佛祖師，自修自證，本無語句，亦無一法與人。若有一法授記，不名釋迦，不唤道人。道本無言，只是教人自脩自悟，説著不真，除非自見，見無可見。若被人教壞，急須吐去。大凡爲人，須從自己流出，無價寶珠，用之無盡。上根之人，一聞千悟，具大總持。中下之機，多聞多不信。太上云：上士聞道，勤而行之。中士聞道，若存若亡。下士聞道，大笑之。此乃難信之法，希有之事。理會麼？世人只知隨影轉，不知離影到家鄉嗄。

脱落衣裳見本形　寸絲不掛得安寧

若人要趓渾身影　便向無陰樹下行

得阿耨多羅三藐三菩提。

此是西天梵語也。阿言無，耨多羅言上，三藐言正，三菩提言真，東土翻爲正真。又云：成等正覺。此四箇字，須是親見。古云：見道方脩，道不見復何脩？一大藏經説此四字不能盡，諸佛亦説不盡，三教聖賢皆脩此四箇字，盡歸聖道，成等正覺。今人若能依此般若波羅蜜多三藐三菩提法脩行，廓然頓悟，親見無上正真，自知當來仙佛，直超聖果。要見無上正真麽？頭頭顯露，物物周圓。

妙道虚空是祖宗　分明應化不相同

若人悟得真常道　便識從前舊主公

故知般若波羅蜜多

因脩行得見無上正真之道，知般若波羅蜜多之神力也。且過去諸佛，慈悲憐憫衆生，百種智慧方便之力，隨之利物，接引後來，設像化人，使泥塑木雕，黄卷赤軸，説因説果。但以假名引導有情，將善惡報應之事，天堂地獄之説，使人改惡向善，離假歸真，聲聞緣覺，十聖三賢，諸佛地位，次第接引。偃師云：千里程途，逐步而進。釋云：千仞寶臺，非一圾而上。忽然自悟，自見本性，超過諸佛位次，一超直入如來地。若不見性，向外馳求，終不成就。悟有年月，有日有時。古云：學道先須有悟由。若無悟，離文字外，行住坐卧，火急自救，一同頓悟。道云：千日學道，悟在一時。只這一時，便得輕快。諸上善人，同歸一處。若是學解，就古人唾津，盡是外道邪見。生死各路，隨業受報，不可共語。豈不聞須菩提塵點劫前脩行，直至釋迦會下，解空第一。方等會中，金剛請問四句偈，廓然頓悟，涕泪哭泣自歎云：前所得慧眼，未聞此經。三世諸佛，皆從此經流出。

如何是此經？看時無一字，當處放光明。

不憑智慧渡深河　萬劫沉淪溺浪波
既登彼岸歸真道　何須更念薩婆訶

是大神呪，

若會波羅蜜多，便見是大神呪。此神咒人人俱有，不脩不見。亦是衆生心地法門，有大神通。道云：心有主宰，萬邪難侵。儒云：心正可以辟邪。《度人經》云：萬邪不干，神明護門。能驅邪立正，變死人作活人，改魔境爲仙境。頭頭示現，物物全彰，信手拈來，百無妨礙，此大神呪。舉心動念，鬼神滅爽，返本還源，外道魂驚，精靈伏罔，此蜜呪也。識此呪麽？神通并妙用，何處不相隨？

有大威神力　伏劍邪魔息
何處不相隨　同居人不識

是大明呪，

既有大威神力，一點靈光，自然晃耀。照徹十方，射透三界。山河大地，無有隔礙。過於日月，無處不照。吕祖云：一點心燈焰焰生，不勞挑剔朗然明。得來照破人間暗，獨放寒光滿太清。雖然説破，自不了不明。要明麽？拂却鏡上塵，便見本來面。

煒煒光輝滿大千　愚人不見被情牽
若能放下渾無物　依舊心天性月圓

是無上呪，

得見自己光明，照見從前黑暗。無有能極者，此神呪最上，無過於此，是爲第一。一切諸法，皆不出於心呪，是無上呪也。道云心是衆之王，釋云心是法中王，所以無上也。只一件，王不動，萬姓自安，心不亂，諸邪不起。理會麽？

心呪最無上　要去閑思想
人牛不見時　便是靈山長

是無等等呪，

此神呪無有等齊者，不可説，不可比，無有邊際。此呪世間少時，説著難信，須是親見此呪。要見此呪麼？放開包裹太虛空，收來難立纖毫物。

本來無等件　神性獨爲尊
乾坤難覆載　萬古鎮常存

能除一切苦，

若得見性，有甚苦厄？佛意慈悲，愍衆生墮在世間，流浪經劫，受苦無窮，不能返本。是以應現種種相，出現於世，設種種方便，救度群迷，同出火院。若有智慧之人，諦聽大道之言，只究心地，莫去旁求，初則打掃潔淨，去累劫之習性。大顛云：開池不待月，池成月自來。脩行人先要心地清淨，自然道生。儒云：以禮制心。釋云：在於閑處，收攝其心。道云：降心絶念。三教聖人，只教衆生心閒清虛。心若無染，自然見性。若得見性，永免輪迴，更不受得不死不生之道。且從上諸佛諸聖，久受勤苦，方得見性，心心念念，處處逢源。且道末後向甚麼處去？不省處處迷歸路，悟來時時在本鄉。

仙佛出世爲何因　皆因慈愍衆沉淪
若人肯到船頭上　免做拖泥帶水人

真實不虛。

是真實法語，非虛華之言。一切諸佛，説此神呪，度脱有情，不是異語，不是謙言。永嘉云：證實相無人法，刹那滅却阿毗業。凡所有相皆是虛妄，惟此無相之相，是真實之相。大千俱壞，此相不壞。因甚不壞？道有云：有形終是假，無相是真人。又云：百骸俱消散，一物鎮長靈。道經云：元始懸一寶珠，在空玄之中。佛經云：我有無價寶珠，繫在衣裡，日夜推究，忽然見牟尼寶珠。又云：牟尼珠，人不識，如來藏裡親收得。然雖如是，見道易，守道難。要見此珠麼？圓陀陀，光爍爍，轉轆轆，活鱍鱍，常對曰，不可棺（音斡）援之。

真實光明無價珠　人人分上没差殊

只因些子誵訛處　雲起青天月色無

故說般若波羅蜜多呪。

因脩行到此，知般若神呪之功最大。此句結前多種方便，總歸爲一，具大總持，同歸一心之法。古云：應觀法界性，一切惟心造。仙真云：善惡存亡總在心。大顛云：迷者爲含藏識，死後作毒蛇。悟者爲秘蜜神呪，得無生法。如來有密語，迦葉不隱藏。語此神呪，若人專心受持，功行圓滿，常持此呪，鬼神遠離，諸天寂聽常懽喜。理會得麽？非是口誦，要心受持，大開著眼，休教走了。〇要見此呪麽？不在外，不在内，不在中間與内外。且道在甚麽去處會？會麽？不離當處，休教迷了。

性海寬洪怕起風　風纔起處浪翻空
一朝風定波濤靜　一輪月印水晶宮

即說呪曰：

舉起四句偈，擁護持經人。不離左右，順念逆念，世間一切，所求無不果，遂十二時中，不可忘却。會麽？休教錯認了。

萬聖千賢在己身　休教昧了本來真
因何苦勸重重舉　一番提起一番新

揭諦揭諦，

揭諦者，人空。又揭諦者，法空。人法俱空，二空全忘也。道云：自心不動之後，復有無極真機。洞仙云：人牛不見杳無蹤，月色光含萬象空。且人空者，只是教人忘形忘體。法空者，只是教人忘情絶念。萬法俱捐，善惡俱混，不執己身，不著於相。忽然外不知有己身，内不省有己心，遠不知有諸物到這里，脱體全忘，自然見箇消息。説箇消息，又是執於事也。大顛云：不勞懸古鏡，天曉自分明。且道如何是天曉？金鷄三唱罷，擁出一輪紅。

人法雙忘萬事休　香爐無火冷颼颼
一聲新雁遼天外　遠水長天一色秋

波羅揭諦，

波羅揭諦者，到空無所空是也。仙師云：既無所空徹底淨。虎眼禪師云：不識亦空著所空。若是既無所空，得到彼岸。若到彼岸，其彼岸亦須離。而再進則永不受生，輪迴斷，生死息。且道無生無死是箇甚麼？認得麼？休睡著。咦，他也轉，你也轉。對著面，尋不見。若要見，待成片。

空無所空徹底除　坦然歸去合清虚
莫煉頑空休失本　自然體道契真如

波羅僧揭諦，

波羅僧揭諦者，是諸佛清淨境界也。五慾塵勞，染污不得。如仙佛慈愍衆生，隨機應化，救度群迷。在異類中行，龍蛇混襍，凡聖同居，逆行順行，聖賢莫測。如月在水，應現千江，如同一月，其真月本在天端，拿捉不得，染污不得。要拿捉得麼？雖然親見應難捉，除非身在太虚中。

清淨境界没思量　不染纖塵是道場
試觀十五三更月　影現千江百不妨

菩提薩婆訶。

大顛云：菩提是初，薩婆訶是末。且脩行入，起初先須發菩提心，勇猛精進，日夜爲道。古云：道念若還比雜念，成仙成佛已多時。只是學人不肯，驀直便行。三心二意，故不能到。仙師云：數他堠堠音後。封堠。五里一堠。子却不行，口念長安心不徹。若是有志底人，一刀兩段，脩道學佛，更無退轉，又守不怠，忽然悟道，達本性空，即得菩提，超出三界，了無所了，得無所得，蕩然清淨，則到極樂之所，受用無盡，故曰薩婆訶。且道行到甚地面是徹頭處？水窮山極處，寸草不生時。省麼？

先發菩提一片心　次教萬慮不相侵
直教鑽透虚空髓　拔出從前治病鍼
註經已畢，更留一篇，請晚學同志詳覽

研窮，二十年後有出身之路，休要忘了老何。到岸高師，不在此限。

法本從心生　還是從心滅
生滅盡由誰　請君自辨別
既然皆己心　何用他人説
直須自下手　扭出鐵牛血
戎繩暮〔九〕鼻穿　攙定虚空結
絟在無爲柱　不使他顛劣
莫認賊爲子　心法都忘絶
休教他瞞我　一拳先打徹
觀心亦無心　觀法法亦輟
人牛不見時　碧天清皎潔
秋月一般圓　彼此難分別

般若波羅蜜多心經終

夫《般若心經》者，諸佛肝心，衆聖命脉也。以故自唐以降，釋家甚多。比偶得無垢居士張九成之所註一本，於書林禪教竝舉，内外兼明，真暗夜明灯，霧海南針也。仍加和点，命工繡梓，欲廣其傳，豈非佛法良財，色空之妙處哉？

旹正保二己酉中冬日書於東山圓通峯之屮庵。

校勘記

〔一〕底本據《卍續藏》。

〔二〕「錯」，底本原校云一本作「焉」。

〔三〕「滿」，底本原校疑爲「游」。

〔四〕「礙」，疑爲「得」。

〔五〕「紅柳緑」，底本原校疑衍。

〔六〕「大」，疑爲「太」。

〔七〕「滅」，底本原校疑衍。

〔八〕「搏」，疑爲「搏」。

〔九〕「暮」，疑爲「驀」。

（陳永革整理）

○三五一

般若心經註解（二）

略移

移者乃權宜捷要，催行拶步，快登彼岸也。

佛生西域，光明普照，傳留《心經》一本，偏於一方，人皆誦念，不知裏義，所有大顛、無垢二祖註解及前後註者尤多。幸而大明正統年間，吾祖出現於世，顯化功德，檢教此經，都得明心。是以門人姜公重請諸佛祖，續固餘言，開分之說，替佛祖弘教，施行諸方便覽，衆成勝事。又表金陵遇經道人程情授之辨，固當應衆知間，少板無印，缺於慈念，所以化資重刊書帙，印濟流通。

定語通無極　是人正可入
識得自在理　不用些毫力

一卷心經一點真　點真演出許多經
若展此真充法界　千經萬典盡分明
未曾舉念事方圓　聖卷無邊隻眼藏
明心見性真實理　通宗顯教法中王
一點真元空不空　虛靈清淨現圓通
川山透海無窮測　踏破玄崖處處春
看經切要急通宗　宗若通時教亦通
宗教若還通徹了　吾心包裹太虛空

摩訶般若波羅蜜多心經

觀自在菩薩，行深般若波羅蜜多時，照見五蘊皆空，度一切苦厄。舍利子，色不異空，空不異色，色即是空，空即是色。受、想、行、識，亦復如是。舍利子，是諸法空相，不生不滅，不垢不淨，不增不減。是故空中無色，無受想行識，無眼耳鼻舌身意，無色聲香味觸法，無眼界乃至無意識界。無無明，亦無無明盡，乃至無老死，亦無老死盡。無苦集滅道，無智亦無得。以無所得故，菩提薩埵，依般若波羅蜜多故，心無罣礙。無罣礙故，無有恐怖，遠離顛倒夢想，究竟涅槃。三世諸佛，依般若波羅蜜多故，得阿耨多羅三藐三菩提。故知般若波羅蜜多，是大神呪，是大明呪，是無上呪，是無等等呪，能除一切苦，真實不虛。故説般若波羅蜜多呪，即説呪曰：

揭諦揭諦　波羅揭諦　波羅僧揭諦　菩提薩婆訶

心經畢

偈曰：

這卷真經本在心　自家寶藏不須尋
猛然檢著無生品　迸出明珠耀古今
這點靈光道上來　只因逐妄墮塵埃
君今要見還鄉路　悟得心經道眼開
這輪心鏡本無塵　因塵難照本來真
塵盡鏡明無一物　自然現出法王身
隨方就圓大摩訶　當面識破出奈河
我今認得西來意　便是長生不老佛
本經註解一總持　仁德君子重意參
吾心亦要普度衆　方纔如是方便刊
知重知因就理是　莫笑書本發狂言
若肯死工都貫徹　就如靈宫井通泉

校勘記

〔一〕底本據《卍續藏》。原題「閣通顯道甚深功德寶」，此據文意及《卍續藏》本擬題。

閣通顯道甚深功德寶卷上

蓋聞往昔因中聖祖出現於世，降生在梵王宫內，乃名悉達太子，尊德釋迦文佛，道號稱能仁也。心懷大德道行，天生有理自然，明通三界無比。願不〔二〕爲王做君，四城門遊翫觀境，見生老病死之人，即往雪山，避靜六年，功圓果滿，迴還太國行孝，先度父母見性，後度耶輸公主，明心向善，辦道出苦，一家四口都得成尊。上前辭親別朝，收拾起鉢盂錫杖，遊方演教四十九年，説法利生三百餘會。讚曰，空本無相，却來現形有體，玄妙無字，説下一覽大藏。吾乃初進入會，遇著《心經》一卷，人念我聽知也。言言見諦，句句超宗。聞其意趣，納心不捨。學會持誦諷念，不知利益，多虧明師訓教妙法，一言訣開心地。一向杳冥，無能報祖之恩，拙詳稍註，麤心略表，續固餘言，替佛弘教。《心經》者，二百七十字義，分開六十二句之因。雖是《心經》最小，包含三藏無踪。雖然字點不多，超凡越祖絶情。非是我能我强。諸佛倚妙法出現於世，不倚小乘法濟度於衆生。

《金剛科儀》作證，有求有苦，八風五欲交煎，無著無貪，三明六通自在。便恁麼去，水邊林下，月冷風清。不恁麼去，橋斷路窮，別通消息。還委悉麼。

稽首歸依發虔心　上人隨喜來降臨
宣念佛祖甚深卷　知音納受志心聽
天地包含萬物中　一切萌芽養群生
蓋載之恩難酬報　喫齋念佛報重恩
日月兩輪往來循　週而復始現光明
照臨之恩難酬報　喫齋念佛報重恩
皇王洪福萬萬春　五穀豐盈國大平
水土之恩難酬報　喫齋念佛報重恩
父母劬勞苦無窮　爲兒爲女費心勤
養育之恩難酬報　喫齋念佛報重恩
奉勸世間知因人　廣行孝道敬雙親
供佛齋僧濟貧苦　龍天偏向孝心人
莫瞞天地莫瞞神　心不瞞人禍不侵
十二時中行陰行　災星變做福星臨
無上甚深微妙法　百千萬劫難遭遇

我今見聞得授待　願解如來真實意

摩訶二字，西天梵語也，東土翻爲大。且大者，莫過虗空大道也，廣無邊際之謂也。廣大無邊者，莫過虗空大道也。川老云，虗空境界莫思量，大道清幽理更長。又云，十方無壁落，八面亦無門，大道無邊際，虗空難度量。道云，迎之不見其首，隨之不見其後。儒云，仰之彌高，鑽之彌堅，瞻之在前，忽然在後。諸賢聖皆如此稱揚廣大也。日月雖明，難比其光。乾坤雖大，難包其體。能生萬有，而不見其形。遍周沙界，而不覩其踪。雖是如此廣大玄妙，誰知更有一物過於此者，且道是何物。還識這箇〇麼。寬則包藏法界，窄則不立纖毫。顯則八荒九夷無所不至，隱則纖芥微塵無所不入。今者不避罪愆，分明漏泄，乃人之本源也。仙師有云，爲甚此心闕大道，只因元向道中來。世人不能返本者，蓋因錯認色身爲己，被六根所瞞，七情遮蔽，自失本真，以致流浪生死也。要見本真麼。尋不見，覔不見，十二時中遍身轉。

摩訶一消息　從來不得知
今日纔會面　世上無物比
大摩訶　是真空　無極妙體[三]
大摩訶　是爲玄　無相法身
大摩訶　是真常　無窮道理
大摩訶　是妙意　無爲深根
大摩訶　變陰陽　治下日月
大摩訶　變五行[三]　春夏秋冬
大摩訶　變四相　一切凡聖
大摩訶　是真空　萬聖之根
大摩訶　是玄妙　神通廣大
大摩訶　難測量　無相家風
大摩訶　堅固身　不生不滅
大摩訶　堅固體　不減不增
大摩訶　堅固體　不垢不淨
大摩訶　堅固體　那箇知聞
參透了　大摩訶　無有轄管

參透了　大摩訶　自在縱横

般若二字，西天梵語也，東土翻爲智慧。且智慧者，正知正解，審察之謂也。修行之人，須用智慧之力，降伏身心，不令放肆，以習静定。道云，能以智慧之力，攝伏諸魔精。儒云，智能破邪，慧能破暗。且無智慧之人，作事麤惡，不肯三思。惟務廣學多聞，念在誇談講論。不究自家生死，好覔他人是非。不親真實道人，愛近虚頭禪客。空談聖人經典，心地全不用功。圖名貪利，我慢貢高。只顧眼下時光，不想腦後之事。如此之人，乃聰明外道也。古德永嘉禪師有云，外道聰明無智慧。仙師云，口説心不行，非是精細漢。儒云，先治身心，後治家國。且有智慧之人，作事安詳，不肯造次。識因果，顧罪福。親近知識，參問至人。窮性命之根元，究生死之大事。制伏身心，收歛神氣。念念在道，息息歸真。一日功成行滿，囫地一聲，透出三界，與虚空混爲一體。若到此地，造化不能移易，陰陽不能陶鑄，四時不能遷，五行不能役，神鬼不能拘，劫火不能壞，作箇逍遥自在物外閑人。要見物外閑人麽。六座門頭常出入，雖然相近不相親。開著眼休教蹉過，省的麽。

般若智慧斬魔力　破邪顯證不相饒
正知正解行正路　降伏身心萬事抛
道倚智慧妖魔滅　佛倚智慧業障消
儒倚智慧無黑暗　都憑智慧出塵勞
不生智慧逞剛强　作事麤糙自發狂
無有三思非明理　惟務廣學不忖量
念在誇談誩名利　不顧性命去貪惏
背恩忘義殺佛祖　愛近虚頭棄根元
智慧聰明有道德　作事安詳有辯才
不肯造次行因行　能顧罪福似如來
親近知識求出世　參問至人躲苦厄
窮理盡性達根本　念念在道歸去來

波羅二字，西天梵語也，東土翻爲彼岸。此岸者，生死之際也。彼岸者，出生死之岸也。迷者此岸，悟者彼岸。世人若迷本性，即愚痴顛倒，認四大六根爲己，爭名競利，謀千年活計，積萬劫之冤愆。背覺合塵，迷真逐妄。忙忙而不知休息，念念而心境不除。忽朝大限到來，臨行手無所措。這裏脱下濕布衫，那裡穿土虱虱襖，去去來來，改頭换面，似蟻循環，何日是了，生死苦海，幾時得渡。如是之者，只在此岸。若有人猛然自悟，從前所爲所作，盡是虚假，棄假修真，窮根究本，常近至人，常親知識，求過岸之舟，覓方便之篙，度過愛河苦海而登彼岸，得脱生死洪波，更不拖泥帶水，作箇脚乾手燥清淨自在閑人也。且道如何得達彼岸。他人難用力，自渡自家身。

波羅者　登彼岸　脚踏實地
上岸人　無恐怖　晝夜安寧
這苦海　廣無邊　翻波浪滚
水面上　浮漂漂　胆戰心驚
虧明師　拔濟我　出離苦海
思量起　在難中　胆戰心驚
修下福　還造業　不得了手
六道裏　週流轉　受苦無窮
無量劫　迷失了　生死受苦
虧明師　拔濟我　纔得脱身
在四生　異類中　重重受罪
思量起　生死苦　胆戰心驚
得人身　是火宅　三灾八難
思量起　疾病苦　胆戰心驚
虧明師　慈悲心　不擇貧富
想明師　難酬報　怎肯忘恩
走著思　坐著想　時時提念
得妙法　免三途　救苦天尊

蜜多二字，西天梵語也，東土翻爲無極。又蜜者和也，多者衆法也。且無極者，至高至大難極之謂也。釋云無極，道云太極，儒云皇極，皆謂〇此也。今分明説開蜜之一字，亦比於大道虚空。多者，謂萬彙也。譬道能包含萬類，有情無情盡在太道之中，人之真性一同，亦能包藏萬法，萬法盡在一性之中。太虚之内，有八萬四千異類種性，説不可盡，皆在人之一性之内。一性譬如蜜，種性喻於多。修行之人，以一性均和種性，合而爲一，故曰蜜多。道云，識得一，萬事畢。釋曰，萬法歸一。儒云，吾道一以貫之。且道如何是一。還識這箇○麽。五行不到處，父母未生前，雖然説破，不行難到，直須去盡塵垢方見。省麽。

蜜多喻於虚空談　天地有盡空無邊
空包相法空裏現　空包日月空裏玄
空包星辰空裏轉　空包天河空裏安
空包天地空不動　空包萬物空最寬
外包乾坤森羅相　内中灌滿無空閑
通身都是無極道　十方週遍盡相連
諸佛菩薩真空現　羅漢祖師空現前
老君夫子真空現　閻王神鬼空現前
信心還得空常現　真空無相體皆全

明心見性離凡世　性是真空還本源

心者一字，人之本源也。一切萬法，盡在一心之内。有八萬四千等，動則無窮無盡，定則不變不移。釋云，心生種種法生，心滅種種法滅。道云，心死則性月朗明，心生則慾塵遮蔽。儒云，制之一心則止，謀於多事則亂。是以古聖教學人，收攝其心，歸於一處，喚作萬法歸一，又名一字法門。因人不信是心是佛，是心作佛，所以多種方便，指示世人，見自本性。豈不見古云，三點如星象，横鈎似月斜，披毛從此得，作佛也由他。上天入地，皆在自心所爲，非他處所得。因識心者少，亂性者多，故失真道矣。爲甚不識其心。只因多惑其性，皆緣識神昏昧，逐境迷心，六根内盲，著物亂性，不生智慧，愚暗之故也。若肯修心，窮性命，究生死，親近明師，參求法藥，療治心病，念茲在茲，步步行行，坐卧不忘，語默動静，不離這箇○。忽然眉毛竪起，眼睛露出，便見本來面目。且道本來面目如何形狀。川老有云，火不能燒，水不能溺，風不能飄，刀不能割。軟似似[四]兜羅，硬似鉄壁，天上人間，古今不識。知道麼。終朝常對面，不識是何人。

這箇心　是人人　無爲大義
這箇心　是人人　無爲神通
這箇心　是人人　無爲大理
這箇心　是人人　無爲光明
這箇心　要學好　行門廣大
這箇心　要學反　是不成人
這箇心　要行善　龍天保佑
這箇心　要行惡　禍害隨身
這箇心　習道理　天堂大路
這箇心　不行善　地獄之根
這箇心　行公道　祥光出現
這箇心　不公道　求吉成凶
這箇心　提起來　千言萬語
這箇心　放下時　神鬼難明
性歸心　變化多　改頭換面

心歸性　不動摇　立命安身

經者一字，直也，是世人修行之徑路也。學人得此不疑，休要悮了工程，驀直便行，須有到家時節。只怕頭路不真，差行錯認。且道向甚麼處去是。予今明説，向寸草不生處，纖塵不立處，無泥水，無坑坎，淨躶躶，赤洒洒，平平穩穩處去。猛然逢著一顆〇圓陀陀，光爍爍，亘古不壞如意光明寶珠，親手拈來，得大利用，不受困苦。釋云，摩尼寶珠。道云，黍米玄珠。儒云，九曲明珠。要見此珠麼。一心象外覔，休向世間求。

真經大意現心華　言言句句談妙法
有緣千里來相會　信心之人守根芽
有字還得無字念　三藏教典内中發
入裏甚深還得本　守真志滿得歸家
納心平正無極道　一條大路定不差
巡行數墨不解意　每日空念摩訶薩
真經有意細細參　字字研開過玄關
在世了達超生死　過在亡靈得生天

佛説真言勸迷留　僧尼道俗急早修
但明一句離地獄　免得兒孫作遠憂

觀自在菩薩，一句真直言。自在菩薩，人人皆有，只因六根諸境遮障，不能觀看，情欲萬緣所牽，不得自在。若有智慧之人，信得及，放得下。但於幽靜閑處，打併身心，坐令極靜，靜中更靜，無纖毫異念，一心清淨，守至靜極，猛然一動，有一真人，在自己靈宫，往往來來，縱横無得。這裏方見自己菩薩，優游自在，一刹那間，遍周沙界，盡是活菩薩，光明普照。諸人若要見此菩薩，觀之不用其目，聽之不用其耳。去耳目之用，纔識自在菩薩。道云，視之而不見，聽之而不聞，離種種邊，名爲妙道。《金剛經》云，若以色見我，以音聲求我，是人行邪道，不能見如來。儒云，視不用目，聽不用耳，去耳目之用，自然得性。如是之者，方知一切處，此真仙菩薩，未嘗不在，同坐同行，同歡同笑，寸步不曾相離，只是自家昧了。要見此菩薩麼。雖然出入無踪跡，爍爍光明見也麼。

觀自在　見菩薩　常現妙用
觀自在　見菩薩　發出神通
觀自在　見菩薩　不離左右
觀自在　見菩薩　晝夜殷懃
觀自在　見菩薩　行住坐卧
觀自在　見菩薩　處處現身
觀自在　見菩薩　參禪打坐
觀自在　見菩薩　數佛念經
觀自在　見菩薩　不怕生死
觀自在　見菩薩　貪利圖名
觀自在　見菩薩　人人皆有
觀自在　見菩薩　捨殳投親
觀自在　活菩薩　難描難畫
觀自在　活菩薩　非相非空
觀自在　活菩薩　無遮無擋
觀自在　活菩薩　不壞金身
觀自在　活菩薩　千變萬化

但回光　肯返照　箇箇圓成

行者一字，修行也。路徑崎嶇，不修難行。且修是修心向道，行是行善歸真，如人修路相似，去礙路荊棘，除當道頑石，高者斷之，低者填之，打掃潔淨，便坦然平穩。人之心地，亦要如是下功。去一切損人利己之心，如去礙路荊棘相似，得登途路穩步。除一切雜念障道因緣，如除當道頑石一同，得進也。屏垢心，絶染污，打併清淨，此乃修行初入門户之方便也。非在口說，亦非足行，全憑心地下功。仙真云，心地下功，全拋世事。釋云，心地法門，非在舌辯。儒云，說不如行，行不如到。又要看這一步從何而起。若知起處，便知根源。昔日劉海月參白雲師父，拜而問曰，弟子念慮降伏不住如何。師問云，是誰念慮。云，是弟子。師又云，是誰降伏。海月似省不省，沉吟微笑。師云，來去都由你們，好没主宰。若是敵他不過，即便放下，更要知他放下的是誰。若識得自有主宰，便不被他瞞過。海月遂省，禮謝而已。又石霜和尚問石頭和尚，舉念不停時如何。石頭云，是誰舉念。石霜於此大悟。但只如此體究，念念不離於當處，舉意思慮，語言知覺細細審觀，從何而出。古云，欲知佛去處，只這語言是。道云，要知本性根由，不離言語動靜。然寶公云，未了之人聽一言，秖這如今誰動口。然雖如是說開，向上更有妙處。不修不行，不能自到，若果到家鄉，則罷問程矣。且家鄉遠近，迷則千山萬水隔，悟則回頭便是家。理會得麼。

行善之人心地寬　無煩無惱晝夜安
從他世事紛紛亂　名利盡處樂自然
行好之人心地良　看前顧後意望常
到處逢居隨緣分　處處知足處處安
行正之人似水平　寸心不昧萬法明
打破機關閑事少　參透無爲真對真
行正之人道理齊　三教精通盡歸依
道是無極真空體　理是大用道中出
行正之人甚開懷　忽然有省見如來

真佛常現無形相　可憐無智自故倩

深者一字，幽微玄妙，徹骨徹髓處也。若要到此田地，須是打併輕快方可。道云，損之又損之，以至於無爲。釋云，放下又放下，自然身心輕快。儒云，苟日新，日日新，又日新。要如此者，須去靜坐，日夜打掃，直至掃無可掃，寸系不掛，如父母未生前燒了一般。古云，貼體汗衫都脱却，反求諸己廓然無，自然到家。且道不得還家者何也。日晚程途遠，身困擔頭沉，十萬遊磨遍，無始到至今。

甚深處　玄妙理　無人通曉
甚深處　難開口　不敢應承
甚深處　是無爲　難量難測
甚深處　不可説　即是真空
甚深處　人難惺　十分奥妙
甚深處　實難參　幾箇知因
甚深處　難下手　本無一物
甚深處　無底没　寸步難行
甚深處　解不開　難信之法
若得了　甚深處　晝夜歡忻
若得了　甚深處　脚踏實地
若得了　甚深處　立命安身
若得了　甚深處　再不輪轉
若得了　甚深處　無相家風
若得了　甚深處　常生不滅
若得了　甚深處　不壞金身
若得了　甚深處　無邊聖境
若得了　甚深處　受用無窮
虧明師　説透了　甚深之處
元是我　清淨體　一段靈明

般若二字，西天梵語也，東土翻爲智慧。大凡爲人，須要自生智慧，若無智慧，真是愚人，空過一生，甘伏死門。有一等無智之人，以聰明謂之智慧，大錯矣。且聰明之人，賣弄精烝，役使心神，出言如飛龍俊鷂，行持如跛鼈瘤黿，貪利圖名，紐粗作細，看世財如骨如髓，棄性命若糞若土。只知明日後日，今年後年，不知老之將至，死限臨頭，可惜空過時光，虛勞一世。似此所爲，生死輪迴，如何脱得。且有智慧之人，外行愚鹵，内默安詳，識有生有死，悟無得而無失。常自諦觀，生從何來，死從何往。發此一念，親近知識，參問至人，求出世之法，逃生死之路。避過惡如避鎚刀，顧性命如顧寶貝。動則安人利物，亦不被境瞞。静則入定觀空，更不滯莽蕩。如是之者，一旦果完，擺手還家，得大自在。先師云，一日得還鄉，不作飄蓬客。釋云，撒手到家人不識，更無一物獻尊堂。川老云，孤舟到岸，遠客還鄉。且道如何是鄉。遠後十萬八千，近後不離當處。會得麽。

智慧聰明總是心　智人修内蠢傍尋
若人有智超三界　無智愚夫生死臨
般若有力智慧刀　斬斷思愛出塵勞
休等大限難底背　無常殺鬼不相饒
守真志滿爲綱紀　齋戒嚴切自然高
門口掛著生鐵面　不順人情罪業消
智慧之人心不往　外行愚鹵内安詳
念念在道不放捨　時時用意默默參
功成行滿因緣至　囫的一聲道現前
横遍十方無遮擋　竪窮三際運用寛

波羅二字，西天梵語也，東土翻爲彼岸。且迷者有生死，墮輪迴，只在此岸也。悟者超生死，脱輪迴，到彼岸也。若要到彼岸，須是自生智慧，過此生死苦海。如人過水，水深難過，須用船橋，或用木牌竹筏，多種方便盛載，過此苦海，而到彼岸。既達彼岸，前者船橋木牌等物盡皆無用。見性悟道者，亦復如是。大顛云，如盲人求醫，遠路不能自行，須假人牽，兼手中有杖方可，無此二物，不能得到。既到醫家，醫師與他點眼，大見光明，其杖與牽人都無用處。頓悟涅槃正道，亦復如是。且道甚是牽人柱杖。予今説破，信者便行，然後須辦取内功，求見性之法，了生死大事，一日功圓，得見本來面目，便是柱杖也。更要參訪明眼師，真大德，便是醫人也。從前多種方便盡皆無用，惟柱杖不可棄了。道云，得魚忘筌，得兎忘蹄。釋云，過河須用筏，到岸不須船。儒云，得意忘言，得米忘田。且道都教忘却，因甚只不教棄了柱杖。未〔五〕到水窮山盡處，且存作伴過時光。理會也未。這根柱杖本無相，元與虚空無兩樣，若人提起透三天，徧界邪魔不敢望。

波羅者　上岸人　脚踏實地
行善的　出苦海　不受塵淪
參大道　明性理　還有好處
歸家者　到本地　立命安身
三世佛　都在此　華嚴海會
極樂國　受風光　無盡無窮
思量起　苦海裏　翻波浪滚
水又深　無船渡　不得逃生
晝夜家　怕生死　憂愁不盡
訪明師　遇不著　怎脱紅津
見一人　説佛法　應聲高叫
論無爲　談理義　本性元因
言言真　句句正　單朋自己
三教同　合聖心　與世無情
這箇理　是佛祖　普光三昧
掃萬法　劈玄門　照破乾坤
心裏喜　可信受　别無一念
波羅蜜　登彼岸　纔得安心

蜜多二字，西天梵語也，東土翻爲無極。且無極者，無極而太極也。○乃虚空妙道也。古云，無極而太極，太極分二儀，二儀生三才，三才生四象，四象生五行，因有五行，漸漸滋生萬類，萬類盡在妙道之中包含也。今以蜜之一字，喻於虚空妙道。多者，比於諸品衆類，有情無情，皆屬道之含攝。且如蜂採百華，醖造成蜜。未成之時，有鹹酸甘苦辛之衆味，青黄赤白之衆色，其味不等，其色不一。一日功成蜜就，種種之味，一釀成一味，般般之色，混同一色，馨香美味，一無差别。到此則蜂得養生，人得受用。修行之人，亦復如是。且如修行之人，調伏身心，朝磨暮煉。功行未成之際，有慳貪心、利名心、嫉妬心、狼毒心、計較心、勝負心、貢高心、我慢心、殺害心、三毒心、怕怖心、邪匿心、妄想心、無明心、愚濁心、不善心、哄人心，暴惡性、麤躁性、風火性、見趣性、乖劣性、虛詐性、好閧性、撅强性、顛誑性、浮華性、諂曲性、分別性、貪嗔性、恩愛性、返復性，自無始以來一切習性貪心八萬四千有餘也，說不能盡。智慧之人，一刀兩斷，立志防身，窮根究本，功圓行滿，頑心自盡，邪性以滅，顯出聖心真性，並無差別，獨露真常，得大自在。古德云，衆星朗朗，不如孤月獨明。道云，百川流有盡，一海納無窮。仙師云，千思萬慮終成妄，獨守一真道自親。且道如何得見一真。

蜜多二字[六]非等閑　調理一切歸本源
用時嘗著心中美　諸味不同一例甜
憐憫方便人盡喜　温良慈善敬奉寛
達本性空隨緣分　捨命承當可向前
信心納受無極道　大用不缺理義全
鉄面無情生死斷　疑心放下當時安
要了無常不打緊　不發智慧甚是難
順著六賊都惹禍　心猿意馬最無端
罪生一人難出苦　休沉墜落著力參
恨儀不能加精進　輕輕跳出是非龕

時者一字，當時也。爲人在世，多有不惺，一時覺悟，明徹心地，識破萬緣是假，了知世事空華，直下迴光，便得清淨，清淨自然合道。古德云，清風颯颯透心懷，此時快樂人難識。玄之又玄，妙之又妙。無東西南北，無四維上下，無過去未來現在。與虛空平等，與大道無二，共歸一時，並無二處。川老云，時時，清風明月鎮相隨，挑紅李白薔薇紫，問著東君總不知。且道東君在何處安身。〇見麽。打不離，割不死。在桃紅李白，在薔薇紫。呵呵。

一時間　尋思起　人生在世

求衣食　晝夜忙　不得消停
妄想心　巴富貴　爭名奪利
逞剛强　能紐揑　使盡精神
不趂意　昧血心　欺天越理
一箇箇　捨死命　不顧殘生
這今生　得人身　非同容易
遭刑限　屈死鬼　永不翻身
眼不瞎　耳不聾　從見榜樣
休學他　拙智人　空過光陰
休等的　大限到　臨渴掘井
那時間　無常至　怎得道停
趂如今　四大安　堅心進步
身無病　休無疾　早〔七〕辨前程
明的心　見的性　超凡越聖
自然得　明珠顯　體透玲瓏
精裸裸　一段光　眼前放著
明歷歷　不復藏　常現金身
無晝夜　放光明　縱橫無礙

到這般　田地裏　自有前程
做道人　立志氣　出得苦海
到安養　極樂國　好處安身

照見五蘊皆空者，説四大不實。五蘊者，色、受、想、行、識也。此五等因積而不散，妄認色身是我，故長劫輪迴。若人猛省，借此幻身，依教修行，常自返照，照見五蘊淨盡。且道如何是色受想行識，怎生得此五蘊皆空。予今直説分明。若有解語之者，休生疑惑，信受奉行，必有契道之日。且色者，窒礙之義。若見境逢物，不著不染，是無窒礙也，色蘊自空也。受者，領納之義。若遇一切聲色境界，心不領納，得受蘊空也。想者，妄想思慮之義。若過去不思，未來無想，現在自如，得想蘊空也。行者，心念不停，遷流之義。若十二時中，心不外遊，念不煩亂，不被物轉，不被境留，一念不離當處，得行蘊空也。識者，別辯親疎之義，亦乃著物之理。若見一切境物，一無分別辯認，一槩平等，見如不見，識如不識，無親無疎，來則應之，去則不思，得識蘊空也。既得到此田地，自然照見五蘊皆空，六窓明淨，淨躶躶，赤洒洒，没可把，又有甚四大五蘊名字，亦不可得。道云，惟見於空。釋云，虚空獨露。昔歌利王道獵，遇一仙人，問語不答，先卸左膊，次卸右膊，節節支解，仙人面無恐懼，並不改顔。又罽賓國王問獅子尊者曰，在此做什麼。尊者答曰，在此蘊空。王問，得蘊空否。尊者曰，已得蘊空法。王曰，求師頭得否。尊者曰，身非我有，何況頭乎。又肇法師云，四大元無我，五蘊悉皆空，將頭臨白刃，猶如斬春風。又舍利弗〔八〕見天女，問云，何不變却女身去。天女答曰，我十二年覔女身，了不可得，教我變箇什麼。又鏡清和尚住院三年，本院土地要見師顔不能也。又太古郝真人，在趙州橋下辦道，忽一夜聞衆鬼於河邊共語云，明日有一戴鐵帽人來替我。言訖，杳無言耗。至次日將暮，大雨忽作，見一人頭頂一鐵鍋遮雨，至橋下，浴洗脚過橋。太古一見，喝，不可洗。听真人之言，扶欄上橋而去。至夜衆鬼皆至，一鬼言，三年等得一箇替頭，被這先生破了。衆鬼欲害真人，來往尋覔不見，不知真人在於何處，嗟嘆而去。真人只在橋下，鬼不能得見。又弘覺和尚住庵，天廚送供。後參洞山和尚，又來歸庵。天人三日送供，不見庵主。庵主只在庵中，爲何不見。這些上人，皆得圓頓之法，隱身之訣，神鬼俱不能得見。四大不實，色身非久，五蘊盡空，甚是本來面目，這一句從那裏得來，照見五蘊空底可是誰。

神仙得了五蘊空　王問三次不應承
君王惱怒屍殼壞　顯出金剛不壞身
獅子尊者得蘊空　君王相問我無身
國王不分斬首計　死而無懼性歸空
法師曉的五蘊空　揚説四句甚分明
有人會得無爲法　刀不能劈本來真
天女明得五蘊空　舍利向前使機風
轉女爲男成羅漢　返妄歸真不脱生

鏡清和尚會蘊空　三年土地不見踪
佛得利益神通大　參了大道怕鬼神
弘覺得了五蘊空　天人送供不見踪
無爲三昧難測量　隱身之訣顯功能
識破回頭便下功　了然脱洒悟心空
從他世事都零落　其中别有一神通

度一切苦厄者，佛憫衆生，開權顯實，超生越死，得免輪迴苦。太上云，吾有大患，爲吾有身。及吾無身，吾有何患。釋云，身是衆苦之本。儒云，有身有患，無執無憂。經云，三界無安，猶如火宅，衆苦充滿，甚可怖畏。若是有智之人，返照自己，悟得自身皆虚幻，非爲真實，何况他物。一日無常，盡皆拋撒，百無一用。念念如此，心境自除，雜念自少。更要參訪知識，親近智人，求出身之路，了生死大事。忽朝囫地一聲，脱下漆桶底，便見本來面。要見本來面目麽。〇古今無改變，人自認不真，明師説破了，元來這箇心。

若得心空苦便無　有何生死有何物

一朝脱下胎州襖　作箇逍遥大丈夫
堅心學道似如來　度出一切苦厄灾
常齋到頭似如來　度出一切苦厄灾
不惜身命似如來　度出一切苦厄灾
慈悲方便似如來　度出一切苦厄灾
孝順父母似如來　度出一切苦厄灾
行門廣大似如來　度出一切苦厄灾
不擇貧富似如來　度出一切苦厄灾
調御丈夫似如來　度出一切苦厄灾
教人安心似如來　度出一切苦厄灾
現成得到似如來　度出一切苦厄灾

舍利子者，辯真假二儀也。舍者，屋舍也，比四大色身是也。利子者，舍中本來一靈真性，主杖[九]堅固體也。如客店主人暫住，主若離舍，屋即倒塌，利子常在，只是换了房舍居住。道云，身是氣之宅，心是神之舍，久而神氣散，又是移屋住。釋云，無始以來賃屋住，至今誰識主人公。藥山又云，皮膚脱落盡，惟有一真實。要見真實底麽。還識這箇〇也未。又云，來來往往幾千遭，只是世人摸不著。

四大茅庵一間窩　包藏天地及山河
其中有箇真仙子　不染纖塵老摩訶鎮大羅
舍利元來一同居　色身有形性無爲
性是真空不能壞　有形決定死來催
舍利本是堅固子　色身不久化堆灰
信受自己真舍利　無始以來幾曾離
舍利是我主人公　行住坐卧常在身
千變萬化舍利用　元來不見體是空

色不異空者，更無分別也。道性非二，真空一等，只在目前，應物現形，人皆不識。長者長空，短者短空，方者方空，圓者圓空，白者白空，赤者赤空，小者小空，大者大空，遠者遠空，近者近空。道云，人人本有，箇箇不無。釋云，蠢動含靈皆有佛性。儒云，一切含靈各具一太極。古德又云，塵塵是道，塵塵是佛。仙真云，何物不稟道生，何物不稟道化。隨處現形，隨所自在。道不遠人，人自遠之。返觀自身是色，色中須有真空覺性，應現種種相，種種相即是真空覺性所現。永嘉云，幻化空身即法身，法身覺了無一物，本源自性天真佛。仙師云，有形假相，内包無相真形。寶公云，有相身中無相身，無相終日放光明。理會得麽。

色不異空體混合　三世如來修蜜羅
萬法歸一禪那體　凡聖同居體禪那
大道不分平切義　八了無爲明解脱
障礙不著安穩處　無諍第一並消麽
前世行惡轉輪迴　今生爲人盡不知
聞著好意心懷恨　業根深厚離更移
無始以來修因果　累劫種下大根基
遇逢善事生歡喜　定正圓明與佛齊

空不異色者，枝分稍異，根本無別，色空元一種，世人自分別。道云，大方無隅，混然一體。釋云，總三千界成一世界。儒云，登東山而小魯，登泰山而小天下。撤去藩蘺，何彼何此。古云，賢聖常行平等智，不生分別相。三教賢聖亦是空，四生六道亦是空。上至仙佛，下至蠢動草木，箇箇元來是空。且大朴未散，陰陽未判，二儀未分，三才未立，有甚你我，元來皆是一箇道理。因大朴散，天地合，三才成立，萬生滋生，直至如今不能返本。爲何。只因衆生執著，不知元來是空，迷己逐物，心生倒見，隨物流轉，不能歸一，機見不同，著色著空，色空二見。若人於此，廓然悟空平等，身心内外無餘，不見空色，不被物使，不被境瞞，一槩平等，有何二也，便得歸一。只這一，也是多了。重陽祖師云，抱元守一是工夫，地久天長一也無。古云，萬法歸一一何歸，一歸之處要君知。且道一歸何處，狗㖭熱油鐺。

空不異色表前因　起初之時本不分
未曾判斷無一物　上下玄空一片空
無陰無陽無天地　那得日月共星辰
無男無女無賢聖　也無三教都無踪
紅蒙茲萌分三儀　瞑幸始第一氣生
盤古至今隨萬物　人在其中順五行
背明投暗心不徹　不想歸源尋固根
身是父母陰陽湊　思謀佛性那里人

色即是空者，辯箇邪正之理也。空在色中，世人難見。眼是色，不能見物，只是真空妙性能見。耳是色，不能聽聲，只是真空妙性能聽聲。鼻是色，不能知香臭，只是真空妙性能知香臭。舌是色，不能言語，只是真空妙性能言語。身是色，不能覺觸，只是真空妙性能覺觸。脚是色，不能行走，只是真空妙性能行走。手是色，不能拈掇，只是真空妙性能拈掇。且夫真空妙性，無眼能見，無耳能聽，無鼻能嗅，無舌能言，無脚能行，無手能掇。意根有名無形，分爲八萬四千見聞覺知，總歸六根，偏身互用，神通妙用。古云，通身是，偏身是。道云，不須他處遠搜尋，十二時中遶偏身。色空不異，妙理全彰。色可色，非真色，空可空，非真空，總歸大道不是空。且道此理如何。川老有云，有相有求皆是妄，無形無影墮偏枯，堂堂密密何曾間，一道寒光爍太虚。道云，知空不空，知色不色，名爲照了。予今不免饒舌説破，若見一切有相境物，休教染著，若到情忘念絶之處，休教迷真。著相則著有，迷真則落空。不著有，方是了事底人。

色即是空鑛中金　塵裏埋没幾千春
用心掏沙尋著寶　明師説破現金身
眼觀一切金身現　耳聽一切現金身
鼻聞一切金身現　口談一切現金身
手拈一切金身現　脚行萬里現金身
體知玲瓏金身現　意變推詳現金身
千變萬化金身現　晝夜出巡現金身
膀撥攬草金身現　識了大用不見踪
大道不離方寸地　不須他處遠搜尋

空即是色者，重重細説也。色在空外，人被境瞞。仙師云，道無萬彙則不能顯，萬無道彙則不能生。釋云，見色便見空，無色空不見。是以三教聖賢不見有色有空，色空雙泯，内外無分别，如如常自然，光明洞耀，周徧沙界。世人則不然也，分内分外，論彼論此，著相分别，見種種相，隨聲逐色，迷真不覺，出殼入殼，展轉不知，改頭換面，無有了期。非干他事，是自尋得底，何不及早回頭自救。且道怎生救得。放下從前惡水鑵，揀着痛處使金針。

空即是色都不實　色即是空兩虧殊
二邊中間生死路　色空雙泯落便易
凡所有相皆虚妄　參了無爲説有爲
殺佛滅祖遭刑限　閻王惱怒鬼來追
後學先得成佛道　不中久習早是遲
萬法幾時學得了　哄著迷人看攬集
大限到來無定準　心地不明怎出離
有人曉得祖師機　一句了然超百億
一槩均平有甚差　本來元是一人家
只因著在枝梢上　迷了從前大道芽

受、想、行、識者，貪心不了之意。因眼見，故受色。因受色，心有思想。因思想，念行。因念行，有識解，有六根。因六根，生六塵，一識便有四大五蘊。有此五蘊色身，便著相分別，隨聲逐色，憎愛憂恐從茲而起，以致流浪生死，而無停息。若要生死斷，輪迴止，但從起處一根照破，令四大五蘊淨盡，廓然無無[一〇]，當下空寂，直下承當。空劫已前自己，寂而常照，照而常寂。太上云，寂無所寂，慾豈能生。慾既不生，即是真靜。又云，唯見於空，觀空亦空，空無所空。所空既無，無無亦無。無無既無，湛然常寂。釋云，人亦空，法亦空，二相本來同。且道人法二空，畢竟何處住。〇諸境萬緣留不住，混然隱在太虛空。

受想行識恩愛深　無始以來墜沉淪
翻來覆去娑婆轉　滅跡分行串四生
胎生駝騾化象馬　卵生鳥獸變飛禽
濕生水中化蝦蟹　化生惡趣作蚊蠓
失脚受苦無量劫　骨生淚海數如塵
四生受苦人難救　喚面又生六道中
天人道裏曾受福　人天道裏做衆生
地獄道裏無邊苦　餓鬼道裏灌鎔銅
畜生道裏諸趣轉　修羅道裏做天兵
四生六道都轉過　地藏閻君發慈心
著你做人尋出路　再休入我地獄門
改惡向善修因果　你要成尊我不嗔

亦復如是者，是還元義。既無我，則萬法皆無，復歸於空，便得返本還元也。佛家喚作萬法歸一，道家喚作復命歸根，儒家喚作復還元初天理。到這裡，言語道斷，心行處滅。若動念即乖張，安排即不是。所以川老云，退後退後，看看頑石動地。理會得麼。休得胡走，動著三十棒。

亦復如是甚明白　今日纔得見如來
亦復如是心發眼　還得結果見如來
亦復如是知下落　還得理義見如來
亦復如是歸根命　還得清潔見如來
亦復如是得現成　還得真空見如來
亦復如是入大門　還得無爲見如來

亦復如是無極道　還得天真見如來
亦復如是安身命　妙訣一言透心懷

舍利子者，是本性，當面不識，火不能燒，水不能溺，箭不能傷，刀不能割，風不能飄，日不能炙，雨不能洒，描畫不出，毒藥不能害，惡蟲不能螫。只因行走路頭差，所以失却波羅蜜。見舍利子麽。亘古到今，不曾改變，只是來往賃屋居住，或時朱樓畫閣，或時草舍茅堂，或時金釘朱户，或時破廟窑龕。省得麽。川老云，雲起南山雨北山，馬名驢字幾多般，諸看浩渺無情水，幾處隨方幾處圓。若要不來不去，須得請漏已盡，以歸寂滅。如此者，永出三界外，天地不能拘，作箇物外閑人。○會麽。向前不如退步。

舍利子　凡合聖　交合一處
聖堅固　凡不久　形相非長
無的實　有的虚　真假難辨
辜負了　如來意　不肯參詳
念心經　每日家　巡行數墨
遇明師　窮理意　不由心慌
立志氣　發勇猛　休學頑鈍
參透了　舍利子　徹地通天
舍利子　法中王　千變萬化
舍利子　法中王　常放毫光
舍利子　法中王　永劫不壞
舍利子　法中王　真空無邊
舍利子　法中王　無來無去
舍利子　法中王　就是西方
舍利子　法中王　無極大道
心地堅　石也透　舍利見前
尊佛法　親近師　不耻下問
尋真理　訪實義　免見閻君

是諸法空相者，破邪顯正。諸法皆空，本非實際。仙真云，法本無法，形本非形，有形終是假，無相是真人。《金剛經》云，法尚應捨，何況非法。又云，一切有相皆是虚妄，若見諸相非相，即見如來。從上祖師一味談空者，只爲衆生直下是空，擔負不行，起種種假名，引導有情無情皆歸空寂，得返本源。若信未及，但去靜坐返照。照見五蘊實無所有，自然忘形忘體，得其人空。既得人空，如病安去藥，其法亦空。人法俱空，自然休去歇去。經云，我身本不有，憎愛何由生。既得忘形忘體，有甚念慮可牽。到這地面，自然放下，無仙佛可做，無生死可斷，無修無證。若更有絲毫可修可證，則墮生死界，永劫受沉淪。若能徹底脱洒，無所依倚，不落有無二邊，如虚空獨立，直下承當，空劫已前〇圓陀陀，光爍爍底，有何不可。會麽。乾坤兩朵海中蓮，一切衆生虚出没。

是諸法空相非實　背了無爲認有爲
外實裏虚揚人德　見境生心又更移
欺師滅祖續舊情　那上儹下趑高的
顛倒反復風魔漢　滅性言凡著鬼迷
終日看方不服藥　雜念貪多一肚疵
無佛可做纔趑心　勸人除疑與佛齊

各人了得心間事　啞叭做夢説不出
法身常住無相國　妙用在世放光輝

不生不滅者，理性也。此直言直説衆生具足法身真空妙性，亘古今不曾生，不曾滅，不變不移，無來無去，無舊無新，巍巍如是。太上云，寂兮寥兮，獨立而不改，周行而不殆。又云，寂然不動，感而遂通。四大五蘊恁他虚生虚没，於自己法身總無交涉。且道，既無交涉，如何步步不離。古德云，和光塵不染，三界獨爲尊。川老又云，得優游處且優游，雲自高飛水自流，只見黑風翻大浪，未聞沉却釣魚舟。如是者，且道有交涉也無交涉。若得五蘊皆空，有甚離與不離。會得麽。水流常不住，青山鎮日閑，真空一段理，無爲得自然。

不生不滅好歡喜　上得岸來唱囉哩
不生不滅好歡喜　逍遥路上唱囉哩
不生不滅好歡喜　出了苦海唱囉哩
不生不滅好歡喜　西方路上唱囉哩

不生不滅好歡喜　天堂路上唱囉哩
不生不滅好歡喜　安義大路唱囉哩
不生不滅好歡喜　無極大道唱囉哩
不生不滅好歡喜　極樂家鄉唱囉哩
不生不滅好歡喜　諸佛國裏唱囉哩
不生不滅好歡喜　聖賢地上唱囉哩
我今得了真實意　宣卷念佛唱囉哩

不垢不淨者，亦説衆生本來清淨法身。佛人凡聖古今，僧俗男女，生死垢淨，增減成敗，邪正善惡，來去好歹，明暗有無，東西南北，上下裏外，這些都不住，無名無相，無痕無瑕，無染無污，不長不短，不方不圓，壞不得，燒不得，如虚空，似蓮華，不著水，也不垢穢，亦不淨潔，常劫如然，如水中月。要見麽。隨處放光明，幾人能得見，若肯信心者，晝夜常出現。

不垢不淨自主張　無名無相亮堂堂
不住一切無窒礙　縱横自在放神光
不垢淨　是無爲　自邊不住
不住佛　不住人　自在縱横
知因人　明這句　無爲大義
彈指中　忽然惺　立命安身

不增不減者，謂混沌虚空之體。迢迢空劫之身，如何增得，如何減得。道云，在聖而不餘，在凡而不欠。釋云，如如自然〔二〕，無欠無餘。又云，經歷劫而不壞，至亘古而不遷。永嘉云，體似虚空没涯岸，上乘菩薩信無疑，中下聞之必生怙。且道因何如是。呵呵，自家繩子短，倒怨井水深。靈山會上曾相識，今日因何不認人。正是自家昧了，不知不覺。

不增不減無修證　知因信心得現成
不增不減無修證　方便信心得現成
不增不減無修證　學好信心得現成
不增不減無修證　大德信心得現成
不增不減無修證　行行信心得現成
不增不減無修證　孝順信心得現成
不增不減無修證　進忠信心得現成

不增不減無修證　賢良信心得現成
不增不減無修證　公平信心得現成
不增不減無修證　富貴信心得現成
不增不減無修證　貧賤信心得現成
不增不減無修證　僧俗信心得現成
不增不減無修證　男女信心得現成
不增不減無修證　老少信心得現成
不增不減無修證　軍人信心得現成
不增不減無修證　閑忙信心得現成
不增不減無修證　病人信心得現成
不增不減無修證　罪人信心得現成

是故空中者，説妙道真空，不生不滅，無垢無淨，增不得，減不得，清淨本然，古今不改，萬劫常存，刀割不斷，箭射不穿，繩繫不住，火燒不燃，雨洒不濕，日炙不熱，推擁不偏，擊之不痛，捉之難拈。因何如是。物不礙虛空，虛空不礙物也。仙真云，真空不掛物，大道不沾塵。川老云，虛空不閡絲毫念，所以彰名大覺仙。

是故空中性禀天　聖人有道歸本元
是故空中性禀天　老君得道歸本元
是故空中性禀天　釋迦得道歸本元
是故空中性禀天　菩薩德道歸本元
是故空中性禀天　祖師得道歸本元
是故空中性禀天　智慧得道歸本元
是故空中性禀天　知因得道歸本元
是故空中性禀天　有緣得道歸本元
是故空中性禀天　有福得道歸本元
是故空中性禀天　羅漢得道歸本元
是故空中性禀天　參透得道歸本元
是故空中性禀天　久遠得道歸本元
是故空中性禀天　明心得道歸本元
是故空中性禀天　見性得道歸本元

無色無受想行識者，表説前因也。既是空中，有甚五蘊積習。虛空之體，安色不受色，安聲不受聲，安受不受受，安想不受想，安行不受行，安識不受識。六道四生一切假相，都無納受。清虛妙道，纖塵不立，畢竟無形，行如鳥道，坐若太虛。且道如何謂之鳥道太虛。鳥道雖行而不見跡，真空雖露而不見相。會麽。

受想行識五音魔　如蚕結繭下湯鍋
忙忙只爲名和利　思心自網自纏縛
父母未生無𣦶事　隨著陜陜過愛河
一片苦海翻波浪　越進越深無底没
左右都是險峻地　只爲麤行步步錯
矣悞仔細離鄉郡　無始以來造業多
若免輪迴不受苦　大衆高聲念彌陀
若免四生不受罪　處心用意念彌陀
若免六道生死業　行住坐卧念彌陀
若免娑婆不來往　朝朝每日念彌陀
若免閻王生鐵面　聞早向善念彌陀

無眼耳鼻舌身意者，説本性無形相也。且道無眼耳鼻舌身意，是箇甚麽。休得看蹉過了。予今明説，有此六根是色身，無此六識名法相。如此之者，只是教修行人，眼雖看，不要著在色上。耳雖聽，不要著在聲上。鼻雖嗅，不要著在香臭上。舌雖嘗，不要著在味上。雖有身體，休要著在相上，須要忘形忘體。意雖應事，不要著在境物上，要常應常靜。道云，眼不觀色，耳不聽聲，舌不貪味，鼻不嗅香，身不妄動，意不狂亂。儒云，非禮勿視，非禮勿聽，非禮勿言，非禮勿動。便是無眼耳鼻口身意也。亦是六根清淨，便是六塵不染，又是六識皆空。總而言之，十八界靜也。又名六耗消亡六賊死，一真不動六門關。總而言之，十八獄空也，斷也。若此則天堂近也，便見本來法身。要見本來法身麽。在眼曰見，在耳曰聞，在鼻曰嗅，在舌曰談論，在手拈掇，在足運奔。全體起用，全體法身，非是六根四大見聞知覺，休認四大六根爲己。《金剛經》云，凡所有相皆虛妄。道云，悟者忘念歸真，迷者著相失本。盡是假名引導，衆生不可知得便了，須要親見法身。若得親見，轉凡成聖。若聽人言説，或文字上知解，如畫餅充飢，似説酒止渴，終不濟事。虚實云，華藥欄，莫顚頂，星在秤，不在盤。重陽祖師云，休教錯認定盤星，且道此句如何説。謂盤只可等物，知輕别重者，皆在星上。祖師又恐人錯認定盤星，討準定盤星，定盤星也是死物，不知輕重，是以休教錯認定盤星。一般都是星，有用得著底，有用不著底。此皆喻法，精細審察，休執著一邊。且道此理如何。真性與識性，真神與識神，一般同住止，一假一成真。

道在尋常日用間　究察觀想細細參
擡手動足全憑道　閑忙動静道現前
眼觀萬境全憑道　耳聽聲色道現前
鼻聞香臭全憑道　開言吐語道現前
吃飯穿衣全憑道　千變萬化道現前
存心忍耐全憑道　改惡向善道現前
買賣營運全憑道　看前顧後道現前
有道扶持身體健　英雄家傑神氣剛
道不在時身無主　鴛鴦氣斷不中看
當時敗壞難留戀　五零四散被蛆鑽

學道不脱生死苦　爲人空住在南閻
借假修真真常在　萬劫無更不論年

無色聲香味觸法者，本無六塵也，皆從一根上起。若識的從根本生起處是妄，且休〔三〕認苗。仙真云，揚湯點沸，不如釜底抽薪。釋云，要伐其樹，先去其根，枝稍自墜。既識根本，棄假歸真，識得我身非有。我身尚無，萬法皆空，自然清淨。觀身無身，觀法無法，都歸空寂，無色聲香味觸法也。我心本空，罪福無主，何者是罪，何者是福。經云，諦觀心本來空，是則名爲真懺悔。且道懺箇甚麽，悔箇甚麽。懺其前愆，悔其後過。既得諸根斷，何處可生苗。

無色聲香味觸法　打掃潔淨現心華
眼不愛色爲潔淨　從根湧出現心華
耳不受聲爲潔淨　從根湧出現心華
鼻不嗅香爲潔淨　從根湧出現心華
舌不貪味爲潔淨　從根湧出現心華
身不觸相爲潔淨　從根湧出現心華

意不住法爲潔淨　從根湧出現心華
六塵不入無魔境　大圓鏡智現心華
六門平徹都無了　妙觀察智現心華
無相家風本現成　人人心地發光明
豁開自己神通藏　受用無窮出世人

守真志滿，立定根基，還元無那移。窮理盡性，寂滅第一。無相家風，誰敢受持。真空聖境，無緣到不得。

闔通顯道甚深功德寶卷上

校勘記

〔一〕「願不」，底本原校疑倒。

〔二〕偈頌中前後重複之文字，底本多所省略，今據文意及底本版式補全，以下不另出校。

〔三〕「行」，底本作「形」，據文意改。

〔四〕「似」，疑衍。

〔五〕「未」，底本作「求」，據底本原校改。

〔六〕「字」，底本作「守」，據底本原校改。

〔七〕「早」，底本作「旱」，據文意改。

〔八〕「弗」，底本作「佛」，據文意改。

〔九〕「杖」，底本原校云一本作「張」。

〔一〇〕「無」，底本後衍「我」字，據底本原校刪。

〔一一〕「如如自然」，底本原校云一本作「圓同大虛」。

〔一二〕「休」，底本原校云一本後有「教生」二字。

闔通顯道甚深功德寶卷下

說無眼界乃至無意識界者，本來無形，若眼界淨，意識安。因執有眼，連累十八界不安，但去眼根，反究虛假。古德云，眼是障道魔軍，著境自迷回路。仙真云，眼觀心動，著物迷真。吾身非久，六根皆歸敗壞。靜審四大都無實義，惟有真空妙性，長劫不壞之體，湛然常在，亦無修證。釋氏云，那伽長在定，無有不定持。先師云，定中境界，靜裏乾坤，自然而然，做作又不是也。

既得定力，有甚散亂。如同秋月，圓陀陀，光爍爍，普天匝地，無有不照著處。説箇照著，亦是自然，非妄想故。拾得又云，吾心不比月，比月有圓缺，一盞無油燈，照得十方徹。山河大地，不能隔礙，光明洞耀，迥脱根塵，體露真常，本無染污，但離諸緣，便是仙佛。

無眼界　乃至空　無意識界
從本來　曠大劫　盤古至今
又無眼　又無耳　難猫[一]難畫
又無鼻　又無舌　萬般音聲
又無身　又無意　難量難測
無形相　能變化　廣有神通
這真身　與世間　無有比對
不是佛　不是人　非是衆生
不是男　不是女　不是凡聖
不是古　不是今　非相非空
這妙意　人人有　終日顯現
渾身上　細搜尋　不見其踪
暗思想　心内喜　多虧師傅
慈悲心　教道我　纔得分明
請心經　説一遍　言言見諦
談妙法　論無極　句句超宗
精裸裸　赤剎剎　光明出現
生不懼　死不愁　不壞金身

無無明者，萬緣不生也。無明是黑暗不停之念。一切衆生盡有無明，因有無明，起多種差別，百般煩惱，皆是暗昧之心，故令如是。道云，暗昧心不止，地獄畜生本。釋云，無明不見菩提路，不覺將身落火坑。儒云，寸心不昧，萬法皆明。又廣成子云，木去火則不灰，人去情則不死。太顛云，心處六情，如鳥投網。造罪惡業，如蛾赴燈，出殼入殼，轉轉不覺，流浪經劫，皆因無明而起。因有無明有行，因行有識，因識有名色，因名色有六入，因六入有觸，因觸有受，因受有愛，因愛有取，因取有有，因有有生，因生有老死憂悲苦惱，皆因無明爲始。於此親見無明，降伏令死，死中更死，諸漏自盡，煩惱永斷，三毒自滅，惡根自除。直截根源，莫顧枝梢。根若截斷，枝葉自枯。不見有身，身盡無明盡，塵垢亦盡，萬劫塵沙數罪，一時頓息，輪迴生死，一時消滅。

無無明　心豁亮　纔知下落
無無明　心豁亮　兼落歸根
無無明　心豁亮　纔知端的
無無明　心豁亮　道理分明
無無明　心豁亮　不圓修福
無無明　心豁亮　不求皇宫
無無明　心豁亮　不求來世
無無明　心豁亮　不圓轉生
無無明　心豁亮　有身有苦
無無明　心豁亮　不求人身
無無明　心豁亮　不圖有相
無無明　心豁亮　清淨法身
無無明　認的他　西方大路
無無明　認的他　無相家風
無無明　愛的是　極樂世界
無無明　愛的是　立命安身

亦無無明盡者，潔白之意，道理精通。迷則顛倒妄想，是無明業心。悟則轉凡成聖，是圓明覺性。都是一般心地，只爭明與不明。太上云，同出而異名。永嘉云，無明實性即佛性，幻化空身即法身。若執幻身是我，即有無明。有無明，即生三毒，起三惡業。三業昏暗，六根内盲，因此不覺不知，背覺合塵，墮三惡道。如有智慧之人，能轉慳貪心爲喜捨心，轉嗔怒心爲歡喜心，轉愚痴執著心爲圓融脱洒心，更改六賊爲六神通。於此一二轉得、改得，自然轉凡成聖，凡夫即是聖人。若轉不過、改不得，聖人即是凡夫。如何凡人被物轉，聖人能轉物。百姓日用而不知，終日忙忙，被物所引，日久月深，離家漸遠，不得還鄉，迷真失本也。若是會萬物歸於自己，豈得迷失真本也。川老云，終日忙忙，那事無妨，不求解脱，不樂天堂，但能一念歸無念，高步毗盧頂上行。道云，居塵不染塵，在慾而無慾。身心如如，内外無餘，須是打成一片，與空劫齊。形影不存，反觀己身。我身不實，餘者皆空。我身尚假，有甚無明。

無無明盡萬物絶　鉄面無情不須説
玄妙之法風不透　無爲道理甚嚴切
無智衆生空磨亂　廣攬雜念不如拙
看經不解如來意　口念心違意不徹
妄想牽連過一生　摘葉尋枝無休歇
敬奉尊師守根源　頓除疑心真了潔
瞥然如是知端的　佛祖都是這等説
肯把心經信一句　彈指明白超三界

乃至無老死者，修行之人，須要妄形忘體。我身既無，有何無明。無明既無，生死亦斷。太上云，内觀其心，心無其心。外觀其形，形無其形。遠觀其物，物無其物。三者既悟，惟見於空。《金剛經》云，無我相，無人相，無衆生相，無壽者相。三者既無，四相皆空，有何無明老死。萬法自空，即是仙佛。只這仙佛兩字，也是多了，亦乃强名。且衆生顛倒，被目前幻境所惑，習性所牽，形影變動，不能作主，隨物流轉。因執有我，妄心不滅，人我不除，執著聲色，墮落生死。若是見性之人，目前無法，亦無衆生，心、佛及衆生三無差别，平等真法界，一體同觀，萬法歸一。且怎的同觀爲一。仙真云，雖則枝分稍異，根本無殊，派别流差，百川還海。且太極未判，混然一氣，豈有二耶。天地既分，而有高下，一生二，二生三，三生萬物，皆一氣所化。天也是道，地也是道，人也是道，有情無情，皆受道氣所生。觀稍末則萬彙不等，知根本則一概無殊。仙真云，平等不二者，是全真之丈夫。若識破這箇道理，生則從他生，老則從他老，病則從他病，死則從他死，生老病死，不曾干礙著我。漚生漚滅，○波翻浪滚，水本常然。太顛云，到家底人，不見有生死，亦無生滅，天堂地獄，六道四生，一切幻化，於徹底的人，總無交涉，自然全身放下。古云，諸行無常一切空，即是如來大圓覺。

乃至無老死也無　無始以來在閻浮
未曾初分先有性　性是如來無量壽
成住壞空經多少　天地循環不計數
空裏現形形有壞　空是無極空堅固
未有天地空在前　空生陰陽空是母
迷人不解元流義　可嘆學徒心性麤
口大舌長誇能會　欺師慢文殺佛祖
破邪顯正不納受　連泥帶水非丈夫
乃至無老壽延長　不生不滅似神仙
時節到來因緣至　返妄歸真入本源
多虧祖師真妙法　説破前因出苦淪
我今得道安身處　心心念念不忘恩

亦無老死盡者，既無老死，常劫如然，豈有窮盡。有盡是色身，無老死是真空法相，既不著有，亦不滯空，活潑潑的，轉轆轆的，圓陀陀的，光爍爍的，豈有盡耶。修行人先要打當乾淨，纔有相應處。太上云，損之又損之，以至於無爲，無爲而不爲。大顛云，學道之人，如剝芭蕉一般，去一層又去一層，直至去盡無下手處，自然返本還元，得五蘊空，如未生相似，燒了一般，到空不空處，脱體全忘，不存踪跡，要通身手眼，不立纖塵名字，何況他十二因緣，六度萬行，頭陀苦行，一時頓脱，如枯木死灰，如百無一會的人。古云，不是洗心除妄想，都緣無事可思量。若更説生説死，説因説果，説心説性，則被法縛也。永嘉云，心是根，法是塵，兩種猶如鏡上痕，痕垢盡除光始現，心法雙忘涅槃城。

亦無老死盡凡情　曠劫常然豈有窮
四面八方無障礙　一體同觀有甚詳
法身普覆大千界　恒沙諸佛混源中
三世如來都在道　本性相連太虚空
各人了得心間事　千燈一室光不分
念報明師難酬謝　不落分別報祖恩
到岸從來不用船　坦然大道透常安

了知元不因他悟　面目分明總一般
前又三來後又三　擬議商量總不堪
饒汝識情俱絶斷　三生九劫更重參
一段生涯六不收　從前萬法盡非儔
輕輕擘破三千界　直得恒河水逆流

無苦集滅道者，既忘其形，即得生死斷絶，更無窮盡，有甚苦集滅道。先師云，因有身心招衆苦，能忘身心苦何生。釋云，身是衆苦之本，心是惡業之根，若能放下身心，便登菩提彼岸。大顛云，小乘之人，日夜精進，六度萬行，心外求法。免此四諦，出世界，免輪迴，無有是處。諸佛爲大事因緣，出現於世，不以小乘法濟度於衆生。大乘之者，學無爲法，端坐念實相，衆罪如霜露，慧日能消除，存於間處，收攝其心，端坐不動，觀一切法，皆無所有，反㈢觀四大有身非覺體，無相乃明真，自知空寂，頓觀淨盡，無功之功，長劫不壞，無爲之爲而不爲，如如不動，湛然常寂。《蓮經》云，諸法從本來，常自寂滅相，佛子行道已，來世得作佛。定慧力莊嚴，無迷無悟，無苦無樂，無寂無滅，無道無得，無慧無失，本來無一物，明鏡亦非臺。到這裏，修證即無，染污不得，一超直入如來地。要見如來麽。如來似來不來，似去不去，送之即不得，留之亦不住。

無苦寂滅道路窮　無福無罪脱凡籠
既忘其形生死斷　得了金剛不壞身
因有身心招衆苦　能忘身心苦何生
不求人身生死斷　不求成佛脱凡籠
不求神仙生死斷　不求菩薩脱凡籠
不求羅漢生死斷　不求果位脱凡籠
放下貪心登彼岸　背塵合覺道纔真
不住相法超生死　返妄歸真道圓成
小乘不肯修功德　嫌貧愛富大妄心
修下來生無量福　倚富欺貧集業根
閻王惱怒佛不喜　那里安剎這樣人
若想脱免輪迴苦　驢長肌角甕生根

無智亦無得者，自身尚假，豈有得乎。道云，實無所得，爲化衆生，名爲得道。釋云，亦無人亦無佛，大千沙界水中漚，一切聖賢如電拂。又云，不是心，不是佛，不是物。大顛云，到這般田地，如賊人空室，無物得偷。道經云，離種種邊，名爲妙道。釋云，自性清淨，實無一法可當情。本來付有法，付了然無法。箇箇心自悟，悟了無無法。無得無失，無進無修。胸次纔有絲毫有得有失，我能我會，我悟我答，我聰明我智慧，盡是增上慢，人我不除，皆墮生死。若是真實道人，總不如是，自有出身之路。且道如何是出身之路。打教四邊淨，自好向前行。本來這箇没纖塵，只怕時人錯認真，放下了然無一物，何處不是舊家風。《武陵春》。

無智人　不能得　出身之計
忙一生　亂一世　還入幽冥
無智人　每日家　只會作惡
無常到　生死至　走路無門
害生靈　又怕他　殺鬼追命
不信佛　不信法　可想念經
無智人　常念佛　不知下落
到臨危　無投奔　那里安身
無智人　會誦經　不明佛義
趂强心　不參師　空過一生
無智人　倚相修　不辨真假
到臨危　靠不著　勞而無功
無智人　不念善　詐名奪利
瞞心地　欺天理　罪業隨身
無智人　吃迷齋　不肯參道
佛不喜　神祇怒　無處逃生
今世因　來生緣　還遇佛會
種善根　遇正法　亦得起生
顧兒女　置家緣　別人情受
作下業　去受苦　那箇知恩

以無所得故者，得無所得，一體空虛。修行人到這裡，入大乘之位。衆生因甚輪轉，不能休息。因不曾見性，尠無智慧，不能廣悟無量空義，執著自己胸次，學解悮却本心。大顛云，從外入者，不是家珍。仙真云，學他心内言，終是别人語。衆生被乾慧學解廣覽積習在心，遂成我慢。古云，若有絲毫便是塵，塵若不消，只知傳説事。塵若消盡，諸境親見，諸事親知，如明眼人登高山，無所不見。修行人須是究竟到空劫齊，不落第二見，歸根得旨，方有相應。若是執著人我，便生輕易。善星㊂比丘講得《維摩經》，增上慢人我不除，生陷地獄。雲光法師講得天華亂墮，貪嗔不改，墮落堰牛。若要超佛越祖，須是念念空寂，世間幻化，一切客塵，惟太虛之體，聲色不存，纖塵不立，如虚空相似，便是了事清淨安樂道人。

一無所得故不能　不肯學好作惡人
光陰有限能幾目　忽的無常入幽冥
萬貫家財將不去　親戚六眷不見踪
朋友弟兄難顧盼　妻妾兒女也是空
無常殺鬼來追命　千頭馬面不放鬆
入的陰司森羅殿　閻王惱怒氣冲冲
來來往往饒你命　放回陽間去修行
教你爲人還不善　佛言只當耳邊風
棄恩背德休怨我　送在阿鼻你受用
石消芥盡蘇無粒　三災已了纔翻身

菩提薩埵者，西天梵語也，東土翻爲人空法空。大顛云，了得人空名曰菩提，了得法空名曰薩埵，人法俱空名曰妙覺。若四果小乘著相修行，精進苦行，及至修無漏，斷塵沙惑，果行圓滿，得四果阿羅漢，如獐獨跳，神通狹劣，墮在聲聞辟支佛裏，不能接物利生。若不見性，不得到圓頓之位。須是見性。若得見性，反掌之間轉凡成聖，自然機緣悟佛三昧，知大道根源，雖無師智，自然智多，種種方便，度諸迷悟，同登彼岸，更不受生，教外别傳，入圓頓無礙法門。且道如何是無礙法門。緬平一等，七通八達。

菩提薩埵人法空　無修無證得現成
圓覺菩薩來作證　豈有五派及三宗

菩提薩埵一物無　每日坦然鮝嚧嘟
試觀十五三更月　衆星朗朗一月孤
菩提薩埵空不空　破邪顯證放光明
微塵世界不能比　難描難盡本來人
菩提薩埵人法没　太極以前一物無
無極變化生二儀　五行分開大極圖
菩提薩埵亦是空　識得根源莫順情
丈夫自有衝天智　不向如來行處行
虚空不增又不減　不增不減是吾身
萬物不占虚空性　性空不占世間塵

依般若波羅蜜多故者，此中間六箇字，依前種種解説。修行得大智慧，既有智慧，必登彼岸，而復太虚最尊最勝，悟性般若，天上天下無有及之。道云，十日有爲，不如一日無爲。又云，一年學教，不如一日通道。古德云，千日學法，不如一日學般若。大顛云，般若通透大光明藏，如人入海，轉入轉深，聞佛知見，悟佛知見，有大神通變化多般，方便應現種種相，隨機利物，不落第二，一體同觀平等真法界，無衆生可度，亦無佛可做。理會得麽。水流異派，到海同源。

般若波羅蜜多圓　久病眼之當時安
多虧明師真法語　身輕體快心地寬
遇佛三昧明理性　聞佛三昧識根源
悟佛三昧有功德　無爲三昧得自然
道德無爲無不爲　無爲之理總一般
衆生有分及有緣　失家累劫今得還
深悟無極先天性　輕輕跳出死生關
般若現前無罣礙　横身宇宙莫疑猜
虚空撈破難藏復　大道分明歸去來
無來無去亦無形　出入錯認定盤星
好箇自在真空法　返本還源舊家風

心無罣礙者，即悟真空妙理，廓徹太虚，清淨本然，常得自在。仙真云，心若太虚，不染一物。釋云，心同虚空界，爾等虚空法，證得虚空時，無是無非法。既然與虚空混爲一體，有何差别。是與不是，内外清淨，内空外空，當體即空，未有天地，先有此空。太上云，有物混成，先天地生。又云，無名天地之始，有名萬物之母。視之不見，聽之不聞，搏之不得，迎之不見其首，隨之不見其後。五目不都其蹤，二聽絶聞其響。川老云，堂堂大道，赫赫分明，人人本具，箇箇圓成，只因差一念，現出萬般形。六祖云，我有一物，上拄天，下拄地，無人識得。若親見一面，超過諸佛祖，出三界，不墮輪迴。爲人自肯自信，得無礙法，決定無礙。會得麽。扯碎幔天網，去了當道石，以是無遮擋，今日纔出期。

心無罣礙了妄緣　識破紅塵不相干
觀盡一切無情分　恩愛斷時得自然
知因不求西方境　淨土元是無相天
十方都是佛行處　清淨法身廣無邊
視之不見無形相　聽之不聞空無言
迎之不見爲玄妙　其首隨之可現前
堂堂大道常覩面　赫赫分明照大千
我今得了無極道　多虧名師送過關
我今得了安身處　多虧名師送過關
我今得了無生母　多虧名師送過關
我今認得娘生面　多虧名師送過關

無罣礙故者，内外清淨，諸緣脱洒也。如麗天杲日，光滿大千，無所不照，一切虚妄境界，總無罣礙，東去無窮，西去無極，縱横自在，幻境不能所拘，本源自性天真，長劫不壞之體，無去無來，無變無異，霧開日自現，塵盡鏡自明。無故之一字，是圓滿之義，極則亦是真常之理，不可言説，因説不得，故曰故。《金剛經》云，無法可説，是名説法。儒云，道本無言，開口失理。仙師云，道本難説，須當自悟。一撞金鐘響，高樓送鼓聲，驚醒夢中人。本來空没礙，著相自家迷，若人回得轉，仙佛一般齊。

無罣礙　性是空　焉能有此
寂滅教　難得惺　多有不通
用意參　細觀察　須要到底
知輕重　辨黑白　自然分明

有夢，不識開眼也有夢。如何是開眼有夢。仙師云，假若金銀過北斗，大限來時一夢中，豈不是開眼也做夢。若要夢覺，直待無常，方省生前所作所爲，所貪所愛，一切萬緣，盡是一場春夢，只自己一身也顧管不得，到此省時晚矣。若是有智之人，忽然自省自覺，無常到來，此貪欲愛樂，盡是輪迴之種，地獄之因，遠離顛倒，悟本性空，即知此身必無。古云，聖人無意無冋，無必無我，無依無倚，無晦無明，無相無名，無强無弱，無穢無淨，無止無作，無任無滅，無默無言，絶思絶慮，一切語言道斷，心行處滅。大上曰，實無所得，爲化衆生。釋云，道妙幽微，不可得見。大顛云，死了燒了，無飢無渴，無寒無熱，無起無倒，無坐無眠，無六根，無九竅，無四百四病，無八萬四千蟲，永無顛倒。若不如是悟去，清淨界中纔一念，閻浮早通八千年。會得刹那間，不會塵沙劫，死死生生，展轉不覺，睡長夢而不醒，萬劫顛倒而無止。顛顛倒倒，死了又生，生了又死，夢醒又夢，睡覺又睡，迷中更迷，終無了期。若有人打得徹透得過，永免顛倒也。

遠離顛倒莫顧稍　守定自性根基牢
遠離顛倒不作惡　罪山業海一齊消
遠離顛倒凡情退　一切業緣不能縛
遠離顛倒妄心無　自然魔境終須少
遠離顛倒恩愛斷　枷鎖解脱樂淘淘
遠離顛倒心明朗　閃開浮雲光爍爍
遠離顛倒不隨相　破邪顯證智量高
遠離顛倒無執法　微塵世界礙不著
生死循還那箇迯　此心未了慢途勞
時今不做輪迴夢　只走人間這一遭

究竟涅槃者，反自窮究己身，盡是虚假，一日無常，盡皆敗壞，難以留戀，如是究竟則可矣。本來無此四大，因世人皆執有身，迷己逐物，棄親向疎，認賊爲子，妄將四大六根爲實，作種種業，受種種苦，輪迴萬劫，不覺不知，不能解脱。默然自省，如此日夜不離當念，自覺自照，細細

不思今　不思古　心無罣礙
不思人　不思佛　晝夜安寧
不思凡　不思聖　心無罣礙
不思法　不思相　晝夜安寧
不思善　不思惡　心無罣礙
不思修　不思證　晝夜安寧
不思成　不思壞　心無罣礙
不思好　不思反　晝夜安寧
不思戒　不思律　心無罣礙
不思有　不思無　晝夜安寧
這些事　本來無　不可執住
把萬法　放的下　自在縱橫

無有恐怖者，既心無罣礙，真常自然圓滿，更有甚麼恐怖之心。若到此地，悟得性空，東西不辨，南北不分，不被明暗所瞞，不被坊隅所當，不被陰陽所拘，不被造化所役，似此有甚憂苦可怕，有甚生死可怖。不與萬法爲伴，常自獨行獨步，上天仰之無窮，入地去之無極，山河石壁，地水火風，於此往來，總無罣礙。側掌行千里，回程轉似飛，天地莫能拘，神鬼莫能測，唤作大覺金仙。何者是。不須覔火把燈尋，渴飲飢湌常對面。

無有恐怖心豁亮　無有恐怖物不古
無有恐怖雜法滅　無有恐怖不受瞞
無有恐怖波浪盡　無有恐怖離顛倒
無有恐怖出苦海　無有恐怖彼岸邊
無有恐怖明大義　無有恐怖到安養
無有恐怖心中喜　無有恐怖得自然
無有恐怖逍遥樂　無有恐怖受用常
無有恐怖安身命　無有恐怖不落偏
無有恐怖可滿意　無有恐怖謝蒼天
西方淨土人人有　不假修持已現前
諸上善人如見性　阿彌陀佛便同肩

遠離顛倒夢想者，若罣礙無，恐怖絶，自然遠離顛倒夢想。仙師云，日間無想念，夜後少夢寐。釋云，夢因想生，想因夢生。世人只知合眼參究，此六根五蘊，從塵劫已來，本自無有名相，皆不可得，亦無成仙作佛，亦無六道四生，種種皆不可得。竟者盡也，到這裡，一槩平等，盡底掀翻，萬緣頓息，內外無餘。川老云，如斬一握絲，一斬一齊斷。又云，一拳打破化城關，一脚趯翻玄妙塞，南北東西任往來，休覔大悲觀自在。大顛云，離四句，絶百非，知見無見，斯到涅盤。且涅盤無者非死也，乃是寂滅無生無死之謂也。太上云，湛然常寂。佛經云，生滅滅已，寂滅爲樂。寂者，寂然不動。滅者，諸法不生，實無生死也。且道無生無死，怎生模樣。莫聽聲，不是相，識得虛空還一樣。

涅盤清淨無是非　能攬不如快些推
狂言狐行童作戲　週迴不定轉得迷
三灾非是天降予　皆因都是自尋得
棄親向疎無才漢　逞强不順祖師機
四十八願不當重　口念心安意有違
祖祖相傳無爲法　却將有爲當真實

凡所有相皆虛妄　連泥帶水非善逝
龍蛇混雜千打閧　亂性之法難出期
究竟自身元不有　更須放下莫愚痴
涅盤路上無朋伴　大道無人我是誰

三世諸佛者，過去莊嚴劫一千佛，未來星宿劫一千佛，現在賢聖劫一千佛，三世三千佛，更有窮劫佛，不可説，不可説，數量不可盡，此諸佛皆從修證所得。川老云，種瓜得瓜，種菓得菓。又云，一佛二佛千萬佛，各各眼橫兼鼻直，昔年曾種善根來，今日依前得渠力。道經云，種蘭得香，種粟得粮，爲善降祥，爲惡降殃。且三世諸佛，不修不得成，人身中亦有如此諸佛，變化不一，因習氣所昧，境物所障，自家迷了，却不認得。若於心無心，便是過去佛。寂然不動，便是未來佛。隨機接人，便是現在佛。清淨無染，便是離垢佛。出入無礙，便是神通佛。到處優游，便是自在佛。一心不昧，便是光明佛。道念堅固，便是不壞佛。各各諸佛自身俱有，説亦不能盡，變化多般，惟一真耳。過去未來現在，皆同一體，如虛空，不異相，不自相，不他相，非無相，非取相，不此岸，不彼岸，不中流，觀其寂滅，永不斷滅。若人如此頓悟，直下承當，迢迢空劫，盡在如今，放光動地，人法俱忘，不見有過去、未來、現在，究竟到盡無盡地，即是空空我，無我我。我尚不可得，空色亦無，三世自空，非識不滅，識性自空，前際、後際、中際亦空，休落空見。要見三世諸佛麽。咄。沿河休害渴，把餅莫言飢。

三世諸佛滿太虛　外相分別妙在一
一是無極真空體　真空包裹天和地
塵塵剎剎都是佛　箇箇心内發光輝
人人都有如來意　衆生迷悶不得知
無極化身千百億　衆生迷悶不得知
圓滿報身無善惡　衆生迷悶不得知
清淨法身廣無邊　衆生迷悶不得知
有能覺得些子意　通天徹地透玄關
遊行三界還本位　安分守己實不虧
無佛可做是天真　守真志滿無上得

依般若波羅蜜多故者，修行人須要智慧百種方便，去無始劫來習性，調和成一真之性，而登彼岸，若不見性，卒難成就。此句是三世諸佛之母，十方諸佛依此修行，果行圓滿，成等覺。若離此句修行，雖經多劫，久守勤苦，望成大道者，鮮矣。屬小乘法，墮在聲聞緣覺辟支佛，鬼仙、人仙、地仙有爲之法，終不成就一切聖果。須當精進，存有能所，依般若波羅蜜多法，得無上正真之道，唯此一事，若别修行，過此法者，無有是處。此是教外别傳，此法親見自性，方乃傳授，千聖不傳，自悟自信，不容授記。圓頓之位，獨孤標法，參善知識，求問至人，憑師指示，有緣契悟。圓頓教没人情，若有私心傳授，是外道法。有分付，有傳授，有得即有失，有教有授，盡是外道邪見，生死根本。仙師云，法有三千六百門，直須知有箇玄微處，不在三千六百門。仙佛祖師自修自證，本無語句，亦無一法與人，若有一法授記，不名釋迦，不喚道人。道本無言，只是教人自修自悟，説著不真。若被人教壞，急須吐去。大凡爲人，須從自己流出無量大義，用之無盡。上根之人，一聞千悟，具大總持。中下之機，多聞多不信。太上云，上士聞道，勤而行之，中士聞道，若存若亡，下士聞道，大笑之。此乃難信之法，希有之事。

般若波羅蜜多故　箇箇要尋出身路
無極大道透長安　放心穩便休恐怖
望常久遠到地頭　明心得見無量壽
三世諸佛赴龍華　恒沙如來無期數
信心就是安養國　信心就是真淨土
信心就是極樂天　信心善神謹擁護
信心就是安身處　信心無極謹擁護
背祖忘恩不依教　現在諸佛不擁護
破邪顯證不順情　感動諸佛不擁護
有理休學無行人　得道全憑陰隲助

得阿耨多羅三藐三菩提者，西天梵語也。阿耨言無，多羅言上，三藐言甚，三菩提言深。東土翻爲無上甚深，又云成等正覺。此四箇字，須是親見。古云，見道方修道，不見復何修。一大藏經，説此四字不能盡，諸佛亦説不盡。三教聖賢皆修此四箇字，盡歸聖道，成等正覺。今人若能依此般若波羅蜜多三藐三菩提法修行，廓然頓悟，親見無上甚深，自知當作仙佛，直超聖果。妙道虚空是祖宗，分真應化亦無窮。若人肯悟真常道，識得從前舊主公。

阿耨言無一體空　多羅言上獨爲尊
三藐言甚無爲義　菩提言深道理精
無上甚深四句偈　佛流在世立教門
四句妙偈三藏母　一切修行盡包籠
有人會得明四句　一法通時萬法通
超生越死離苦趣　得了金剛不壞身
脅枝打坐逍遥法　順席立禪自在工
倚墻靠壁真羅漢　吸流呼嚧了道人

不垢不淨無修證　不增不減是現成
不生不滅無量壽　虛空現出活世尊

故知般若波羅蜜多者，因修行，得見無上甚深之道，知般若波羅蜜多之神力也。且過去諸佛慈悲怜憫衆生，百種智慧方便之力化人，使泥土木雕，黄卷赤軸，説因説果，但以假名引導有情，將善惡報應之事，天堂地獄之説，使人改惡從善，離假歸真，聲聞緣覺，十聖三賢，諸佛地位，次第接引。仙師云，千里程途，逐步而進。釋云，千仞寶臺，非一圾而上。忽然自悟，自見本性，超過諸佛位次，一超直入如來地。若不見性，向外馳求，終不成就。道云，千日學道，悟在一時。只這一時，便得輕快，諸上善人同歸一處。若是學解，就古人唾津，盡是外道邪見，生死各路，隨業受報，不可共語。豈不聞須菩提塵劫以前修行，直至釋迦會下解空第一智慧，請問四句偈，廓然頓悟，涕泪悲泣，自嘆云，前所得慧眼，未聞此經，三世諸佛皆從此經流出。如何是此經。雖然無一字，晝夜放光明。

般若者　省回頭　抽胎換骨
悟無生　答根本　别换身心
談論話　比尋常　伶牙俐齒
心明了　知前後　無所不通
天開霧　退浮雲　光明出現
似尋常　地泉湧　百草重生
走獸欣　飛禽喜　空中展翅
滿山川　花開放　見性明心
波羅者　因的聲　虛空粉碎
見親娘　鐵面皮　元是無生
猶如似　一輪紅　乾坤普照
盡十方　遍法界　無點昏雲
千七百　玄妙門　門門劈破
遍大地　葛藤窩　連土除根
絶輪迴　證金身　工圓果滿
轉法輪　救濟俺　出離迷津
累劫中　苦修行　堅心不退

若不是　真實行　怎敢天宮
在凡夫　本不少　自爲八兩
入聖位　本不增　依舊半斤
本不生　本不滅　妄生顛倒
但回光　肯返照　箇箇圓成

是大神呪者，人人具有，不修難明。神呪亦是衆生心地法門，有大神道。通云，心有主宰，萬邪難侵。儒云，心正可以辟邪。《度人經》云，萬邪不干，神明護門，能驅邪立正，變死人作活人，改魔境爲仙境，頭頭示現，物物全彰，信手拈來，百無妨礙。此大神呪，舉心動念，鬼精滅爽，返本還源，外道魂驚，精靈伏匿。此密呪也，神通并妙用，何處不相隨。有大威神力，仗劒邪魔息，不離方寸地，同居人不識。

是大神呪有功能　智慧般般物物通
未曾開口先知覺　性如寒潭徹底清
難量難測真空體　千變萬化顯靈根
諸佛命脉風不透　撥開心地正妙門

一段清虚爲大理　有相身中無相身
猫不成來畫不就　無爲三昧鬼難明
巍巍不動安身處　普光三昧照魔精
凡聖同居憑柱杖　魔來侵害休順情
箇裏本無元字脚　空中誰敢强安名
等閑點出金剛眼　照破魔王八萬程

是大明呪者，一點靈光，自然晃耀，照徹十方，射透三界，山河大地無有隔礙，過於日月，無處不照。吕祖云，一點心燈焰焰生，不勞挑剔朗然明，得來照破人間暗，獨放寒光滿太清。木性彌陀一段光，揚眉竪目亮堂堂，晝夜常明無間斷，時時不昧現西方。巍巍一朵紫金蓮，垂光萬道照大千，悟知極樂刹刹現，了達淨土在目前。

是大明呪現金光　是大明呪照十方
是大明呪心發朗　是大明呪亮堂堂
是大明呪川山海　是大明呪無遮攔
是大明呪通天眼　是大明呪耀空蒼
是大明呪光一體　是大明呪在天端

是大明呪週圍照　是大明呪不落偏
日月往來明又暗　無明無暗自己光
兩輪日月天地眼　未曾初分光在前
光中化佛無數億　都合無極體相連
神通化現能改變　清淨法身道理全

是無上呪者，得見自己光明，照見從前黑暗，無有能極者。此神呪最上，無過於此，是爲第一。一切諸法，皆不出於心呪也。光明洞耀，普照十方，包含法界，獨古乾坤。將别神呪，要過此呪，終不能及。是無上呪者，道云，心是衆之王。釋云，心是法中王。只這一件王不動，萬姓自安，心若不亂，諸邪不起。

是無上呪一段空　是無上呪未曾分
是無上呪無南北　是無上呪無西東
是無上呪無上下　是無上呪内外同
是無上呪無日月　是無上呪無暗明
是無上呪無凡聖　是無上呪無人倫
是無上呪無今古　是無上呪無始終
是無上呪先天母　是無上呪獨爲尊
是無上呪無極道　是無上呪大極身
太極元是無極體　無極元是大極根
太極始初分兩儀　清濁升降天地踪
陽爲父來陰爲母　聚集成形化爲人
三才變化無窮盡　枝枝葉葉到如今

是無等等呪者，此呪無有等齊也，不可説，不可比，無有邊際。此呪世間少時説著難信，須是親見明徹，識此呪也。這呪放開包裹太虚空，收來難立纖毫物。此呪最玄最妙，最尊最貴，最大最深，是自己心呪也。無縫塔前分明舉，不透玄關錯過多，明明一句包凡聖，中間自有古彌陀。前生不修今不知，萬丈玄門過客希，有人但能歸向者，定證圓明與佛齊。

是無等等呪希奇　名揚寶號晃太虚
一段金光明耀耀　輝天鑒地照昏衢
神通廣大無極呪　諸般等呪不能倍
此呪即是諸呪母　舉心動念呪現出

有人持誦靈驗呪　包天裹地陀羅泥
有人持誦靈驗呪　神離鬼爽不敢欺
有人持誦靈驗呪　摧碎魑魅化爲灰
有人持誦靈驗呪　摧碎魍魎化爲灰
有人持誦靈驗呪　摧碎妖魔化爲灰
有人持誦靈驗呪　摧碎精怪化爲灰
有人持誦靈驗呪　化獄消灾脱輪迴

能除一切苦者，佛祖出現於世，設種種方便，救度群迷，同出火院。若有智慧之人，諦聽大道之言，只究心地，莫去傍求，初則打掃潔淨，去累劫之習性。大顛云，開池不待月，池成月自來。修行人先要心地清淨，自然道生。儒云，以禮制心。釋云，在於閑處，收攝其心。道云，降心絶念。三教聖人只教衆生心間清虚，心若無染，自然見性，若得見性，永免輪迴，更不受生，得不死不生之道。且從上諸佛諸聖，久受勤苦，方得見性，心心念念，處處逢渠，且道末後向甚麼處去。不省處處迷歸路，悟來時時在本鄉。

能除一切苦便無　超出三界免三塗
爲法忘軀離五欲　超出三界免三塗
無濁煉徹真金體　超出三界免三塗
五戒不犯難轄管　超出三界免三塗
無福無罪非五刑　超出三界免三塗
五蘊空處無凡聖　超出三界免三塗
五常不缺爲大德　超出三界免三塗
世事忙忙無盡期　火宅慌慌苦不知
若還信受諸佛語　火坑變做白蓮池
穢土濁世苦娑婆　無始以來造業多
明宗返悟圓空性　翻身跳出死生窩

真實不虚者，是真實法語，非虚華之言，一切諸佛説此呪，度脱有情，不是異語，不是誑言。永嘉云，證實相，無人法，刹那滅却阿毗業。凡所有相，皆是虚妄，惟此無相之相，是真實之相，大千俱壞，此相不壞。因甚不壞。道有云，有形終是假，無相是真人。又云，百骸俱消散，一物鎮長靈。道經《度人經》。云，元始懸一寶珠，大如黍米。在空玄之中。佛經云，我有無價寶珠，繫在衣裏，日夜推究，忽然見牟尼寶珠。又云，牟尼珠，人不識，如來藏裏親收得。然雖如是，見道易，守道難。要見此珠麽。圓陀陀，光爍爍，轉轆轆，活潑潑，常對面，不可捉。

真實不虚佛流恩　直指四呪教人行
普天匝地無極道　十方世界任縱横
我師未明難入理　不得真傳無投奔
受了一十三年苦　推開萬法不納心
提起空來不放捨　無邊境界盡參通
空空還有不空處　真空元是舊家風
空空還有不空處　真空元是不壞身
空空還有不空處　真空元是萬聖根
知因背向歸本地　燈燈相續一同明

故説般若波羅蜜多呪者，因修行到此，知般若之功，最能、最勝、最大。此句結前種種方便，具大總持，同歸一心。古云，應觀法界性，一切惟心造。仙真云，善惡存亡總在心。大顛云，迷者爲含藏識，死後作毒蛇。悟者爲秘密神呪，得無生法。如來有密語，迦葉不隱藏。此神呪，若人專心受持，功行圓滿。常持此呪，鬼神遠離，諸天寂聽常懽喜。

般若寬　智慧闊　神通廣大
般若海　智慧深　變化無窮
般若玄　智慧妙　難量難測
般若清　智慧静　無點微塵
波羅得　彼岸到　守真志滿
波羅實　彼岸在　得見無生
波羅平　彼岸穩　巍巍不動
波羅安　彼岸然　得了深根
有一箇　陰陽根　誰人知道
有一箇　三界根　那箇知聞
有一箇　世界根　誰人知道
有一箇　天地根　那箇知聞
有一箇　大千根　誰人知道
有一箇　萬物根　那箇知聞

有一箇　日月根　誰人知道
有一箇　男女根　那箇知聞
有一箇　五谷根　誰人知道
有一箇　無當母　那箇知聞
有一箇　三教母　誰人知道
有一箇　諸佛母　那箇知聞
有一箇　藏經母　誰人知道
有一箇　諸字母　那箇知聞
有一箇　活彌陀　誰人知道
有一箇　活菩薩　那箇知聞
有一箇　活神仙　誰人知道
有一箇　諸佛祖　那箇知聞

即説呪曰者，是起根立天之祖，諸佛之母，窮天地無更改，萬劫鎮常存，故曰，名爲四呪。用心持誦，不離左右，順念逆念，世間一切所求，無不隨應，十二時中不可忘却，休教錯認了，諸呪不能比也。萬聖千賢在己身，休教昧了本來真，因何苦勸重重舉，一翻提起一翻新。

即説呪曰細校量　撥草尋踪識根源
我今認得真空祖　普復三千及大千
有用現光不見體　明空稱讚法中王
陰陽二氣空裏現　真空元是法中王
天地乾坤空裏現　真空元是法中王
日月星辰空裏現　真空元是法中王
山河天地空裏現　真空元是法中王
草木叢林空裏現　真空元是法中王
古聖先賢空裏現　真空元是法中王
地水火風空裏現　真空元是法中王
四時八節空裏現　真空元是法中王
五谷田苗空裏現　真空元是法中王
綾羅布絹空裏現　真空元是法中王
金銀財寶空裏現　真空元是法中王
珍饈百味空裏現　真空元是法中王

揭諦揭諦者，人空法空，人法俱空，二空全忘也。道云，身心不動之後，復有無極真機。洞山云，人牛不見杳無踪，月色光含萬象空。且人空者，只是教人忘形忘體。法空者，只是教人忘情忘念。萬法俱損，善惡俱敗，不執己身，不著於相，忽然外不知有己身，内不知有己心，遠不知有諸物，到這裡，脱體全忘，自然有箇受用處，皆是自然之理也。

揭諦揭諦人法空　兩頭不執休住心
一物不定爲玄妙　萬境難拘義消停
真空無踪形有相　告白知因體順情
箇裏本無元字脚　告白知因體順情
本來面目難猫畫　告白知因體順情
我順人情天不祐　你順人情滅教門
大家到頭無好處　閉了賢門無投奔
諸佛慈心發弘願　狐疑不信背了思
菩薩慈心發弘願　狐疑不信背了思
祖師慈心發弘願　狐疑不信背了思
護善遮惡難酬報　謬誦此經墮沉淪
棄恩背德難酬報　謬誦此經墮沉淪
粉骨碎身難酬報　謬誦此經墮沉淪

波羅揭諦者，到空無所空是也。仙師云，既無所空徹底淨。虎眼禪師云，不識亦空著所空。若是既無所空，得到彼岸。若到彼岸，其彼岸亦須離而再進。古云，百尺竿頭進一步。諸佛菩薩現全身，且道是箇甚麽物。○認得麽。他也轉，你也轉，對著面，尋不見，若得見，成一片。

波羅揭諦復重徵　寸心不昧見金容
觸目對揚真般若　山河全露法王身
十方照徹本來面　華藏世界本來人
百草頭邊本來面　翠竹黄華我現身
多寶佛塔本來面　無縫寶塔本來人
淨土就是本來面　西方就是本來人
極樂就是本來面　家鄉就是本來人
安身就是本來面　立命就是本來人
不生不滅本來面　不垢不淨本來人
不增不減本來面　無量壽佛本來人
這些便是假名號　除了假名得縱横
豁開透地通天眼　眼目就是本來人

金剛寶劍本來面　能掃萬法本來人
真經就是本來面　無字就是本來人
本來面目無名號　無名就是本來人
還見四句親切處　四句原是本來人
本來面目無四句　萬法歸一無二門
一切萬物心變化　本無一物得安寧

波羅僧揭諦者，是諸佛清淨境界也，五慾塵勞染污不得。如仙佛慈愍衆生，隨機應化，救度群迷，在異類中，真假不辨，凡聖同居，逆行順行，不能測量。如月在水，應現千江，本是一月普攝，豈有二也。故經云，合光塵不染，三界獨爲尊。清淨境界没思量，不染纖塵是道場，試觀十五三更月，影現千江百不妨。

波羅僧揭盡解脱　今日學好業消磨
廣行方便盡解脱　多積陰隲業消磨
公道平等盡解脱　常懷仁義業消磨
聽其天命盡解脱　迴頭訪賢業消磨
修心養性盡解脱　悟入玄門業消磨
敬奉朝廷盡解脱　遵守法度業消磨
孝順爺娘盡解脱　和陸鄉親業消磨
存心忍耐盡解脱　凡事儘讓業消磨
弟兄和美盡解脱　安分守己業消磨
守真志滿盡解脱　不殺生靈業消磨
齊戒久遠盡解脱　不退道心業消磨

菩提薩婆訶者，菩提爲初，薩婆訶是末。且修行人起初先須發菩提心，勇猛精進，日夜爲道。古云，道念若還比雜念，成仙作佛已多時。只是學人不肯驀直便行，三心二意故不能到。仙師云，數他堠子却不行，口念長安心不徹。若是有志底人，一刀兩段，修道學佛，更無退轉，久守不怠，忽然悟道，達本性空，即得菩提，超出三界，了無所了，得無所得，蕩然清淨，則到極樂之所，受用無盡，故曰薩婆訶。且道，行到甚地面，是徹頭處。水窮山處盡，寸草不生時。省得麼。先發菩提一片心，次教萬慮不相侵，直教鑽透虚空髓，拔出從前治病針。

菩提發心初開華　薩婆結果甚堪誇
滿盤拖出舍利子　箇箇天生瑞氣發
牟尼清淨離凡世　神機威力越塵剎
祖居元是無相國　歸家入會赴龍華
諸佛行行先結果　歸家入會赴龍華
菩薩行行先結果　歸家入會赴龍華
祖師行行先結果　歸家入會赴龍華
聖賢行行先結果　歸家入會赴龍華
上人行行先結果　歸家入會赴龍華
報恩行行先結果　歸家入會赴龍華
知因行行先結果　歸家入會赴龍華
僧尼行行先結果　歸家入會赴龍華
男女行行先結果　歸家入會赴龍華
惡人行行先結果　歸家入會赴龍華
善人行行先結果　歸家入會赴龍華
學好行行先結果　歸家入會赴龍華
經商行行先結果　歸家入會赴龍華
念佛行行先結果　歸家入會赴龍華
誦經行行先結果　歸家入會赴龍華
知根達本先結果　歸家入會赴龍華
參透無法先結果　歸家入會赴龍華

《心經》註解，三教言談，妙義無物安，撥開萬法，直指單傳，明心見性，返本還源，不離方寸，法身廣無邊。

註經已畢，更留一篇，請晚學同志，詳覽研窮。

修行且要自分明　莫把身心枉用工
平生若不洗心地　坐斷山根總是空
是心是法心是佛　是佛是法佛是心
天堂地獄由心造　萬法不出主人公
凡不減退聖不增　分明八兩是半斤
堂前無草休掃地　鏡上無塵莫用工
有人會得真實意　休去他方問別人

祖師心性訣，證盟功德云，一切罪業根，即是由心造。學道不修性，萬年無究竟。通看世上人，幾箇分邪正。口即說無爲，心裏懷詛佞。不信真空法，執著修持行。欲成聖賢身，先去貪嗔病。説心不識心，説性不識性。假使共商量，舉意要爭競。爲勸善緣人，堅心須諦聽。念却五車書，不如修心性。性是真空心，心是妙覺性。妙性與空心，本性元清淨。清淨無人我，人我豈識性。思量四大色身，幾箇得知來去。從根至本思量，實即令人思慮。來即隨緣而來，去即隨緣而去。死即四大分張，生即依前積聚。積聚地水火風，輪迴生來死去。修心漸近真空，平等名爲甘露。若能迴換身心，便是修行門户。思量上古先賢，盡是從迷入悟。依隨道德爲師，瞻仰虔誠父母。痴心若入輪迴，永無生天道路。真智微妙真空，更不迴頭譬喻。心中自有真佛，尋覓何須遠去。其間言語是誰，行步是誰行步。耳内誰聽音聲，眼内是誰觀覷。鼻内誰嗅誰香，口裏誰分甜苦。是誰愛衣羨食，阿誰嫌貧戀富。行住坐卧由誰，靈性温柔四句。色身即是舍房，五眼廳堂門户。若能不壞不崩，我即中間且住。安樂無害無災，是我神明防護。有我早道僂儸，無我便無憑據。聞得如是强健，勸汝早須省悟。思量四大色身，實爲不能堅固。須是自己勤修，道即從師而悟。佛即不度衆生，究竟衆生自度。人生向死便死，死後知歸何處。四大當下分張，骨肉化爲泥土。聞我未去中間，便好修心覺悟。覺取真空妙道，更莫輪迴受苦。若能得知本源，性是西方佛祖。

妙法源流古至今　衆生自染受諸塵
修善若無出世法　枉念彌陀過一生
天上天下無物比　包天裹地獨爲尊
不是聰明伶俐漢　愚痴衆生不得惺
法寶傳流救十方　佛言佛語細參詳
救度大衆皈淨土　休入陰司受恓惶
人身得處最爲難　莫把浮生當等閑
須藉心經三昧力　直教打破死生關

又曰，《心經》者，是諸佛之骨髓，菩薩之命脉，祖師之大義，三教之道理，修行之門户，萬物之根基，一切法中之王，藏經之母。人能虔誠念此《心經》，勝看一覽大藏。解其義者，超生越死，免[四]地獄，脱輪迴，皈本源，入無爲，譬喻天平，真假相對，不錯毫釐，明心見性，真實不虚。

上和下睦心中處　左達右對自心呈
前瞻後視心中盼　應遍十方自心明
腔裹無物神通現　斯即涅槃心非心
這是吾師傳妙法　餘外並無一點情

老君曰，若夫修道，先觀其心。心爲神主，動靜從心。心動無靜，不動了真。心爲禍本，心爲道宗。不動不靜，無想無存。無心無動，有動從心。了心真性，了性真心。心無所住，住無所心。了無執住，無執轉真。空無空處，空處了真。五從無量劫來，觀心得道，乃至虚無，有何所得。爲諸衆生，强名得道。吾觀衆生，不了其心，徒勞浩劫，虚役其神，於心無了，永劫沉淪。依吾經教，逍遥抱真。

釋迦七七表此義　三十三代無別因
六祖以後無接續　廣傳雜念當修行
不明心性非道理　我師苦行直搜根
參透虚空不放捨　劈破玄門針對針
初立世界佛掌教　毗婆尸佛早留心
直至如今不得妙　吾乃杳冥續慧燈
慧燈不滅魔難入　智鏡常明夢不侵
不依正教瞌睡漢　從他萬劫自昏沉
三塗永息常時苦　六趣休隨汨没因
恒沙含識悟真如　一切有情登彼岸
乃至虚空世界盡　衆生及業煩惱盡
如是四法廣無邊　願今迴向亦如是

闡通顯道甚深功德寶卷下終

心經原是佛心印　熟讀心經便入機
欲識真空無色相　全憑智慧作階梯
會中大衆潛心究　教外斯民任意歸
樹葉河沙俱證道　同登彼岸力家宜

施財弘經大慈心　不住有無名相存
前後體空君子德　妉謗護斷昧心人
自己心無隔礙處　纔是知恩報德人
佛祖光明週圍照　不教人在暗中行

大明萬曆拾壹年歲在癸未玖月吉旦，嗣祖比丘慧定，勸化善信，命工鋟梓印施，普資恩有，見聞解悟，同登彼岸。此經板在福建省城華林法堂刊行。

校勘記

〔一〕「猫」，疑爲「描」，下同。
〔二〕「反」，底本原校云一本作「及」。
〔三〕「星」，底本作「心」，據底本原校改。
〔四〕「免」，底本作「兎」，據文意改。

（陳永革、傅新毅整理）

〇三五二

般若心經註解[一]

觀音大士降筆法語

南海老衲，致語善信，吾會有願，普度世人，因有《心經》，流傳甚久，口誦者既多茫昧，强解者流入野狐，將吾一片人天胥度之心，而爲果報小乘之義，深可憫惻。蒙道祖吕師逐字解，痛掃支離，歸於明顯，吾道心燈，賴以不滅，善哉善哉。世人若能信心奉持，身有光明，吉神擁護，不墮輪迴，不落苦趣，萬千罪孽，一概消除。幸速付梓，普成善果。

大悲呪偈

白蓮馥郁，紫竹青葱。七情破蔽慧癡蒙。五蘊悟真空，四果融通。海日擁慈容。

此偈，係於道光辛丑年七月二十九日，蒙大士降筆曰，老衲特示此大悲呪偈，可莊嚴於《大悲呪》《多心經》之首，凡善信誠誦此偈者，大有感應，可廣傳諷，功德收皈等論，兹特敬録補刊，普望善信，虔誠補誦，廣布流通，福德無量。

校勘記

〔一〕底本據《卍續藏》。

多心經

孚佑帝君註解

金邑培真道人校正重鐫

般若波羅蜜多心經

註 般若，智慧也。波羅蜜，到彼岸也。多，定也。經，徑也。言此經，乃定心之徑路也。

觀自在菩薩，行深般若波羅蜜多時，照見五蘊皆空，度一切苦厄。舍利子，色不異空，空不異色，色即是空，空即是色，受想行識音志，亦復如是。舍利子，是諸法空相，不生不滅，不垢不淨，不增不減。是故空中無色，無受、想、行、識，無眼、耳、鼻、舌、身、意，無色、聲、香、味、觸、法，無眼界，乃至無意識音式界。無無明，亦無無明盡，乃至無老死，亦無老死盡。無苦、集、滅、道，無智亦無得。以無所得故，菩提薩埵音孕，依般若波羅蜜多故，心無罣音卦礙。無罣礙故，無有恐怖，遠離顛倒夢想，究竟涅槃。三世諸佛，依般若波羅蜜多，故得阿耨多羅三藐三菩提。故知般若波羅蜜多，是大神呪，是大明呪，是無上呪，是無等等呪，能除一切苦，真實不成〔二〕，故說般若波羅蜜多呪，即說呪曰：

揭諦揭諦　波羅揭諦　波羅僧揭諦　菩提薩婆訶

註　觀自在者，變化從心，達觀自得也。菩，覺也。薩，情也。義理先具，能覺一切有情之義。蘊，藏也。色、受、想、行、識，謂之五蘊。全經重此一句。度一切苦厄，兼自度度他而言。舍利子，人名。因色而有受，因受而有想，因想而有行，行之不得，則識於心而不忘，五者相因。諸法空相者，謂真性，有而非有，無而非無，是諸法之空相也。真性累劫不毁，故不生不滅。真性本來無染，故不垢不淨。真性不著一物，故不增不減。眼、耳、鼻、舌、身、意，謂之六根。色、聲、香、味、觸、法，謂之六塵。一切諸法，皆緣意起，故法屬意。或謂法與發同，即發動也。亦通目之所見爲眼界，心之所之爲意識界。無無明者，無昏昧之處也。無老死者，常存不壞也。苦，煩惱也。集，積也。猶云積萬過于愆於一身也。二者謂之苦果苦因。滅，涅槃也。道，路也。猶云修行得路也。二者謂之樂果樂因。梵語菩提薩埵，華言菩薩。涅，不生。槃，不死。阿，無也。耨多羅，上也。三，正也。藐，等也。三菩提，正覺也。揭諦揭諦，揭妙諦以度人也。重言之，自度度他也。僧，衆也。薩婆訶，疾速也。謂疾速成就一切衆生也。

講 阿難説，吾教有觀自在菩薩者，功行最深，具大智慧，造到彼岸之時，照見自己之五蘊，與衆生之五蘊，皆屬空虚。於己則修無上菩提，於人則多方接引，俾一切苦惱之厄，盡歸解脱。弟子舍利子，正是欲離苦厄者。菩薩呼其名而告之曰，舍利子，爾知世間有形者爲色，無形者爲空。不知色乃夢幻泡影，不異夫空也。空乃一真顯露，不異夫色也。色不即是空，空不即是色乎？夫因色而有受，因受而有想，因想而有行，行之不得，則識於心而不忘，此五者相因而見者也。今色即是空，則受、想、行、識，亦復如是矣。由是真性常清常淨，毫無法相可名，不誠爲諸法中之空相乎？言乎其妙，則常存不蔽，不生不滅也，湛然清虚，不垢不淨也，自然恰好，不增不減也。是故真空之中，既無色、受、想、行、識，則六根俱淨，無眼、耳、鼻、舌、身、意也，六塵不擾，無色、聲、香、味、觸、法也。六根之累，以眼爲先，今眼界既空，則萬緣悉泯，而意識胥忘，將見由定而静，由静而慧，無無明，亦無無明盡也。由久而固，由固而貞，無老死，亦無老死盡也。煩惱之苦果，作業之苦因，涅槃之樂果，修持之樂因，一時俱盡，則真空中，本無智慧可名，即到彼岸，亦屬虚假，而又何所得哉？然無智無得，從乎既得菩提以後而言也。若未得之先，豈可無法哉？所以菩提薩埵，以般若波羅蜜多，爲修行之法，守其六根，絶其六塵，故心無牽罣滯礙，遠離夫神魂之顛倒，夢寐之妄想，至於不生不死而後已。不但菩薩爲然也，即三世諸佛，欲得無上菩提，亦無有不依般若波羅蜜多者。是知般若波羅蜜多，是變化不測之密語，是神光普照之密語，是至極無如之密語，是獨絶無倫之密語。

阿難所云，能除一切苦，斯言誠真實而不虛。更有密呪，汝時時誦之，可以生智慧，可以到彼岸矣。呪曰揭諦揭諦，揭出妙諦以度人也。重言之，自度度他也。波羅揭諦，欲到彼岸，必須賴此妙諦也。僧，衆也。薩婆訶，疾速也。謂疾速成就一切衆生也。總之密呪，雖修行之徑路，而徑路不外於此心。人能空其五蘊，則主翁常定，而客感自清，豈有不得無上菩提者哉？

梅按，《心經》分六段讀則明顯。自觀自在菩薩，至度一切苦厄，爲一段。舍利子，至無智亦無得，爲一段。以無所得，至究竟涅槃，爲一段。三世諸佛，至故得阿耨多羅三藐三菩提，爲一段。故知般若波羅蜜多，至故説般若波羅蜜多呪，爲一段。即説呪曰，至菩提薩婆訶，爲一段。經文本一氣呵成，分此六段者，猶流水面上見微波，而初讀易於領會也。末段，即字下宜著一又字解之。

本經重在一多字，不多不能成功也。

般若波羅蜜多心經畢

校勘記

〔一〕「成」，底本原校疑爲「虛」。

跋

《金剛經》大旨總是欲人守六根，絶六塵。而六根六塵之不淨者，以五蘊未空也。觀自在菩薩特爲拈出，示後學以會歸之路。文僅二百六十八字，而言簡意該，可包《金剛經》三十二分之全。讀《金剛經》而不讀《心經》，是涉博而不知反約也，烏乎可。

純陽子敬跋

附吕祖師降三十二次偈

第一章

得手工夫切莫疑，疑心若起便途迷。行行直上山頭去，柳媚華明遇自奇。

第二章

作善如登百尺竿，下來容易上來難。直須勤力行功過，人獸幾希要細參。

第三章

迅速光陰不可留，年年只見水東流。不信試把青菱照，昔日朱顏今白頭。

第四章

萬轉身如不繫舟，風翻浪湧便難收。臨流執定篙和舵，一路輕帆到岸頭。

第五章

萬法皆空莫浪求，如來只在此心頭。清枷愛鎖都抛却，無取無拘得自由。

第六章

天堂快樂幾多般，愛苦諸魂出獄難。苦樂由來爭一念，青蓮原植沸湯間。

第七章

恩愛牽纏解不開，一朝身去不相偕。於今撒手無沾滯，直上靈山白玉臺。

第八章

富貴由來水上漚，何須騎鶴上揚州。蓮池有箇收心法，靜裏時吟七筆勾。

第九章

華落華開又一年，人生幾見月常圓。打開名

利無栓鎖，烈火騰騰好種蓮。

第十章

心境從來要廓清，休教煩惱日相侵。靈山無限逍遥處，功德池邊洗六塵。

第十一章

休教六賊日相攻，色色形形總是空。悟得本來無一物，靈臺只在此心中。

第十二章

心外求經路便差，水中月影鏡中花。真空妙義君知否，七寶莊嚴總欠佳。

第十三章

風旛動處總非真，自在如如只此心。解得拈華微笑意，本來何地著纖塵。

第十四章

流光迅速莫蹉跎，名利牽纏以網羅。撒手懸崖無別法，白蓮臺畔禮彌陀。

第十五章

經營世故日忙忙，錯認迷途是故鄉。識得本來真面目，此身原是臭皮囊。

第十六章

元宵燈後便無燈，萬古常門只此心。朗照諸天終不滅，一龕佛火月三更。

第十七章

見美如無在一心，莫將勾引怨摩登。防閑女色如防賊，外寇何能奪主人。

第十八章

望鄉臺畔尚思家，月慘風悽冥路斜。縱有紙

錢無處使，都緣一點念頭差。

第十九章

森羅殿上鬼多般，百沸油鐺萬刃山。識得如來真實義，無邊解脱一時閒。

第二十章

陷溺沉迷已有年，愛河瀼瀼浪滔天。持經自可登高岸，何用中流更見船。

第二十一章

塵緣斷後自消融，清淨方知色是空。佛即心兮心即佛，青山只在白雲中。

第二十二章

聞説西方種異蓮，花開十丈藕如船。靈臺自有祇園樹，本地風光即佛天。

第二十三章

嬌女原是粉骷髏，暮樂朝歡總不愁。一旦無常歸冥路，夜臺難逞舊風流。

第二十四章

聚寶爲山未足奇，不如持經得菩提。金經明示成真路，何事亡羊泣道岐。

第二十五章

諸佛菩薩只此心，何須泥塑與裝金。世間點燭燒香者，笑倒慈悲觀世音。

第二十六章

了悟猶如夜得燈，無窻暗室忽開明。此身不向經中度，更向何方度此身。

第二十七章

去惡猶如治亂絲，寧心自有得開時。若教錯

用些兒力，萬劫牽纏莫了期。

第二十八章

日夜無期只認真，略差些子便相爭。誰知一赴泉臺路，悔把恩仇抵死分。

第二十九章

鐵面閻羅不狥情，剉燒舂磨實難禁。試從業鏡臺邊看，地獄何曾見好人。

第三十章

陷入汙泥久不回，西江難洗垢形骸。一朝得證菩提願，鐵樹奇花處處開。

第三十一章

北邙山下列墳塋，荒草迷離怪鳥鳴。長臥泉臺人不醒，桃殘李謝過清明。

第三十二章

佛説波羅蜜妙經，前無千古後無令。註成人鬼齊超度，功德如天莫比倫。

節録

吕祖師《三品經》釋教原委一段：以闡是經，真法寶效。釋教清微，肇於浩劫，觀空以空，虚無寂滅。昔有至人，名曰燃燈，立於中古，轉大法輪，教化度脱，無量衆生，佛傳始盛。次有佛出，號釋迦文，自種民天，降神贍部。是時周昭，月寅之歲，西印度國，有迦維衛，其國王者，名曰淨梵。四月八日，太子斯誕，三十二相，八十種好。以夙願故，舍國修道。雪山六載，精思苦行，鵲巢於頂，藤穿膝脛。臘月八日，覩明星出，豁然起悟。具六通識，負龍象力，開來繼往，闡教西域。初於鹿苑，繼祇陀林，黄金佈地，佛教崇興。四十九年，應化不一。是時比邱，暨比邱尼，并優婆塞，與優婆夷，凡數千人，俱同聽法，無不得度。有舍利弗，智慧第一，佛嘗因之，宣説法要。有大弟子，名大迦葉，得佛心印，傳佛正宗，佛親授記，是爲初祖。又有弟子，名阿難陀，多聞第一，於佛滅後，傳佛教典，流佈〔一〕人間，今之佛藏，皆所宣傳。延及達摩，以大神通，一夕收攝，三十六處，邪魔外道。設洪誓願，自西印度，歷恒沙河，至南贍部，説法演教，宗門大展。授祕密旨，從超悟得，明心見性。佛法無多，一切掃除，片言隻字，參悟本來。凡諸聰明，聞見知識，杜絀不事，渾渾默默，傾傾〔二〕宗旨，悟諦因緣，無無所無，空無所空。内觀此心，如虛空際，如千江月，如鏡如泡，如華中香，如是空空，以無無空，故無所執。一字之妙，通達無礙，前無無前，後無無後，匪由聞見，玄覽超忽，任諸見聞，頽然自喪。以因緣故，得無因緣，禪宗乃熾。又有歷代，諸大法師，通經律論，取大法藏，闡譯文字，搜剔妙藴，傳諸三千大千，一切閻浮提界，廣爲衆生，説無量因。解諸煩惱〔三〕熱，化清涼境；拔諸苦惱，離火宅厄；濟諸幽魂，脱地獄趣；化諸六道，獲天人樂。利賴無窮，象教以昌。流傳既久，厥旨無聞，凡彼緇流，罔得真傳。東西剽竊，言語爲宗，機鋒相對，口舌爭雄。所謂禪者，闡演密典，認本來面，無用浮飾。若究厥弊，貽害後人，迷失真宗，累主人翁。出居故舍，入無何有；渺茫漂泊，隨野狐禪；迷罔狂悖，呵佛罵祖，儼大知識；抑又甚者，謬妄罔悟，以譌傳譌，譌以譌承。我佛如來，法法何法，爲究本根，故空諸法。文字不立，非去文字。恐後學流，求文字中，昧失本根，故去文字。豈知文字，正難盡去。去文字者，會何沿流，但執文字，作文字觀，佛〔四〕從文字，究佛經旨，離失真宗，是文字障，斯害道矣。更可仁〔五〕者，罔知是經是佛心印，傳流人問〔六〕，爲彼爲生，廣爲説法，俾有解悟。即彼下等，愚暗不明，資經懺悔，原令此輩，生恭敬心，朝夕諷誦，久或生明，了生死念，力諸善行，脱輪迴趣，或悟耨數〔七〕，超諸上乘。非第口誦，無悔悟心，便可宥罪。即假口誦，亦獲利益，是彼誦時，生大歡喜，高吟朗咏，令諸幽明，一切衆生，邪魔異類，幽魂餘孽，得聞是經，普沾勝利，咸蒙濟度。非説是經，但假口誦，無持受心，無恭敬心，無誠信心，無踊躍心，無均利心，無無私心，乃爲誦經，乃獲功德。自流日下，日下日壞，一切佛典，指爲衣食。誦經之家，以虚文求；誦經之人，以虚文應；一切衆生，以虚文故，故輕是經，而諸佛法，罔有存者。要知是經，具大解脱，如廣陵散，化諸煩燥；如摩尼珠，化諸煩惱；如般若船，度諸溺者；如波羅蜜，生諸津液；如漆室燈，燭諸幽暗，具此種種，無量利益。但作文字，草草有〔八〕過，便如糟相〔九〕，曾無所賴。以故禪宗，知此等故，掃除一切，冥心内觀，空内外相，寂坐玄默，領一參頭，究極旨趣，有掃〔一〇〕於空，空無所空，以無空故，乃明斯旨。若住暗室，張一焰炬，無物不見，無不明朗，罔所障礙，無障礙故，付子説也。與〔一一〕天完足，與天地俱，不爲物囿，不有於物。斯之爲梵。梵香烟於〔一二〕，幽明交濟，斯之爲禪。禪理淵微，天人悉究，究厥旨者，佛菩提種。如是如是，西來大意，作如是觀，佛法盡矣。

校勘記

〔一〕「怖」，疑爲「佈」。

〔二〕「傾傾」，《清微三品至道極佉參同妙典大乘渡劫真經》（《中華續道藏》本，下簡稱《三品經》）作「領領」。

〔三〕「惱」，《三品經》無。

〔四〕「佛」，《三品經》作「弗」。

〔五〕「仁」，《三品經》作「憫」。

〔六〕「問」，《三品經》作「間」。

〔七〕「耨數」，《三品經》作「精微」。

〔八〕「有」，《三品經》作「看」。

〔九〕「相」，《三品經》作「粕」。
〔一〇〕「掃」，《三品經》作「歸」。
〔一一〕「與」，《三品經》作「性」。
〔一二〕「香烟於」，《三品經》作「音清徹」。

（黄桂蘭、方思圓整理）